U0874987

屯堡文丛◎历史文献书系

明代卫所选簿校注·亲军卫卷（一）

府军前卫　锦衣卫

孟凡松◎主编　吕善长◎点校

贵州大学出版社
Guizhou University Press
·贵阳·

图书在版编目（CIP）数据

明代卫所选簿校注．亲军卫卷．一 / 孟凡松主编 ；
吕善长点校．-- 贵阳 ： 贵州大学出版社， 2025．6．
ISBN 978-7-5691-1084-5

（屯堡文丛．历史文献书系）

Ⅰ．E294.8

中国国家版本馆 CIP 数据核字第 20253ER754 号

MINGDAI WEISUO XUANBU JIAOZHU · QINJUNWEI JUAN YI

明代卫所选簿校注·亲军卫卷（一）

主　　编：孟凡松
点　　校：吕善长

出 版 人：闵　军
责任编辑：葛静萍　徐　乾
责任校对：李　奎　谢　丹
装帧设计：曹琼德
内文版式：方国进

出版发行：贵州大学出版社有限责任公司
地址：贵阳市花溪区贵州大学东校区出版大楼
邮编：550025　电话：0851-88291180
印　　刷：贵阳精彩数字印刷有限公司
开　　本：787 毫米 ×1092 毫米　1/16
印　　张：37
字　　数：674 千字
版　　次：2025 年 6 月第 1 版
印　　次：2025 年 6 月第 1 次印刷

书　　号：ISBN 978-7-5691-1084-5
定　　价：188.00 元

版权所有　侵权必究

本书若出现印装质量问题，请与出版社联系调换
电话：0851-85987328

《屯堡文丛》编辑出版委员会及学术委员会

一、编辑出版委员会

主　　　任：卢雍政

副　主　任：谢　念　耿　杰

成　　　员：宋广强　袁　伟　何长锁

　　　　　　杨　未　王　焱　苏　桦

办公室主任：耿　杰

二、学术委员会

顾　　　问：毛佩琦

主　　　任：顾　久

副　主　任：李建军

《屯堡文丛》总序

毛佩琦

屯堡，自从在明朝初年出现后，就是一个生机盎然的存在，历600余年风雨晴晦而不衰，至今仍然长青！这是人类文化史上的一个奇迹，是中华民族的一件瑰宝。

明朝建立之初，国家还没有完全统一，元朝的梁王还在割据西南，而且多次杀害明朝派来的使者。洪武十四年（1381），明朝廷命颍川侯傅友德为征南将军，永昌侯蓝玉、西平侯沐英为副将军，率30万大军征云南。明军获得全胜，历时3个月，平定云南。洪武十五年（1382），明朝廷设置贵州都指挥使司，征南大军以卫所为编制戍守各地，卫所军士屯种收获以自给。这些卫所军士及家属所居之地就形成了屯堡。这是一次为维护国家统一的军事行动，也是一次大规模的移民。经过从洪武到永乐的数十年的经营，永乐十一年（1413），明朝廷决定设立贵州布政使司，划云南、四川、湖广、广西各一部，组建成一个新的省级行政区。当年散落在西南地区的屯堡，就主要分布在今天的贵州省内。屯堡的建设和贵州布政使司的设立，有效地维护了国家的统一和地方的安定，促进了地方开发和民族融合，也体现了古人高超的政治智慧和管理艺术。

600多年前，来自南直隶的应天府、凤阳府，以及江西、浙江的军士及其家属，扶老携幼，远离故土，到达西南，在贵州地区安下家来，成为屯堡人。屯堡人落地生根，坚韧不拔，胼手胝足，开发贵州，对贵州的发展做出了巨大贡献。他们既是地方的守护者，又是地方的开发者。屯堡人的勇敢担当和巨大的付出，至今仍然令人肃然起敬。他们开拓进取，给贵州带来了先进的生产方式，耕种、养殖、纺织、冶铁，也促进了贵州商业的发展，沈万三传奇性的商业故事就具有典型意义。明朝重视文教，朝廷在边疆军卫和土司地区都大力推广学校建设。由于儒学教育的发展，后来，在全国科举考试的激烈竞争中，贵州的学子曾经先后两次夺得文状元。

贵州地区民族众多，屯堡人与各民族人民交错杂居，却能和睦相处。不同文化保持了各自的特色又互相包容，和谐发展，是中华文化多元一体的具体写照。屯堡人至今仍然保持着故乡的生活习惯和文化传统，语言、服饰、建筑、戏剧，在今天屯堡的村寨里、田野上，在日常生活、节日集会中，随时随地可以见到这些活的历史风景。这些延续数百年的独特风俗，是屯堡人身份的自我认知，是肩负国家使命的一种标志，也表现了他们坚守传统、不忘根本的韧性。屯堡人对遥远的故乡有着割舍不断的深情。以安顺天龙屯堡人而言，他们自明初至今已繁衍20余代，四姓族裔达数万人，他们每年都要面向家乡南京遥祭。2005年6月，安顺地区的一支屯堡人曾经返回江南寻根。当他们在南京祖居地石灰巷与南京的乡亲们深情拥抱时，绵绵600多年的思念，如同长河打开了闸门，浓浓的亲情刹那间奔涌交融，场面令人泪奔。重视祖先传统，重视血脉亲情，在屯堡人数百年的文化传承和坚守中，展现了这种悠久的中华民族的特质，也让我们看到了中华文化源远流长的生命力和凝聚力。

屯堡是贵州地区生动的现实生活，是历史文化的活化石，也是一座丰富的宝库。历史的、文化的、民俗的、语言的、音乐的、美术的，乃至社会学、民族学、国家治理的诸多宝贝，琳琅满目，数不胜数。屯堡中也还有一些未解之谜有待开启。当代人有责任保护和传承这份宝贵的文化遗产，也有义务开发和利用这份宝贵的文化遗产。对屯堡进行深入研究，整理、研究屯堡的历史文化，深刻认识它的精神内涵，挖掘它的当代价值，是保护和传承屯堡文化的基础，也是开展保护和传承工作的前提。

对屯堡的研究，从20世纪20年代就开始了，到20世纪80年代成为一个热点。近二十多年，屯堡引起了社会各界更多的关注，许多学者和学术机构投入到屯堡的研究中，屯堡研究已经成为一个正在兴起的新学科。数十年来，在各个学科领域对屯堡的研究，已经获得了一大批成果，屯堡的历史面貌和文化价值越来越广泛地被认知。当前，在举国弘扬和传承中华优秀传统文化的形势下，有必要对以前的研究做一番梳理和总结，以推动屯堡研究开出新的生面。

2023年，中共贵州省委宣传部决定实施“四大文化工程”，把编辑出版《屯堡文丛》作为其中一项重要工作。《屯堡文丛》设计规模宏大、体例严整、内容丰富，包括历史文献、专题研究、资料整理、文学艺术和创造性转化创新性发展共5个书系。可以说，《屯堡文丛》囊括了有关屯堡历史文化的全部内容。《屯堡文丛》是对屯堡文献的全面的收集和整理，是对以往屯堡研究成果的完整总结，也是为今后屯堡的保护、研究和开发利用打下的坚实基础。对屯堡的历史文献和资料进行收集整理，本身也带有抢救保护的意义，让这些宝贵的文献资料不再丢失，将它们挖掘出来，服务于当代社会和文化建设。对前人的研究进行总结，同时是一项具有前瞻意义的工作。一切研究和实际工作，无不是在前人成果的基础上进行的，利用成果，汲取经验，以开辟新的路径，取得新的成果。《屯堡文丛》秉持全新的出版理念，精心编辑、精心制作，努力为全社会奉献出文化巨制、文化精品。相信，《屯堡文丛》的出版，将会为社会各界提供更多的方便，大大推进屯堡文化的研究、传布和开发利用。无疑，《屯堡文丛》的出版，也将进一步彰显屯堡的价值，助益于传承和弘扬中华优秀传统文化，助益于维护国家统一、促进民族融合的伟大事业。

2024年2月24日于小泥湾

前　言

2001年，《中国明朝档案总汇》出版，该丛书共分折件、档册、书册等三编，其第二编为档册类，主要收录武职选簿（也简称“选簿”）。“所谓‘武职选簿’，是记载明代京内外各卫所职官袭替补选情况的登记簿”[①]，即明代兵部武选清吏司审查内外卫所武职继承人资格的档案总汇。关于武职选簿的内容，陕西师范大学梁志胜先生云：

> 选簿以历代脚色为纲，内容包括了祖辈以来的籍贯、从军缘由，历辈袭替时间、原因，武职的升降调迁、功次赏罚等。选簿的编成，除了历次武选结果的记录外，还参考并收录了其他一些与武选密切相关的重要文书档案，诸如贴黄、功次簿、零选簿、审稿、堂稿、诰敕等。[②]

明代卫所武职群体数量庞大，因推行武职世袭制度而形成的选簿及关联档案也体量宏富，目前，其大部分已经散佚，仅有少部分得以辗转保存在中国第一历史档案馆、辽宁省档案馆、台北“中央研究院”历史语言研究所等处。2001年，《中国明朝档案总汇》影印出版。该丛书收录了现存各官方收藏的绝大部分选簿档案。之所以强调为“官方”收藏，是因为还有一类与选簿关联的档案——供状，其主要由以家族为主的民间社会收藏，或专门保存、抄录，或转录于家族谱牒之中。武职供状搜集不易，选簿档案遂成为研究明代卫所及武官世袭制度的基本史料，因其记载内容涉及明代政治、军事、法律、民族与地方社会等诸多方面，选簿档案也成为明史研究或相关研究的基础性史料。

从学界利用武职选簿在相关领域所进行的研究看，选簿已经成为明史及相关研究的

---

① 《中国第一历史档案馆藏明朝档案编辑说明》，载中国第一历史档案馆、辽宁省档案馆编《中国明朝档案总汇》(01)，广西师范大学出版社，2001，第4页。

② 梁志胜：《明代卫所武官世袭制度研究》，中国社会科学出版社，2012，第12页。

重要史料之一。兹以笔者整理选簿的体会，结合学术界已有的部分研究成果具体言之。

第一，明代政治与政治事件研究。相对于从制度或法律史层面对卫所武职世袭制度进行的研究而言，利用选簿档案进行的明代政治与政治事件的研究较少，但其具有显著的创新性和深度，如利用选簿档案进行的郑和下西洋事件研究。若将郑和下西洋的动因归结于永乐初期特殊的政治背景，则该行为不仅属于海洋交通史上的壮举，更属于永乐年间朝堂政治转圜的重要事件。该方面的代表性研究成果当属徐恭生、范金民及日本学者松浦章等的研究。[①]

事实上，可以利用卫所武职选簿进行研究的明代政治事件还有胡蓝之狱，靖难之役，土木之变与北京保卫战，南宫复辟与曹石之变等。可借此研究靖难之役后原洪武晚季至建文时期亲军卫所与各都督府直属卫所职役的去向、新旧官集团在各地方都司及卫所中的权势消长、明藩王与王府护卫的命运等。目前，利用选簿对前述问题作专题研究的成果仍不多见，孟凡松曾撰文讨论建文朝廷的御燕劲旅“云南兵”的情况，其主体史料即来自云南卫所选簿。[②]李新峰在其《明前期军事制度研究》等著作及有关都司卫所、明初军事体制、军事集团的形成与演化等的研究论文中，也较多地利用选簿资料展开了论述。[③]

第二，明代法律与制度史研究。利用武职选簿进行的明代法律与制度史研究的成果最为显著，于志嘉、梁志胜等都在这方面作出了杰出贡献。[④]目前，相关研究集中于在现有基础上深化、拓展或进行类似事项的比较方面，例如利用选簿对武职的经济、战争犯罪等问题作全面的讨论，[⑤]深入挖掘家谱中存在的武选档案文书——供

① 徐恭生：《郑和下西洋与〈卫所武职选簿〉》，《郑和研究》1995 年第 1 期；《再谈郑和下西洋与〈卫所武职选簿〉》，《海交史研究》2009 年第 2 期；《〈卫所武职选簿〉资料摘录与郑和下西洋研究中的相关问题》，《郑和研究》2009 年第 3 期。范金民：《〈卫所武职选簿〉所反映的郑和下西洋史事》，《郑和研究》2009 年第 4 期（该文又刊于《明代研究》2009 年第 13 期）；《〈卫所武职选簿〉中的郑和下西洋资料》，《郑和研究》2010 年第 1 期。［日］松浦章著，王海燕、时平译：《关于郑和下西洋随行人员事迹》，《郑和研究》2002 年第 1 期。

② 孟凡松：《“云南兵”与靖难之役初探》，《第十九届明史国际学术研讨会暨首届明代屯堡国际学术研讨会论文汇编》。

③ 李新峰：《明前期军事制度研究》，北京大学出版社，2016。

④ 参见于志嘉：《明代军户世袭制度》，台湾学生书局，1987。梁志胜：《明代卫所武官世袭制度研究》，中国社会科学出版社，2012。

⑤ 黄谋军：《明代犯罪武职调卫考论》，《郑州大学学报（哲学社会科学版）》2020 年第 2 期。

状，[①]针对达官、新官等特定武职群体或陵卫、护卫、群牧所等特定职能的卫所进行研究等。

第三，明代军事与地方兵制史研究。武职世袭以军功为等第，总、小旗晋升武职阶层亦以军功为主要依据，故选簿记载武职承袭履历的同时，对对职级升授至关重要的军事活动，往往亦有或详或略的记载。选簿对始祖从军履历、历代各辈军功升授的记载也相应成为研究明代军事或地方兵制史的重要依据。以现存的云南、贵州、湖广、广西等地卫所选簿为例，其卫所职役的历功履历，就涉及洪武年间征云南诸战役，永乐年间征交阯诸战役，正统年间的麓川战役，天顺年间的东苗（香炉山）之役，弘治年间的米鲁之乱，晚明播州及奢安之变，还有山都掌、大藤峡等其他地方性的军事活动，这些在选簿中都有零散而直接的记载。故研究明代西南地方军事史，选簿是不可忽视的资料。

目前，已出现了部分通过卫所武职履历来研究地方军事活动的个案性成果，[②]然而，这类研究尚未得到更多关注。诸如明代民族卫所在云南、贵州、四川、广西、陕西、湖广等地区的军事活动，在交阯、麓川等地区的军事活动，在“南倭北虏”中的军事活动，明廷在各地的平叛弭变行动等，都在武职选簿中有零散而丰富的记载，为明代军事与地方兵制史研究提供了形式单一却又体系庞杂的资料。同时，这些地区的明代卫所军事活动，大多又属于因族群之间经济社会发展不平衡而导致的冲突，选簿也因此成为研究明代边疆史的重要参考资料。

第四，明代民族史研究。较早利用武职选簿研究明代民族问题的专家为民国时期辅仁大学的张鸿翔先生，[③]另外，日本学者川越泰博利用日本所存 13 部卫所选簿抄本开展的对明初政治、军事制度的研究，其成果亦多涉及民族史的内容。[④]近年来，随着

① 赵世瑜：《身份变化、认同与帝国边疆拓展——云南腾冲〈董氏族谱〉（抄本）札记》，《西北民族研究》2013 年第 1 期。

② 张丽娟、孟凡松：《明代平越卫职役军事履历考述——兼论武职选簿的民族史料价值》，《安顺学院学报》2018 年第 6 期。李旭亮：《滇黔武职选簿所见洪武平滇战事探析》，《安顺学院学报》2017 年第 2 期。李旭亮：《武职选簿所见洪武征南史事研究》，硕士学位论文，云南大学，2018。

③ 张鸿翔：《明外族赐姓续考》，《辅仁学志》1934 年第 4 卷第 2 期；《明西北归化人世系表》，《辅仁学志》1939 年第 8 卷第 2 期。

④ 参见奇文瑛：《明代卫所归附人研究——以辽东和京畿地区卫所达官为中心》，中央民族大学出版社，2011，第 6 页。

卫所武职选簿的陆续刊布，从利用卫所选簿研究东北民族史，到利用第一历史档案馆、辽宁省档案馆所藏及汇编收入《中国明朝档案总汇》的卫所选簿来讨论明朝政府的北方民族安置政策、军事建设、归附人的身份转变与社会命运等，基于卫所选簿的民族史研究越来越受到学界的关注，奇文瑛关于卫所归附人的研究即是这方面的代表。[①] 目前，利用选簿资料研究明代民族史，学界多注意到北方移民群体内迁中原的国家政策、民族认同与移民的在地化发展等问题，而从民族史视角探讨内地民众通过卫所移民西北、西南，西南及东南沿海民众移民京畿及辽东地区等方面的成果相对缺乏，民族地区的跨区域移民及移民的在地化过程等仍是值得深入讨论的问题。在广西、云南、贵州、四川、陕西及湖南等地的部分民族地区，地方历史正是因为选簿所记载的卫所职役履历才得以更加清晰地呈现。

第五，地方历史与社会研究。选簿所记载的武职世袭履历亦可以看作明代地方与家族的发展简史，以之为线索而结合谱牒供状、地方志、碑铭及诗文集等，可梳理出家族历史的发展脉络。通过对特定区域卫所家族群体履历的统计与比较，地方社会经济文化及族群发展的趋势性特征亦可总结得出。

有效利用选簿史料可以将明初卫所移民研究推向深入。卫所移民曾对中国社会产生过广泛而深远的影响，有关研究也不胜枚举。然而，有关研究在利用选簿时却存在着混淆武官（“职”）与旗军（“役”）的情况。职、役之别是利用选簿研究卫所移民时首先应澄清的问题。“职”为居于卫所主导地位的群体，即世袭武官群体；“役”则为卫所的主体，即数量庞大的卫所旗军及其家族、家庭成员。目前，相当一部分研究者直接将卫所中的“职”的来源等同于卫所移民的来源，而有意或无意地忽视了“役”的主体性存在及其与“职”的结构性差异。通常情况下，明代卫所“职”的来源往往为从征、归附、安插、罪谴等的各类武职人员，结构上具有较多的相似性，难以据此说明各地卫所移民来源的主体性与差异性。靖难之役以后，随着卫所新旧官群体的出现，武职来源结构在部分卫所中发生了变化。卫所设立稳定以后，少部分的“役”通过“历功”等途径进入“职”的群体，对这类“职”的溯源才是卫所移民研究的重点。因此，仍需要从“役”的维度来挖掘选簿资料所昭示的社会史意义。

---

① 奇文瑛：《明代卫所归附人研究——以辽东和京畿地区卫所达官为中心》，中央民族大学出版社，2011。

选簿史料还可以用来研究明代地方家族与人物的历史。明初卫所以军事移民的方式强势嵌入边疆，并以职役世袭制度为基础实施永久性的屯驻政策，造就了一批代表国家“正统”且在军事及文化等方面占有相当优势的地方军功家族，进而对重塑当地族群结构、文化格局产生了深远影响。

以上略举数端，主要说明武职选簿的史料价值，在探讨具体史事方面，其参考价值更不可忽视。我们固然应充分肯定武职选簿的价值，但对该类史料的局限性及克服办法，亦不能没有清晰的认知。

首先，选簿的史料具有高度的同质性，大多数情况下必须与其他来源、其他类型的史料互相参考使用。选簿原本是作为卫所武职袭替的档案而存在的，其记载的内容也因之具有高度的同质性，与武职袭替无关甚至关联度不大的内容往往语焉不详。除了关于武官世袭制度、郑和下西洋时船队的构成及航行履历、归附人群体等少数领域的研究以外，大多数时候，武职选簿都只能被视为研究史料的必要来源之一，但非主要来源。换言之，选簿的史料价值在大多数情况下仍需要依靠《明实录》、明清地方志等其他各类明清史料来实现，很难凭借此种单一史料来完成相关选题的研究。

其次，选簿史料严重“碎片化”，以之为基本史料的史事研究需要运用“局部履历”研究法。所谓“局部履历”，指卫所职役在限定范围，即“局部”事项上的共同履历。选簿对于与武职袭替关联度较弱的内容，记载往往相对简略甚至语焉不详，诸多关涉明代政治、军事、民族等方面的重要史事，仅有零碎、粗略或间接的记录。例如，研究靖难之役中的南军履历，靖难之役后原洪武时期诸王府护卫职役的去向，诸北势力在全国卫所的空间分布差异，特定年份的政治、军事事件，特定族属或原籍的“职”“役”来源等，大多需要带着某个具体而微的问题将所见选簿史料整体翻阅一遍，通过对特定年份、特定地点、特定史事等相对具有共性的“局部履历”进行采样性质的统计，再以这种细部的深入统计作为史事研究的前提。以选簿为基本史料而秉持该思路进行明史研究，其中最具代表性的成果当属郑和下西洋、诸北归附人等方面的研究。目前，拓展研究视野，深度运用该种方法，对诸多明代史事进行复原性讨论仍有必要。

凡　例

一、本书所收选簿包括《中国明朝档案总汇》（后文简称“《明档》”）第49册至第77册及第101册的北京、南京亲军卫所，五军都督府直隶卫所，在外各都司（行都司、留守司）武职选簿，及与选簿直接关联的袭替职远底簿、选过优给优养簿、选过袭替职官舍簿、零星散逸选簿等。

二、册数、页码的标注。书中标注各卫所选簿在原《明档》中的册数、页码，以方便本书使用者查阅选簿原文。各卫所武职选簿在原书的页码在正文中用阿拉伯数字表示，数字前后加“·”标识；其所在册数以页下注形式说明，页下注标注于第一次出现的标识页码的阿拉伯数字处。

三、原选簿目录的抄录与校补。隆庆四年（1570）六月，明朝廷由兵部主持誊造武职选簿，《兵部为清查功次、选簿以裨军政事》条款规定，“每卫各立一簿，所附卫后”“各立总目以便检查”。当时，各卫所选簿原则上皆立有目录，但延续至明隆庆、万历年间，已存在少数“原无目录”的情形。从现今各卫所选簿存留原目录的情况看，既有完整或部分存留原目录的，也有“原无目录”或目录已经散佚的。对于前者，今除照录原存完整或部分目录外，另加“原簿目录”为其标题；对于“原无目录”或原目录已散佚者，不另补造目录。其中，对于原选簿目录部分存留、原存目录有缺漏等情况，尽量据选簿正文信息补足，所补文字加“[ ]”标识。

四、选簿各页皆新列标题。不论是完整的还是残缺的单件卫所选簿，本书皆新列标题。其原簿有开列脚辈姓名者，仍依原簿以“脚辈姓名”加其“世袭职级”为标题，中间用“·”隔开；其为“年远事故”及“革发”等残页者，若原簿已有“年远事故……”“又一员”等标题字样，则以“年远事故……”“又一员”等文字加原簿最后一辈选条所列姓名为标题，中间用“·”隔开；残簿若无“年远事故……”等字样，由校者添加标题，仍由“年远事故……一员”“又一员”等加最后一辈选条姓名为标题，中间仍用“·”隔开，个别残缺或明后期新立选簿无“又一员”等字样，以选条中袭替者姓名为标题者，另加“[ ]”标识，表明为校者新增标题。部分“年远事故”“辈数未全”“优养妇”等残缺选簿，选簿以最后一辈选条中的袭替或优养者姓名为标题，间有与“原簿目录”不合的情况，则不将标题改回原簿目录中的姓名。

五、选簿数出不作合并。在原存卫所选簿中，间有某页选簿数出者，即袭替履历两次或两次以上在不同地方出现，这大体又分为两种情况：其一，袭替履历已见于完整选簿，又数出于完整选簿或见于“年远事故”“辈数未全”等残缺选簿；其二，嘉靖、隆庆间已有抄造选簿，而万历以后又另立新簿。对此两种情况，本书为保持《明档》原貌，仍依影印件原样抄录，仅在各簿页下加注说明，并不作挪移合并。

六、选簿贴黄与选条的处理。原选簿目录中各武职姓名下以“行内分写”形式出现的始祖姓名、代数及籍贯等文字，选簿贴黄，及各选条正文下以“行内分写”形式记载的武职承袭履历等，在本书中皆与正文统一字号，不进行区分。

七、选簿各辈选条分段。一般情况下，选簿中每辈选条各作一段。原选簿同一辈选条两次出现“旧选簿查有”“编军簿查有”等正文字且分别顶行书写时，各作一段抄录；行内正文在“旧选簿查有”之后又有某职级“功次”等履历记载文字，作接续抄录，不另分段。

八、选簿留白的处理。原簿多有留白之处，大体分两种情况：其一，避讳。各簿贴黄、选条中遇有“钦升”“钦与”“钦袭”“钦依”“诰命”“遇宥”“圣旨”等涉避讳字样时，在“钦”“诰”“宥”“圣”等字前量空一格，今校注本不留白。其二，失载。原选簿贴黄或选条中之袭替年月失载或失载年号、年、月等，量空数字或一字，其年号及年、月可据贴黄及前后选条增补者，予以增补，并加“[ ]”标识；不可考者，今仍量空一字。

九、原簿文字错讹的处理。原簿旁注倒字符号、删除符号者径改；原簿前后两字相同时，间用叠字符号标识，今删叠字符号，仍抄录所叠之字；原簿间有衍字，乃至整个选条误抄者，今仍抄录衍文并以“〈 〉”标识；原簿有明显错字者，先录错字，在错字后加“（）”并在“（）”内标出改正之字；原簿漏字者，补入所漏之字并以“[ ]”标识。

十、俗字的处理。选簿之万历后期及天启、崇祯年间清黄时新立者，文中间用俗字或省写之字，如“学”字作“斈”，“举”字作“夆”，及“副千户”作“付千户”，“景泰”作“景太”，“嘉靖”作“加靖”，“嫡长男”作“的长男”等，径改为正字，不另加注说明。原文常见之通假字，如“已上”“已前”等“已”字，则保留不改。原文普遍使用之讹字，如“褚”讹为“褚”，“裕”讹为“裕”，也保留不改。

十一、原簿文字漫漶缺字及其他难辨字的处理。原簿间有漫漶处，有因文字上盖印章或加“某某对讫”字样而难以辨识，及因影印文字缩放过小而不能识别等情况，其漫漶或无法辨识文字在三字以内者，每字以一“□”标识，四字及以上字数者，以“……”标识。

十二、原簿数字的处理。数字的处理有数端：人名、地名中含数字者，大写或小写皆依原文不改；年号及其月日数字，统一录作小写数字；选簿贴黄或选条载官舍旗军历功员名数，或历功擒斩“贼级”名颗数等，统一录作小写数字；原簿记载袭替及优给优养武职年岁，统一录作小写数字；原“年远事故”“辈数未全”等选簿中，或有“乙员”“又乙员”与“壹员”“又壹员”等，统一录作“一员”“又一员”；原簿述及袭替辈数多用小写数字，而载武职比试等次则小写数字与大写数字参半使用，统一录作小写数字。此外，又有“比中乙等”之类表述，由于并无“甲等”“丙等”与之类比，“乙等”仍是“一等”之意，径改“乙”为“一”。总之，除人名、地名外，选簿涉及统计性质的大写数字者，今统一录作小写数字。此外，原簿中表示年龄的数字“廿”“卅”等照录，俗字“卄”则依据俗字例改作“廿”。

十三、人名的处理。同一选簿中同一人名的前后用字，有前后读音相同、相近而字形不同者，皆依原文抄录，不作改动；确指同一人而人名用字音形皆异者，多系原名、幼名与改名、成人名的差异，仍旧不改；对比上下文确系抄誊讹误者，加括号改正。人名中的异体字，如“昪”“陞”“莕”“聰”“鑑”“崑”“崐”“崙”“崘”等，皆依原文不改。

十四、地名的处理。原簿地名有同一地名而字形相异者，如“武冈”又作“武岗”，“巨野”又作“钜野”，“泰兴”又作“太兴”，“长洲”又作“长州”，“交阯”又作“交趾”等，今径改出现频次较高的“武岗”为“武冈”，“交趾”为“交阯”等，对于出现频次较低的地名误字，则加“（）”改正；原簿地名为明代通行地名用字者，依原簿不改；地名含数字或容易误读为数字的，如“六安州”“安陆州”等，原选簿间有混淆，加“（）”改正。

十五、旁注、钤印等文字的处理。原簿间有旁注文字，或在页眉，或在贴黄、选条等各行间隙，主要区分为两种情况：其一，属于武职承袭履历的，原文照录；其二，诸如“对讫”等原兵部武选司添加的审校性文字，一般不予抄录，个别夹杂于正文表明原贴黄形态的“破碎”“磨改”“黄破”等文字，则以页下注形式说明。又原选簿在誊造之后，有原选簿审校后留下的钤印及钤印类文字，一概不予抄录。

十六、记载的逻辑错误与遗漏的处理。原选簿记载中前后矛盾之处并不少见，如辈数及承袭履历记载遗漏、出幼违限数年却仍记作法定最低袭职年龄，两辈之间承袭间隔近五十年甚至更长时间且可说明为漏载一辈或二辈等，对于这类的逻辑性错漏，读者可通过比对前后文发现，仍抄录原文，一般不加注说明。

十七、辈数错漏情况的处理。对于原选簿中将优给与袭职各作一辈、仅“辈”字加姓名而未写辈数、不写或漏写辈数、辈数重复等数种情况，除个别可依据上下文推出正确文字的加“（）”改正外，属于选簿内普遍情况的都照旧抄录，不作校改。

十八、本次整理的卫所选簿均为明朝档案，所涉民族名称，如“夷”“回回”及个别“犭”旁的汉字等，本着历史唯物主义的态度，尊重历史，保留原样，非歧视之意。

十九、建文年号及终住支年号的处理。原簿将建文年号并入洪武之后，出现“洪武三十二年”等；另外，终住支年号也有改元而未标记者，今均依原文抄录，不另出注说明。

目　　录

兵部为清查功次、选簿以裨军政事

隆庆三年九月，该本部尚书霍、左侍郎曹议得：武选司库贮功次、选簿及零选簿年久浥烂，而近年获功堂稿与核册、题覆尚未誊造，每遇选官清黄之期，典籍残阙，卒难寻阅，合宜及时照例修补。题奉钦依：续该尚书郭、右侍郎王严加清理，详定规议。[①] 先后行委车驾司员外郎赖嘉谟、武选司主事谢东阳，会同武选司郎中吴兖、李汶、王俸、王叔杲、刘汉儒、员外郎张世烈、主事李与善、宗弘暹、李承式、韩应元、李松、彭富，开局立法，督率选到七十八卫所吏役逐一将功次、零选、堂稿及新功核、题未经立簿者尽行修补誊造外，为照选簿备载内、外二黄、零选、功次及续附节年选过审稿，所以为清黄选官计也。往年修造辈数或缺而未备，职姓或混而未清，功次或未尽誊，审稿或未尽附，终非完籍，未便稽考。且革发、充军、揭黄等项原未该载，每遇大选，无从检查，竟滋奸弊。今以各卫所官员照级类造，对核明白，用司印钤盖，依样另造目录二本，总列成帙，题曰“武职选簿”，一本送堂贮库，一本存司，掌印官相沿交收，俾按簿查名，一览可知，以杜将来吏胥去籍之弊，仍申明先年员外郎马坤等原议，“专委本司员外郎提督管贮前簿，单月附选”，及今重议“每遇大选，看选主事各照所管新官、旧官、升调、给养、未及六十，督率该吏赴库查选，不得出外，以致损改”。后凡该司接任官员，务宜留心掌修，应附应补，及时誊写，不得如前混遗，庶簿籍完备，可以永便于检查而功罪明核，又能潜杜夫奸弊。今将目今修造及日后附补事宜凡例开列于后。须至簿者，计开凡例二十一款。

一、每卫各立一簿，所附卫后，如卫官多者，各所另为一簿，亦照左右中前后次序，不相混淆，如官少则二卫并为一簿，仍各立总目以便检查。

一、指挥使、指挥同知、指挥佥事、正千户、副千户、实授百户、试百户、署试百户事冠带总、小旗，分为七项誊造。仪卫正与正千户同级，卫镇抚、仪卫副与副千

---

① 据《明穆宗实录》《明神宗实录》等相关记载，该“本部尚书霍”“左侍郎曹”“续该尚书郭”“右侍郎王”分别当为霍冀、曹邦辅、郭乾、王遴。

户同级，所镇抚、典仗与试百户同级，俱照级类造。如见任都指挥佥事以上及署都指挥佥事以上，此乃流官，止加于指挥使之首类造，其署指挥使事则加于指挥同知之首类造，署指挥同知事则加于指挥佥事之首类造，以下五级署职，俱照此例。其有以大署小，如实授百户署所镇抚事之类，乃署掌其事也，非级也，与前署职不同，仍归本级实授百户内抄造。

一、各卫所照官级次序，先以贴黄历查辈数、袭替、优给、功罪、升革年月，将旧选簿逐一磨对，如黄、选功罪原载相同者，各细抄誊；其中有缺者，吊取内外二黄、审稿、零选、功次等簿，查出补写各辈项下。其选簿内有重复及非关系选法者不录，庶免淆乱。如旧选簿未载，贴黄有名，系近年官员，不得遗去。但袭替年月未开，无凭吊查黄、选者，止附抄总目后，俟后子孙袭替之日补造。

一、每员止用半叶，首书脚辈姓名，下用二行抄黄，每行分写。二黄俱有，从其详者书之。其辈数各占一行，先抄零选，若系优给出幼，亦每行内分写。其有功次，量空一字，下分行附抄，字多不拘一行。如无选有黄，则书“已载前黄”；如功次或载黄内，则书“已载前黄”；或载选内，则书“已载某辈选条”，免费时日查抄。至于某辈选缺，则旁注小“缺”字，某功次缺，则旁注小“候查”字，俱留半行。并前内、外黄俱无，亦注小“缺”字，以俟子孙袭替之日查补。

一、凡本人顶祖役总、小旗立功升试百户以上，缘总、小旗不入大选，无选条可抄，而本人功次又多系祖名，今以本人作一辈起，于下先将贴黄所开祖、父总、小旗姓名功次抄出，方查抄本人功次，如祖、父系宣德以后功，亦须查录。

一、凡旧选簿未载而有近年审稿者，此必当日所遗，该与抄造。

一、凡选条、内外黄、功次、诰命中如有差落者，照旧传疑，不得增改，其有选条、功次原错附者，今俱改正抄写本人名下，以便检查。

一、凡子替故绝，或孙年幼，本人病痊，年未六十，应得复袭原职者，不作辈数，止附于子选条下。

一、调卫；除不得复还原卫者，该载所调卫分，原卫止注明总目叶内。其例得回卫并未经子孙袭替改调附近卫所者，仍造归本卫，庶检查不混。

一、旧选簿内止载数辈，无贴黄可查前后辈数，以凭吊查零选、功次者，则于各官级之后另用叶数类抄，约照员数各留白叶，俟后子孙袭替，每大选毕日，该司员外郎督率各该吏役查照前式将审稿备细抄誊各官级之尾，每员照旧仍用半叶。

一、凡革充冠带总、小旗与总、小旗，虽不入大选，然日后获功，例升试百户，子孙袭替之日，前二级功次又所必查。今附七类之后，以备参考。

一、凡选条末辈，查贴黄开称死故，在今新限十二年、十五年外者，不问子孙弟侄有［无，例］当革发，止附七类叶后，以备参考。如死故年月未开者，仍依级抄，待其袭替之日，查明定夺。

一、优养：新官不拘年限，生子准袭；旧官十年生子准袭者，照旧与袭替、优给并造外，其优养妇女，系户无承袭之人，止附类抄叶尾，用备查考，以杜后来冒袭之弊。

一、充军：有终身者，终身方许承袭。有永远者，不得承袭。及许洪武、永乐年间立功子孙降袭，旧未登簿，竟贻冒袭之弊。今吊职方司编军簿，尽数抄附各人项下，庶后隐情不供者难逃检查。其编军簿内原未开出原卫所者，总附目录，以便查考。

一、选簿、审稿如开贴黄查有功次选条者，此系各卫自造文册，难以凭信，俱不附写。

一、每簿前各将卫所官员照级编号，开立总目，大书脚选姓名，名下注立功始祖及籍贯、代数，并前项类抄，亦附于后。至于年远事故及已经革发揭黄，不准袭替者，类附总目后，另书一款，用备参考，以杜日后买嘱隐情保袭之弊。

一、凡旧选簿总目有名，后未开载者，查出尽数抄造。如仍旧无查，亦开附总目之后。

一、旧革发人员未附选簿，以致复保，无凭稽察。后遇选毕，该管员外郎一并抄附选簿。

一、旧核册功次未附选簿，以致册籍散逸，查选未便。后经核题录升，该管协司郎中，督率吏役，抄附各人名下，以便大选检查。

一、旧充军揭黄，未附选簿，以致大选清黄，或滋奸弊。后遇前项文移到部，即时抄附各人名下，以便查考。

一、后经调卫不得还卫者，将祖卫、来历、缘由，抄续今调卫分。两卫总纲内俱要各将调去、调来官级、姓名，明注于后，以便检查。

隆庆四年六月　日
兵部尚书郭、右侍郎王
委官车驾司员外郎赖嘉谟、武选司主事谢东阳
监写经历

亲军指挥使司所属卫所·亲军卫·府军前卫

原簿目录

前所正千户三员

一号刘刚，始祖刘添孙，代六，山后人。

二号吴鼐，始［祖吴孝先，代六］，武［清县人］。

［三］号王宝，始祖王文，代七，定远县人。

年远事故四员

刘玘，鄠陵县人。

张兴。

杨灏，宛平县人。

吴泰，迁安县人。[①]

……

［副千户五员、续入一员］

［一号曹文麒，始祖曹子福，代七，柳州人］。

［二］号冯恩，始祖冯成，代八，沛县人。

三号支良，始祖支兴，代六，泗州人。

［四号张纶，始祖张全，代五，通州人］。

五号张宗，始祖张显，代七，景州人。

续入张钦，定远人，有记无印。

……

年远事故五员

［刘庆，卢龙县人］。

顾教化，华亭县人。

袁庆。

赵斌。

王鑑，河阳县人。·1·[②]

……

［实授百户十一员］

……

［二］号刘瑄，始祖刘杲，代四，咸阳县人。

三号刘钦，始祖刘聚，代六，乐亭县人。

［四号周永，始祖周凯，代七，公安县人］。

［五号王］傑，始祖王宣，代九，荥阳县人。

六号任用，始祖任享，代七，安肃县人。

［七号贾连，始祖刘贵，代五，通州人］。

［八号李镗，始祖］李彬，代五，［宛平县］人。

九号徐昂，始祖徐斌，代四，东平州人。

---

① 《明档》本册第1页原目录“始［祖吴孝先，代六］，武［清县人］”等两行，应移置“二号吴鼐”等文字下。

② 该府军前卫选簿据《中国明朝档案总汇》第49册整理。

[十号张勋，始祖张得山，代五，固城县人]。

[十一号李鸾，始祖李彬]，代六，[宛平县人]。[1]

……

[年远事故□员]

[崔]山，邹县人。

柴永，山阳县人。

董成。

……

[张杲]，峄县人。

张鑑，望江县人。

谭佑，西华县人。

……

[年远事]故二员

[郑景，丹徒县人]。

[张任，滦州人]。

实授百户七员

一号陶宣，始祖陶咬儿，代六，睢宁县人。

二号田仁，始祖田贵，代六，赣榆县人。

三号张怀忠，始[祖张玉，代九]，三[河县人]。

四号王保，始祖王贵，代七，东安县人。

五号栢洪，始[祖]栢青，代八，阳信县人。

六号贾玉，始祖[贾五儿，代五]，乐安[州人]。

七号李仁，始祖李荣，代六，济南府人。

辈数未全一员

吕经，山阳县人。

年远事故八员

郑玉，坝（霸）州人。

[谢弘]，马邑县人。

赵友。

[宋清]。

张[山]。

……•2•

冠带总旗一员

……

① 对比《明档》本册第16页“李镗•世袭百户”与第18页“李鸾•世袭百户”选簿，此“八号李镗”与“十一号李鸾”实为同一武职家族的承袭记录。

刘刚・正千户

外黄查有：刘清，山后人。有祖刘大，洪武四年充军，故。将父刘添孙补役，三十四年西水寨升总旗，三十五年故。清系嫡长男，补，小河病故，钦与百户俸优给，八年袭通州卫世袭百户。[①]刘海，系刘清嫡长男。刘瑢，系刘海嫡长男。父正统十四年于德胜门等处杀贼阵亡，照例升二级，先因年幼，已升与正千户俸优给，出幼，于景泰四年袭府军前卫前所正千户。刘刚，系刘祯嫡长孙。父刘永昌未袭先故，照例与本人全俸优给，至嘉靖十三年终住支。

一辈刘添孙，已载前黄。

二辈刘清，旧选簿查有：永乐十四年十二月，府军前卫前所世袭百户刘清。

三辈刘海，旧选簿查有：正统三年四月，刘海，系府军前卫前所世袭百户刘清嫡长男。

四辈刘瑢，旧选簿查有：景泰四年三月，刘瑢，山后人，系府军前卫前所世袭百户刘海嫡长男。父于德胜门等处杀贼阵亡，照例升二级，本人先因年幼，已与正千户优给，今出幼，该袭流官正千户。

五辈刘祯，旧选簿查有：弘治元年闰正月，刘祯，山后人，系府军前卫前所正千户刘瑢嫡长男，钦与世袭。

六辈刘刚，旧选簿查有：嘉靖五年十月，刘刚，年七岁，山后人，系府军前卫前所年老正千户刘祯嫡长孙。伊父刘永昌未袭先故，照例与本人全俸优给，至嘉靖十三年终住支。

旧选簿查有：嘉靖十四年二月，刘刚，年十六岁，山后人，系府军前卫前所年老正千户刘祯亲孙，先与优给，今出幼，见患残疾，不堪承袭，照例与全俸优养，生子准袭。

［吴黼・正］千户

……查有：吴孝先，旧名得安，武清县人，洪武三十二年充武城后卫军，济南升

① “小河病故”系刘清父刘添孙之“功”，以此刘清“钦与百户俸优给”。

小旗，黄媚寨升试百户，克金川门钦升振武卫左所副千户，与世袭。• 3 •

［一辈］吴孝先，已载前黄。

二辈吴原，旧选簿查有：宣德七年四月，吴原，系府军前卫卫镇抚带管支俸故副千户吴孝先庶长男。

三辈吴昇，旧选簿查有：成化十四年三月，吴昇，武清县人，系府军前卫前左所正千户吴原嫡长男。

四辈吴刚，旧选簿查有：弘治十一年十一月，吴刚，武清县人，系府军前卫前左所世袭正千户吴昇嫡长男。

五辈吴荣，旧选簿查有：正德十五年四月，吴荣，武清县人，系府军前卫前左所年老正千户吴刚嫡长男。

六辈吴鼐，旧选簿查有：嘉靖三十四年二月，吴鼐，武清县人，系西安前卫前所故正千户吴荣嫡长男。

王宝・正千户

外黄查有：王通，定远县人。高祖王文，吴元年军，洪武三十二年功升小旗，三十四年克太原府功升试百户，三十五年克金［川］门奇功升府军前卫前所正千户，年老。有堂伯祖王福，系王文嫡长孙，幼小。曾伯祖王用，系王文嫡次男，借职，授羽林前卫中所，无嗣。王喜系亲侄，替，故。父王表系嫡长男，袭，为事革职，故。通系嫡长男，弘治十三年袭正千户，仍中所带俸。

一辈王文，已载前黄。

二辈王福，已载前黄。

三辈王用，旧选簿查有：正统十四年十月初八日，王用，定远县人，系羽林前卫中所带俸征伤年老正千户，有亲侄王喜替职。

四辈王喜。

五辈王表，旧选簿查有：成化二年二月，王表，定远县人，系府军前卫前所故世袭正千户王喜嫡长男。

六辈王通，旧选簿查有：弘治十三年二月，王通，定远县人，系府军前卫前所革职世袭正千户王表嫡长男。

七辈王宝，旧选簿查有：嘉靖十九年十月，王宝，年二十一岁，定远县人，系羽林前卫中所正千户王通嫡长男。·4·

年远事故前所正千户一员·刘玘

成化五年八月，刘琮，鄠陵县人，系府军前卫前所正千户刘朋嫡长男，钦与世袭。

弘治十六年二月，刘玘，鄠陵县人，系府军前卫前所世袭正千户刘琮亲弟。伊侄刘信为事不堪，本人借替，待兄侄有男还与职事。

又一员·张兴

正统十四年九月，张全，系府军前卫前所征进未回正千户张忠嫡长男。

景泰元年七月，张兴，系府军前卫前所伤故正千户张全堂弟。

又一员·杨灏

景泰五年十二月，杨灏，宛平县人，系府军前卫前所世袭正千户杨贵庶长男。

又一员·吴泰

成化元年三月，吴泰，迁安县人，系府军前卫前所失陷世袭正千户吴敬嫡次男。

张梦龙·副千户

［万历］二十七年六月，年十二岁，山后人，系府军前卫前所故副千户张清嫡长男，全俸优给，至三十年终住支。

万历三十一年二月，大选过府军前卫前所副千户一员张梦龙，年十六岁，出幼袭职，比中三等。·5·

曹文麒·副千户

[缺]。

一辈曹子福。

二辈曹贤。

三辈曹义，旧选簿查有：永乐十九年三月，曹义，系羽林左卫前所故世袭百户曹贤亲弟，敬袭世袭百户。

功次簿查有：正统九年，钦升官五十八员，系大同后等卫官旗，出境剿杀擒获拥众达贼有功，府军前卫百户升副千户二十五员内一员曹义。

四辈曹斌，旧选簿查有：景泰六年四月，曹斌，柳州人，系府军前卫指挥佥事曹义嫡次男。

五辈曹佁子，旧选簿查有：成化八年八月，曹佁子，柳州人，系府军前卫故世袭指挥佥事曹斌嫡长男。

六辈曹政，旧选簿查有：正德十六年五月，曹政，柳州人，系府军前卫年老指挥佥事曹佁子庶长男。伊曾祖曹义原袭百户，功升副千户，二次瓦刺公干历升前职。祖、父沿袭，本人照例革去瓦刺公干二级，与本卫前所副千户俸优给，今出幼袭职。

七辈曹文麒，旧选簿查有：嘉靖四十五年六月，曹文麒，年二十六岁，柳州人，系府军前卫前所带俸年老副千户曹政嫡长男。

八辈曹景和，万历三十二年二月，大选过府军左卫前所副千户一员曹景和，年二十七岁，柳州人，系故副千户曹文麒嫡长男，比中二等。

冯恩·[副]千户

内黄查有：[冯荣，沛县人]。曾祖冯成，丙午年军，洪武三十四年藁城升小旗，三十五年齐眉山阵亡。祖冯全系嫡长[男]，永乐三年补，升实授百户，正统三年故。父冯信系嫡长男，十四年德胜门杀贼有功，景泰元年升副千户，老。荣系嫡长男，替副千户。冯泰，系府军前卫故绝副千户冯纪亲堂叔。伊堂兄冯祥先故，堂侄冯瘦儿，自幼与人，不知下落，今借职，候瘦儿回日，还与职事。冯恩，系府军前卫故副千户冯瘦儿嫡长男，全俸优，至嘉靖三十五年终住支。

一辈冯成。

二辈冯全，旧选簿查有：永乐五年五月，冯全，旧名半□，系金吾左卫左所齐眉山阵亡小旗冯成嫡长男，敬升本卫所世袭百户管事。

宣德二年三月，府军前卫左所百户冯全。•6•

三辈冯信，旧选簿查有：正统六年四月，冯信，系府军前卫左所故世袭百户冯全嫡长男。

副千户功次，景泰元年，钦升簿内查有：德胜门等处杀贼升一级府军前卫百户升副千户二十五员内一员冯信。

四辈冯荣，旧选簿查有：成化十一年五月，冯荣，沛县人，系府军前卫左所副千户冯信嫡长男。

五辈冯纪，旧选簿查有：正德四年四月，冯纪，沛县人，系府军前卫左所年老世袭副千户冯荣嫡长男。

六辈冯泰，旧选簿查有：嘉靖五年十二月，冯泰，年十岁，沛县人，系府军前卫左所故绝副千户冯纪亲堂叔。伊堂兄冯祥未袭先故，生有堂弟冯瘦儿自幼与人，不知下落，今照例借与本人全俸优给，至嘉靖十年终住支，候冯瘦儿回日还与职事。

七辈冯瘦儿，旧选簿查有：嘉靖十四年二月，冯瘦儿，年二十七岁，沛县人，系府军前卫左所故绝副千户冯纪亲堂弟，本人先因年幼，卖与人为义男，堂叔泰借职优给，今回家告袭职事，伊堂叔优给俸粮开除。

八辈冯恩，旧选簿查有：嘉靖三十六年二月，冯恩，年十六岁，沛县人，系府军前卫前所故副千户冯瘦儿嫡长男，优给出幼袭职。

九辈冯遇春，万历十年八月，冯遇春，年十四岁，沛县人，系府军前卫前所带俸故副千户冯恩嫡长男，照例全俸优给，至万历十一年终住支。

万历十二年二月，冯遇春，年十六岁，沛县人，系府军前卫前所故带俸副千户冯恩嫡长男，出幼袭职，年幼未比。

支良·副千户

[缺]。

一辈支兴，缺。

二辈支春，旧选簿查有：永乐十年九月，支春，系大同前卫左所世袭副千户支兴嫡长男，敬替世袭副千户。•7•

三辈支本，旧选簿查有：正统十三年，支本，系大同前卫左所世袭副千户支春嫡长男。

四辈支盛，旧选簿查有：天顺四年正月，支盛，泗州人，系府军前卫前所失陷世袭副千户支本嫡长男。

五辈支昇，旧选簿查有：弘治五年十二月，支昇，泗州人，系府军前卫前所故世袭副千户支盛嫡长男。

六辈支良，旧选簿查有：正德八年十月，支良，泗州人，系府军前卫前所带俸故世袭副千户支昇嫡长男。

张纶·副千户

内黄查有：张兴，旧名大都，通州人。有父张小九，洪武十八年从军，三十三年白沟河阵亡。将叔张全儿补，升小旗，三十四年夹河阵亡。兴，永乐四年袭升金吾右卫左所百户。张海，系张兴嫡长男。

一辈张全，已载前黄。

二辈张兴，已载前黄。

三辈张海，已载前黄。

四辈张庆，缺。

五辈张纶，旧选簿查有：嘉靖十三年十月，张纶，年二十二岁，通州人，系府军前卫前所带俸故副千户张庆嫡长男。

六辈张文宪，万历四年二月，张文宪，年四十岁，通州人，系府军前卫后右所带俸年老副千户张伦（纶）嫡长男。

七辈张宝，万历十五年八月，张宝，年十四岁，通州人，系府军前卫中左所故副千户张文宪嫡长男，照例与全俸优给，至万历十六年终住支。

万历十七年二月，张宝，年十六岁，系府军前卫中左所故副千户张文宪嫡长男，出幼袭职，年幼未比。

八辈张嘉喻，崇祯元年六月，大选过府军前卫中左所副千户一员张嘉喻，年

二十四岁，系疾副千户张宝嫡长男，比中三等。•8•

张宗·副千户

［缺］。

一辈张显。

二辈张俊，旧选簿查有：永乐二年八月，张俊，年十四岁，系金吾右卫前所阵亡总旗张显嫡长男，钦与百户全俸优给，至永乐三年终住支袭职。

三辈张铎，旧选簿查有：正统十四年五月，张铎，系府军前卫中所征进未回百户张俊嫡长男。

钦升簿内查有：天顺五年四牌楼杀贼有功，府军前卫百户升副千户二十八员内一员张铎。

四辈张凤，旧选簿查有：弘治九年二月，张凤，景州人，系府军前卫后所副千户张铎庶长男。父原系本卫中所，调今所，老疾。本人优给出幼袭，钦与世袭。

五辈张麒，旧选簿查有：正德十四年二月，张麒，景州人，系府军前卫前左所故世袭副千户张凤嫡长男，优给出幼袭职。

六辈张銮，旧选簿查有：嘉靖六年十二月，张銮，景州人，系府军前卫前左所故世袭副千户张麒亲叔。

七辈张宗，旧选簿查有：嘉靖二十二年十二月，张宗，年二十五岁，景州人，系府军前卫前所故带俸副千户张銮嫡长男，查明仍副千户。

张钦·副千户

张钦。

张文涣，万历四年六月，张文涣，定远县人，系府军前卫前所带俸患疾副千户张钦嫡长男。•9•

年远事故前所副千户一员·刘庆

成化十三年七月，刘玺，年十六岁，卢龙县人，系府军前卫前所副千户刘青嫡长男，钦与世袭。

弘治十六年十一月，刘庆，卢龙县人，系府军前卫前所故世袭副千户刘玺嫡长男。

又一员·顾教化

成化十四年七月，顾教化，年十六岁，华亭县人，系府军前卫前所故世袭副千户顾龙嫡长男。

又一员·袁庆

洪武二十六年二月，袁庆，系信阳卫左所世袭百户袁佐嫡长男。父征伤告替，系在外守御，父子俱至御前，钦依"他父从军做官年深，着替了，升做府军前卫前所世袭副千户"。

又一员·赵斌

正统十四年十月，赵斌，系府军前卫前所征进未回副千户赵显亲弟。

又一员·王鑑

永乐二十三[①]年二月，王玉，年十岁，系府军前卫前所故世袭副千户王铎幼名宁山嫡次男，钦与全俸优给，至永乐二十七年终住支。

景泰二年四月，王鑑，河阳县人，系府军前卫前所故世袭副千户王玉嫡长男。

---

① 原文作"三"，系"二"上添"一"作"三"。永乐无二十三年，又该王氏当系新官，优给至十五岁止，十六岁出幼袭职，以王玉年十五岁在永乐二十七年优给住支逆推，此永乐"二十三年"应为"二十二年"。

弘治十一年四月，王鑑，年六十一岁，河阳县人，系府军前卫前所老疾世袭副千户，户无承袭之人，照例与全俸优养。• 10 •

范邦泰・副千户

范邦泰，天启四年十月，大选过府军前卫前左所副千户优给舍人一名范邦泰，年二岁，系故副千户范徐登庶长男，照例与全俸优给，至天启十七年终住支。

崇祯十一年四月，大选过府军前卫前左［所］副千户一员范邦泰，年十六岁，出幼袭职，比中三等。

李璋・署副千户事实授百户

外黄查有：李茂，白水县人。祖李让，永乐十年充军，十九年充总甲，洪熙元年升总旗，正统九年迤北脱秀哈喇山杀败达贼，升府军前卫前所试百户，十四年迤北征进失陷。茂系嫡长孙，钦准袭本卫所百户，景泰五年钦与世袭职事。

一辈李让，已载前黄。

二辈李茂，旧选簿查有：正统十四年十一月，李茂，系府军前卫前所征进阵亡试百户李让嫡长孙。祖原系总旗，迤北杀贼有功升前职，本人该袭实授百户。

功次簿查有：天顺五年，四牌楼杀败获功，府军前卫百户升副千户二十八员内一员李茂。

三辈李昂，旧选簿查有：弘治八年四月，李昂，年十五岁，同州人，系府军前卫前所功升副千户李茂庶长男，优给出幼袭职，钦与世袭。

四辈李璋，旧选簿查有：嘉靖三十年四月，李璋，白水县人，系府军前卫前所老疾副千户李昂嫡长男。伊高祖让原系总旗，正统九年迤北杀贼功升试百户，阵亡；祖茂袭实授百户，天顺五年四牌楼功升副千户，父昂沿袭。所据迤北杀贼功无擒斩，例应减革，本舍照例革与署副千户事实授百户。• 11 •

五辈李承禄，万历二十六年八月，李承禄，年四十一岁，系府军前卫中前所老试百户李章嫡长男，比中三等。

六辈李承恩，万历三十一年八月，李承恩，年四十四岁，系府军前卫中前所故试百户李承禄亲弟，比中三等。

刘瑄·实授百户

外黄查有：刘杲，原系凉州卫中所军，正统九年调甘肃操备，十一年征进沙河地面收捕……功，未曾升授，十三年哈喇地面擒捕伪祈王锁南奔有功，本年升小旗，十四年西……达贼有功，景泰二年升总旗，天顺元年以沙河地面功钦升试百户，五年调府军前卫后所，八年遇例［实授］，成化十一年钦与流官。

一辈刘杲，旧选簿查有：成化十年钦升簿内查有，红盐地三岔口榆林等处杀贼有功升署职一级，府军前卫百户升署副千户一员刘杲。

二辈刘镇，旧选簿查有：成化十二年十月，刘镇，咸阳县人，系府军前卫后后所署副千户事百户刘杲嫡长男。

三辈刘瓒，审稿簿查有：正德十三年四月，刘瓒，咸阳县人，系府军前卫后所调前所年老副千户刘镇嫡长男。祖刘杲功升试百户，遇例实授，三岔口当先升署副千户，又功升实授，本人照例革去遇例并当先署级，与替实授百户。

四辈刘瑄，旧选簿查有：嘉靖二十一年六月，刘瑄，咸阳县人，系府军前卫前所年老带俸实授百户刘瓒亲弟。

刘钦·实授百户

［缺］。• 12 •

一辈刘聚。

二辈刘通，旧选簿查有：永乐九年四月，刘通，系太原右卫右所淹故世袭百户刘聚亲弟，敬袭世袭百户。

三辈刘俊，旧选簿查有：宣德十年七月，刘俊，系府军前卫右右所故世袭百户刘通亲侄。

钦升簿内查有：正统十四年，福建沙尤杀贼获功，府军前卫百户升副千户一十四员内一员刘俊。

四辈刘成，旧选簿查有：成化九年四月，刘成，乐亭县人，系府军前卫右右所故副千户刘俊遗腹庶长男。

五辈刘勋，旧选簿查有：正德六年六月，刘勋，滦州人，系府军前卫前左所故副千户刘成嫡长男。伊父原系本卫右右所，改今所。

六辈刘钦，旧选簿查有：嘉靖十年八月，刘钦，年十八岁，乐亭县人，系府军前卫左所故副千户刘勋嫡长男。伊曾祖刘俊原袭百户，福建功升前职，祖、父沿袭。所据福建功无擒斩，例应减革，本人照例革袭百户。

旧选簿查有：隆庆二年八月，刘钦，年六十岁，乐亭县人，系府军前卫前所年老实授百户，照例与全俸优养，不拘年限，生子准袭。

王氏，万历十六年四月，王氏，年五十八岁，系府军前卫前所故优养实授百户刘钦正妻，照例月与米二石优养，终身住支。

周永 • 实授百户

外黄查有：周鑑，公安县人。祖周……总旗。永乐十三年父周玉以余丁选充……玉具本陈情替祖罪犯，钦蒙宥〈祖〉闲祖，准替父原役总旗，正统九年哈喇山杀……系嫡长男，袭府军前卫前前所实授百户，天顺六年钦与世袭。周刚系周鑑嫡长男。祖周玉德胜门……有功，阵亡例升二级。父系长男，升副千户，故。刚成化八年袭授府军前卫前前所副千户。

一辈周凯，已载前黄。

二辈周玉，已载前黄。

三辈周鑑，旧选簿查有：正统十四年十二月，周鑑，系府军前卫前所阵亡试百户周玉嫡长男。父原系总旗，迤北杀贼有功升前职，本人该袭实授百户。

旧选簿查有：天顺二年四月，周鑑。有父周玉原系府军前卫前千户所试百户，德胜门外杀贼阵亡例升二级；本人已袭伊父原职试百户，今加与伊父阵亡二级，照例与升副千户。

四辈周刚，旧选簿查有：成化八年六月，周刚，公安县人，系府军前卫前前所故副千户周鑑长男，钦与世袭。

五辈周纪，旧选簿查有：正德六年五月，周纪，公安县人，系府军前卫前前所故世袭副千户周刚亲弟。• 13 •

六辈周福，旧选簿查有：正德八年十月，周福，年十九岁，公安县人，系府军前卫右所故副千户周纪嫡长男。伊曾祖周玉系试百户，祖周鑑正统十四年照袭实授，又具奏升前职，本［人］照例革与实授百户。

七辈周永，旧选簿查有：嘉靖二十年八月，周永，公安县人，系府军前卫前所故实授百户周福嫡长男。

八辈周林，万历九年十月，周林，年二十九岁，公安县人，系府军前卫前前所年老实授百户周永嫡长男，比中三等。

九辈周龙，万历四十六年三月，大选过府军前卫右所实授百户一员周龙，年三十五岁，系故实授百户周林嫡长男，比中三等。

王傑·世袭百户

外黄查有：王雄，荥泽县人。父王宣，洪武十六年从军，三十三年济南升总旗，三十四年西水寨升试百户，三十五年渡江平定京师〈临〉升实授百户，故。雄系嫡长男，袭。王受系王雄堂兄，堂弟故，无儿男，受袭。王玘系王受嫡长男，父老疾，玘袭。

一辈王宣，已载前黄。

二辈王雄，已载前黄。

三辈王受，旧选簿查有：宣德三年四月，王受，系府军前卫前所故世袭百户王雄堂兄。

四辈王玘，旧选簿查有：景泰元年闰正月，王玘，系府军前卫前所世袭百户王受嫡长男。

五辈王奉，旧选簿查有：天顺元年十二月，王奉，年十一岁，荥泽县人，系府军前卫前所故世袭百户王玘嫡次男。已与兄王琳优给，病故，钦与本人全俸优给，至天顺五年终住支。

六辈王琳，旧选簿查有：缺。

七辈王玺，旧选簿查有：成化三年三月，王玺，荥泽县人，系府军前卫前所故世袭百户王玘嫡次〈三〉男。

八辈王玉，旧选簿查有：成化十九年四月，王玉，年五岁，荥泽县人，系府军前卫前所革职世袭百户王玺嫡长男，钦与全俸优给，至成化二十九年终住支。

九辈王傑，旧选簿查有：嘉靖十九年十二月，王傑，年四岁，荥泽县人，府军前卫前所故实授百户王玉庶长男，照例与全俸优给，至嘉靖三十年终住支。

旧选簿查有：嘉靖三十一年二月，王傑，年十六岁，荥泽县人，系府军前卫前所故世袭百户王玉庶长男，优给出幼袭职。• 14 •

任用·实授百户

内黄查有：任享，安肃县人，洪武四年充□卫校尉，三十三年白沟升小旗，三十四年西水寨升总旗，三十五年平定京师升除锦衣卫中左所百户，永乐二年与世袭。任义系任享嫡长男，［享］永乐六年故，义于永乐七年钦准袭职，仍授锦衣卫中左所世袭百户，永乐十三年钦调府军前卫前右所。任钊系任义嫡长男，正统元年故，钊于正统二年钦与全俸优给。

一辈任享，已载前黄。

二辈任义，旧选簿查有：永乐十四年十二月，府军前卫前右所世袭百户任义。

三辈任钊，旧选簿查有：正统十二年二月，任钊，系府军前卫前右所故世袭百户任义嫡长男。

四辈任宽，旧选簿查有：成化五年十一月，任宽，安肃县人，系府军前卫前右所署副千户事世袭百户任钊嫡长男，告替百户，仍署副千户事。

五辈任怀，旧选簿查有：弘治八年九月，任怀，安肃县人，系府军前卫前右所副千户任宽嫡长男。伊父原系署副千户，遇例实授，今患疾，本人照例革替署副千户事百户。

六辈任保，旧选簿查有：嘉靖二十六年十月，任保，安肃县人，系府军前卫前所带俸故实授百户任怀庶长男。

七辈任用，旧选簿查有：嘉靖三十七年八月，任用，年十二岁，安肃县人，系府军前卫前前所故实授百户任保嫡长男。查得伊父任保为侵欺军士月粮发大同前卫立功，故。所据父为事立功未满而故者与支半优给，本舍与支实授百户半俸优给，至嘉靖四十年终住支，与袭实授百户。

旧选簿查有：嘉靖四十一年二月，任用，年十六岁，安肃县人，系府军前卫前所故实授百户任保嫡长男，优给出幼袭职。查伊父任保未比，照例罚俸三年。

贾连·世袭百户

［缺］。

一辈刘贵，诰命查有：贾兴，旧姓名刘贵，幼名广良，通州人。有父贾仁义与本乡刘济川为婿，贵洪武三十二年垛集，随姓报作刘广良名字充军，西水寨升小旗，平定京师除大嵩卫左所百户，永乐二年与世袭，三年复姓。•15•

二辈贾旺，旧选簿查有：正统九年五月，贾旺，系大嵩卫左所世袭百户贾兴旧姓名刘贵即广良嫡长男。

三辈贾真，旧选簿查有：成化九年十月，贾真，顺天府通州人，系大嵩卫左所世袭百户贾旺嫡长男。

四辈贾宽，旧选簿查有：弘治二年六月，贾宽，通州人，系龙骧卫中所带俸百户贾真嫡长男。

五辈贾连，旧选簿查有：嘉靖九年六月，贾连，年二十四岁，通州人，系府军前卫前所年老世袭百户贾宽嫡次男。

李镗·世袭百户

［缺］。

一辈李彬，缺。

二辈李荣，旧选簿查有：永乐九年二月，李荣，旧名七十，系燕山左卫后所齐眉山头功未升总旗李彬嫡长男，敬袭世袭百户。

三辈李刚，旧选簿查有：天顺五年八月，李刚，宛平县人，系府军前卫前所故世袭百户李荣旧名七十亲侄。

四辈李珏，旧选簿查有：成化十四年二月，李珏，宛平县人，系府军前卫前所世袭百户李刚嫡次男。父为事革职，本人有兄李玉患风疾不堪承袭，已与优给，今出幼袭职，待兄有男还与职事。

五辈李镗，旧选簿查有：嘉靖九年六月，李镗，年三十三岁，宛平县人，系府军

前卫前所老疾世袭百户李珏亲侄。[①] ·16·

徐昂·世袭百户

[缺]。

一辈徐斌，旧选簿查有：永乐十四年十二月，府军前卫前所世袭百户徐斌。

宣德二年三月，徐斌，系典杖，仍复前所原职百户，府军前卫。

二辈徐鑑，旧选簿查有：天顺七年八月，徐鑑，东平州人，系府军前卫前所百户徐斌嫡长曾孙。先因曾祖病故，祖徐通先故，父徐斗儿年幼，叔祖徐刚借职，征进迤北等处获功二级，历正千户。续生本人，今长成，叔祖亦故，本人该袭正千户。

三辈徐昂，旧选簿查有：正德四年十二月，徐昂，东平州人，系府军前卫前所正千户徐鑑嫡长男。伊高祖徐斌历功升百户，曾叔祖徐刚借职，又获功升正千户，父徐鑑以侄孙例前袭职，年老，本人照例革去曾叔祖二级，与做祖职世袭百户。

四辈徐永昌，旧选簿查有：嘉靖二十三年八月，徐永昌，东平州人，系府军前卫右前所［故实授百户］徐昂嫡长男。

五辈徐承恩，万历三年四月，徐承恩，年二十四岁，东平州人，系府军前卫右前所年老实授百户徐永昌嫡长男。

六辈徐天祚，万历四十二年七月，大选过府军前卫右前所实授百户优给舍人一名徐天祚，年十一岁，系故实授百户徐承恩嫡长孙，照例与全俸优给，至四十六年终住支。

万历四十七年三月，大选过府军前卫右前所实授百户一员徐天祚，年十六岁，出幼袭职，年幼记比，候年二十岁起送再比。

［张］勋·世袭百户

[缺]。·17·

一辈张得山，缺。

---

① 该选簿一辈李彬至五辈李镗选条顺序，与本册第18页“李鸾·世袭百户”一至五辈选条顺序相同。

二辈张刚，旧选簿查有：永乐二年十一月，张刚，年十三岁，系肃州卫中左所百户张得山嫡长男。父原系宽河卫军，升调前职，病故，敬与全俸优给，至永乐四年终住支袭职。

三辈张毅，旧选簿查有：景泰二年十二月，张毅，系府军前卫前前所世袭百户张刚嫡长男。

四辈张钦，旧选簿查有：成化十年三月，张钦，固（故）城县人，系府军前卫前前所故世袭百户张毅嫡长男。

五辈张勋，旧选簿查有：正德五年四月，张勋，固（故）城县人，系府军前卫前所故世袭百户张钦嫡长男。

李鸾·世袭百户

内黄查有：李七十，宛平县人。外祖徐传五，丙午年军，疾。母舅徐久孙户名不动代役，洪武二十四年征黑松林阵亡。将父李彬户名不动代役，三十三年白沟河升小旗，三十四年西水寨升总旗，故。七十为父头功未升病故，永乐五年敬与燕山左卫右所百户全俸优给，九年袭本卫所世袭百户，改名李荣，宣德八年调府军前卫前所百户。李刚系李荣亲侄，袭府军前卫前所世袭百户。李珏系李刚嫡次男，为父不应事革职，兄李玉疾，天顺八年优给，成化十二年终住支。

一辈李彬，已载前黄。

二辈李七十，已载前黄。

三辈李刚，已载前黄。

四辈李珏，已载前黄。

五辈李镗，缺。[①]

六辈李鸾，旧选簿查有：嘉靖三十七年十月，李鸾，年二十二岁，宛平县人，系府军前卫前所带俸年老世袭百户李镗嫡长男。

七辈李国柱，万历三十一年二月，大选过府军前卫后所实授百户一员李国柱，年二十五岁，系疾实授百户李鸾嫡长男，比中三等。

---

① 该一辈李彬至五辈李镗选条顺序，与《明档》本册第16页“李镗·世袭百户”各选条顺序相同。

八辈李应龙，崇祯十一年二月，大选过府军前卫前后所实授百户一员李应龙，年二十七岁，系故实授百户李国柱嫡长男。

实授百户十一员。·18·

署副千户事前所百户·齐值玉

景泰四年三月，齐璘，山后人，系府军前卫前所故世袭百户齐兴嫡长男。

弘治八年四月，齐值玉，山后人，系府军前卫前所副千户齐璘嫡长男。伊父原系功升署副千户，成化二十三年遇例实授，故。本人先医年幼，已照例革与百户俸优给，今出幼，仍袭署副千户事百户。

又一员·常凤

景泰六年十月，常敬，系府军前卫前所试百户常宁嫡长男。父原系总旗，紫荆关等处杀贼有功升前职，病故。照例本人该袭实授百户。

成化八年二月，常鑑，年十五岁，献县人，系府军前卫前所故百户常敬嫡长男，钦与世袭。

弘治十三年四月，常凤，献县人，系府军前卫前所缢故世袭百户常鑑嫡长男。

又一员·崔山

永乐十六年六月，府军前卫前所百户崔荣。

永乐十年九月，崔整，系府军前卫前所为事在监故世袭百户崔荣亲侄。

天顺三年三月，崔鲁儿，邹县人，系府军前卫前所失陷世袭百户崔整堂弟。

弘治六年十月，崔山，邹县人，系府军前卫前所世袭百户崔鲁儿堂侄。·19·

又一员·柴永

永乐十七年五月，柴文，系府军前卫前所故世袭百户柴顺亲弟。

景泰元年九月，柴玉，系府军前卫前所征进未回百户柴文堂弟。

成化十六年五月，柴永，山阳县人，系府军前卫前所世袭百户柴玉嫡长男。

又一员・董成

永乐十四年十二月，府军前卫前所世袭百户董真。

正统九年二月，董成，系府军前卫前所世袭百户董真嫡长男。

又一员・石福得

景泰三年八月，石福山，系府军前卫前所阵亡总旗石西安嫡长男，升试百户。

景泰五年九月，石福得，朝邑县人，系府军前卫前所试百户石福山亲弟。父石西安原系总旗，德胜门等处杀贼阵亡，报作未回，例升一级。兄袭升前职，病故。钦准本人袭实授百户。

又一员・石富

成化二十一年四月，石富，新昌县人，系府军前卫前所百户石玉堂侄，待堂叔有男还与职事，钦与世袭。

又一员・王福

成化元年七月，王福，年五岁，获嘉县人，系府军前卫前所故世袭百户王泉嫡长男，钦与全俸优・20・给，至成化十一年终住支。

又一员・张杲

成化七年四月，张杲，崞县人，系府军前卫前所百户张惟贤户名张奴儿嫡长男，钦与世袭。

又一员·张鑑

弘治十四年二月，张鑑，年七岁，望江县人，系府军前卫前所故世袭百户张勉嫡长男，钦与全俸优给，至弘治二十二年终住支。[①]

优养世袭百户一员·谭佑

永乐十四年十二月，府军前卫前所世袭百户谭俊。

宣德七年七月，谭英，府军前卫前所世袭百户谭俊嫡长男。

景泰四年三月，谭广，西华县人，系府军前卫前所故世袭百户谭瑛嫡长男。

成化十六年二月，谭辅，西华县人，系府军前卫前所残疾世袭百户谭广嫡长男。

弘治七年四月，谭佑，西华县人，系府军前卫前所革职世袭百户谭辅亲弟。

嘉靖元年四月，谭佑，年四十四岁，西华县人，系府军前卫前所世袭百户，见患盲无子，钦与本人全俸优养。

优养女一口·丘道宁

天顺三年八月，丘琳，巢县人，系府军前卫前所百户丘贤嫡长男，钦与世袭。• 21 •

天顺七年十月，丘童受，年一岁，巢县人，系府军前卫前所故世袭百户丘琳嫡长男，钦与全俸优给，至天顺二十年终住支。

正德四年四月，丘道宁，年五岁，巢县人，系府军前卫前所故世袭百户丘童受亲女，户无承袭之人，照例与全俸五石优养，十四岁住支。

马永安·试百户

外黄查有：马胜，朝邑县人。父马小蛮，永乐十年选充总甲，十三年实授总旗，

① 此残簿载张鑑优给履历，其袭职履历见《明档》本册第79页“张鑑·世袭百户”选簿五辈张鑑选条。

老。胜代役，天顺五年四牌楼擒斩反贼曹钦等升府军前卫前前所试百户，天顺七年调本卫前所，成化四年钦与流官。马祥系马胜嫡长男，父患风疾，祥成化六年替授府军前卫前所实授百户，钦与世袭。马贵系马祥嫡长男，伊父原系试百户，遇例实授，本人弘治八年革替试百户。

一辈马小蛮，已载前黄。

二辈马胜，已载前黄。

三辈马祥，已载前黄。

四辈马贵，已载前黄。

五辈马春，缺。

六辈马永安，旧选簿查有：嘉靖十二年十月，马永安，年二十六岁，朝邑县人，系府军前卫前所故绝带俸试百户马春亲侄。[①] · 22 ·

[曹]严 · 百户

号纸查有：府军前卫中前所百户一员曹祥，怀来县人。始祖曹成，洪武四年军，老。曹得代役，三十三年济南升小旗，三十四年西水寨升总旗，三十五年金川门升百户，老。曹英替，故。曹亮袭，老。曹福优，替，老。曹纪替，老。祥系男，嘉靖三十七年二月二十九日照旧替百户。

辈曹严，万历二十八年十月，曹严，年四十九岁，系府军前卫左所年老百户曹祥嫡长男，比中三等。

刘时春 · 所镇抚

内黄查有：刘福，无为州人。祖刘先锋，丙午年归附从军，调燕山中护卫小旗，故。将父刘伴叔补役，洪武三十四年夹河阵亡。将福补役，为父阵亡，永乐二年敬与试百户俸优给，七年袭试百户，十三年调府军前卫后所，署所镇抚事，宣德十年实授

① 该选簿贴黄及第一至五辈选条所载，与《明档》本册第24页“年远事故前所试百户一员·马春”选簿各选条相合。

本卫所所镇抚，正统二年授世袭。

一辈刘先锋，已载前黄。

二辈刘伴叔，已载前黄。

三辈刘福，已载前黄。

四辈刘振，旧选簿查有：景泰二年五月，刘振，系府军前卫后前所世袭所镇抚刘福嫡长男。

五辈刘通，旧选簿查有：弘治二年十一月，刘通，无为州人，系府军前卫后前所世袭所镇抚刘振嫡长男。

六辈刘英，旧选簿查有：正德十年二月，刘英，无为州人，系府军前卫后前所故世袭所镇抚刘通嫡长男，优给出幼袭职。

七辈刘镗，旧选簿查有：嘉靖三十八年六月，刘镗，年二十六岁，无为州人，系府军前卫前所患疾世袭实授所镇抚刘英嫡长男。

八辈刘时春，旧选簿查有：嘉靖四十四年五月，刘时春，年十四岁，无为州人，系府军前卫前所故所镇抚刘镗嫡长男，照例与全俸优给，至四十五年住支。

旧选簿查有：隆庆元年二月，刘时春，年十六岁，无为州人，系府军前卫前所故所镇抚刘镗嫡长男，优给出幼袭职。

九辈刘天保，万历四十三年十月，大选过府军前卫前所所镇抚一员刘天保，系老所镇抚刘时春嫡长男，奉旨免比。•23•

年远事故前所试百户一员·马春

外黄查有：马胜，朝邑县人。父马小蛮，永乐十年选充府军前卫前所总甲，为随侍事授总旗，老疾。胜代役，并乞天顺五年四牌楼功升试百户。

成化六年十月，马祥，朝邑县人，系府军前卫前所百户马胜嫡长男，钦与世袭。

弘治八年九月，马贵，朝邑县人，系府军前卫前所百户马祥嫡长男。

弘治十六年四月，马春，朝邑县人，系府军前卫前所百户马贵亲弟。伊兄原系试百户，弘治十一年遇例实授，缢故，本人照例革袭试百户。①

① 该残簿各选条所载与《明档》本册第22页“马永安·试百户”选簿贴黄及一至五辈选条相合。

又一员·白真

景泰二年四月，白贵，系府军前卫前千户所阵亡小旗白俊亲弟，升试百户。

成化十二年二月，白真，年十五岁，滁县人，系府军前卫前所副千户白贵嫡长男。伯白俊原系小旗，西直门杀贼阵亡，例升二级。父袭升试百户，遇例实授，四牌楼杀贼有功升副千户，为事充军病故。本人年幼，已革与试百户俸优给，今出幼，袭试百户。

年远事故所镇抚一员·陆澄

天顺五年十月，陆澄，蒙城县人，系府军前卫前所世袭所镇抚陆玉旧姓禄玉嫡长男。

又一员·徐宣

正统十四年九月，徐兴，系府军前卫前所征进未回所镇抚徐贵亲弟。

成化七年十二月，徐宣，年十五岁，含山县人，系府军前卫前所故世袭所镇抚徐兴嫡长男。

优养所镇抚一员·郑宽·24·

宣德二年三月，府军前卫郑贵系试百户，仍复前千户所原职。

景泰元年八月，郑贵，年六十六岁，系府军前卫前所征伤所镇抚，有嫡长男郑永，年三十四岁，替职。

成化十五年三月，郑旺，连江县人，系府军前卫前所为事革职世袭所镇抚郑永嫡长男。

弘治五年六月，郑宽，连江县人，系府军前卫前所世袭所镇抚郑旺堂兄。伊堂弟病故，已与堂侄郑通优给，亦故，本人袭职。

嘉靖三年二月，郑宽，年六十三岁，连江县人，系府军前卫前所世袭所镇抚，户无承袭之人，照例与全俸优养，生子准袭，不拘年限。

署试百户事总旗一员·刘玉

嘉靖三十一年六月，刘玉，咸宁县人，系府军前卫前所年老实授百户刘瑄嫡长男。曾祖杲原系跟随出征人数，以嘉峪关功升小旗，以西山口功越升试百户，遇例实授，又以双山堡功升署副千户。祖镇替，又以辽东功升副千户，伊伯及父沿袭。所据双山堡功并遇例已经减革外，其越升，其辽东功无擒斩，例应减革，本舍照例革与署试百户事食总旗名粮。·25·

张堂·正千户

[缺]。

一辈张丑儿，缺。

二辈张忠，旧选簿查有：永乐七年四月，张忠，旧名马灵保，系燕山前卫中所夹河阵亡小旗张丑儿嫡长男，敬袭试百户。

三辈张山，旧选簿查有：正统三年五月，张山，系府军前卫后所署所镇抚事故百户张忠嫡长男，钦准袭实授世袭百户，仍署所镇抚。

四辈张鋐，旧选簿查有：成化十八年十二月，张鋐，桐城县人，系府军前卫卫镇抚带俸故正千户张山嫡长男。

五辈张英，旧选簿查有：正德元年二月，张英，桐城县人，系府军前卫前左所故世袭正千户张鋐嫡长男。伊父原系本卫卫镇抚带俸，选调今所。

六辈张堂，旧选簿查有：正德十五年十月，张堂，年五岁，桐城县人，系府军前卫前左所故正千户张英嫡长男，钦与全俸优给，至正德二十五年终住支。

零选簿查有：嘉靖十年二月，张堂，年十六岁，桐城县人，系府军前卫前左所故正千户张英嫡长男。伊曾祖张山原系试百户，遇例实授，又以西直门、石佛寺功升前职，俱无擒斩，例不该袭，本人照例革袭试百户。

七辈张钺，万历八年四月，张钺，年五十七岁，桐城县人，系府军前卫右左所带俸故试百户张堂叔伯弟，比中三等。

八辈张栋，万历十三年二月，张栋，年三十岁，桐城县人，系府军前卫右左所故实授百户张钺嫡长男。查伊父原袭试百户，遇例实授，所据遇例实授一级例难准袭，本舍照例革袭试百户，比中三等。

九辈张凤鸣，万历四十一年八月，大选过府军前卫右左所试百户一员张凤鸣，年十八岁，系老试百户张栋嫡长男，比中三等。

孙镗・正千户

内黄查有：孙俊，五河县人。父孙虎，吴元年军，故。将兄孙成补役，洪武三十三年济南升小旗，克沧州升总旗，三十四年藁城升百户，三十五年和州等处升正千户，永乐元年故。叔父孙旺借职，俊系孙成亲弟，二年袭金吾后卫调府军前卫中所，八年与世袭。孙晟系孙俊嫡长男，［俊］二十二年调越府，宣德二年回原卫，正统四年故，[①] 晟优给。孙祥系孙晟亲叔，侄正统五年故，祥六年袭府军前卫中后所世袭正千户。孙清系孙祥嫡长男，父正统十二年故，清本年优给，正统十三年终住支袭职。孙镗系孙通嫡长男，父嘉靖三年故，镗四年四月袭职。• 26 •

一辈孙成，已载前黄。

二辈孙旺，已载前黄。

三辈孙俊，已载前黄。

四辈孙晟，已载前黄。

五辈孙祥，已载前黄。

六辈孙清，已载前黄。

七辈孙通，已载前黄。

八辈孙镗，已载前黄。

九辈孙良辅，隆庆五年八月，孙良辅，五河县人，系府军前卫前左所带俸年老正千户孙镗嫡长男。

十辈孙魁光，万历十五年二月，孙魁光，年九岁，五河县人，系府军前卫前左所故正千户孙良辅嫡长男，照例与全俸优给，至万历二十一年终住支。

---

① 据文义，“正统四年故”者应为孙俊，而非孙晟。“二十二年调越府”中“二十二”前应补“俊”字。

年远事故前左所正千户一员·范章

成化十六年二月，范忠，年十五岁，浮梁县人，系府军前卫后后所革职正千户范昇嫡长男。

弘治十八年四月，范章，年十五岁，浮梁县人，系府军前卫前左所故世袭正千户范忠嫡长男。伊父原系后后所，调今所。

又一员·陈玺·27·

永乐十四年十二月，府军前卫前左所世袭正千户陈贵。

正统十四年九月，陈贵，年五十八岁，系府军前卫前左所征伤正千户，有嫡长男陈玺，年三十二岁，替职。

张鸾·副千户

[缺]。

一辈张显。

二辈张俊，旧选簿查有：永乐二年八月，张俊，年十四岁，系金吾右卫前所阵亡总旗张显嫡长男，钦与百户全俸优给，至永乐三年终住支袭职。

三辈张铎，旧选簿查有：正统十四年九月，张铎，系府军前卫中所征进未回百户张俊嫡长男。

四辈张凤，旧选簿查有：弘治九年二月，张凤，景州人，系府军前卫后所功升副千户张铎庶长男。父原系本卫中所，调今所，老疾。本人优给出幼袭职，钦与世袭。

五辈张麒，旧选簿查有：正德十四年二月，张麒，景州人，系府军前卫前左所故世袭副千户张凤嫡长男，优给出幼袭职。

六辈张鸾，旧选簿查有：嘉靖六年十二月，张鸾，景州人，系府军前卫前左所故世袭副千户张麒亲叔。

七辈张永年，万历二十三年十月，张永年，年二十一岁，系府军前卫前左所老副千户张宗嫡长男，比中三等。

[八辈张邦桂]，万历四十年十二月，大选过府军前卫前左所副千户张邦桂，年十七岁，系故副千户张永年男，比中三等。• 28 •

[马]海 · 副千户

[缺]。

一辈马贵。

二辈马良，旧选簿查有：永乐九年三月，马良，系信阳卫左所世袭百户马贵旧名李贵嫡长男。父先年与义祖李二为义男，因义祖从军病故，父马贵随姓作李□保名字补役，充隆庆右卫左所军，征进到京有功，改名李贵，后复姓马贵，升除前职，迤北征进病故，合袭世袭百户。

三辈马鑑，旧选簿查有：正统十二年六月，马鑑，系信阳卫左所征进未回百户马良嫡长男。副千户功次，候查。

四辈马浩，旧选簿查有：成化三年十月，马浩，江陵县人，系府军前卫前左所副千户马鑑嫡长男，钦与世袭。

五辈马宣，旧选簿查有：弘治八年九月，马宣，江陵县人，系府军前卫前左所革职世袭副千户马浩亲第三弟。兄马琛年老不堪承袭，本人借职，待兄有男还与职事。

六辈马海，旧选簿查有：正德九年六月，马海，江陵县人，系府军前卫前左所老疾副千户马宣亲弟。伊长侄马汉残疾，次侄马雄在逃，本人借职，待伊侄有男还与职事，本人革闲。

王俊 · 副千户

内黄查有：王政，旧名官音奴，黄州府人。祖父王贵，甲辰年归附，乙巳年授兴武卫百户，洪武三年除怀庆副千户，十四年故。父王傑，十五年袭除怀庆卫右所世袭副千户，二十六年查出年深，钦依越正千户升除南阳中护卫世袭指挥佥事，二十九年为倒死马匹事犯斩罪监故。政系庶长男，三十一年优给，永乐八年袭授沂州卫世袭指挥佥事。

一辈王贵，已载前黄。

二辈王傑，已载前黄。

三辈王政，已载前黄。

四辈王钰，旧选簿查有：天顺四年闰十一月，王钰，年十五岁，黄冈县人，系府军前卫伤故世袭指挥佥事王政庶长男。

五辈王荣，旧选簿查有：天顺八年七月，王荣，幼名关赵，黄冈县人，系府军前卫故世袭指挥佥事王钰堂弟。• 29 •

六辈王璋，旧选簿查有：成化十七年二月，王璋，年十六岁，黄冈县人，系府军前卫故世袭指挥佥事王荣嫡长男。

七辈王瑁，旧选簿查有：成化二十年二月，王瑁，年十五岁，黄冈县人，系府军前卫故世袭指挥佥事王璋亲弟。

八辈王伦，旧选簿查有：正德五年八月，王伦，年十五岁，黄冈县人，系府军前卫后所故指挥佥事王瑁嫡长男，已革与祖职副千户俸优给，今出幼，照例袭副千户。

九辈王佐，旧选簿查有：正德七年二月，王佐，年十一岁，黄冈县人，系府军前卫后所故副千户王伦亲弟，钦与全俸优给，至正德十年终住支。

十辈王俊，旧选簿查有：嘉靖十九年十月，王俊，黄冈县人，系府军前卫前左所故副千户王佐亲弟。

十一辈王子忠，零选簿查有：嘉靖三十三年六月，王子忠，年十五岁，黄冈县人，系武功右卫中右所故副千户王俊嫡长男。

十二辈王朝臣，万历九年六月，王朝臣，年十三岁，黄冈县人，系武功右卫中右所故副千户王子忠嫡长男，照例与全俸优给，至万历十年终住支。

十三辈王朝相，万历十年八月，王朝相，年六岁，黄冈县人，系武功右卫中右所故优给副千户王朝臣亲弟，照例与全俸优给，至万历十八年终住支。

张清·副千户

外黄查有：张诚，山后人。有父张友，洪武五年充军，三十二年真定升小旗，十月郑村坝升勇士百户，三十三年济南升副千户，三十四年小河淹故。诚系嫡长男，永乐元年袭金吾左卫前所副千户。张旺系嫡长男，父疾，旺正统八年替府军前卫前所副千户。

一辈张友，已载前黄。

二辈张诚，旧选簿查有：宣德二年三月，张诚，系仪卫副，仍复左前所原职副千户，府军前卫。

三辈张旺，旧选簿查有：正统八年六月，张旺，系府军前卫左前所副千户张诚旧名成嫡长男，钦与世袭。• 30 •

四辈张英，旧选簿查有：正统十四年十月，张英，系府军前卫左前所征进未回副千户张旺嫡长男。

五辈张傑，旧选簿查有：景泰七年十月，张傑，系府军前卫左前所故世袭副千户张英亲弟。

六辈张鹤，旧选簿查有：正德七年二月，张鹤，山后人，系府军前卫右后所正千户张傑嫡长男。父原系左前所，功升署正千户，调今所，成化二十三年遇例实授，年老。本人已照例革与署正千户事副千户俸优给，今出幼袭职。

七辈张清，旧选簿查有：嘉靖四十二年三月，张清，年十六岁，山后人，系府军前卫前左所故副千户张鹤嫡长男，优给出幼袭职。[①]

八辈张梦龙，万历二十七年六月，年十二岁，系府军前卫左前所故副千户张清嫡长男，全俸优给，至三十年终住支。

九辈张万纪，天启四年十二月，单本选过府军前卫前左所副千户张万纪，年二十二岁，系故副千户张承汉嫡长男，比中三等。

陈氏

崇祯十五年九月，单本选过府军前卫前左所优养妇一口陈氏，年五十六岁，系故绝副千户郭勋嫡妻，照例优养，身终住支。号纸注销。

前左所副千户一员·张清

嘉靖三十二年十二月，张清，年六岁，山后人，系府军前卫前左所故副千户张鹤

① 此选条载张清袭职履历，其优给履历又见《明档》本册第31页“前左所副千户一员·张清”选簿。

庶长男，照例与全・31・俸优给，至嘉靖四十一年终住支。[①]

年远事故副千户一员・楚序

永乐十四年十二月，府军前卫前左所世袭副千户楚本。

景泰元年闰正月，楚序，系府军前卫前左所故世袭副千户楚本嫡长男。

优养副千户一员・陈端

正统三年四月，陈铭，系府军前卫前右千户所报效冠带余丁，德胜门、固安、大同等处杀贼获功三级升本所实授百户。

成化十七年二月，陈端，江阴县人，系府军前卫前左所副千户陈铭嫡长男，钦与世袭。

弘治八年六月，陈端，年五十四岁，江阴县人，系府军前卫前左所风疾世袭副千户，户无承袭之人，照例与全俸优养。

刘潮・实授百户

外黄查有：刘敬旧名奴儿，宛平县人，洪武三十三年垛充军，五月济南升小旗，三十四年西水寨升总旗，三十五年渡江升鳌山卫后所百户，永乐二年钦与世袭。刘通系刘敬亲侄，叔病故，无儿男，通于宣德元年袭本卫所百户。刘顺系刘通嫡长男，父天顺四年故，顺于本年八月初九日袭鳌山卫后所世袭百户。

一辈刘敬，已载前黄。

二辈刘通，审稿查有：宣德元年十月，刘通，系鳌山卫后所故世袭百户刘敬亲侄。

三辈刘顺，审稿查有：天顺四年八月，刘顺，宛平县人，系鳌山卫后所故世袭百户刘通嫡长男。・32・

---

① 该选条载张清优给履历，其袭职履历又见《明档》本册第31页“张清・副千户”选簿七辈张清选条。

四辈刘聚，审稿查有：弘治十四年二月，刘聚，宛平县人，系鳌山卫后所世袭百户刘顺嫡长男。

五辈刘英，审稿查有：嘉靖九年袭职，刘英，年十五岁，宛平县人，系鳌山卫后所故百户刘聚嫡长男。

六辈刘虎，旧选簿查有：嘉靖二十二年二月，刘虎，年十五岁，宛平县人，系府军前卫前左所故实授百户刘英嫡长男，优给出幼袭职。余条在鳌山卫后所。

七辈刘潮，旧选簿查有：嘉靖四十年八月，刘潮，年十二岁，宛平县人，系府军前卫前左所故实授百户刘虎嫡长男，照例与全俸优给，至嘉靖四十三年终住支。

八辈刘见，隆庆三年十二月，刘见，宛平县人，系府军前卫前左所带俸故实授百户刘潮亲伯叔。

九辈刘永寿，万历四年四月，刘永寿，年三岁，宛平县人，系府军前卫前左所故世袭百户刘见嫡长男，照例与全俸优给，至万历十六年终住支。

万历十七年二月，刘永寿，年十六岁，系府军前卫前左所故实授百户刘见嫡长男，出幼袭职，年幼未比。

练缙・实授百户

外黄查有：练富，泰州人。兄练华系小旗练谊下余丁，正统十四年报效，德胜门外杀败达贼，景泰元年升小旗，三月大同雷公山石佛寺阵亡，无儿男。富系亲弟，三年以兄阵亡功例升二级，袭升府军前卫右所试百户，天顺元年遇例实授，钦与流官职事。练缙年十五岁，系府军前卫前左所副千户练纯嫡长男。伊曾祖华功升小旗，阵亡，祖富袭升试百户，遇例实授，荔浦功升前职，沿袭，故。已与本人副千户俸优给，今革遇例职级，与袭实授百户，嘉靖三年钦准袭职。

一辈练富，已载前黄。

二辈练纯，已载前黄。

三辈练缙，已载前黄。

五（四）辈练应麒，隆庆四年八月二十七日，练应麒，年二十二岁，泰州人，系

府军前卫前左所年老实授百户练缙嫡长男，钦准替职。[①] •33•

张钦・百户

内黄查有：张聪，寿光县人。父张彪旧名王德成，洪武七年充军，九年充先锋，十七年除百户，二十三年调燕山右卫左所，残疾。次兄张荣三十一年袭百户，故，无儿男。聪系亲弟，永乐四年袭职，十三年调府军前卫右所。张荣，年十四岁，系燕山右卫左所世袭百户张彪嫡次男，支俸读书操练，至十五岁管事。永乐四年十二月，张聪，系燕山右卫左所故百户张荣亲弟，敬袭世袭百户。

一辈张彪，已载前黄。

二辈张荣，已载前黄。

三辈张聪，已载前黄。

四辈张弼。

五辈张灏。

六辈张钦，旧选簿查有：嘉靖十年十月，张钦，年三十九岁，寿光县人，系府军前卫前左所老疾副千户张灏嫡长男。伊曾祖聪原袭百户，大松林当先升前职，沿袭，本人照例革当先，替百户。

七辈张希颜，万历四十三年十月，大选过府军前卫后所实授百户一员张希颜，系老实授百户张国勋嫡长男，奉旨免比。

李锦・世袭百户

［缺］。

一辈李旺，旧选簿查有：永乐十四年十二月，府军前卫前左所世袭百户李旺。

二辈李真。•34•

三辈李英，旧选簿查有：正统八年三月，李英，系府军前卫前左所故世袭百户李

---

① 此选簿贴黄及各选条所载承袭履历，又见《明档》本册第36—37页“前左所实授百户・练晋”选簿各选条。

旺嫡长男。先因年幼，亲叔李真借职。本人今长成，退还职事，钦准袭职，伊叔革闲。

四辈李雄。

五辈李清，旧选簿查有：景泰三年二月，李清，年六岁，系府军前卫前左所失陷世袭百户李英嫡长男，先因〈用〉年幼，堂叔李雄借职，今告取职事，钦与全俸优给，至景泰十二年终住支，伊堂叔革闲。

六辈李瓒，旧选簿查有：成化十年九月，李瓒，年六岁，洛阳县人，系府军前卫前左所故世袭百户李清嫡长男，钦与全俸优给，至成化十九年终住支。

七辈李锦，旧选簿查有：正德二年六月，李锦，洛阳县人，系府军前卫前左所故世袭百户李瓒嫡长男。

杭勇・实授百户

[缺]。

一辈杭教化，已载二辈选条。

二辈杭真，诰命查有：杭真，幼名教化，当涂县[人]。兄杭四奇，洪武二十七年充军，三十三年济南升小旗，三十四年西水寨升总旗，三十五年齐眉山失陷。真系亲弟，永乐元年补总旗，为兄失陷升兴州右屯卫百户，三年与世袭，十三年调府军前卫。杭英系杭真嫡长男，正统五年故，英七年袭，十四年征剿福建南平县西芹杀贼、攻克竹……沙县萝葡山杀贼、紫云台杀败贼众有功，景泰元年升流官副千户。

三辈杭英，缺。

四辈杭瓒，旧选簿查有：成化二年六月，杭瓒，当涂县人，系府军前卫前左所副千户杭英嫡长男。

五辈杭鑑，旧选簿查有：弘治九年九月，杭鑑，当涂县人，系府军前卫前左所副千户杭瓒嫡长男。

六辈杭勇，旧选簿查有：嘉靖二十二年十二月，杭勇，年三岁，当涂县人，系府军前卫前左所带俸年老副千户杭鑑庶长男。伊曾祖英以百户正统十四年福建功升副千户，祖、父沿袭。所据福建功不及数，例应减革，本舍照例革与实授百户俸优给，至嘉靖三十四年终住支。・35・

旧选簿查有：嘉靖三十五年二月，杭勇，年十六岁，当涂县人，系府军前卫左所带俸年老副千户杭鑑庶长男，优革实授百户，出幼，准照旧袭实授百户。

七辈杭雲，天启二年二月，单本选过府军前卫左后所实授百户一员杭雲，年二十二岁，系故实授百户杭勇堂侄，比中三等。

赵天祚・正千户

赵源，正德十四年，赵源，系府军前卫左左所故正千户赵瓒嫡长男，优给出幼袭职。

赵代，嘉靖三十八年八月，赵代，年十六岁，博平县人，系府军前卫左左所故正千户赵源嫡长男。

赵天祚，万历二十一年四月，赵天祚，年二十五岁，博平县人，系府军前卫前左所年老带俸正千户赵代嫡长男，比中二等。

赵星极，天启元年五月补四月分大选过府军前卫前左所正千户一员赵星极，年三十一岁，系疾正千户赵天祚嫡长男，比中三等。

前左所实授百户・练晋

景泰三年五月，练富，泰州人，系府军前卫右所阵亡小旗练华亲弟，升试百户。• 36 •

弘治四年七月，练纯，泰州人，系府军前卫后所功升副千户练富嫡长男，钦与世袭。

嘉靖三年二月，练晋，年十五岁，泰州人，系府军前卫前左所副千户练纯嫡长男。伊曾祖华功升小旗，阵亡。祖富袭升试百户，遇例实授，荔浦功升前职。父沿袭，故。已与本人副千户俸优给，今革遇例职级，与袭实授百户。①

又一员・顾良

正统二年七月，顾善，系府军前卫前左所故世袭百户顾原嫡长男。

---

① 此选簿各选条履历，又见《明档》本册第33页“练缙・实授百户”选簿贴黄及各选条记载。

景泰五年四月，顾旺，无锡县人，系府军前卫前左所残疾世袭百户顾善嫡长男。

天顺八年八月，顾友，无锡县人，系府军前卫前左所故世袭百户顾旺亲弟，兄走出在外年久，挨无下落，本人袭职，仍打听伊兄下落。

成化十二年八月，顾荣，无锡县人，系府军前卫前左所为事故世袭百户顾友堂弟。

正德九年六月，顾良，无锡县人，系府军前卫前左所年老世袭百户顾荣嫡长男。

年远事故世袭百户一员·孙旺

宣德七年三月，孙旺，年六岁，系府军前卫前左所故世袭百户孙华嫡长男，钦与全俸优给，至宣德十五年终住支。

刘思允·实授百户

宝簿查有：刘仓，年十七岁，系通州卫左所年老实授百户刘軏侄。

万历二十七年六月，刘思允，年三十三岁，山后人，系府军前卫前左所故实授·37·百户刘仓嫡长男，比中三等。

万历三十二年十月，大选过府军前卫前左所实授百户一员刘思魁，年三十七岁，系故实授百户刘思允堂弟，比中三等。

王大敬·试百户

内黄查有：王玉，滋阳县人。父王达，永乐十年军，十三年选充总甲，十二月与实授总旗，正统九年全宁城截杀达贼升试百户，十四年迤北失陷。玉系嫡长男，袭实授百户，十月紫荆关杀贼，景泰元年升副千户，调本卫中后所。

一辈王达。

二辈王玉。

三辈王宗。

四辈王荣，旧选簿查有：弘治二年四月，王荣，年三岁，滋阳县人，系府军前卫前左所故世袭副千户王玉亲孙。先因未生，伊父王鑑即王进文患两眼瞎疾，不堪承袭；

叔祖王宗借职，老疾；本人改政（正）优给，至弘治十三年终住支，叔祖革闲。

五辈王贵，旧选簿查有：弘治十六年十二月，王贵，年十五岁，滋阳县人，系府军前卫前左所故功升副千户王玉嫡次男。

六辈王大敬，旧选簿查有：嘉靖三十一年四月，王大敬，滋阳县人，系府军前卫前左所带俸老疾副千户王贵堂弟。查得伊曾祖达□功试百户，堂伯祖玉功升副千户，堂伯鑑，堂兄荣、贵袭，绝。本舍视玉正系侄孙以下犯堂人数，应革替祖职试百户。

万历十四年二月，王大敬，年六十岁，滋阳县人，系府军前卫前左所实授百户，见今年老乏嗣，户无以次人丁，照例与全俸优养终身，十年之内生子准袭，十年之外生子不准承袭。

叶氏，万历十四年八月，叶氏，年七十一岁，滋阳县人，系府军前卫左所故优养实授百户王大敬妻，户无承袭之人，照例月与米二石优养，终身住支。• 38 •

曹清·试百户

外黄查有：曹连，黄岩县人。父曹谷善，洪武十九年充军，年老。兄曹敬替役，宣德八年并充小旗，正统十四年西直门外阵亡，无儿男。连系亲弟，景泰三年以兄阵亡功升二级袭升府军前卫前左所试百户，天顺元年遇例实授。

一辈曹敬，已载前黄。

二辈曹连，旧选簿查有：景泰二年四月，曹连，系府军前卫前左千户所阵亡小旗曹敬亲弟，升试百户。

三辈曹铠，旧选簿查有：成化十四年九月，曹铠，黄岩县人，系府军前卫前左所百户曹连嫡长男。父原系试百户，遇例实授，老疾。本人照例革替原职试百户。

四辈曹琮，旧选簿查有：正德十五年十月，曹琮，黄岩县人，系府军前卫前左所世袭试百户曹铠嫡次男。伊兄曹瑄犯不孝，本人准替。

五辈曹清，旧选簿查有：嘉靖十四年四月，曹清，年十一岁，黄岩县人，系府军前卫前左所故试百户曹琮嫡长男。

黄禄·试百户

外黄查有：黄俊，年十九岁，巢县人。曾祖黄来保，庚子年归附天策卫军，吴元年功升小旗，故。祖黄原户名不动并充小旗，永乐十九年调隆庆右卫安插，洪熙元年调彭城卫，宣德二年并枪升总旗，正统十四年故。父黄名顶户名补役，未经并枪，本年十月西直门外杀贼阵亡，例升二级。俊旧名羊皮，系嫡长男，幼，景泰三年五月与试百户俸优，天顺元年遇例实授，五年出幼，六年二月准袭彭城卫中所实授百户。黄汝学年十岁，系府军前卫前左所故实授百户黄钺嫡长男。伊祖原系试百户，遇例实授，本人照例革与试百户俸优给，至正德十三年终住支。

一辈黄来保，已载前黄。

二辈黄源，已载前黄。

三辈黄荣，已载前黄。

四辈黄明，已载前黄。• 39 •

五辈黄让，已载前黄。

六辈黄俊，旧选簿查有：天顺六年二月，黄俊，旧名羊皮，伊父黄名原系彭城卫中所总旗，西直门外杀贼阵亡，例升一级。本人系嫡长男，先因年幼，已照例升与试百户俸优给，今出幼袭职。

七辈黄钺，旧选簿查有：正德三年七月，黄钺，系府军前卫前左所百户黄俊嫡长男。伊父原系彭城卫中所，改今卫所。

八辈黄汝学，旧选簿查有：正德九年六月，黄汝学，年十岁，巢县人，系府军前卫前左所故实授百户黄钺嫡长男。伊祖原系试百户，遇例实授百户，本人照例革与试百户俸优给，至正德十三年终住支。

旧选簿查有：正德十四年二月，黄汝学，年十五岁，巢县人，系府军前卫前左所故百户黄钺嫡长男，本人先已革与试百户俸优给，出幼，仍袭试百户。

九辈黄禄，旧选簿查有：嘉靖四十五年八月，黄禄，年三十三岁，巢县人，系府军前卫前左所故实授百户黄汝学嫡次男，革遇例，与袭试百户。

十辈黄守义，万历元年八月，黄守义，年三岁，巢县人，系府军前卫前左所带俸故试百户黄禄嫡次男，照例与全俸优给，至万历十二年终住支。

万历十三年二月，黄守义，年十六岁，巢县人，系府军前卫前左所故试百户黄禄嫡长男，出幼袭职，年幼未比。

十一辈黄祯，万历二十二年八月，黄祯，年五十四岁，系府军前卫前后所故试百户黄守义亲叔，比中三等。

十二辈黄守仁，万历三十二年六月，大选过府军前卫前左所试百户一员黄守仁，年四十七岁，巢县人，系故试百户黄祯嫡长男。

任万良·试百户

［缺］。

一辈任文旺。

二辈任海。• 40 •

三辈任仲祥。

四辈任昇，旧选簿查有：景泰四年四月，任昇。伊父任仲祥原系彭城卫右所未并枪总旗户丁，于德胜门等处杀贼阵亡，例升二级。本人系嫡长男，照例袭升试百户。

五辈任敬，旧选簿查有：弘治九年十一月，任敬，江陵县人，系府军前卫前左所百户任昇嫡长男。父原系彭城卫右所袭升试百户，天顺元年遇例实授，调今卫所，故。本人照例袭百户，钦与世袭。

六辈任清，旧选簿查有：嘉靖二十二年十月，任清，江陵县人，系府军前卫左所年老试百户任敬嫡长男。

七辈任万良，旧选簿查有：嘉靖三十五年十二月，任万良，年十二岁，江陵县人，系府军前卫前左所带俸故实授百户任清嫡次男，革遇例，与试百户俸优给，至嘉靖三十八年终住支。

旧选簿查有：嘉靖三十九年二月，任万良，年十六岁，江陵县人，系府军前卫前左所故试百户任清嫡次男，优给出幼袭职，照旧试百户。

八辈任国相，万历四十四年二月，大选过府军前卫前左所试百户一员任国相，年三十一岁，系疾试百户任万良嫡长男，比中三等。

卢承恩·试百户

内黄查有：卢荣，景陵县人。祖卢老，先充南京水军左卫左所军，洪武三十一年调南京孝陵卫前所，故。父卢观音保补，永乐十年调府军前卫前所，正统十四年西直门外白石桥与贼对敌阵亡。荣补役，以父阵亡功升实授总旗，成化二年荆襄等处征进节次当先杀贼有功，三年升本卫所试百户，九年调本卫前左所。

一辈卢观音保，已载前黄。

二辈卢荣，已载前黄。

三辈卢得，已载前黄。

四辈卢政，贴黄查有：卢政，景陵县人。高祖卢老，吴元年充军，故。曾祖卢观音保补，正统十四年迤北西直门外白石桥与达贼对敌阵亡。祖卢清残疾不堪，卢荣系亲弟，补。因曾祖阵亡，卢荣系次男升冠带总旗，成化二年荆襄等处当先斩首一颗，擒石和尚，生擒反贼刘云，升试百户，二十三年诏书实授，老，无男。卢得系亲侄，替革试百户，弘治十二年诏书实授，嘉靖十年老。政系嫡长男，本人革替冠带总旗。

五辈卢承恩，旧选簿查有：嘉靖四十一年六月，卢承恩，年三十四岁，景陵县人，系府军前卫前左所老疾冠带总旗卢政嫡长男。查伊高祖卢观音保正统十四年西直门外杀贼阵亡，卢荣补升总旗，成化二年荆襄斩首功升试百户，沿袭至父卢政袭革冠带总旗。今查西直门阵亡例应升二级，又以荆襄功一级，实扣军功三级，今本舍照例复替祖职试百户。• 41 •

六辈卢光裕，万历三十三年六月，卢光裕，年四十九岁，景陵县人，系牺牲所老试百户卢承恩嫡长男。

七辈卢鸿渐，万历三十九年四月，大选过府军前卫前左所试百户一员卢鸿渐，年十九岁，系故试百户卢光裕嫡长男。查得伊祖选簿节辈原系府军前卫，本舍准复府军前卫，比中一等。

八辈卢鸿逵，万历四十年三月，大选过府军前卫前左所试百户一员卢鸿逵，年三十一岁，系故试百户卢鸿渐亲弟，比中二等。

赵禹·所镇抚

外黄查有：赵谅，旧名驹子，昌平县人。有父赵士贤，洪武六年军，老。赵清代役，三十三年攻济南升小旗，三十四年夹河阵亡。谅系嫡长男，补，永乐二年为父阵亡与试百户俸优给，六年袭怀来所试百户，十三年调府军前卫署所镇抚事，宣德十年实授所镇抚，正统二年具奏授世袭。赵昂系赵谅嫡长男，父故，昂优给出幼，正统十一年袭所镇抚。赵翯系赵昂亲弟，兄正统十四年随征进未回，翯与全俸优给，景泰三年终住支。

一辈赵清，已载前黄。

二辈赵谅，旧选簿查有：永乐十四年十二月，府军前卫中左所世袭署所镇抚事试百户赵谅。

三辈赵昂，旧选簿查有：正统十一年四月，赵昂，系府军前卫中左所故世袭所镇抚赵谅嫡长男。

四辈赵翯，旧选簿查有：景泰四年三月，赵翯，昌平县人，系府军前卫中左所世袭所镇抚赵昂亲弟。

五辈赵翰，旧选簿查有：成化十八年十一月，赵翰，昌平县人，系府军前卫中左所故世袭所镇抚赵翯嫡长男。

六辈赵傑，旧选簿查有：成化二十三年九月，赵傑，昌平县人，系府军前卫中左所故世袭所镇抚赵翰亲弟。

七辈赵瑾，旧选簿查有：嘉靖三年二月，赵瑾，昌平县人，系府军前卫中左所调前左所年老世袭所镇抚赵傑嫡长男。

八辈赵勋，旧选簿查有：嘉靖三十三年八月，赵勋，昌平县人，系府军前卫前左所带俸老疾所镇抚赵瑾庶长男，照例与全俸优给，至嘉靖四十三年终住支。

九辈赵禹，旧选簿查有：嘉靖四十二年九月，赵禹，年三十二岁，昌平县人，系府军前卫前左所故所镇抚赵勋亲堂叔。

十辈赵义，万历十年四月，赵义，年二十七岁，昌平州人，系府军前卫右右所故所镇抚赵瑀嫡长男，比中三等。• 42 •

赵孝女，万历十七年八月，赵孝女，年六岁，系府军前卫右右所故所镇抚赵义女，户无承袭之人，照例月与俸五石优养，出嫁住支。

周经·所镇抚

［缺］。

一辈周均住。

二辈周海，旧选簿查有：永乐三年十二月，周海旧名北斗奴，系大兴左卫右所夹河阵亡小旗周均住嫡长男，敬袭试百户。

三辈周玉，旧选簿查有：景泰七年三月，周玉，幼名伯家儿，大同县人，系府军前卫前左所故所镇抚周海嫡长男。

四辈周瑛，旧选簿查有：成化九年二月，周瑛，年十六岁，大同县人，系府军前卫前左所故世袭所镇抚周玉嫡长男。

五辈周勇，旧选簿查有：正德十三年三月，周勇，大同县人，系府军前卫前左所世袭所镇抚周瑛嫡长男。

六辈周经，旧选簿查有：嘉靖二十三年二月，周经，年三十一岁，大同县人，系府军前卫前左所年老带俸所镇抚周勇嫡长男。

前左所试百户一员·张钦

成化二年六月，张宣，宛平县人，系龙骧卫后所故百户张旺户名张川儿嫡长男，钦与世袭。

弘治五年十一月，张赟，宛平县人，系龙骧卫后所故世袭百户张宣嫡长男。• 43 •

嘉靖元年四月，张钦，年十七岁，宛平县人，系龙骧卫后所调府军前卫前左所带俸故百户张赟嫡长男。曾祖张旺功升试百户，遇例实授，祖、父沿袭，本人照例革袭试百户。

又一员·高鑑

成化四年四月，高昇，仪封县人，系彭城卫后所百户高祥嫡长男，钦与世袭。

弘治五年九月，高景，年十八岁，仪封县人，系府军前卫前左所故世袭百户高昇嫡次男。伊父原系彭城卫后所，调今卫所。

正德七年十月，高凤，仪封县人，系府军前卫前左所故绝百户高景亲弟。

正德十一年，高鑑，年六岁，仪封县人，系府军前卫前左所故实授百户高凤嫡长男。伊曾祖高祥功升试百户，遇例实授，本人照例革与试百户俸优给，至正德二十年终住支。

年远事故所镇抚一员・苏咬住

永乐十四年十二月，府军前卫前左所世袭署所镇抚事试百户苏成安。

景泰二年五月，苏咬住，年一岁，系府军前卫前左所故世袭所镇抚苏成安遗腹庶长男，钦与全俸优给，至景［泰］十六年终住支。

滑忠・正千户

内黄查有：滑兴，旧名拜住，昌平县人。有兄滑闹军，洪武三十二年垛集充军，三十三年济南升小旗，三十四年藁城西水寨升总旗，三十五年齐眉山失陷。兴系亲弟，永乐四年□袭升义勇右卫前所世袭百户，十三年调府军前卫右所。• 44 •

一辈滑闹军，已载前黄。

二辈滑兴，旧选簿查有：永乐十四年三月，府军前卫前右所世袭百户滑兴。

三辈滑清，旧选簿查有：正统十三年十一月，滑清，系府军前卫前右所副千户滑兴嫡长男。

钦升簿内查有：天顺五年四月，四牌楼杀贼获功官二千二百八十一员内一员府军前卫副千户升正千户滑清。

四辈滑瓒，旧选簿查有：成化元年十月，滑瓒，昌平县人，系府军前卫前右所故正千户滑清嫡长男。

五辈滑钰，旧选簿查有：弘治元年十月，滑钰，昌平县人，系府军前卫前右所故正千户滑瓒嫡长男。

六辈滑录，旧选簿查有：弘治六年十月，滑录，昌平县人，系府军前卫前右所故世袭正千户滑钰亲弟。

七辈滑忠，旧选簿查有：嘉靖十七年六月，滑忠，年十五岁，昌平县人，系府军前卫前右所老疾正千户滑录亲侄。

张汝梁·实授百户

崇祯七年十月，大选过府军前卫前所实授百户一员张汝梁，年十八岁，出幼袭职，比中三等。

萧华·正千户

内黄查有：肖成，山后人。有父肖黑厮，洪武三年充大兴左卫左所军，三十二年郑村坝升小旗，三十三年济南升总旗，三十四年接应永平升本所试百户，三十五年小河阵亡。成系嫡长男，永乐二年敬升大兴左卫左所正千户全俸优给，出幼，十二年敬准袭授本卫所世袭正千户。• 45 •

一辈萧黑厮，已载前黄。

二辈萧成，旧选簿查有：永乐十二年五月，萧成，系大兴左卫左所试百户萧黑厮嫡长男。父小河阵亡，已与正千户优给，今出幼，敬准袭授本卫所世袭正千户。

三辈萧敬，旧选簿查有：正统四年四月，萧敬，系大兴左卫左所故世袭正千户萧成嫡长男。

四辈萧钰，旧选簿查有：弘治五年二月，萧钰，山后人，系府军前卫后左所故世袭正千户萧敬庶长男。伊父原系大兴左卫左所，注选今卫所。

五辈萧勋，缺。

六辈萧华，旧选簿查有：嘉靖十八年二月，萧华，山后人，系府军前卫前右所正千户萧勋亲叔，优给出幼袭职。

万历九年二月，萧华，年五十五岁，山后人，系府军前卫后所风疾正千户，见今风疾不堪，户无承袭之人，照例与全俸优养，不拘年限，生子准袭。

七辈萧崇德，万历十五年二月，萧崇德，年二岁，山后人，系府军前卫后所故优养正千户萧华嫡长男，照例与全俸优给，至万历二十八年终住支。

雷豪・正千户

［缺］。

一辈雷荣。

二辈雷祥，旧选簿查有：永乐十年九月，雷祥，系宽河卫中所世袭正千户雷荣嫡长男，敬替世袭正千户。

三辈雷兴，旧选簿查有：景泰四年十二月，雷兴，渭南县人，系府军前卫前右所世袭正千户雷祥嫡次男。

四辈雷瓒，旧选簿查有：成化十五年三月，雷瓒，幼名咬住，渭南县人，系府军前卫前右所故世袭正千户雷兴嫡长男。

五辈雷豪，旧选簿查有：正德六年二月，雷豪，渭南县人，系府军前卫前右所世袭正千户雷瓒嫡长男。・46・

李应元・试百户

崇祯三年四月，大选过府军前卫中后所试百户一员李应元，年二十七岁，系故试百户李文炳嫡长男，比中三等。

年远事故前右所正千户一员・余智

永乐十四年十二月，府军前卫前右所世袭正千户余福。

宣德五年二月，余忠，系府军前卫前右所故世袭正千户余福嫡长男。

正统六年九月，余礼，年十二岁，系府军前卫前右所故世袭正千户余忠嫡长男，钦与全俸优给，至正统九年终住支。

正统十四年十月，余智，系府军前卫前右所征进未回正千户余礼亲弟。

优养正千户一员・王达

永乐十四年十二月，府军前卫前右所世袭署所镇抚事试百户王斌。

景泰元年，征进建安曹岩寒水等处有功所镇抚升正千户王斌。

景泰七年三月，王辅，安肃县人，系府军前卫前右所正千户王斌嫡长男。

成化二十三年五月，王达，安肃县人，系府军前卫前右所世袭正千户王辅嫡次男。

正德六年六月，王盛，安肃县人，系府军前卫前右所带俸年老世袭正千户王达嫡长男。

正德九年八月，王达，年六十四岁，安肃县人，系府军前卫前右所带俸正千户。先因年老，已与男王盛优给，今故，户无承袭之人，照例与全俸优养。• 47 •

洪汝颐·署正千户事副千户

外黄查有：洪谅，旧名锁儿，年二十五岁，桐城县人。有父洪关儿，洪武四年充龙骧卫军，八年调燕山前卫前所，故。将谅补役，郑村坝、济南升小旗，西水寨升总旗，平定京师升……卫中所百户，与世袭。

一辈洪谅，已载前黄。

二辈洪源，旧选簿查有：正统八年十二月，洪源，系府军前卫后右所世袭百户洪谅嫡长男。副千户功次，候查。

三辈洪玺，旧选簿查有：成化十七年九月，洪玺，桐城县人，系府军前卫前左所正千户洪源嫡长男，钦与世袭。

四辈洪仁，旧选簿查有：正德七年二月，洪仁，桐城县人，系府军前卫前后所故世袭正千户洪玺嫡长男，优给出幼袭职。

五辈洪汝颐，旧选簿查有：嘉靖三十六年二月，洪汝颐，年十六岁，桐城县人，系府军前卫前右所故正千户洪仁嫡长男。查伊曾祖源原替实授百户，正统十四年西直门功升副千户，天顺五年四牌楼功升正千户，祖玺、父仁沿袭。所据四牌楼查无功次，本舍照例量革与署正千户事副千户。

王泰·副千户

外黄查有：王虎山，渭南县人，洪熙元年选充府军前卫右所军，正统四年选充夜不收，赴京奏事升小旗，德胜门外缉探达营声息有功例升二级，十一月高崖缉闻达贼声息有功升总旗，景泰元年以德胜门外功止升试百户具告改，本年七月改升实授百户，代州杀贼功升本卫所副千户，调本卫右右所补缺管事。

一辈王虎山，已载前黄。

二辈王通，旧选簿查有：成化十一年二月，王通，渭南县人，系府军前卫右右所副千户王虎山嫡长男，钦与世袭。

三辈王鸾，旧选簿查有：弘治十五年九月，王鸾，渭南县人，系府军前卫右右所故世袭副千户王通嫡长男。

四辈王泰，旧选簿查有：正德六年八月，王泰，年一岁，渭南县人，系府军前卫前右所故副千户王鸾嫡长男，钦与全俸优给，至正德十九年终住支。• 48 •

刘承恩·实授百户

外黄查有：刘信，怀仁县人。父刘真，洪武三十三年召募军前赴北京除义勇右卫中所百户，故。信系嫡长男，优给，永乐三年十一月敬袭本卫所世袭百户，十三年调府军前卫前右所。刘英系刘信庶长男，父故，英优给，至正统十七年终住支。刘玉系刘英堂叔，侄故，无儿，玉成化五年袭授府军前卫前右所世袭百户。刘钦年十五岁，系刘清嫡长男，正德十六年二月优给出幼袭职。

一辈刘真，已载前黄。

二辈刘信，旧选簿查有：永乐三年十一月，刘信，旧名孙儿，系义勇右卫中所故百户刘真嫡长男，钦袭世袭百户。

三辈刘英，旧选簿查有：景泰四年三月，刘英，怀仁县人，系府军前卫前右所故世袭百户刘信庶长男。

四辈刘玉，旧选簿查有：成化五年四月，刘玉，怀仁县人，系府军前卫前右所故世袭百户刘英堂叔。

五辈刘清，旧选簿查有：弘治十三年二月，刘清，怀仁县人，系府军前卫前右所故世袭百户刘玉嫡长男。

六辈刘钦，旧选簿查有：正德十六年二月，刘钦，怀仁县人，系府军前卫前右所故实授百户刘清嫡长男，优给出幼袭职。

七辈刘承恩，旧选簿查有：嘉靖四十四年十月，刘承恩，年十岁，系府军前卫前右所故实授百户刘钦嫡长男，照例与全俸优给，至嘉靖四十八年终住支。

旧选簿查有：隆庆四年二月，刘承恩，年十六岁，怀仁县人，系府军前卫前右所故实授百户刘钦嫡长男，优给出幼袭职。

韦正・百户

［缺］。

一辈韦原祐。

二辈韦昇，旧选簿查有：洪武三十二年二月，韦昇，系万全右卫中所世袭百户韦原祐嫡长男。• 49 •

三辈韦善，旧选簿查有：永乐八年二月，韦善，系武成前卫前所老疾百户韦原旧名原祐嫡长孙，敬袭世袭百户。

四辈韦洁，旧选簿查有：题稿查有，韦洁，父韦进委系韦昇亲男。因义兄韦善冒袭官职，问结明白，准令韦洁袭伊曾祖百户职事。

旧选簿查有：弘治七年五月，韦洁，年六十二岁，当涂县人，系府军前卫前右所实授百户，老疾，户无承袭之人，照例与全俸优养。

五辈韦贞，旧选簿查有：正德七年四月，韦贞，当涂县人，系府军前卫前右所世袭百户韦洁庶长男，优给出幼袭职。

六辈韦正，旧选簿查有：正德十六年七月，韦正，当涂县人，系府军前卫前右所故世袭百户韦贞亲弟。

吴铠・实授百户

［缺］。

一辈吴贵，缺。

二辈吴兴，缺。

三辈吴英，缺。

四辈吴雄，旧选簿查有：成化二十年四月，吴雄，通州人，系安东卫前所故世袭百户吴英嫡长男。

五辈吴宣，旧选簿查有：正德十四年八月，吴宣，通州人，系安东卫前所调并府军前卫前右所故世袭百户吴雄嫡长男。

六辈吴铠，旧选簿查有：嘉靖十七年四月，吴铠，年九岁，通州人，系府军前卫右所故百户吴宣嫡长男，照例与全俸优给，至嘉靖二十三年终住支。

旧选簿查有：嘉靖二十四年二月，吴铠，年十六岁，通州人，系府军前卫前右所故实授百户吴宣嫡长男，优给出幼袭职。[①]

吴铠，万历五年六月，吴铠，年五十一岁，通州人，系府军前卫左右所带俸患疾实授百户，见今患疾不堪，户无承袭之人，照例与全俸优养，不拘年限，生子准袭。・50・

张恺・实授百户

外黄查有：张显，吴桥县人。有父张三，洪武二年充军，二十七年老。将显户名不动代役，三十年并枪充小旗，三十三年济南升总旗，三十五年平定京师升凤［阳］留守中卫中所百户，永乐三年与世袭。张瑛系显亲侄，叔永乐七年迤北征进对敌伤故，别无嫡庶儿男，瑛于九年袭世袭百户，十二年调府军前卫后后所。张雄系瑛嫡长孙，祖征进未回，父张荣袭职，今老疾，于成化六年替授府军前卫后后所世袭副千户。

一辈张显，已载前黄。

二辈张瑛，已载前黄。

三辈张荣，旧选簿查有：正统十四年九月，张荣，系府军前卫后所征进未回副千户张瑛嫡长男。

四辈张雄，旧选簿查有：成化六年十二月，张雄，吴桥县人，系府军前卫后后所世袭副千户张荣嫡长男。

五辈张傑，审稿查有：弘治十七年十二月，张傑，系府军前卫后后所副千户张雄嫡长男。

六辈张恺，旧选簿查有：嘉靖二十三年二月，张恺，年八岁，吴桥县人，系府军前卫前右所带俸年老副千户张傑嫡长孙。伊始祖英以百户正统九年土河有功升副千户，

---

① 该选条所载吴铠出幼袭职履历，又见《明档》本册第52页“前右所实授百户一员・吴铠”选簿，除此作“嫡长男”而彼作“嫡长孙”，且此条多“年十六岁”外，余皆同。

高、曾祖、祖、父相沿。所据土河功查无擒斩，例应减革，与本舍实授百户俸优给，至嘉靖三十年终住支。

旧选簿查有：嘉靖三十一年二月，张恺，年十六岁，吴桥县人，系府军前卫前右所故实授百户张傑嫡长孙，优给出幼袭职。

七辈张爵，万历十八年十月，张爵，年三十八岁，系府军前卫前右所患疾实授百户张恺嫡长男，比中三等。

八辈张悌，万历三十五年九月，单本选过府军前卫前右所实授百户一员张悌，年三十二岁，景州人，系故实授百户张爵堂叔，比中三等。

九辈张聪，泰昌元年八月，大选过府军前卫前左所实授百户一员张聪，年三十七岁，系故实授百户张悌堂侄，比中三等。• 51 •

李瘦子 • 百户

［缺］。

一辈李成。

二辈李玉，旧选簿查有：永乐四年四月，李玉，系府军前卫左所故百户李成旧名蠢儿嫡长男，敬袭世袭百户。

三辈李宏，旧选簿查有：景泰六年二月，李宏，曹县人，系府军前卫前左所世袭百户李玉嫡长男。

四辈李仪，旧选簿查有：成化廿三年五月，李仪，曹县人，系府军前卫前左所故世袭百户李宏嫡长男。

五辈李瘦子，旧选簿查有：嘉靖二年三月，李瘦子，曹县人，系府军前卫前右所故副千户李仪嫡长男。伊父原系百户，大同当先升前职，本人已革去当先，与百户俸优给，今出幼，仍袭原职百户。

六辈李学，万历七年八月，李学，曹州人，年四十六岁，系府军前卫前右所年老带俸世袭百户李瘦子嫡长男，比中三等。

七辈李福，万历十年六月，李福，年五岁，曹州人，系府军前卫前右所故实授百户李学嫡长男，照例与全俸优给，至万历二十年终住支。

万历二十一年二月，李福，年十六岁，曹县人，系府军前卫前右所故实授百户李学嫡长男，出幼袭职，年幼未比。

前右所实授百户一员·吴铠

嘉靖二十四年二月，吴铠，通州人，系府军前卫前右所故实授百户吴宣嫡长孙，优给出幼袭职。[①]

又一员·赵钺

成化五年二月，赵昂，年十五岁，滁州人，系府军前卫前右所故世袭百户赵贵嫡长男。

弘治三年二月，赵钺，年十六岁，滁州人，系府军前卫前右所患疾世袭百户赵昂嫡长男。

又一员·鲍［□］

正统四年十一月，鲍玉，系府军前卫前右所世袭百户鲍真嫡长男。•52•

成化十一年九月，鲍［□］，萧县人，系府军前卫前右千户所世袭百户鲍玉嫡长男。

又一员·李瑾

永乐十四年十二月，府军前卫前右所世袭百户李敬。

景泰六年四月，李瑾，密云县人，系府军前卫前右所世袭百户李敬庶长男。

---

① 该选条所载又见《明档》本册第50页“吴铠·实授百户”选簿六辈吴铠选条，此作“嫡长孙”而彼作“嫡长男”。

又一员·焦贵

永乐十四年十二月，府军前卫前右所世袭署所镇抚事试百户焦兴。

宣德八年闰八月，焦贵，系府军前卫前右所署所镇抚事故试百户焦兴亲侄，钦准袭实授世袭百户。

又一员·阎杲

景泰四年六月，阎玉，年六十三岁，系府军前卫前右所试百户。原系总旗，迤北杀贼有功升前职，老疾。有嫡长男阎杲，年三十四岁，照例该替实授百户。

李洪·试百户

外黄查有：李镇，临潼县人。祖李成，正统六年充军，十三年福建征进，十四年南安县太平寨斩贼首级，又于永南小溪关生擒贼人罗宗成，凡前后有功一十三次，景泰元年升二级授总旗，于代州等处杀贼有功试百户，天顺元年遇例实授，故。父李英系李成嫡长男，优，袭，年老。镇系李英嫡长男，革袭替试百户，仍府军前卫右所。

一辈李成，旧选簿查有：景泰元年，石佛寺功次府军前卫二次升一级总旗今升试百户李成。

二辈李英，旧选簿查有：成化四年二月，李英，年十六岁，临潼县人，系府军前卫前右所故百户李成嫡长男，钦与世袭。

三辈李镇，旧选簿查有：正德十一年六月，李镇，临潼县人，系府军前卫前右所年老实授百户李英嫡长男。伊祖李成原以试百户遇例实授，伊父沿袭，本人照例革去遇例一级，替与试百户职事。

四辈李洪，旧选簿查有：嘉靖十一年八月，李洪，年十六岁，临潼县人，系府军前卫前右所故带俸试百户李镇嫡长男。·53·

五辈李相，万历二年六月，李相，年三十一岁，临潼县人，系府军前卫中后所故实授百户李洪嫡长男，革遇例，与袭试百户。

六辈李文炳，万历三十六年十月，大选过府军前卫中后所试百户一员李文炳，年四十岁，系故试百户李相嫡长男，比中三等。

曹恩·试百户

外黄查有：曹瑗，富顺县人。系（伊）父曹堂，正统十年选充府军前卫后所幼军，天顺二年编充总甲，五年四牌楼杀反贼曹氏有功升总旗，成化二年征荔浦会新等处杀贼有功升试百户，七年改注本卫前右所，十六年威宁海子杀贼有功升实［授］百户，老。瑗系庶次男，替府军前卫前右所世袭百户。

一辈曹堂，已载前黄。

二辈曹瑗，旧选簿查有：弘治五年二月，曹瑗，富顺县人，系府军前卫前右所功升百户曹堂庶次男，钦与世袭。

三辈曹恩，旧选簿查有：嘉靖十二年十二月，曹恩，年十六岁，富顺县人，系府军前卫前右所故百户曹瑗嫡长男。伊祖堂以军人充总甲，四牌楼有功越升总旗，历升前职，沿袭，本人照例革总甲越升一级，与试百户。

房文举·正千户

崇祯十年六月，大选过府军前卫中右所正千户一员房文举，年四十一岁，系故正千户房文奎亲弟，比中三等。• 54 •

黄寿·署试百户事总旗

外黄查有：黄敬，元城县人。父黄勉，永乐十年本县以幼军题送到京，拨府军前卫选充总甲，十二月敬与总旗，正统九年迤北白沙窝、高木、松林杀败达贼升试百户，十四年老。敬系嫡长男，景泰元年替府军前卫前右所实授百户，比，天顺六年钦与世袭。

一辈黄勉，已载前黄。

二辈黄敬，已载前黄。

三辈黄玉，旧选簿查有：成化十年三月，黄玉，年十六岁，元城县人，系府军前卫前右所故世袭百户黄敬庶长男。

四辈黄清，审稿查有：正德十年六月，黄清，元城县人，系府军前卫右所百户黄玉嫡长男。伊曾祖黄勉原升试百户，祖黄敬遇例替前职，相沿至今，本人照例革替试百户。

五辈黄寿，旧选簿查有：嘉靖三十年四月，黄寿，元城县人，系府军前卫前右所老疾实授百户黄清嫡长男。伊高祖勉原系总旗，正统九年迤北杀败达贼功升试百户。曾祖敬遇例实授，相沿至父清革替试百户，嘉靖十五年又遇例实授。所据迤北杀贼功无擒斩，及遇例职级不由军功，俱例应减革，本舍革与署试百户事总旗，食总旗名粮。

王龙·实授百户

外黄查有：王钦，旧名伴哥，系滁州人。父王真哥，甲辰年军，故，将兄咬儿补役，洪武三十三年白沟河大战升小旗，五月攻围济南杀败哨马升百户，阵亡。钦系亲弟，永乐元年与百户俸优，四年袭世袭百户，十三年调府军前卫右所。

王保，年二十六岁，系府军［前］卫右右所故实授百户王福嫡长［男］，嘉靖二十六年六月二十九日袭职。

王龙，万历七年二月，王龙，年三十岁，丰泽县人，系府军前卫右前所故实授百户王保嫡长男，比中三等。

王守忠，万历二十五年八月，王守忠，年十六岁，系府军前卫右右所故实授百户王龙嫡长男，年幼未比。• 55 •

缪世龙·实授百户

崇祯三年四月，大选过府军前卫后所实授百户一员缪世龙，年二十四岁，系故实授百户缪仁宗嫡长男，比中三等。

前右所试百户一员·马涌

成化二十三年四月，马荣，大同县人，系府军前卫前右所百户马鑑嫡长男。父原系功升试百户，遇例实授，本人照例革替试百户。

嘉靖元年三月，马涌，大同县人，系府军前卫前右所年老百户马荣嫡长男。伊父原袭试百户，遇例实授，本人照例革替试百户。

梁邦政・正千户

天启六年六月，大选过府军前卫中左所正千户优［给舍人一名梁邦政］。

吴滋・正千户

外黄查有：吴敬，迁安县人。祖吴进中，洪武六年充燕山卫小旗，调山海卫，老疾。父吴祥代役，升长淮卫正千户，病故。敬袭正千户，正统五年调府军前卫前前所。• 56 •

一辈吴进中，已载前黄。

二辈吴祥，已载前黄。

三辈吴敬，旧选簿查有：宣德三年五月，吴敬，系长淮卫左所故正千户吴祥顶户名吴进中庶长男。

四辈吴琮，缺。

五辈吴泰，旧选簿查有：景泰元年十二月，吴泰，年一岁，系府军前卫前前所失陷世袭正千户吴敬遗腹嫡次男。已与兄吴琮优给，病故，钦与本人全俸优给，至景泰十五年终［住］支。

六辈吴鑑，旧选簿查有：弘治十七年二月，吴鑑，迁安县人，系府军前卫前前所正千户吴泰嫡长男。

七辈吴滋，旧选簿查有：嘉靖六年二月，吴滋，年五岁，迁安县人，系府军前卫前前所故正千户吴鑑嫡三男。伊长兄吴英犯罪为民，次兄吴雄逃走未回，照例与本人全俸优给，至嘉靖十六年终住支，待兄有男还与职事。

旧选簿查有：嘉靖十七年二月，吴滋，年十六岁，迁安县人，系府军前卫前前所正千户吴鑑嫡三男。伊长兄英犯罪为民，次兄雄逃走在外，本人年幼优给，今出幼，仍与袭职，待兄回还，还与职事。

刘钦·正千户

内黄查有：刘成，息县人。有父刘铎，甲辰年归附从军，洪武二十二年老。二十四年将兄刘自强代役，三十三年白沟河全胜升小旗，三十四年夹河大战升总旗，三十五年齐眉山阵亡，别无儿男。成系亲弟，永乐二年钦升太原右卫右所副千户，三年袭。刘海系刘成嫡长男。刘留儿系刘海嫡长孙。祖原府军前卫卫镇抚，征进未回；父刘原袭，于四牌楼杀贼有功升正千户，故。留儿成化十年住支。

一辈刘自强，已载前黄。

二辈刘成，已载前黄。

三辈刘海，审稿查有：宣德九年五月，刘海，系太原右卫右所世袭副千户故刘成嫡长男。•57•

四辈刘整，审稿查有：正统十四年十月，刘整，系太原右卫右所征进未回副千户刘海亲侄。［海］有男刘源，年八岁，幼小，本人借职，待长成还与。

五辈刘源，审稿查有：景泰五年三月，刘源，年十三岁，系太原右卫右所失陷副千户刘海嫡长男。先因年幼，叔祖刘整借职，今告取职事，钦与优给，至景泰七年住支，伊叔祖革闲。

六辈刘留儿，审稿查有：成化六年四月，刘留儿，年五岁，系太原右卫右所故正千户刘源嫡长男，钦与优给，至成化十六年住支。

审稿查有：成化十七年二月，刘政，太原右卫右所故正千户刘源嫡长男。

七辈刘江，审稿查有：零选簿内查有，正德十一年十一月，刘江，系府军前卫后所已故正千户刘政嫡长男。

八辈刘钦，旧选簿查有：嘉靖二十四年二月，刘钦，年二十四岁，息县人，系府军前卫前前所故正千户刘江嫡长男。

汤沐·正千户

内黄查有：汤鑑，年二十六岁，新乡县人。祖汤成，吴元年归附从军，三十二年真定功升小旗，郑村坝功升总旗，三十三年济南功升百户，三十四年西水寨功升副千户，故。汤顺永乐三年袭升扬州卫右所正千户，老。汤智替，老。汤茂优，替，故。

汤志高系嫡长男，本年六月袭，二十九年十二月调选本卫左后所，故。鑑系嫡长男，三十年二月袭正千户。

一辈汤成。

二辈汤顺。

三辈汤智。

四辈汤茂。

五辈汤志高。

六辈汤鑑，俱已开载前黄。

七辈汤沐，万历十二年四月，汤沐，年二十九岁，新乡县人，系府军前卫前前所带俸患疾正千户汤鑑嫡长男，比中三等。·58·

喻承风·正千户

［缺］。

一辈鬼里赤。

二辈陆拾，旧选簿查有：永乐七年二月，陆拾，系兴州中屯卫右所故副千户鬼里赤嫡长男，敬准袭世袭副千户。

三辈喻觉玉，旧选簿查有。

四辈喻暹，旧选簿查有：天顺四年闰十一月，喻暹，山后人，系兴州中屯卫右［所］故正千户喻觉玉亲弟。

五辈喻鼎，旧选簿查有：弘治元年五月，喻鼎，山后人，系兴州中屯卫右所故世袭正千户喻暹嫡长男。

六辈喻五十八，缺。

七辈喻全，旧选簿查有：弘治十三年十一月，喻全，山后人，系兴州中屯卫右所故世袭正千户喻鼎亲弟。已与伊侄喻五十八优给，亦故，本人袭职。

嘉靖元年八月，喻全，年四十六岁，山后人，系府军前卫前前所带［俸］患疾世袭正千户。户无承袭之人，钦与全俸优养。[①]

① 该选簿第二至七辈各选条所载各辈履历，又见《明档》本册第60页“又一员·喻全”选簿。

八辈喻承凤，旧选簿查有：嘉靖三十二年四月，喻承凤，年二岁，山后人，系府军前卫前前所故正千户喻全庶长男，照例与全俸优给，至嘉靖四十五年终住支。

李应奎·正千户

李应奎，天启四年四月，大选过府军前卫前前所正千户优养舍人一名李应奎，年四十四岁，系故绝正千户李吉祥亲父，照例与全俸优养终身，候生有子，照例准袭。• 59 •

前前所优养正千户一员·赵琏

永乐十七年六月，府军前卫前前所正千户赵志。

正统五年十月，赵晟，系府军前卫前前所故世袭正千户赵志堂侄。

成化四年九月，赵琏，峄县人，系府军前卫前前所世袭正千户赵晟嫡长男。

弘治十三年六月，赵贵，峄县人，系府军前卫前前所世袭正千户赵琏嫡长男。

正德十年十月，赵琏，年七十三岁，峄县人，系府军前卫前前所选前后所掌印已故正千户赵贵亲父，户无应替之人，照例与全俸优养。

又一员·喻全

永乐七年二月，陆十，系兴州中屯卫右所故副千户鬼里赤嫡长男，敬准袭世袭副千户。

天顺四年闰十一月，喻暹，山后人，系兴州中屯卫右所故正千户喻竟玉亲弟。

弘治元年五月，喻鼎，山后人，系兴州中屯卫右所故世袭正千户喻暹嫡长男。

弘治十三年十一月，喻全，山后人，系兴州中屯卫右所故世袭正千户喻鼎亲弟。已与伊侄喻五十八优给，亦故，本人袭职。

嘉靖元年八月，喻全，年四十六岁，山后人，系府军前卫前前所带俸患疾世袭正千户，户无承袭之人，钦与全俸优养。[①] • 60 •

① 该选簿各选条所载履历，又见《明档》本册第 59 页“喻承凤·正千户”选簿。

凌大经 · 副千户

[缺]。

一辈凌海，旧选簿查有：永乐十四年十二月，府军前卫右后所世袭副千户凌海。

二辈凌诠，旧选簿查有：天顺五年正月，凌诠，安吉县人，系府军前卫右后所老疾世袭副千户凌海嫡长男。

三辈凌汉，旧选簿查有：成化二十年二月，凌汉，安吉县人，系府军前卫右后所革职世袭副千户凌诠嫡长男。

四辈凌鑑，旧选簿查有：正德十三年六月，凌鑑，安吉县人，系府军前卫右后所副千户凌汉嫡长男。

五辈凌大经，旧选簿查有：嘉靖三十三年四月，凌大经，安吉县人，系府军前卫前前所老疾副千户凌鑑嫡长男。

六辈凌福广，万历五年十二月，凌福广，年二十二岁，安吉县人，系府军前卫左左所年老带俸副千户凌大经嫡次男。伊父原替祖职副千户，今老；应该伊长兄凌福兴承袭，为事问充宁远卫军；又该次兄凌福旺承袭，前往辽东探兄，至今未回。本舍照例借替祖职副千户，待后伊长兄生有儿男及次兄回还，退还职事。

七辈凌大纲，万历十二年六月，凌大纲，年五十七岁，安吉县人，系府军前卫中所故副千户凌福广堂叔，照例借袭前职。待伊侄凌福武回家之日，退还职事，本舍比中三等。

八辈凌应元，万历十五年四月，凌应元，年二十九岁，安吉县人，系府军前卫中所年老副千户凌大纲嫡长男。查得本舍比试不中，例支半俸，候及二年，起送再比。本舍照例借替前职，待伊堂兄凌福旺回家之日，退还职事。

九辈凌福武，万历三十年十月，大选过府军前卫中所副千户一员凌福武，年四十岁，安吉县人。伊堂兄凌应元原袭副千户，故，照例退职，准袭副千户，不得称借，比中三等。

十辈凌延德，万历三十五年四月，凌延德，年三十九岁，系故副千户凌福武堂侄，比中三等。

十一辈凌延恩，万历三十七年十二月，大选过府军前卫中所副千户一员凌延恩，年三十一岁，系故副千户凌延德亲弟，比中三等。

十二辈凌延忠，崇祯十年二月，大选过府军前卫中所副千户一员凌延忠，年五十三岁，系故副千户凌延恩堂弟，比中三等。• 61 •

年远事故前前所副千户一员 • 张继宗

成化十九年二月，张清，蒲祁县人，系府军前卫前前［所］故世袭副千户张兴嫡长孙。

弘治五年十一月，张继宗，年四岁，蒲祁县人，系府军前卫前前所故世袭副千户张清嫡长男，钦与全俸优给，至弘治十六年终住支。

优养妇一口 • 杨氏

成化十八年二月，李顺，年十五岁，朝邑县人，系府军前卫前前所残疾副千户李玉嫡长孙，钦与世袭。

嘉靖十二年六月，李顺，年六十六岁，朝邑县人，系府军前卫前前所年老副千户。户无承袭之人，照例与全俸优养，十年生子准袭，无子为民。

嘉靖十八年十二月，杨氏，年六十岁，朝邑县人，［系］府军前卫前前所故优养副千户李顺正妻，户无承袭之人，照例与米二石优养。

又一口 • 方氏

永乐七年四月，张雄，系神武前卫中所故百户张智旧名全儿亲弟，敬袭世袭百户。

天顺八年七月，张钦，密云县人，系府军前卫前右所故副千户张雄嫡长孙。

正德四年二月，张贵，密云县人，系府军前卫前右所故世袭副千户张钦嫡长男。

嘉靖二十一年十月，方氏，年五十岁，密云县人，系府军前卫前右所故副千户张贵正妻，户无承袭之人，照例与米二石优养。• 62 •

闫龙·实授百户

外黄查有：闫得，大兴县人。有叔闫智成，洪武三十二年充军，三十三年济南升小旗，沧州失陷。取父闫四补役，三十四年西水寨升总旗，三十五年平定京师，故。得系嫡长男，永乐三年敬升百户俸优给，七年袭世袭百户。闫福系闫得嫡长男，父正统九年迤北征进有功，未升病故，福已与副千户俸优给，景泰七年袭副千户。

一辈阎（闫）智成，已载前黄。

二辈闫四，已载前黄。

三辈闫得，旧选簿查有：永乐十四年十二月，府军前卫前右所世袭百户闫得。

宣德二年三月，闫得，系典仗，仍复前右所原职百户。

四辈闫福，旧选簿查有：正统九年闰七月，闫福，年四岁，系府军前卫前右所副千户闫得庶长男。父原袭百户，调征兀良哈达贼有功升前职，病故，钦与本人全俸优给，至正统二十年终住支。

五辈阎（闫）玉，旧选簿查有：弘治十五年十二月，阎玉，大兴县人，系府军前卫前前所世袭副千户闫福庶长男。伊父原系本卫前右所，调今所。

六辈闫浴，旧选簿查有：嘉靖十二年六月，闫浴，年四十七岁，大兴县人，系府军前卫前前所故绝副千户阎玉亲堂侄。伊曾祖得原系百户，正统九年迤北功升前职，伯祖以下沿袭。所据迤北功查无斩首，例应减革，本人与袭百户。

七辈闫清，旧选簿查有：嘉靖二十三年十二月，闫清，大兴县人，系府军前卫前前所年老世袭百户闫浴嫡长男。①

八辈闫龙。

九辈闫增寿，万历三十三年八月，闫增寿，年四十岁，系府军前卫前前所老实授百户闫龙长男，比中三等。

张清·百户

内黄查有：张文，凤翔县人。义叔祖巨二，洪武十八年充军，二十五年残疾。祖

① 该选条所载闫清袭职履历，又见《明档》本册第70页“又一员·闫清”选簿。

张安顶义叔祖姓名代役，三十二年济南升小旗，三十四年西水寨升总旗，三十五年平定京师升宽河卫世袭百户，永乐四年复姓，更名张安，九年病故。父张谅袭职，正统三年石城鬼泉杀贼升副千户，十四年病故。文系嫡长男，景泰二年袭职。

一辈张安，已载前黄。

二辈张谅，旧选簿查有：永乐九年十一月，张谅，系河州卫左所故世袭百户张安旧姓名巨安嫡长男，敬袭世袭百户。

三辈张文，旧选簿查有：景泰二年三月，张文，系府军前卫前所故副千户张谅嫡长男。• 63 •

四辈张得林，旧选簿查有：天顺四年七月，张得林，凤翔县人，系府军前卫前所故副千户张文堂侄。

五辈张英，旧选簿查有：弘治三年四月，张英，凤翔县人，系府军前卫前前所世袭副千户张得林嫡长男。

六辈张友，旧选簿查有：嘉靖三年二月，张友，凤翔县人，系府军前卫前前所带俸年老副千户张英嫡长男。

七辈张清，旧选簿查有：嘉靖三年九月，张清，年五岁，凤翔县人，系府军前卫前前所故革袭百户张友嫡长男，照例与全俸优给，至嘉靖十三年终住支。

旧选簿查有：嘉靖十四年四月，张清，年十六岁，凤翔县人，系府军前卫前前所故百户张友嫡长男，优给出幼袭职。

八辈张继宗，万历三十五年八月，张继宗，年七岁，系故实授百户张松亲侄，照例与全俸优给，至四十三年终住支。

万历四十四年正月，大选过府军前卫右所实授百户一员张继宗，年十五岁，出幼袭职，比中二等。

刘承恩 • 实授百户

内黄查有：刘贵，利州人。有父刘成，洪武十年军，三十三年济南升小旗，三十五年灵璧，永乐二年六月升宽河卫前所百户，伤故。贵系次男，永乐九年袭世［袭］百户，十三年调府军前卫前前所。刘旺系刘贵嫡长男，父正统十三年迤北征进未回，本人年幼不堪，堂兄刘雄借职，今长成，天顺三年袭授府军前卫前前所世袭百户，堂兄革闲。刘真系刘旺堂侄，父刘雄幼小，堂伯刘旺借职，父长成，袭，故，真成化二年四月袭授府军前卫前前所世袭百户。

一辈刘成，已载前黄。

二辈刘贵，旧选簿查有：永乐九年七月，刘贵，系宽河卫前所伤故百户刘成旧名刘四亲弟，敬袭世袭百户。

三辈刘旺，旧选簿查有：天顺三年二月，刘旺，山后人，系府军前卫前前所失陷世袭百户刘贵嫡长男。

四辈刘雄，旧选簿查有：天顺七年十月，刘雄，山后人，系府军前卫前所失陷世袭百户刘贵亲侄。

五辈刘真，旧选簿查有：成化二年四月，刘真，山后人，系府军前卫前所故世袭百户刘雄嫡长男。·64·

六辈刘锐，旧选簿查有：弘治十五年二月，刘锐，山后人，系府军前卫前前所世袭百户刘真嫡长男。

七辈刘铎，旧选簿查有：正德十五年八月，刘铎，山后人，系府军前卫前前所故绝百户刘锐亲弟。

八辈刘定，旧选簿查有：嘉靖二十五年二月，刘定，山后人，系府军前卫前前所年老实授百户刘铎嫡长男。

九辈刘承恩，旧选簿查有：隆庆三年六月，刘承恩，年二十三岁，利州人，系府军前卫前前所故实授百户刘定嫡长男。

十辈刘应元，万历二十七年六月，刘应元，年十九岁，系府军前卫前前所故实授百户刘承恩嫡长男，比中三等。

十一辈刘应光，万历三十五年二月，大选过府军前卫前所实授百户一员刘应光，年二十三岁，系故实授百户刘应元亲弟，比中三等。

十二辈刘国太，天启六年八月，大选过府军前卫前前所实授百户优给舍人一名刘国太，年十四岁，系故实授百户刘应光嫡长男，照例与全俸优给，至天启七年终住支。

崇祯元年五月补四月大选过，府军前卫前前所实授百户一员刘国泰，年十六岁，出幼袭职，比中三等。

白仁·百户

内黄查有：白敬，通州人。弟白黄头，洪武三十二年充军，三十三年济南升小旗，故。敬户名不动补，升总旗，三十五年平定京师升灵山卫中所百户，与世袭。

一辈白黄头，已载前黄。

二辈白敬，已载前黄。

三辈白贵，审稿簿查有：永乐九年十二月，白贵，系灵山卫左所故世袭百户白敬嫡长男。

四辈白昇，审稿簿查有：洪熙元年十二月，白昇，系灵山卫中所故世袭百户白敬嫡次男。兄白贵优给出幼，残疾，不堪承袭，钦准本人袭职，待有男还与职事。·65·

五辈白英，审稿簿查有：天顺元年五月，白英，顺天府通州人，系灵山卫中所故世袭百户白昇嫡长男。

六辈白山，审稿簿查有：成化十五年十二月，白山，通州人，系龙骧卫后所世袭百户白英嫡长男。

七辈白钦，审稿簿查有：弘治八年四月，白钦，通州人，系龙骧卫后所患疾世袭百户白山嫡长男，优给出幼袭职。

八辈白鸾，审稿簿查有：正统九年十二月，白鸾，通州人，系龙骧卫后所故绝世袭百户白钦亲弟。

九辈白仁，旧选簿查有：嘉靖十年十月，白仁，年十岁，通州人，系府军前卫前前所故百户白鸾嫡长男，照例与全俸优给，至嘉靖十五年终住支。

旧选簿查有：嘉靖十六年二月，白仁，通州人，系府军前卫前前所百户白鸾嫡长男，优给出幼袭职。

十辈白应科，万历二十年三月，白应科，年四十岁，系白仁堂侄。伊堂伯原袭世袭百户，今老无子，本舍先于万历十九年保送赴部，查系三辈未袭，已经驳查去后，今准都察院咨回“查明无碍”，覆保前来，本舍合照例借替实授百户，如伊堂伯白仁生有儿男，退还职事，比中三等。

十一辈白仲金，万历二十七年四月，白仲金，年二十九岁，系府军前卫前前所故实授百户白应科嫡长男，待伊伯生男还职，比中三等。

白仲才，崇祯五年十月，大选过府军前卫前所实授百户一员白仲才，年三十七岁，系故实授百户白仲金亲弟，比中三等。

谭世昌・署副千户事实授百户

［缺］。

一辈谭。

二辈谭景，旧选簿查有：永乐十六年六月，府军前卫后右所百户谭景，的否难确。• 66 •

三辈谭广，旧选簿查有：景泰二年三月，谭广，系府军前卫后右所世袭百户谭景嫡长男。

四辈谭勇，旧选簿查有：成化八年六月，谭勇，云梦县人，系府军前卫后右所副千户谭广嫡长男。

五辈谭镇，旧选簿查有：成化二十三年五月，谭镇，云梦县人，系府军前卫后右所世袭副千户谭勇嫡长男。

六辈谭大经，旧选簿查有：正德七年十月，谭大经，云梦县人，系府军前卫后右所故带俸正千户谭镇嫡长男。伊父原系副千户，弘治十八年大同三次当先冲锋破敌升前职，本人照例革与副千户。

七辈谭世昌，审稿查有：嘉靖三十七年二月，谭世昌，年二十二岁，云梦县人，系府军前卫前前所老疾副千户谭大经嫡长男。查伊始祖景以世袭百户，景泰六年官水寨功升副千户，高祖广、曾祖勇沿袭。祖镇替，弘治十八年大同当先升正千户。父大经革大同当先功一级，袭副千户。所据官水寨升副千户一级，查无功次，本舍量革与署副千户事实授百户。

八辈谭登瀛，万历十一年四月，谭登瀛，年二十三岁，云梦县人，系府军前卫右左所故署副千户事实授百户谭世昌嫡长男，比中三等。

王氏，万历二十五年十二月，年五十五岁，系府军前卫右左所故署副千户谭登瀛亲母，户无承袭之人，照例月支米五石，优养终身。

王国宁·副千户

万历四十五年二月，大选过府军前卫前前所副千户优给舍人一名王国宁，年五岁，系故副千户王万象嫡长男，照例与全俸优给，至五十五年终住支。• 67 •

刘斌·世袭百户

内黄查有：刘铭，阳信县人。有叔父刘三，洪武元年收集充军，故。取铭户名不动补役，并枪充小旗，济南升总旗，西水寨克金川门升凤阳中卫右所百户，与世袭。刘敬系刘铭嫡次孙，祖老疾，兄刘胜优，袭，故，无儿男，敬于宣德七年袭职。

一辈刘铭，已载前黄。

二辈刘胜，已载前黄。

三辈刘敬，已载前黄。

四辈刘凤，旧选簿查有：成化廿一年二月，刘凤，阳信县人，系府军前卫前前所老疾世袭百户刘敬嫡长孙。

五辈刘斌，旧选簿查有：正德十年八月，刘斌，阳信县人，系府军前卫前前所故世袭带俸百户刘凤嫡长男。

李承恩·实授百户

外黄查有：李瓒，年四十二岁，监利县人。外祖陈荣，甲辰年军，故。伯祖李喜家奴补役，三十二年克雄县等处有功升小旗，十一月郑村坝有功升总旗，故。祖拜住补役，三十三年济南功升实授百户，西水寨失陷。祖李福优，袭，十月调府军前卫，故。父李聚优，袭，故。瓒系嫡长男，袭实授百户。李镇年二十二岁，系李镇（瓒）嫡次男。伊父年老，镇正德十年替世袭百户。李臣系府军前卫中左所故实授百户李镇嫡次男。

李承恩，万历二十一年六月，李承恩，年二十一岁，监利县人，系府军前卫中左所故实授百户李臣嫡次男，比中三等。

李承惠，万历二十六年二月，大选过府军前卫中左所实授百户一员李承惠，年十六岁，出幼袭职。

李邦政，崇祯三年十月，大选过府军前卫中左所实授百户优给舍人一名李邦政，年八岁，系故实授百户李承惠嫡长男，照例与全俸优给，至崇祯十年终住支。• 68 •

张福 • 实授百户

外黄查有：张得山，固城县人，洪武十九年起取惯战头目军士，三十三年白沟河升小旗，三十四年西水寨升总旗，三十五年金川门钦除肃州卫中左所百户。

一辈张得山，已载前黄。

二辈张刚，旧选簿查有：永乐二年十一月，张刚，年十三岁，系肃州卫中左所百户张得山嫡长男。父原系宽河卫军，升调前职，病故，敬与全俸优给，至永乐四年终住支袭职。

三辈张毅，旧选簿查有：景泰二年十二月，张毅，系府军前卫前所世袭百户张刚嫡长男。

四辈张钦，旧选簿查有：成化十年三月，张钦，固城县人，系府军前卫前所故世袭百户张毅嫡长男。

五辈张勋，旧选簿查有：正德五年四月，张勋，固城县人，系府军前卫前所故世袭百户张钦嫡长男。

六辈张福，旧选簿查有：嘉靖二十八年四月，张福，年三十三岁，固城县人，系府军前卫前前所故实授百户张勋嫡长男。

张福，隆庆四年十月，张福，年五十二岁，固城县人，系府军前卫前前所眼疾实授百户，见今眼疾，不堪，户无承袭之人，照例与全俸优养，不拘年限，生子准袭。

于氏，万历三年十月，于氏，年五十六岁，固城县人，系府军前卫前前所故优养实授百户张福正妻，户无承袭之人，照例月支米二石优养，终身住支。

陈进忠

陈进忠，天启五年十二月，大选过府军前卫前前所实授百户一员陈进忠，年十七岁，出幼袭职，年幼记比。

前前所世袭百户一员·赵昇

成化十一年四月，赵明，安肃县人，系府军前卫前前所世袭百户赵显嫡长男。•69•

正德元年十二月，赵昇，安肃县人，系府军前卫前前所故世袭百户赵明嫡长男。

又一员·闫清

嘉靖二十三年十二月，闫清，大兴县人，系府军前卫前前所年老实授百户闫浴嫡长男。[①]

又一员·朱英

正统四年五月，朱信，系府军前卫左所署所镇抚事故试百户朱诚旧名伴儿嫡长男，钦准袭实授世袭百户，仍署所镇抚事。

景泰六年五月，朱诲，巢县人，系府军前卫左所故世袭百户朱信嫡长男。

弘治十二年十一月，朱英，巢县人，系府军前卫前前所革职世袭百户朱诲嫡长男。伊父原系本卫左所，调今所。

又一员·胡芳

天顺六年十一月，胡永隆，年一岁，虹县人，系府军前卫前前千户所故百户胡刚嫡长男，钦与全俸优给，至天顺十九年终住支。

成化元年五月，胡芳，虹县人，系府军前卫前前所故百户胡刚堂弟，钦与世袭。

---

① 该残簿所载闫清履历，又见《明档》本册第63页“闫龙·实授百户”选簿七辈闫清选条。

又一员 • 石文傅

天顺二年七月，石文傅，年三岁，朝邑县人，系府军前卫前前所故百户石福得嫡长男，钦与全俸优给，至天顺十三年终住支。

又一员优养世袭百户 • 张旺 • 70 •

成化十四年五月，张旺，年六十二岁，山后人，系府军前卫前前所世袭百户。患风疾，户无承袭之人，照例该与全俸优养。

程文宪 • 试百户

外黄查有：程海，巨野县人。父程敬，永乐九年以力士充杀虎手，洪熙元年杀虎有功升总旗，正统三年兀鲁乃杀贼头功升百户，调府军前卫，老。兄程全实授百户，十四年西直门阵亡，无儿男，海系亲弟，景泰二年以兄阵亡例升二级升正千户，天顺六年与流官。

一辈程敬，已载前黄。

二辈程全，旧选簿查有：正统八年十二月，程全，系府军前卫前所试百户程敬嫡长男。父原系总旗，因剿杀兀鲁乃达贼有功升除前职，钦准本人替实授世袭百户。

三辈程海，旧选簿查有：景泰元年闰正月，程海，系府军前卫前所阵亡百户程全亲弟。

四辈程富，旧选簿查有：成化元年十二月，程富，年三十三岁，巨野县人，系府军前卫前前所正千户程海嫡长男，钦与世袭。

五辈程贤，旧选簿查有：弘治二年六月，程贤，巨野县人，系府军前卫前前所世袭正千户程富嫡长男。

六辈程琮，旧选簿查有：正德八年二月，程琮，巨野县人，系府军前卫前前所带俸年老正千户程贤嫡长男。伊高祖程敬原系功升试百户，曾伯祖程全正统八年替实授百户，阵亡，曾祖程海袭升前职，沿袭至今，本人照例革替副千户。

七辈程勋，旧选簿查有：嘉靖六年十二月，程勋，年十六岁，巨野县人，系府军前卫前前所已故带俸副千户程琮嫡长男。伊始祖敬系民，以杀虎升总旗，石城儿功升试百户。高伯祖全袭，钦准实授，西直门阵亡。高祖海袭，升二级做正千户，曾祖以后沿袭，至父琮已革，钦准实授与副千户。本人先因年幼，已革去杀虎并钦准职级，与试百户俸优给，出幼，仍袭试百户，限外多支俸粮，查扣关支。

八辈程文宪，旧选簿查有：嘉靖二十年四月，程文宪，年四岁，巨野县人，系府军前卫前前所故实授百户程勋嫡长男。伊父原袭试百户，嘉靖十五年遇例实授。所据遇例实授，所据遇例职级例应减革，本人照例革与祖职试百户俸优给，至嘉靖三十年终住支。

旧选簿查有：嘉靖三十一年二月，程文宪，年十五岁，巨野县人，系府军前卫前前所故试百户程勋嫡长男，优给出幼袭职。

九辈程永寿，万历二十九年十月，程永寿，年四十五岁，系府军前卫前前所老试百户程文宪亲男，比中三等。• 71 •

齐镗 • 试百户

外黄查有：齐文，安化县人。父齐礼，永乐十年本县以幼军起送到京，拨府军前卫后所，十三年选充小甲，敬升小旗，正统三年石城儿泉擒贼有功升总旗，九年土河川擒贼升试百户，十四年迤北征伤。文系庶长男，景泰元年替府军前卫前后所实授百户，天顺六年钦与世袭。齐昂系齐昱亲弟。伊祖齐礼原以总旗功升试百户，伊父文及兄各袭实授，正德十六年照例革袭试百户，待兄有男还与职事。

一辈齐礼，已载前黄。

二辈齐文，旧选簿查有：景泰元年闰正月，齐礼，年六十三岁，系府军前卫前后所征伤试百户。原系总旗，迤北杀贼有功升前职，庶长男齐文年二十岁，替实授百户。

三辈齐昱，旧选簿查有：成化十七年二月，齐昱，安化县人，系府军前卫前后所百户齐文嫡长男，钦与世袭。

四辈齐昂，旧选簿查有：正德十六年十二月，齐昂，安化县人，系府军前卫前后所年老百户齐昱亲弟。伊祖齐礼原以总旗功升试百户，伊父文及兄各袭实授，本人照例革袭试百户，待兄有男还与职事。

五辈齐安，旧选簿查有：嘉靖二十二年八月，齐安，年四十四岁，安化县人，系府军前卫前后所年老实授百户齐昂嫡长男。伊曾祖礼原系功升试百户，遇例实授，祖文、伯父昱相沿，父昂袭，已革遇例，与试百户，嘉靖十五年遇例实授。所据遇例职级，例不准袭，本人照例革与试百户。

六辈齐镗，旧选簿查有：隆庆二年八月，齐镗，年三十一岁，安化县人，系府军前卫前前所带俸实授百户齐安嫡长男，革遇例与替试百户。查得外黄，永乐十三年充小旗，正统三年石城儿泉杀败达贼升总旗，九年土河川杀贼升试百户，嘉靖二十四年遇例实授。所据遇例职级，例不准袭，今本舍革替试百户，于八月十六日比试弓马得中，考试四等。

七辈齐儒，万历二十三年四月，齐儒，年三十四岁，系府军前卫前前所故试百户齐镗嫡长男，比中二等。

八辈齐秀，万历三十五年四月，大选过府军前卫前所试百户优给舍人一名齐秀，年五岁，系故试百户齐儒嫡长男，照例与全俸优给，至四十四年终住支。

万历四十五年二月，大选过府军前卫前所试百户一员齐秀，年十五岁，出幼袭职，年幼记比，候年廿岁起送补比。

王钺·试百户

［缺］。·72·

一辈王萧良。

二辈王全，旧选簿查有：景泰三年八月，王全，系府军前卫前所阵亡总旗王萧良嫡长男，升试百户。

三辈王定受，旧选簿查有：成化十七年二月，王定受，年十五岁，朝邑县人，系府军前卫前所故百户王全嫡长男，钦与世袭。

四辈王镇，旧选簿查有：正德十一年二月，王镇，年十五岁，朝邑县人，系府军前卫前前所故百户王定受嫡长男。祖王全袭升试百户，遇例实授，本人年幼优给，今出幼，照例革袭试百户。

五辈王钺，旧选簿查有：嘉靖三十六年二月，王钺，朝邑县人，系府军前卫前前所故带俸实授百户王镇亲弟，革遇例，与袭试百户。

六辈王镗，零选簿查有：嘉靖三十九年八月，王镗，朝邑县人，系府军前卫前前所故带俸试百户王钺嫡长男。

七辈王锦，万历十年十月，王锦，年二十六岁，朝邑县人，系府军前卫左左所故试百户王镗亲弟，比中三等。

八辈王应龙，万历四十七年十二月补十月分大选，过府军前卫后所试百户一员王应龙，年二十八岁，系故试百户王锦嫡长亲男，比试不中，例支半俸，候及二年，起送再比。

王澄・试百户

[缺]。

一辈王英。

二辈王礼，旧选簿查有：景泰七年七月，王礼，系彭城卫后所试百户王英户名王真嫡长男。父原系总旗，差往瓦剌公干回还升前职，病故，照例本人该仍袭试百户。

三辈王润，旧选簿查有：弘治十一年四月，王润，年十一岁，霍丘县人，系府军前卫前前所百户王礼嫡长男。父原系彭城卫后所试百户，天顺元年遇例实授，调今卫所，年老，本人照例该与实授百户俸优给，至弘治十四年终住支。

四辈王澄，旧选簿查有：正德十年四月，王澄，二十五岁，霍丘县人，系府军前卫前前所风疾百户王润庶弟。内实授一级系遇例，本人照例革替试百户，待兄有男还与职事。• 73 •

前前所试百户一员・郝钺

景泰元年，紫荆关等处杀贼有功升一级，府军前卫总旗升试百户郝信，幼名安宁。

成化十年三月，郝胜，年十六岁，凤翔县人，系府军前卫前后所故百户郝信嫡长男，钦与世袭。

嘉靖五年二月，郝钺，凤翔县人，系府军前卫前前所故百户郝胜嫡长男。伊祖信原升试百户，遇例实授，父沿袭，本人照例革袭试百户。父原系前后所，调今所。

年远事故所镇抚一员·锺顺

天顺元年七月，锺顺，济宁州人，系府军前卫前前所失陷所镇抚锺□[①]亲侄孙。

白九姐

崇祯十年六月，大选过府军前卫前后所优养女一口，白九姐，年三岁，系故绝试百户白应登亲女，照例优养，嫁日住支。

年选事故前后所正千户一员·仇伦

永乐十四年十二月，府军前卫前后所世袭副千户仇贵。

正统十四年九月，仇瑄，系府军前卫前后所征进未回正千户仇贵嫡长男。

天顺六年五月，仇祥，徐州人，系府军前卫前所世袭正千户仇瑄堂兄。堂弟为败伦伤化革·74·职为民，本人袭职。

成化八年二月，仇澄，徐州人，系府军前卫前后所为事革职世袭正千户仇祥嫡次男。

弘治十二年四月，仇良，徐州人，系府军前卫前后所故世袭正千户仇澄嫡长男。

弘治十八年八月，仇伦，年三岁，徐州人，系府军前卫前后所故世袭正千户仇良嫡长男，钦与全俸优给，至正德十二年终住支。

又一员·童礼

永乐十四年十二月，府军前卫前后所未定流世世袭正千户童义，旧名五十八。

正统七年六月，童礼，系府军前卫前后所故世袭正千户童义庶长男。

---

① 原簿“锺”字后小注一“空”字。

前后所副千户一员・张寿

正统十四年十二月，张斌，系府军前卫后所阵亡试百户张保嫡长男。父原系总旗，迤北杀贼有功升前职，本人该袭实授百户。

天顺四年七月，张胜，年十二岁，武昌县人，系府军前卫后所故副千户张斌户名张保亲侄，钦与全俸优给，至天顺六年终住支。

正德四年闰九月，张寿，武昌县人，系府军前卫前后所年老世袭副千户张胜嫡长男。

年选事故副千户一员・杨铭

正统十三年五月，杨喜，系府军前卫后前所副千户杨敬旧名任敬嫡长男，钦与世袭。• 75 •

天顺七年十月，杨琮，年二十七岁，坝（霸）州人，系府军前卫后所世袭副千户杨喜嫡长男。

成化十五年四月，杨铭，坝（霸）州人，系府军前卫前后所副千户杨琮嫡长男，钦与世袭。

优养副千户一员・殷海

永乐四年十二月，府军前卫前后所世袭副千户殷贵。

景泰二年三月，殷玉，系府军前卫前后所故世袭副千户殷贵嫡长男。

成化十四年二月，殷富，武清县人，系府军前卫前后所故世袭副千户殷玉遗腹嫡长男。

弘治二年十月，殷海，武清县人，系府军前卫前后所故世袭副千户殷富亲叔。

弘治十七年闰四月，殷海，年六十一岁，武清县人，系府军前卫前后所世袭副千户，年老，户无承袭之人，照例与全俸优养。

张锐·实授百户

内黄查有：张敬，济南府人。父张山，洪武元年军，三十三年济南升小旗，三十四年夹河阵亡。将敬户名不动越升总旗，三十五年金川门功除大同前卫中所百户，永乐三年与世袭。张志年七岁，系张敬嫡长男，父老，优，出幼，正统十一年袭大同前卫中所世袭百户。

一辈张山，已载前黄。

二辈张敬，已载前黄。

三辈张志，已载前黄。·76·

四辈张顺，旧选簿查有：天顺二年闰二月，张顺，武［定］州人，系大同前卫中所失陷世袭百户张志堂兄。本人先因被虏未回，伯张敬具告优养，今回还，钦准袭［职］，仍将伊伯优俸粮开除。

五辈张定，旧选簿查有：成化十二年十二月，张定，武定州人，系大同前卫中所世袭百户张顺嫡长男。

六辈张镇，旧选簿查有：正德八年六月，张镇，武定州人，系府军前卫前后所缢故世袭百户张定嫡长男。伊父原系大同前卫中所，调今卫所。

七辈张锐，旧选簿查有：嘉靖三十八年十二月，张锐，年四十八岁，武定州人，系府军前卫前后所年老实授百户张镇亲堂弟，与替实授百户。

八辈张栋，万历八年四月，张栋，年三十七岁，武定州人，系府军前卫前后所带俸年老实授百户张锐亲侄，比中三等。

九辈张义，万历二十六年八月，张义，年二十九岁，系府军前卫前后所故实授百户张栋亲男，比中三等。

戴富·实授百户

内黄查有：戴海，旧名双关，年二十八岁，和州人。有祖父戴应人，丙午年军，疾。伯父戴保儿代役，疾。将父戴庆儿代役，洪武三十三年济南升小旗，三十五年灵璧阵亡。海系嫡长男，为父阵亡，永乐四年升大兴左卫世［袭］百户，十三年调府军前卫前后所。

一辈戴庆儿，已载前黄。

二辈戴海，旧选簿查有：永乐四年十一月，戴海，旧名双关，系大兴左卫左所灵璧县阵亡小旗戴庆儿嫡长男，钦升本卫所世袭百户。

三辈戴斌，旧选簿查有：正统十四年十月，戴斌，系府军前卫［前］后所征进未回百户戴海嫡长男。

四辈戴敬，旧选簿查有：成化十四年九月，戴敬，和州人，系府军前卫前后所世袭百户戴斌亲弟，待兄有男还与职事。

五辈戴林，旧选簿查有：弘治二年十月，戴林，和州人，系府军前卫前后所故世袭百户戴敬嫡长男。

六辈戴鑑，旧选簿查有：正德十五年二月，戴鑑，和州人，系府军前卫前后所故百户戴林嫡长男，优给出幼袭职。

七辈戴富，旧选簿查有：嘉靖四十一年二月，戴富，年三十三岁，历阳县人，系府军前卫［前］后所故实授百户戴鑑嫡长男。• 77 •

王宣·百户

内黄查有：王隆，旧名丐儿，陈州人。有父王聚，洪武元年充军，三十三年济南升小旗，三十四年夹河阵亡。隆系嫡长男，永乐元年钦与实授百户全俸优给，九年袭宽河卫后所世袭百户。王虎系王隆堂弟，堂兄故，无儿男，虎十三年调府军前卫前后所。王本系王虎亲侄，伯遆北征进未回，无儿男，父王安袭职，故，本成化十年袭职。

一辈王聚，已载前黄。

二辈王隆，已载前黄。

祖王聚 → 虎
祖王聚 → 隆
祖王聚 → 安 → 本 → 鸾 → 晟 → 宣 → 进忠

三辈王虎，旧选簿查有：永乐十四年十二月，府军前卫前后所世袭百户王虎。

四辈王安，旧选簿查有：正统十四年十月，王安，系府军前卫前后所征进未回百户王虎亲弟。

五辈王本，旧选簿查有：成化十年七月，王本，陈州人，系府军前卫前后所故世袭百户王安嫡长男。

六辈王鸾，旧选簿查有：弘治十六年十二月，王鸾，陈州人，系府军前卫前后所世袭百户王本嫡长男。

七辈王晟，旧选簿查有：嘉靖十五年四月，王晟，陈州人，系府军前卫前后所年老百户王鸾嫡长男。

八辈王宣，旧选簿查有：嘉靖三十四年六月，王宣，陈州人，系府军前卫前后所老疾百户王晟嫡长男。

九辈王进忠，万历二十二年十二月，王进忠，年三十岁，陈州人，系府军前卫前后所故实授百户王宣嫡长男，比中三等。

十辈王国勋，天启四年四月，大选过府军前卫前后所实授百户一员王国勋，年二十八岁，系故实授百户王进忠嫡长男，比中三等。

张鑑 • 世袭百户

［缺］。• 78 •

一辈张旺。

二辈张贵，旧选簿查有：永乐九年九月，张贵，系甘州右卫后所故世袭百户张旺嫡长男。

三辈张广，旧选簿查有：景泰元年闰正月，张广，系府军前卫前后所故世袭百户张贵嫡长孙。

四辈张勉，旧选簿查有：成化六年四月，张勉，望江县人，系府军前卫前后所故世袭百户张广嫡长男。

五辈张鑑，旧选簿查有：正德五年六月，张鑑，望江县人，系府军前卫前后所故世袭百户张勉嫡长男。①

李相 • 实授百户

外黄查有：李兴，蓟州人。有父捨儿，洪武十七年充军，风疾。将兴代役，三十三年升小旗，三十四年夹河升总旗，三十五年平定京师，除庐州卫左所百户。李

① 此选条载张鑑袭职履历，其优给履历见《明档》本册第21页“又一员 • 张鑑”选簿。

海系李兴嫡长男，永乐七年故，海九年袭授庐州卫左所世袭百户，十三年调府军前卫前后所。

一辈李兴，已［载前黄］。

二辈李海，旧选簿查有：永乐十四年十二月，府军前卫前后所世袭百户李海。

三辈李贤，旧选簿查有：正统十二年四月，李贤，系府军前卫故世袭百户李海嫡长男。

四辈李鑑，旧选簿查有：弘治三年二月，李鑑，坝（霸）州人，系府军前卫前后所世袭百户李贤亲……

五辈李文，旧选簿查有：嘉靖十一年二月，李文，年三十五岁，蓟州人，系府军前卫前后所老疾世袭百户李鑑嫡长男。

六辈李相，旧选簿查有：嘉靖四十三年十一月，李相，年二十二岁，蓟州人，系府军前卫前后所老疾实授百户李文嫡长男。

七辈李勋，万历十四年二月，大选过府军前卫前后所实授百户一员李勋，年二十二岁，蓟州人，系实授百户李相嫡长男，比中三等。• 79 •

八辈李时春，万历四十三年四月，大选过府军前卫中左所实授百户一员李时春，年十七岁，系故实授百户李勋［嫡长男］，比中三等。

九辈李廷芳，崇祯八年八月，大选过府军前卫中左所实授百户一员李廷芳，年十六岁，系故实授百户李时春嫡长男，年幼［记］比，候年二十，即与停俸，起送比试。

王俊·实授百户

［缺］。

一辈王敬。

二辈王福山，旧选簿查有：成化二十一年四月，王福山，宝鸡县人，系府军前卫后所故带俸署指挥佥事事正千户王敬嫡长男。

三辈王佐，旧选簿查有：正德三年十一月，王佐，宝鸡县人，系府军前卫前后所指挥佥事王福山嫡长男。伊父原系署指挥佥事，成化二十三年遇例实授，故，本人照例革袭署指挥佥事事正千户。

四辈王佑，旧选簿查有：正德七年二月，王佑，宝鸡县人，系府军前卫前后所故署指挥佥事事正千户王佐亲弟。

五辈王俊，旧选簿查有：正德十六年十二月，王俊，宝鸡县人，系府军前卫后所故绝正千户王佑亲弟。伊祖王敬原以余丁试验弓砖，授冠带，德胜门功升冠带小旗，建州功升百户，威宁海子及白孤庄功升副千户，黑石崖、清水营当先，升署指挥佥事。父福山、兄佐沿袭，次兄佑已革去试验弓砖冠带，与袭正千户。今据当先一级，例该减革，止有军功四级，照例与本人袭实授百户。

杨钊·世袭百户

［缺］。·80·

一辈杨礼。

二辈杨胜，旧选簿查有：永乐九年四月，杨胜，系宽河卫后所故世袭百户杨礼亲侄，敬袭世袭百户。

三辈杨清，旧选簿查有：正统六年十月，杨清，系府军前卫前后所世袭百户杨胜嫡长男。

四辈杨俊，旧选簿查有：成化廿一年四月，杨俊，丹徒县人，系府军前卫前后所故世袭百户杨清嫡长男。

五辈杨著，旧选簿查有：正德十一年六月，杨著，丹徒县人，系府军前卫前后所世袭百户杨俊嫡长男。

六辈杨钊，旧选簿查有：嘉靖三十四年二月，杨钊，丹徒县人，系府军前卫前后所带俸故世袭百户杨著嫡长男。

七辈杨钦，万历八年二月，杨钦，年四十五岁，丹徒县人，系府军前卫左后所年老世袭百户杨钊亲弟，比中三等。

八辈杨凤鸣，万历十四年四月，杨凤鸣，年十七岁，丹徒县人，系府军前卫前所故实授百户杨钦嫡长男，年幼未比。

九辈杨应泰，年三岁，系府军前卫前所故世袭百户杨凤鸣嫡长男，万历二十五年二月大选全俸优给新官，扣至三十七年终住支。

张国符·实授百户

天启六年四月，大选过府军前卫前后所实授百户一员张国符，年二十二岁，系故实授百户张安嫡次男，比中二等。•81•

年远事故前后所世袭百户一员·杨继宗

永乐十四年十二月，府军前卫后所世袭百户杨清。

天顺元年九月，杨政，陇西人，系府军前卫前所故百户杨清旧名杨北蛮嫡长男，钦与世袭。

弘治十八年二月，杨继宗，幼名僧保，年十五岁，陇西人，系府军前卫前后所故世袭百户杨政嫡长孙，优给出幼袭职。

又一员·马镗

宣德三年闰四月，马聚，旧名喜儿，系府军前卫前后所故世袭百户马义嫡长男。

正统十四年十月，马俊，系府军前卫前后所征进未回百户马聚堂叔。堂侄有男马群儿，年五岁，幼小，本人借职，待长成还与职事。

天顺四年正月，马驯，幼名群儿，鱼台县人，系府军前卫前后所故世袭百户马聚嫡长男。

成化十一年五月，马绍，年二岁，鱼台县人，系府军前卫前后所故世袭百户马驯遗腹嫡次男，钦与全俸优给，至成化二十四年终住支。

成化十二年七月，马騂，鱼台县人，系府军前卫［前］后所故世袭百户马驯亲弟。

弘治四年四月，马镗，幼名铁块，鱼台县人，系府军前卫前后所故世袭百户马騂嫡长男。

又一员·张通

成化四年二月，张通，宛平县人，系府军前卫前后所百户张勉嫡长男，钦与世

袭。·82·

崔来朝·正千户

崇祯九年四月，大选过府军卫前所正千户一员崔来朝，年三十一岁，系老正千户崔守仁嫡长男，比中三等。

陶喜·正千户

外黄查有：陶云。祖父陶福，癸卯年从军，甲辰年充小旗，洪武三十四年夹河大战升试百户，三十五年攻汶上等处阵亡，升大兴左卫中所正千户。云优给，永乐六年袭职，十三年调府军前卫前后所。

一辈陶福，已载前黄。

二辈陶么儿。

三辈陶云，旧选簿查有：永乐六年二月，陶云，旧名六十，系大兴左卫中所故正千户陶么儿嫡长男，敬袭世袭正千户。

四辈陶清，旧选簿查有：景泰元年闰正月，陶清，系府军前卫后所世袭正千户陶云嫡长男。

五辈陶镇，旧选簿查有：成化十年十二月，陶镇，潜江县人，系府军前卫前后所故世袭正千户陶清嫡长男。

六辈陶英，旧选簿查有：弘治十四年闰七月，陶英，潜江县人，系府军前卫前后所故世袭正千户陶镇嫡长男。

七辈陶瑀，旧选簿查有：嘉靖九年四月，陶瑀，年二十八岁，潜江县人，系府军前卫前后所带俸故绝世袭正千户陶英亲侄。

八辈陶喜，旧选簿〈选〉查有：嘉靖三十八年十月，陶喜，年二十一岁，潜江县人，系府军前卫后所故正千户陶瑀堂弟。伊父陶英原袭祖职正千户，老，彼时未曾生子，伊堂兄陶瑀借替，今故。本舍系陶英续生庶长男，照例与袭祖职正千户。

九辈陶鸾，万历十四年八月，陶鸾，年二十二岁，潜江县人，系府军前卫后前所故正千户陶喜嫡长男，比中三等。

十辈陶鹏，万历四十一年十月，大选过府军前卫右左所正千户一员陶鹏，年三十八岁，系故正千户陶鸾弟，比中三等。·83·

赵贤·正千户

［缺］。

一辈赵锁住。

二辈赵通，旧选簿查有：永乐八年二月，赵通，旧名不士人，系遵化卫右所小河阵亡总旗赵锁住嫡长男。叔赵瘦儿袭升睢阳卫后所副千户，本人告取职事，叔革闲，敬袭世袭副千户。

三辈赵忠，旧选簿查有：宣德五年，赵忠，系府军前卫后所故世袭副千户赵通亲弟。

四辈赵荣，旧选簿查有：正统十四年，赵荣，系府军前卫后所故正千户赵忠嫡长男。

五辈赵铨，旧选簿查有：弘治十七年二月，赵铨，抚宁县人，系府军前卫患风疾功升指挥佥事赵荣庶长男，优给出幼袭职，钦与世袭。

六辈赵贤，旧选簿查有：正德十二年八月，赵贤，抚宁县人，系府军前卫故绝指挥佥事赵铨堂侄。查得伊伯祖赵荣袭正千户，功升指挥佥事，本舍系侄孙，照例革去伯祖指挥佥事一级，与袭祖职正千户，注后所。

优养后所正千户一员·宋鑑

成化十二年二月，宋鑑，武定州人，系府军前卫后所故世袭正千户宋赟嫡长男。

弘治十年二月，宋端，武定州人，系府军前卫后所患疾世袭正千户宋鑑嫡长男，优给出幼袭职。

嘉靖二十八年六月，宋端，年六十八岁，武定州人，系府军前卫带俸年老署都指挥佥事，见今年老不堪，户无承袭之人。查得本官原袭祖职正千户，弘治七年中式武举升署指挥佥事，嘉靖四年推升署都指挥佥事，十七年遇例实授。所据武举中式并推升·84·职级及遇例实授不由军功，例应减革，今本官照例革与祖职正千户俸优养，不拘年限，生子准袭，注后所。

嘉靖三十四年四月，马氏，年六十三岁，武定州人，系府军前卫后所故正千户宋端正妻。

又一员・陈灏

嘉靖元年四月，陈灏，年六十一岁，怀宁县人，系府军前卫后所年老世袭正千户，户无承袭之人，钦与全俸优养。

曹瑾・副千户

内黄查有：曹忠，旧名驴儿，和州人。兄曹旺孙，吴元年充军，三十一年残疾。将次兄曹伴哥户名不动代役，三十三年白沟河升小旗，三十四年夹河阵亡，别无儿男。忠系亲弟，永乐三年敬与试百户俸优给，四年敬袭大兴左卫左所试百户。曹贵系曹忠嫡长男，父永乐十三年调府军前卫右后所署所镇抚事，宣德三年故。贵幼，本年钦与实授百户俸优，正统二年钦准袭授府军前卫右后所世袭百户。曹安系曹贵嫡长男，父正统十四年高樑与达贼对敌阵亡，例升二级，本人先因年幼已与流官正千户俸优给，今出幼，于天顺三年钦准袭授府军前卫右后所流官正千户。曹璋系曹安嫡长孙，伊祖年老，璋于正德五年替授府军前卫世袭指挥佥事。曹瑾系府军前卫后所故优给副千户曹良臣亲叔，嘉靖二十四年钦准袭职。

一辈曹伴哥，已载前黄。

二辈曹忠，旧选簿查有：永乐十四年十二月，府军前卫右后所世袭署镇抚事试百户曹忠。

三辈曹贵，旧选簿查有：正统二年五月，曹贵系府军前卫右后所故署所镇抚事试百户曹忠嫡长男，钦准袭实授世袭百户。

四辈曹安，旧选簿查有：天顺三年十月，曹安，和州人，系府［军］前卫右后所百户曹贵嫡长男。父于德胜门等处杀贼阵亡，例升二级。本人先因年幼，已与正千户俸优给，今出幼，该袭流官正千户。

成化十六年，威宁海子功次府军前卫正千户升指挥佥事一员曹安。

五辈曹璋，旧选簿查有：审稿查有，曹璋，和州人，系府军前卫功升指挥佥事曹安嫡长孙，敬与世袭。• 85 •

六辈曹良臣，旧选簿查有：嘉靖九年八月，曹良臣，年二岁，和州人，系府军前卫故指挥佥事曹璋嫡长男。伊六世祖忠功升试百户，故。高祖贵［袭］，钦准实授，阵亡。曾祖安以阵亡功升正千户，威宁海子功升前职，故。父璋沿袭。所据钦准职级与威宁海子功不系斩首，俱例应减革，本人照例革与副千户［俸］优给，至嘉靖二十二年［终］住支，注后所。

七辈曹瑾，旧选簿查有：嘉靖二十四年六月，曹瑾，系府军前卫后所故优给副千户曹良臣亲叔。

八辈曹琮，旧选簿查有：嘉靖二十八年八月，曹琮，和州人，系府军前卫后所故副千户曹瑾亲弟。

陈江・正千户

内黄查有：陈拳，大兴县人。父陈友文，洪武二十九年充军，故。拳户名不动补役，三十二年真定升勇士小旗，郑村坝升总旗，三十三年济南升百户，三十四年西水寨升副千户，三十五年平定京师升横海［卫］前所正千户，永乐三年与世袭。陈旺系拳亲弟，兄故，无儿男，旺于宣德七年袭正千户。陈胜系陈旺嫡长男，父老，胜于正统二年优给，景泰二年优养。陈黑儿系陈胜嫡长男，父故，黑儿于天顺五年优给，十五年终住支。

一辈陈拳，已载前黄。

二辈陈旺，旧选簿查有：宣德七年四月，陈旺，系横海卫前所故世袭正千户陈拳亲弟。

三辈陈胜，旧选簿查有：景泰二年三月，陈胜，年十六岁，系横海卫前所老疾世袭正千户陈旺嫡长男。先因年幼，已与优给，今出幼，患双眼瞎残疾，不堪承袭，别无袭之人，钦与全俸优养。

四辈陈黑儿，旧选簿查有：天顺五年八月，陈黑儿，年五岁，大兴县人，系横海卫前所老疾世袭正千户陈旺嫡长孙。本人先因未生，父陈胜患双眼瞎残疾不堪承替，已与优养，续生本人，父病故，具告转名钦与全俸优给，至天顺十五年终住支。

五辈陈贤，旧选簿查有：成化八年二月，陈贤，大兴县人，系横海卫前所故世袭正千户陈旺嫡长男孙。

六辈陈纲，旧选簿查有：正德十二年八月，陈纲，大兴县人，系横海卫前所改调府军前卫后所带俸故世袭正千户陈贤嫡长男。

七辈陈江，旧选簿查有：嘉靖三十一年十二月，陈江，年五岁，大兴县人，系府军前卫后所老疾正千户陈纲亲孙，照例与全俸优给，至嘉靖四十一年终住支。

旧选簿查有：嘉靖四十二年三月，陈江，年十六岁，大兴县人，系府军前卫后所老疾正千户陈纲亲孙，优给出幼袭职。

八辈陈钺，隆庆六年八月，陈钺，年二十九岁，大兴县人，系府军前卫后后所故正千户陈江亲叔。• 86 •

卢章·副千户

内黄查有：卢胜，临海县人。高祖卢广，吴元年充军，洪武十二年选充小旗，十四年白石崖剿捕贼寇有功，三十一年以年深小旗除骁骑右卫百户，年老。曾祖卢忠系长男，永乐十年替职，十六年调府军前卫后所，年老。伯祖卢浩系长男，正统元年替职，十四年彰义门外有功，景泰元年升本所副千户，故，无嗣。祖父卢涌成化九年袭，故。父卢全系亲男，袭，故。胜系嫡长男，袭。

一辈卢广，已载前黄。

二辈卢忠，已载前黄。

三辈卢浩，已载前黄。

四辈卢涌，旧选簿查有：成化九年十二月，卢涌，临海县人，系府军前卫后所故副千户卢浩亲弟，钦与世袭。

五辈卢全，旧选簿查有：成化十年七月，卢全，年一七岁，临海县人，系府军前卫后所故世袭副千户卢涌嫡长男。

六辈卢胜，旧选簿查有：弘治十二年三月，卢胜，年十五岁，临海县人，系府军前卫后所故世袭副千户卢全嫡长男。

七辈卢章，旧选簿查有：嘉靖二十年六月，卢章，临海县人，系府军前卫后所故带俸副千户卢胜嫡长男。

嘉靖四十五年二月，卢章，年六十一岁，临海县人，系府军前卫后所年老带俸副千户，照例与全俸优养，十年生子准袭，无子为民。

年远事故后所副千户一员·郑景

正统九年十一月，郑泰，系府军前卫后所副千户郑融嫡长男。

成化七年二月，郑兴，丹徒县人，系府军前卫后所世袭副千户郑泰嫡长男。

弘治六年四月，郑景，丹徒县人，系府军前卫后所患疾世袭副千户郑兴嫡长男。

又一员·张任·87·

弘治四年四月，张任，滦州人，系府军前卫后所革职世袭副千户张善嫡长男。

李芬

万历二十二年七月，单本选过府军前卫后所试百户一员李芬，年二十八岁，系故绝实授百户李贵堂弟。查高祖李幹，原以总旗阵亡升实授百户。所据阵亡功级，弟侄例不准并，合量革与袭试百户，比中三等。

陶宣·实授百户

内黄查有：陶得，睢宁县人。有祖陶宽，丙午年充军，故。将父陶咬儿补役，三十二年郑村坝升总旗，三十三年白沟河升百户，东昌失陷。永乐四年敬与百户俸优给，八年袭金吾右卫中所世袭百户，十三年调府军前卫中左所。陶林系陶得嫡长男，父正统九年迤北征进全宁城，杀贼有功升本卫所副千户。陶长寿系陶林嫡长男。

一辈陶咬儿，已载前黄。

二辈陶得，旧选簿查有：永乐八年二月，陶得，系金吾右卫中所东昌失陷百户陶咬儿嫡长男，钦袭世袭百户。

永乐十四年十二月，府军前卫中左所世袭副千户陶得。

钦升簿查有：正统九年，剿杀犯边达贼有功，府军前卫百户升副千户五十五员内一员陶得。

三辈陶琳，旧选簿查有：天顺二年十月，陶琳，睢宁县［人］，系府军前卫中左所副千户陶得嫡长男。先因逃走在外，父患老疾，已与优养，今本人回还，父亦故，该与袭职。

四辈陶瑾，旧选簿查有：成化十三年二月，陶瑾，睢宁县人，系府军前卫中左所故世袭副千户陶琳嫡长男。

五辈陶源，旧选簿查有：嘉靖十一年八月，陶源，年三十七岁，睢宁县人，系府军前卫后后所年老副千户陶瑾嫡长男。伊祖得原袭百户，正统九年迤北当先升前职，祖、父沿袭。所据当先职级例不该替，本人革替百户。

六辈陶宣，旧选簿查有：嘉靖四十年四月，陶宣，年三十三岁，睢宁县人，系府军前卫后所年老实授百户陶源亲侄。

七辈陶琮，万历五年六月，陶琮，年四十岁，睢宁县人，系府军前卫后所带俸故世袭百户陶宣亲弟，比中三等。·88·

田仁·实授百户

内黄查有：田贵，赣榆县人，永乐十年佥充幼军，永乐十三年拨府军前卫选充小旗，正统六年麓川杀贼奇功升试百户，功（攻）克永帕猛雷寨，南甸州甸尾马鞍山开路，主麓川策应，升正千户，又克贼首巢寨升世袭正千户。正统八年缅甸索取贼首思任发，九年升指挥佥事，十四年福建攻克建安县曹岩寨，克西芹寨，竹墩擒贼，克青洲流坑寨小溪夹擒贼，阳溪潦头杀贼，侯官县柑橘园杀贼，紫云台杀贼，潦下坑擒贼，小盈岭杀贼，荔枝园杀贼，松州潦坑杀贼，风落洋山杀贼，升指挥同知，景泰元年通前功次升本卫指挥使，奏保升署都督指挥佥事，又升都指挥佥事，充左参将领军截杀达贼，大同北门外雷公山杀贼，升署都指挥同知事都指挥佥事，府军前卫带俸。

一辈田贵，旧选簿查有：正统六年十二月，田贵，系府军前卫左前所小旗升本卫所试百户，加升正千户。

正统九年六月，府军前卫正千户升指挥佥事田贵。

景泰元年府军前卫指挥佥事获功十次升指挥使田贵。

钦升簿查有：正统七年，调征云南麓川反寇思任发，于上江等处剿杀蛮贼有功，府军前卫左所小旗五次奇功头功升世袭正千户一员田贵。

正统九年，调征云南麓川剿杀蛮贼功及差木邦、缅甸调夷兵内，府军前卫正千户升指挥佥事一员田贵。

景泰元年福建等处杀贼获功，府军前卫指挥佥事获功十次升指挥使二员内一员田贵。

景泰元年，大同北门外等处杀贼有功，府军前卫都指挥佥事升都指挥同知一员田贵。[①]

二辈田通，旧选簿查有：景泰六年九月，田贵，年六十三岁，系府军前卫带俸署都指挥同知，老疾，有嫡长男田通年三十五岁，照例替原职指挥使，定府军前卫。[②]

三辈田佐，旧选簿查有：弘治元年五月，田佐，赣榆县人，系府军前卫指挥使田通嫡长男。

四辈田孔旸，旧选簿查有：正德三年二月，田孔旸，赣榆县人，系府军前卫故指挥使田佐嫡长男。

五辈田龙，旧选簿查有：嘉靖二十三年六月，田龙，年八岁，赣榆县人，系府军前卫故指挥使田孔旸庶长男。伊高祖贵原系功升正千户，正统八年差木邦缅甸调取夷兵升指挥佥事，十四年福建等处擒贼历功升指挥使，疾。曾祖、祖、父相沿，俱故。所据木邦、缅甸调取夷兵升指挥佥事一级不由军功，例不准袭，革与本人指挥同知俸优给，至嘉靖二十八年终住支。

旧选簿查有：嘉靖二十九年二月，田龙，年十六岁，赣榆县人，系府军前卫故指挥同知田孔旸庶长男，优给出幼袭职。

六辈田仁，旧选簿查有：嘉靖四十一年十月，田仁，年三十三岁，系府军前卫后所故实授百户田龙堂兄，系嘉靖三十一年科道清查减革实授百户。

七辈田松，万历十六年十月，田松，年二十二岁，系府军前卫后所故实授百户田仁嫡长男，比中三等。

八辈田世济，天启五年十月，大选过府军前卫后所实授百户一员田世济，年十七岁，系故实授百户田松嫡长男，比中三等。• 89 •

① 《明英宗实录》卷 189，景泰元年二月乙酉，“命府军前卫指挥使田贵……署都指挥佥事事，以武清侯石亨举也”。

② 《明英宗实录》卷 221，景泰三年闰九月戊寅，“命府军前卫署都指挥同知田贵子通袭为指挥使”。

张尧卿・世袭百户

内黄查有：张福，三河县人，系燕山中护卫中所军人张斌下余丁。有弟张玉，洪武三十三年漠州、白沟河升小旗，三十五年齐眉山阵亡，无儿男，福系亲兄，永乐二年补役，为弟阵亡升羽林前卫中所百户，三年与世袭。

一辈张玉，已载前黄。

二辈张福，已载前黄。

三辈张礼，旧选簿查有：永乐十三年四月，张礼，系羽林前卫中所故世袭百户张福嫡长男。

四辈张平，旧选簿查有：正统十四年九月，张平，系府军前卫前右所征进未回百户张礼庶长男。

五辈张英，旧选簿查有：成化十六年七月，张英，三河县人，系府军前卫前右所世袭百户张平嫡长男。

六辈张鼎，旧选簿查有：正德十年四月，张鼎，三河县人，系府军前卫前右所年老世袭百户张英嫡长男。

七辈张泉卿，旧选簿查有：嘉靖十一年八月，张泉卿，年十六岁，三河县人，系府军前卫后后所故百户张鼎嫡长男，优给出幼世袭。

八辈张尧卿，旧选簿查有：嘉靖三十年四月，张尧卿，年二十六岁，三河县人，系府军前卫后所故世袭百户张泉卿亲叔伯弟。查得伊父一辈未袭，行准都察院咨，据巡视中兵马司地方河南道试监察御史王祖光呈查无碍，相应准袭。

九辈张怀忠，旧选簿查有：嘉靖四十五年六月，张怀忠，年九岁，三河县人，系府军前卫右后所故实授百户张尧卿嫡长男，照例与全俸优给，至嘉靖五十一年终住支。

张怀忠，万历元年二月，张怀忠，年十六岁，三河县人，系府军前卫后后所故实授百户张尧卿嫡长男，优给出幼袭职。

十辈张子登，万历二十六年八月，张子登，年十六岁，系府军前卫后后所故实授百户张怀忠嫡长男，比中三等。

王保·世袭百户

外黄查有：王兴，年六岁，东安县人。有父王贵，旧姓名李犍儿，洪武二十五年赘与燕山左卫总旗李贤儿为婿，三十二年以余丁济南升小旗，三十四年西水寨升总旗，三十五年克金川门升大同前卫左所百户，故。兴系嫡长男，本年优，宣德元年袭世袭百户。· 90 ·

一辈王贵，［已］载前黄。

二辈王兴，旧选簿查有：永乐十三年十二月，王兴，年五岁，系大同前卫左所百户故兴（王贵）旧姓名李犍儿嫡长男，钦与前俸优给，至永乐二十三年终住支。

旧选簿查有：宣德元年四月，王兴，系大同前卫左所故百户王贵旧姓名李犍儿嫡长男。

三辈王英，旧选簿查有：成化元年十二月，王英，东安县人，系大同前卫左所故世袭百户王兴嫡长男。

四辈王俊，旧选簿查有：成化二十年四月，王俊，东安县人，系府军前卫后右所故世袭百户王英嫡长男。

五辈王彪，旧选簿查有：弘治十六年二月，王彪，东安县人，系府军前卫后右所患疾世袭百户王俊嫡长男。

六辈王宠，旧选簿查有：嘉靖二十七年六月，王宠，东安县人，系牧马所紫驼群年老实授百户王彪嫡长男。

七辈王保，审稿查有：嘉靖三十七年二月，王保，系府军前卫后右所故实授百户王宠嫡长男，照例与全俸优给，至三十七年终住支。

旧选簿查有：嘉靖三十八年二月，王保，年十六岁，系府军前卫后所故世袭百户王宠嫡长男，优给出幼袭职。

八辈王栋，万历八年八月，王栋，年二十一岁，东安县人，系府军前卫中后所故带俸世袭百户王保嫡长男，比中三等。

栢洪·百户

外黄查有：栢兴，阳信县人。有叔父栢青，洪武元年充军，三十三年升小旗，阵陷。将兄栢旺补，永乐四年升总旗，十三年升燕山左卫左所试百户，故，无儿男。兴系亲弟，袭授本卫所世袭百户。

一辈栢青，已载前黄。

二辈栢旺，已载前黄。

三辈栢兴，旧选簿查有：永乐二十二年二月，栢兴，系燕山左卫左所试百户栢旺亲弟。兄原系总旗，征剿交阯余寇升除前职，病故，钦准本人袭实授世袭百户。• 91 •

四辈栢成，旧选簿查有：正统十二年十月，栢兴，年六十岁，系燕山右卫左所征进回还年老百户，有嫡长男栢成，年二十二岁，替职。

五辈栢玺，旧选簿查有：弘治元年五月，栢玺，系府军前卫后所世袭百户栢成嫡长男。父原在燕山左卫左所，调今卫所。

六辈栢纶，旧选簿查有：正德十年二月，栢纶，阳信县人，系府军前卫后所年老百户栢玺嫡长男。

七辈栢纲，旧选簿查有：正德十二年二月，栢纲，阳信县［人］，系府军前卫后所故绝世袭百户栢纶亲弟。

八辈栢洪，旧选簿查有：嘉靖四年四月，栢洪，年六岁，阳信县人，系府军前卫后所故世袭百户栢纲嫡长男，照例与全俸优给，至嘉靖十二年终住支。

旧选簿查有：嘉靖十三年二月，栢洪，年十五岁，阳信县人，系府军前卫后所故百户栢纲嫡长男，优给出幼袭职。

九辈栢节，万历十一年六月，栢节，年十九岁，阳信县人，系府军前卫前后所故实授百户栢洪庶长男，比中一等。

十辈栢策，万历三十一年十二月，大选过府军前卫前后所实授百户一员栢策，年二十九岁，系故实授百户栢节亲弟，比中二等。

十一辈栢裕松，万历四十年八月，大选过府军前卫后所实授百户优给舍人一名栢裕松，年一岁，系故实授百户栢策嫡长男，照例与全俸优给，至五十四年终住支。

天启七年九月补八月，大选过府军前卫前后所实授百户一员栢裕松，年十六岁，出幼袭职，比中三等。

贾玉・百户

内黄查有：贾贵，乐安州人。有祖父贾智，洪武元年充军，二十年故。将叔贾五儿补役，三十三年白沟河升小旗，三十五年小河阵亡。将叔贾斌保送赴京，永乐元年补役，为因阵亡升镇西卫中所百户，七年迤北征伤，无儿男。贵系亲侄，九年袭授镇西卫中所世袭百户，十三年调府军前卫后所。

一辈贾五儿，已载前黄。

二辈贾斌，已载前黄。• 92 •

三辈贾贵，已载前黄。

四辈贾钦，旧选簿查有：正统十四年十月，贾钦，系府军前卫后所征进未回百户贾贵嫡次男。父有嫡长孙贾贤，年八岁，幼小，本人借职，待长成还与职事。

五辈贾宁，旧选簿查有：弘治十六年十二月，贾宁，乐安县（州）人，系府军前卫后所老疾实授百户贾钦庶长男，优给出幼袭职。

六辈贾玉，旧选簿查有：嘉靖十一年八月，贾玉，年二十一岁，乐安县（州）人，系府军前卫后所故百户贾宁嫡长男。

七辈贾英，万历十年十月，贾英，年三十九岁，武定州人，系府军前卫后所年老带俸世袭百户贾玉嫡长男，比中三等。

八辈贾成，万历十七年十月，贾成，年二十一岁，乐安县（州）人，系府军前卫后所故世袭百户贾英嫡长男，比中二等。

吕国栋

崇祯六年二月，大选过府军前卫左右所副千户一员吕国栋，年十七岁，系故副千户吕应奎嫡长男，比中三等。①

---

① 此吕国栋当即《明档》本册第152—153页“吕鸾・副千户”选簿十辈吕应奎选条所载吕应奎嫡长男。

李仁·实授百户

内黄查有：李芳，系府军前卫后所实授百户，原籍山东济南县人。李林，洪武三年军，故。李荣代役，三十三年白沟河升小旗，三十四年夹河、藁城、西水寨等处升总旗，三十五年克应天府功升实授百户，永乐八年故。祖李忠系嫡长男，袭，调府军前卫，老。父李恺系嫡长男，成化十一年袭疾（职）。• 93 •

一辈李荣，已载前黄。

二辈李忠，旧选簿查有：永乐九年四月，李忠，系宣武卫左所实授百户李荣嫡长男，调府军前卫后所。

三辈李恺，旧选簿查有：成化十一年二月，李恺，齐东县人，系府军前卫后所老疾世袭百户李忠嫡长男。

四辈李芳，旧选簿查有：正德十年六月，李芳，齐东县人，系府军前卫后所世袭百户李恺嫡长男。

五辈李梅。

六辈李仁，旧选簿查有：隆庆元年四月，李梅，年四十八岁，济南府人，系府军前卫后所带俸实授百户，今患疾，在所有嫡长男李仁，年二十九岁，告替。

七辈李应春，万历十八年六月，年十五岁，系故实授百户李仁嫡长男，照例与全俸优给，至万历十八年终住支。

万历十九年二月，李应春，年十六岁，齐东县人，系府军前卫后所故实授百户李仁嫡长男，出幼袭职，年幼未比。

八辈李茂华，万历三十八年六月，大选过府军前卫后所实授百户一员李茂华，年二十一岁，系故实授百户李应春堂侄，比中三等。

九辈李承爵，天启七年六月，大选过府军前卫正后所实授百户一员李承爵，年二十岁，系故实授百户李茂华嫡长男，比中三等。

十辈李承印，崇祯六年六月，大选过府军前卫正后所实授百户一员李承印，年二十五岁，系故实授百户李承爵亲弟，比中二等。

吕经・实授百户

内黄查有：吕昇，年六十一岁，山阳县人。高祖吕聪，洪武元年军，老。曾祖吕保儿代，老。祖吕英代，三十二年济南升小旗，三十四年顺德功升总旗，三十五年渡江功升燕山左卫中所百户，故。父吕信袭，故。昇系嫡长男，天顺三年袭职，成化十四年七月注调府军前卫后所实授百户。吕经，年二十九岁，系府军前卫后所故世袭百户吕堂嫡长男，嘉靖三十三年六月二十九日钦准袭职。

一辈吕旺。

二辈吕保儿。• 94 •

三辈吕英。

四辈吕信。

五辈吕昇。

六辈吕俊。

七辈吕堂。

八辈吕经，已上俱载前黄。

九辈吕增寿，万历八年六月，吕增寿，年四岁，山阳县人，系府军前卫后后所故实授百户吕经嫡长男，照例与全俸优给，至万历十九年终住支。

万历二十年十二月，吕增寿，年十六岁，山阳县人，系府军前卫后后所故实授百户吕经男，出幼袭职，年幼未比。

后所世袭百户一员・吕经

后所世袭百户一员，吕堂，黄选备载，在凤阳卫后所。

嘉靖三十三年六月，吕经，山阳县人，系府军前卫后所故世袭百户吕堂嫡长男。

年远事故世袭百户一员・郑玉

正统八年五月，郑鑑，系府军前卫后所故世袭百户郑福嫡长男。

景泰元年九月，郑铭，系府军前卫后所征进未回百户郑鑑堂叔。• 95 •

成化七年八月，郑瑛，坝（霸）州人，系府军前卫后所故世袭百户郑铭嫡长男。

成化十四年九月，郑钦，坝（霸）州人，系府军前卫后所故世袭百户郑瑛亲叔。

成化十九年二月，郑玉，坝（霸）州人，系府军前卫后所故世袭百户郑钦嫡长男。

又一员·谢刚

正统十二年四月，谢弘，系府军前卫后所世袭百户谢成嫡长男。

正统十四年九月，谢海，系府军前卫后所伤故百户谢弘亲弟。

成化四年二月，谢刚，年六岁，马邑县人，系府军前卫后所残疾世袭百户谢海嫡长男，钦与全俸优给，至成化十三年终住支。

又一员·赵璋

正统十二年七月，赵友，即赵五儿，系府军前卫后所总旗，迤西土河北川杀贼有功升试百户。

景泰元年二月，赵友，年五十九岁，系府军前卫后所试百户。原系总旗，迤北杀贼有功升前职，今征伤残疾。有嫡长男赵璋，年十九岁，本人该替实授百户。

又一员·宋清

永乐十四年十二月，府军前卫后所世袭百户宋兴。·96·

宣德八年二月，宋清，系府军前卫后所故世袭百户宋兴嫡长男。

又一员·张山

正统三年五月，张山，系府军前卫后所署所镇抚事故试百户张忠嫡长男，钦准袭实授世袭百户，仍署所镇抚事。

又一员·谭玉

成化十一年二月，谭玉，山后人，系府军前卫后所为事革职世袭百户谭原亲侄。

又一员·李森

弘治十年二月，李森，年十五岁，应州人，系府军前卫后所故世袭百户李实嫡长男。

优养百户一员·吕达

景泰六年七月，吕海，系燕山左卫前所试百户吕胜嫡长男，父原系总旗，德胜门等处杀贼有功升前职，病故，照例本人该袭实授百户。

成化元年三月，吕清，高邮州人，系燕山左卫前所故百户吕海亲弟，钦与世袭。

成化十三年十月，吕祥，高邮州人，系燕山左卫前所世袭百户吕清次三弟。兄患眼疾，次兄吕通亦患风疾，不堪承替，本人告替，待兄有男还与职事。

弘治十六年四月，吕达，高邮州人，系燕山左卫前所世袭百户吕祥亲弟。伊兄在府军前·97·卫后所，患两目双瞎疾，无嗣。本人替职，待兄有男还与职事。

正德七年十二月，吕达，年五十九岁，高邮州人，系府军前卫后所患疾世袭百户，户无承袭之人，照例与全俸优养。

正德八年十月，吕银儿，年五岁，高邮州人，系府军前卫后所故优养百户吕达亲女，户无承袭之人，与俸五石优养，至十四岁住支。

又一员·武刚

弘治五年十一月，武刚，崞县人，系府军前卫后后所百户武旺嫡长男，钦与世袭。

正德八年四月，武刚，年六十岁，崞县人，系府军前卫后所年老百户。户有堂弟武青，系是旁支，不该承袭，本人照例与全俸优养。

优养妇一口・赵氏

弘治四年四月，梁政，年十六岁，阳曲县人，系府军前卫后所副千户梁廒嫡长孙。伊祖原系功升试百户，遇例实授，获功升前职，患疾。本人年幼，照例革与百户俸优给，今出幼，仍袭百户职。

嘉靖二十年十二月，赵氏，年五十五岁，阳曲县人，系府军前卫后所带俸故实授百户梁政正妻，户无承袭之人，照例与米二石优养。・98・

王应龙

万历四十七年十二月补十月分，大选过府军前卫后所试百户一员王应龙，年二十八岁，系故试百户王锦嫡长男，比试不中，例支半俸，候及二年起送再比。

王承诏，崇祯九年十月，大选过府军前卫后所试百户一员王承诏，年二十四岁，系故试百户王应龙嫡长男，比中三等。

杨纲・试百户

内黄查有：杨俊，马邑县人。伯杨胜，永乐十年选充本卫幼军小旗，石城儿升总旗，土门河杀贼有功升试百户，正统十四年北征阵亡，无嗣。父杨敬系亲弟，天顺二年袭职，故。俊系嫡长男，五年袭授府军前卫后所百户。

一辈杨胜，已载前黄。

二辈杨敬，已载前黄。

三辈杨俊，旧选簿查有：天顺五年五月，杨俊，年十五岁，马邑县人，系府军前卫后所故百户杨敬嫡长男，钦与世袭。

四辈杨志，旧选簿查有：弘治十六年十二月，杨志，马邑县人，系府军前卫后所故世袭百户杨俊嫡长男。

五辈杨春，旧选簿查有：正德九年二月，杨春，马邑县人，系府军前卫后所故百户杨志嫡长男。伊曾［伯］祖原升试百户，曾祖遇例袭实授百户，本人照例仍革袭试百户。

六辈杨纲，旧选簿查有：嘉靖五年六月，杨纲，年二岁，马邑县人，系府军前卫后所故世袭百户杨春嫡次男，照例与全俸优给，至嘉靖十七年终住支。

旧选簿查有：嘉靖十八年六月，杨纲，马邑县人，系府军前卫后所故试百户杨春嫡次男，优给出幼袭职，限外有无多支俸粮，查扣支给。• 99 •

邵信・试百户

外黄查有：邵麟，五台县人。系（伊）父邵思温，永乐十年选充幼军，十一月充总甲，十一月充总旗，正统十四年福建南平县杀贼，二十七日克竹墩寨，三月克东溪青州流坑寨，初八日水南小溪尖杀贼，二十六日紫云台杀贼，五月南安县杀贼，十九日同安县擒贼，二十二日荔枝园杀贼，二十六日关上杀贼，景泰元年升府军前卫后所试百户，故。麟系嫡长男，比，袭。

一辈邵思温，已载前黄。

二辈邵麟，旧选簿查有：景泰元年五月，邵麟，系府军前卫后所试百户邵思温嫡长男。父原系总旗，征剿福建蛮贼有功升前职，病故，钦准本人袭实授世袭百户。

三辈邵文，旧选簿查有：天顺三年九月，邵文，五台县人，系府军前卫后所故百户邵麟嫡长男，钦与世袭。

四辈邵英，旧选簿查有：成化十六年五月，邵英，五台县人，系府军前卫后所为事革职百户邵文亲弟，钦与世袭。

五辈邵忠，旧选簿查有：正德十一年四月，邵忠，五台县人，系府军前卫后所百户邵英嫡长男。曾祖邵思温原升试百户，祖邵麟钦准袭前职，本人照例革替试百户。

六辈邵信，旧选簿查有：嘉靖十四年八月，邵信，年四十一岁，五台县人，系府军前卫后所带俸故绝试百户邵忠亲弟。

高功・试百户

外黄查有：高亮，滁县人，系府军前卫指挥同知高昇男，正统十四年选送舍人营操备，本年德胜门外杀败达贼，景泰元年升冠带总旗，六年湖广铜鼓、五开等处征剿苗贼，节次攻破鬼板等寨获功三十九次，斩获首级三颗，天顺元年升府军前卫后所实授百户，五年四牌楼等处擒斩反贼曹钦等升本卫所副千户，成化四年钦与流官。

一辈高昇，已载前黄。

二辈高亮，已载前黄。

三辈高松，旧选簿查有：弘治二年十一月，高松，滁县人，系府军前卫后所副千户高亮嫡长男，钦与世袭。

四辈高杲，旧选簿查有：嘉靖二年七月，高杲，年三十七岁，滁县人，系府军前卫后所年老世袭副千户高松嫡长男。伊父未比，遇宥免究。

五辈高勇，旧选簿查有：嘉靖二十九年四月，高勇，年四十四岁，滁县人，系府军前卫后左所故带俸副千户高旭嫡长男。

六辈高勋，缺。

七辈高功，旧选簿查有：嘉靖四十四年五月，高功，年二十六岁，滁县人，系府军前卫后所故试百户高勋亲伯弟。• 100 •

八辈高清，万历十四年二月，高清，年二十岁，滁县人，系府军前卫后所故实授百户高功嫡长男。查伊父原袭试百户，遇例实授。所据遇例职级不准承袭，合照例革袭试百户，比中三等。

九辈高守用，万历三十八年六月，大选过府军前卫前所试百户一员高守用，年四十二岁，系故试百户高清堂叔，比中三等。

十辈高元乾，崇祯十五年六月内题袭过惠府群牧所试百户一员高元乾，年……岁，系老群牧所遇例实授百户高守用嫡长男，七月十三日奉圣旨"是"。

郭缙 • 试百户

内黄查有：郭泰，永和县人。祖郭记儿，永乐十年选充府军前卫后左所小甲，故。伯郭兴替役，十四年肃州临水堡杀贼有功升总旗，景泰二年西山口有功重升总旗，天顺元年改正试百户，遇例实授，年老。郭颙比，替，为事在逃，无嗣。郭顺系亲弟，先故，泰系嫡长男，袭试百户，遇例实授本卫所百户。

一辈郭兴，已载前黄。

二辈郭颙，旧选簿查有：成化十三年十二月，郭颙，永和县人，系府军前卫后左所百户郭兴嫡长男，钦与世袭。

三辈郭泰，旧选簿查有：成化二十三年六月，郭泰，永和县人，系府军前卫后左所百户郭颙堂弟。

四辈郭泉，旧选簿查有：嘉靖九年六月，郭泉，年四十一岁，永和县人，系府军前卫后左所带俸年老百户郭泰嫡长男。伊父原袭试百户，遇例实授，本人照例革替试百户。

五辈郭缙，旧选簿查有：嘉靖二十一年八月，郭缙，永和县人，系府军前卫后右所故试百户郭泉嫡长男。

六辈郭镇，隆庆四年四月，郭镇，永和县人，系府军前卫后所年老试百户郭缙嫡长男。

七辈郭守忠，万历二十四年二月，郭守忠，年二十六岁，系府军前卫后所患疾试百户郭镇嫡长男，比中三等。

八辈郭守良，万历二十八年五月分，单本选过府军前卫后前所带俸试百户一员郭守良，年二十三岁，系故试百户郭守忠亲弟，候兄守忠六十，出幼退还职事，比中三等。

王氏，崇祯十一年二月，单本选过府军前卫后前所优养妇一口王氏，年五十岁，系故绝试百户郭守良嫡妻，户无承袭之人，照例月支米二石，身终住支，号纸注销。• 101 •

刘杲・试百户

外黄查有：刘宁，济阳县人。父孙儿以幼军拨府军前卫后所，正统九年白沙窝大松林杀败达贼升小旗，十四年西门外阵亡。宁系嫡长男补役，景泰二年以父阵亡功升二级，袭升府军前卫试百户，遇例实授。

一辈孙儿，已载前黄。

二辈刘宁，已载前黄。

三辈刘玉，旧选簿查有：成化十八年十二月，刘玉，济阳县人，系府军前卫左前所百户刘宁嫡长男。父原系试百户，遇例实授，本人照例革替试百户。

四辈刘春，旧选簿查有：弘治十三年二月，刘春，济阳县人，系府军前卫左前所故百户刘玉嫡长男，钦与世袭。

五辈刘杲，旧选簿查有：嘉靖二十一年六月，刘杲，济阳县人，系府军前卫后所故实授百户刘春嫡长男，革遇例，与试百户。

六辈刘栋，万历十八年二月，刘栋，年三十岁，系府军前卫右左所年老实授百户刘杲嫡长孙。查伊祖遇例实授，所据遇例职级例不准袭，本舍合革与替祖职试百户，比中二等。

七辈刘炜，万历二十六年二月，刘炜，年十八岁，系府军前卫右左所故试百户刘栋嫡长男，比中二等。

八辈刘灿，万历四十年十月，大选过府军前卫右左所试百户一员刘灿，年十六岁，系故试百户刘炜亲弟，比中三等。

何祥·所镇抚

[缺]。

一辈何保儿。·102·

二辈何凯，旧选簿查有：永乐九年二月，何凯，旧名伴儿，系燕山前卫右所夹河阵亡小旗何保儿嫡长男，敬袭试百户。

三辈何忠，旧选簿查有：正统六年九月，何忠，系府军前卫后所故世袭所镇抚何凯嫡长男。

四辈何恕，旧选簿查有：景泰五年六月，何恕，山阳县人，系府军前卫前后所故世袭所镇抚何忠亲弟，已与侄何原优给，病故。

五辈何宣，旧选簿查有：弘治五年八月，何宣，山阳县［人］，系府军前卫前后所世袭所镇抚何恕三男。伊长兄何清、次兄何海俱各九（久）逃，本人替职，仍打听伊兄下落。

六辈何祥，旧选簿查有：嘉靖九年八月，何祥，年二十岁，山阳县人，系府军前卫后所年老世袭所镇抚何宣嫡长男。

刘瑄·所镇抚

[缺]。

一辈刘泰。

二辈刘宽，旧选簿查有：正统十四年十月，刘宽，系府军前卫后所征进未回所镇抚刘泰嫡长男。

三辈刘忠，旧选簿查有：成化元年三月，刘忠，幼名福安，泰州人，系府军前卫后所故世袭所镇抚刘宽嫡长男。• 103 •

四辈刘恕，旧选簿查有：成化七年十二月，刘恕，泰州人，系府军前卫后所故世袭所镇抚刘忠亲侄。

五辈刘四儿，旧选簿查有：弘治二年三月，刘四儿，年三岁，泰州人，系府军前卫后所故所镇抚刘恕嫡长男，钦与全俸优给，至弘治十四年终住支。

六辈刘安，旧选簿查有：弘治三年六月，刘安，泰州人，系府军前卫后故优给所镇抚刘四儿堂叔。

七辈刘瑄，旧选簿查有：嘉靖六年十二月，刘瑄，泰州人，系府军前卫后所故世袭所镇抚刘安嫡长男。

八辈刘勋，隆庆五年二月，刘勋，年三十五岁，泰州人，系府军前卫后所年老署所镇抚刘瑄嫡长男，钦准替职。

九辈刘进忠，万历九年四月，刘进忠，年八岁，泰州人，系府军前卫后所故署所镇抚事试百户刘勋亲侄。本舍照例以试百户俸优给，至万历十六年终住支。

万历十七年二月，刘进忠，年十六岁，系府军前卫后所故署所镇抚刘勋亲侄，出幼袭职，比中二等。

十辈刘应元，万历四十六年四月，大选过府军前卫中右所试百户一员刘应元，年二十岁，系故试百户刘进忠嫡长男，比中三等。

何英·署所镇抚事试百户

外黄查有：何原喜，枝江县人。有祖父何受昌从军，三十三年济南升小旗，三十四年阵亡。原喜系嫡长孙，永乐二年敬与燕山前卫右所试百户俸优给，九年袭试百户，十三年调府军前卫后后所署所镇抚事，宣德十年实授所镇抚，正统二年授世袭，附选。

一辈何受昌，已载前黄。

二辈何伍拾，已载前黄。

三辈何原喜，旧选簿查有：永乐九年四月，何原喜，系燕山前卫右所夹河阵亡小旗何伍拾嫡长男，先次已与本人试百户优给，今出幼袭职，敬袭世［袭］试百户。• 104 •

四辈何清，旧选簿查有：景泰四年五月，何清，枝江县人，系府军前卫后后所世袭所镇抚何原喜嫡次男。

五辈何玉，旧选簿查有：成化五年四月，何玉，枝江县人，系府军前卫后后所带俸故世袭所镇抚何清嫡长男。[①]

六辈何钺，旧选簿查有：嘉靖二年十二月，何钺，枝江县人，系府军前卫后后所带俸年老革袭所镇抚何玉嫡次男。

七辈何陛，旧选簿查有：嘉靖十八年八月，何陛，年十六岁，枝江县人，系府军前卫后前所故实授所镇抚何钺嫡长男。伊高祖何原喜以署所镇抚事试百户冒袭实授。所据冒袭职级例应减革，本人照例革与署所镇抚事试百户。

八辈何英，旧选簿查有：嘉靖三十九年六月，何英，年十六岁，枝江县人，系府军前卫后所故所镇抚何陛嫡长男，革遇例袭署所镇抚事试百户。

九辈何应举，万历二十八年十月，何应举，年二十五岁，系府军前卫前所患疾试百户何英嫡长男，比中三等。

十辈何应魁，万历四十四年四月，大选过府军前卫前左所署所镇抚事试百户一员何应魁，年三十四岁，系故试百户何应举亲弟，比中二等。

十一辈何通，万历四十六年六月，大选过府军前卫前左所署所镇抚事试百户优给舍人一名何通，年六岁，系故署所镇抚事试百户何应魁嫡长男，照例与全俸优给，至五十五年终住支。

崇祯元年二月，大选过府军前卫前左所试百户一员何通，年十六岁，出幼袭职，比中三等。

张岗·副千户

崇祯十年十二月，大选过府军前卫前左所副千户一员张岗，年二十七岁，系老副千户张禄嫡长男，比中三等。·105·

① 此选条载何玉袭职履历，其优给履历又见《明档》本册第107页“又一员·何玉”选簿。

后所试百户一员·梁仁

嘉靖三十四年二月，梁仁，年二十五岁，宛平县人，系府军前卫后所带俸故实授百户梁钦嫡长男。查得父梁钦原系今卫所，正德十一年选调府军前卫后所，见任，故。今本舍照例回原卫所带俸。伊曾祖福山仍原以试百户天顺元年遇例实授，祖和、父钦沿袭。所据遇例一级例无承袭，本舍革袭与试百户。

年远事故后所试百户一员·贾福玉

弘治十四年四月，贾福玉，年十五岁，齐东县人，系府军前卫后所带俸百户贾能嫡长男。父原系功升试百户，成化二十三年遇例实授，老疾。本人已照例革与试百户俸优给，今出幼，仍袭试百户。

又一员·田清

天顺六年三月，田清，系府军前卫后所总旗田玉嫡长男。父于西直门外杀贼阵亡，例升二级，该升实授百户，造册错报作征进未回升一级升试百户。本人先因年幼，已升与试百户俸优给，后遇例实授，今出幼袭职。

年远事故所镇抚一员·范昇·106·

永乐十四年十二月，府军前卫后后所世袭所镇抚范敬。

宣德四年五月，范志，年十六岁，系府军前卫后所故所镇抚范敬嫡长男，钦与世袭。

正统元年七月，范信，系府军前卫后所故世袭所镇抚范志亲叔。

正统十四年十二月，范昇，系府军前卫后所阵亡所镇抚范信嫡长男。

又一员·魏文

景泰六年十月，魏文，襄垣县人，系府军前卫后所所镇抚魏显嫡次男。有嫡长兄魏弘患喑哑残疾，不堪承袭，本人先以舍人报效，德胜门等处杀贼有功升冠带总旗，今替父原职所镇抚，仍将总旗名粮开除，钦与世袭，待兄有男还与职事。

又一员·何玉

天顺四年八月，何玉，年七岁，枝江县人，系府军前卫后所故世袭所镇抚何清嫡长男，钦与全俸优给，至天顺十二年终住支。[①]

岳崇·正千户

外黄查有：岳兴，宛平县人。有父岳恩名，洪武七年起充光禄寺厨役，九年随侍凤阳、北京，二十年故。将兴补役，三十五年平定京师升小旗，永乐六年升百户，七年随侍北京，迤北征剿胡寇，杀败本雅大里、阿鲁台，回还，升林前卫左所副千户，宣德二年升本卫指挥佥事，七年升府军前卫指挥同知，[②]宣德十年钦与流官，附选。• 107 •

一辈岳兴，已载前黄。

二辈岳祥，旧选簿查有：正统元年六月，岳祥，系府军前卫指挥同知岳兴嫡长男。父原系羽林前卫左所副千户，因在大庖厨办膳历升前职，病故，钦准袭授正千户，定府军前卫后所带俸，仍前办膳。

三辈岳培，旧选簿查有：成化十年十二月，岳培，宛平县人，系府军前卫后左所正千户岳祥嫡长男。

四辈岳标，旧选簿查有：弘治元年五月，岳标，宛平县人，系府军前卫后左所故世袭正千户岳培嫡长男。

五辈岳松，旧选簿查有：嘉靖元年十月，岳松，宛平县人，系府军前卫后左所故

① 此残簿载何玉优给履历，其袭职履历又见《明档》本册第105页“何英·署所镇抚事试百户”选簿五辈何玉选条。

② 《明宣宗实录》卷90，宣德七年五月己未，“升羽林前卫指挥佥事岳兴为府军前卫指挥同知”。

绝正千户岳标堂弟。

六辈岳崇，旧选簿查有：嘉靖八年六月，岳崇，年八岁，宛平县人，系府军前卫后左所风疾世袭正千户岳松堂侄，照例与全俸优给，至嘉靖十五年终住支。

旧选簿查有：嘉靖十六年五月，岳崇，宛平县人，系府军前卫后左所正千户岳松堂侄，优给出幼袭职。

七辈岳绍贤，万历七年十月，岳绍贤，年三岁，宛平县人，系武骧左卫后所带俸年老正千户岳崇嫡长男，照例与全俸优给，至万历十九年终住支。

马守仁・实授百户

外黄查有：马应魁，年二十六岁，系府军前卫中前所实授百户，原籍顺天府宛平县人。一世祖马白厮，洪武三十二年垛充义勇左卫中所军，三十三年靖难东昌阵亡。二世祖马旺补役，疾。三世祖马贵补役，正统九年迤北征进哈喇山杀败贼众功升小旗，正统十三年擒获伪邪王锁南奔等功升总旗，十四年临水堡生擒达贼功升试百户，天顺元年遇例实授，本年六月迤北征进功升副千户，成化三年征进辽东升署正千户，老。曾祖马良系长孙，十一年七月替，老。伯祖马四儿系长男，弘治十年八月优给，故绝。马良十一年告准优养，续生祖马雄，正德四年三月优给，十年二月革替署副千户，嘉靖二十三年六月革与实授百户，老。父马傑系长男，三十九年四月替，调今卫所，老。应魁系长男，万历十六年四月比中，替府军前卫中前所实授百户。

万历四十六年十二月，大选过府军前卫中右所实授百户一员马守仁，年二十六岁，系疾实授百户马应魁嫡长男，比中一等。・108・

陈宁・副千户

[缺]。

一辈陈荣。

二辈陈富，旧选簿查有：永乐六年十一月，陈富，年十五岁，系龙骧卫水军所副千户陈荣嫡长男。父原任本卫右所世袭百户，革除年间升除前职，病故，系止终本身，合袭伊父原职，授龙骧卫中所世袭百户，至二十岁比试弓马。

三辈陈俊，旧选簿查有：正统十四年九月，陈俊，系府军前卫左所征进未回副千户陈富嫡长男。

四辈陈继宗，旧选簿查有：成化十二年二月，陈继宗，年十五岁，武邑县人，系府军前卫左所正千户陈俊嫡长男。父原系副千户，西直门杀贼有功升前职，为事革职。本人先因年幼已革与副千户俸优给，今出幼袭职。

五辈陈钺，旧选簿查有：正德十四年八月，陈钺，武邑县人，系府军前卫后右所副千户陈继宗嫡长男。父系本卫左所，调今所。

六辈陈宁，旧选簿查有：嘉靖二十年八月，陈宁，武邑县人，系府军前卫后左所故带俸副千户陈钺庶长男。

陈添禄・副千户

外黄查有：陈刚，卢龙县人。有父陈郎，洪武二年军，疾。刚代役，三十三年济南升小旗，三十四年西水寨升试百户，三十五年真定チ百户，齐眉山升泗州卫后所副千户，永乐三年与世袭。陈忠系陈刚嫡长男，父故，忠袭职，永乐十三年调府军前卫右所世袭副千户。陈善系陈忠嫡长男，父因风疾，善于正统九年替府军前卫右后所世袭副千户。陈懋系陈善嫡长男，父故，懋于天顺四年与全俸优给，至天顺八年终住支。陈钺系府军前卫后左所带俸年老副千户陈瑄嫡长男，嘉靖十年六月替职。陈添禄系府军前卫右后所故副千户陈钺嫡长男，照例与全俸优给，嘉靖三十七年终住支。

一辈陈刚，已载前黄。

二辈陈忠，已载前黄。• 109 •

三辈陈善，已载前黄。

四辈陈［懋］，旧选簿查有：成化元年三月，陈懋，卢龙县人，系府军前卫右后所故世袭副千户陈善嫡长男。

五辈陈瑄，旧选簿查有：正德四年十月，陈瑄，卢龙县人，系府军前卫右后所年老世袭副千户陈懋嫡长男。

六辈陈钺，旧选簿查有：嘉靖十年六月，陈钺，年十八岁，卢龙县人，系府军前卫后左所带俸年老副千户陈瑄嫡长男。

七辈陈添禄，旧选簿查有：嘉靖三十二年十二月，陈添禄，年十岁，卢龙县人，系府军前卫前右所故副千户陈钺嫡长男，照例与全俸优给，至嘉靖三十七年终住支。

旧选簿查有：嘉靖三十八年二月，陈添禄，年十六岁，系府军前卫前右所故副千户陈钺嫡长男，优给出幼袭职。查得伊父原系后左所调今所，本舍照例仍回原所。

八辈陈万言，万历二十六年六月，陈万言，年二十二岁，系府军前卫前所故副千户陈添禄嫡长男，比中二等。

张雄·副千户

外黄查有：张义，高唐州人。有父张林，洪武元年军，故。将义户名不动补，三十三年济南升小旗，三十四年西水寨升总旗，三十五年平定京师除百户。张广系张义嫡长男，父迤北征进病故，广袭世袭百户。张铠系张广嫡长男，父故，铠优，于景泰元年袭世袭百户。张钦，年十六岁，系府军前卫中前所带俸故世袭副千户张隆嫡长男，嘉靖六年十二月十九日钦准袭职。

一辈张义，已载前黄。• 110 •

二辈张广，已载前黄。

三辈张恺，功次簿查有：天顺五年八月，四牌楼杀贼获功府军前卫百户升副千户二十八员内一员张恺。

四辈张淮。

五辈张隆，已载前黄。

六辈张钦，已载前黄。

七辈张雄，旧选簿查有：嘉靖四十二年四月，张钦，年五十三岁，高唐州人，系府军前卫后左所带俸副千户。今患疾，在所有嫡长男张雄，见年二十五岁，告替。

八辈张福，万历九年四月，张福，年九岁，高唐州人，系府军前卫后左所患疾副千户张雄嫡长男，照例与全俸优给，至万历十五年终住支。

九辈张禄，万历十年四月，张禄，年五岁，高唐州人，系府军前卫后左所故优给副千户张福亲弟，照例与全俸优给，至万历二十年终住支。

万历二十一年二月，张禄，年十六岁，高唐州人，系府军前卫后左所故副千户张福亲弟，出幼袭职，比中三等。

张应春·副千户

崇祯十一年六月，大选过府军前卫前前所副千户一员张应春，年四十三岁，系故副千户张应时亲弟，比中三等。• 111 •

后左所副千户一员·离钦

弘治元年五月，离佐，青城县人，系府军前卫后左所功升副千户离祥嫡长男。

嘉靖元年六月，离钦，青城县人，系府军前卫后左所故世袭副千户离佐嫡长男。

年远事故副千户一员·李庆

正统十四年十月，李庆，系府军前卫后左所征进未回副千户李祐亲弟。

周俊·实授百户

崇祯元年正月补天启七年十二月，大选过府军前卫正右所实授百户优给舍人一名周俊，年八岁，系故实授百户周龙嫡长男，照例与全俸优给，至崇祯八年终住支。

刘文·实授百户

内黄查有：刘聚，归德州人。有父刘全，吴元年顶义祖瞎儿名字从军，改济州卫，故。将聚仍顶户名补役，洪武三十三年济南升小旗，西水寨升总旗，克金川门升西安左卫右所百户，钦与世袭。

一辈刘聚，已载前黄。

二辈刘贵，旧选簿查有：正统八年二月，刘贵，系西安左卫右所故世袭百户刘聚亲侄。• 112 •

三辈刘刚，旧选簿查有：天顺八年十月，刘刚，归德州人，系西安左卫右所故世袭百户刘贵嫡长男。

四辈刘敬，旧选簿查有：弘治十六年十一月，刘敬，归德州人，系西安左卫右所世袭百户刘刚嫡长男。

五辈刘杲，旧选簿查有：嘉靖元年四月，刘杲，归德州人，系府军前卫后左所年老世袭百户刘敬嫡长男。原系西安左卫右所，在济州卫带俸，调今卫所。

六辈刘文。

七辈刘堂，万历二十二年七月，单本选［过］府军前卫后所世袭百户一员刘堂，年四十五岁，系故世袭百户刘文嫡长男，比中三等。

八辈刘廷住，万历四十五年二月，大选过府军前卫前前所实授百户一员刘廷住，年十六岁，出幼袭职，年幼记比。

孔清·实授百户

外黄查有：孔亮，临城县人，正统十四年遇例报效，试中，钦与冠带，本月德胜门外杀败达贼，固安杨宣务等处截杀达贼，以固安等处功升冠带总旗，七月以大同北门外等处功重升冠带总旗，改正，照例升府军前卫实授百户。

一辈孔亮，旧选簿查有：景泰元年，征进大同雷公山等处有功，总［旗］升实授百户孔亮。

二辈孔瑄，旧选簿查有：成化十六年四月，孔瑄，临城县人，系府军前卫后左所世袭百户孔亮嫡长男。

三辈孔钺，旧选簿查有：正德三年二月，孔钺，临城县人，系府军前卫后左所故世袭百户孔瑄嫡次男。

四辈孔清，旧选簿查有：嘉靖十九年二月，孔清，临城县人，系府军前卫后左所年老实授百户孔钺嫡长男。

五辈孔仁，万历四年二月，孔仁，年三十四岁，临城县人，系府军前卫后左所年老实授百户孔清嫡长男。

六辈孔勋，万历三十八年二月，大选过府军前卫后左所实授百户一员孔勋，年四十八岁，系老实授百户孔仁嫡长男，比中二等。• 113 •

七辈孔麒，万历四十四年八月，大选过府军前卫后左所实授百户一员孔麒，年十四岁，系故实授百户孔勋嫡长男，年幼记比，候二十岁起送补比。

马汉·世袭百户

[缺]。

一辈马伯成。

二辈马真，旧选簿查有：景泰四年六月，马伯成，年六十一岁，系府军前卫后左所试百户，原系总旗，迤西杀贼有功升前职，老疾。有嫡长男马真，年四十岁，照例替实授百户。

三辈马信，旧选簿查有：天顺三年二月，马信，安邑县人，系府军前卫后左所故百户马真亲弟，钦与世袭。

四辈马鹏，旧选簿查有：成化十五年正月，马鹏，年十五岁，安邑县人，系府军前卫后左所革职世袭百户马信嫡长男。

五辈马汉，旧选簿查有：正德元年五月，马汉，年十五岁，安邑县人，系府军前卫后左所故世袭百户马鹏嫡长男，优给出幼袭职。

范镛·百户

[缺]。• 114 •

一辈范忠。

二辈范贵，旧选簿查有：永乐九年四月，范贵，系燕山左卫前所故百户范忠顶户名范归孙嫡长男，敬袭世袭百户。

三辈范安，旧选簿查有：正统十四年十月，范安，系府军前卫左左所征进未回百户范贵嫡长男。

四辈范宗，旧选簿查有：成化二十年二月，范宗，江都县人，系府军前卫后左所革职副千户范安嫡长男。伊父原袭伊祖范贵百户，功升副千户，为事革职，本人照例革袭祖职百户。

五辈范镛，旧选簿查有：正德十五年二月，范镛，江都县人，系府军前卫后左所年老百户范宗嫡长男。

六辈范一魁，万历十七年八月，范一魁，年三十六岁，江都县人，系府军前卫右右所故实授百户范清嫡长男，比中三等。

七辈范一选，万历二十二年十月，范一选，年三十一岁，江都县人，系府军前卫右右所故实授百户范一魁亲弟，比中三等。

范元佐，崇祯四年八月，大选过府军前卫右右所实授百户一员范元佐，年三十二岁，系故实授百户范一选嫡长男，比中三等。

陈朋·世袭百户

内黄查有：陈忠，通州人。洪武三十二年将兄陈小眼儿垛充义勇左卫前所军，阵亡。忠补役，升小旗，西水寨升总旗，平定京师，钦除成山卫左所百户。

一辈陈忠，已载前黄。

二辈陈斌，旧选簿查有：正统五年正月，陈斌，系成山卫左所故世袭百户陈忠庶长男。

三辈陈文，旧选簿查有：景泰元年正月，陈文，通州人，系龙骧卫前所带俸阵亡百户陈斌亲弟。

四辈陈庆，旧选簿查有：成化十四年十一月，陈庆，顺天府通州人，系成山卫左所世袭百户陈文嫡长男。

五辈陈林，旧选簿查有：正德五年六月，陈林，通州人，系龙骧卫前所带俸年老世袭百户陈庆嫡长男。

六辈陈朋，旧选簿查有：嘉靖五年二月，陈朋，通州人，系府军前卫后左所带俸故世袭百户陈林嫡长男。伊父原系龙骧卫前所，调今卫所。• 115 •

郑鑑·百户

［缺］。

一辈郑车驴。

二辈郑得，旧选簿查有：永乐九年四月，郑得，系高山卫左所故世袭百户郑车驴嫡长男，敬袭世袭百户。

三辈郑亨，旧选簿查有：天顺五年正月，郑亨，阳信县人，系府军前卫后左所老疾世袭百户郑得庶长男。

四辈郑瑾，旧选簿查有：成化二十年二月，郑瑾，阳信县人，系府军前卫后左所故世袭百户郑亨嫡长男。

五辈郑鑑，旧选簿查有：正德九年二月，郑鑑，阳信县人，系府军前卫后左所故百户郑瑾嫡次男。

六辈郑仁，缺。

七辈郑邦定，万历十四年二月，郑邦定，年三十五岁，阳信县人，系府军前卫后左所年老实授百户郑仁嫡长男，比中三等。

八辈郑逢时，万历二十七年十月，郑逢时，年二十岁，系府军前卫后所故实授百户郑邦定嫡长长（男），比中二等。

王登·实授百户

内黄查有：王珣，系府军前卫后所实授百户，通州人。高祖王敬，旧名源儿，洪武三十二年充军，三十三年济南功升小旗，三十四年西水寨功升总旗，三十五年平定京师升宁海卫中所实授百户，永乐二年老。曾祖王智系嫡长男，正统三年替，十四年迤北征进未回。祖王信系嫡长男，袭，弘治七年故。父王俊系嫡长男，八年袭，正德十一年调府军［前］卫中后所，十三年调本卫后左所，嘉靖四年老。珣系嫡长男，本年替府军前卫后左所实授百户。

一辈王敬，已载前黄。

二辈王智，已载前黄。• 116 •

三辈王信，已载前黄。

四辈王俊，已载前黄。

五辈王珣，旧选簿查有：嘉靖四年十月，王珣，通州人，系府军前卫后左所年老世袭百户王俊嫡长男。伊父原系宁海卫中所，调今卫中后所，复调今所。

六辈王登，旧选簿查有：嘉靖三十年四月，王登，通州人，系府军前卫后左所年老实授百户王珣庶长男，照例与全俸优给，至嘉靖四十年终住支。

旧选簿查有：嘉靖四十一年二月，王登，年十六岁，通州人，系府军前卫后左所年老实授百户王珣嫡长男，优给出幼袭职。

七辈王国相，万历三十九年四月，大选过府军前卫后左所实授百户一员王国相，年三十八岁，系故实授百户王登嫡长男，比中三等。

八辈王应春，崇祯十年六月，大选过府军前卫后左所实授百户一员王应春，年四十六岁，系故实授百户王国相嫡长男，比中三等。

王文炳·副千户[①]

后左所百户一员·宋瑾

弘治二年十二月，宋英，系府军前卫后左所百户宋全嫡长男，钦与世袭。

正德十年二月，宋瑾，系府军前卫后左所年老百户宋英嫡长男。·117·

又一员·姚文

景泰六年五月，姚还家儿，年十五岁，西华县人，系府军前卫后左所征进未回世袭百户姚海嫡长孙。

成化十六年二月，姚世傑，年十七岁，西华县人，系府军前卫后左所世袭百户姚还家儿嫡长男。

正德二年四月，姚文，年十五岁，西华县人，系府军前卫后左所故世袭百户姚世傑嫡长男。

年远事故世袭百户一员·王政

永乐十四年十二月，府军前卫后左所世袭百户王友。

天顺七年二月，王喜，阳曲县人，系府军前卫后左所老疾世袭百户王友庶长男。

成化十八年二月，王政，阳曲县人，系府军前卫后左所革职世袭百户王喜嫡长男。

---

① 该选簿仅列脚辈姓名，无贴黄及选条。

又一员・焦云鹏

成化十七年三月，红石崖等处功次查有：府军前王总旗升试百户焦瑾。

弘治十年二月，焦云鹏，年二岁，河内县人，系府军前卫后左所百户焦瑾嫡长孙。祖原系总旗，功升试百户，成化二十三年遇例实授，故。父焦豆患疾，不堪承袭。本人照例革与试百户俸优给，至弘治二十二年终住支。

优养百户一员・武凯・118・

景泰二年四月，武凯，系府军前卫后左所阵亡小旗武广嫡长男，升试百户。

弘治八年八月，武凯，年六十岁，洪洞县人，系府军前卫后左所袭升百户，年老，户无相应承袭之人，照例与全俸优养。

又一员・踪茂

正统十年六月，踪胜，系府军前卫后左所故世袭百户踪贵嫡长男。

弘治三年十二月，踪茂，武定州人，系府军前卫后左所优养世袭百［户］踪胜亲弟。伊兄先以老疾朦胧优养，本人告官问断明白，改正袭职，仍行该卫将伊兄优养俸粮开除。

弘治五年十二月，踪茂，年六十岁，武定州人，系府军前卫后左所老疾世袭百户，户无承袭之人，照例与全俸优养。

赵臣・所镇抚

［缺］。

一辈赵泰，旧选簿查有：永乐十四年十二月，府军前卫后左所世袭署所镇抚事试百户赵泰。

二辈赵宣，旧选簿查有：景泰元年六月，赵宣，系府军前卫后左所故世袭所镇抚赵泰嫡长男。

三辈赵宏，旧选簿查有：弘治六年二月，赵宏，泰州人，系府军前卫后左所世袭所镇抚赵宣嫡次男。伊兄赵继宗久逃，不知下落，本人替职，待兄回，还与职事。• 119 •

四辈赵俊，旧选簿查有：正德七年十月，赵俊，泰州人，系府军前卫后左所带俸故所镇抚赵宏嫡长男。

五辈赵臣，旧选簿查有：嘉靖十五年十二月，赵臣，泰州人，系府军前卫后左所故所镇抚赵俊嫡长男。

六辈赵爵，隆庆六年七月，赵爵，年三十八岁，泰州人，系府军前卫右左所故所镇抚赵臣亲弟。

七辈赵进忠，万历二十年四月，年十五岁，系故所镇抚赵爵嫡长男，照例与全俸优给，至万历二十年终住支。

刘天吉・实授百户

天启三年四月，大选过府军前卫前前所实授百户一员刘天吉，年二十六岁，系故实授百户刘宽嫡长男，比中二等。

年远事故后左所试百户一员・梁忠

成化二十一年九月，梁忠，年一岁，绛州人，系府军前卫后左所故百户梁绅遗腹嫡长男。伊父原系功升试百户，遇例实授。本人照例革与试百户俸优给，至成化三十四年终住支，候出幼仍袭试百户职事。• 120 •

年远事故所镇抚一员・孙铠

正统十四年十二月，孙忠，年五十九岁，系府军前卫后左所征伤所镇抚。有嫡长男孙福，年二十一岁，替职。

成化十三年二月，孙铠，山后人，系府军前卫后左所世袭所镇抚孙福嫡长男。

李铎・正千户

[缺]。

一辈李敬，缺。

二辈李义，旧选簿查有：永乐四年十一月，李义，系燕山左卫前所小河阵亡百户李敬嫡长男，敬袭世袭正千户。

三辈李瑛，旧选簿查有：正统八年五月，李瑛，系府军前卫后右所故世袭正千户李义嫡长男。

四辈李芳，旧选簿查有：成化十五年正月，李芳，蓟州人，系府军前卫后右所世袭正千户李瑛嫡次男。

五辈李茂，旧选簿查有：弘治六年二月，李茂，蓟州人，系府军前卫后右所老疾世袭正千户李芳堂弟。

六辈李铎，旧选簿查有：嘉靖二年九月，李铎，蓟州人，系府军前卫后右所故世袭正千户李茂嫡长男。• 121 •

姚清・副千户

内黄查有：姚清，年二十八岁，系府军前卫右所副千户，原籍直隶无锡县人。一世祖姚金保，洪武四年充通州卫后所军，三十三年济南功升小旗，三十四年藁城功升总旗，三十五年小河阵亡。二世祖姚得系男，永乐元年以阵亡功升本卫后所副千户，与世袭，十三年调今卫所，故。曾伯祖姚信系嫡长男，景泰二年三月袭，故绝。曾祖姚俊系庶弟，天顺四年五月袭，老。祖姚禄系庶长男，正德二年二月替，疾。父姚锁住系嫡长男，嘉靖三年九月优给，十五年二月替，故。清系嫡长男，万历十年二月比中，袭府军前卫右所副千户。

万历四十五年二月，大选过府军前卫前所副千户优给舍人一名姚进忠，年六岁，系故副千户姚希舜叔伯弟，照例与全俸优给，至五十四年终住支。

后右所优养正千户一员·卢旺

永乐十四年十二月，府军前卫〈后所〉后右所世袭百户卢玉。

正统十四年九月，卢玉，年六十一岁，系府军前卫后右所征伤百户。有嫡长男卢旺，年二十七岁，替职。

正德元年二月，卢素英，年十三岁，泰兴县人，系府军前卫后右所故优养正千户卢旺庶次女，户绝，照例与俸五石优养，适人住支。• 122 •

周武进·副千户

［缺］。

一辈周重台奴。

二辈周清。

三辈周全，旧选簿查有：永乐十四年十二月，府军前卫后左所世袭百户周全。

四辈周敏，旧选簿查有：正统八年九月，周敏，系府军前卫后左所世袭百户周全嫡长男。

景泰元年，德胜门杀贼有功百户升副千户周敏。

五辈周昱，旧选簿查有：成化十四年九月，周昱，大兴县人，系府军前卫后左所副千户周敏嫡长男。

六辈周纪，旧选簿查有：弘治十六年十一月，周纪，大兴县人，系府军前卫后左所故世袭副千户周昱嫡长男。

七辈周保，旧选簿查有：正德十四年六月，周保，年五岁，大兴县人，系府军前卫后左所故副千户周纪嫡长男，钦与全俸优给，至正德二十四年终住支。

八辈周龙，旧选簿查有：嘉靖三十八年十二月，周龙，年五十五岁，大兴县人，系府军前卫后左所带俸副千户，今老疾，在所有嫡长男周文进，见年三十四岁，告替。

九辈周文进，旧选簿查有。

十辈周武进，旧选簿查有：嘉靖四十四年十月，周武进，年二十一岁，大兴县人，系府军前卫后右所故副千户周文进亲弟。

徐汝奎·副千户

外黄查有：徐斌，旧名锁儿。有祖徐臈子，洪武四年充龙骧卫中所军，八年调燕山前卫中所，老疾。将父徐咬儿代役，济南升小旗，本卫将叔徐四儿作幼军补伍随征，有父夹河伤故，叔夹河阵亡。斌准补小旗，阵亡升实授百户，除燕山前卫中所世袭百户。

一辈徐咬儿，已载前黄。• 123 •

二辈徐斌，已载前黄。

三辈徐旺，旧选簿查有：正统二年十二月，徐旺，系燕山前卫中所世袭百户徐斌嫡长男，钦准袭职，前去府军［前卫］后右所管事。

正统十四年，德胜门有功府军前卫后右所百户升副千户徐旺。

四辈徐信，旧选簿查有：景泰三年九月，徐信，年十一岁，盐城县人，系府军前卫后右所副千户徐旺嫡长男。父患心风病疾逃走出外，挨无下落，钦与全俸优给，至景泰七年终住支，仍打听下落。

五辈徐勋，旧选簿查有：正德八年二月，徐勋，盐城县人，系府军前卫前后所故副千户徐信庶长男。

六辈徐铠，旧选簿查有：嘉靖十八年二月，徐铠，年十六岁，盐城县人，系府军前卫后右所副千户徐勋庶长男，优给出幼袭职。

七辈徐汝奎，旧选簿查有：隆庆二年八月，徐汝奎，年二十三岁，盐城县人，系府军前卫后右所故副千户徐铠嫡长男。

八辈徐应爵，万历三年十月，徐应爵，年七岁，盐城县人，系府军前卫中前所故副千户徐汝奎嫡长男，照例与全俸优给，至万历十一年终住支。

万历十二年二月，徐应爵，年十六岁，盐城人，系府军前卫中前所故副千户徐汝奎嫡长男，出幼袭职，年幼未比。

管昱·副千户

［缺］。

一辈管立。

二辈管忠，旧选簿查有：洪武二十四年三月，管忠，系蔚州卫后所世袭所镇抚管立嫡长男，为父老疾告替，父子俱至御前，问及从军年月，因怜年力深远，钦准替职，升除龙骧卫全椒屯所世袭副千户。

三辈管庸，缺。

四辈管徵，旧选簿查有：永乐八年七月，管徵，旧名孙孙，年十八岁，系神策卫前所故世袭副千户管忠嫡长男。先因年幼，叔管庸借职。今长成，告取职事，敬袭世袭副千户，伊叔革闲。

五辈管端，旧选簿查有：景泰五年十二月，管端，系府军前卫后前所故世袭副千户管徵嫡长男。

六辈管锐，旧选簿查有：成化十八年，管锐，年十五岁，全椒县人，系府军前卫后所故世袭副千户管端嫡长男。

七辈管昱，旧选簿查有：嘉靖元年三月，管昱，全椒县人，系府军前卫后右所年老世袭副千户管锐嫡次男。兄管昇未袭先故绝。• 124 •

林应爵 • 副千户

外黄查有：林旺回郎，长乐县人，洪武三十三年白沟河升小旗，三十四年夹河升试百户，三十五年平定京师升羽林右卫右所副千户，永乐二年钦与世袭。林清系林旺嫡长男。林全系林清嫡长男，父老，成化十五年替羽林右卫右所世袭副千户。

一辈林旺，已载前黄。

二辈林清，审稿查有：正统六年九月，林清，系羽林军右卫右所世袭副千户林旺嫡长男。

三辈林全，审稿查有：成化十五年八月，林全，长乐［县］人，系羽林右卫右所世袭副千户林清嫡长男。

四辈林锦，旧选簿查有：正德十三年六月，林锦，长乐县人，系金吾右卫右所，今调府军前卫后右所带俸世袭副千户林全嫡长男。

五辈林名，旧选簿查有：嘉靖二十五年八月，林名，长乐县人，系府军前卫后右所故副千户林锦嫡长男，本人比试不中，与支半俸，候及二年起送再比。

六辈林应爵，旧选簿查有：嘉靖四十年十月，林应爵，年二十五岁，系府军前卫后右所带俸患疾副千户林名嫡长男，照旧副千户。

七辈林应禄，隆庆五年二月，林应禄，年十六岁，长乐县人，系府军前卫后右所故带俸副千户林应爵亲弟。

谭大经·副千户

［缺］。

一辈谭景，旧选簿查有：永乐十六年六月，府军前卫后右所谭瞟的名谭景。

二辈谭广，旧选簿查有：景泰二年三月，谭广，系府军前卫后右所世袭百户谭景嫡长男。副千户功次，候查。

三辈谭勇，旧选簿查有：成化八年六月，谭勇，云梦县人，系府军前卫后右所副千户谭广嫡长男。

四辈谭镇，旧选簿查有：成化二十三年五月，谭镇，云梦县人，系府军前［卫］后右所世袭副千户谭勇嫡长男。

五辈谭大经，旧选簿查有：正德七年十月，谭大经，云梦县人，系府军前卫后右所故带俸正千户谭镇嫡长男。伊父原系副千户，弘治十八年大同三次当先冲锋破敌升前职，本人照例革与副千户。•125•

郑怀·副千户

外黄查有：郑铭，丰县人。父郑二，洪武十九年充军，三十三年济南升小旗，西水寨升总旗，小河阵亡。永乐二年铭补役，为父阵亡升副千户，十三年调府军前卫后右所。

一辈郑二，已载前黄。

二辈郑铭，旧选簿查有：永乐十四年十二月，府军前卫后右所世袭副千户郑铭。

三辈郑弘，旧选簿查有：正统四年七月，郑弘，系府军前卫后右所故世袭百户郑铭嫡长男。

四辈郑良，旧选簿查有：成化十七年四月，郑良，丰县人，系府军前卫后右所故世袭副千户郑弘嫡长［男］。

五辈郑怀，旧选簿查有：嘉靖十年十二月，郑怀，年十四岁，丰县人，系府军前卫后右所故副千户郑良亲堂侄，照例与前俸优给，至嘉靖十一年终住支。

旧选簿查有：嘉靖十二年六月，郑怀，年十六岁，丰县人，系府军前卫后右所故绝副千户郑良亲堂侄，优给出幼袭职。

年远事故后右所副千户一员·王宪

景泰二年四月，王福亮，系府军前卫后右所阵亡小旗王绒嫡长男，升试百户。

弘治元年七月，王宪，平遥县人，系府军前卫后右所副千户王福亮嫡长男。父原袭升试百户，天顺元年遇例实授，又获功升前职，老疾。本人替职，今又遇例，该与世袭。

优养妇一口·张氏

永乐九年十月，缪义，年十八岁，系神策卫右所故副千户缪福嫡长男，敬与世袭。

正统十四年九月，缪通，系神策卫右所征进未回副千户缪义嫡长男。• 126 •

天顺六年四月，缪伦，年十五岁，江都县人，系府军前卫后所故副千户缪通嫡长男，钦与世袭。

正德十二年十一月，缪纪，年二十四岁，江都县人，系府军前卫后右所年老副千户缪伦嫡长男。伊祖、父二辈未比，照例住俸四年。

嘉靖二十五年十二月，张氏，年四十一岁，江都县人，系府军前卫后右所故副千户缪纪妻，户无承袭之人，照例与米二石优养。

又一口·高氏

永乐十年七月，刘义，系蔚州卫右所副千户刘士中嫡长男，敬替世袭副千户。

景泰二年五月，刘玺，系府军前卫后右所世袭副千户刘义庶长男。

弘治九年九月，刘雄，东河县人，系府军前卫后右所世袭副千户刘玺亲侄。次伯刘刚为僧还俗，无嗣，父刘勇残疾，不堪，本人替职，待伯有男还与职事。

正德十五年十二月，刘铠，东河县人，系府军前卫后右所故副千户刘雄嫡长男，优给出幼袭职。

嘉靖三十八年八月，高氏，年六十二岁，东河县人，系府军前卫后右所故副千户刘恩亲母，户无承袭之人，照例与俸五石优养，终身住支。·127·

段得义·实授百户

外黄查有：段兴，旧名长儿，滨县人。有父段密，洪武元年从军，选充小旗，二十八年老疾。将兄段冬儿户名不动代役，二十九年并充小旗，三十五年小河阵亡，无儿男。兴系亲弟，永乐六年补小旗，为兄阵亡敬升遵化卫中所世袭百户。

一辈段密，已载前黄。

二辈段冬儿，已载前黄。

三辈段兴，已载前黄。

四辈段成，审稿查有：正统十年十二月，段成，系府军前卫后右所世袭百户段兴嫡长男。

五辈段昇，审稿查有：成化二年闰三月，段昇，年十七岁，滨县人，系府军前卫后右所世袭百户段成嫡长男。

六辈段锦，审稿查有：弘治九年二月，段锦，滨县人，系遵化卫中所故世袭百户段昇嫡长男。

七辈段恺，旧选簿查有：嘉靖十五年四月，段恺，滨〈州〉县人，系府军前卫后右所故百户段锦嫡长男。

八辈段得义，旧选簿查有：隆庆元年四月，段恺，年五十四岁，系府军前卫后右所实授百户。今患疾，在所有嫡长男段得义，年二十一岁，告替。

九辈段得忠，万历十六年四月，段得忠，年三十一岁，系府军前卫后右所故实授百户段得义亲弟，比中三等。

十辈段国光，万历四十三年四月，大选过府军前卫后所实授百户一员段国光，年十八岁，系故实授百户段得忠男，年幼记比，候及二十岁，起送补比。

秦勋·实授百户

外黄查有：秦贵，年二十岁，平原县人。祖秦兴，旧名揽儿，永乐十年以幼军选充小旗，十三年充总甲，十二月实授总旗，正统九年大松林杀败达贼升试百户，十四年迤北失陷。贵系嫡长孙，年幼，叔秦让借袭百户，待侄长成还与职事，故。贵仍年幼优给，出幼，袭百户。• 128 •

一辈秦兴，已载前黄。

二辈秦让，已载前黄。

三辈秦贵，旧选簿查有：景泰二年三月，秦贵，年九岁，系府军前卫中前所试百户秦兴旧名揽儿嫡长孙。祖原系总旗，迤北杀贼有功升前职，失陷。本人先因年幼，亲叔秦让借袭实授百户，病故。钦与本人全俸优给，至景泰七年终住支。

四辈秦英，旧选簿查有：弘治九年二月，秦英，平原县人，系府军前卫中前所世袭百户秦贵嫡长男。

五辈秦芳，旧选簿查有：正德五年十二月，秦芳，平原县人，系府军前卫后右所故绝署副千户秦英亲弟，伊兄原系百户，随侍有功升前职，本人照例革与百户。

六辈秦昪，旧选簿查有：正德十二年二月，秦昪，年十五岁，平原县人，系府军前卫后右所故百户秦芳嫡长男。高祖秦兴功升试百户，曾叔祖秦让遇例借袭实授，传至伊伯秦英选充侍卫，升署副千户，父革袭前职，本人优给出幼，照例革袭实授百户。

七辈秦勋，旧选簿查有：嘉靖三十九年四月，秦昪，年五十八岁，平原县人，系府军前卫后右所实授百户，今老疾，在所有嫡长男秦勋，见年三十八岁，告替，比试不中。

八辈秦宇文，万历十五年八月，秦宇文，年四十五岁，平原县人，系府军前卫后所年老实授百户秦勋嫡长男，比中三等。

九辈秦得龙，万历二十五年六月，秦得龙，年三十九岁，系府军前卫后右所世袭百户秦宇文嫡长男，比中三等。

十辈秦嘉庆，天启二年四月，单本选过府军前卫后右所实授百户一员秦嘉庆，年二十岁，系故实授百户秦得龙亲侄，比中三等。

谯名・实授百户

外黄查有：谯文昌，南部县人。父谯兴，洪武四年从军，当年故。文昌补役，三十三年白沟河、济南升小旗，三十四年克西水寨、峨眉等寨升总旗，三十五年平定京师除归德卫前所百户，永乐二年与世袭。谯先系谯文昌嫡长（次）男，父永乐八年故，兄谯敏九年阵亡，先九年袭百户，十三年调府军前卫后右所。谯震系谯先嫡长男，父残疾，震正统五年替世袭百户。

一辈谯文昌，已载前黄。

二辈谯先，旧选簿查有：永乐九年三月，谯先，系归德卫前所故世袭百户谯文昌嫡次男，敬袭世袭百户。• 129 •

三辈谯震，旧选簿查有：正统六年二月，谯震，系府军前卫后右所世袭百户谯先嫡长男。

四辈谯雄，缺。

五辈谯清，旧选簿查有：景泰四年十月，谯清，年十二岁，南部县人，系府军前卫后右所失陷世袭百户谯震嫡长男。先因年幼，亲叔谯雄借职，今告取职事，钦与全俸优给，至景泰七年终住支，伊叔革闲。

六辈谯瑄，旧选簿查有：弘治十三年二月，谯瑄，南部县人，系府军前卫后右所世袭百户谯清嫡长男。

七辈谯锦，旧选簿查有：嘉靖九年八月，谯锦，年四十五岁，南部县人，系府军前卫后所带俸百户谯瑄亲弟，伊兄年老无子，本人告替，待生子还与职事。

八辈谯名，旧选簿查有：嘉靖二十二年六月，谯名，南部县人，系府军前卫后右所已故实授百户谯锦亲孙。

九辈谯鸾，万历十年十二月，谯鸾，年十六岁，南培（部）县人，系府军前卫后右所带俸故实授百户谯名嫡长男，比中三等。

天启七年四月，单本选过府军前卫右所故绝养妇一口张氏，年五十岁，系故绝实授百户谯鸾嫡妻，照例优养终身，号纸注销。

翟稳宁・实授百户

零选簿查有：翟承恩，年三十一岁，大兴县人，系府军前卫右后所故实授百户翟稳安亲叔。

翟稳宁，年十二岁，系故百户翟承恩嫡长男，万历二十年十二月大选过，照例与全俸优给，至万历二十三年终住支。

万历二十四年二月，翟稳宁，年十六岁，出幼袭职。• 130 •

刘端・世袭百户

［缺］。

一辈刘贵。

二辈刘宁，旧选簿查有：宣德九年二月，刘宁，系凤阳中卫左所世袭百户刘贵嫡长男。

三辈刘浦，旧选簿查有：景泰四年八月，刘浦，阳信县人，系凤阳中卫左所世袭百户刘宁嫡长男。

四辈刘定，旧选簿查有：弘治六年七月，刘定，阳信县人，系凤阳中卫左所世袭百户刘浦嫡次男。父原在燕山左卫左所带俸，选调府军前卫右所管事，本人替职，仍去今调卫所支俸。

五辈刘端，旧选簿查有：嘉靖六年六月，刘端，阳信县人，系府军前卫后右所故世袭百户刘定嫡长男，优给出幼袭职。

六辈刘鑑，隆庆五年四月，刘鑑，阳信县人，系府军前卫后右所年老实授百户刘端嫡长男。

赵忠・所镇抚

外黄查有：赵信，旧名偏头，阳信县人。有父赵成儿，洪武元年军，三十三年济南升小旗，三十四年夹河阵亡。信系嫡长男，永乐五年敬与试百户优，六年袭蓟州卫前所试百户，十三年调府军前卫后右所署所镇抚事，宣德十年实授本卫所镇抚，正统二年授世袭，附选。赵安系信嫡长孙，祖十四年迤北阵亡，父赵刚袭，景泰七年自缢故，安于天顺元年全优，十一年终住支。赵恩系安嫡长男，伊父老，恩于正德八年替府军前卫后右所世袭所镇抚。

一辈赵成儿，已载前黄。

二辈赵信，旧选簿查有：永乐六年三月，赵信，旧名偏头，系蓟州卫前所夹河阵亡小旗赵成儿嫡次男，敬袭试百户。

三辈赵刚，已载前黄。

四辈赵安，旧选簿查有：审稿查有，赵安，系赵信嫡长孙。祖阵亡，父赵刚袭职，自缢身故，钦与全俸优给。

成化四年二月，赵安，阳信县人，系府军前卫后右所自缢故世袭所镇抚赵刚嫡长男。

五辈赵恩，旧选簿查有：正德八年六月，赵恩，阳信县人，系府军前卫后右所年老世袭所镇抚赵安嫡长男。

六辈赵忠，旧选簿查有：嘉靖三十年八月，赵忠，年三十一岁，武定州人，系府军前卫后右所老疾所镇抚赵恩嫡长男。• 131 •

后右所世袭百户一员·张钦

嘉靖三十年二月，张钦，兴国州人，系府军前卫后右所见任老疾世袭百户张凤嫡长男。

年远事故世袭百户一员·张钊

永乐二十一年六月，张雲，年七岁，系府军前卫后右所故世袭百户张礼嫡长男，钦与全俸优给，至永乐二十九年终住支。

正统六年十二月，张清，年二岁，系府军前卫后右所故世袭百户张礼嫡长孙，本人未生，父张雲先因年幼优给，出幼，患矮小残疾，已与优养，续生本人，具告转名，钦与全俸优给，仍将伊父优养俸给开除，至正统十九年终住支。

天顺二年四月，张浩，年四岁，六合县人，系府军前卫后右所世袭百户张礼嫡次孙，先因未生，父张雲患矮小残疾，不堪承袭，已与优养，续生本人，具告转名，钦与全俸优给，至天顺十四年终住支，仍将伊父优养俸粮开除。

弘治六年二月，张钺，六合县人，系府军前卫后右所革职世袭百户张浩嫡长男。

弘治十六年十一月，张钊，六合县人，系府军前卫后右所革职世袭百户张钺亲弟，待兄有男还与职事。

又一员・李雄

永乐十四年十二月，府军前卫后右所世袭百户李铭。• 132 •

宣德八年十二月，李智，系府军前卫后右所世袭百户李铭嫡长男。

景泰五年十二月，李雄，年一岁，太湖县人，系［府军］前卫后右所故世袭百户李智嫡次男。有嫡长兄李英患双眼昏瞎残疾，不堪承袭，钦与全俸优给，至景泰十九年终住支，待兄有男还与职事。

成化五年二月，李雄，太湖县人，系府军前卫后右所故世袭百户李智嫡次男。

又一员・朱全

永乐十四年十二月，府军前卫后右所世袭百户朱斌。

正统九年三月，朱辅，系府军前卫后右所世袭百户朱斌嫡长男。

天顺八年七月，朱勇，年八岁，泰州人，系府军前卫后右所故世袭百户朱辅嫡长男，钦与全俸优给，至成化七年终住支。

成化十六年二月，朱全，年三岁，泰州人，系府军前卫后右所百户朱勇堂弟。兄为强盗事典刑，本人暂在原卫优给，至成化二十八年终住支，候出幼袭职，照例调沿海卫分带俸差操。

又一员・张凤

成化十九年二月，张兴，光州人，系府军前卫后右所世袭百户张恭亲侄。伯患暗风疾，本人替职，待伯有男还与职事。

弘治六年七月，张凤，年十三岁，光州人，系府军前卫后右所世袭百户张恭侄孙。

伊伯祖·133·年老，父张兴借职，续生叔张禄，改正优给，故。本人转名优给，至弘治八年终住支。

弘治九年二月，张雄，年三岁，光州人，系府军前卫后右所世袭百户张恭庶次男。父年老，本人未生，伊堂侄张凤保借优给，续生本人，改正优给，至弘治二十一年终住支，仍将张凤俸粮开除。

弘治九年十一月，张凤，光州人，系府军前卫后右所老疾世袭百户张恭亲侄孙，优给出幼袭职。

又一员·吴镇

成化十六年十月，吴镇，年四岁，丰城县人，系府军前卫后右所故百户吴洪嫡长男，钦与全俸优给，至成化二十六年终住支。

陈灏·正千户

[缺]。

一辈陈旺。

二辈陈忠，旧选簿查有：永乐八年九月，陈忠，系镇虏卫左所故百户陈旺顶户名陈猪保嫡长男，敬准袭授百户。

三辈陈善，旧选簿查有：景泰元年闰正月，陈善，系府军前卫后左所阵亡百户陈忠嫡长男。正千户功次，候查。

四辈陈顺，旧选簿查有：天顺七年八月，陈顺，怀宁县人，系府军前卫后左所故正千户陈善嫡长男。

五辈陈宣，旧选簿查有：弘治十四年二月，陈宣，怀宁县人，系府军前卫后前所患疾世袭正千户陈顺庶长男，优给出幼袭职。伊父原系本卫后后所，调今所。

六辈陈灏，旧选簿查有：正德八年四月，陈灏，怀宁县人，系府军前卫后前所故绝世袭正千户陈宣亲叔。·134·

李昂·正千户

［缺］。

一辈李庠。

二辈李序，旧选簿查有：永乐十三年十一月，李序，系府军前卫后前所故世袭正千户李庠亲弟。

三辈李庆，旧选簿查有：宣德八年十月，李庆，系府军前卫后所故世袭正千户李序堂兄。堂弟有嫡长男李福受，年二岁，幼小，钦准本人借职，待长成还与职事。

四辈李恕，旧选簿查有：天顺七年二月，李恕，丰润县人，系府军前卫后前所世袭正千户李庆嫡长男。

五辈李荣，旧选簿查有：成化五年二月，李荣，丰润县人，系府军前卫后前所故世袭正千户李恕亲弟。

六辈李昂，旧选簿查有：正德元年七月，李昂，丰润县人，系府军前卫后前所故世袭正千户李荣嫡长男。

年远事故后前所正千户一员·吴讚

成化九年五月，吴钊，莱芜县人，系府军前卫后前所世袭正千户吴通嫡长男。

弘治十五年二月，吴讚，莱芜县人，系府军前卫后前所老疾世袭正千户吴钊嫡长男，优给出幼袭职。

又一员·顾英

永乐十四年十二月，府军前卫后前所世袭百户顾蒙。• 135 •

正统八年七月，顾宣，系府军前卫后前所正千户顾蒙嫡长男，钦与世袭。

成化七年闰九月，顾英，吴县人，系府军前卫后前所故世袭正千户顾宣嫡长男。

又一员 • 王勇

成化十三年十月，王英，年六十岁，江津县人，系府军［前］卫后前所老疾正千户，户无承袭之人，照例该与全俸优养。

弘治八年四月，王勇，江津县人，系府军前卫后前所功升优养正千户王英庶长男，优给出幼袭职，钦与世袭。

魏镇 • 副千户

［缺］。

一辈魏添祐。

二辈魏信，旧选簿查有：永乐八年二月，魏信，旧名不士人，系金吾左卫中所东昌阵亡百户魏添祐亲侄，敬袭世袭百户。

三辈魏本，旧选簿查有：正统十四年九月，魏本，系府军前卫左右所征进未回百户魏信嫡长男。副千户功次，候查。

四辈魏政，旧选簿查有：天顺二年十月，魏政，滕县人，系府军前卫左右所故正千户魏本亲弟，已与侄魏玘优给，亦故。

五辈魏瑄，旧选簿查有：成化十二年二月，魏瑄，滕县人，系府军前卫左右所为事革职世袭正千户魏政嫡长男。

六辈魏勋，旧选簿查有：正德十五年二月，魏勋，滕县人，系府军前卫后所为事带俸年老正千户魏瑄嫡长男。• 136 •

七辈魏镇，旧选簿查有：嘉靖三十七年六月，魏镇，滕县人，系府军前卫后前所带俸老疾正千户魏勋嫡长男。查伊曾伯祖本原袭实授百户，正统十四年德胜门功升副千户，景泰二年福建沙县功升正千户，伯祖铁住、曾祖政、祖宣、父勋沿袭。所据福建功查无斩首颗数，例应减革，本舍革替副千户。

八辈魏昇，万历九年四月，魏昇，年二十六岁，滕县人，系府军前卫右右所故副千户魏镇嫡长男。本舍比试不中，例支半俸，候及二年，起送再比。

阮祥·副千户

外黄查有：阮用，旧名三保，滁州全椒县人。父阮三奇，丙申年充军，洪武十二年选充小旗，二十二年并充总旗，二十七年老。令用并枪仍充总旗，三十一年以年深总旗除授神策卫右所世袭百户。

一辈阮三奇，已载前黄。

二辈阮用，已载前黄。

三辈阮敬，旧选簿查有：永乐十四年十二月，府军前卫后前所世袭百户阮敬。

正统十一年九月，阮敬，系府军前卫后前所署正千户事副千户，升本所正千户。

旧选簿查有：正统十二年七月，府军前卫正千户升指挥佥事一员阮敬。

景泰二年，府军前卫指挥佥事升指挥同知阮敬。

四辈阮英，旧选簿查有：景泰五年十月，阮英，全椒县人，系府军前卫故指挥同知阮敬嫡长男。①

五辈阮奎，旧选簿查有：成化七年十二月，阮奎，即阮鼻狗儿，全椒县人，系府军前卫故带俸世袭指挥同知阮英嫡长男。

六辈阮泰，旧选簿查有：弘治十五年四月，阮泰，全椒县人，系府军前卫带俸世袭指挥同知阮奎嫡长男。

七辈阮山，旧选簿查有：正德六年八月，阮山，全椒县人，系府军前卫故带俸指挥同知阮泰亲弟。

八辈阮祥，旧选簿查有：嘉靖二年十二月，阮祥，年一岁，全椒县人，系府军前卫故带俸指挥同知阮山遗腹男。伊始祖用原系百户，高祖敬承袭，正统九年沙窝等处当先升副千户，又以报捷升正千户，历功升今职，曾祖以下例前沿袭。所据当先、报捷升级俱应减革，于祖职百户上加功二级，照例革与本人正千户俸优给，至嘉靖十五年终住支。• 137 •

旧选簿查有：嘉靖十六年二月，阮祥，年十五岁，江都县人，系府军前卫后前所故带俸指挥同知阮山遗腹男。伊高祖敬以百户正统九年迤北当先杀贼升副千户，报捷升正千户，当先效劳升指挥佥事，景泰二年深沟功升前职。曾祖以下沿袭，本人先因

① 《明英宗实录》卷246，景泰五年十月壬寅，"命……府军前卫指挥同知阮敬子英……袭职"。

年幼，已革正统九年当先并报捷二级，正千户俸优给。今出幼，所据当先效劳一级例该减革，本人于百户上加深沟功一级，与袭副千户，仍后前所。

九辈阮凤，万历十四年八月，阮凤，年二十五岁，江都县人，系府军前卫后前所年老副千户阮祥嫡长男，比中三等。

万历十七年七月，准刑部河南清吏司手本，为缉访事内开：问拟阮凤，系府军前卫后前所副千户，犯该强盗得财斩罪。题奉圣旨，"阮凤等着便处决，钦此"，除将本犯押赴市曹会官处决外，合行知会查革，子孙永不许承袭。等因。

刘懋勣·副千户

内黄查有：刘钦，年十六岁，系府军前卫右前所副千户，原籍顺天府永清县人。一世祖刘贵，洪武二年归附充军，疾。刘才兴系弟，代役，三十二年靖难故。刘贵疾痊，补役，三十四年易州马头等寨功升小旗，三十五年夺徐河桥等处功，永乐元年升金吾右卫左所实授百户，老。刘敏系长男，二十年五月替，故绝。高祖刘全系堂弟，宣德五年七月袭，故。曾祖刘儿系长男，优给，景泰三年二月袭，天顺五年四牌楼杀反贼曹钦功升副千户，故。祖刘聪系长男，弘治十年四月袭，调今卫所，故。父刘保系长男，嘉靖五年十月袭，老。钦系长男，四十五年优给，隆庆四年四月比中，袭府军前卫右所副千户。

九辈刘应乾，零选簿查有：万历三十三年十一月，大选过府军前卫右前所副千户刘应乾，年二十六岁，系故副千户刘钦嫡长男，比中三等。

十辈刘懋勣，万历四十六年闰四月，单本选过府军前卫右前所副千户一员刘懋勣，年二十九岁，系疾副千户刘应乾堂孙。伊堂叔祖原袭副千户，今疾，无子，序该本舍借职，该卫报送前来，恐有搀越违碍情弊，已经驳查去后，今准咨回，查无违碍，伦序相宜，应准借替副千户。俟刘应乾疾痊或生子，退还职事，比中三等。•138•

杨守仁·副千户

外黄查有：杨颙，汉川县人。有父杨瓒，系遵化卫后所百户杨珪亲弟，洪武二年二月以舍人守城有功升勇士百户，济南伤故。叔祖杨琮袭，升本所副千户，永乐三年调天津左卫。颙系杨瓒嫡长男，五年敬与副千户全俸优给，将叔革闲。

一辈杨瓒，已载前黄。

二辈杨琮，已载前黄。

三辈杨颙，已载前黄。

四辈杨清，旧选簿查有：宣德十年四月，杨清，系府军前卫后左所故世袭副千户杨颙堂弟。

五辈杨敬，旧选簿查有。

六辈杨茂，旧选簿查有：天顺八年十月，杨茂，汉川县人，系府军前卫后左所征进未回副千户杨清嫡长男。先因年幼，亲叔杨敬借职，今愿退还，该与本人承袭，伊叔革闲。

七辈杨镇，旧选簿查有：弘治十六年四月，杨镇，汉川县人，系府军前卫后左所故世袭副千户杨茂嫡长男。

八辈杨锐，旧选簿查有：正德七年六月，杨锐，汉川县人，系府军前卫后左所故绝世袭副千户杨镇庶弟。

九辈杨福寿，旧选簿查有：嘉靖十三年八月，杨福寿，年二十二岁，汉川县人，系府军前卫后前所故副千户杨锐嫡长男。

十辈杨守仁，旧选簿查有：隆庆三年二月，杨福［寿］，年五十六岁，汉川县人，系府军前卫后前所副千户，今患疾，在所有嫡长男杨守仁，见年二十三岁，告替。

十一辈杨承恩，万历二十年十月，杨承恩，年十九岁，汉川县人，系府军前卫后右所故带俸副千户杨守仁嫡长男，比中三等。

优养后前所副千户一员·温宗

成化四年，温清，年十六岁，固安县人，系府军前卫右前所故副千户温让嫡长男。• 139 •

正德六年二月，温宗，固安县人，系府军前卫后前所故副千户温清嫡长男。伊父原系本卫右前所，调今所。

嘉靖二十三年十月，温宗，年六十岁，固安县人，系府军前卫后前所带俸副千户，见今年老不堪，户无承袭之人。查得功次欠明，姑准全俸优养，待生子之日查革，十年无子为民。

王春·实授百户

外黄查有：王刚，旧名蠢儿，高唐州恩县人。有父老王，洪武元年充蓟州卫右所军，洪武十六年因患膝痨。刚代役，二十三年征以都山、宁夏，三十二年奉天征讨接应遵化芦儿岭，克雄县、漠州，攻围真定，克大宁，郑村坝大战，十二月取广昌，三十三年取蔚州、大同，白沟河大战，有功全胜，五月攻围济南升小旗，十月克西水寨升总旗，三十五年肥河大战，胜荒庄杀败哨马，小河、凤凰山大战全胜，升应天卫中所百户，永乐三年钦与世袭职事。王正系王刚嫡长男，父为老疾不能征操，正永乐十年替职，仍授应天卫中所世袭百户，永乐十三年调府军前卫后前所，洪熙元年调乌撒卫左所，本年十一月取回府军前卫左右所，宣德二年三月回本卫所，仍任百户职事。

一辈王刚，已载前黄。

二辈王正，旧选簿查有：审稿查有，王正，系王刚嫡长男，父老疾，正永乐十年敬准替职，钦调府军前卫后所。

三辈王斌，旧选簿查有：正统七年六月，王斌，系府军前卫后所故世袭百户王政亲侄。

正统十四年，萝葡山有功百户升副千户王斌。

四辈王玄保，旧选簿查有：弘治三年二月，王玄保，恩县人，系府军前卫后所带俸副千户王斌嫡长男。

五辈王勋，旧选簿查有：正德十二年六月，王勋，恩县人，系府军前卫后前所故世袭副千户王玄保嫡长男。

六辈王成，旧选簿查有：正德十四年二月，王成，恩县人，系府军前卫后前所故世袭副千户王勋亲弟。

七辈王春，旧选簿查有：嘉靖十六年十月，王春，恩县人，系府军前卫后前所故副千户王成嫡长男。曾祖斌原系百户，正统十四年萝葡山功升副千户，祖、父沿袭。所据萝葡山功查无擒斩例应减革，本人照例革与百户俸优给，至嘉靖十八年终住支。

旧选簿查有：嘉靖十九年二月，王春，年十六岁，恩县人，系府军前卫后前所故实授百户王成嫡长男，优给出幼袭职。•140•

八辈王文学，万历九年二月，王文学，年二十九岁，恩县人，系府军前卫中右所年老实授百户王春嫡长男，比中三等。

九辈王永年，万历二十三岁八月，王永年，年二十二岁，系府军前卫左左所故实授百户王文学嫡长男，比中三等。

王应奎，崇祯二年十月，大选过府军前卫右右所实授百户一员王应奎，年二十六岁，系故实授百户王永年嫡长男。

许龄·百户

外黄查有：许铭，旧名住定，盐山县人。有祖许二，洪武六年充军，十七年老。伯许关军儿代役，三十二年郑村坝失陷。将父许起军儿补役，三十四年夹河阵亡。铭系亲男，补，升试百户，为因户内军亡、失陷二人，永乐五年故，敬与百户全俸优给，永乐二十三年调府军前卫后前所。

一辈许起军儿，已载前黄。

二辈许铭，旧选簿查有：永乐十六年六月，府军前卫后前所百户许名的名许铭。

三辈许贵，旧选簿查有：正统十年十一月，许贵，系府军前卫后前所世袭百户许铭嫡长男。

四辈许敬，旧选簿查有：成化七年闰九月，许敬，河间府人，系府军前卫后前所故世袭百户许贵亲侄。

五辈许英，旧选簿查有：正德四年十月，许英，盐山县人，系府军前卫后前所年老世袭百户许敬嫡长男。

六辈许龄，旧选簿查有：嘉靖十四年六月，许龄，年十四岁，盐山县人，系府军前卫后前所故百户许英嫡长男，照例与全俸优给，至嘉靖十五年终住支。

旧选簿查有：嘉靖十六年二月，许龄，盐山县人，系府军前卫后前所百户许英嫡长男，优给出幼袭职。

王英·百户

外黄查有：王整，幼名家儿，东昌府人。有外祖白得全，洪武元年从军，拨燕山左卫充总旗，七年大石崖阵亡。将父王中户名不动补充军役，二十六年老。将整仍顶户名代役，三十三年济南升小旗，三十四年西水寨升总旗，三十五年克金川门钦除镇朔卫左所百户，永乐三年钦与世袭。王荣系王整嫡长男，父老疾，荣于宣德三年替授本卫所百户。王福系王荣嫡长男，父正统十三年故，福于本年钦与全俸优给，二十五年终住支。• 141 •

一辈王整，已载前黄。

二辈王荣，旧选簿查有：宣德三年六月，王荣，系镇朔卫左所百户王整旧姓名白得全嫡长男。

三辈王福，旧选簿查有：天顺四年三月，王福，临清县人，系镇朔卫左所故世袭百户王荣嫡长男。

四辈王昇，旧选簿查有：成化十七年九月，王昇，临清县人，系府军前卫后所为事监故世袭百户王福嫡长男。

五辈王美，旧选簿查有：嘉靖九年六月，王美，年十八岁，临清州人，系府军前卫后所年老世袭百户王昇庶长男。

六辈王英，旧选簿查有：嘉靖十六年十月，王美，年二十六岁，临清州人，系府军前卫后前所百户，患疾，在所有亲弟王英，年二十一岁，告替，待兄有男退还职事。

胡聪・实授百户

［缺］。

一辈胡友。

二辈胡成，旧选簿查有：永乐九年五月，胡成，系镇朔卫前所阵陷世袭百户胡友旧名黑儿顶户名小胡亲男，敬袭世袭百户。

三辈胡广，旧选簿查有：景泰二年二月，胡广，系镇朔卫前所故世袭百户胡成嫡长男。

四辈胡亮，旧选簿查有：弘治元年九月，胡亮，商河县人，系镇朔卫前所故世袭百户胡广嫡长男。

五辈胡玉，旧选簿查有：嘉靖元年四月，胡玉，商河县人，系府军前卫后前所年老世袭百户胡亮嫡长男，原系镇朔卫前所，调今卫所。

六辈胡聪，旧选簿查有：嘉靖四十四年九月，胡聪，年三十三岁，商河县人，系府军前卫后所今调后前所故实授百户胡玉嫡长男。• 142 •

七辈胡锐，万历七年二月，胡锐，年二十九岁，商河县人，系府军前卫后前所故实授百户胡聪嫡长男，比中三等。

八辈胡潮，万历十二年二月，胡潮，年三岁，商河县人，系府军前卫后右所故实授百户胡锐嫡长男，照例与全俸优给，至万历二十四年终住支。

万历二十五年二月，胡潮，年十六岁，出幼袭职，比中三等。

九辈胡应龙，万历四十七年三月，大选过府军前卫后右所实授百户优给舍人一名胡应龙，年十三岁，系故实授百户胡潮嫡长男，照例与全俸优给，至四十九年终住支。

九辈胡应龙，天启二年三月补二月分，大选过府军前卫后右所实授百户一员胡应龙，年十六岁，出幼袭职，比中三等。

张忠・实授百户

[缺]。

一辈张敬。

二辈张勇，旧选簿查有：景泰四年八月，张勇，系府军前卫后所试百户张敬嫡长男。父原系总旗，肃州临水堡杀贼有功升前职，病故，照例本人该袭实授百户。

三辈张雄，旧选簿查有：成华六年八月，张雄，代州人，系府军前卫后前所故百户张勇嫡长男，钦与世袭。

四辈张俊，旧选簿查有：成化十九年十二月，张俊，代州人，系府军前卫后所故世袭百户张雄堂弟。

五辈张庆，旧选簿查有：弘治十五年二月，张庆，年十五岁，系代州人，府军前卫后前所患疾世袭百户张俊嫡长男。

六辈张宣，旧选簿查有：正德六年四月，张宣，代州人，系府军前卫后前所实授百户张庆亲弟。伊兄张庆为不孝问革为民，无嗣。本人照例袭授伊兄本卫所百户。

七辈张忠，旧选簿查有：嘉靖二十四年二月，张忠，代州人，系府军前卫后前所故百户张宣堂弟。因不孝，不准袭。• 143 •

李祥·世袭百户

［缺］。

一辈李贵，旧选簿查有：永乐十四年十二月，府军前卫后所世袭百户李贵。

二辈李鼎，旧选簿查有：正统十三年二月，李鼎，系府军前卫后前所故世袭百户李贵嫡长男。

三辈李辅，旧选簿查有：弘治五年十一月，李辅，定远县人，系府军前卫后前所世袭百户李鼎嫡长男。

四辈李祥，旧选簿查有：正德二年四月，李祥，定远县人，系府军前卫后前所故世袭百户李辅嫡长男。

张汝孝·实授百户

［缺］。

一辈张山，缺。

二辈张荣，零选查有：宣德六年八月，张荣，系云川卫左所故百户张山户名张九庶长男。

三辈张祥，审稿查有：正统十四年九月，张祥，系故世袭百户张荣嫡长男，与全俸优给，至景泰十一年终住支。

天顺五年三月，张祥，系故世袭百户张荣嫡长男。

四辈张寿，审稿查有：正德八年四月，张寿，遵化县人，系云川卫左所调府军前卫后所故世袭百户张祥庶长男。

五辈张恩，堂稿查有：嘉靖四十四年九月，张恩，年三十六岁，遵化县人，系府军前卫后前所年老实授百户张寿亲侄。伊伯原袭祖职实授百户，年老无子，本舍借祖职实授百户，待伊伯张寿生有儿男，退还职事。

六辈张汝孝，旧选簿查有：嘉靖四十五年八月，张汝孝，年十六岁，遵化县人，系府军前卫后前所故实授百户张恩嫡长男。

七辈张存义，年十五岁，万历三十一年三月，系府军前卫后所故实授百户张汝孝亲侄，照例与全俸·144·优给，至三十二年终住支。

万历三十三年二月，大选过府军前卫后所实授百户一员张存义，年十六岁，出幼袭职，年幼未比。

吴道隆·副千户

天启四年二月，大选过府军前卫后所署副千户实授百户一员吴道隆，年十八岁，系故署副千户事实授百户吴守义嫡长男，比中三等。

后前所实授百户一员·张昇

成化五年五月，张政，伊祖张锁儿原系府军前卫后前所总旗，阵亡。伊父张鸾袭升试百户，遇例实授，四牌楼有功升副千户，为事革职。本人系嫡长男，革袭试百户。

正德六年二月，张昇，年十五岁，历城县人，系府军前卫后前所故百户张政嫡长男。伊祖原系袭升试百户，天顺元年遇例实授，获功升副千户，为事革职。父革袭试百户，又遇例实授。本人先因年幼，已革与试百户俸优给，今出幼，照依天顺元年事例，该与袭实授百户。• 145 •

又一员·蒋得

正德元年七月，蒋得，泰州人，系府军前卫后前所世袭百户蒋成嫡长男。

年远事故百户一员·魏荣

景泰四年六月，魏泰，年六十六岁，系府军前卫后前所试百户。原系总旗，征进福建杀贼有功升前职，老疾。有嫡长男魏宏，年三十一岁，照例该替实授百户。

成化十八年十一月，魏荣，年十六岁，藁城县人，系府军前卫后前所故百户魏宏嫡长男，钦与世袭。

又一员·李赟

永乐十四年十二月，府军前卫后前所世袭百户李真。

正统九年三月，李铭，系府军前卫后前所故世袭百户李真亲弟。

天顺六年九月，李赟，如皋县人，系府军前卫后前所故世袭百户李铭亲弟。

优养百户一员·毛成

永乐十年十一月，毛贵，系燕山左卫左所残疾世袭百户毛用嫡长男。

成化六年九月，毛诚，阳信县人，系府军前卫后所世袭百户毛贵亲侄，待有男还与职事。

弘治十二年十一月，毛成，年六十一岁，阳信县人，系府军前卫后前所世袭百户，原系燕山左卫左所，调今卫所，年老，户无承袭之人，照例与全俸优养。• 146 •

又一员·魏振

永乐十四年十二月，府军前卫后前所世袭百户魏弘。

景泰四年三月，魏振，年十六岁，光山县人，系府军前卫后所故世袭百户魏弘庶长男。

弘治十一年四月，魏振，年六十一岁，光山县人，系府军前卫后前所年老世袭百户。户无承袭之人，照例与全俸优养。

优养妇一口·单氏

正统九年六月，穆祥，系府军前卫右右所故世袭百户魏旺庶长男。先因年幼，堂伯穆贵隐瞒袭职，今长成，告取职事，行勘明白，钦准本人改正袭职，堂伯革闲。

景泰五年六月，穆顺，阳谷县人，系府军前卫右右所失陷世袭百户穆祥堂弟。

天顺六年十二月，穆通，阳谷县人，系府军前卫右右所故世袭百户穆顺亲弟。

弘治六年二月，穆晟，阳谷县人，系府军前卫后前所故世袭百户穆通嫡长男。

正德二年二月，穆广，阳谷县人，系府军前卫后前所故世袭百户穆晟亲弟。

嘉靖二十八年六月，穆广，年六十一岁，阳谷县人，系府军前卫后前所年老实授百户。见今年老不堪，户无承袭之人，照例与全俸优养，不拘年限，生子准袭。

嘉靖三十年八月，单氏，阳谷县人，系府军前卫后前所故百户穆广正妻，户无承袭之人，照例月与实米二石优养终身。

又一口·史氏

永乐十四年十二月，府军前卫后前所世袭百户史贵。• 147 •

景泰三年九月，史妙莲，年六岁，泰州人，系府军前卫后前所失陷世袭百户史贵旧名胖儿亲女，父别无应袭之人，钦与五石米优给，适人住支。

又一口·王氏

嘉靖十六年四月，王氏，年六十三岁，宛平县人，系府军前卫后前所故优养百户闫泰正妻，户无承袭之人，照例与米二石优养。

李抚·试百户

外黄查有：李惠，大同县人。父李显，永乐十年本县以幼军起送到京，拨府军前卫后前所，选充总甲，敬与实授总旗，迤北白沙窝、大松林杀败达贼升试百户，迤北失陷。惠系嫡长男，袭府军前卫后前所实授百户。

一辈李显，已载前黄。

二辈李惠，已载前黄。

三辈李瑄，旧选簿查有：成化十八年十二月，李瑄，大同县人，系府军前卫后前所署副千户事百户李惠嫡长男。

四辈李锐，旧选簿查有：弘治三年十二月，李锐，大同县人，系府军前卫后前所副千户李瑄嫡长男。

五辈李抚，旧选簿查有：嘉靖七年四月，李抚，年二十四岁，大同县人，系府军前卫后前所故副千户李锐嫡长男。伊高祖显原系试百户，曾祖惠钦准袭百户，当先功升署副千户，伊父沿袭，遇例实授。所据钦准、当先并遇例俱该减革，仍袭祖职试百户。•148•

胡经·试百户

内黄查有：丁让，嘉兴县人，八月遇例，自备鞍马报效，十年大同北门外雷公山、代州西门外杀达贼，七月钦升……

一辈丁让，钦升簿查有：景泰元年，大同、代州北门外等处杀贼有功升实授并署职一级，龙骧卫冠带舍人升百户二员内一员丁让。

天顺五年四牌楼获功照例升龙骧卫百户升副千户十八员内一员丁让。

二辈丁端，审稿查有：零选查有，成化十□年七月，丁端，系龙骧卫副千户丁让嫡长男。

三辈胡琏，审稿查有：正德四年十月，胡琏，嘉兴县人，系龙骧卫后所年老带俸副千户胡端嫡长男。伊祖胡让原系舍人报效，给予冠带，历功升前职。父冒袭，今本人照例革去冠带一级，与做世袭百户。

四辈胡经，审稿查有：嘉靖二十三年四月，胡经，年九岁，嘉兴县人，系府军前卫前后所故实授百户胡琏庶长男。伊曾祖让以冠带舍人，正统十四年大同雷公山杀贼有功，景泰元年越升百户，天顺五年四牌楼功升副千户。祖端、父琏袭，至父琏已革冠带一级与袭实授百户。所据越升职级亦例应减革，与本舍试百户俸优给，至嘉靖二十八年终住支。

旧选簿查有：嘉靖二十九年二月，胡经，年十五岁，嘉兴县人，系府军前卫后前所故世袭百户胡琏庶长男，优给已革试百户，今出幼袭职。

王德隆·署所镇抚事试百户

[缺]。

一辈王庆受。

二辈王成，旧选簿查有：永乐八年二月，王成，旧名锁儿，系遵化卫前所夹河阵亡小旗王庆受嫡长男，敬袭试百户。

三辈王玉，旧选簿查有：正统八年二月，王玉，系府军前卫后前所故世袭所镇抚王成嫡长男。

四辈王文，旧选簿查有：成化十八年二月，王文，怀宁县人，系府军前卫后前所世袭所镇抚王玉嫡长男。

五辈王治隆，旧选簿查有：嘉靖四年十月，王治隆，怀宁县人，系府军前卫后前所年老世袭所镇抚王文嫡长男。

六辈王德隆，旧选簿查有：嘉靖七年十月，王德隆，年二十五岁，怀宁县人，系府［军］前卫后前所故绝所镇抚王治隆亲弟。伊曾祖成以阵亡升试百户，钦调署所镇抚事，宣德十年钦准实授镇抚，三辈沿袭。所据钦准实授不系军功，例应减革，本人与袭署所镇抚事试百户。• 149 •

马文科

崇祯十年十二月，大选过府军前卫前前所副千户一员马文科，年四十四岁，系故副千户马国清嫡长男，比中三等。

叶福 • 正千户

内黄查有：叶贵，永年县人。系有祖父叶兴，洪武元年充军，二十二年为因残疾将父叶全户名不动代役，三十三年白沟河升小旗，本年克沧州升总旗，三十四年藁城升试百户，三十五年平定京师升凤阳卫右所正千户，永乐七年征进饮马河伤故。贵系嫡长男，九年袭，授凤阳卫右所世袭正千户，宣德八年调府军前卫后后所。

一辈叶全，已载前黄。

二辈叶贵，旧选簿查有：永乐九年二月，叶贵，系凤阳卫右所伤故正千户叶全顶户名叶兴嫡长男，敬袭世袭正千户。

三辈叶盛，旧选簿查有：景泰四年三月，叶盛，永年县人，系府军前卫后后所故世袭正千户叶贵嫡长男。

四辈叶春，旧选簿查有：弘治十三年二月，叶春，永年县人，系府军前卫后后所老疾世袭正千户叶盛庶长男，优给出幼袭职。

五辈叶福，旧选簿查有：嘉靖元年四月，叶福，年五岁，永年县人，系府军前卫后后所老疾带俸世袭正千户叶春嫡长男，钦与全俸优给，至嘉靖十一年终住支。

旧选簿查有：嘉靖十二年二月，叶福，年十六岁，永年县人，系府军前卫后后所带俸老疾正千户叶春嫡长男，优给出幼袭职。

六辈叶经，万历十八年六月，叶经，年五十四岁，系府军前卫右右所故带俸正千户叶福嫡长男，比中三等。

七辈叶纶，万历二十八年六月，叶纶，年五十五岁，系府军前卫右右所故正千户叶经亲弟，比中三等。• 150 •

成学·正千户

［缺］。

［一辈］成学。

［二辈］成大用，万历四年十月，成大用，高邮州人，系府军前卫后后所患疾正千户成学嫡长男。

［三辈］成国柱，万历二十二年十月，成国柱，年十八岁，高邮州人，系府军前卫后所故正千户成大用嫡长男，比中三等。

［四辈］成武魁，崇祯元年九月补八月，大选过府军前卫后所正千户一员成武魁，年二十七岁，系疾正千户成国柱嫡长男，比中三等。

年远事故后后所正千户一员·沈林

景泰三年三月，沈振，系府军前卫后后所冠带总旗，紫荆关等处杀贼获功一级升实授百户。

成化十五年三月，沈文，年十五岁，盱眙县人，系府军前卫后后所老疾正千户沈振庶长男，钦与世袭。

成化十八年十一月，沈林，年八岁，盱眙县人，系府军前卫后后所故世袭正千户沈文亲弟，钦与全俸优给，至成化二十四年终住支。• 151 •

齐三才・实授百户

宝簿查有：齐铎，年十六岁，通州人，系府军前卫后右所老实授百户齐广嫡长男。

崇祯七年四月，大选过府军前卫后右所实授百户一员齐三才，年二十三岁，系故实授百户齐铎堂侄，比中三等。

吕鸾・副千户

外黄查有：吕诏，系府军前卫右后所副千户，山后人。始祖吕得林，洪武七年军，三十二年真定升小旗，故。高伯祖吕贵旧名锁儿补役，三十五年东阿升实授百户，永乐八年阿鲁台升副千户，故绝。曾伯祖吕刚系亲侄，袭，故绝。曾祖吕昇系亲弟，优，袭，故。曾祖吕弘系嫡长男，天顺七年四月袭，成化五年六月为事革职。祖吕钺系嫡长男，八年六月袭职，嘉靖六年老。吕经系嫡长男，七年四月袭，九年故。诏系嫡长男，十一年十二月袭副千户。

一辈吕得林，已载前黄。

二辈吕贵，已载前黄。

三辈吕刚，旧选簿查有：永乐十三年四月，吕刚，旧名重儿，系府军卫前所故副千户吕贵亲侄。

四辈吕昇，旧选簿查有：永乐十九年五月，吕昇，系府军左卫前所故世袭副千户吕刚亲弟。

五辈吕弘，旧选簿查有：天顺五年六月，吕弘，东安县人，系府军前卫右后所故世袭副千户吕昇嫡长男。

六辈吕钺，旧选簿查有：成化八年六月，吕钺，东安县人，系府军前卫右后所为事革职世袭副千户吕洪嫡长男。

七辈吕经，旧选簿查有：嘉靖七年四月，吕经，年三十八岁，山后人，系府军前卫右后所带俸年老副千户吕钺嫡长男。• 152 •

八辈吕诏，旧选簿查有：嘉靖十年十二月，吕诏，年十七岁，山后人，系府军前卫右后所故带俸副千户吕经嫡长男。

九辈吕鸾，旧选簿查有：嘉靖四十一年四月，吕鸾，年十四岁，山后人，系府军前卫后后所带俸故副千户吕诏嫡长男，照旧副千户俸优给，至嘉靖四十二年终住支。

十辈吕应奎，万历二十六年二月，吕应奎，年三十岁，系府军前卫左右所故副千户吕鸾嫡长男，比中二等。[①]

孟瑀·副千户

外黄查有：孟真，宝坻县人。有父孟文友，洪武三十二年垛充小旗，三十三年济南升总旗，三十四年西水寨升百户，三十五汴河堤阵亡。真系嫡长男，永乐二年袭，当年升副千户，十五年与世袭。英系孟真曾孙，伊曾祖年老，伯祖孟诚系长男，替，天顺五年四牌楼有功升正千户，故。父孟安系亲弟侄，袭，故。英系嫡长男，优，弘治八年袭正千户。

一辈孟文友，已载前黄。

二辈孟真，旧选簿查有：永乐二年九月，孟真，系武成左卫后所阵亡百户孟文友嫡长男。

三辈孟诚，旧选簿查有：景泰元年正月，孟真，年六十岁，系府军前卫左右所征伤副千户，有嫡长男孟诚，年三十二岁，替职。

四辈孟安，旧选簿查有：成化十五年三月，孟安，宝坻县人，系府军前卫左右所世袭正千户孟诚堂侄。

五辈孟英，旧选簿查有：弘治八年四［月］，孟英，宝坻县人，系府军前［卫］左右所故世袭正千户孟安嫡长男。

六辈孟端，旧选簿查有：正德十年十月，孟端，年三岁，宝坻县人，系府军前卫后后所已故正千户孟英嫡长男。伊始祖原系百户，阵亡，堂伯祖孟诚功升正千户，伊祖、父例前沿袭。本舍照例革与副千户俸优给，至正德二十二年终住支。

七辈孟堂，旧选簿查有：嘉靖十九年四月，孟堂，宝坻县人，系府军前卫后后所带俸故副千户孟端亲叔，仍袭原职。

八辈孟瑀，旧选簿查有：嘉靖三十二年十月，孟瑀，宝坻县人，系府军前卫后后所带俸故副千户孟堂嫡长男。

---

① 《明档》本册第93页“吕国栋”选簿所载吕国栋，即本选条所载吕应奎嫡长男。

九辈孟思忠，万历十一年八月，孟思忠，年三十八岁，宝坻县人，系府军前卫后后所故带俸副千户孟瑀嫡长男。

七辈孟廷相，万历十四年六月，孟廷相，年十岁，宝坻县人，府军前卫左右所故副千户孟思忠嫡长男，照例与全俸优给，至万历十九年终住支。• 153 •

贾愚 · 副千户

[缺]。

一辈贾和信。

二辈贾通。

三辈贾塘。

四辈贾镡。

五辈贾愚，旧选簿查有：隆庆元年六月，贾愚，年六十岁，系府军前卫后后所带俸年老副千户，优养，十年生子准袭。

六辈贾文胜，万历六年十月，贾文胜，年四岁，临淮县人，系府军前卫后后所优养副千户贾愚庶长男，照例与全俸优给，至万历十七年终住支。

万历十八年二月，贾文胜，年十六岁，系府军前卫后后所优养副千户贾愚庶长男，出幼袭，年幼未比。

七辈贾文明，万历三十一年十月，大选过府军前卫后后所副千户一员贾文明，系故副千户贾文胜亲弟，比中三等。

年远事故后后所副千户一员 · 冯得林

成化十二年二月，冯得林，平度州人，系府军前卫后后所署正千户冯玘堂侄。堂伯原系副千户，于荆襄杀贼获功升署前职，今病故。照例该与本人副千户优给，出幼袭职署正千户事。• 154 •

又一员·陈英

永乐十四年十二月，府军前卫后后所未定流世授世袭副千户陈真。

景泰三年二月，陈礼，系府军前卫后所故世袭副千户陈真堂弟。

弘治五年十一月，陈英，华阳县人，系府军前卫后后所世袭副千户陈礼嫡长男。

[萧镇·实授]百户

[一]辈萧桂，万历四年八月，萧桂，年十二岁，山后人，系府军前卫后后所故实授百户萧镇嫡长男，照例与全俸优给，至万历七年终住支。

[二]辈萧栋，万历十九年二月，萧栋，年十六岁，山后人，系府军前卫后后所故实授百户萧桂亲弟，出幼袭职，年幼未比。

三辈萧朝，万历四十一年，大选过府军前卫后所实授百户萧朝一员，年十六岁，出幼袭职，比中三等。

四辈萧炳，万历四十四年八月，大选过府军前卫后后所实授百户优给舍人一名萧炳，年二岁，系故实授百户萧朝嫡长男，照例与全俸优给，至五十七年终住支。

崇祯三年二月，大选过府军前卫后后所实授百户一员萧炳，年十六岁，出幼袭职，比中三等。·155·

刘海·实授百户

外黄查有：刘斌，旧名兴孙，阳信县人。有父刘原，洪武元年从军，二十二年并枪充小旗，二十八年为父年老，将兴孙户名不动代役，仍充小旗，三十三年白沟河升总旗，三十五年克金川门钦除凤阳中卫后所百户，永乐二年钦与世袭。刘瑛系刘斌嫡长男，父因老疾，瑛于宣德三年替本所百户。刘杲系刘瑛庶弟，嫡兄正统九年故，无儿男，杲于本年袭授凤阳中卫后所世袭百户。刘政系刘杲嫡长男，父正统十四年故，政于景泰元年优给，至景泰十一年出幼，天顺四年袭。

一辈刘原，已载前黄。

二辈刘斌，已载前黄。

三辈刘瑛，审稿查有：宣德三年六月，刘瑛，系凤阳中卫后所世袭百户刘斌嫡长男。

四辈刘杲，审稿查有：正统九年六月，刘杲，系凤阳中卫后所故世袭百户刘瑛庶弟。

五辈刘政，审稿查有：景泰元年五月，刘政，年五岁，系凤阳中卫后所故世袭百户刘杲嫡长男，钦与全俸优给，至景泰十一年终住支。

天顺四年十二月，刘政，阳信县人，系凤阳中卫后所故世袭百户刘杲嫡长男。

六辈刘理，缺。

七辈刘淮，旧选簿查有：刘淮，阳信县人，系府军前卫后所世袭百户刘理嫡长男。

八辈刘海，旧选簿查有：嘉靖二十三年二月，刘海，阳信县人，系府军前卫后后所故实授百户刘淮亲弟。

九辈刘承恩，万历五年八月，刘承恩，年十一岁，阳信县人，系府军前卫中后所患病世袭百户刘海嫡长男，照例与全俸优给，［至］万历九年终住支。

万历十年二月，刘承恩，年十六岁，阳信县人，系府军前卫中后所年老世袭百户刘海嫡长男，出幼袭职，年幼未比。

［杨奉·实授］百户

外黄查有：杨春，旧名靖住，滦州人。兄杨焦家儿，洪武三十三年兄阵亡，春［补役］升小旗，三十四年升总旗，三十五年升和阳卫左所百户。杨名系杨春嫡长男……·156·

一辈杨春，已载前黄。

二辈杨名，已载前黄。

三辈杨雄，缺。

四辈杨俊，零选查有：正德二年二月，杨俊，滦州人，系和阳卫左所在府军前卫后后所世袭百户杨雄嫡长男。

五辈杨奉，旧选簿查有：嘉靖二十五年二月，杨奉，年十七岁，系府军前卫后后所老疾实授百户杨俊嫡长男。

吴氏，万历十五年四月，吴氏，年五十四岁，滦州人，系府军前卫后后所故实授百户杨奉妻，户无［承袭之人，照］例月支米二石优养，终身住支。

叶麒·世袭百户

外黄查有：叶彬，复州人。有父叶兴，旧姓张，洪武二年归附，十七年除世袭百户，故。彬系嫡长男，袭世袭百户。叶彤系彬亲弟，兄故，有男叶晏保幼小，彤借袭世袭百户，待侄长成退与职事。叶清旧名晏保，系彤亲侄，叔将前职退还，清于宣德五年袭百户，叔革闲。叶凤系府军前卫后后所世袭百户叶增嫡长男，嘉靖二十五年替职。

一辈叶兴，已载前黄。

二辈叶彬，已载前黄。

三辈叶彤，已载前黄。

四辈叶清，旧选簿查有：宣德五年五月，叶清，旧名晏保，系府军前卫后后所故世袭百户叶彬嫡长男。先因年幼，叔叶彤借职，今长成，退还职事，伊叔革闲。

五辈叶俊，旧选簿查有：正统十四年九月，叶俊，系府军前卫后所征进未回百户叶清嫡长男。

六辈叶胜，旧选簿查有：成化十一年四月，叶胜，年十五岁，辽阳县人，系府军前卫后后所残疾世袭百户叶俊嫡长男。

七辈叶增，旧选簿查有：弘治九年闰三月，叶增，辽阳县人，系府军前卫后所世袭百户叶盛嫡长男。• 157 •

八辈叶凤，缺。

九辈叶麒，旧选簿查有：嘉靖三十四年六月，叶麒，年十七岁，复州人，系府军前卫后后所故世袭百户叶凤亲弟。

十辈叶得臣，万历九年四月，叶得臣，年七岁，辽阳人，系府军前卫中左所患疾世袭百户叶麒嫡长男，照例与全俸优给，至万历十六年终住支。

叶得臣，万历十七年二月，叶得臣，年十五岁，复州人，系府军前卫后后所年老世袭百户叶麒嫡长男，出幼袭职，年幼未比。

十一辈叶生大，万历四十四年十二月，大选过府军前卫中前所实授百户优给舍人一名叶生大，年［九岁，系］故实授百［户叶得］臣［嫡长］男，照例与全俸优给，至四十九年终住支。

天启二年十二月，大选过府军前卫中前所实授百户一员叶生大，年十六岁，出幼袭职，比中三等。伊父一辈未比，罚俸三年。

杨永安・实授百户

内黄查有：杨［宁］，旧［名］三保，黄岗（冈）县人。有父杨宗四，甲辰年从军，洪武元年拨［骁］骑左卫，十……卫，十四年［征］云南，二十年调大宁中卫中所，二十三年并枪充本所小旗，三十……年白沟……所总旗，三十四年夹河阵亡。宁系嫡长男，永乐二年钦与百户全俸优给，三年袭授……中卫中所［世］袭百户，十三年调府军前卫后后所。杨逵系杨宁亲侄，叔故，无儿男，逵于二十二年袭授……户。杨永安系府军前卫后后所老疾副千户杨铭庶长男，优给，至嘉靖二十八年终住支。

一辈杨宗四，已载前黄。

二辈杨宁，已载前黄。

三辈杨逵，旧选簿查有：永乐二十二年二月，杨逵，系府军前卫后后所故世袭百户杨宁亲侄。• 158 •

四辈杨清，旧选簿查有：景泰二年六月，杨清，系府军前卫后后所征进未回副千户杨逵亲侄。

五辈杨铭，旧选簿查有：弘治十五年四月，杨铭，黄冈县人，系府军前卫后后所世袭副千户……

六辈杨永安，旧选簿查有：嘉靖二十五年二月，杨永安，年十二岁，黄冈县人，系府军前卫后后所老疾世袭副千户杨铭庶长男，照例与全俸优给，至嘉靖二十八年终住支。

旧选簿查有：嘉靖二十九年二月，杨永安，年十六岁，黄冈县人，系府军前卫后后所年老副千户杨铭庶长男，优给出幼袭职。查得曾伯祖逵原袭百户，以土河北川功升副千户，祖清、父铭沿袭。所据土河功查无擒斩，例应减革，今本舍照例革与署副千户事实授百户。

杨永安，年六十四岁，系府军前卫后后所革职署副千户事实授百户。革职犯罪为民，子孙仍得承袭者，罚弗及嗣也。今本身为民，罪锢终身，岂得以六十无子而乞优养乎！即年老无依，情属可悯，而例所不载，朝廷之法具在也，相应照旧革职，万历二十六年八月革讫。

刘滨·世袭百户

祖刘二，洪武十六年军，三十三年征白沟河升小旗，三十四年夹河升总旗，三十五……升实授百户，故。

一辈刘禽兽。

二辈刘玉，旧选簿查有：永乐三年，刘玉，旧名丑儿，系凤阳留守左卫中所故百户刘禽兽亲弟，敬袭世袭百户。

三辈刘楫，旧选簿查有：正统十二年四月，刘楫，系府军前卫后后所世袭百户刘玉嫡长男。

四辈刘昇，旧选簿查有：正统十四年九月，刘昇，系府军前卫后后所征进未回百户刘楫亲弟。

五辈刘镇，旧选簿查有：弘治十六年六月，刘镇，山后人，系府军前卫后后所袭升百户刘昇嫡次男。伊父原系右后所调今所，有兄刘钺窃盗，不堪，本人替职，待兄有男还与职事，钦与世袭。·159·

六辈刘滨，旧选簿查有：正德十四年八月，刘滨，蔚州人，系府军前卫后后所故世袭百户刘镇嫡长男。

七辈刘汝耕，旧选簿查有：嘉靖十九年八月，刘汝耕，年二十六岁，蔚州人，系府军前卫后后所故实授百户刘滨嫡长男。

八辈刘汝学，隆庆六年十月，刘汝学，年四十五岁：蔚州人，系府军前卫前所故实授百户刘汝耕亲弟。

九辈刘椿，万历十八年十月，刘椿，年二十六岁，蔚州人，系府军前卫前所年老实授百户刘汝学嫡长男，比中三等。

十辈刘永柱，万历二十八年八月，年十岁，系府军前卫前所故实授百户刘椿嫡长男，全俸优给，至三十三年终住支。

万历三十四年二月，刘永柱，年十六岁，系府军前卫前前所故实授百户刘春嫡长男，出幼袭职，年幼记比。

［韩文·世袭百户］

［缺］。

一辈韩……

二辈韩贵，［旧选簿查有］……留守中卫中所……嫡长男。

三辈韩忠，旧选簿查有：景泰二年三月，韩忠，系［府军前］卫后后所世袭百户［韩］贵……

四辈韩俸，旧选簿查有：弘治四年八月，韩俸，汶上县人，系府军前卫后后所故世袭百户韩忠嫡长男。

五辈韩文，旧选簿查有：嘉靖二年十月，韩文，年十九岁，汶上县人，系府军前卫后后所故世袭百户……照例与全俸优养，生子准袭。·160·

［张承］恩·试百户

外黄查有：张懋，年三十四岁，大名县人。外祖王成，甲辰年军，洪武三年改通州卫升小旗，老……小旗，三十三年白沟河阵亡。次母舅王温补，升总旗。一世祖张义系成女婿，顶补王温总旗……寨升试百户，三十五年渡江平定京师升副千户，老。二世祖张敬替，老。曾祖张……故。祖张钦袭，故。父张实。查一世祖张义以外祖王成女婿顶补王温总旗，功［升］前职，祖、父沿袭。缘总、小旗系异姓所升，例不该袭，扣算止有军功三级，本人照例革袭试百户，老。懋系男，比袭通州卫中所试百户，隆庆四年选调府军前卫后右所。

一辈张义。

二辈张敬。

三辈张旺。

四辈张信。

五辈张钦。

六辈张实。

七辈张茂。

八辈张科。俱已载前黄。

九辈张承恩，年一岁，万历二十四年十月大选，系府军前卫后右所试百户张懋孙，全俸优，至三十八年终住支。

十辈张承志，万历四十五年正月，单本选过府军前卫后右所试百户一员张承志，年十六岁，出幼袭职，比中三等。

后后所实授百户［一员 • ……］

嘉靖二…… • 161 •

［…… • ］试［百户］

外黄查有：李端，应州人。祖俊，永乐十年拨府军前卫后后所，十三年选充总甲，十二月口与实授总旗，正统九年迤北土河川杀达贼四月升试百户，十四年迤北失陷。堂弟李福……长孙，年幼，端系福才亲堂兄，本年借袭府军前卫后所实授百户，待堂弟长成还与职事……比。李森系李实嫡长男。父故，森弘治二年优给，九年……隆系李森嫡……沿，革袭试百户，嘉靖二十三年袭。• 162 •

亲军指挥使司所属卫所·亲军卫·锦衣卫

原簿目录

……

续入陶继宗，蠡县人，有记无印。

……

二号蔡绍祖，始祖蔡［遵］……

……

冠带总旗九员，原目录有名，今添入。

……

实授百户四十六员

续入梁忠，真定人。

续入李铭，锦衣卫人。

续入徐文魁，海州人。

一号林楠，始祖林清，代七，威县人。

二号才如昆，始祖才宽，代三，迁安县人。

……

五号覃辅，始祖覃泰，代四，宜山县人。

六号王道，始祖王得，代五，诸城县人。

［七号］杨子江，［始祖杨斌，代八，涿州人］• 163 •[①]

八号刘璋，始祖刘斌，代五，莱（涞）水县人。

九号孔椿，始祖孔顺，代九，坝（霸）州人。

十号尚天爵，始祖［尚璿，代五，慈利县人］。

十一号宋文隆，始祖宋保，代七，无为州人。

十一号陆镆，始祖刘（陆）矩，代七，归安县人。

十二号邢纶，始祖［邢驯，代六］，大兴县人。

十三号高登，始祖高信，代九，坝（霸）州人。

十四号王钦，始祖王镇，代六，禹城县人。

十五号房桓，始祖房贵，代［四］，泗州人。

十六号殷琦，始祖殷得，代九，怀远县人。

十七号吴国华，始祖吴景宗，代六，武成县人。

十八号钱舆，始祖钱［泮］，常熟人。

十九号李元爵，始祖李旻，代九，滦州人。

二十号严梦象，始祖严刚，代八，抚宁县人。

二十一号靳辉先，［始祖靳整，代五，宝坻县人］。

二十二号谷凤翔，始祖谷亮，代六，蓟州人。

二十三号陆大节，始祖陆玉，代四，大兴县人。

二十四号王洪，始祖王兴，闽县人。

二十五号郑鑑，始祖郑安，代六，颍上县人。

二十六号马珠，始祖马庸，代七，唐县人。

二十七号郝炜，始祖［郝班，代八，完县人］。

二十八号周冕，始祖周铎，代四，曹县人。

二十九号王廷臣，始祖王濬，代五，固安县人。

三十号陈寰，始［祖陈得新，代］九，［寿州人］。

三十一号季澄，始祖季旺，代十，莱阳县人。

三十二号林朝庆，始祖林普广，代九，江陵县人。

三十三号张劾……

三十四号沈经，始祖沈玉，代四，吴县人。

---

① 该锦衣卫选簿据《中国明朝档案总汇》第49册整理。

三十五号胡讚，始祖胡兴，代七，邢台县人。

三十六号张［承节，始祖张宽，代七，大兴县人］。

三十七号王琮，始祖王关保，代七，五河县人。

三十八号王言，始祖王贵，代七，祥符县人。

三十九号［刘国柱，始祖刘源，代十，定兴县人］。

四十号陈志高，始祖陈显，代六，济宁州人。

四十一号石勋，始祖石友文，代五，遵化县人。

四十二号陈［鸾，代四，利仁县人］。

四十三号李禄，始祖李仪，代六，抚宁县人。

四十四号蒲应爵，始祖蒲青，代八，新城县人。

四十五号马鸾，始祖［马志，代六］，大兴［县人］。

四十六号张维言，始祖张俊，代六，昆山县人。

续入实授百户五员

冯邦定，深州人。

王天祚，建州人。

谭河图，江西人。

张国夔，信阳人。

张……

辈数未全二十三员

缑镇，山后人。

神凤，寿州人。

王锦，洛阳县人。

万［瑭］。

万承勋。

刘钦，番禺县人。

王傑，新城县人。

栢仲，蠡县人。

韦［宽，乐容县人］。

陆锦，大兴县人。

黎钰，宛平县人。

黎锐，宛平县人。

杨诰，涿州人。

刘朝［相，曹州人］。• 164 •

赵普，迁安县人。

王忠，新城县人。

刘永宁，大兴县人。

虎山，回回人。

黎进，［安邑县人］。

王通，欧（瓯）宁县人。

郭山，新安县人。

韦春，宜山县人。

陈云，利仁县人。

杨汝业，［肤施县人］。

试百户四十员

续入时应元，襄城县人，有记无印。

续入周鸣凤，怀远县人，有记无印。

一号李相，始祖李程，代六，定兴县人。

二号李昂，始祖李信，代六，海丰县人。

三号王绍闵，始祖王钺，代四，浚县人。

四号赵麟，始祖赵耆，代五，大兴县人。

五号栢文遴，始祖栢兴，代六，蠡县人。

六号陈忠，始祖陈裕，代三，顺德县人。

七号甯良栋，始祖甯原，代六，新城县人。

八号陈忠，始祖陈圆，代六，青田县人。

九号杨楠，始祖杨英，代三，坝（霸）州人。

十号牛天麟，始祖牛锐，代二，涿州人。

十一号王宸，始祖王泰，代七，钜鹿县人。

十二号李资，始祖［李骞］，洛阳［县人］。

十三号常清，始祖常存，代五，寿光县人。

十四号赵昱，始祖赵林，代五，唐县人。

十五号阮尚礼，始祖［阮全，代四］，武［定州人］。

十六号李文华，始祖李进，代四，易州人。

十七号何子颖，始祖何濂，代二，交城县人。

十八号张进忠，始祖［张崇，代八，宝坻县人］。

十九号王淳，始祖王贤，代三，欧（瓯）宁县人。

二十号曲汝卿，始祖曲仲芳，代五，庆都县人。

二十一号王道，［始祖王玉，代五，东平州人］。

二十二号刘崐，始祖刘宝，代五，山阳县人。

二十三号王炳，始祖王兴，代六，涞水县人。

二十四号卢澜，［始祖卢雄，代三，武清县人］。

二十五号金栋，始祖金禹，代七，景宁县人。

二十六号江禄，始祖江贵，代八，杞县人。

二十七号吴国［臣，始祖吴二，代五，合肥县人］。

二十八号王承勋，始祖王信，代七，遂平县人。

二十九号李辰，始祖李和，代三，清苑县人。

三十号闫锡，始［祖闫圭，代七］，大（胶）［州人］。

三十一号裴寅，始祖裴郁，代五，新城县人。

三十二号郑朝，始祖郑忠，代七，涞水县人。

三十三号刘栋，［始祖刘斌，代三，磁州人］。

三十四号李淳，始祖李华，代三，洛阳县人。

三十五号张海，始祖张保，代七，江宁县人。

三十六号罗文，始［祖罗谦，代三，桂阳县人］。

三十七号王元庆，始祖王清，代五，东平州人。

三十八号陈勋，始祖陈德，代六，武进县人。

三十九号韩经，始［祖韩庆，代三，东平州人］。

四十号郭守纲，始祖郭兴，代七，东安县人。

续入万康年，宁州人，有印无记。

续入王章，宛平县人，无印记。·165·

辈数未全七员

季杲，洛阳县人。

许泾，江都县人。

石文玺，三河县人。

鲁……

吴骞，庆元县人。

金天祐，景宁县人。

刘昇，大兴县人。

年远事故一员

张预，蕲水县人。

续入范如松，定州人，有印无记。

续入时义，襄城县人，有印无记。

优养妇女二口

张氏，清江县人，黄洲正妻。

刘女儿，阳信县人，刘锐庶长女。

所镇抚二员

一号刘厚，始祖刘兴哥，代六，兴化县人。

二号李承恩，始祖李琏，代五，和州人。

……总旗五员、小旗一员

续入梁纪，山后人，有印记。

……

一号王叙轩，始祖王軏，代四，唐县人。

二号王邦相，始祖王珊，代三，南海县人。

三号郭天禄，始祖郭［清，代三］，涞水县［人］。

四号陈傑，始祖陈裕，代四，顺德县人。

五号舒明讲，始祖舒玉，代六，遂宁县人。

六号袁熙，始祖袁宝……蕲州人……

［冠］带总小旗及总小旗、校尉二十九员名

续入总旗李应诰，［泾阳］县人，无印记。

扶禄，马平人，冠总。

徐文，景宁县人，冠总。

陈愚孝，龙溪县人，冠总。

张禄，平湖县人，冠总。

邓宾。

李朝忠，宝坻县人，冠总。

张恕，澄城县人，冠总。

张继源，清丰县人，冠总。

郝京，平遥县人，冠总。

王镗，滁县人，总旗。

王钦，会州人，总旗。

刘镇，仁和县人，总旗。

夏伦，宛平县人，总旗。

张瑾，涞水县人，总旗。

刘江，吴桥［县人］，总旗。

崔迁，新城县人，总旗。

杨宗源，合肥县人，冠小。

陈翘，武定州人，冠小。

杨保，宁夏人，冠小。

康軏，浚县人，冠小。

朱英，丽水县人，冠小。

陆圭，大兴县人，冠小。

刘俊，甘州人，小旗。

王相，东安县人，小旗。

郭汉，涿州人，小旗。

陈锦，临汾县人，小旗。

贯志学，阳信县人，小旗。

班潮，益都县人，校尉。

齐国卿，山阳县人，校尉。• 166 •

指挥使四员

［一］号吴世隆，始［祖脱脱不花，代七，山后人］。

……

［副千户□员……］

四号何纶，始祖速木赤，代六，迤北人。

……

七号海洪，始祖白荅沙，代七……

……

调卫一员

金玉，调彭城卫左所，迤北人。

署副千户二员，实授百户二员

一号白汝臣，始祖白成，代六，迤北人。

二号宋海，始祖……。

……

［署副千户事所镇抚……］

一号白昂，始祖把……迤北人。

二号孙玉……迤北人。

……

四号孟良辅，始祖猛火儿歹，代六，迤北人。

五号杨锁住，始祖杨泰，代五，迤北人。

［六号……］迤北人。

续入试所镇抚王承，迤北人，无印。

续入韩大臣，迤北人，有印。

续入王寿，迤北人，无印记。

续入……·167·

锦衣卫指挥使共二十二名

武良相。

高肇。

安凤。

……

白廷圭。

马［一龙］。

……

张梦椒・指挥佥事

崇祯三年十月内题叙恢复四城文武各官缘繇，荫一子锦衣卫指挥佥事。[①]

杨铸・指挥佥事

天启七年，大选过锦衣卫衣中所指挥佥事一员杨铸，年二十六岁，祥符县人，系故指挥佥事杨汝敏嫡长男，比中一等。[②] ・168・

梁栋・正千户

内黄查有：梁瑄，静海县人。有父梁士安，先与郭四为义男，三十二年招募，将瑄顶义祖姓作父郭士安名字充武功中卫小旗，三十四年夹河全胜除本卫中所实授百户，三十五年贼军犯城东北二门，对［敌］升本所副千户，拿获私放出门男妇五十余口升本所正千户，钦与世袭，十七年调锦衣卫锦衣中所，宣德元年回还，奉勘合复姓梁瑄。

一辈梁瑄，已载前黄。

二辈梁傑，旧选簿查有：正统七年二月，梁傑，系锦衣卫锦衣中所世袭正千户梁瑄庶次男。父为老疾，替职，到部病故，亲兄梁瑛患眼疾，侄梁温年四岁，幼小，俱不堪承袭，钦准本人借职，待长成还与职事。

三辈梁温，旧选簿查有：天顺八年七月，梁温，静海县人，系锦衣卫锦衣中所故世袭正千户梁宣嫡长孙。先因年幼，父梁英眼疾不堪承袭，叔梁傑借职，今长成，告袭，伊叔革闲。

---

① 该“张梦椒・指挥佥事”选簿，又见《明档》本册第176页“张梦椒・指挥佥事”选簿。

② 《明神宗实录》卷371，万历三十年四月乙卯，“荫宣大总督杨时宁男杨汝敏为锦衣卫衣中所指挥佥事，世袭，叙宁夏捷功也”。《明光宗实录》卷6，泰昌元年（万历四十八年）八月癸亥，“命锦衣卫指挥……杨汝敏俱堂上佥书管事”。《明熹宗实录》卷42，天启三年十二月丙申，“以皇子大庆加恩，锦衣卫官……杨汝敏升指挥使，俱照旧管事……”；卷63，天启五年九月辛亥，“以锦衣卫指挥使杨汝敏提督西司房官旗，管事”。

四辈梁钦，旧选簿查有：成化十年十一月，梁钦，静海县人，系锦衣卫锦衣中所故世袭正千户梁温嫡长男。

五辈梁瀚，旧选簿查有：嘉靖五年六月，梁瀚，静海县人，系锦衣卫衣中所年老世袭正千户梁钦嫡长男。

六辈梁栋，旧选簿查有：嘉靖三十年四月，梁栋，静海县人，系锦衣卫锦衣中所年老正千户梁瀚嫡长男。

七辈梁承宗，万历五年四月，梁承宗，年十九岁，静海县人，系锦衣卫衣中所正千户梁栋嫡长男，本舍年幼未比。

八辈梁永年，万历三十七年六月，大选过锦衣卫衣中所正千户优给舍人一名梁永年，年九岁，系故正千户梁承宗嫡长男，照例与全俸优给，至四十三年终住支。

万历四十四年正月，大选过锦衣卫衣中所正千户一员梁永年，年十五岁，出幼袭职，比中三等。

赵傑·正千户

零选簿有：赵傑，滦州人，系锦衣卫中所指挥同知赵汝厉嫡长男。伊父功无擒斩，减袭正千户。

[赵] 学范，崇祯七年八月，大选过锦衣卫衣中所正千户一员赵学范，年三十一岁，系故正千户赵傑嫡长孙，比中三等。• 169 •

蔡绍祖·正千户

缺。

[一辈蔡] 遵，已载二辈选条下。

[二辈] 蔡绍组祖，旧选簿查有：嘉靖二十一年六月，蔡绍祖，年十五岁，定远县人，系锦衣卫衣中所已故带俸正千户纳级指挥佥事蔡遵庶长男。伊父系驸马都尉蔡震、淳安大长公主第二男，比例……孝宗皇帝圣旨“蔡遵升本卫所世袭正千户，钦

此”，[①] 遇例纳级指挥佥事，故。所据纳授职级例无承袭，伊……袭字样，未经承袭一辈，照例准袭正千户一辈，以后子孙不许承袭，题奉圣旨“蔡绍祖准袭正千户”。[②]

［伍纯·正千户］

伍纯，万历十四年十二月，伍纯，年二十岁，松滋县人，系锦衣卫衣中所年老指挥佥事伍大器嫡长男。伊父原袭恩荫正千户，万历十年管理河墙工完升指挥佥事，遇倒实授，今年老。所据河工升级并遇例实授，俱不由军功，例应减革，本舍合照例革替正千户，比中一等。

伍可宗，万历二十八年正月，单本选过，伍可宗，年二十一岁，系锦衣卫衣中所故正千户伍纯庶次男，比中三等。

鲍玮·正千户

内黄查有：鲍玮，年十六岁，系锦衣卫衣中所正千户，肃宁县人。父鲍恩系本卫指挥佥事鲍德下冠带舍人，嘉靖元年镇守甘肃太监张洪奏带参随，本年五月延绥波罗堡等处斩首一颗，岷州黄土坡斩首一颗，六年固原盐池细沟等处斩首一颗，兰州盐场堡等处斩首一颗，七年靖虏打卜速等处斩首一颗，本年报捷升小旗，注锦衣卫衣右所銮舆司，前功五级具奏并升正千户，十五年因兄鲍忠任内官监太监修建工完荫升指挥佥事，[③] 二十七年乞升指挥同知，二十九年老。玮系庶长男，三十年六月革替锦衣卫衣中所正千户。

---

① 《明孝宗实录》卷35，弘治三年二月己丑，“升锦衣卫百户蔡遇为副千户，其弟遵授锦衣卫百户。遇、遵皆淳安大长公主子也”；卷85，弘治七年二月乙丑，“升锦衣卫副千户蔡遇为正千户，及其弟百户遵，俱与世袭。遇、遵，淳安大长公主子也”。《明武宗实录》卷70，正德五年十二月戊申，“复原任锦衣卫……指挥佥事蔡遇……千户蔡遵……职。遇等皆公主子，以诏例递降级。至是，奏乞复原职，许之”。

② 此选簿所载蔡氏履历，又参见《明档》本册第353页“又一员·蔡继祖”选簿。

③ 《明世宗实录》卷12，嘉靖元年三月壬申，“敕吏兵二部：朕入继大统，赖尔内外文武勋戚大臣定策并迎立，各宣忠悃，保安社稷。今山陵及徽称大礼事毕，宜加殊恩以答元功……黄伟、鲍忠各岁加禄米二十四石，荫弟侄一人为锦衣卫世袭指挥佥事”。

一辈鲍恩，小旗功次，候查。总旗功次。•170•

试百户功次，候查。实授百户功次。副千户功次。正千户功次。

二辈鲍玮，旧选簿查有：嘉靖三十年六月，鲍玮，年十五岁，肃宁县人，系锦衣卫镇抚司年老指挥同知鲍恩庶长男。查得伊父恩嘉靖二十三年奉例清查冒滥革与正千户，后具奏钦准复指挥佥事，又乞升指挥同知。[①]所据钦准及升职级，俱不由军功，例应减革，本舍仍与做正千户，注衣中所。

三辈鲍拱，万历九年二月，鲍拱，年二十六岁，肃宁县人，系锦衣卫衣中所患疾正千户鲍玮嫡长男，比中一等。

四辈鲍撰，万历四十六年八月，大选过锦衣卫衣中所副千户一员鲍撰，年四十一岁，系故正千户鲍拱亲次弟。查得伊祖鲍恩先以报捷功升小旗，后立斩功累升正千户。今查报捷功例不世袭，本舍减袭副千户，比中三等。

……·带俸正千户

一件地方人命事，万历十六年闰六月二十一日，准刑部广……南城兵马司呈解锦衣卫衣中所班剑司……白，问拟犯人华印斗殴杀人者不问手……胧保送承袭……•171•

朱鋐·正千户

外黄查有：朱真，寿光县人，系百户朱贤嫡长男。有父朱贤，前元千户，吴元年归附，洪武元年选充百户，老。真替世袭百户，查年深起取赴京，二十六年升副千户，三十年升锦衣卫衣中所正千户。朱礼系朱真嫡长男，父病故，礼于宣德五年九月袭正

---

① 《明世宗实录》卷343，嘉靖二十七年十二月壬子，"御马监太监李庆等以司礼监太监鲍忠病故，为其侄鲍恩等乞恩升级八人，收入勇士营五十人。上已许之。兵科给事中刘体乾奏：'祖制：武职非军功不授，陛下登极诏书已经申明遵守。忠生膺荣宠，殁承恤典，且官其侄恩等至锦衣卫指挥，未有寸功以报，又求升级，并乞收勇士营五十人。若尽如所请，将使胥徒襍遝乎青紫，厮隶混淆于冠裳，此岂盛世所宜有也？'上曰：'科臣言是。鲍忠故后，恩恤非常，况前已准乞数名矣，恩等姑准三名，勇士收二十名，其余俱除之。'"。

千户。朱俊系朱礼堂孙。伯祖土木堡阵亡；叔父朱昂袭职，病故，无儿；父朱泰袭职，亦故。俊于成化六年十月袭授锦衣卫衣中所正千户。

一辈朱贤，已载前黄。

二辈朱真，已载前黄。

三辈朱礼，已载前黄。

四辈朱祐，旧选簿查有：正统十四年十月，朱祐，系锦衣卫锦衣中所征进未回正千户朱礼亲弟。兄有嫡长男朱昂，年八岁，幼小，本人借职，待长成还与职事。

五辈朱昂，已载前黄。

六辈朱泰，旧选簿查有：天顺元年九月，朱泰，寿光县人，系锦衣卫锦衣中所故正千户朱昂堂兄，钦与世袭。

七辈朱俊，旧选簿查有：成化六年十月，朱俊，寿光县人，系锦衣卫锦衣中所故世袭正千户朱泰嫡长男。

八辈朱傑，旧选簿查有：弘治三年二月，朱傑，寿光县人，系锦衣卫锦衣中所故世袭正千户朱俊嫡长男。

九辈朱政，旧选簿查有：正德四年四月，朱宸，寿光县人，系锦衣卫衣中所世袭正千户朱傑嫡长男。

十辈朱寰，旧选簿查有：嘉靖二十六年八月，朱寰，年五十七岁，寿光县人，系锦衣卫锦衣中所故正千户朱宸嫡长男。

十一辈朱容，旧选簿查有：嘉靖三十七年十月，朱容，年二十六岁，系锦衣卫衣中所年老正千户朱寰堂弟。

十二辈朱鋐，旧选簿查有：嘉靖四十年十月，朱鋐，年二十四岁，寿光县人，系锦衣卫衣中所风疾带俸正千户朱容亲弟。伊兄朱容原替祖职正千户，今风疾无子，本舍照例与借祖职正千户，待后伊兄朱容疾痊、生有儿男退还职事。

十三辈朱源，万历十九年四月，朱源，年十八岁，寿光县人，系锦衣卫衣中所老正千户朱鋐嫡长男。伊父原借替伊伯朱容正千户，今老，伊伯尚在，本舍合照例再借替正千户，如伊伯朱容生有儿男，退还职事，比中二等。

十四辈朱瀚，天启三年八月，大选过锦衣卫中所正千户一员朱瀚，年四十七岁，系故正千户朱源亲弟，比中二等。• 172 •

徐锺秀·正千户

外黄查有：徐成，定远县人，兄徐志，甲午年从军，三十三年济南升小旗，三十四年夹河升试百户，三十五年渡江升广武卫左所副千户。徐伴叔系徐成亲侄，叔故，无儿男，伴叔宣德六年袭副千户。徐兴系伴叔嫡长男。徐敬系徐兴嫡长男。

一辈徐成，已载前黄。

二辈徐伴叔，旧选簿查有：宣德六年十月，徐伴叔，系广武卫左所故世袭副千户徐成亲侄。

三辈徐兴，旧选簿查有：正统三年八月，徐兴，系广武卫左所世袭副千户徐伴叔嫡长男。

四辈徐敬，旧选簿查有：景泰元年十月，徐敬，系广武卫左所故世袭副千户徐兴嫡长男。

正千户功次，天顺元年钦升查有：湖广鬼板等寨杀贼获功一级，羽林前卫副千户升正千户七员内一员徐敬。

五辈徐璟，旧选簿查有：成化十五年八月，徐璟，定远县人，系锦衣卫中所带俸署指挥佥事徐敬嫡长男。父系羽林卫左所正千户，投充本卫所将军，奏升前职，今病故。本人准袭伊父原职正千户，于本卫支俸差操。

六辈徐永昌，旧选簿查有：正德十四年十月，徐永昌，定远县人，系锦衣卫中所世袭正千户徐璟嫡长男。

七辈徐文仲，旧选簿查有：嘉靖十一年十月，徐文仲，年四岁，定远县人，系锦衣卫中所故正千户徐永昌嫡长男，照例与全俸优给，至嘉靖二十二年终住支。

八辈徐永昂，旧选簿查有：嘉靖十二年十二月，徐永昂，年三十一岁，定远县人，系锦衣卫中所优给故正千户徐文仲堂叔。

九辈徐锺秀，旧选簿查有：嘉靖三十六年十月，徐锺秀，年十七岁，定远县人，系锦衣卫中所正千户徐永昂嫡长男。

胡氏，年五十二岁，系锦衣卫中所故正千户徐锺秀嫡妻，户无承袭之人，万历二十五年三月单本，月与米二石优养终身。

[徐]臣·正千户

外黄查有：徐安，凤阳县人，系银匠，正统十四年北征陷虏，年久，成化二十二年与也先台等赴京奏事升泰宁卫副千户，仍回虏中，二十三年带领妻子归降，锦衣卫正千户，自陈先在虏中曾与袁彬等同效微劳，本年升指挥佥事。[①]·173·

[一辈]徐安，已载前黄。

[二辈]徐伯颜，已载三辈选条下。

[三]辈徐琰，旧选簿查有：嘉靖二年十二月，徐琰，年二十七岁，凤阳县人，系锦衣卫中所故带俸正千户徐伯颜嫡长男。伊祖徐安原系钑花银匠，正统十四年随驾迤北征进，被虏在彼，成化二十二年赴京奏事升副千户，二十三年将带家小虏中回还，升锦衣卫正千户，续又比例升指挥佥事，带俸，故。伊父徐伯颜保送袭职，题奉钦依"准袭正千户"，今故。本舍系嫡次男，保送前来。所据伊祖副千户、正千户俱不由军功，又无"世袭"字样，相应减。但伊父已经本部查议明白，题奉钦依袭过一辈，况系正统十四年随驾在虏，侍从年久，后又效顺来归，似与别项传乞升职不同，应否准袭，伏乞圣裁，题奉圣旨"是，准袭正千户，钦此"。

四辈徐臣，旧选簿查有：嘉靖二十八年四月，徐臣，年十五岁，凤阳县人，系锦衣卫衣中所故正千户徐琰嫡次男。伊曾祖徐安原以军人银匠正统十四年迤北征进被虏，在彼随侍圣驾，差回赴京奏事升副千户，随带家小回还升正千户，乞升指挥佥事，故。祖伯颜袭，题奉钦依"着袭永远正千户"，故。父琰袭，亦故。本舍先因年幼，题奉钦依"着与正千户俸优给"，出幼，合无遵照前旨与袭正千户，惟复比照不由军功事例减革，题奉圣旨"是，徐臣准照前旨承袭正千户，钦此"。

---

① 《明宪宗实录》卷290，成化二十三年五月庚戌，"升锦衣卫正千户徐安为指挥佥事。安，锦衣卫军匠，正统己巳为虏酋也先部下虏去。也先死，复从孛罗太师。时汾州民武子宁者，亦为孛罗部众所掠，遂与安同居。久之，二人各挈其妻孥来归，道为泰宁卫虏酋短台拘留。二十二年，安因朝贡来京，传报虏情，辽东守臣以闻。上嘉之，升安泰宁卫副千户，且谕以他日果能携家来归，尤当优待。至是，安偕子宁各携家属颜猛可、脱脱忽等十三人并马牛羊畜入关。事闻，以安等居夷已久，乃能慕义来归，升安正千户，子宁授所镇抚，俱锦衣卫带俸，猛可脱脱忽俱收充勇士。既而，安复自陈当先帝北狩时，与都督袁彬等同效劳，乞如彬等例加升。兵部言，安言无凭，而其义可取，且朝廷爵赏所以劝忠义，况安备谙虏情，用之未必无补，宜如所陈，以示优异，故从之"。

李嗣焘・指挥同知

天启二年八月，单本选过锦衣卫衣中所世袭指挥同知一员李嗣焘，年二十二岁，直隶任丘县人，系已故未任指挥同知李祯陛长男。查伊祖李汶原任总督陕西三边兵部尚书，于万历二十七年九月内为逆酋纠合海套诸虏同时谋犯等事。该本部题奉圣旨：甘镇各虏肆犯，官军分道捣巢，大获全胜，朕心加悦，李汶加兼太子太傅，荫一子锦衣卫正千户，世袭。[①] 又于二十九年五月内为松功叙录等事，本部议覆，奉圣旨：松山当甘、固二镇之冲，河西险要，久为诸虏盘踞以致不时出没，为边大患，兹赖卿等屡出正奇［扫］除恢复，近又经营创筑大工报完，永固金汤，宽朕西顾之忧，懋功宜赏，李汶加少傅兼官尚书，总督俱照旧，原荫锦衣卫正千户儿男升二级，世袭，钦此。[②] 已将伊父正千户李祯陛并荫与做指挥同知，世袭，未任身故。今本舍以子承父，应准与袭指挥同知，初荫官不比试。[③] •174•

温仁・正千户

缺。

一辈温泽，已载二辈堂稿下。

二辈温仁，旧选簿查有：堂稿内开，温仁供称，系已故正千户温泽庶长男。有父由冠带舍人正德十二年大同、应州等处杀贼有功升总旗，十四年太监徐海病故乞升百户，本年营建乾清、坤宁二宫，敕内官监太监温玺等各荫他弟侄一人做锦衣卫世袭总

---

① 《明神宗实录》卷 294，万历二十四年二月癸丑，“兵部题叙西宁官军获捷功次……得旨：该镇擒斩首虏六百余级，奇功可嘉。李汶……荫一子锦衣卫副千户，世袭”；卷 297，万历二十四年五月辛卯，“兵部覆……总督李汶男李国桢荫授锦衣卫左所副千户，世袭……俱报可”；卷 310，万历二十五年五月辛亥，“叙延镇文武将士功，总督李汶……于原荫锦衣卫儿男加升一级，世袭……各给与诰命”；卷 312，万历二十五年七月癸卯，“总督李汶……于原荫儿男加升一级……各照新衔给与诰命”；卷 334，万历二十七年闰四月己卯，“录甘镇功，加李汶……荫一子世锦衣卫正千户……给诰命”。

② 《明神宗实录》卷 369，万历三十年闰二月辛亥，“论二十七年宁夏二次捷功……总督三边尚书李汶……荫一子锦衣卫百户，世袭”；卷 374，万历三十年七月庚午，“论甘肃镇番等处屡捷功……总督三边李汶……各荫一子锦衣卫百户”。

③ 《明神宗实录》卷 507，万历四十一年四月庚寅，“改荫故兵部尚书李汶子桢陛为中书舍人。桢陛应升锦衣卫指挥同知，至是，愿承文荫而以其子嗣焘承袭武荫，上特允之”。

旗。有父温泽系太监温玺侄男，题奉钦依加升正千户。等因，该本部看得，温仁伊父温泽，先因大同杀贼有功升总旗，后又营建定磉，奉有“世袭总旗”字样，于百户上加升正千户，俱出一时特恩，合无准袭一辈，惟复照例革袭总旗。等因，奉圣旨：温仁准袭伊父锦衣卫正千户一辈，钦此。[①]

旧选簿查有：嘉靖二十八年六月，温仁，年十六岁，咸宁县人，系锦衣卫衣中所正千户温泽亲弟。伊父原系太监温玺侄男，以舍人获功升总旗，乞升百户，工完荫升正千户，故。本舍先因年幼，题奉钦依准袭伊父正千户一辈，今出幼，仍遵照前旨与袭正千户，题奉圣旨“是”。

吴孟明·正千户

天启二年十月分，大选过锦衣卫衣中所正千户一员吴孟明，年四十岁，山阴县人，系故指挥佥事吴有孚长男。查伊祖吴兑原任兵部尚书，总督边务有功节奉明旨荫升儿男职级，该本部备行该省巡抚咨送应荫嫡长男官生吴有孚改荫前来，相应题请，合候命下将官生吴有孚改授锦衣卫原荫世袭百户，加辽东获捷功升世袭一级，再加蓟辽阅视功一级，并授正千户，注衣中所任事，至万历十六年寿宫効劳升指挥佥事，今故[②]……以子承父，除陵工加升不世及外，合准袭原荫正千户，比中一等。[③] • 175 •

① 《明武宗实录》卷177，正德十四年八月癸酉，“以营建乾清、坤宁二宫定磉，敕荫总理提督御用监太监张永……点闸工程兼管物料太监温玺、周永弟侄各一人为锦衣卫世袭总旗。于是，兵部拟加荫……温玺侄百户泽为正千户……俱许之”。

② 《明神宗实录》卷125，万历十年六月丁酉，“赐……总督吴兑各赏银五十两、大红纻丝蟒飞鱼衣一袭……各荫一子锦衣卫百户”；卷138，万历十一年六月庚申，“录万历十年……捷功及十一年……捷功……还与吴兑各先荫锦衣儿男俱升一级，世袭”；卷232，万历十九年二月戊寅，“以锦衣卫指挥……吴有孚为镇抚司佥书，管事”。

③ 《崇祯长编》卷13，崇祯元年九月戊辰，“工科左给事中沈惟炳疏言忤珰始末，旨是之，并荐锦衣吴孟明，令起用”；卷39，崇祯三年十月庚申，“叙诘防警备之劳……吴孟明加都指挥同知”；卷56，崇祯五年二月丙戌，“命吴孟明掌锦衣卫事”；卷57，崇祯五年三月丁未，“叙庆陵功，锦衣卫阅视工程……吴孟明升都指挥使”。

［龚］文爵·正千户

缺。

［一］辈龚仲住，缺。

［二辈］龚仕韶，缺。

［三辈］龚遂荣，缺。

［四辈］龚愚，缺。

［五辈］龚铎，旧选簿查有：弘治三年十月，龚铎，青田县人，系锦衣卫中所故世袭正千户龚愚嫡长男。

［六］辈龚锦，旧选簿查有：正德十年十二月，龚锦，青田县人，系锦衣卫中所故世袭正千户龚铎亲弟。

七辈龚文爵，旧选簿查有：嘉靖二十五年十月，龚文爵，年十二岁，青田县人，系锦衣卫中所龚勋嫡长男，照例与全俸优给，至嘉靖二十八年终住支。

八辈龚孟春，万历三十六年十月，大选过锦衣卫中所正千户一员龚孟春，年三十四岁，系故正千户龚文爵长男，比中三等。

张梦椒·指挥佥事

崇祯三年十月初一日，题荫过锦衣卫衣中所优给世袭指挥佥事一员张梦椒，年七岁，系山西振武卫人。该本部题叙恢复四城文武各官缘繇，奉圣旨：这滦、遵诸城一举克复，文武各官劳绩可嘉，内张凤翼加太子少保，荫一子锦衣卫指挥佥事，世袭，赏银四十两，大红飞鱼一袭[①]，钦此。行准蓟辽总督张凤翼咨送应荫儿男张梦椒前来，相应题请，合候命下，将张梦椒荫授与做锦衣卫指挥佥事，世袭，注衣中所，照例以全奉优给，俟出幼之日到任供职，仍移文该卫遵奉施行。等因，崇祯三年十月初一日，

---

① 《崇祯实录》卷3，崇祯三年正月乙酉，“进……张凤翼太子太保，并荫锦衣卫指挥佥事”；卷36，崇祯三年七月丁亥，“叙恢复四城功……张凤翼加太子少保，荫一子锦衣卫指挥佥事，世袭……”。

太子少保本部尚书梁等具题，奉圣旨“是，钦此”。[①] •176•

徐鸾·正千户

外黄查有：徐英，宛平县人。有叔徐兴，洪武四年充军，故。将英补役，三十二年奉天征讨，守城有功，永乐二年十一月钦除锦衣卫锦衣中所百户，十年升副千户，十五年钦与世袭。徐麟系徐英嫡长男。父永乐十八年钦升正千户，洪熙元年钦升指挥佥事，老；麟于宣德七年替父徐英依旧办事，麟于宣德十年升指挥同知。徐勋系锦衣卫中所带俸正千户徐政嫡长男，父故，勋优给，正德十二年终住支。徐鼎系带俸故世袭正千户徐勋亲叔，嘉靖六年六月袭。

一辈徐英，已载前黄。[②]

二辈徐麟，已载前黄。[③]

三辈徐容，缺。

四辈徐政，旧选簿查有：弘治十一年闰十一月，徐政系锦衣卫带俸指挥同知徐容嫡长男。单本内查有：弘治十一年闰十一月十七日，单本内开锦衣卫袭职舍人徐政，系带俸指挥同知徐容嫡长男。查得伊曾祖徐英百户职事系功升，其副、正千户并指挥佥事及伊祖徐麟所升指挥同知，俱因父子在监办事，节蒙列圣特恩所升，不系军功，例不该袭。但副千户一级虽非军功……难以减革外，其正千户、指挥佥事并指挥同知三级，俱不系军功所升，例该减革。但正千户一级系永乐年间所升，历年久远，合无准令本人伊曾祖副千户职事，惟复将永乐年间所升正千户通与承袭。奉圣旨：徐政准袭正千户。[④]

---

① 《明档》本册第168页有“张梦椒·指挥佥事：崇祯三年十月内题叙恢复四城文武各官缘繇，荫一子锦衣卫指挥佥事”之记载。

② 《明宣宗实录》卷6，洪熙元年闰七月癸丑，“升行在锦衣卫千户徐英为本卫指挥佥事，仍隶御用司”。

③ 《明宣宗实录》卷90，宣德七年五月己未，“命锦衣卫指挥佥事徐英子麟代职”。《明英宗实录》卷11，宣德十年十一月癸未，“升锦衣卫指挥佥事……徐英……为指挥同知”；同卷，十一月癸巳，“升锦衣卫带俸指挥佥事徐麟为指挥同知。初，麟父英以善绘事为指挥佥事，致仕，麟代其职。至是，上复召用英，且进秩为指挥同知。英乞复原职，而以所进秩授其子。从之”。

④ 《明武宗实录》卷5，弘治十八年九月壬午，“兵部奉诏查武官冗食之应裁革者……正千户徐政……由洪武、永乐间传升……似应免裁革，皆从之”。

五辈徐勋，旧选簿查有：正德十三年四月，徐勋，宛平县人，系锦衣卫衣中所世袭正千户徐政嫡长男，优给出幼。

六辈徐鼎，旧选簿查有：嘉靖六年六月，徐鼎，宛平县人，系锦衣卫锦衣中所带俸故正千户徐勋亲叔。

七辈徐鸾，旧选簿查有：嘉靖二十七年六月，徐鸾，宛平县人，系锦衣卫衣中所带俸故正千户徐鼎堂侄。

八辈徐宗礼，万历十三年六月，徐宗礼，年十七岁，宛平县人，系锦衣卫衣中所故带俸正千户徐鸾嫡次男，年幼未比。

九辈徐学颜，万历二十六年十二月，年七岁，系锦衣卫衣中所故正千户徐宗礼长男，全俸优给，三十四年终住支。

万历三十五年二月，徐学颜，年十六岁，系锦衣卫衣中所故正千户徐宗礼长男，出幼袭［职，比中］三等。•177•

高应聘

万历九年四月分，高应聘，年十九岁，邓州人，系锦衣卫衣中［所］……故试百户高逵嫡长男。本役父高逵，原系锦衣卫小旗，以缉捕功升试百户……补小旗。

张维傑

万历九年四月分，张维傑，年二十八岁，雄县人，系锦衣卫中所选退实授百户张衡长男。本舍合照例准替校尉一辈，以后停革。

曹应魁·正千户

内黄查有：曹完者都，辽阳人，洪武二十年归附，钦除济宁卫世袭百户，二十四年调新安卫左所，三十五年升本卫前所副千户，永乐二年钦与世袭。曹谅系曹完者都亲侄，伯永乐五年征交趾故，父曹者赤帖木儿永乐六年钦准袭职，调锦衣卫镇抚司带管，迤西公干回还，永乐十二年升本卫指挥佥事，又往和宁王等处公干回还，宣德三年升本卫指挥同知，复往和宁王等处公干回还，四年升都指挥佥事，故。[①] 谅正统二年袭授都指挥同知，仍于锦衣卫带支俸。[②]

一辈曹完者都，已载前黄。

二辈曹者赤帖木儿，旧选簿查有：永乐六年，曹者赤帖木儿，系新安卫左所副千户曹完即亲弟。兄原系百户，革除间升副千户，系止终本身。合袭百户，钦准袭升本卫副千户。

三辈曹谅，旧选簿查有：正统二年三月，曹谅，系锦衣卫带俸勇士都指挥佥事曹者赤帖木儿嫡长男。父原系指挥同知，后升前职，病故。钦准本人袭父原职指挥同知，与世袭，仍于原卫带俸。

四辈曹鑑，旧选簿查有：成化九年四月，曹鑑，年十五岁，辽阳人，系锦衣卫故带俸世袭指挥同知曹谅庶次男。有庶长兄曹贵患左脚残疾，不堪承袭，本人年幼，已与优给，今出幼袭职，待兄有男还与职事。

五辈曹恩，旧选簿查有：弘治八年八月，曹恩，辽阳人，系锦衣卫带俸世袭指挥同知曹鑑亲侄。伊父曹贵患残不堪承袭，已借与叔优给袭职，今患疾，本人改正替职，伊叔革闲。• 178 •

六辈曹恕，旧选簿查有：正统（德）七年六月，曹恕，辽阳人，系锦衣卫故革职带俸指挥同知曹恩亲弟。

七辈曹志，旧选簿查有：嘉靖十三年十月，曹志，年四十一岁，辽阳人，系锦衣卫带俸故绝指挥同知曹恕亲弟。查得内指挥同知一级系宣德元年公干升级，例不承袭，

---

① 《明宣宗实录》卷35，宣德三年正月庚寅，“迤北和宁王阿鲁台所遣都指挥把秃兀思荅里等陛辞，遣指挥曹者赤帖木儿与之偕行”；卷48，宣德三年十一月庚午“上以阿鲁台摅诚归化，遣曹者赤帖木儿等与多赤偕行……曹者赤帖木儿，初为锦衣卫带俸指挥佥事，至是升指挥同知以行”；卷59，宣德四年十月辛未，“升行在锦衣卫指挥同知曹者赤帖木儿为都指挥佥事，以使远夷劳也”；卷63，宣德五年二月丙戌，“迤北和宁王阿鲁台使臣阿都赤等陛辞，上嘉阿鲁台勤诚，遣都指挥曹者赤帖木儿赍敕同往”；卷78，宣德六年四月己未，“遣都指挥曹者赤帖木儿等往迤北赐和宁王阿鲁台盔甲袭衣”；卷81，宣德六年七月丁亥，“赐迤北和宁王阿鲁台使臣荅剌罕、赛亦的等彩币、绢布有差，仍遣都指挥佥事曹者赤帖木儿等赍敕及彩币往赐阿鲁台等，与之偕行”；卷86，宣德七年正月癸未，“赐迤北和宁王使臣也先帖木儿及兀者右卫头目首勒等彩币、表里、绢帛有差，仍遣都指挥佥事曹者赤帖木儿等赍敕及彩币、表里赐和宁王阿鲁台”。《明英宗实录》卷20，正统元年七月壬戌，“行在礼部奏，都指挥、指挥等官曹者赤帖木儿等二十二员相继卒，宜赐祭如例，从之”。

② 《明英宗实录》卷28，正统二年三月甲寅，“命故锦衣卫指挥同知曹者赤帖木儿子谅……俱袭职”。

本人照例革袭指挥佥事。

八辈曹应魁，旧选簿查有：嘉靖二十五年五月，曹应魁，年十四岁，辽阳县人，系锦衣卫故指挥佥事曹志嫡长男，照例与全俸优给，至嘉靖二十五年终住支。[①]

旧选簿查有：嘉靖二十六年二月，曹应魁，年十五岁，辽阳人，系锦衣卫带俸故指挥佥事曹志嫡长男，优给出幼袭职。伊高伯祖完者都以百户革除年间升副千户，高祖赤帖木儿永乐年间历升指挥佥事，宣德年间公干历升都指挥佥事，曾祖谅袭指挥同知，叔祖鑑，伯恩、恕沿袭，至父志已革宣德年间公干。所据副千户一级系革除年间所升例应减革，与本舍正千户，注中所。

九辈曹嗣德，万历十九年二月，曹嗣德，年一十六岁，辽阳人，系锦衣卫故都指挥佥事曹应魁……袭正千户，嘉靖四十一年中式武举，加升署指挥同知，万历十三年慈宁宫工完升指……都指挥佥事，十八年故。所据武举及管工升职俱不准袭，本舍合照例革袭原所正千［户］。

高应爵

年二十岁，涿州人，系锦衣卫故指挥同知高儒嫡长孙。查得本舍伊曾祖高得林，成化十六年等年以太监侄奏带节次斩首五颗，兼以缉捕功历升都指挥佥事。[②] 至伊祖高儒革袭副千户，又以缉捕功升指挥同知，嘉靖三十二年参发柳州卫充军，故。又查得见行事例，在京在外官旗军舍人等，但系例外奏带报功及称报効在各边各处，一人数处或一时而两三处报功，或并功升授官旗者，除原祖职役照旧，其余尽行查革。又查

---

① 《明档》本册第365页“曹应魁·署指挥佥事事正千户”选簿载：“辽阳县人，始祖曹完者，代八。”

② 《明武宗实录》卷18，正德元年十月癸丑，“都给事中艾洪等劾都指挥佥事高得林，以司礼监太监高凤之侄命管锦衣卫事，内外偏重，恐非国家之福，乞并赐罢黜，不从……”；卷29，正德二年八月丙申，“敕锦衣都指挥同知高得林掌本卫印并提督官校办事”；卷31，正德二年十月乙未，“锦衣卫都指挥同知高得林奏，本卫五所旗校及七所镇抚司士军数少，乞以户内余丁收充军役……上从之……盖自有收充之请而坐食之蠹日滋矣”；卷43，正德三年冬十月癸巳，“命锦衣卫掌卫事都指挥同知高得林兼管提督巡捕”；卷47，正德四年二月甲戌，“太监刘瑾传旨，升锦衣卫指挥高得林为后军都督府都督同知带俸”；卷69，正德五年十一月癸酉，“升都督同知高得林为右都督，管后府事。得林，太监凤侄也”。

得凡缉捕、传升等项职级不由军功，例应减革。今照本舍伊曾伯祖奏带获功升级，伊祖革袭副千户，缉捕功升指挥同知，俱例不准袭，相应照例革发。

［**陶继宗**］

万历九年八月，陶继宗，年二十四岁，蠡县人，系锦衣卫衣中所年老正千户陶福嫡长男。伊父以伊叔祖陶金原系内官监左少监，随驾有功，奉旨荫授锦衣卫衣中所世袭正千户，[①]今老。本舍照例与替正千户一辈，以后子孙照例查革，比中二等。• 179 •

［**高维岳**］

万历九年八月，高维岳，年二十五岁，文安县人，系锦衣卫衣中所年老正千户高大贤嫡长孙。伊祖以伊叔祖高相系尚衣监太监，随驾有功，奉旨荫授锦衣卫衣中所世袭正千户，今老。[②]父高福增患疾，不堪承袭。本舍照例与替正千户一辈，以后子孙照例查革，比中一等。

中所正千户一员·石斌

景泰元年固安、坝（霸）州功次查有：锦衣卫冠带总旗升百户石斌。

天顺元年东苗等处功次查有：锦衣卫实授百户升副千户石斌。

天顺七年钦升查有：贵州东苗地方杀贼获功升一级，锦衣卫副千户升正千户石斌。

弘治十二年二月，石赟，遵化县人，系锦衣卫中所正千户石斌嫡长男，钦与世袭。

正德五年六月，石鼎，遵化县人，系锦衣卫中所带俸正千户石赟嫡长男。伊祖石斌正统十四年自备鞍马冠带，后历功升前职，本人照例革与副千户。

嘉靖六年二月，石鸾，年十五岁，遵化县人，系锦衣卫中所故副千户石鼎嫡长男。

① 《明穆宗实录》卷 4，隆庆元年二月辛丑，“上加恩内臣……陶金……各荫弟侄一人锦衣卫正千户……俱世袭”。

② 《明穆宗实录》卷 4，隆庆元年二月辛丑，“上加恩内臣……高相……各荫弟侄一人锦衣卫正千户……俱世袭”。

伊曾祖斌以舍人正统十四年报効，景泰元年历升百户，天顺元年、七年获功二级升正千户。祖石赟袭，故。父鼎袭，革副千户。本人年幼，革实授百户俸优给，今照例凡正统十四年、景泰元、二、三年报効越升减革者，子孙袭替，本人该改正袭祖职正千户。

万历四年二月，石清，年六岁，遵化县人，系锦衣卫中所年老正千户石清（鸾）庶长男，照例与全俸优给，至万历十二年终住支。

万历十三年四月，石清，年十五岁，遵化县人，系锦衣卫中所年老带俸正千户石鸾庶长男，出幼袭职，比中三等。

石一魁，万历四十二年十一月，大选过锦衣卫右所正千户一员石一魁，年二十四岁，系故正千户石清嫡长男，比中二等。

又一员·吴钺

正德二年三月，吴钺，年三十四岁，博白县人，原系锦衣卫衣中所冠带舍人，广西平、宁二处获功升冠·180·带总旗、实授百户，宁夏堡获功重升实授百户，改正副千户，又兴水县等处获功一级册开冠带总旗，又重升实授百户，今改（照）例改正升正千户。

又一员·马循

嘉靖四年二月，马循，年三十七岁，南皮县人，系锦衣卫衣中所旗节司带俸实授百户，系……［带］俸指挥佥事马良亲弟。伊兄系宜兴大长公主长男，传升百户，乞升世袭指挥佥事……实授百户，奏复原职，今病故，无儿男。[①] 循系亲弟，保送袭职。缘伊兄指挥佥事……功所升，例难承袭，但奉钦依有“世袭”字样，所据马循应否承

① 《明宪宗实录》卷285，成化二十二年十二月戊戌，“太监韦泰传奉圣旨：锦衣卫……马良升锦衣卫带俸百户……皆公主子也”。《明孝宗实录》卷54，弘治四年八月壬申，“升锦衣卫百户马良为本卫正千户。良，宜兴大长公主子也”。《明世宗实录》卷36，嘉靖三年二月庚戌，“诏给锦衣卫指挥佥事马良祭葬。良，宜兴大长公主子，故特给之，不为例”；卷39，嘉靖三年五月乙酉，“赐锦衣卫世袭指挥佥事马良祭葬。良，宜兴大长公主嫡子也”。

袭伊兄职事，伏……奉钦依“马循准袭授本卫正千户”。[①]

又一员·高迁

正统十四年四月，高辅，系锦衣卫中所故正千户高祥庶长男，钦与世袭。

正统十四年十月，高亮，系锦衣卫中所征进未回正千户高辅亲弟。兄有嫡长男高五十，年四岁，不堪承袭；本人借职，待长成还与职事。

天顺四年二月，高镛，幼名五十，年十五岁，宛平县人，系锦衣卫中所失陷世袭正千户高辅嫡长男。先因年幼，亲叔高亮借职，病故。已与本人优给，今出幼袭职。

成化二十二年四月，高林，年十五岁，宛平县人，系锦衣卫中所故世袭正千户高镛嫡长男。

嘉靖三十九年二月，高炜，年十八岁，宛平县人，系锦衣卫中所故正千户高松嫡长男。

万历十六年十月，高迁，年二十岁，宛平县人，系锦衣卫中所风疾正千户高炜嫡长男，比中三等。[②]

又一员·蒋世卫·181·

正德十二年五月，蒋世卫，年四十九岁，澧州人，原系锦衣卫衣中所冠带舍人，南皮获功升冠带总旗，江西获功升实授百户，又时源获功改正副千户，未升之先青县获功一级，册开冠带舍人，重升冠带总旗，今照例改正升正千户。

又一员·秦文

正德十二年十月，秦文，年三十九岁，定远县人。原系锦衣卫衣中所戈戟司冠带

---

① 《明武宗实录》卷70，正德五年十二月戊申，“复原任锦衣卫指挥同知……为（马）良……百户马循……职……皆公主子，以诏例递降级。至是，奏乞复原职，许之”。《明世宗实录》卷53，嘉靖四年七月辛巳，“……锦衣卫正千户马循乞袭其兄良本卫指挥佥事职，从之。循，宣兴大长公主次男也”。

② 该选簿所载梗概，又见《明档》本册第184页“高声远·正千户”选簿。

舍人，功升冠带总旗，四川、江西获功重升实授百户，改正加升副千户，未升之先又延绥获功一级，重升前职，今照例改正升正千户。

又一员·蔡勋

天顺四年五月，蔡斌，密云县人，系锦衣卫锦衣中所世袭正千户蔡英嫡长男。[①]

成化十三年二月，蔡绅，密云县人，系锦衣卫锦衣中所故世袭正千户蔡斌嫡长男。

正德十一年六月，蔡勋，年三十二岁，密云县人，系锦衣卫锦衣右所正千户蔡绅嫡长男。

又一员·符驯

嘉靖三十三年十月，符驯，宜兴县人，系锦衣卫中所故绝正千户符昇亲侄。

年远事故正千户一员·王钦

成化二十年十二月，王钦，年十六岁，束鹿县人。成化二十年十一月十六日，该嘉善长公主奏奉圣旨"王钦与做锦衣卫百户，带俸，后不为例，兵部知道，钦此"，钦遵，当将王钦注本卫锦衣中所斧钺司带俸。[②]

弘治五年六月，王钦，年二十二岁，束鹿县人，系锦衣卫锦衣中所百户，升本所正千户。[③]

---

① 《明英宗实录》卷281，天顺元年八月庚子，"命……锦衣卫千户……蔡英……俱升一级，子孙世袭……乃故太监……蔡玉……侄"。

② 《明宪宗实录》卷285，成化二十二年十二月戊戌，"太监韦泰传奉圣旨：锦衣卫百户王钦……升副千户……皆公主子也"。《明孝宗实录》卷31，弘治二年十月己丑，"驸马都尉王增卒。增，直隶束鹿县人，靖远伯兵部尚书骥之孙，选尚嘉善大长公主，至是卒。辍朝一日，赐祭葬如例。子钦、铭俱为锦衣卫千户"。《明武宗实录》卷28，正德二年七月辛亥，"锦衣卫……正千户王钦……各求复原职……下兵部议，不可。诏俱允之，不为例"。

③ 此选簿所载王钦履历，又见《明档》本册第339页"王鼎·指挥佥事"选簿贴黄。

又一员・班霖・182・

弘治二年八月，班震，蔚州人，系锦衣卫锦衣中所功升正千户班福广嫡长男。

弘治九年五月，班霖，蔚州人，系锦衣卫锦衣中所故世袭正千户班震亲弟。①

又一员・高仁

弘治十八年十一月，高仁，宛平县人，系锦衣卫中所世袭正千户高淋嫡长男。

又一员・詹琮

弘治三年九月，詹琮，年十九岁，辽阳人，系锦衣卫中所带俸故正千户詹璟亲弟。

又一员・李晖

永乐二十二年二月，李晖，年十八岁，系锦衣卫锦衣中所为事立功故世袭正千户李旭亲弟。

又一员・任瑄

正统十四年九月，任瑄，系锦衣卫锦衣中所征进未［回］正千户任忠嫡长男。

［王庆府］

万历九年二月分，王庆府，年十五岁，永清县人，系锦［衣卫衣］中所故实授百户王勋［庶］长男。伊父王勋投充大汉将军，自嘉靖三十四年补缺［为始，至］万历七年

① 《明武宗实录》卷5，弘治十八年九月壬午，“兵部奉诏查武官冗食之应裁革者……千户班霖、班钺，其陈乞管事与李旻等同，似应免裁革，皆从之”。

身［故］，计……二十四年，据例二十年以上者许替校尉一辈，本舍合照……校尉……

［郝邦点］

万历九年二月分，郝邦点，年十七岁，沈阳右卫人，系锦衣卫中……郝权，投充大汉将军，隆庆四年补缺为始，至万历六年身……例该授力士一辈，本舍合照例替力士，以后停革。•183•

［张暹］

万历九年二月，张暹，年三十一岁，天津左卫人，系锦衣卫中所选退实授百户张实长男。伊父……为始，至万历八年终止，计効劳十年，例该替力士一辈，本舍合照例替充力士一辈……

冯邦定·实授百户

一辈冯邦定，万历九年二月，冯定邦，年十六岁，深州人，系锦衣卫衣中所斧钺司优给实授百户。伊叔冯保，万历元年十二月总督……节奉圣旨“荫他弟侄一人与做锦衣卫百户，钦此”，续于万历三年十二月内，本部覆奉钦依，将邦定……［锦］衣卫衣中所实授百户俸优给，候年十六岁出幼供职。今出幼，复保前来，合照旧袭实［授百户］。①

高声远·正千户

选簿查有：正统十四年四月，高辅，系锦衣卫中所故正千户高祥庶长男，钦与世袭。正统十四年十月，高亮，系锦衣卫中所征进未回正千户高辅亲弟，兄有嫡长男高五十，年四岁，不堪承袭，本人借职，待长成还与职事。天顺四年二月，高镛幼名

---

① 《明神宗实录》卷45，万历三年十二月壬申，“总督东厂司礼监太监冯保汇奏三年缉获功次，奉旨：‘冯保提督官较缉访有功，荫他弟侄一人与做锦衣卫百户。’”。

五十，年十五岁，宛平县人，系锦衣卫中所失陷世袭正千户高辅嫡长男。先因年幼，亲叔高亮借职，病故；已与本人优给，今出幼袭职。成化二十二年四月，高林，年十五岁，宛平县人，系锦衣卫中所故世袭正千户高镛嫡长男。嘉靖三十九年二月，高炜，年十八岁，宛平县人，系锦衣卫中所故正千户高松嫡长男。万历十六年十月，高迁，年二十岁，宛平县人，系锦衣卫中所风疾正千户高炜嫡长男，比中三等。①

高声远，万历四十五年五月，大选过锦衣卫中所正千户一员高声远，年二十岁，系故正千户高迁嫡长男，比中一等。• 184 •

王应选 • 署正千户

崇祯十五年十月，大选过锦衣卫右所副千户一员王应选，年十六岁，系故副千户王承志嫡长男，年幼记比，候年二十即与停俸，起送比试。

重桥路 • 副千户

外黄查有：重友，济宁州人。父重恩，吴元年从军，洪武四年调济州卫，残疾。友户名不动代役，三十二年郑村坝升小旗，三十三年取蔚州升总旗，三十四年夹河获功升百户，三十五年克东阿等处功升西安左卫后所副千户，钦与世袭。

一辈重恩，已载前黄。

二辈重友，已载前黄。

三辈重祥，旧选簿查有：永乐八年十月，重祥，系西安左卫后所故副千户重［友］亲弟，敬准袭授世袭副千户。

四辈重斌，旧选簿查有：正统八年七月，重斌，旧名陆石，系西安左卫后所故世袭副千户重友嫡长男。本人怀孕未生，亲叔重祥袭职，续生本人，今长成，退还职事，钦准本人袭职，伊叔革闲。

五辈重喜，旧选簿查有：成化二年闰三月，重喜，济宁州人，系西安左卫后所故世袭副千户重斌嫡长男。

---

① 该选簿所载梗概，又见《明档》本册第181页“又一员 • 高迁”选簿各选条。

六辈重桥路，旧选簿查有：正德十六年二月，重桥路，济宁州人，系锦衣卫衣中所故正千户重喜庶长男。伊父原袭副千户，弘治十四年白鼸滩功升署正千户，遇例实授。本人先已革去遇例一级，与署正千户支副千户俸优给，今照白鼸滩功仍该减革，本人出幼，照例袭祖职副千户。

七辈重春，万历元年十月，重春，年三十七岁，济宁州人，系济州卫左所带俸故副千户重胤亲侄。• 185 •

王天祥 • 实授百户

贴黄查有：万历五年十二月，王天祥，年六十四岁，系锦衣卫衣中所銮舆司带俸实授百户，建州人。祖王忠由舍人宣德元年随驾征进武定州等处有功，做锦衣卫正千户，十年三岔河斩首有功升指挥佥事，本年镇虏黑山儿等处生擒达贼一名脱脱木儿，正统三年征哨胡寇至梧桐林，生擒达贼一名乃英火者，又亦集等处斩首一级，本年升指挥同知，十四年至土木阵亡。王亮袭，比，天顺五年四牌楼杀贼有功升指挥使，带俸，老，无嗣。王辉系侄，替，比，故。天祥系男，袭，与实授百户优给，比，带俸实授百户。

一辈王忠。

二辈王亮。①

三辈王辉。

四辈王天祥。

五辈王世贤，万历七年十月，王世贤，年三十一岁，建州人，系锦衣卫锦衣中所銮舆司故带俸实授百户王天祥嫡长男，比中二等。

六辈王三锡，万历四十七年十二月补十月分，大选过锦衣卫衣中所銮舆司带俸实授百户一员王三锡，年十六岁，系故带俸实授百户王世贤嫡长男，比中三等。

① 《明英宗实录》卷183，正统十四年九月癸卯，“命故……锦衣卫指挥同知王忠子亮……俱袭职”；卷295，天顺二年九月己酉，“调锦衣卫带俸指挥使王亮于南京锦衣卫管事”。

叶世仍

万历三十年六月，大选过锦衣卫指挥同知一员叶世仍，年十六岁，归善县人，出幼袭职，比中一等。①

崇祯五年正月补四年十二月分，大选过锦衣卫衣中所指挥同知优给舍人一员（名）叶维城，年十四岁，系故指挥同知叶世仍亲男。查无违碍，准以指挥同知全俸优给，扣至崇祯五年终住支。• 186 •

陶师辅 • 副千户

外黄查有：陶盛，华亭县人。父陶源，洪武二十一年充锦衣卫力士，病故。叔陶忠补役，永乐二十一年选充将军，正统九年老。盛系亲侄，代役，为身力不及充总甲，天顺元年征进迤西，二年西平口、镇番红崖子、永昌滑石口、金川寺等处节次擒斩达贼有功，成化二年征进荆襄柏枝头、屹兜坡擒斩蛮贼四名颗，三年升总旗，本年征进贵州等处，攻破大冗塘、德宋洞、引栖箐等寨，节次斩首五颗，四年升试百户。

一辈陶盛，已载前黄。

二辈陶淳，旧选簿查有：成化十五年八月，陶淳，华亭县人，系锦衣卫中所擎盖司试百户陶盛嫡长男。副千户功次，已载三辈下。

三辈陶淮，旧选簿查有：嘉靖十六年十二月，陶淮，年五十二岁，系锦衣卫衣中所故纳级指挥使陶淳亲弟。伊父盛功升试百户，兄淳替，遇例实授，磨石口擒拿强盗

① 《明神宗实录》卷259，万历二十一年四月丁亥，"叙平宁夏功，升经略叶梦熊……俱一级，荫一子锦衣卫指挥同知等官，世袭"；卷290，万历二十三年十月甲子，"行甘州斩虏赏，原任总督叶梦熊加太子太保，于原荫加一级……"；卷297，万历二十四年五月辛卯，"兵部覆，原任总督叶梦熊男叶世仍加锦衣卫指挥同知……世袭……俱报可"；卷432，万历三十五年四月乙未，"以宁夏功，加前太子太保南京工部尚书叶梦熊荫子于原职上量升一级，从其子锦衣卫指挥佥事叶世仍之请也"。《明熹宗实录》卷5，天启元年正月辛丑，"兵部覆五府及各营卫自陈不职诸臣……南镇抚司指挥同知叶世仍，俱革任，从之"。

升署副千户，比例实授，侄钦获功一级，并升正千户。[①]已革遇例，授副千户，理刑升正千户，纳级前职。所据擒拿强盗及并功、理刑、纳级俱应减革，与试百户，又加本人续立军功二级，准袭副千户。

四辈陶师辅，旧选簿查有：陶师辅，年一十六岁，系锦衣卫衣中所故副千户陶淮庶长男……已调腾骧左卫中所。

陈为稷

天启三年二月，大选过锦衣卫衣中所副千户一员陈为稷，年二十七岁，系故副千户陈平昭庶长男，比中二等。

张懋忠・副千户・187・

万历七年二月，张懋忠，年十五岁，肥乡县人，系锦衣卫衣中所优给副千户。伊祖张学颜原任辽东巡抚，万历三年擒获酋首王杲，斩首一千一百四颗。该本题奉明旨：荫一子锦衣卫世袭百户。应该伊父张承祚承荫，见系生员，不愿荫授，将本舍于本年以世袭百户俸优给。又于万历六年开原……斩首四百三十五颗，题奉明旨：于原荫世袭百户上升世袭一级，与做世袭副千户俸优给。[②]今出幼，[照]旧荫副千户。[③]

---

① 《明世宗实录》卷34，嘉靖二年十二月辛酉，"始锦衣卫副千户陶淳在东厂理刑，坐受赇考迫人致死罪当谪戍。淳妄讼营脱，诏覆案改拟立功，又覆案改拟带俸，科道官郑一鹏、李东等各上疏……因自劾求退，上慰留之"。

② 《明神宗实录》卷72，万历六年二月戊申，"录辽东大捷功……巡抚张学颜各赏银八十两……学颜男原荫武职升一级，世袭"。

③ 《明神宗实录》卷299，万历二十四年七月乙酉，"差……锦衣卫佥书张懋忠于真保蓟永等处开采样沙进览"；卷343，万历二十八年正月戊辰，"赠原任太子太保兵部尚书张学颜少保荫一子入监读书，从其孙张懋忠请也"；卷347，万历二十八年五月戊申，"真保开矿指挥张懋忠敬陈开采事宜……不报"；卷358，万历二十九年四月是月，"真保开矿指挥张懋忠进银内库矿银三千三百两"；卷501，万历四十年十一月辛卯，"兵部以考选军政……都指挥使张懋忠纵恣不简，宜革去佥书管事，以原官回所支俸……俱从之"；卷576，万历四十六年十一月壬寅，"经略杨镐奏请……起……张懋忠为金海之间督运，以资弹压"。《明熹宗实录》卷10，天启元年五月辛亥，"铸'真顺广大'募兵关防给锦

杨文泰

堂稿查得：大学士杨廷和曾孙杨宗吾奏要补荫锦衣卫指挥使一节，本部先年令该司曾遇回禄，卷查无存，随经移咨吏、礼二部备查，称事涉远年，无卷可查。止据杨宗吾持有本部先年原给印信咨文可据为照。原任大学士杨廷和以忠义自许之心，当凶奸怖烈之日，首定大策，迎立世宗皇帝入继大统，中外乂安，功在社稷，荷蒙世宗皇帝敕封伯爵，廷和屡疏恳辞。该吏部等衙门会题，奉旨“仍廕锦衣卫指挥使，永远世袭”，向来未经荫授。今伊曾孙杨宗吾奏要补荫，查据邦政条例，文武官员非系军功不得荫授世袭。廷和虽未建有征剿军功，然能计擒逆贼江彬，潜消祸本，较之焦头烂额者，厥功尤伟。及查前项恩荫在嘉靖三年，距今已六十余年，宗吾方行奏补，年限虽属太远。查得伊祖杨慎任翰林院修撰；伊父杨同仁委有疯瘫痼疾，中年身故；宗吾尚未出幼，日久不荫亦非无因。切惟春秋叔向之微劳宥且十世，本朝封拜之□典章，擒反为先，廷和擒逆定策，功近叔向，生封之命，屡疏不居。先帝登极之初，追念功勋，一切官职恤典靡不从优，谥之曰“忠”，公论可见。伯爵既辞于生前，武荫宜及于身后，且奉有世宗皇帝特旨，似与寻常恩荫不同。但锦衣为侍从清班，世袭为报功殊典，恳否准其补荫，恩典出自朝廷，臣等未敢擅拟，伏乞圣明裁定，等因。万历十四年八月二十六日，本部尚书张等具题，二十八日奉圣旨“杨廷和既擒逆定策有功，伊曾孙与做指挥佥事，世袭，钦此”。①

万历四十五年八月，大选过锦衣卫衣中所世袭指挥佥事优给舍人一名杨文泰，年九岁，系故指挥佥事杨宗吾庶长男亲男，准以前职全俸优给，扣至五十年终住支。

衣卫指挥使张懋忠”；卷17，天启元年十二月丙戌，“以皇祖陵工升……都指挥使张懋忠都督佥事，仍添注南镇抚司佥书”；卷26，天启二年九月戊申，“造提督团练入卫官军关防给锦衣卫左都督张懋忠”；卷42，天启三年十二月丙申，“以皇子大庆加恩……张懋忠升右都督……俱堂上佥书管事”。

① 《明神宗实录》卷177，万历十四年八月庚寅，“已故大学士杨廷和曾孙杨宗吾奏请补荫，上命准与锦衣卫指挥佥事，世袭”；卷299，万历二十四年七月丙戌，“差镇抚佥书杨宗吾往河南开矿”；卷301，万历二十八年闰八月癸酉，“给河南开采关防，从锦衣卫指挥杨宗吾请也”；卷360，万历二十九年六月是月，“河南矿务指挥杨宗吾进银内库廪饩银六百两、矿银六千一百四十二两”；卷501，万历四十年十一月辛卯，“兵部以考选军政……南镇抚司……指挥……佥事杨宗吾应留……俱从之”；卷557，万历四十五年五月庚辰，“兵部奏查万历四十三年举行大计……南镇抚司佥书杨宗吾……敕令……俱各革任闲住，庶黜陟明而军政清矣”。

崇祯元年六月，大选过锦衣卫衣中所指挥佥事一员杨文泰，年十九岁，系故指挥佥事杨宗吾庶长男，优给出幼前来，查无诸碍，准袭指挥佥事，比中三等。·188·

叶世勳·副千户

外黄查有：叶凤仪，景宁县人，原系锦衣卫冠带舍人，弘治十五年沈阳等处斩首一颗升冠带总旗，十六年开原亮子河斩首一颗，十七年铁岭卫抚安堡斩首一颗，十八年以开原功升实授百户，六月以铁岭卫功升副千户，七月辽阳东州堡斩首一颗，正德二年升正千户，五年征进宁夏擒获反贼功升指挥佥事，六年山东等处剿杀流贼功升指挥同知，本年彰德府等处斩获流贼首级四十颗升指挥使。

一辈叶凤仪，已载前黄。

二辈叶天麒，零选簿查有：叶天麒，景宁县人，系锦衣卫故带俸指挥佥事叶凤仪嫡长男。伊父原系舍人，广宁获功一级升小旗，遇例冠带，又历功四级越升正千户，又违例奏带宁夏等处报功历升指挥使，推升署都指挥佥事[①]，正德十六年遇诏查革副千户，嘉靖六年奉诏查复指挥佥事，故。缘违例及冠带、越升并推升职级俱例该减革，扣有该袭军功五级，本人与袭副千户，注原中所。

三辈叶世勳，零选簿查有：叶世勳，年八岁，景宁县人，系锦衣卫衣中所故副千户叶天麒嫡次男，照例与全俸优给，至嘉靖二十五年终住支。

四辈叶栋，万历五年十月，叶栋，年二十三岁，景宁县人，系锦衣卫衣中所副千户今患疾叶世勳嫡长男，比中二等。

五辈叶栽杨，万历三十八年十月大选过锦衣卫衣中所副千户一员叶栽杨，年二十三岁，系故副千户叶栋嫡长男，比中二等。

王遇

万历十四年二月，王遇，年二十二岁，德安县人，系锦衣卫衣中所年老署指挥佥

---

① 《明武宗实录》卷90，正德七年七月庚子，“升锦衣卫指挥同知叶凤仪为署都指挥佥事，守备山海关”；卷118，正德九年十一月癸未，“命锦衣卫署都指挥佥事叶凤仪充右参将，镇守密云等处地方”；卷177，正德十四年八月丙寅，“命锦衣卫署都指挥佥事叶凤仪充右参将，分守燕河营等处地方”。

事王之化嫡长男。伊父原袭祖职副千户，嘉靖三十五年中式武举加升署指挥佥事，隆庆二等年历推南镇抚司并本卫堂上佥书，今老疾。[①] 所据伊父武举并推升流官例不准替，本舍合照例革替祖职副千户，比中二等。

王弘惠，天启元年正月补泰昌元年十二月，大选过锦衣卫衣中所副千户一员王弘惠，年二十岁，系故副千户王遇嫡长男，比中二等。• 189 •

尹相 · 副千户

缺。

一辈尹昇，缺。

二辈尹僳，旧选簿查有：洪武二十四年三月，尹僳，系岳州卫左所功升世袭百户尹昇〈系〉嫡长男。父年老征伤告替。副千户功次。

三辈尹亢，旧选簿查有：永乐六年六月，尹亢，系雷州卫左所为事充军故世袭副千户尹僳嫡长男。

四辈尹翼，旧选簿查有：正统八年三月，尹翼，系锦衣卫衣中所故世袭副千户尹亢亲弟。

五辈尹诚，旧选簿查有：天顺四年十二月，尹诚，汶上县人，系锦衣卫衣中所故世袭副千户尹翼嫡长男。

六辈尹镇，旧选簿查有：弘治四年三月，尹镇，汶上县人，系锦衣卫衣中所故世袭副千户尹诚嫡长男。

七辈尹治，旧选簿查有：正德七年十月，尹治，汶上县人，系锦衣卫锦衣中所故世袭副千户尹镇嫡长男。

八辈尹相，旧选簿查有：嘉靖五年十月，尹相，年十八岁，汶上县人，系锦衣卫锦衣中所故世袭副千户尹治嫡长男。

九辈尹斌，缺。

十辈尹国泰，万历十九年四月，尹国泰，年二十七岁，汶上县人，系锦衣卫衣中

---

① 《明穆宗实录》卷 53，隆庆五年正月庚辰，“命锦衣卫……署指挥佥事王之化佥书本卫事”。《明神宗实录》卷 45，万历三年十二月癸酉，“兵科等科裴应章等、湖广等道御史王晓等以军政纠……锦衣卫佥书王之化等宜革任闲住，疏下兵部”。

所患疾副千户尹斌嫡长男，比中一等。

十一辈尹天锡，万历四十五年八月，大选过锦衣卫衣中所副千户优给舍人一名尹天锡，年十二岁，系故副千户尹国泰嫡次男，照例与全俸优给，至四十七年终住支。待伊兄娶妻生子，照例退还。

万历四十八年四月，大选过锦衣卫衣中所副千户一员尹天锡，年十五岁，出幼袭职。俟兄疾痊、有子退还，比中三等。• 190 •

姚国道 • 副千户

内黄查有：姚福岩，新城县人。有兄姚政，洪武三十四年充军，除前仪卫司典仗，三十五年渡淮，扬州病故，别无儿男。福岩系庶弟，永乐四年敬袭世袭百户，拨锦衣卫镇抚司带管。因兄灵璧头功未升，本年闰七月敬升锦衣卫中所世袭百户。

一辈姚政，已载前黄。

二辈姚福岩，已载前黄。

三辈姚祥，旧选簿查有：正统八年五月，姚祥，系锦衣卫锦衣中所世袭副千户姚福岩嫡长男。[①]

四辈姚让，旧选簿查有：姚让替职，患疯瘫疾。

五辈姚良佐，旧选簿查有：姚良佐，系姚祥嫡长孙。伊祖年老，父姚让替职，患疯瘫疾，良佐系嫡长男，于弘治十一年十二月替授锦衣卫衣中所世袭副千户。

六辈姚良弼，旧选簿查有：嘉靖二十年六月，姚良弼，新城县人，系锦衣卫衣中所故副千户姚良佐亲弟。

七辈姚国道，旧选簿查有：嘉靖三十六年十月，姚国道，年二十五岁，新城县人，系锦衣卫中所年老副千户姚良弼嫡长男。

八辈姚一麟，万历十九年四月，姚一麟，年十五岁，新城县人，系锦衣卫衣中所患疾副千户姚国道嫡长男，比中二等。

九辈姚永宁，崇祯元年九月补八月分，大选过锦衣卫衣中所副千户一员姚永宁，年十五岁，系故副千户姚一麟嫡长男，比中二等。

---

① 《明宪宗实录》卷14，成化元年二月丙戌，“升锦衣卫副千户姚祥为卫镇抚”。

刘澍·副千户

外黄查有：刘和，新城县人，洪武三十四年平定京师升小旗，永乐九年擒番王升锦衣卫左所试百户。刘全系刘和嫡长男，父永乐十三年下西洋回还升实授百户，复下西洋病故。全十八年袭世袭百户，洪熙元年调本卫〈本卫〉驯象所，正统十四年德胜门外杀贼有功，景泰元年［升本］卫所副千户。•191•

一辈刘和，已载前黄。

二辈刘全，已载前黄。

三辈刘斌，旧选簿查有：天顺七年五月，刘斌，保定府新城县人，系锦衣卫锦衣中所副千户刘全嫡长男。

四辈刘麟，旧选簿查有：成化十五年八月，刘麟，新城县人，系锦衣卫锦衣中所世袭副千户刘斌嫡长男。

五辈刘清，旧选簿查有：嘉靖十九年十二月，刘清，新城县人，系锦衣卫衣中所年老副千户刘麟次亲男。

六辈刘祉，旧选簿查有：嘉靖二十三年六月，刘祉，新城县人，系锦衣卫衣中所故副千户刘清亲叔。

七辈刘澍，旧选簿查有：嘉靖三十三年八月，刘澍，新城县人，系锦衣卫衣中所故副千户刘祉嫡长男。

八辈刘江，万历四年十月，刘江，年四十七岁，新城县人，系锦衣卫衣中所故副千户刘澍亲弟。

九辈刘澄，万历八年四月，刘澄，年三十六岁，新城县人，系锦衣卫衣中所故副千户刘江亲弟，比中三等。

十辈刘雄，万历三十二年九月，单本选过锦衣卫衣中所实授百户一员刘雄，年四十二岁，系故副千户刘澄堂弟。查五辈未袭，已当从降，而正统年骑象杀贼一功亦无确据，本舍准减袭实授百户，比中三等。

十一辈刘永禄，万历四十三年十月，大选过锦衣卫衣中所实授百户一员刘永禄，年十五岁，系老实授百户刘雄嫡长男，年幼记比，候年二十岁起送补比。

杨应元·副千户

外黄查有：杨敬皋，阳信县人。兄杨恕，吴元年归附从军，洪武三十一年故。敬皋补役，三十三年攻济南升小旗，三十四年西水寨升总旗，三十五年克金川门升金吾前卫右所副千户。

一辈杨敬皋，已载前黄。

二辈杨荣，旧选簿查有：永乐十五年，杨荣，系金吾前卫右所世袭副千户杨敬皋嫡长男。• 192 •

三辈杨玉，旧选簿查有：景泰二年，杨玉，系金吾前卫右所世袭副千户杨荣嫡长男。

四辈杨谨，缺。[①]

五辈杨锐，旧选簿查有：嘉靖二十三年十二月，兵部为钦奉圣谕事，先该本部题，近该科道题准案呈到部，看得杨锐委有祖职军功五级相应存留，其千户、指挥佥事二级系皇亲升授，冒袭二辈，例应减革，扣存军功五级，准与本官祖职副千户，于本所查照施行，仍将原旧职开除。[②]

六辈杨凤翔，旧选簿查有：嘉靖二十五年四月，杨凤翔，阳信县人，系锦衣卫衣中所故世袭副千户杨锐嫡长男。祖杨敬皋洪武二十五年功升副千户，沿袭，照旧副千户。

七辈杨应元，旧选簿查有：嘉靖三十四年十一月，杨应元，年十三岁，阳信县人，系锦衣卫衣中所故副千户杨凤翔嫡长男，照例与全俸优给，至嘉靖三十六年终住支。

旧选簿查有：嘉靖三十七年八月，杨应元，年十六岁，阳信县人，系锦衣卫衣中所带俸故副千户杨凤翔嫡长男，优给出幼袭职，照旧副千户。

八辈杨永寿，万历三十八年十月，大选过锦衣卫衣中所副千户一员杨永寿，年三十七岁，系故副千户杨应元嫡长男，比中三等。

九辈杨茂春，天启二年八月，大选过锦衣卫衣中所副千户一员杨茂春，年十六岁，

---

① 《明孝宗实录》卷185，弘治十五年三月乙酉，“升泾王母恭妃杨氏之兄锦衣卫千户杨谨为指挥佥事，弟杨谦为所镇抚，从王请也”。《明武宗实录》卷28，正德二年七月辛未，“锦衣卫千户杨瑾（谨）求复指挥佥事，并其弟谦原任镇抚，诏皆允之。谨，宪庙恭妃兄也”。

② 《明世宗实录》卷1，正德十六年四月丙午，“升锦衣卫正千户杨锐为本卫指挥佥事。锐，泾王祐榉生母恭妃侄也。泾王以请，故允之”。

系故副千户杨永寿亲男，比中三等。

许大成·副千户

缺。

一辈许闰达，小旗功次，查。总旗功次，查。百户功次，查。副千户功次，查。

二辈许忠，旧选簿查有：成化十三年十二月，许忠，萍乡县人，系锦衣卫锦衣中所副千户许闰达嫡长男，钦与世袭。

三辈许鳌，旧选簿查有：正德四年十二月，许鳌，年十八岁，萍乡县人，系锦衣卫锦衣中所年老副千户许忠庶长男。伊祖许闰达以舍人遇例冠带，历功升前职，父沿袭，今本舍照例革替实授百户。• 193 •

四辈许鲸，旧选簿查有：嘉靖二年三月，许鲸，年十六岁，萍乡县人，系锦衣卫衣中所擎盖司故绝百户许鳌亲弟。伊祖闰达以冠带舍人景泰元年越升百户，铜鼓功升副千户，沿袭。本人例前已革与试百户俸优给，今出幼，照例与袭副千户。

五辈许缙，旧选簿查有：嘉靖三十七年八月，许缙，萍乡县人，系锦衣卫锦衣中所故副千户许鲸嫡长男。

六辈许大成，旧选簿查有：隆庆二年四月，许大成，年十九岁，系锦衣卫衣中所带俸副千户许缙嫡长男。

七辈许迁，天启四年六月，大选过锦衣卫衣中所副千户一员许迁，年五十岁，系老副千户许大成嫡长男，比中一等。

八辈许嘉胤，崇祯八年正月补七年十二月，大选过锦衣卫衣中所副千户一员许嘉胤，年三十二岁，系故副千户许迁嫡长男，比中一等。

梁武·副千户

内黄查有：梁骥，余干县人，系锦衣卫镇抚司军，正统十四年十月十三日德胜门杀贼，二十三日固安杨宣务杀贼，十一月初一日坝（霸）州苑家口杀贼，景泰元年以德胜门功升冠带小旗，三月大同北门外雷公山石佛寺杀贼，六月以固安功升冠带总旗，七月初九日以北门重升冠带小旗，三年照例改升实授百户，调留守右卫，七年征湖广鬼板等寨，天顺元年仍调锦衣卫镇抚司，十月以湖广共获三十九次、斩首三颗升副千户。

一辈梁骥，已载前黄。

二辈梁玺，旧选簿查有：成化十三年十月，梁玺，余干县人，系锦衣卫中所副千户梁骥亲侄，钦与世袭。

三辈梁铎，旧选簿查有：正德四年二月，梁铎，余干县人，系锦衣卫中所老疾世袭副千户梁玺嫡长男。

四辈梁武，旧选簿查有：嘉靖二十三年十月，梁武，余干县人，系锦衣卫中所年老副千户梁铎嫡长男。

五辈梁守仁，万历十八年八月，梁守仁，年二十一岁，系锦衣卫亲军所年老副千户梁臣嫡长孙，比中一等。

六辈梁元福，天启三年四月，大选过锦衣卫亲军所副千户一员梁元福，年三十一岁，系故副千户梁守仁嫡长男，比中二等。· 194 ·

马化龙 · 副千户

马继祖，年十一岁，大同县人，系锦衣卫中所故副千户马化龙嫡长男，照例与全俸优给，至崇祯八年终住支。

马继祖，崇祯九年二月，大选过锦衣卫中所副千户一员马继祖，年十六岁，出幼袭职，年幼记比，候年二十即与停俸，起送再比。

刘文忠 · 副千户

外黄查有：刘［注］，坝（霸）州人，洪武四年蒙本州选充仪卫司典仗，当［年］选充小旗，八月选充总旗……土墓。

一辈刘注，已载前黄。

二辈刘润，旧选簿查有：永乐十一年五月，刘闰，系北京锦衣卫中所副千户刘注庶长男。父为老疾，钦……副千户。

三辈刘瑛，旧选簿查有：正统六年四月，刘瑛，系锦衣卫中所副千户刘润庶长男。

四辈刘僳，旧选簿查有：成化十二年十一月，刘僳，坝（霸）州人，系锦衣卫锦衣中所世袭副千户刘瑛嫡长男。

五辈刘承勋，缺。

六辈刘承恩，缺。

七辈刘文忠，旧选簿查有：嘉靖二十六年八月，刘文忠，年三岁，坝（霸）州人，系锦衣卫衣中所故副千户刘承恩嫡长男，照例与全俸优给，至嘉靖三十八年终住支。

旧选簿查有：嘉靖三十九年二月，刘文忠，年十六岁，坝（霸）州人，系锦衣卫中所故副千户刘承恩嫡长男，优给出幼袭职。

八辈刘国卿，万历三十一年十月，大选过锦衣卫衣中所副千户一员刘国卿，年二十九岁，系故刘文忠庶长男，比中三等。• 195 •

石中珍

天启六年九月，单本选过锦衣卫衣左所指挥佥事优给舍人一名石中珍，年十二岁，东明县人，系故指挥佥事石茂恩侄孙。有叔石国璋未袭故绝，序及本舍，优给，该卫结保无碍，合准以指挥佥事全俸优给，扣至天启八年终住支。

何价·副千户

外黄查有：何伟，顺德县人。有父何祯，先以冠带舍人成化十七年征进黑石崖斩首一颗升冠带小旗，十八年马耳山斩首一颗升总旗，弘治四年擒获强盗升百户，九年征进哈密有功升副千户，七月斩获回贼首级二颗升指挥佥事，十一月丰营儿斩首一颗升指挥同知，后以伯父何穆任司礼监太监効劳年久升指挥使。何伟系长男，革袭副千户，正德七年伯父何穆养老，将伟升指挥佥事，故。父何祯先于弘治九年在于山丹斩首一级，具奏，升指挥同知，正德六年山东等处斩首有功升指挥使，八年何穆病故，乞升都指挥佥事。

一辈何祯，已载前黄。

二辈何伟，已载前黄。

三辈何价，旧选簿查有：嘉靖十九年十二月，何价，年四岁，顺德县人，系锦衣卫锦衣中所故副千户何伟庶长男，照例与全俸优给，至嘉靖二十九年终住支。

四辈何子龙，万历六年二月，何子龙，年二十五岁，顺德县人，系锦衣卫衣中所患疾副千户何价嫡长男，比中二等。

五辈何应奇，万历四十七年十二月，大选过锦衣卫衣中所带俸副千户优给舍人一名何应奇，年六岁，系故带俸副千户何子龙亲男，照例与全俸优给，至五十五年终住支。

张东山

天启六年十一月，单本选过锦衣卫衣右所世袭百户一员张东山，年三十二岁，系故世袭百户张赟嫡次男，比中一等。

张玄超，崇祯十一年二月，大选过锦衣卫衣右所世袭百户一员张玄超，年二十一岁……•196•

田登·副千户

外黄查有：田胜，沂水县人，洪武二十年充力士，三十一年并枪充小旗，三十四年西水寨升燕山中护卫实授百户，三十五年平定京师升锦衣卫前所副千户，永乐二年钦与世袭。

一辈田胜，已载前黄。

二辈田忠，缺。

三辈田春，旧选簿查有：正德（统）十四年十月，田春，系锦衣卫锦衣前所征进未回副千户田忠嫡长男。

四辈田玺，旧选簿查有：成化七年十月，田玺，沂水县人，系锦衣卫中所故世袭副千户田春嫡长男。

五辈田滋，旧选簿查有：正德七年二月，田滋，沂水县人，系锦衣卫中所老疾世袭副千户田玺嫡长男，优给出幼袭职。

六辈田登，旧选簿查有：嘉靖十六年二月，田登，年八岁，沂水县人，系锦衣卫中所故副千户田滋嫡长男，照例与全俸优给，至嘉靖二十三年终住支。

旧选簿查有：嘉靖二十四年六月，田登，年十六岁，沂水县人，系锦衣卫中所故副千户田滋嫡长男，优给出幼袭职。

七辈田体伦，万历二十年七月，田体伦，年二十岁，沂水县人，系锦衣卫衣中所指挥佥事田登侄男。伊堂伯原系副千户，嘉靖三十一年中式武举加升署指挥佥事，万历十年遇例实授，今故绝。本舍先于十九年保送赴部，查系二辈未袭，驳查去后，今准都察院咨回，查明无碍覆保前来。所据伊堂伯武举升级并遇例实授俱不准袭，本舍合照例与袭副千户，先年比中二等。

八辈田国卿，崇祯十二年十二月，大选过锦衣卫衣中所副千户一员田国卿，年二十三岁，系故副千户田体伦亲侄，比中三等。

王肇庆

崇祯十年五月，单本选过锦衣卫指挥佥事一员王肇庆，年三十一岁，系王世盛嫡长男。查伊父原袭祖职指挥佥事，历升左都督提督东司房，于崇祯八年九月内奉旨革去本身职衔，永不叙用，子孙仍准承袭在案，今故。[①] 本舍以子承父，该卫结保承袭前来，查无违碍，合准袭指挥佥事，武举不比。• 197 •

左钦・副千户

外黄查有：左兴，旧名锁儿，馆陶县人。父左大，洪武元年充军，老。将兄左狗儿代役，三十四年西水寨升小旗，三十五年过河阵亡。兴系亲弟，随征，补小旗，永乐元年除归德卫左所百户。

一辈左狗儿，已载前黄。

二辈左兴，已载前黄。

---

① 《明熹宗实录》卷 5，天启元年正月辛丑，“兵部覆五府及各营卫自陈不职诸臣……锦衣卫……都指挥佥事王世盛等俱照旧”；卷 17，天启元年十二月丙戌，“以皇祖陵工升……都指挥佥事王世盛都指挥同知”；卷 18，天启二年正月辛丑，“圣谕，皇考陵工告成，各官效有勤劳宜行叙赉……王世盛三十八员各量升一级”；卷 42，天启三年十二月丙申，“以皇子大庆加恩，锦衣卫官……王世盛升都督佥事……俱照旧管事”。《崇祯长编》卷 4，天启七年十二月丁巳，“加王世威（盛）左都督添注右府佥书”；卷 47，崇祯四年六月己未，“王世盛缉获强贼霍三等有功，命并原办官旂照例升叙”；卷 57，崇祯五年三月丁未，“叙庆陵功，锦衣卫阅视工程王世盛复一级，加复太子太师”；卷 60，崇祯五年六月庚寅，“命锦衣卫指挥王世盛掌印管事，提督东司房官旗”。

三辈左旺，旧选簿查有：宣德四年七月，左旺，系归德卫左所故百户左兴旧名锁儿嫡长男。

正千户功次，钦升簿内查有：景泰三年湖广香炉山杀贼获功，忠义卫百户升正千户一员左旺。

四辈左荣，旧选簿查有：成化五年二月，左荣，馆陶县人，系归德卫左所故正千户左旺嫡长男。

五辈左辅，旧选簿查有：成化二十一年四月，左辅，馆陶县人，系忠义后卫左所革职世袭正千户左荣嫡长男。

六辈左锐，旧选簿查有：嘉靖十年六月，左锐，馆陶县人，系泾府年老旗下世袭正千户左辅嫡长男。

七辈左铠，旧选簿查有：嘉靖二十七年八月，左铠，馆陶县人，系锦衣卫衣中所故正千户左锐亲弟。伊祖旺以百户贵州香炉山升正千户，所据香炉山越升职级例应减革，本舍与副千户。

八辈左钦，旧选簿查有：嘉靖四十年六月，左钦，年三十五岁，馆陶县人，系锦衣卫衣中所年老副千户左铠亲弟。

九辈左应魁，年九岁，系锦衣卫衣中所老副千户左钦嫡长男，万历二十四年十二月，全俸优给，至三十年终住支。

万历三十一年四月，左应魁，年十六岁，出幼袭职，比中三等。

焦继芳・副千户

[缺]。

一辈焦敬，小旗功次，候查。总旗功次，候查。• 198 •

百户功次，候查。副千户功次，候查。

二辈焦孝[得]，旧选簿查有：永乐八年四月，焦孝得，系武成左卫后所故副千户焦敬亲侄，钦袭本卫所副千户。

三辈焦亮，旧选簿查有：正统十四年十月，焦亮，系锦衣卫中所征进未回副千户焦孝得庶长男。

四辈焦镇，旧选簿查有：弘治七年十月，焦镇，蔚州人，系锦衣卫中所故世袭副千户焦亮嫡长男。

五辈焦永，旧选簿查有：弘治十八年十一月，焦永，蔚州人，系锦衣卫中所故世袭副千户焦镇嫡长男。

六辈焦隆，旧选簿查有：嘉靖十五年二月，焦隆，年十六岁，蔚州人，系锦衣卫中所副千户焦永嫡长男，优给出幼袭职。

七辈焦继芳，旧选簿查有：嘉靖四十年四月，焦隆，年四十二岁，蔚州人，系锦衣卫中所副千户。今患风疾在所，有嫡长男焦继芳，见年十六岁，告替。

八辈焦时雨，万历十六年八月，焦时雨，年十六岁，蔚州人，系锦衣卫驯象所故副千户焦继芳嫡长男，比中二等。

颜金·副千户

内黄查有：李达，系太监李德义男，正统十四年丽水县鲍村斩获贼首庄四首级，十月升小旗，本县岭下塘斩获贼首王胜一首级升冠带总旗，浮云杀死贼首潘知升锦衣卫衣中所实授百户，东渠上擒贼首陶得三等有功，又深井等处杀贼，迷里山及大阁等寨擒贼李，玙岩等处杀贼，东渠山擒贼功升副千户，以深井等处共获功十二次例升二级，升锦衣卫带俸指挥佥事，钦与流官。

一辈李达，已载前黄。

二辈李泓，旧选簿查有：成化十三年十二月，李泓，年十九岁，长宁县人，系锦衣卫带俸指挥佥事李达嫡长男，钦与世袭。

三辈颜松，旧选簿查有：嘉靖五年六月，颜松，年二十一岁，长宁县人，系锦衣卫带俸署都指挥佥事颜泓即李泓亲侄。伊伯原袭指挥佥事，白孤庄功升指挥同知，遇例推升今职。[①] 缘遇例推升例无承袭，本人革袭指挥同知。

四辈颜金，旧选簿查有：嘉靖十二年八月，颜金，年三岁，常宁县人，系锦衣卫故指挥同知颜松嫡长男。伊曾祖达正统十四年以舍人丽水县功升小旗，岭下塘功升总旗，浮云获功越升百户，东渠擒贼陶得三等功升副千户，深井获功十二次升指挥佥事。

① 《明孝宗实录》卷173，弘治十四年四月庚子，“命锦衣卫指挥同知颜泓守备真定等处……俱以都指挥体统行事”。《明武宗实录》卷42，正德三年九月丁酉，“命……锦衣卫署都指挥佥事颜泓坐幼官舍人营，各管操”。

伯祖泓袭职，成化十七年白孤庄获功升指挥同知。父松沿袭，今故。所据丽水、岭下、浮云斩首止该一级，余功二级并越升一级俱应减革，扣有军功五级，本人照例革与副千户俸优给，至嘉靖二十四年终住支，注衣中所。

旧选簿查有：嘉靖二十六年六月，颜金，年十六岁，常宁县人，系锦衣卫锦衣中所故指挥同知颜松嫡长男，优给已革副千户，今出幼袭职。・199・

周尧卿

内黄查有：周原，四十五岁，遂昌县人。祖周得安，洪武二十五年选充前仪卫司校尉，二十九年选充小甲，三十二年擒拿都指挥谢贵等官升实授小旗，永乐十九年归并锦衣卫衣中所戈戟司，老。伯周旺代役，仍充小旗，正统十四年迤北失陷，无嗣。父周谦补役，老。原替役，四年并枪仍充小旗，成化十五年辽东建州古城等处节次杀贼，斩级一颗升总旗，黑石崖等处杀贼［斩］级一颗升试百户。

周应武，年三十一岁，系锦衣卫堂上带俸署都指挥佥事周绶男。伊父原替试百户，武举加升署副千户，获功二级加升正千户，理刑升指挥佥事，推升署都指挥佥事，遇例实授。所据武举、理刑升级不由军功，推升并遇例职级系流官，俱例无承袭，本舍照例于祖职试百户［上］加升伊父获功二级，与做副千户。

周尧卿，年四岁，系锦衣卫衣中所故副千户周道玥嫡长男，照例与全俸优给，至万历十九年终住支。

周尧卿，万历二十年四月，大选过锦衣卫衣中所照旧袭副千户周尧卿，年十五岁，遂昌县人，系周道明嫡长男，出幼袭职，年幼未比。[①]

夏霄・副千户

［缺］。

一辈夏霖，缺。

二辈夏霄，隆庆四年，夏霄，年四十七岁，安仁县人，系锦衣卫衣中所故副千户

① 此选簿所载，又见《明档》本册第431—432页“周应武・副千户”选簿。

夏霖亲兄。伊长兄夏云系太监，嘉靖四十五年随侍圣驾嗣登宝位，隆庆元年传敕：夏云荫弟侄一人做锦衣卫世袭副千户，应该夏霄承荫，因在原籍，将弟夏霖荫授前职，隆庆二年故。[①] 今夏霄告要袭职，查得嘉靖十二年该本部题奉钦依：武职不由军功升授子孙不许世袭，有“世袭”字样许袭一辈。今照夏霖不系军功，例不准袭，但承恩未久即故，且查有“世袭”字样，相应姑准袭副千户一辈，以后子孙不许承袭。

曹一经

万历十四年八月，曹一经，年二十二岁，清苑县人，系锦衣卫已故指挥使曹宏嫡长孙。伊祖原役小旗，以缉捕功升试百户，隆庆元年曾伯祖曹宪迎驾功荫世袭百户，[②] 并授指挥佥事，又传奉升至指挥使，故。所据缉捕并传升职级例不准袭，本舍合照例于祖役小旗上加实授百户四级，革袭副千户一辈，以后子孙仍袭小旗。• 200 •

李世盛

崇祯十年四月，单本选过锦衣卫衣中所副千户一员李世盛，年五岁，系故副千户李国裕嫡长男。查伊父原系恩荫副千户，今本舍以子承父，合准照例以副千户全俸优给，至崇祯十九年终住支。

衣中所副千户一员 • 刘芳

正德十年二月，刘芳，年十五岁，贵州人，系锦衣卫衣中所故正千户刘顺嫡长男。伊父原系太监家人，苦水井功升冠带小旗，弘治十八年大同三次当先升冠带总旗，廖家堡等处获功三级升前职。本人年幼，已革去三次当先一级与副千户俸优给，今出幼，仍袭副千户。

---

① 《穆宗实录》卷4，隆庆元年二月辛丑“上加恩内臣……宋朝用、张润、杨添寿、冯明、夏云、严用、李佑各荫弟侄一人锦衣卫副千户……俱世袭”。

② 《穆宗实录》卷4，隆庆元年二月辛丑，“上加恩内臣……夏云……各荫弟侄一人锦衣卫副千户……俱世袭”。

又一员·赵恺

正德十一年十二月，赵恺，年三十四，阳曲县人，系锦衣卫都指挥同知赵良嫡长男。伊祖赵璟系内官王璟家人，功升试百户，奏升实授百户，又功升副千户，传升、推升指挥佥事、同知。[①] 伊父赵良袭升前职，为事降百户，复职闲住，故。[②] 本人照例革袭祖职军功衣中所副千户。

又一员·马顺

正德十三年八月，马顺，年五十二岁，章丘县人，系锦衣卫中所署正千户。曾祖马原，立功升神武前卫百户；伯祖马恭袭职，调宣府前卫中所，年老。伊男马洪、孙马玺沿袭，故绝。本人系立功马原所生·201·马让亲孙，先年遇例纳授锦衣卫衣中所副千户，拿获强盗升前职。今照例除马顺拿获强盗所升署正千户一级例该弃小就大开除外，合无准令马顺承袭伊曾祖马原原职实授百户职事，仍以纳授副千户职衔荣身，题奉圣旨：是，马顺准袭授副千户……供职，钦此。

---

① 《明宪宗实录》卷14，成化元年二月辛丑，“改锦衣卫右所副千户赵璟为卫镇抚，问刑”；卷123，成化九年十二月壬戌，“命锦衣卫……正千户赵璟为指挥佥事，同管锦衣卫事”；卷196，成化十五年闰十月戊午，“宥锦衣卫指挥佥事赵璟……罪”；卷199，成化十六年正月己丑，“升锦衣卫指挥佥事赵璟为指挥同知，仍掌镇抚司事”；卷235，成化十八年十二月丁卯，“锦衣卫指挥同知赵璟卒。璟，字廷章，山西阳曲县人，太监陈芜家人。从征福建以功授锦衣卫百户，乙亥征湖广苗升副千户，成化乙酉理镇抚司刑，己丑升正千户，癸巳命佥指挥事，丁酉复命兼理刑，戊戌进同知，至是卒。讣闻，谕祭如例。璟掌禁狱，遇事颇明断，亦伸理冤抑，士大夫或赖之”。

② 《明孝宗实录》卷131，弘治十年十一月庚子，“升锦衣卫镇抚司……副千户赵良署指挥佥事，俱仍旧治事”。《明武宗实录》卷13，正德元年五月乙巳，“敕锦衣卫指挥使赵良提督官校捕盗”；卷28，正德二年七月癸丑，“升锦衣卫指挥使赵良为都指挥佥事”；卷30，正德二年九月乙卯，“锦衣卫都指挥佥事赵良奏，缉事正千户文恭等十八人擒贼有功……以良提督勤劳升都指挥同知”；卷52，正德四年七月癸丑，“降……锦衣卫指挥同知赵良为百户，俱南京闲住”；卷55，正德四年闰九月庚午，“锦衣卫指挥同知高得林奏乞查处锦衣各所千百户老幼废疾等官……于是，兵部言……其弘治十一年诏书止有试署文职实授之条，指挥赵良、千户陈顺奏乞，比例实授，印系开奏起例之人……良、顺开奏起例，降二级，各带俸差操”；卷68，正德五年十月丙午，“复……锦衣卫指挥佥事牟斌等官……惟锦衣卫都指挥同知降百户赵良不许复”。

又一员·张琏

正德十二年二月，张琏，年三十一岁，同安县人，原系锦衣卫衣中所銮舆司冠带舍［人］……［冠］带总旗，贵州程番功升实授百户，又陕西金州石香炉获功一级，册开冠带总旗……例改正升副千户。

又一员·班勋

弘治三年十月，班钺，年十六岁，蔚州人，系锦衣卫锦衣中所功升副千户班福永庶长男，钦［与世］袭。①

正德三年十一月，班勋，年八岁，蔚州人，系锦衣卫锦衣中所故副千户班钺嫡长男，钦与全俸优给，至正德九年终［住支］。

又一员·王通

正德十二年闰十二月，王通，年四十六岁，欧（瓯）宁县人，原系锦衣卫衣中所幡幢司冠带舍人，四川东乡功升冠带总旗，告补衣右所驯马司管伍，又湖广罗田获功一级并箪子坪获功一级，俱以冠带舍人重升冠带总旗，今照例改升副千户。②

年远事故副千户一员·张英

永乐十二年九月，张文，系锦衣卫锦衣中所故世袭副千户张林嫡长男。

永乐十四年七月，张武，系锦衣卫锦衣中所故副千户张文堂弟。

永乐二十二年二月，张英，系锦衣卫锦衣中所故世袭副千户张武堂兄。·202·

---

① 《明武宗实录》卷5，弘治十八年九月壬午，“兵部奉诏查武官冗食之应裁革者……千户班霖、班钺，其陈乞管事与李旻等同，似应免裁革，皆从之”。

② 此残簿所载王通履历，可与《明档》本册第255页“又一员·王通”残簿相参见。

又一员·刘雄

天顺二年十月，刘瓒，年十六岁，大兴县人，系锦衣卫锦衣中所带俸故世袭副千户刘正嫡长男。

弘治八年四月，刘雄，大兴县人，系锦衣卫锦衣中所带俸故世袭副千户刘瓒嫡长男。

又一员·宁雄

天顺八年三月，宁英，良乡县人，系锦衣卫锦衣中所故世袭副千户宁文嫡长男。

成化二年七月，宁雄，良乡县人，系锦衣卫中所世袭副千户宁瑛亲弟。告替，待兄有男还与职事。

又一员·战六十

成化八年四月，战俊，莱阳县人，系锦衣卫锦衣中所副千户战福兴亲侄，钦与世袭，待兄有男还与职事。

弘治四年七月，战六十，莱阳县人，系锦衣卫锦衣中所世袭副千户战俊嫡长男。

又一员·周济

成化二年三月，周济。伊叔周和原任太监，迤北病故；钦将伊兄周雄升世袭副千户，锦衣卫锦衣中所带俸，故；本人系亲弟，袭授副千户。[1]

又一员·曹昇

成化十五年闰十月，曹昇，武定州人，系锦衣卫锦衣中所老疾副千户曹贵嫡长男。

---

① 此残簿所载周济履历，又见《明档》本册第205页“周武·副千户”选簿贴黄及三辈周铎选条。

又一员・王仲泰

永乐十一年五月，王仲泰，年七岁，系锦衣卫锦衣中所故世袭副千户王政庶次男，钦与全俸优给，至永乐十九年终住支。・203・

又一员・张信

永［乐］三年十二月，张信，系北京仪卫司已改锦衣中所故仪卫副张成亲侄，敬准改袭世袭副千户。

又一员・曹铎

正统十三年十月，曹铎，系锦衣卫锦衣中所世袭副千户曹整嫡长男。

又一员・李安

天顺六年二月，李安，系锦衣卫中所故将军副千户李英庶长男。

杨继武

万历三十三年四月，大选过锦衣卫衣中所副千户一员杨继武，年二十九岁，武清县人。伊叔杨添爵系太监，提督邸藩，隆庆元年传升伊父杨添禄前职，世袭，今故。本舍告袭，本部查得副千户系传乞升职，奉有钦依“世袭”字样者，条例再准袭副千户一辈，以后子孙从冠带总旗上递降。比中一等。

杨世廉・署副千户事实授百户

［缺］。

一辈杨铭。

二辈杨琮。[①]

三辈杨洪。

四辈杨兰。

五辈杨世禄。

六辈杨世廉。

七辈杨进忠，崇祯十三年四月，大选过锦衣卫衣中所署副千户事实授百户一员杨进忠，年三十八岁，系故署副千户事实授百户杨世廉亲侄，比中三等。• 204 •

周武・副千户

堂稿查有：本舍曾伯祖周和，宣德元年赴京净身，选入内府，正统十四年随驾迤北征进阵亡。天顺元年传奉圣旨“周和侄周雍准升世袭副千户，着锦衣卫中所带俸”，故。周济系弟，成化二年袭，因祖名，周济告改，更名周铎，十五年建州铁石等寨斩首一颗升正千户，十八年黑石崖当先升指挥佥事，疾。祖周鼎优袭，十三年遇例减革百户。后父比段瑁事例，奏复正千户，又比照同时阵亡内官范俊，奏复指挥佥事，嘉靖二十一年故。继先系男，比因风疾不能告袭，于三十年前疾稍瘥，保送到部。看得舍人周继先，伊父周鼎原袭祖职指挥佥事，复题奉钦依减革百户，又奏复原职。及大同功无擒斩例应减革，既经驳行巡城御史查明，复保到部，又经该司查审明白，合无将本舍于应减革与百户上加王铁石功一级，与做副千户，今本舍照旧副千户。

一辈周和。

二辈周雍。

三辈周铎。

四辈周鼎。

五辈周继先。

六辈周武，万历八年八月，周武，二十六岁，东安县人，系锦衣卫……亲次侄，

---

① 《明孝宗实录》卷 203，弘治十六年九月丁丑，“锦衣卫指挥使杨铭卒，其子带俸指挥使大通事琮言父于正统中累使迤北，被留虏营，有随驾之劳，乞赐之祭葬。命赐祭一坛”。

比中三等。

七辈周尚仁，天启元年九月补八月分大选，过锦衣卫衣中所带俸副千户一员周尚仁，年五十二岁，系老带俸副千户周武嫡长男，比中三等。

胡焞·指挥佥事

万历二十五年六月分，大选过锦衣卫衣中所指挥佥事一员胡焞，年四十三岁，绩溪县人，系故总督尚书胡宗宪嫡长孙。查伊祖嘉靖三十四等年荡平浙直倭功甚大，原荫一子与做锦衣卫副千户。[①]近该本部题奉圣旨“将原荫副千户着升指挥佥事世袭”，本舍合与荫世袭指挥佥事。[②]

二辈胡维封，万历四十五年十二月，大选过锦衣卫衣中所指挥佥事一员胡维封，年三十三岁，系故指挥佥·205·事胡焞嫡长男，比中三等。

三辈胡廷镕，崇祯六年四月，大选过锦衣卫衣中所指挥佥事一员胡廷镕，年十九岁，系故指挥佥事胡维封嫡长男，记比。

路如底·署副千户

缺。

一辈路进，小旗功次，缺。总旗功次，已载六辈选条下。

二辈路敏，缺。

三辈路聪，缺。

四辈路森，试百户功次，已载六辈选条下。实授百户功次，已载六辈选条下。

副千户功次，堂稿查有：嘉靖二十五年九月，本部题为访获事，内开锦衣卫官校访获伪造印信违法男子常虎等有功升一级，实授百户升副千户一员路森。

---

① 《明世宗实录》卷481，嘉靖三十九年二月甲辰，“论擒海寇王直功，诏升赏总督尚书胡宗宪等有差……宗宪……仍荫一子锦衣卫副千户……”；卷551，嘉靖四十四年十月丙戌，“……得旨：令锦衣卫执宗宪来京诘问，革宗宪子锦衣卫千户松奇职为民……宗宪寻死于狱，诏免勘”。

② 《明神宗实录》卷283，万历二十三年三月戊子，“兵部尚书石星题……胡宗宪原荫锦衣卫副千户，与做指挥佥事，世袭。仍移咨礼部，予宗宪谥号，以表忠勋，诏从之”。

正千户功次，嘉靖三十二年七月，本部题为缉获事，内开锦衣卫官校捉获奸细马钦即马回子有功升一级，衣中所副千户升正千户一员路森。

指挥同知功次，嘉靖三十三年十二月，本部题为缉访事，内开锦衣卫官校捉获大逆奸细哈荅儿有功升二级为首衣中所升指挥同知一员路森。

五辈路炜，缺。

六辈路如底，旧选簿查有：嘉靖三十六年八月，路如底，年十五岁，抚宁县人，系锦衣卫衣中所故指挥同知路森嫡长孙。查伊始祖路进原以校尉功升总旗，高祖敏、曾祖聰，祖森于正德十六年以缉获强盗功升署试百户，遇例实授，二十四年复以捉获偷盗功升俸一级，二十五年以访获伪造印信功升副千户，三十年已缉获奸细功升正千户，三十三年以访获大逆奸细哈荅儿功升指挥同知。父路炜遇例纳授冠带总旗，除升指挥同知系奸细重情准替不革外，所据署试百户、遇例实授俸一级并升副千户一级俱不由军功，例应减革。今本舍照例量革袭署副千户。•206•

谭河图·实授百户

万历五年六月，[谭] 河图，年十三岁，江西人。伊父谭 [纶] 历任兵部尚书，先在浙江获有倭功一千五百八十余颗，福建倭功五千三百余颗，广东逆贼功六百二十名颗，四川逆贼功二百七十三名颗，番功二百余名颗，总督蓟辽北奴功二百三十七颗，万历五年四月在任病故。长男谭河图系恩生，比例具奏乞恩荫授前 [功]，全俸优给，候年一十五岁出幼，见任管事，世袭。其原荫恩生，候生子之日秕荫。

一辈谭河图，万历九年四月分，谭河图，年十七岁，宜黄县人，系锦衣卫衣中所扇手司优给世袭实授 [百户]。伊父谭 [纶] 原任兵部尚书，万历二年为因攻剿九丝城有功，奉旨荫授河图送监读书，万历五年伊父在任病故。本舍将父生前军功比例乞荫，随该本部查得，本官 [浙] 闽屡树安攘之绩，川广多资宁辑之猷，总督三镇复崇战守之勋，本兵四方毕献荡平之捷。合无将兹河图比照先臣余子俊荫一子锦衣卫百户，世袭。等因。题奉圣旨“谭纶既累有军功，准荫一子与做锦衣卫百户，世袭，钦此”。将本舍与实授百户俸，注衣中所优给，出幼管事，世袭。今出幼，保送前来，合照旧袭实授百户。[1]

刘光爵

万历三十五年正月，单本选过锦衣卫衣中所正千户一员刘光爵，年三十九岁，颍州人，系故署正千户刘绍嫡长男。查伊父原袭祖职散骑舍人，武举中式，加署正千户。今本舍亦以中式武举，遇蒙恩例实授，合准袭加正千户，仍旧散骑舍人，照旧实授百户支俸，以后子孙止准袭散骑舍人。武举不比。

梁忠·世袭实授百户

一辈梁忠，万历九年四月分，照例题升过锦衣卫衣中所銮舆司世袭百户一员梁忠，年二十九岁。查得堂稿，本官原籍·207·直隶真定府真定县人。伊父梁梦龙原任蓟辽总督、尚书，于万历八年六月内准职方清吏司手本，为北奴聚众窥边、仰仗天威、主将督兵追剿大捷事，该巡按山东监察御史于应昌奏勘过，万历七年十二月内红土城等处地方斩获达贼首级四百七十一颗，万历八年三月内鸭儿匮等处地方斩获达贼首七百五十四颗，议得蓟辽总督、尚书梁梦龙忠摅社稷，威震华夷，即此疆场之伟烈，咸出帷幄之嘉谟，茂绩丕隆，凯捷屡奏，乞要叙录。本部议请录荫，节奉圣旨“梁梦龙荫一子与做锦衣卫百户，钦此”。备行到司，随即查取应荫儿男的名去后，续于万历九年二月内准吏部咨为给由事题称，蓟辽等七边原系紧要重镇，屡有安攘奇勋，已经题准破格优处，今本官殚心防御，劳瘁不辞，懋著勋庸，声称籍甚。且实历边俸三年，与居三分之二者又有不同，相应量加优处，用示激劝。等因，题奉圣旨“梁梦龙着就彼复职，既节有军功，前荫武职，伊男准世袭，钦此”。又该总督蓟辽太子少保、兵部尚书梁梦龙题为比例恳乞天恩俯赐移荫以图报效事，题称军功世袭，应该长男梁忠，先以正三品考满，蒙恩送监读书，比例乞敕兵部查照前例，将长男梁忠题授锦衣卫世袭百户。前荫国子生，移咨吏部，将次男梁思补荫。

① 《明神宗实录》卷61，万历五年四月庚申，“兵部尚书谭纶卒……诏赠太子太保，予祭葬，谥‘襄敏’。以平罗旁荫一子锦衣卫百户，世袭”。

等因，奉圣旨“兵部知道，钦此”。本部议将梁忠荫授锦衣卫百户，世袭，注衣中所銮舆司。其原荫国子生移咨吏部，令次男梁思补荫。本年四月二十九日奉圣旨“是，钦此”。①

二辈梁维大，万历十八年四月，梁维大，年三岁，真定县人，系锦衣卫衣中所疾副千户梁忠嫡长男。堂稿查有：万历七年七月，为狡虏潜聚突犯、仰仗天威、主将督兵堵战、追斩巨酋非常奇捷事，覆奉钦依……生长男梁忠，改荫锦衣卫衣中所銮舆司世袭百户。九年，该巡按山东御史于应昌题为仰仗天威、主将御虏大捷事，本部覆奉圣旨“这功次既核勘明实，梁梦龙、李成梁原荫锦衣卫……一级，钦此”。本部覆奉钦依，将梁忠升副千户。今奉明旨，原荫武职伊男准世袭合将……维大系忠〈系〉嫡长男，照例与全俸世袭副千户优给，至万历二十九年终住支。• 208 •

三辈梁慈，万历三十七年十月，大选过锦衣卫衣中所副千户一员梁慈，年四十八岁，系故优给副千户梁维大亲叔，准借袭副千户。待伊侄孙梁清宽长成退还职事，比中一等。

四辈梁清宏，崇祯四年十月，大选过锦衣卫衣中所副千户一员梁清宏，年二十三岁，系老副千户梁慈亲侄孙。祖职序兄清宽承袭，已中乡闱，不愿承袭；本舍系亲弟，告借前职，俟宽有子长壮，仍还职事。比中二等。

张叔琦·世袭百户

一辈张叔琦，万历十二年二月，张叔琦，年三十一岁，铜梁县人。伊父张佳胤任蓟辽总督，万［历］……二月初四日斩获逆夷仰逞二奴，共斩首一千五百六十三颗，该本部题奉明旨“荫一子锦衣卫世袭百户”，本舍注袭锦衣卫衣中所世袭百户。又于本年三月内辽镇斩获属夷额六等首级一百三十五颗，节奉圣旨“该镇出边剿贼斩馘有功，张佳胤先荫锦衣卫儿男升一级，钦此”。该本部题奉钦依，将张叔琦于原荫世袭百户上

① 《明神宗实录》卷101，万历八年六月癸卯，“录辽东红土城及永奠二次功……梁梦龙荫一子锦衣卫百户”；卷125，万历十六年六月丁酉，“赐……兵部尚书梁梦龙……各荫一子锦衣卫百户”；卷367，万历三十年正月癸亥，“吏部尚书梁梦龙卒……宽奠堡等处捷功，荫一子锦衣卫百户”。

加一级，与做副千户于原所。[①]

二辈张元孙，万历四十一年二月，大选过锦衣卫衣中所副千户一员张元孙，年二十七岁，铜梁县人，系锦衣卫·209·老指挥佥事张叔琦嫡长男。查伊父缉捕功升职级例不准袭，本舍准替原荫世袭副千户，比中三等。[②]

三辈张世孙，崇祯六年四月，单本题并过锦衣卫衣中所署都指挥佥事事指挥使一员张世孙，年四十五岁，铜梁县人，系功升都督同知张元孙亲弟。查功升职级原不世及，今于祖荫副千户上加本舍功升职级并授署都指挥佥事一辈，以后子孙仍袭副千户，并职不比。

四辈张体仁，崇祯九年三月，单本选过锦衣卫衣中所副千户一员张体仁，年二十五岁，铜城（梁）县人，系故都督同知张元孙嫡长男。本舍以子承父，结保无碍，查都督流衔例不世延，合准袭祖职副千户，比中一等。

林楠·实授百户

缺。

一辈林清，缺。

二辈林庸，缺。

三辈林雄，缺。

四辈林彪，缺。

五辈林茂，缺。

六辈林爵，旧选簿查有：嘉靖四十五年八月，林爵，威县人，系锦衣卫中所班剑

---

① 《明神宗实录》卷145，万历十二年正月癸卯，“叙辽东大捷功，督抚镇而下各进秩赏赉有差……张佳胤加太子少保，荫一子锦衣卫百户，世袭……”；卷147，万历十二年三月壬午，“荫总督张佳胤一子锦衣卫百户，世袭”；卷161，万历十三年五月丙子，“录辽东沈阳战功……加总督张佳胤太子太保，升其子锦衣卫百户叔琦副千户，世袭”；卷205，万历十六年十一月癸酉，“原任太子太保兵部尚书张佳胤赠少保，从部覆锦衣卫指挥佥事张叔琦请也”；卷232，万历十九年二月戊寅，“以锦衣卫指挥……张叔琦……为镇抚司佥书，管事”；卷260，万历二十一年五月戊辰，“以锦衣卫南镇抚司佥书指挥佥事张叔琦掌本司印”；卷501，万历四十年十一月辛卯，“兵部以考选军政……指挥佥事张叔琦性缓守污，革任闲住……俱从之”。

② 《明熹宗实录》卷67，天启六年正月甲子，“命锦衣卫张元孙……俱著堂上佥书管事”。

司带俸实授百户。今患疾在司，有嫡长男林楠，年二十岁，告替。

七辈林楠，缺。•210•

八辈林文昇，年十一岁，万历三十六年四月，系锦衣卫中所班剑司故实授百户林楠嫡长孙，全俸优给，至四十年终住支。

万历四十一年四月，大选过锦衣卫中所班剑司实授百户林文昇，年十六岁，出幼袭职，比中三等。

李铭·实授百户

堂稿查有：始祖李甫，洪武十八年军，三十三年济南升小旗，三十四年夹河升总旗，三十五年平定京师升实授百户，老。李忠替，故。李刚袭，故。李通袭，疾。李昇替，疾。李铭，嘉靖十一年比替。

李应龙，年八岁，万历二十年十月，大选过锦衣卫衣中所系［革］职闲住实授百户李鹍亲侄，照例与全俸［优给，至］万历二十七年终住支。

沐叡

万历二十年三月，单本选［过］沐叡，年十六岁，定远县人，系镇守云南黔国公荫次子。沐叡，锦衣卫衣中所旌节司百户，系镇守云南黔国公沐昌祚嫡次男。伊父于万历十二年剿除缅贼有功，荫本舍锦衣卫世袭百户，十三年题准本卫衣中所全俸优给，今出幼，合照例荫授世袭百户。[①]

沐培元，万历四十年五月，单本选过锦衣卫中所世袭百户一员沐培元，年二十岁，系故正千户沐叡嫡长男。查伊父原荫世袭百户，寻以督阵功升正千户。[②]所据部功例应

① 《明神宗实录》卷153，万历十二年九月戊寅，“以擒岳凤罕虔功，诏……巡抚沐昌祚加太子太保……各荫一子锦衣卫百户，世袭”；卷158，万历十三年二月戊辰，“录云南平莽酋功，赉……黔国公沐昌祚银币，荫……昌祚子睿世袭锦衣卫百户”。

② 《明神宗实录》卷277，万历二十二年九月庚寅，“镇守云南黔国公沐昌祚以患病乞闲，请将应袭男沐睿承爵，章下兵部”；卷283，万历二十三年三月丁丑，“兵部题滇南镇臣沐昌祚委患痼疾，伊男沐睿堪以替袭，诏本部与吏部议奏”；卷290，万历二十三年十月癸卯，“镇守云南总兵官黔国公沐昌

减革，本舍应准袭世袭百户，比中二等。• 211 •

才如崑·实授百户

缺。

一辈才宽，缺。

二辈才荣，缺。

三辈才如崑，旧选簿查有：嘉靖三十七年六月，才如崑，迁安县人，系锦衣卫衣中所銮舆司老疾实授百户才荣庶长男。

四辈才世卿，万历二年四月，才世卿，年二十一岁，迁安县人，系锦衣卫衣中所戈戟司故实授百户才如崑嫡长男。

五辈才世贤，万历二十五年，才世贤，年五十岁，迁安县人，系锦衣卫衣中所斧钺司故实授百户才世卿堂兄，比中三等。

六辈才有德，万历四十年十二月，大选过锦衣卫衣中所斧钺司实授百户才有德，年三十岁，系故实授百户才世贤嫡长男，比中三等。

七辈才有福，天启五年六月，大选过锦衣卫衣中所实授百户一员才有福，年四十岁，系故实授百户才有德亲弟，比中三等。

王鑑·实授百户

缺。

一辈王伦，缺。

二辈王喜，旧选簿查有：成化九年十二月，王喜，山后人，系锦衣卫锦衣中所故

祚称病，乞以长男沐睿承袭，上以本纸不合旧式下所司核之”；卷322，万历二十六年五月癸卯，“以云南蛮莫奏捷，加……沐睿署都督同知，各赏金币”；卷361，万历二十九年七月癸卯，“以云南逆酋猛奉等剿平……总兵官沐睿升右都督，各荫一子锦衣卫百户”；卷449，万历三十六年八月癸亥，“治滇南失事诸臣罪状……沐睿解送至京问拟”；卷455，万历三十七年二月丙子，“下……沐睿于狱”；卷457，万历三十七年四月辛未，“公讯滇城诸失陷罪……总兵沐睿……并论斩”；卷462，万历三十七年九月丁酉，“黔国公沐睿死于狱”。

正千户王伦庶长男，钦与世袭。

三辈王晟，缺。• 212 •

四辈王鑑，旧选簿查有：嘉靖二十五年二月，王鑑，山后［人］，系锦衣卫锦衣中所年老副千户王晟嫡次男。伊曾祖伦原系太监王瑾家人，正统十四年福建获功十次升总旗，又升所镇抚，景泰六年鬼板寨功升副千户，成化元年两广功升正千户。祖喜袭，至父晟已革袭副千户。所据建（福）建功不及数，仍应减革，本舍照例革替实授百户。

五辈王忠仁，万历九年十二月，王忠仁，年三十七岁，山后人，系锦衣卫衣中所扇手司带俸年老实授百户王鑑嫡长男。查伊高祖王伦原系太监家人，奏带获功历升正千户。今查节次获功俱无擒斩，况系奏带人数，伊父王鑑先年虽革实授百户，系减革未尽，据例今本舍照例革发为民讫。

周詠[①]

万历二十九年十二月十九日，奉圣旨："周詠既有前项军功，荫一子锦衣卫百户世袭，钦此"，[②]孙男周显祚注锦衣卫衣中所擎盖司，实授百户。[③]

覃辅・实授百户

缺。

一辈覃泰，已载三辈下。• 213 •

二辈覃玥，已载三辈下。

三辈覃爵，旧选簿查有：嘉靖二十八年八月，覃爵，年四十岁，宜山县人，系锦衣卫故带俸指挥同知覃玥亲侄。伊祖泰以舍人报捷升所镇抚，获功二级升副千户，缉

---

① 此"周詠"选簿之周詠，即《明档》本册第285页"周治"选簿中周治之曾祖周詠。

② 《明神宗实录》卷366，万历二十九年十二月癸未，"以军功命原任蓟辽总督、右都御史周咏荫一子锦衣卫百户，世袭"。

③ 《明熹宗实录》卷11，天启元年六月癸未，"命锦衣卫……周显祚南镇抚司佥书管事"；卷17，天启元年十二月辛卯，"锦衣卫指挥同知周显祚奏，父嘉庆以祖右都御史咏边功，世袭锦衣卫副千户，为同官王之桢、李祯国诬妖书，榜掠频死，始得昭雪，乞复原官，并给恤典，下部"。

获妖言、强盗历升指挥佥事，又获功四级历升都指挥同知，老。[①]伊伯替，扣有军功六级并妖言一级，与袭指挥佥事，钦依准做指挥同知，老。所据妖言一级已经袭过一辈，指挥同知一级系出一时特恩，本舍照例革袭祖职正千户，注中所。

四辈覃辅，旧选簿查有：嘉靖三十九年二月，覃辅，年三十五岁，宜山县人，系锦衣卫衣中所故正千户覃爵亲弟。查伊祖覃泰原以舍人成化四年引楼等寨节次斩首八颗越升副千户，五年缉捕功升指挥佥事，十六年威宁海子功升指挥使，十八年清水营功升都指挥同知，伯瑁、兄爵袭革正千户。所据引楼等处越升二级例应减革，今本舍照例革袭实授百户。

五辈覃弼，万历七年十月，覃弼，年四十一岁，宜山县人，系锦衣卫衣右所戈戟司故实授百户覃辅亲弟，比中三等。

王道正·实授百户

缺。

一辈王得，已载三辈下。

二辈王昇，已载三辈下。

三辈王应隆，旧选簿查有：正德十四年八月，王应隆，年十九岁，诸城县人，系锦衣卫中所故副千户王昇嫡次孙。曾祖王［得］功升小旗，祖系纳银冠带舍人补充冠带小旗，贺兰山功升冠带总旗，召募土兵未升，具告行勘，续题升授百户，兴武营功升副千户，今宁夏功升正千户。除纳级、召募土兵二级例不该袭外，扣算军功止有四级，本人照例革袭实授百户，世袭。

四辈王念功，旧选簿查有：嘉靖四十年六月，王念功，年三十岁，诸城县人，系锦衣卫衣中所戈戟司年老实授百户王应隆嫡长男。

五辈王道正，旧选簿查有：隆庆三年四月，王道正，年十四岁，系锦衣卫衣中所

① 《明宪宗实录》卷182，成化十四年九月己卯，“赏锦衣卫指挥使朱骥……其下正副千户百户所镇抚旗校覃泰等递升一级，以骥与泰等累年捕盗有功故也”。《明孝宗实录》卷28，弘治二年七月丙子，“兵部……备查武官原由缉事升职及先次漏报并今次例后传乞升者都指挥同知覃泰等百二十余人上，请去留，命俱存留，待各子孙袭代之日照例定夺”。《明武宗实录》卷130，正德十年十月甲子，“升锦衣卫南镇抚司都指挥同知覃泰为都指挥使，从都督同知朱宁等奏也”。

戈戟司故实授百户王念功嫡长男，照例全俸优给，至隆庆三年终住支。

隆庆四年四月，王道正，年十五岁，诸城县人，系锦衣卫衣中所戈戟司故实授百户王念功嫡长男，优给出幼袭职。

六辈王念效，万历十年十月，王念效，年三十七岁，诸城县人，系锦衣卫衣中所戈戟司故实授百户王道正亲叔，比中二等。•214•

张东山

天启六年十一月，单本选过锦衣卫衣右所世袭百户一员张东山，年三十二岁，系故世袭百户张赞嫡次男，比中一等。

张玄超，崇祯十一年二月，大选过锦衣卫衣右所世袭百户一员张玄超，年二十一岁，系故世袭百户张东山嫡长男，比中三等。

杨子江·百户世袭

缺。

一辈杨斌，缺。

二辈杨真，缺。

三辈杨通，缺。

四辈杨瑛，旧选簿查有：成化三年二月，杨瑛，涿州人，原系锦衣卫锦衣中所试百户，为事发威远卫充军，倚山墩等处二次杀贼获功二级，遇例覆试百户，造册作军人开报二次俱升小旗，后又遇例实授。今照例改正，依实授百户加前项杀贼功二级升正千户。①

五辈杨昇，旧选簿查有：成化十九年四月，杨昇，涿州人，系锦衣卫锦衣中所正千户杨瑛嫡长男。父原系功升试百户，遇例实授，历功升前职，本人照例革替副千户。

六辈杨汉，缺。

---

① 《明宪宗实录》卷123，成化九年十二月壬戌，“命锦衣卫……正千户杨瑛镇抚司理刑”；卷231，成化十八年闰八月壬辰，“太监李荣传奉圣旨：命锦衣卫正千户杨瑛掌所事”。

七辈杨承祖，旧选簿查有：嘉靖五年八月，杨承祖，涿州人，系锦衣卫锦衣中所年老副千户杨汉嫡长男。伊曾祖瑛原系试百户，天顺元年正月为事充军，本年四月获功二级俱升小旗，七月复试百户，遇例实授，将小旗二级功加升正千 •215• 户；祖昇推升指挥佥事，遇例推升二级，袭今职。所据军职为事充军再立军功升级，祖职不许加升，本人照［革］去充军后加升二级，与替祖职百户。

八辈杨子江，旧选簿查有：嘉靖三十年十月，杨子江，年十七岁，涿州人，系锦衣卫衣中所年老正千户杨承祖嫡长男。查得伊父杨承祖试百户，遇例实授，后以工完、缉捕功历升正千户，本舍量革替世袭百户。

九辈杨文隆，万历二十一年十月，杨文隆，年三十五岁，系锦衣卫衣中所年老世袭百户杨子江嫡长男，比中二等。

十辈杨祚昌，万历四十年十一月，单本选过锦衣卫衣中所署副千户事实授百户一员杨祚昌，年二十一岁，系故副千户杨文隆嫡长男，比中二等。

十一辈杨武烈，崇祯十二年六月，单本选过锦衣卫衣中所署副千户一员杨武烈，年三十岁，系故署指挥同知杨祚昌嫡长男。查伊父祖职原止百户，因伊祖杨文隆侍卫先庙，袭升署副千户，历升署指挥同知，又本官于皇上潜邸效有勋劳。本舍告袭，例得准袭伊父恩荫职级一辈，既经该卫结保前来。合准减去功升职级，与袭署副千户一辈，以后子孙止袭祖职，比中二等。

刘璋·世袭百户

缺。

一辈刘斌，缺。

二辈刘瑄，旧选簿查有：永乐二十二年十二月，刘瑄，系锦衣卫锦衣中所故百户刘斌嫡长男，敬与世袭。

三辈刘勇，旧选簿查有：天顺四年四月，刘勇，涞水县人，系锦衣卫锦衣中所驯马司故世袭百户刘瑄嫡长男。

四辈刘纪，旧选簿查有：弘治五年四月，刘纪，涞水县人，系锦衣卫锦衣中所驯象司世袭百户刘勇嫡长男。

五辈刘璋，旧选簿查有：嘉靖五年四月，刘璋，年十九岁，涞水县人，系锦衣卫锦衣中所驯马司带俸世袭年老百户刘纪嫡长孙。父昂先故，本人告替。

六辈刘邦壂，嘉靖三十四年八月，刘邦壂，涞水县人，系锦衣卫中所驯马司故带俸实授百户刘璋嫡长男。伊高祖纪弘治五年替，正德十年为缉访事问发大同立功，十五年复职，老。父璋嘉靖十五年六月替，故。

七辈刘应节，万历十二年四月，刘应节，年七岁，涞水县人，系锦衣卫前所故实授百户刘邦壂嫡长男，照例与全俸优给，至万历十九年终住支。

万历十九年十二月，刘应节，年十五岁，涞水县人，系锦衣卫前所实授百户刘邦壂嫡长男，出幼袭职，年幼未比。• 216 •

八辈刘光祚，万历四十三年四月，大选过锦衣卫前所实授百户优给舍人一名刘光祚，年十二岁，系故实授百户刘应节嫡次男，照例与全俸优给，至四十六年终住支。

万历四十六年十二月，大选过锦衣卫前所实授百户一员刘光祚，年十五岁，出幼袭职，比中三等。

孔椿·实授百户

内黄查有：孔顺，旧名牛儿，坝（霸）州人，洪武三十二年垛充义勇后卫小旗，三十四年西水寨升总旗，三十五年平定京师除本所百户，永乐二年与世袭。孔福系孔顺嫡长孙，洪熙元年老疾，父孔銮本年闰七月替，正统二年调福建永宁卫左所，福幼，优，景泰三年出幼，袭永宁卫左所世袭百户。

一辈孔顺，已载前黄。

二辈孔栾，旧选簿查有：洪熙元年闰七月，孔栾，系义勇卫前所世［袭］百户孔顺旧名牛儿嫡长男。

三辈孔福，已载前黄。

四辈孔宁，缺。

五辈孔淮，旧选簿查有：天顺四年二月，孔淮，系义勇后卫前所世袭百户孔栾嫡次男，为事调永宁卫左所管事，病故；兄孔宁袭职，亦故。本人袭，遇例复回伊父原卫所支俸差操。

六辈孔才，缺。

七辈孔英，旧选簿查有：弘治六年四月，孔英，坝［霸］州人，系义勇后卫前所世袭百户孔淮嫡长男。本人未生，与侄孙孔才替职；续生本人，优给，伊侄孙革闲。

八辈孔安，缺。

九辈孔椿，旧选簿查有：嘉靖十七年八月，孔椿，年五岁，系泾府群牧所八百户故百户孔安嫡长男，全优，至二十七年住支。

嘉靖二十八年四月，孔椿，年十六岁，坝（霸）州人，系锦衣卫中所弓矢司故实授百户孔安嫡长男，优给出幼袭职，照旧实授百户。• 217 •

十辈孔学仁，万历三年十月，孔学仁，年十七岁，坝（霸）州人，系锦衣卫中所患疾带俸实授百户孔椿嫡长男。

十一辈孔学义，万历十三年四月，孔学义，年二十二岁，坝（霸）州人，系锦衣卫中所带俸故实授百户孔学仁亲弟，比中三等。

十二辈孔文举，万历二十八年十月，孔文举，年十五岁，坝（霸）州人，系锦衣卫中所故实授百户孔学义嫡长男，年幼未比。

尚天爵 • 实授百户

外黄查有：尚璿，幼名德友，慈利县人，系太监尚义侄孙。伯祖自陈累次随征、守城功绩，乞恩将璿授职，景泰元年钦除百户，注锦衣卫銮舆司带俸。

一辈尚璿，已载前黄。

二辈尚宏，缺。

四辈尚淩，缺。

五辈尚天爵，旧选簿查有：嘉靖元年六月，尚天爵，年十五岁，慈利县人，系锦衣卫衣中所扇手司带俸故实授百户尚淩庶长男，钦升仍袭百户。

刘常灏

万历四十八年四月，大选过锦衣卫衣中所优给正千户一员刘常灏，年九岁，山西安邑县人。查伊祖刘敏宽原任延绥巡抚，该陕西巡按毕御史具题：查勘延镇达虏猛克什力等犯抢威武等处，在响水堡地方斩获虏级一百七十九颗；又达虏旗牌撒勤台等侵犯，在保宁地方斩获虏级二百五十四颗；又达虏与铁雷火落赤聚兵犯抢，在砖井等处地方擒斩达虏男妇一百三十一名颗。叙录有功，文武节奉·218·圣旨"该镇三次大捷，应加褒赏；刘敏宽升兵部左侍郎，兼都察院右佥都御史，照旧巡抚；荫一子与做锦衣卫正千户，世袭；赏银五十两，大红飞鱼一袭。钦此"。查取应荫儿男的名去后，该本官咨称应荫长男刘懋勋前来，已该本部题将刘懋勋荫授锦衣卫衣中所正千户任职，今故。本舍系懋勋庶长男，年幼，该卫保送前来，查与堂稿功次相同，照旧准与锦衣卫衣中所正千户全俸优给，扣至五十四年终住支。①

宋文隆·实授百户

外黄查有：宋喜，无为州人。祖宋保，旧名杨保，乙未从军，乙巳年选充总旗，洪武七年升百户，十年授世袭，十二年故。父宋真𠀾名珍袭百户，二年（十）一年为事充军，二十六年复除世袭百户，故。喜系嫡长男，优给，袭百户。

一辈宋保，已载前黄。

二辈宋真，已载前黄。

三辈宋喜，已载前黄。

四辈宋英，旧选簿查有：正统十四年十月，宋英，系锦衣卫锦衣中所旌节司征进未回百户宋喜嫡长男。

五辈宋颙，旧选簿查有：成化十三年二月，宋颙，年十八岁，无为州人，系锦衣卫锦衣中所故百户宋英嫡长男，钦与世袭。

六辈宋经，旧选簿查有：正德九年八月，宋经，无为州人，系锦衣卫锦衣中所旌节司故世袭百户宋颙嫡长男。

七辈宋文隆，旧选簿查有：嘉靖二十四年十二月，宋文隆，无为州人，系锦衣卫

---

① 《明神宗实录》卷514，万历四十一年十一月己未，"录延绥双山、响水、保宁斩获沙计猛克旗牌撒勒铁雷火落功，升……刘敏宽兵部左侍郎，荫一子世锦衣卫千户"；卷517，万历四十二年二月己酉，"录延镇三次斩虏有功员役……刘敏宽升兵部左侍郎兼右佥都御史，照旧巡抚，荫一子锦衣卫千户，世袭"。《明熹宗实录》卷15，天启元年十月辛卯，"叙万历四十二等年延镇功……原任总督三边兵部左侍郎刘敏宽升兵部尚书……各荫一子锦衣卫指挥佥事，世袭"；卷18，天启二年正月丁巳，"荫原升兵部尚书刘敏宽孙常洪锦衣卫左所指挥佥事……各世袭"；卷42，天启三年十二月甲午，"录延绥、宁夏、甘肃三镇节次有功文武百官杨应聘等……内……刘敏宽加太子太保，奏荐起用，原荫子锦衣卫正千户加升一级"。

衣中所旗节司年老实授百户宋经嫡长男。

八辈宋应凤，万历八年六月，宋应凤，年三十岁，无为州人，系锦衣卫衣中所旗节司故世袭百户宋文隆嫡长男，比中三等。

九辈宋荣宗，万历二十三年四月，宋荣宗，年十六岁，系锦衣卫衣前所旗节司故世袭百户宋应凤嫡长男，比中二等。• 219 •

十辈宋效宗，万历四十二年十二月，大选过锦衣卫衣中所实授百户一员宋效宗，年三十一岁，系故实授百户宋荣宗堂弟，比中三等。

十一辈宋应凰，万历四十四年二月，大选过锦衣卫衣中所实授百户一员宋应凰，年五十七岁，系故实授百户宋效宗亲父，比中三等。

十二辈宋承宗，天启七年六月，大选过锦衣卫衣中所旗节司实授百户一员宋承宗，年五十一岁，系故实授百户宋应凰堂侄，比中三等。

陆镆・实授百户

外黄查有：陆德，临（归）安县人。祖陆矩任刑部郎中，正统十四年福建开通道路并房村等处节次杀贼有功升都御史，故。父陆璇具奏，天顺元年以陆矩军功升所镇抚，成化十二年荆襄等处有功升实授百户，故。兄陆典系嫡长男，优袭，故，无嗣。德系亲弟，九年袭授锦衣卫中千户所旗节［司］百户。

一辈陆矩，已载前黄。

二辈陆璇，已载前黄。

三辈陆典，已载前黄。

四辈陆德，已载前黄。

五辈陆壬，［缺］。

六辈陆元震，旧选簿查有：嘉靖三十九年十月，陆元震，年五十五岁，归安县人，系锦衣卫衣中所旗节司实授百户。今患疾在所，有嫡长男陆镆，见年十八岁，告替。

七辈陆镆。

八辈陆松，万历八年十月，陆松，年六岁，归安县人，系锦衣卫衣中所旗节司带俸故实授百户陆镆嫡长男，照例与全俸优给，至万历十六年终住支。

万历十七年二月，陆松，年十五岁，归安县人，系锦衣卫衣中所旌节司故实授百户陆镆长男，出幼袭职，年幼未比。·220·

九辈陆栢，万历四十年十二月，大选过锦衣卫衣中所旌节司实授百户一员陆栢，年三十六岁，系故带俸实授百户陆松亲弟，比中三等。

十辈陆世标，天启六年四月，大选过锦衣卫衣中所旌节司实授百户一员陆世标，年二十八岁，系老实授百户陆栢亲侄。伊叔老疾无子，本舍告借，俟叔栢疾痊、生子退还，比中一等。

十一辈陆炯，崇祯十三年六月，大选过锦衣卫衣中所实授百户一员陆炯，年二十五岁，系故实授百户陆世标嫡长男。因病记比，限十月内补比。

邢纶·实授百户

缺。

一辈邢驯，缺。

二辈邢刚，缺。

三辈邢铎，旧选簿查有：成化二十二年六月，邢铎，大兴县人，系锦衣卫锦衣中所銮舆司世袭百户邢刚嫡长男。

四辈邢福，旧选簿查有：弘治八年四月，邢福，年十六岁，大兴县人，系锦衣卫锦衣中所銮舆司故世袭百户邢铎嫡长男，优给出幼袭职。

五辈邢弘仁，旧选簿查有：正德十五年四月，邢弘仁，年二十五岁，大兴县人，系锦衣卫衣中所銮舆司故百户邢福嫡长男。伊高祖邢驯功升试百户，曾祖邢刚袭，钦准实授前职。

六辈邢纶，旧选簿查有：嘉靖四十一年四月，邢纶，年三十二岁，大兴县人，系锦衣卫衣中所銮舆司年老实授百户邢弘仁亲男。

七辈邢永寿，万历十九年八月，邢永寿，年十六岁，大兴县人，系锦衣卫衣中所銮舆司故实授百户邢纶嫡长男，比中三等。·221·

高世兴·实授百户

内黄查有：高信，坝（霸）州人，洪武四年充校尉，本年选充小旗，三十三年济南升小旗，三十四年西水寨升仪卫司试典仗。高瑄系高信嫡长孙。祖永乐二年改任锦衣卫中所百户，十一年故；父高祥本年袭，十九年并入锦衣卫衣中所，老；瑄于正（宣）德九年替世袭百户。

一辈高信，已载前载（黄）。

二辈高祥，旧选簿查有：永乐十一年六月，高祥，系锦衣卫中所故伯父（百户）高信嫡长男，钦准袭授本卫所百户。

三辈高瑄，旧选簿查有：宣德九年五月，高瑄，系锦衣卫锦衣中所百户高得（祥）嫡长男，钦与世袭。

四辈高深，旧选簿查有：天顺八年十月，高深，年七岁，坝（霸）州人，系锦衣卫锦衣中所故世袭百户高瑄嫡长孙，钦与全俸优给，至成化八年终住支。

五辈高节，旧选簿查有：弘治七年四月，高节，坝（霸）州人，系锦衣卫锦衣中所故世袭百户高深嫡长男。

六辈高彦通，旧选簿查有：正德三年七月，高彦通，坝（霸）州人，系锦衣卫锦衣中所銮舆司故绝世袭百户高节堂叔。

七辈高祐，旧选簿查有：嘉靖九年六月，高祐，坝（霸）州人，系锦衣卫锦衣中所銮舆司世袭百户高彦通嫡长男。

八辈高承宗，旧选簿查有：嘉靖四年八月，高承宗，年二岁，坝（霸）州人，系锦衣卫中所銮舆司故世袭百户高祐嫡长男，照例与全俸优给，至嘉靖十七年终住支。

九辈高登，旧选簿查有：嘉靖五年八月，高登，年十岁，坝（霸）州人，系锦衣卫锦衣中所銮舆司已故绝优给百户高承宗亲叔，照例转名与本人全俸优给，至嘉靖十年终［住］支。

旧选簿查有：嘉靖十一年二月，高登，年十六岁，坝（霸）州人，系锦衣卫锦衣中所銮舆司故百户高祐亲弟。已与侄承宗优给，故绝，本人转名优给，今出幼袭职。

十辈高时仲，旧选簿查有：嘉靖十六年六月，高时仲，坝（霸）州人，系锦衣卫锦衣中所銮舆司故绝百户高登亲叔。

十一辈高世兴，旧选簿查有：嘉靖三十年四月，高世兴，坝（霸）州人，系锦衣卫中所銮舆司年老实授百户高时仲嫡长男。

十二辈高承勋，万历元年八月，高承勋，年二十七岁，坝（霸）州人，系锦衣卫衣中所銮舆司故实授百户高世兴嫡长男。

十三辈高北京，万历四年六月，高北京，年二十八岁，坝（霸）州人，系锦衣卫锦衣中所銮舆司故实授百户高承勋堂弟。

万历二十三年正月内，都察院咨，据直隶巡按御史陈遇文呈勘问得，锦衣卫百户高承教，先于万历三年图冒祖职……本州本里保送捏称京籍，朦胧保送承袭。已经查明，·222·相应革斥为民，仍命高承道起送承袭。

十四辈高承道，万历二十五年八月分，大选过锦衣卫衣中所銮舆司实授百户一员高承道，年三十二岁，坝（霸）州人，系冒袭革职高承教堂弟。本舍照例袭实授百户，未比。

王钦·实授百户

缺。

一辈王镇，缺。

二辈王良，旧选簿查有：永乐九年四月，王良，系锦衣卫衣中所为事充军立功阵亡世袭百户王镇嫡长男。

三辈王玺，旧选簿查有：正统九年十二月，王玺，系锦衣卫锦衣中所幡幢司世袭百户王良嫡长男。

四辈王春，旧选簿查有：成化二十年四月，王春，禹城县人，系锦衣卫锦衣中所幡幢司世袭百户王玺嫡长男。

五辈王骏，旧选簿查有：正德十三年四月，王骏，年十六岁，禹城［县］人，系锦衣卫锦衣中所幡幢司故世袭百户王春嫡长男，优给出幼世袭。

六辈王钦，旧选簿查有：嘉靖四十年六月，王钦，年二十八岁，禹城县人，系锦衣卫衣中所幡幢司年老实授百户王骏亲侄。

七辈王文魁，万历十三年八月，王文魁，年二十岁，禹城县人，系锦衣卫衣中所幡幢司患病世袭百户王钦嫡长男，比中一等。

八辈王三锡，天启七年十月，大选过锦衣卫衣后所实授百户一员王三锡，年三十七岁，系故实授百户王文魁嫡长男，比中三等。

九辈王大纪，崇祯五年四月，大选过锦衣卫衣后所实授百户一员王大纪，年十六岁，系故实授百户王三锡嫡长男，比中三等。•223•

房桓•实授百户

外黄查有：房让，泗州人。父房贵系房能下……固原州反贼满四，十一月克古城儿节次擒斩贼……柳树会等处节次杀贼，斩获首二颗升实授百户，故。让系嫡长［男］……

一辈房贵，已载前黄。

二辈房让，旧选簿查有：成化二年二月，房让，年十五岁，泗州人，系锦衣卫锦衣中所试所镇抚房贵嫡长男。父贵延绥等处杀贼获功二级，例升实授百户，未升病故；本人先因年幼，已与百户俸优给，今出幼，仍袭百户。

三辈房濬，旧选簿查有：弘治五年六月，房濬，年四岁，泗州人，系锦衣卫衣中所旗节司故世袭百户房让嫡长男，钦与全俸优给，至弘治十五年终住支。

四辈房桓，旧选簿查有：嘉靖三十二年四月，房桓，泗州人，系锦衣卫衣中所旗节司年老实授百户房濬嫡长男。

五辈房椿，隆庆五年四月，房椿，年五十六岁，泗州人，系锦衣卫中所斧钺司故实授百［户］房桓亲弟，革遇例，与袭试百户，钦准袭职。

六辈房楹，万历十三年十月，房楹，年五十九岁，系锦衣卫衣中所斧钺司故试百户房椿亲弟，比中三等。

张玄炳•实授百户

崇祯十二年六月，大选过锦衣卫衣中所实授百户一员张玄炳，年二十四岁，系故实授百户张国栋嫡长男，比中二等。[①]•224•

---

①《明熹宗实录》卷70，天启六年四月乙酉，"锦衣卫百户张国栋等疏言，臣同史宗邦带领旗尉提拿黄尊素至苏州地方经过，即闻城内周顺昌家属人等倡变，集众多人分布城外，将臣等拦截，乱打分尸抛水，并将驾帖、信牌、衣服抢毁一空。臣等身带重伤，央本处寇知府找查旗尉六人，杳无下落。臣等昏迷，前往，行至平望桥，又遭众恶截打。无路，只得雇觅小船从小路逃生，奔赴入京奏闻。得旨，黄尊素着彼处抚按速差的当员役扭解来京究问"。

殷琦 • 实授百户

[缺]。

一辈殷得，缺。

二辈殷礼，零选簿查有：洪武二十五年六月，殷礼，旧名普贤奴，系赣州卫中所故流官百户殷德嫡长男，钦准袭职，与世袭，锦衣卫管操小马军。

三辈殷忠，旧选簿查有：永乐十九年六月，殷忠，系锦衣卫带管故世袭百户殷礼嫡长男。

四辈殷锐，缺。

五辈殷清，缺。

六辈殷树，旧选簿查有：正德五年十月，殷树，怀远县人，系锦衣中所班剑司年老世袭百户殷清嫡长男。幼比不中，与支半俸，候二年再比。

七辈殷炤，旧选簿查有：正德八年六月，殷炤，年十八岁，怀远县人，系锦衣卫锦衣中所班剑司故世袭百户殷树嫡长男。

八辈殷塘，旧选簿查有：嘉靖二十四年十二月，殷塘，怀远县人，系锦衣卫衣中所班剑司故实授百户殷炤嫡长男。

九辈殷琦，旧选簿查有：嘉靖四十三年五月，殷琦，年三十六岁，怀远县人，系锦衣卫衣中所班剑司故实授百户殷塘亲弟。

十辈殷壆，万历二十四年八月，殷壆，年五十六岁，系锦衣卫衣左所故绝世袭百户殷琦亲弟。比试不中，例支半俸，候及二年起送再比。

十一辈殷良佐，万历三十二年六月，大选过锦衣卫衣左所旌节司实授百户一员殷良佐，年三十四岁，怀远县人，系疾绝嗣实授百户殷壆亲侄。俟殷壆生有儿男退还职事，比中三等。

十二辈殷良佑，万历四十年十二月，大选过锦衣卫衣左所旌节司实授百户一员殷良佑，年二十八岁，系故实授百户殷良佐亲弟，比中三等。• 225 •

吴国华 • 实授百户

外黄查有：吴俊，武城县人。父吴景宗，正统十四年军，本年易州、紫荆关、五郎河等……达有功，景泰元年升冠带总旗，拨锦衣卫衣左所旌节司，景泰三年调留守后卫，天顺元年仍回原卫，本年故。俊系嫡长男，并补，成化元年征进广西荔浦、断藤峡……等处斩级六颗，二年钦升本卫所实授百户，十一年钦与流官。吴杲年十四岁，系吴俊亲侄，［伊伯］病故，无儿男，父吴亮袭职，亦故，杲弘治四年七月钦与全俸优给，至弘治四年终住支。

一辈吴景宗，已载前黄。

二辈吴俊，已载前黄。

三辈吴亮，旧选簿查有：成化十年三月，吴亮，武城县人，系锦衣卫锦衣中所戈戟司故百户吴俊亲弟，钦与世袭。

四辈吴杲，旧选簿查有：弘治五年四月，吴杲，年十五岁，武城县人，系锦衣卫锦衣中所戈戟司故世袭百户吴亮嫡长男。

五辈吴经，旧选簿查有：正德十五年二月，吴经，年十五岁，武城县人，系锦衣卫锦衣中所戈戟司故世袭百户吴杲嫡长男，优给出幼袭职。

六辈吴国华，旧选簿查有：隆庆二年十月，吴国华，年十七岁，武城县人，系锦衣卫衣中所戈戟司年老实授百户吴经嫡长男。

七辈吴从治，万历二十七年六月，年九岁，选过锦衣卫中所戈戟司故实授百户吴国华嫡长男，全俸优给，三十二年终住支。

万历三十三年二月，大选过吴从治，年十五岁，武城县人，系锦衣卫衣中所戈戟司故实授百户吴国华嫡次男，出幼袭职，比中三等。

八辈吴翊明，崇祯十三年八月，选过锦衣卫中所弓矢司实授百户一员吴翊明，年二十五岁，系故实授百户吴从治嫡长男，比中三等。• 226 •

钱舆・实授百户

［缺］。

一辈钱泮。

二辈钱部，堂稿查有：嘉靖三十五年三月，一件急报阵亡官员事，内开：直隶苏松淮扬等处倭寇猖獗，参政钱泮被贼杀死。本部议拟，题奉圣旨“钱泮赠光禄寺卿，荫一子与做锦衣卫世袭百户”。该府起送前来，相应荫授，钱部荫授锦衣卫世袭百户，注衣中所。

三辈钱舆，旧选簿查有：嘉靖四十五年八月，钱舆，年二十八岁，常熟县人，系锦衣卫衣中所銮舆司实授百户钱部嫡长男。伊祖钱泮系参政，讨贼嘉靖三十四年对敌阵亡，该本部题奉钦依“荫一子与做锦衣卫世袭百户”，父钱部承袭实授百户，四十一年给假回籍，今痼疾，本舍照例与替实授百户。

钱舆，嘉靖四十五年九月，钱舆，年二十八岁，常熟县人，系锦衣卫衣中所銮舆司风疾实授百户钱部嫡长男。本舍照例与替实授百户，患病，未经比试，隆庆六年病痊，于本年八月十六日比试弓马得中，考试三等。

四辈钱可兴，万历四十六年四月，大选过锦衣卫衣中所世袭百户一员钱可兴，年二十八岁，系故百户钱舆嫡长孙。查父钱承恩未袭先故，本舍准袭实授百户，比中三等。

李元爵·实授百户

外黄查有：李旻，黄破，[①] 洪武三十二年攻真定升总旗，三十三年郑村坝升仪卫司……大同回还守城，永乐二年与世袭。

一辈李旻，已载前黄。

二辈李贵，旧选簿查有：永乐十三年二月，李贵，系锦衣卫中所百户李旻嫡长男，钦与世袭。

三辈李亨，旧选簿查有：永乐二十二年二月，李亨，系锦衣卫中所故世袭百户李贵亲弟。·227·

四辈李真，旧选簿查有：正统九年三月，李真，系锦衣卫衣中所故世袭百户李亨嫡长孙。

五辈李昇，旧选簿查有：正统十四年十月，李昇，系锦衣卫衣中所擎盖司征进未回李真亲弟。

六辈李节，旧选簿查有：成化二十年二月，李节，滦州人，系锦衣卫衣中所故世袭百户［李昇］嫡长男。

① 原簿此处标“黄破”二字，原贴黄破损之意。

七辈李缙，旧选簿查有：嘉靖七年二月，李缙，滦州人，系锦衣卫衣中所擎盖司世袭实授百户李节嫡长男。

八辈李诏，旧选簿查有：嘉靖二十九年六月，李诏，滦州人，系锦衣卫衣中所擎盖司年老实授百户李缙嫡长男。

九辈李元爵，旧选簿查有：嘉靖四十年四月，李诏，年四十五岁，滦州人，系锦衣卫衣中所擎盖司实授百户，今患老疾。在所有嫡长男李元爵，年二十三岁，告替。

十辈李国斌，万历三十年八月，系锦衣卫衣中所斧钺司故实授百户李元爵嫡长男，照例与全俸优给，至三十三年终住支。

万历三十四年四月，大选过锦衣卫衣中所斧钺司实授百户一员李国斌，年十五岁，系故实授百户李元爵嫡长男，出幼袭职，比中二等。

十一辈李国泰，崇祯九年四月，大选过锦衣卫衣中所实授百户一员李国泰，年四十三岁，系故实授百户李国斌亲弟，比中三等。

严梦象・实授百户

外黄查有：严刚，抚宁县人，洪武六年充校尉，三十二年真定升小旗，三十三年济南升总旗，三十四年克西水寨升仪卫司试典杖，存留守城。

一辈严刚，已载前黄。•228•

二辈严友，已载前黄。

三辈严祥，旧选簿查有：正统四年五月，严祥，系锦衣卫锦衣中所故世袭百户严友嫡长男。

四辈严俊，旧选簿查有：正统十四年九月，严俊，系锦衣卫锦衣中所擎盖司征进未回百户严祥亲弟。

五辈严震，旧选簿查有：成化十二年二月，严震，抚宁县人，系锦衣卫锦衣中所世袭百户严俊嫡长男。

六辈严明，旧选簿查有：弘治十六年十二月，严明，抚宁县人，系锦衣卫中所擎盖司故世袭百户严震嫡长男。①

① 此选簿三辈严祥至六辈严明选条，又见《明档》本册第258页“又一员・严明”选簿各选条。

七辈严经，旧选簿查有：嘉靖十八年四月，严经，抚宁县人，系锦衣卫锦衣中所擎盖司故实授百户严明嫡长男。

八辈严梦象，旧选簿查有：嘉靖三十九年二月，严经，年五十三岁，抚宁县人，系锦衣卫衣中所擎盖司实授百户，今患疾。在司有嫡长男严梦象，见年二十九岁，告替。

九辈严秉中，万历二十九年，大选过锦衣卫衣前所署正千户一员严秉中，年三十六岁，抚宁县人。伊父严梦象原袭实授百户，故。今秉中以舍人中式武举，授署所镇抚，合于实授百户上加升署职二级，合与袭署正千户，中式武举，例不比试。

十辈严以清，泰昌元年十月，大选过锦衣卫衣前所实授百户一员严以清，年二十岁，系故实授百户严秉中男，比中二等。

十一辈严顾行，崇祯十二年四月，大选过锦衣卫衣前所实授百户一员严顾行，年十九岁，系故实授百户严以清嫡长男，比中三等。

宋应奎·实授百户

外黄查有：宋得，山阳县人。祖宋兴旧姓杨，前张氏下万户，丙午年选充小旗，洪武四年总旗。十七年敬除世袭百户，故。宋瑶袭，故。得系长男，优袭，故。宋友系堂弟，袭世袭百户。宋应魁，年二十岁，系锦衣卫中所故见任实授百户宋继先嫡长男，嘉靖二十七年十月袭职。

一辈宋兴。• 229 •

二辈宋瑶。

三辈宋得。

四辈宋友。

五辈宋辅。

六辈宋喜。

七辈宋继先。

八辈宋应魁。

九辈宋国卿，万历四年四月，宋国卿，年十七岁，山阳县人，系锦衣卫中所患疾世袭百户宋应魁嫡长男。

十辈宋朝勋，万历四十四年十月，大选过锦衣卫中所实授百户一员宋朝勋，年三十六岁，系疾实授百户宋国卿嫡长男，比中三等。

十一辈宋朝卫，天启二年四月，大选过锦衣卫中所实授百户一员宋朝卫，年三十五岁，系故实授百户宋朝勋亲弟，比中三等。

靳辉先·实授百户

［缺］。

一辈靳整，钦升簿内查有：景泰元年，大同并代州北门外等处杀贼有功，锦衣卫总旗升试百户三员内一员靳整。

景泰元年十一月，大同长安岭杀贼有功升级，锦衣卫冠带总旗升百户二员内一员靳整。

二辈靳政，旧选簿查有：成化十年七月，靳政，宝坻县人，系锦衣卫锦衣中所百户靳整亲弟，钦与世袭。兄原系冠带总旗，大同北门外杀贼有功获功一级该升冠带总旗，造册错作总旗开报升试百户，未曾改正，又于长安岭杀贼获功一级作冠带总旗开报升实授百户，今患疾。本人改正替职，待有男还与职事。• 230 •

三辈靳秤住，旧选簿查有：弘治八年四月，靳秤住，年十五岁，宝坻县人，系锦衣卫锦衣中所擎盖司故世袭百户靳政庶长男，优给出幼袭职。

四辈靳泉，旧选簿查有：正德十六年六月，靳泉，年一十五岁，宝坻县人，系锦衣卫衣中所擎盖司故百户靳秤住嫡长男。伯祖靳整系小旗，遇例冠带，大同功升冠带总旗，长安岭功升百户，本人优给出幼袭职。

五辈靳辉先，旧选簿查有：嘉靖十九年十月，靳辉先，年八岁，宝坻县人，系锦衣卫中所故实授百户靳泉嫡长男，照例与全俸优给，至嘉靖二十五年终住支。

旧选簿查有：嘉靖二十六年八月，靳辉先，年十五岁，宝坻县人，系锦衣卫锦衣中所擎盖司带俸故实授百户靳泉嫡长男，优给出幼袭职。

六辈靳伯胤，万历八年十月，靳伯胤，年十二岁，宝坻县人，系锦衣卫衣中所擎盖司带俸故实授百户靳辉先嫡长男，照例与全俸优给，至万历十年终住支。

万历十一年六月，靳伯胤，年十五岁，宝坻县人，系锦衣卫衣中所擎盖司故带俸实授百户靳辉先嫡长男，出幼袭职，年幼未比。

谷凤翔·实授百户

外黄查有：谷高，蓟州人。外曾祖时达，洪武五年充军，故。曾祖谷谅（亮）补役，三十三年济南升小旗，三十四年西水寨升试百户，三十五年克金川门升太原左卫雁门千户所百户，疾。谷英系嫡长男，替，故。伯谷钦系嫡长男，袭，改兴府群牧所百户，故绝。父谷铭系亲弟，袭，正德五年随驾有功升锦衣卫中所正千户，故。高系嫡长男，嘉靖九年袭正千户。

一辈谷亮，已载前黄。

二辈谷英，旧选簿查有：正统八年六月，谷英，系振武卫雁门守御所故世袭百户谷亮户名时达嫡长男。

三辈谷钦，旧选簿查有：弘治二年六月，谷钦，蓟州人，系武功中卫左所故实授百户谷英嫡长男。

四辈谷铭，旧选簿查有：正德五年十二月，谷铭，蓟州人，系功成（武功）中卫左所改选兴府群牧所故绝世袭百户谷钦亲弟。有次兄谷昇瞎疾，不堪承袭，本人待次兄有男还与职事。

五辈谷高，旧选簿查有：嘉靖九年二月，谷高，蓟州人，系锦衣卫衣中所故正千户谷铭嫡长男。伊父原袭祖职兴府群牧所百户，随驾来京升前职，故。本舍告袭，已与百户俸优给，随乞恩准与正千户全俸优给，今出幼。所据正千户职事不系军功，例无承袭，但原奉钦依有“世袭”字样，奏请定夺。•231•

六辈谷凤祥，旧选簿查有：嘉靖二十八年八月，谷凤祥，年十岁，蓟州人，系锦衣卫衣中所故正千户谷高嫡长男。伊祖铭原系兴府群牧所实授百户，随驾来京升锦衣卫正千户，[①] 伊父已袭正千户一辈。所据从龙职级节奉明旨许袭一辈，本舍照例革与祖职实授百户俸优给，扣至嘉靖三十三年终住支。

旧选簿查有：嘉靖三十四年二月，谷凤翔，蓟州人，系锦衣卫衣中所旌节司故实授百户谷高嫡长男，优给出幼袭职。

① 《明世宗实录》卷2，正德十六年五月癸酉，“升藩邸仪卫司……典仗所百户……谷铭……俱正千户……仍各世袭”。

陆大节・实授百户

内黄查有：陆玉，大兴县人。父陆贵，正统年间故，玉未周岁，随母改嫁锦衣卫小旗张喜，年老无子，成化六年玉替役，并充小旗，十七年大同白孤庄有功升总旗，十八年遇例上马冠带，十九年下米庄斩首一颗升实授百户，又于石佛寺等处斩首一颗该升副千户，因改正革去上马冠带，将二次功次并升实授百户，二十二年大同〈扛〉堂子沟斩首二颗，弘治元年升锦衣卫衣中所副千户，本年奏复姓陆玉。

一辈陆玉，已载前黄。

二辈陆永，缺。

三辈陆基，旧选簿查有：嘉靖五年八月，陆基，系锦衣卫衣中所故革袭副千户陆永庶次男。伊祖玉未周岁，随母嫁小旗张喜，因替小旗，后历功升指挥佥事；父永减袭副千户，缘小旗一级系异姓立功，本人照例革袭实授百户。

四辈陆大节，旧选簿查有：隆庆三年二月，陆大节，年十二岁，系锦衣卫衣中所幡幢司故实授百户陆基嫡长男。查得伊祖陆玉原替异姓小旗，成化十七年白孤庄功升总旗，遇例冠带，十九年下米庄斩首一颗升实授百户，石佛寺斩首一颗该升副千户，因改正革去冠带一级，并升实授百户，二十二年大同堂子斩首二颗，弘治元年升副千户，故。父陆基袭，查小旗系异姓，革实授百户。今据白孤庄功无擒斩，本舍合革与试百户俸优给，至隆庆五年终住支。

陆大节，隆庆六年二月，陆大节，年十六岁，大兴县人，系锦衣卫衣中所幡幢司故试百户陆基嫡长男，优给出幼袭职。

五辈陆大用，万历二十九年二月，陆大用，年十八岁，系锦衣卫衣中所幡幢司故试百户陆大节堂弟，比中二等。

六辈陆士弘，万历四十七年十二月，大选过锦衣卫中所扇手司试百户优给舍人一名陆士弘，年十二岁，系故试百户陆大用嫡长男，照例与全俸优给，至五十年终住支。

天启三年二月，大选过锦衣卫衣中所扇手司试百户一员陆士弘，年十五岁，出幼袭职，比中三等。• 232 •

王洪·实授百户

内黄查有：王善，闽县人。父王兴，系御用监［太］监家人，正统十四年征剿福建叛贼邓茂七……级有功，景泰元年升锦衣卫锦衣中所戈戟司总旗，天顺元年征剿铜鼓五……斩级有功升试百户，八年遇例实授，成化元年征剿荔蒲县大藤峡等处擒斩贼级有功［升］副千户，十四年老。善嫡长男，替实授百户，弘治元年与世袭。

一辈王兴，已载前黄。

二辈王善，旧选簿查有：成化十四年十一月，王善，闽县人，系锦衣卫锦衣中所副千户王兴嫡长男。父原系功升〈副〉［试百户，遇］例实授，又获功升前职，今老疾，本人照例革替实授百户。

三辈王俸，旧选簿查有：正德元年十二月，王俸，闽县人，系锦衣卫锦衣中所戈戟司带俸故世袭百户王善嫡长男。

四辈王洪，旧选簿查有：嘉靖二十四年六月，王洪，闽县人，系锦衣卫衣中所戈戟司带俸年老实授百户王俸嫡长男。

五辈王伟，万历八年十二月，王伟，年二十六岁，闽县人，系锦衣卫衣中所戈戟司带俸故实授百户王洪堂侄，比中三等。

六辈王应孝，天启二年正月补元年十二月大选过锦衣卫衣中所戈戟司带俸世袭实授百户优给舍人一名王应孝，年六岁，系故带俸世袭实授百户王伟次男。准照祖职带俸世袭实授百户俸优给，扣至天启九年终住支。

崇祯三年十月，大选过锦衣卫衣中所戈戟司带俸实授百户一员王应孝，年十五岁，出幼袭职，比中三等。

郑鑑·实授百户

外黄查有：郑海，颍上县人。父郑安，宣德八年由将军收充锦衣卫力士，正统十四年试验弓砖得中，钦与冠带，景泰元年大同雷公山有功升冠带小旗，本年固安县有功升冠带总旗，本年大同有功升实授百户，三年调留守后卫，天顺九年湖广征苗有功升副千户，疾。兄郑玉系嫡长男，成化元年比替，故。侄郑继宗系嫡长男，优，十八年袭，故，无嗣。海系亲叔，弘治二年比袭锦衣卫中所副千户，带俸。

一辈郑安，已载前黄。

二辈郑玉，旧选簿查有：成化元年五月，郑玉，颍上县人，系锦衣卫中所副千户郑安嫡长男，钦与世袭。• 233 •

三辈郑继宗，旧选簿查有：成化十八年四月，郑继宗，年十五岁，颍上县人，系锦衣卫中所带俸故世袭副千户郑玉嫡长男。

四辈郑海，旧选簿查有：弘治二年四月，郑海，颍上县人，系锦衣卫中所故世袭副千户郑继宗亲叔。

五辈郑伟，旧选簿查有：嘉靖元年六月，郑伟，颍上县人，系锦衣卫中所世袭副千户郑海嫡长男。

六辈郑鑑，旧选簿查有：嘉靖二十九年八月，郑鑑，年十七岁，颍上县人，系锦衣卫中所带俸眼疾副千户郑伟嫡长男。伊祖郑安副千户内湖广功一级无擒斩，当革与做实授百户。

七辈郑国相，万历二十四年十月，郑国相，年二十一岁，系锦衣卫中所故带俸实授百户郑鑑嫡长男，比中三等。

马珠·实授百户

内黄查有：马福，唐县人。伯父马牛儿，洪武九年充军，故。父马庸补役，十六年并枪，充锦衣卫中所马军，二十五年升小旗，永乐六年升本所实授百户，七年与世袭，十三年故。福系长男，十四［年］袭锦衣卫中所世袭百户。

一辈马庸，已载前黄。

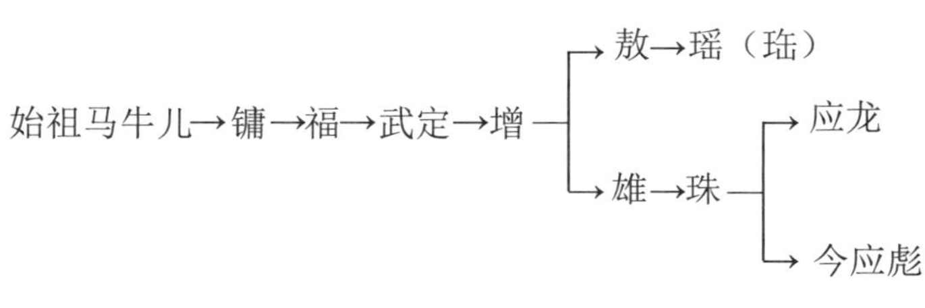

二辈马福，旧选簿查有：永乐十三年八月，马福，系锦衣卫中所故世袭百户马庸嫡长男。

三辈马武定，旧选簿查有：正统九年闰七月，马武定，年十五岁，系锦衣卫中所故世袭百户马福嫡长男。

四辈马增，旧选簿查有：成化十八年九月，马增，唐县人，系锦衣卫中所故世袭百户马武定嫡长男。

五辈马敖，旧选簿查有：嘉靖七年二月，马敖，唐县人，系锦衣卫中所老疾百户马增堂侄孙。伊堂伯祖无儿男，本人借职，待伯祖有男替还职事。

六辈马琉，旧选簿查有：嘉靖十年二月，马琉，年三岁，唐县人，系锦衣卫中所已故百户马敖嫡长男。

嘉靖二十二年二月，马琉，唐县人，系锦衣卫中所已故实授百户马敖嫡长男，优给出幼袭职。

七辈马珠，旧选簿查有：嘉靖四十二年六月，马珠，年三十四岁，唐县人，系锦衣卫中所故实授百户马琉亲叔弟。• 234 •

八辈马应龙，万历二十一年二月，大选过锦衣卫中所优给舍人马应龙，年十岁，系故实授百户马珠嫡长男，照例与全俸优给，至万历二十五年终住支。

九辈马应彪，万历二十二年十二月，大选过锦衣卫中所故优给实授百户马应龙亲弟，照例与全俸优给，至万历三十年终住支。

万历三十年十二月，马应彪，年十四岁，出幼袭职，比中三等。

十辈马登科，天启二年十二月，大选过锦衣卫中所实授百户一员马登科，年十五岁，系故实授百户马应彪嫡长男，比中三等。

郝炜·实授百户

内黄查有：郝鑛，完县人。有父郝班，洪武三年选充前仪卫司校尉，四年七月充小旗，八月充总旗，二十七年除本司典杖，故。鑛系嫡长男，永乐四年改锦衣卫衣中所百户，优给，永乐九年袭世袭百户。郝良系郝鑛嫡长男，[父] 故，良优，宣德八年袭本卫所百户。郝郢系郝良嫡长男，父故，琝于天顺元年袭锦衣卫衣中所班剑司世袭百户。郝鑑系郝琝嫡长孙，伊祖老，父郝勇替，故，鑑于弘治三年钦与全俸优给，弘治十五年终住支。郝相年二十九岁，系锦衣卫中所班剑司故百户郝鑑嫡长男，嘉靖十四年袭职。

一辈郝班，已载前黄。

二辈郝镇，已载前黄。

三辈郝良，诰命查有：郝良祖父郝班，洪武二十七年除典杖，故。父郝镇年幼优给，永乐四年改锦衣卫百户，优袭，故。[良] 系嫡长男，宣德五年优袭。

四辈郝珵，旧选簿查有：天顺元年五月，郝珵，年十六岁，完县人，系锦衣卫锦衣中所班剑司故世袭百户郝良嫡长男。

五辈郝勇，旧选簿查有：弘治元年闰正月，郝勇，完县人，系锦衣卫中所班剑司世袭百户郝珵嫡长男。

六辈郝鑑，旧选簿查有：弘治十六年八月，郝鑑，年十五岁，完县人，系锦衣卫中所班剑司故世袭百户郝勇嫡长男。• 235 •

七辈郝相，旧选簿查有：嘉靖十四年十二月，郝相，完县人，系锦衣卫衣中所班剑司故百户郝鑑嫡长男。

八辈郝炜，旧选簿查有：隆庆二年十月，郝炜，年二十四岁，完县人，系锦衣卫衣中所班剑司带俸年老实授百户郝相嫡长男。

九辈郝宗仁，万历三十二年六月，大选过锦衣卫衣中所班剑司实授百户一员郝宗仁，年三十二岁，完县人，系故实授百户郝炜嫡长男，比中三等。[①]

[十辈郝承胤]，崇祯元年九月补八月大选过锦衣卫中所班剑司带俸实授百户一员郝承胤，年二十岁，系疾带俸实授百户郝宗仁嫡长男，比中三等。

周冕・实授百户

外黄查有：周铎，曹县人，系辽海卫前所正千户周鼐弟。次兄周鋐宣德六年以舍人……等处公干回还，正统十年故。铎十四年辽东遇贼犯边，当先杀贼有功，景泰元年升实授所镇抚，比例告送锦衣卫镇抚司带俸，天顺五年海西等处公干有功升实[授百]户，成化二十年征进荆襄等处节次杀贼，斩获首级二颗，升副千户，本年征建州节次……杀贼，斩获首级一颗，四年升锦衣卫衣中所实授副千户，七年钦与流官。

一辈周铎，已载前黄。

---

① 原该九辈郝宗仁选条前阑入前“马珠・实授百户”选簿九辈马应彪选条：“九辈马应彪，万历二十二年十二月，马应彪，年六岁，唐县人，系锦衣卫中所故优给实授百户马应龙亲弟，照例与全俸优给，至三十年终住支。”今于正文中删除。

二辈周瓛，缺。

三辈周琦，旧选簿查有：永乐十三年八月，周琦，系锦衣卫衣中所故绝副千户周献（瓛）亲弟。伊父铎系舍人，景泰元年获功一级升所镇抚，海西公干升实授百户，荆襄功升署副千户，建州功升前职。所据海西公干不由军功，本人嘉靖元年照例于所镇抚上加二级与袭百户。

四辈周冕，旧选簿查有：嘉靖三十年八月，周冕，曹县人，系锦衣卫衣中所驯马司故实授百户周琦嫡长男，照旧实授百户。

五辈赵氏，隆庆六年七月，赵氏，年四十六岁，曹县人，系锦衣卫衣中所驯马司故百户周冕嫡妻。户无承袭之人，照例月与米二石优养，终身住支。• 236 •

刘有根

崇祯十三年二月，大选过锦衣卫衣中所散骑舍人一名刘有根，年十一岁，系故散骑舍人刘三畏嫡长男。察伊父加升指挥同知系流衔，例不世延，今本舍合准袭祖职散骑舍人，优给至崇祯十六年终住支。

王廷臣·实授百户

外黄查有：王稀古，固安县人。曾祖王智，赘于总旗甄荣为婿，生王澍、王濬、王清，正统十四年召募二叔祖王濬，德胜门杀贼有功升冠带小旗，十一月固安杀贼有功升冠带总旗，景泰元年大同北门外当先杀贼有功升实授百户，故，无子。祖王澍系亲兄，袭，老。父王继宗系庶长男，替，故。稀古系嫡长男，袭实授百户。

一辈王濬，已载前黄。

二辈王澍，旧选簿查有：成化五年十二月，王澍，固安县人，系锦衣卫锦衣中所故百户王濬亲兄，钦与世袭。

三辈王继宗，旧选簿查有：弘治六年二月，王继宗，固安县人，系锦衣卫中所弓矢司世袭百户王澍庶长男。

四辈王稀古，旧选簿查有：嘉靖二年十月，王稀古，固安县人，系锦衣卫衣中所弓矢司故百户王继宗嫡长男。

五辈王廷臣，旧选簿查有：嘉靖十八年十月，王廷臣，年一十一岁，固安县人，系锦衣卫锦衣中所故实授百户王稀古亲侄，照例与全俸给，至嘉靖二十二年终住支。

旧选簿查有：嘉靖二十四年二月，王廷臣，年十六岁，固安县人，系锦衣卫锦衣中所弓矢司故实授百户王稀古亲侄，优给出幼袭职。

六辈王懋卿，万历二十五年八月，王懋卿，年四十七岁，系锦衣卫衣右所驯马司故署实授百户王廷臣嫡长男。查祖王濬升实授百户系越升一级，本舍照例量革袭署实授百户事试百户，比中一等。

七辈王懋庆，万历四十年正月，单本选过锦衣卫衣右所戈戟司署实授百户事试百户一员王懋庆，年三十六岁，系老署实授百户事试百户王懋卿亲弟，比中一等。• 237 •

陈寰・百户

外黄查有：陈溥，寿州人。高祖陈得新，丙申年归附，甲辰年选充总旗，洪武三年拨金华所，十年故。曾祖清纪录，十七年补役，二十年调温州卫，二十八年改龙江右卫，三十年以年深除府军左卫中所世袭百户，三十三年白沟河失陷。祖宗启系嫡长男，三十五年优给，永乐五年替除仪真卫前所，八年调虎贲右卫后所，十六年管黄船升副千户，正统十四年北征土木被伤。父铎系亲男，本年替职，成化十年故。兄济系嫡长男，十一年袭职，二十年风疾，无嗣。溥系亲弟，二十一年革袭锦衣卫中所百户。

一辈陈得新，已载前黄。

二辈陈清，已载前黄。

三辈陈宗启，旧选簿查有：永乐二年十二月，陈宗启，系府军左卫中所故世袭百户陈清嫡长男，授仪真卫前所百户。副千户功次，已载前黄。

四辈陈铎，旧选簿查有：正统十四年十月，陈宗启，年五十九岁，系锦衣卫中所征伤副千户。有嫡长男陈铎，年三十一岁，替职。

五辈陈济，旧选簿查有：成化十一年二月，陈济，寿州人，系锦衣卫中所故世袭副千户陈铎嫡长男。

六辈陈溥，缺。

七辈陈桂，旧选簿查有：正德四年十二月，陈桂，寿州人，系锦衣卫中所年老世袭百户陈溥嫡长男。

八辈陈表，旧选簿查有：正德十年二月，陈表，寿州人，系锦衣卫中所百户陈桂嫡长男。

九辈陈寰，旧选簿查有：嘉靖五年十二月，陈寰，年九岁，寿州人，系锦衣卫中所故实授百户陈表嫡长男，照例与全俸优给，至嘉靖十年终住支。

旧选簿查有：嘉靖十一年二月，陈寰，年十五岁，寿州人，系锦衣卫中所故百户陈表嫡长男，优给出幼袭职。

十辈陈嘉言，隆庆六年四月，陈嘉言，年二十七岁，寿州人，系锦衣卫中所患疾实授百户陈寰嫡长男。

十一辈陈四维，万历十二年八月，陈四维，年三岁，寿州人，系锦衣卫中所故实授百户陈嘉言嫡长男，照例与全俸优给，至万历二十四年终住支。

万历二十五年十二月，陈四维，年十五岁，系锦衣卫中所故实授百户陈加（嘉）言嫡长男，出幼袭职。违限一年，有无多支，查扣。比中三等。• 238 •

季澄·实授百户

内黄查有：季敏，莱阳县人。父季旺，洪武二十四年充锦衣卫后所力士，二十八年将亲姑改奴进送内省，二十九年充女户带刀，五月钦除试百户，三十二年接应永平，郑村坝升副千户，永乐四年故。敏系嫡长男，五年袭，十三年调锦衣卫中所。季能系季敏亲侄，伯父无儿男，能正统十二年替副千户。

一辈季旺，已载前黄。

二辈季勋，缺。

三辈季敏，旧选簿查有：永乐二十一年六月，季敏，系锦衣卫锦衣中所故百户季勋旧名伯奴嫡长男。

四辈季能，旧选簿查有：正统十二年十月，季能，系锦衣卫中所世袭副千户季敏堂侄。

五辈季扬，旧选簿查有：成化十年六月，季扬，莱阳县人，系锦衣卫衣中所世袭副千户季能嫡长男。

六辈季鑑，旧选簿查有：弘治六年二月，季鑑，莱阳县人，系锦衣卫中所故世袭副千户季扬嫡长男。

七辈季福，旧选簿查有：嘉靖二十一年六月，季福，莱阳县人，系锦衣卫中所老疾副千户季鑑嫡长男。查得伊曾祖能黄选称呼不同，本人照例量革与实授百户。本人比试不中，照例与支半俸，候及二年起送再比。

八辈季永安，旧选簿查有：嘉靖三十四年二月，季永安，年十岁，系锦衣卫中所故实授百户季福嫡长孙，照例与全俸优给，至嘉靖三十八年终住支〈支〉。

九辈季禄，旧选簿查有：嘉靖三十七年八月，季禄，莱阳县人，系锦衣卫中所故优给实授百户季永安亲叔祖。

十辈季澄，旧选簿查有：嘉靖四十年四月，季澄，年二岁，莱阳县人，系锦衣卫中所年老实授百户季禄嫡长男，照例优给，至嘉靖五十三年终住支。

十一辈季恺，万历元年十月，季恺，年十七岁，莱阳县人，系锦衣卫中所故实授百户季澄堂兄。

十二辈季宽，万历四十年六月，大选过锦衣卫中所实授百户一员季宽，年三十岁，系疾实授百户季恺嫡长男，比中三等。

十三辈季大光，万历四十三年十月，大选过福府仪卫司典仗优给舍人一名季大光，年十一岁，系故典仗季宽嫡长男，照例与全俸优给，至四十七年终住支。• 239 •

林朝庆 • 实授百户

外黄查有：林旺，江陵县人。祖林广系甲辰军，洪武二十二年……［锦］衣卫衣中所，八年升试百户，仍与本所带管支俸……庆年八岁，系锦衣卫衣中所旌节司带俸故实授百户林桂嫡［长男］……四十六年终住支。

一辈林普广，已载前黄。

二辈林海。

三辈林旺，旧选簿查有：永乐十七年八月，林旺，系北京锦衣卫中所带管支俸试百户林海亲弟。原系总旗，征剿胡寇升除前职，病故，钦准袭实授世袭百户。

四辈林琇，旧选簿查有：正统八年五月，林琇，系锦衣卫镇抚司带管故世袭百户林旺嫡长男。

副千户功次，成化四年建州功次查有：升一级锦衣卫实授百户升副千户林琇。

正千户功次，成化十五年建州功次查有：锦衣卫副千户升正千户林琇。

五辈林忠，旧选簿查有：成化二十年十月，林忠，江陵县人，系锦衣卫锦衣中所正千户林琇嫡长男，钦与世袭。

六辈林辅，旧选簿查有：正德四年十二月，林辅，江陵县人，系锦衣卫锦衣中所年老世袭正千户林忠嫡长男。

七辈林鏊，旧选簿查有：嘉靖五年六月，林鏊，江陵县人，系锦衣卫锦衣中所故正千户林辅次男。

八辈林桂，零选查有：嘉靖三十七年二月，林桂，江宁（陵）县人，系锦衣卫衣中所老疾带俸副千户林鏊嫡长男。查伊高祖琇以实授百户成化三年建州功升副千户，十五年建州功升正千户，曾祖、父沿袭。所据建州功升二级俱查无擒斩，例应减革。本舍革替实授百户。

九辈林朝庆，旧选簿查有：嘉靖四十年八月，林朝庆，年八岁，江陵县人，系锦衣卫衣中所旌节司带俸故实授百户林桂嫡长男，照例与全俸优给，至嘉靖四十六年终住支。

旧选簿查有：隆庆二年二月，林朝庆，年十五岁，江陵县人，系锦衣卫衣中所旌节司带俸故实授百户林桂嫡长男，优给出幼袭职。

十辈林凤翔，天启四年四月，大选过锦衣卫衣中所旌节司实授百户一员林凤翔，年十七岁，系老实授百户林朝庆次男，比中三等。• 240 •

王言·百户

外黄查有：王敬，祥符县人。父王贵，旧名孙思孝，洪武四年从军，二十四年并枪充小旗，二十六年充总［旗］，锦衣卫带刀，四月除锦衣卫中所世袭百户，本年授世袭，三十二年阵亡。敬系嫡长男，袭，三十五年为倒死马匹事，钦依宥罪还职，罚俸三个月。

一辈王贵，已载前黄。

二辈王敬，已载前黄。

三辈王礼，旧选簿查有：景泰元年闰正月，王礼，系锦衣卫中所世袭百户王敬嫡长男。

四辈王铭，旧选簿查有：天顺五年六月，王铭，祥符县人，系锦衣卫中所故世袭百户王礼嫡长男。

五辈王昱，旧选簿查有：弘治二年三月，王昱，幼名定儿，年十六岁，［祥］符县人，系锦衣卫中所故百户王铭嫡长男。

六辈王龙，旧选簿查有：嘉靖十二年二月，王龙，年二十八岁，祥符县人，系锦衣卫中所老疾世袭百户王昱嫡长男。

七辈王言，旧选簿查有：嘉靖二十七年二月，王言，年十五岁，祥符县人，系锦衣卫中所故世袭百户王龙嫡长男，优给出幼袭职。

八辈王世雍，万历十五年十月，王世雍，年十三岁，祥符县人，系锦衣卫中所故实授百户王言嫡长男，照例与全俸优给，至万历十六年终住支。

万历十七年二月，王世雍，年十五岁，祥符县人，系锦衣卫中所故实授百户王言长男。出幼袭职。

胡讃·实授百户

外黄查有：胡兴，邢台县人。兄胡云，洪武四年充仪卫司校尉，三十三年残疾。将兴代役，随军征讨，白沟河升小旗，三十四年夹河升总旗，三十五年平定京师升除锦衣卫中所百户。

一辈胡兴。

二辈胡清，旧选簿查有：宣德五年四月，胡清，系锦衣卫中所世袭百户胡兴嫡长男。• 241 •

三辈胡英，旧选簿查有：天顺元年五月，胡英，年三十二岁，邢台县人，系锦衣卫中所世袭百户胡清嫡长男。

四辈胡福，旧选簿查有：弘治二年十二月，胡福，邢台县人，系锦衣卫中所世袭百户胡英嫡长男。

五辈胡钦，旧选簿查有：嘉靖七年四月，胡钦，邢台县人，系锦衣卫中所已故实授百户胡福嫡长男。

六辈胡诏，缺。

七辈胡讃，旧选簿查有：嘉靖四十二年九月，胡讃，年四十五岁，邢台县人，系锦衣卫中所故实授百户胡诏亲弟。

八辈胡承恩，万历十四年二月，胡承恩，年二十二岁，邢台县人，系锦衣卫中所年老实授百户胡讃嫡长男，比中二等。

崇祯元年四月，大选过锦衣卫中所实授百户一员胡□寿，年四十三岁，系故实授百户胡承恩嫡长男，比中……

张承节·实授百户

缺。

一辈张宽，缺。

二辈张贵，旧选簿查有：永乐十一年十二月，张贵，系锦衣卫中所世袭百户张宽嫡长男。

三辈张能，缺。

四辈张鹏，旧选簿查有：天顺八年八月，张鹏，大兴县人，系锦衣卫中所故世袭百户张贵嫡长男。先因年幼，亲叔张能借职，今患风疾，本人长壮袭职，伊叔革闲。

五辈张镇，旧选簿查有：正德二年七月，张镇，大兴县人，系锦衣卫中所世袭百户张鹏嫡长男。• 242 •

六辈张钦，旧选簿查有：正德八年二月，张钦，大兴县人，系锦衣卫中所为事监故世袭百户张镇亲弟。伊兄为监守自盗事问拟立功，监故，本人袭职。

七辈张承节，旧选簿查有：嘉靖四十年十二月，张承节，年十六岁，大兴县人，系锦衣卫中所年老实授百户张钦庶长男。

八辈张国光，万历五年四月，张国光，年六岁，大兴县人，系锦衣卫中所故实授百户张承节嫡长男，照例与全俸优给，至万历十四年终住支。

万历十五年二月，张国光，年十六岁，大兴县人，系锦衣卫中所故实授百户张承节嫡长男。出幼袭职，年幼未比。

王琮·实授百户

内黄查有：王凤，五河县人。高祖王仲明，吴元年从军，故。曾祖王关保补役，洪武三十三年升小旗，白沟河阵亡。曾祖王满补役，升总旗，三十四年通州夺门奇功升实授百户，永乐二年改宽河卫，宣德四年故。祖王通系长亲男，九月袭职，成化二年老疾。父王真系嫡长男，十一月替职，二十三年故。凤系嫡长亲男，弘治元年袭职，六年改兴府长史司带管百户。

一辈王关保，已载前黄。

二辈王满，已载前黄。

三辈王通，已载前黄。

四辈王真，已载前黄。

五辈王凤，已载前黄。

六辈王钦，缺。

七辈王琮，旧选簿查有：嘉靖十八年十月，王琮，年十四岁，五河县人，系锦衣卫衣中所故正千户王钦亲侄。伊祖凤正系实授百户，正德十五年随驾赴京升正千户[①]，伯父钦沿袭。所据随驾升职不由军功，例应减革，本舍照例革与实授百户俸优给，至嘉靖十九年终住支。

旧选簿查有：嘉靖二十年五月，王琮，五河县人，系锦衣卫衣中所幡幢司实授百户王钦亲侄，优给出幼袭职。• 243 •

胡永靖 • 实授百户

崇祯十三年十二月，大选过锦衣卫衣中所旌节司实授百户一员胡永靖，年四十岁，系故实授百户胡进尧亲侄，比中二等。

刘国柱 • 实授百户

内黄查有：刘源，定兴县人，洪武三十四年报效编充小旗，十月升充仪卫司总旗，三十五年平定京师钦升锦衣卫中所百户。

一辈刘源，已载前黄。

---

① 《明世宗实录》卷 2，正德十六年五月癸酉，“升藩邸仪卫司……典仗所百户刘海……俱正千户……仍各世袭”。

二辈刘海，旧选簿查有：永乐十五年二月，刘海，系锦衣卫中所立功百户胡（刘）源嫡长男。

三辈刘安，旧选簿查有：景泰元年五月，刘安，系锦衣卫中所故世袭百户刘海嫡长男。

四辈刘璋，旧选簿查有：成化八年四月，刘璋，定兴县人，系锦衣卫中所故世袭百户刘安嫡长男。

五辈刘镇，缺。

六辈刘隆，旧选簿查有：成化二十年四月，刘隆，年七岁，定兴县人，系锦衣卫中所故世袭百户刘璋嫡次男。已与亲兄〈优给〉优给，亦故，钦与全俸优给，至成化二十八年终住支。

七辈刘珙，旧选簿查有：弘治元年三月，刘珙，定兴县人，系锦衣卫中所故世袭百户刘璋亲弟。

八辈刘昇，旧选簿查有：正德八年六月，刘昇，定兴县人，系锦衣卫中所故世袭百户刘珙嫡长男。

九辈刘福，旧选簿查有：嘉靖十九年二月，刘福，定兴县人，系锦衣卫中所故实授百户刘昇嫡长男。

十辈刘国柱，旧选簿查有：嘉靖三十年八月，刘国柱，定兴县人，系锦衣卫中所故实授百户刘福嫡长男，照例与全俸优给，至嘉靖三十八年终住支。

旧选簿查有：嘉靖三十九年二月，刘国柱，年十六岁，定兴县人，系锦衣卫中所故实授百户刘福嫡长男，优给出幼袭职。• 244 •

十一辈刘思忠，万历五年四月，刘思忠，年七岁，定兴县人，系锦衣卫中所带俸故实授百户刘国柱嫡长男，照例与全俸优给，至万历十三年终住支。

万历十四年二月，刘思忠，年十六岁，定兴县人，系锦衣卫中所故实授百户刘国柱嫡长男，出幼袭职，比中二等。

陈志高·实授百户

外黄查有：陈政，济宁州人。曾祖陈贵系女户，故。祖陈显正统十四年以舍人报效与冠带，德胜门外杀贼有功，固安县并坝（霸）州等处追夺有功，景泰元年升锦衣卫左所实授百户，成化十年老。父陈祥系嫡长男，本年替职，二十二年故。政系嫡长男，本年袭授锦衣卫左所百户。

一辈陈显，旧选簿查有：景泰元年，锦衣卫总旗升百户陈显。

二辈陈祥，旧选簿查有：成化十年四月，陈祥，济宁州人，系锦衣卫左所百户陈显嫡长男，钦与世袭。

三辈陈政，旧选簿查有：成化二十二年九月，陈政，济宁州人，系锦衣卫左所故世袭百户陈祥嫡长男。

四辈陈钺，旧选簿查有：正德二年十二月，陈钺，济宁州人，系锦衣卫左所故世袭百户陈政堂侄。

五辈陈镗，旧选簿查有：正德十五年十二月，陈镗，济宁州人，系锦衣［卫］左所调中所故绝百户陈钺亲弟。曾祖陈显系民人报效，例授冠带，坝（霸）州、固安二次获功升前职。

六辈陈志高，旧选簿查有：嘉靖三十一年六月，陈志高，济宁州人，系锦衣卫中所实授百户陈镗嫡长男。

七辈陈登瀛，万历十四年四月，陈登瀛，年九岁，济宁州人，系锦衣卫衣前所故正千户陈志高嫡长孙。伊祖原袭实授百户，以武举加升署正千户，遇例实授。所据武举、遇例职级俱不准袭，本舍应照例减革以祖职实授百户全俸优给，至万历十九年终住支。

万历二十年四月，陈登瀛，年十五岁，系锦衣卫衣前所故实授百户陈志高长孙，年幼未比，候年二十岁起送比试弓马。

八辈陈梦得，崇祯九年正月补八年十二月大选，过锦衣卫前所斧钺司实授百户一员陈梦得，年十七岁，系老实授百户陈登瀛嫡长孙，比中三等。• 245 •

石勋 • 实授百户

内黄查有：石玉，旧名车儿，遵化县人。父石友文，洪武二十三年充锦衣卫中所力士，三十五年故。玉补役，永乐三年选替梳篦，八年随征，二十二年钦除锦衣卫中所百户，支俸不管事，正统七年钦与流官。

一辈石友文，已载前黄。

二辈石玉，旧选簿查有：正统十三年八月，石玉，旧名车儿，年六十一岁，系锦衣卫中所老疾带俸百户。原系力士，除授前职，有嫡长男石福贵，年四十岁，替职。

三辈石福贵，缺。

四辈石钦，旧选簿查有：石钦，遵化县人，系锦衣卫中所世袭百户石福贵嫡长男。

五辈石勋，旧选簿查有：嘉靖二十七年十月，石勋，遵化县人，系锦衣卫中所故带俸实授百户石钦嫡长孙，照旧实授百户。

六辈石厚，万历五年二月，石厚，年二十岁，遵化县人，系锦衣卫中所带俸故实授百户石勋嫡长男。比试弓马得中，考试三等。

七辈石进忠，万历三十九年四月，大选过锦衣卫中所实授百户优给舍人一名石进忠，年十岁，系故实授百户石厚嫡长男，照例与全俸优给，至四十四年终住支。

万历四十四年四月，大选过锦衣卫中所实授百户一员石进忠，年十六岁，出幼袭职，比中二等。

八辈石进孝，万历四十八年四月，大选过锦衣卫中所实授百户一员石进孝，年十七岁，系故实授百户石进忠亲弟，比中三等。

陈鸾・实授百户

内黄查有：陈昌，交阯人。父陈受系内使陈添保侄男，正统十四年德胜门外杀贼有功升冠带总旗，天顺五年广西浔州等处节次擒斩贼级有功，七年升实授百户，故。昌系嫡长男，袭本卫所带俸百户。

一辈陈受，功次簿查有：天顺五年两广杀贼获功一级，锦衣卫冠带总旗［升］实授百户一员陈受。

二辈陈昌，旧选簿查有：成化十三年，陈昌，利仁县人，系锦衣卫中所旗（旌）节司故百户陈受嫡长男，钦与世袭。・246・

三辈陈云，旧选簿查有：陈云，系昌嫡长孙。伊父年老，云于正德八年四月钦准替本卫所带俸。①

四辈陈鸾，旧选簿查有：嘉靖三十三年二月，陈鸾，年二十二岁，利仁县人，系

① 此选簿二辈陈昌、三辈陈云选条所载履历，又见《明档》本册第255页“又一员・陈云”选簿。

锦衣卫衣中所旌节司故带俸实授百［户］陈云亲侄，照旧实授百户。

李禄・实授百户

外黄查有：李森，抚宁县人。父李仪，洪武四年充校尉，三十三年济南升小旗，三十四年西水寨升总旗，三十五年汴河失陷。七十八系嫡长男，永乐元年补充总旗，本年升锦衣卫前所百户，宣德元年改名李森。

一辈李仪，已载前黄。

二辈李森，已载前黄。

三辈李广，吊来诰命查有：李广，系锦衣卫前所实授百户李森嫡长男。

四辈李兴，旧选簿查有：景泰四年八月，李兴，抚宁县人，系锦衣卫中所世袭百户李广嫡长男。

五辈李鸾，旧选簿查有：弘治元年三月，李鸾，抚宁县人，系锦衣卫中所故世袭百户李兴嫡长男。

六辈李禄，旧选簿查有：嘉靖二十三年八月，李禄，抚宁县人，系锦衣卫中所年老实授百户李鸾嫡长男。

王应元

万历三十五年十二月，大选过锦衣卫衣中所署指挥使一员王应元，年三十四岁，迤北人，系镇抚司老达官指挥佥事王承勋嫡长男。本舍以武举中式，先授衣中所署所镇抚，合并授署指挥使一辈，月支武举米三石，以后子孙止袭祖职指挥佥事。[1] • 247 •

王正荫，崇祯十年九月补八月大选，过锦衣卫衣中所指挥佥事优给舍人一名王正荫，年三岁，系故指挥佥事王应元次男。伊父原系镇抚司达官，万历三十五年以武举中式，钦准并授衣中所署指挥使。今本舍以应元次男该卫结保前来，合准照例与祖职

① 该选簿王应元选条履历，又见《明档》本册第469页所补“王应元”选簿。《明光宗实录》卷6，泰昌元年（万历四十八年）八月癸亥，“命锦衣卫指挥王应元……俱堂上佥书管事”。《明熹宗实录》卷7，天启元年闰二月庚子，“兵科都给事中蔡思充等、河南道御史董元儒等遵例纠拾中府佥书……锦衣卫指挥使王应元……部覆……王应元等俱革任回卫……从之”。

指挥佥事全俸优［给］，俟出幼之日仍归原卫，至崇祯二十一年终住支。

蒲应爵·实授百户

外黄查有：蒲青，新城县人，洪武三十四年自愿报效投充校尉，三十五年平定京师升小旗，杀败番贼升试百户。蒲旺系蒲青嫡长男，父西洋功未升故，旺年幼，钦升优袭。蒲刚系蒲旺堂弟，堂兄故，无儿，刚袭授世袭百户。

一辈蒲青，已载前黄。

二辈蒲旺，已载前黄。

三辈蒲刚，已载前黄。

四辈蒲贵，旧选簿查有：成化九年十二月，蒲贵，保定府新城县人，系锦衣卫中所世袭百户蒲刚嫡长男。

五辈蒲洪，旧选簿查有：成化二十一年十一月，蒲洪，新城县人，系锦衣卫中所世袭百户蒲贵嫡长男。

六辈蒲锦，旧选簿查有：正德十一年十二月，蒲锦，新城县人，系锦衣卫中所世袭百户蒲洪嫡长男。

七辈蒲昂，旧选簿查有：嘉靖二十三年六月，蒲昂，新城县人，系锦衣卫中所故实授百户蒲锦嫡长男。

八辈蒲应爵，旧选簿查有：嘉靖三十三年十月，蒲应爵，新城县人，系锦衣卫中所故实授百户蒲昂嫡长男，照例与全俸优给，至嘉靖三十八年终住支。

旧选簿查有：嘉靖三十九年二月，蒲应爵，年十五岁，新城县人，系锦衣卫中所故实授百户蒲昂亲男，优给出幼袭职。• 248 •

马鸾·［百］户

［缺］。

一辈马志，缺。

二辈马昇，旧选簿查有：永乐十一年十二月，马昇，旧名拜住，系锦衣卫衣中所淹故世袭百户马志嫡长男，钦准袭授本卫所百户。

三辈马祯，旧选簿查有：正统十四年九月，马祯，系锦衣卫锦衣中所擎盖司征进未回百户马昇嫡长男。

四辈马玺，旧选簿查有：成化十一年九月，马玺，大兴县人，系锦衣卫锦衣中所世袭百户马祯嫡长男。

五辈马隆，旧选簿查有：弘治十一年四月，马隆，大兴县人，系锦衣卫锦衣中所故世袭百户马玺嫡长男。

六辈马鸾，旧选簿查有：正德十五年十二月，马鸾，大兴县人，系锦衣卫衣中所擎盖司故百户马隆嫡长男，优给出幼袭职。

张维言·百户

外黄查有：张诚，苏州府昆山县人。祖张二，吴元年充军，调燕山前所（卫），故。祖张俊补役，三十二年［奉］天征讨，三十三年白沟河大战，济南功升小旗，三十四年克西水寨升总旗，三十五年克应［天府］升百户，故。伯张智袭，宣德十年征哱罗口杀贼有功，正统元年升副千户，成化五年老。诚系侄，袭……前卫前所副千户。张祥系泾府仪卫司仪卫副张诚嫡长男，原系陈州卫中所副千户，改今所。

一辈张俊，已载前黄。

二辈张智，已载前黄。

三辈张诚，已载前黄。

四辈张祥，已载前黄。

五辈张福，缺。

六辈张维言，旧选簿查有：嘉靖二十一年十月，张维言，昆山县人，系锦衣卫衣中所年老副千户张福嫡长男。伊曾伯祖智原袭百户，宣德元年跟太监王安公干升副千户，故，祖、父沿袭。所据公干升级不系斩首军功，例应减革，照例革与本舍祖职百户。• 249 •

陈至道

万历二十七年六月，年十岁，系锦衣卫衣中所故实授百户陈应聘嫡长男，全俸优

给……[①]

中所实授百户一员·缑锁

弘治五年六月，缑纶，年二十八岁，系锦衣卫中所冠带总旗升本所试百户。

正德四年二月，缑锁，山后人，系锦衣卫衣中所故副千户缑纶嫡长男。伊父原系功升百户，弘治十八年大同等处三次当先升前职。本人照例革袭实授百户，钦与世袭。

又一员·神凤

正德十四年十二月，神凤，年三十四岁，寿州人，系锦衣卫衣中所故正千户神同亲兄。伊弟以舍人审系纳级冠带，大同功升冠带总旗，西平功升实授百户，[②]宋门店等处功升副千户，偏头关功升前职。除纳级冠带例不该袭，扣算军功止有四级，本人照例革袭实授百户，世袭。

又一员·王锦

正统十三年十一月，王贵，系锦衣卫中所总旗，今升试百户。

天顺元年二月，王贵，原系锦衣卫锦衣中所百户，瓦剌公干升一级升副千户。

天顺八年二月，王瑄，洛阳县人，系锦衣卫中所年老副千户王贵嫡长男，钦与世袭。

正德二年十二月，王锦，洛阳县人，系锦衣卫中所年老副千户王瑄嫡长男。伊祖王贵原系总旗，正统十三年瓦剌公干升试百户，天顺元年正月遇例实授，本年二月又以瓦剌公干乞升副千户，父袭职，今本人·250·照例革替实授百户。

---

① 该选簿有划去痕迹。

② 《明武宗实录》卷126，正德十年六月壬午，“升赏山西代州御虏有功阵亡官舍旗军锦衣卫百户神同等三百五十五人有差”。

又一员・万瑭

正德十六年七月，万瑭，年四十三岁，涿鹿卫军籍，系锦衣卫中所故绝百户万瑞亲弟。父万岩系王亲乞升前职，本人系乞升冠带总旗，今题奉钦依，准袭前职，总旗名役开除。①

又一员・万承勋

正德十二年八月，万广洋，年二十八岁，涿鹿卫人，系锦衣卫衣中所銮舆司故带俸百户万瑛嫡长男。伊父原系吉王母侄，乞升试百户，遇例实授，又奉特恩准世袭。不由军功，题奉钦依，准袭实授百户。

嘉靖元年六月，万承勋，年九岁，系锦衣卫衣中所銮舆司带俸世袭百户万广洋嫡长男，钦与全俸优给，至嘉靖六年终住支。

又一员・刘钦

正德十二年九月，刘钦，年十七岁，番禺县人，原系锦衣卫衣中所銮舆司冠带舍人，乞升冠带总旗，未升之先，镇西获功一级重升冠带总旗，今照例改正，升实授百户。

又一员・王傑

正德十二年三月，王傑，年五十二岁，新城县人，原系锦衣卫衣中所銮舆司冠带舍人。蓟州界岭口关获功升冠带总旗，未升之先，在蓟州龙井儿获功一级，册开冠带舍人，重升冠带总旗。今照例改正，升实授百户。

---

① 《明武宗实录》卷 28，正德二年七月辛亥，“锦衣卫原任……百户万岩……各求复原职……下兵部议不可，诏俱允之，不为例”；卷 65，正德五年七月丁卯，“锦衣卫舍人万瑞求袭父岩百户职，兵部以非军功不可许。得旨：瑞系英庙宸妃侄，准袭一辈，不为例”。

又一员·栢仲

正德十六年八月，栢仲，年十六岁，蠡县［人］，系锦衣卫衣中所銮舆司已故百户栢极庶长男。伊祖姑栢氏·251·册封贤妃，伊父栢极乞升百户；已与全俸优给，今出幼，题奉钦依“栢仲准他袭百户”。[①]

又一员·韦宽

正德五年十一月，韦定，年十七岁，乐容县人，系锦衣卫衣中所故正千户韦成庶长男。伊父原系舍人，建州功升冠带小旗，窑山墩功升冠带总旗，拿获强盗升署百户，自陈强盗功次升实授百户，白鹻滩功升署副千户，弘治十八年遇例实授，又拿获强盗具奏升正千户，今故。本人照例革去拿获强盗所升并遇例实授，于冠带总旗加署副千户一级，与做实授百户。

正德十年十月，韦宽，年十五岁，乐容县人，系锦衣卫锦衣中所銮舆司百户韦定亲弟。伊兄原袭前职，一辈未比，病故。本人照例革袭署百户，二十岁起送比试弓马。

又一员·陆锦

正德十三年四月，陆锦，年三十二岁，大兴县人，系锦衣卫锦衣中所擎盖司冠带舍人，山东、河南军前卫执旗牌升冠带总旗，四川征剿僰蛮获功错造冠带舍人又升冠带总旗。今照例改正，加升实授百户。

又一员·黎钰

正德十二年五月，黎钰，年二十三岁，宛平县人，系锦衣卫衣中所斧钺司冠带舍人，报捷升冠带总旗，未升之先新涂（淦）获功一级，册开本卫不开所分冠带舍人，

---

① 《明孝宗实录》卷136，弘治十一年四月戊辰，“升锦衣卫副千户柏权为指挥佥事，舍人柏极为百户，柏树为所镇抚，俱锦衣卫带俸。权等俱宪庙贤妃弟也”。

查无奏带，行查未报。本人具奏，照例改正，升实授百户。

又一员·黎锐

正德十二年五月，黎锐，年三十三岁，宛平县人，原系锦衣卫衣中所斧钺司冠带舍人，报捷升冠带总·252·旗，江西抚州东乡获功，册开镇守江西太监黎安下家人，奏辩，准照例升授改正，升实授百户。[①]

又一员·杨诰

正德十三年三月，杨诰，年三十一岁，涿州人，原系锦衣卫锦衣中所旌节司舍人。先固原骡子川并红河川斩首有功，查无功册，议行查催，题奉钦依“杨诰准与做冠带总旗”，又庄浪沙金沟获功重升署冠带总旗，今照例改正，升署百户。

又一员·刘朝相

嘉靖八年六月，刘朝相，曹州人，系锦衣卫衣中所旌节司患疾百户刘爱嫡长男。伊父以弟太监刘臣随侍效劳荫授前职，与世袭，今患疾。[②]缘前项职事不由军功所升例不该替，但原有“世袭”字样，未敢擅拟，伏乞圣裁。等因，具题，奉圣旨“刘朝相准替父职百户，钦此”。

又一员·赵永隆

弘治八年六月，赵晋，迁安县人，系锦衣卫锦衣中所旌节司带俸百户赵恭嫡长男。伊父原系功升百户，擒拿强盗升副千户，为事降原职。本人照例替百户，钦与世袭。

---

① 《明武宗实录》卷 114，正德九年七月己卯，“论江西盗平功……镇守太监黎安加禄米十二石，仍荫其弟侄一人为世袭百户”。

② 《明世宗实录》卷 12，嘉靖元年三月壬申，“敕吏兵二部……从朕藩邸效劳年久，左右朕躬各有功绩……刘臣……各荫弟侄一人为锦衣卫世袭百户”。

正德二年二月，赵永隆，年十五岁，迁安县人，系锦衣卫锦衣中所旌节司带俸故世袭百户赵晋嫡长男，优给出幼袭职。

又一员·王忠

正德十二年三月，王忠，年二十四岁，新城县人，原系锦衣卫衣中所驯马司冠[带舍人]，蓟州河……冠带总旗。未升之先，在蓟州龙井儿关获功一级，册开冠带舍人重升冠带总旗，今照例改……·253·授百户。

又一员·刘永宁

成化十六年八月，刘智，大兴县人，系锦衣卫锦衣中所弓矢司百户刘志海嫡长男。父原系……实授百户，与世袭，注锦衣卫锦衣中所弓矢司带俸，今老疾。保送本人到部，奏奉钦依“准他……”①

正德十六年二月，刘永宁，年十六岁，大兴县人，系锦衣卫衣中所弓矢司带俸故百户刘智嫡长男。伊祖［刘］志海原系册封惠妃侄男，钦除前职。正德八年本人奉钦依优给，今出幼袭职。

又一员·虎山

天顺五年十一月，虎通，系锦衣卫中所戈戟司故带俸百户虎能嫡长男。

成化十八年二月，虎达，年十五岁，回回人，系锦衣卫锦衣中所故世袭百户虎通堂弟。

嘉靖元年四月，虎山，年三十三岁，回回人，系锦衣卫衣中所戈戟司故带俸百户虎达嫡次男。曾祖虎先以总甲并枪升总旗，伯祖能迤北随驾回京钦升百户，堂伯通及伊父沿袭。今照伊伯祖能百户职事，系天顺元年迤北侍驾回京传奉所升，不由军功，

---

① 《明武宗实录》卷28，正德二年七月辛亥，“锦衣卫原任……百户……刘智各求复原职……下兵部议，不可。诏俱允之，不为例，以……皆戚畹云”。

本部欲照近日题准事例不与承袭。祖系迤北随驾效劳人员子孙，及奉有英宗皇帝钦依世袭人数，题奉圣旨："是，准他袭，钦此"。

又一员·黎进

正德十二年五月，黎进，年二十三岁，安邑县人，原系锦衣卫衣中所扇手司冠带舍人，报捷升冠带总旗，江西新涂（淦）获功册开冠［带］舍人，查无奏带行查未报，本人具奏，准照例升授改正，升实授百户。• 254 •

又一员·王通

正德十二年七月，王通，年四十七岁，欧（瓯）宁县人，原系锦衣卫衣中所幡幢司冠带舍人。四川东乡功升冠带总旗，告补衣右所驯马司管事，罗田获功一级，重升冠带总旗，今照例改正，升实授百户。[①]

又一员·郭山

正德十三年七月，郭山，年三十八岁，新安县人，系锦衣卫衣中所幡幢司冠带舍人，乞升总旗，未升之先，又辽东镇夷堡获功升冠带总旗，今照例改正，加升实授百户。

又一员·韦椿

正德十一年二月，韦椿，年十六岁，宜山县人，系锦衣卫锦衣中所班剑司故正千户韦泉嫡长男。父以纳草冠带舍人，获功四级升前职。[②] 本人已经减革优给，今出幼，仍照例革袭百户。

---

① 此选簿所载王通履历，可参见《明档》本册第202页"又一员·王通"选簿。

② 《明宪宗实录》卷231，成化十八年闰八月庚午，"太监李荣传奉圣旨：升锦衣卫百户韦泉为副千户"。

又一员 • 陈云

成化十三年五月，陈昌，利仁县人，系锦衣卫锦衣中所旌节司故百户陈受嫡长男。

正德八年四月，陈云，利仁县人，系锦衣卫锦衣中所旌节司带俸年老百户陈昌嫡长孙。①

年远事故实授百户一员 • 房英

成化十六年十二月，房英，锦衣卫中所幡幢司所镇抚，原系冠带小旗，榆林涧杀贼获功一级已升冠带总旗，又于红盐池获功一级该升实授百户，借（错）作冠带小旗开报升所镇抚，今照例改正，升实授百户。

又一员 • 乌广

天顺二年二月，乌成，系锦衣卫中所冠带总旗，大同北门外杀贼获功一级，照例升实授百户。• 255 •

天顺四年正月，乌忠，藁城县人，系锦衣卫中所故百户乌成堂弟，钦与世袭。

成化十六年八月，乌广，年十六岁，藁城县人，系锦衣卫中所故世袭百户乌忠嫡次男。

又一员 • 房清

成化七年三月，房源，系锦衣卫锦衣中所冠带小旗，报捷升冠带总旗，又于延绥杀贼获功一级，仍作冠带小旗开报，重升冠带总旗，照例改正，升实授百户。

弘治十五年六月，房清，泗州人，系锦衣卫锦衣中所功升百户房原嫡长男，钦与世袭。

---

① 此选簿所载陈昌、陈云履历，又见《明档》本册第 246—247 页“陈鸾 • 实授百户”选簿二辈陈昌、三辈陈云选条。

又一员・李贵

弘治五年六月，李贵，宛平县人，系锦衣卫中所百户李兴亲孙。伊祖原系功升……袭职，老疾。李贵替职，成化十八年传升副千户，成化二十三年通作传升开报，一概裁……具奏，仍改正，授伊祖功升原职百户，于本卫所带俸。

又一员・冉嵩

天顺六年八月，冉忠，原系锦衣卫锦衣中所冠带总旗升实授百户。

成化十九年二月，冉嵩，年十五岁，清苑县人，系锦衣卫锦衣中所銮舆司残疾百户冉忠嫡长男，钦与［世袭］。

又一员・荆全

正统三年十二月，荆举，系锦衣卫锦衣中所试百户荆秀嫡长男。父原……沙岸与苏幹剌对敌厮杀有功升除前职，钦准本人替实授世袭百户。

成化四年五月，荆山，定兴县人，系锦衣卫锦衣中所故世袭百户荆举嫡长男。• 256 •

成化十四年五月，荆聪，定兴县人，系锦衣卫锦衣中所斧钺司故世袭百户荆山亲叔。

弘治九年闰三月，荆全，年十五岁，定兴县人，系锦衣卫锦衣中所斧钺司故世袭百户荆聪嫡长男。

又一员・李泰

成化十五年四月，李春，年十五岁，仁和县人，系锦衣卫锦衣中所驯马司故百户李平嫡次男。父原系功升试百户，遇例实授。本人照例革袭试百户。

弘治十七年六月，李泰，仁和县人，系锦衣卫中所斧钺司故实授百户李春亲弟。

又一员・陈福

天顺四年八月，陈源，年十五岁，山后人，系锦衣卫中所故世袭百户陈傑庶长男。已与嫡兄陈纲优给，亦故，本人先因年幼转名优给，今出幼袭职。

弘治十三年四月，陈福，年十五岁，山后人，系锦衣卫中所故世袭百户陈源嫡长男。

又一员・马昂

正统十三年八月，马顺，系锦衣卫中所世袭百户马兴嫡长男。

成化七年十月，马颐，高密县人，系锦衣卫中所故世袭百户马顺堂弟。

成化十一年八月，马昂，年十七岁，高密县人，系锦衣卫中所故世袭百户马颐嫡长男。

又一员・孙祥

正统十四年十月，孙贵，系锦衣卫中所阵亡百户孙福嫡长男。

成化七年四月，孙兴，良乡人，系锦衣卫中所故世袭百户孙贵堂弟。• 257 •

成化二十三年五月，孙祥，良乡县人，系锦衣卫中所故世袭百户孙兴嫡长男。

又一员・严明

正统四年五月，严祥，系锦衣卫锦衣中所故世袭百户严友嫡长男。

正统十四年九月，严俊，系锦衣卫衣中所擎盖司征进未回百户严祥亲弟。

成化十二年二月，严震，抚宁县人，系锦衣卫锦衣中所世袭百户严俊嫡长男。

弘治十六年十二月，严明，抚宁县人，系锦衣卫中所擎盖司故世袭百户严震嫡长男。①

---

① 该选簿严祥至严明各辈选条，又见《明档》本册第228—229页“严梦象・实授百户”选簿三辈严祥至六辈严明选条。

又一员·许刚

永乐十三年十一月，许宁，系北京锦衣卫锦衣中所故百户许谦亲侄。

正统十三年四月，许真，系锦衣卫锦衣中所世袭百户许宁嫡长男。

正统十四年十月，许刚，系锦衣卫锦衣中所旌节司征进未回百户许真堂弟。

又一员·卢昇

正统十四年十月，卢傑，系锦衣卫锦衣中所戈戟司征进未回百户卢敏堂侄。

成化四年四月，卢琳，德州人，系锦衣卫锦衣中所故世袭百户卢傑嫡长男。

弘治二年四月，卢景，德州人，系锦衣卫锦衣中所世袭百户卢琳嫡长男。

弘治五年四月，卢昇，年八岁，德州人，系锦衣卫锦衣中所故世袭百户卢景亲弟，钦与全俸优给，至弘治十一年终住支。• 258 •

又一员·朱胜

成化九年十月，朱胜，盱眙县人，系锦衣卫锦衣中所故世袭百户朱允嫡次男。有亲兄朱……疾不堪承袭，已与侄朱亮、朱昇优给，俱故。本人袭职，待兄有男还与职事。

优养实授百户一员·张鸾

内黄查有：张钺，年五十三岁，大兴县人。祖张全，洪武二十八年充校尉，三十五年节次征进有功升总旗，老。宣德二年叔祖张礼替役。叔祖张温补役，正统十四年迤北失陷。景泰元年叔张凯补役，成化十七年白孤庄有功升试百户，二十三年遇例实授锦衣卫中所〈二〉扇平（手）司百户。

贴黄查有：张鸾，年十一岁，系锦衣卫衣中所斧钺司见任实授百户张钺嫡长男。父鸾……年六月袭试百户。

隆庆二年十月，张鸾，年六十三岁，大兴县人，系锦衣卫衣中所斧钺司年老实授百户，照例与全俸优养，十年生子准袭，无子为民。

又一员·陈澜

永乐九年四月，陈瑄，系锦衣卫中所伤故世袭百户陈质嫡长男。

正统十四年九月，陈恭，系锦衣卫中所征进未回百户陈瑄嫡长男。

成化十六年十月，陈瑛，郯城县人，系锦衣卫中所世袭百户陈恭嫡长男。

弘治十三年六月，陈经，郯城县人，系锦衣卫中所故世袭百户陈瑛嫡长男。• 259 •

正德八年四月，陈澜，年十六岁，郯城县人，系锦衣卫中所故世袭百户陈经嫡长男。

嘉靖四十三年十二月，陈澜，年六十四岁，郯城县人，系锦衣卫中所年老实授百户。见今年老不堪，户无承袭之人，照例优养，十年生子准袭，无子为民。

又一员·王明

天顺三年四月，王福，年十五岁，山后人，系锦衣卫锦衣中所带俸故所镇抚王刚嫡长男，钦与世袭。

正德十年六月，王明，年十五岁，山后人，系锦衣卫衣中所班剑司带俸故百户王福庶长男。伊祖所镇抚一级系乞升，本人年幼，已革与试百户俸优给，今出幼，仍袭试百户。

嘉靖四十年十月，王明，年六十一岁，山后人，系锦衣卫衣中所班剑司带俸年老实授百户。见今年老不堪，户无承袭之人，照例与全俸优养，十年生子准袭，无子为民。

又一员·田永

外黄查有：田永，新城县人。曾祖田资，洪武二十四年报效，充仪卫司校尉，渡江升小旗，拨锦衣卫弓矢司带带（俸），永乐七年锡兰山杀贼，九年杀退番贼功升试百户，十年西洋公干升实授百户。祖田顺袭，调本卫中所，故。父田宁系嫡长男，袭，故。永系亲男，优袭实授百户。

成化七年十月，田宁，保定府新城县人，系锦衣卫中所故世袭百户田顺嫡长男。

弘治元年二月，田永，年七岁，新城县人，系锦衣卫中所故世袭百户田宁嫡长男，钦与全俸优给，至弘治八年终住支。

嘉靖二十五年八月，田永，年六十七岁，新城县人，系锦衣卫中所实授百户。见今年老不堪，户无承袭之人，照例与全俸优养，十年生子准袭，无子为民。• 260 •

又一员 • 南伟

弘治十六年，南伟，成安县人，系锦衣卫锦衣中所驯马司故世袭百户南俊亲弟。已与伊侄南锐优给，亦故，本人借职。

嘉靖十年六月，南伟，年七十三岁，成安县人，系锦衣卫衣中所驯马司世袭百户。户无承袭之人，照例与全俸优养，生子准袭。

优养妇一口 • 李氏

正德十三年三月，刘永寿，年十五岁，甘州人，系锦衣卫锦衣中所旌节司故正千户刘刚庶长男。父系太监下家人，功升小旗，乞升百户，擒拿靠山王强贼升副千户，普安获功升前职。本人先因年幼，扣算止有军功二级，照例革收总旗纪录，奉特恩准与做百户，不为例，今出幼告袭。

嘉靖三年十二月，李氏，年四十一岁，甘州人，系锦衣卫衣中所旌节司故革袭百户刘永寿母。户无承袭之人，照例与俸五石优养。

又一口 • 王银女

外黄查有：王纲，博平县人。曾祖王兴儿，洪武四年充军，永乐七年故。宣德八年并枪充小旗。成化五年父王礼并补班剑司，十三年保升百户，十六年威宁海子当先斩首有功升副千户，将小［旗］退还侄王荣，准做副千户，十七年大同等处斩首有功升正千户，黑石崖斩首有功升署指挥佥事，二十一年垛军功三级与百户，弘治十一年遇例复原职，正德四年老。纲系嫡长男，五年替班剑司带俸署百户。

正德五年二月，王刚，博平县人，系锦衣卫锦衣中所班剑司带俸年老百户王礼嫡长男。伊父小旗一级 • 261 • 已分与堂兄王荣应役，今本人该革替署百户事食总旗名粮。

嘉靖十七年十月，王应康，年二十一岁，博平县人，系锦衣卫衣中所班剑司故带俸百户王刚嫡长男。伊父原系署百户，遇例实授；所据遇例职级例应减革，本人照例革与署试百户事总旗。

嘉靖四十四年七月，王银女，年七岁，博平县人，系锦衣卫衣中所故实授百户王康女。户无承袭之人，照例与俸五石优养，十四岁住支。

查革实授百户一员·黄武

嘉靖三十一年十二月，黄武，年十岁，丰城县人，系锦衣卫衣中所故副千户黄春庶长男。伊父原补祖役……［正德十］六年扈从驾到京有功升百户，与世袭，缉捕功升副千户，故。所据缉捕……例应减革，其伊父随驾升级奉有“世袭”字样，本舍照例与实授百户奉（俸）……至嘉靖三十五年终住支出幼，承袭一辈，以后子孙不许承袭，题奉圣旨“是，黄准袭一辈”。

嘉靖三十六年二月，黄武，年十五岁，丰城县人，系锦衣卫中所戈戟司故副千户曹（黄）春庶长男，优给，已革实授百户，今出幼袭职。

又一员·张仁忠

嘉靖四十四年四月，张仁忠，年一十五岁，江宁县人，系锦衣卫衣中所故纳级署副千户张锦嫡长男。伊父原以监生嘉靖三十七年遇蒙钦奉圣谕事例纳银一千二百两，授锦衣卫衣中所署副千户，子孙承袭一辈，四十三年故。所据纳授职级例应量减，本舍照例革袭署实授百户一辈，身终之日照例查革，候年二十岁起送比试。•262•

徐文魁·实授百户

［缺］。

一辈徐成。

二辈徐贵。

三辈徐旺。

四辈徐清。

五辈徐亮。

六辈徐儆。

七辈徐钦。

八辈徐文魁，万历十六年六月，徐文魁，年十六岁，海州人，系锦衣［卫］已故堂上带俸指挥同知徐钦嫡长男。伊父原袭祖职实授百户，嘉靖三十四年伊姑徐氏选入禁庭，隆庆六年传升百户，本年并授指挥同知，万历十六年故。所据伊父传升职级例不准袭，本舍合照例革袭实授百户，比中二等。

杨楠·试百户

缺。

一辈杨兴，缺。

二辈杨端，缺。

三辈杨智，缺。

四辈杨英，缺。

五辈杨玮，缺。

六辈杨楠，旧选簿查有：嘉靖三十年四月，杨楠，坝（霸）州人，系锦衣卫衣中所幡幢司老疾实授百户杨玮庶长男。查得伊父杨伟，嘉靖十六年清查冒滥革与试百户，遇例实授；所据遇例职级例应减革，本舍仍革与做试百户。

陈澥·试百户

万历四十八年三月，题授过锦衣卫衣中所试百户一员陈澥，年十六岁，四川成都府井研县人。有祖陈效，原任辽海朝鲜监军御史，万历二十六年荡平倭寇，二十七年二月卒于朝鲜。本部会同都察院·263·题覆，奉圣旨“陈效忠勤，身殒可悯，着荫一子与做锦衣卫试百户，世袭，该部从优议恤来奏，钦此”。[①] 今据保送伊孙承荫前来，所称伊父

① 《明神宗实录》卷338，万历二十七年八月癸未，“荫朝鲜监军御史陈效一子世袭锦衣卫试百户，令该部从优拟恤”。

业儒不愿赴荫，澥系嫡孙，伦序应及。又查与原题相同，应准题授锦衣卫衣中所试百户，世袭。本部太子太保尚书黄等三月初六日具题，初十日奉圣旨“是，钦此”。

刘江·署试百户事总旗

缺。

一辈刘玉，已载三辈下。

二辈刘镇，已载三辈下。

三辈刘江，旧选簿查有：嘉靖二十四年八月，刘江，仁和县人，系锦衣卫衣中所班剑司年老实授百户刘镇嫡长男。伊祖玉以舍人成化十六年威宁海子斩获达贼一颗升冠带小旗，十七年黑石当先被伤升冠带总旗，十八年马耳山当先被伤越升实授百户。父镇袭，老。所据黑石崖、马耳山当先被伤、越升职级俱应减革，本人量革与署试百户事总旗，仍食总旗名粮。

张昌龄

万历四十四年四月，大选过锦衣卫衣中所优给实授百户一员张昌龄，年十一岁，海门卫新河所人，系故功升指挥佥事张光烈男。伊祖张元勋原任广东总兵，于万历元年三月征剿岭东山贼有功，该两广总督凌题，蒙本部覆，奉圣旨“这积岁山贼荡平，各官劳绩可嘉，张元勋升署都督同知，荫一子与做本卫所百户，钦此”。万历五年六月，又该总督凌题肃将天威大征猺寇等事，移咨到部，该本部为照罗旁猺浪逆贼负固稔恶，流毒·264·有年，兹幸进剿平，巢可尽空，患将尽殄，所据效劳诸臣如总兵张元勋应加升荫。等因，具题，节奉圣旨“这积寇荡平，各官劳绩可嘉，张元勋升右都督，原荫伊男改锦衣卫世袭，钦此”，[①] 将父张光烈以原荫实授百户改注锦衣卫衣中所。又父未荫之先，以舍人随祖获功，万历七年蒙部将父加升一级与做正千户一辈，以后子孙止袭原荫实授百户，到任管事，至万历九年等缉捕有功，历升指挥佥事，万历

① 《明神宗实录》卷12，万历元年四月乙丑，“提督侍郎殷正茂奏岭东平寇功次……元勋升署都督同知，荫一子本卫百户”；卷62，万历五年五月己酉，“叙平罗旁功……广东总兵张元勋升右都督，改荫锦衣卫，世袭”。

二十三年为事奉旨革职为民，至四十三年病故。本舍年幼，该卫结保前来，除将伊父功升职级照例减革外，本舍准以实授百户全俸优给，扣至万历四十七年终住支。

天启元年九月补八月大选过锦衣卫衣中所实授百户一员张昌龄，年十六岁，今出幼袭职，比中三等。

李相・试百户

外黄查有：李程，定兴县人，成化十五年随兄左少监李穆宣府监枪，十九年镇门墩等处杀贼有功，柳河川等处杀贼有功升冠带总旗，二十一年玉石沟等处杀贼有功，弘治元年升锦衣卫戈戟司实授百户，钦与流官。

一辈李程，已载前黄。

二辈李斌，旧选簿查有：弘治十一年九月，李斌，定兴县人，系锦衣卫锦衣中所戈戟司功升百户李陈（程）嫡长男。

三辈李绍亨，旧选簿查有：嘉靖二年十二月，李绍亨，年十五岁，定兴县人，系锦衣卫衣中所戈戟司故百户李斌嫡长男。伊祖程以舍人获功三级越升实授百户，父沿袭，今照例革去越升职级，与袭试百户。

四辈李绍纲，旧选簿查有：嘉靖十八年十月，李绍纲，定兴县人，系锦衣卫衣中所戈戟司故试百户李绍亨亲弟。• 265 •

五辈李绍纪，旧选簿查有：嘉靖三十二年八月，李绍纪，定兴县人，系锦衣卫衣中所戈戟司故实授百户李绍纲亲弟，革遇例，与袭试百户。

六辈李相，旧选簿查有：嘉靖四十年四月，李相，年二十一岁，定兴县人，系锦衣卫衣中所戈戟司故试百户李绍纪嫡次男。

七辈李世麒，年十四岁，万历二十三年八月，大选过锦衣卫衣右所弓矢司故遇例实授百户李相嫡长男。查伊父遇例实授，例应减革，以试百户全俸优给，扣至万历二十三年终住支。

七辈李世麒，万历二十四年四月，李世麒，年十五岁，系锦衣卫衣右所故试百户李相嫡长男，出幼袭职，记比。

张国夔·实授百户

内黄查有：张国夔，信阳州人。叔父张光祯由本卫舍人，嘉靖五年中式武举，升署所镇抚，九年正月宁远松山等堡斩首一颗，十一年新兴堡斩首一颗，本年十二月仙灵寺堡斩首一颗，俱作署所镇抚开报，重升署实授百户，十三年具奏，改正升署正千户，十七年蒙将叔光祯复送三屯营赞划，本年八月黑谷关斩首一颗有功，遇例实授，二十年升指挥佥事，本卫带俸，二十六年故绝。国夔系亲侄，二十八年七月查得叔以舍人武举中式升署所镇抚，咨送赞划获功三级升署正千户，遇例实授，又获功一级升指挥佥事，故绝。所据武举并遇例职级不由军功，例应减革，扣有伊叔军功四级，照例革袭锦衣卫衣中所旌节司实授百户。

一辈张文渊。

二辈张光祯。

三辈张光祚。

四辈张国夔，已上俱载前黄。

五辈张承恩，万历三年四月，张承恩，年二十六岁，信阳州人，系锦衣卫衣中所旌节司故实授百户张国夔嫡长男。

六辈张学仁，万历二十八年二月，年十四岁，系锦衣卫衣中所旌节司故实授百户张承恩嫡长男。全俸优给，扣至二十八年终住支。

万历二十九年五月，单本选过张学仁，年十五岁，系锦衣卫衣中所旌节司故实授百户张承恩嫡长男，出幼袭职。查本舍号纸，张文渊生光祯、光祚，光祯绝，光祚生国夔，国夔生承恩，承恩生学仁，沿袭三世，难以悬断，止照弟侄承袭事例降一级，自输服无嗣（词），又条例有云“旗舍人等获功不得铨注两京锦衣卫”，仍于原籍卫所带俸。本舍原籍河南信阳州，应降袭试百户，注信阳卫中所，比中三等。

万历三十年五月，单本选过张学仁，年十六岁，系锦衣卫衣中所旌节司故实授百户张承恩嫡长男，出幼袭职。功曾减革，准降袭试百户，在卫已久，仍准本卫，比中三等。·266·

李昂·试百户

缺。

一辈李信，缺。

二辈李贵，旧选簿查有：景泰元年闰正月，李贵，系锦衣卫中所试百户李信亲侄。伯原系总旗，差往西洋公干回还升前职，钦准本人仍替试百户。

三辈李成，旧选簿查有：成化十三年十月，李成，海丰县人，系锦衣卫中所百户李贵嫡次男，钦与世袭。

四辈李贤，旧选簿查有：弘治三年十二月，李贤，海丰县人，系锦衣卫中所世袭百户李成嫡长男。

五辈李瓒，旧选簿查有：正德十二年二月，李瓒，年十五岁，海丰县人，系锦衣卫中所故百户李贤嫡次男。曾祖李贵原替试百户，遇例实授，祖、父例前沿袭。有兄李璋瞎疾不堪，本人借职，优给，出幼，照例革袭试百户，待兄有男还与职事。

六辈李昂，旧选簿查有：嘉靖二十五年八月，李昂，年二十二岁，海丰县人，系锦衣卫中所故实授百户李瓒堂侄。伊堂伯原袭试百户，遇例实授，今本舍仍革袭试百户。比试不中，照例与支半俸，候及二年起送再比。

七辈李昇，隆庆六年二月，李昇，年四十六岁，海丰县人，系锦衣卫中所故试百户李昂亲弟。

八辈李得惠，万历十九年二月，李得惠，年二十六岁，海丰县人，系锦衣卫中所疾见任实授百户李昇嫡长男。伊父原袭试百户，万历十年遇例实授，十八年故。所据遇例职级例不准袭，本舍合照旧与袭试百户，比中三等。

九辈李文耀，崇祯十三年六月，大选过锦衣卫上中所试百户一员李文耀，年二十一岁，系老试百户李得惠亲孙，比中三等。

王绍闵·试百户

内黄查有：王春，浚县人。父王钺任都御史巡抚大同，成化六年参赞军务征进延绥等处。春系……杀贼，本年刘家坞斩首一颗，父在柳树会等处大战全胜，差春奏捷，升所镇抚，六月以［刘家］坞功升实授百户，红盐池等处扑杀贼营大捷，春在北岫等处亦斩达贼首级一颗，仍差奏报前捷，升实授副千户，以北岫功升实授正千户，十五年辽东建州等处节次当先斩首一颗，例升二级升指挥同知，本卫带俸，钦与流官。[①] ·267·

一辈王钺，已载前黄。

二辈王春，已载前黄。

三辈王绍曾，旧选簿查有：正德八年八月，王绍曾，浚县人，系锦衣卫带俸指挥同知王春嫡长孙。

四辈王绍闵，旧选簿查有：嘉靖二十六年二月，王绍闵，浚县人，系锦衣卫带俸故指挥佥事王绍曾亲弟。伊曾祖春以监生成化九年刘家坞斩首一颗，奏捷升所镇抚，以刘家坞功升实授百户，北岫斩首一颗，奏捷升副千户，以北岫功升正千户，十五年建州斩首一颗升指挥同知。兄绍曾袭，正德十六年科道清查，减革副千户，嘉靖六年复指挥佥事。所据奏捷职级例应减革，止扣有军功三级，与试百户，注衣中所銮舆司。

王启武[②]

天启三年闰十月，大选过锦衣卫试百户一员王启武，年二十五岁，浚县人，系故试百户王绍闵曾孙。查本舍祖父三辈未袭，例当停袭，念其威宁伯之后，姑准本舍袭试百户，比中一等。

赵麟·试百户

缺。

---

① 《明宪宗实录》卷243，成化十九年八月壬申，“除威宁伯王越名，安置安陆州……诸子以功荫报捷得官者皆除名……”。《明孝宗实录》卷85，弘治七年二月戊寅，“复王越为都察院右都御史，致仕。初，越……子春为指挥同知，时指挥使，昕为百户，一时气焰可畏……后直败，科道始交劾其罪。遂革爵，发安陆州为民，其子各除名。既而，越累疏称冤……乃得是命，并复其子春为正千户，时仍为百户，俱原卫所带俸”；卷148，弘治十二年三月丙寅，“升锦衣卫千户王春为指挥佥事，以春自陈其父左都御史越军功也”。

② 此王启武选条与王绍闵选簿应并作一簿。

一辈赵翥，缺。

二辈赵祥，总旗功次，候查，缺。百户功次，钦升簿内查有：景泰三年，调征贵州香炉山剿杀苗贼有功锦衣卫总旗升百户二员内一员赵祥。

三辈赵昪，旧选簿查有：天顺元年三月，赵昪，年十五岁，大兴县人，系锦衣卫衣中所幡幢司失陷百户赵祥嫡长男，与世袭。

四辈赵钺，旧选簿查有：正德二年七月，赵钺，大兴县人，系锦衣卫锦衣中所擎盖司年老世袭百户赵昪嫡长男。• 268 •

五辈赵麟，旧选簿查有：嘉靖二十三年十月，赵麟，大兴县人，系锦衣卫衣中所擎盖司年老实授百户赵钺庶长男。伊曾祖祥以小旗景泰元年贵州当先升总旗，三年香炉山杀贼越升百户。所据越升一级应该减革，本人照例革替试百户。

六辈赵文科，万历五年四月，赵文科，年二十一岁，大兴县人，系锦衣卫衣中所擎盖司故实授百户赵麟嫡长男，革遇例，与袭试百户，比中三等。

七辈赵应乾，万历四十七年三月，大选过锦衣卫衣中所擎盖司试百户赵应乾，年四十岁，系故试百户赵文科嫡长男，比中三等。

栢文遴·署试百户事总旗

缺。

一辈栢兴，小旗功次，候查。总旗功次，候查。署百户功次，景泰元年锦衣卫冠带总旗升署百户事栢兴，原系中千户所。

二辈栢奇，旧选簿查有：成化元年二月，栢奇，蠡县人，系锦衣卫中所故百户栢兴嫡长男，钦与世袭。

三辈栢昂，旧选簿查有：弘治十三年四月，栢昂，蠡县人，系锦衣卫中所世袭百户栢奇嫡长男。

四辈栢禄，旧选簿查有：正德十三年四月，栢禄，年十九岁，蠡县人，系锦衣卫中所故绝百户栢昂亲侄。曾祖栢兴系内官家人，获功三级改正升试百户，遇例实授，本人照例革袭试百户。

五辈栢文进，旧选簿查有：嘉靖四十年四月，栢文进，年二十岁，蠡县人，系锦衣卫中所年老实授百户栢禄嫡长男。据黄，景泰元年紫金（荆）关一级原升小旗，南门外一级原系署级，加怀安一级止有实授二级、署一级。先年革与试百户，系减革未尽，今本舍革替署试百户事总旗。

六辈栢文遴，旧选簿查有：嘉靖四十三年九月，栢文遴，年十六岁，蠡县人，系锦衣卫中所故署试百户事总旗栢文进亲弟。• 269 •

七辈栢子强，天启二年三月补二月分大选，过锦衣卫后所署试百户事总旗一员栢子强，年十六岁，系老署试百户事总旗栢文遴亲孙，比中三等。

陈忠·试百户

缺。

一辈陈裕，旧选簿查有：弘治二年诰命内开，陈裕，顺德县人，成化十六年以内官弟大同威宁海子与贼对敌斩获贼级一颗有功，本年升锦衣卫中所扇手司冠带总旗，十七年大同黑石崖斩获首级一颗有功升实授百户，调幡幢司，十八年马耳山斩获首级一颗有功升本卫所副千户。

二辈陈纲，旧选簿查有：续诰查有，陈纲，年四十四岁，系陈裕嫡长男。裕年老，纲于正德元年十月革替副千户。

三辈陈忠，旧选簿查有：嘉靖十年十月，陈忠，年十六岁，顺德县人，系锦衣卫锦衣中所年老副千户陈刚亲孙。伊曾祖裕以舍人苗儿庄获功一级越升冠带总旗，又获功二级越升前职，祖沿袭。所据越升二级应该减革，止有军功三级，本人革替试百户，注幡幢司。

于嵩·指挥使

内黄查有：于嵩，年……岁，系锦衣卫指挥使，原籍浙江钱塘县人。曾祖于冕，先以祖少保于谦军功荫授府军前卫世袭副千户，弘治十年注杭州前卫左所，故。祖于允忠系长男，袭升正千户，故。父于一芳系嫡长男，嘉靖二十八年八月袭，有男于岳随征阵亡，三十七年二月并升指挥，传袭，功升都指挥佥事，故。嵩系嫡次男，四十五年二月革流官，于祖职正千户上加伊兄阵亡功次二级，与袭指挥同知，万历二十三年九月内题准改升锦衣卫指挥使，世袭。

一辈于冕。[①]

二辈于允忠。[②]

三辈于一芳。• 270 •

四辈于嵩，已载前黄。[③]

五辈于日章，袭指挥使。

六辈于日新，万历四十一年四月，大选过锦衣卫指挥使一员于日新，年三十二岁，钱塘县人，系故指挥使于日章堂兄。伊弟绝嗣，本舍系嫡派，准袭前职，比中一等。

七辈于日昇，万历四十八年四月，大选过锦衣卫指挥使一员于日昇，年三十九岁，钱塘县人，系故指挥使于日新堂兄。伊弟日新故绝，本舍伦序应及，准袭前职，比中一等。[④]

八辈于之英，崇祯八年十月，大选过锦衣卫指挥使一员于之英，年二十七岁，系老指挥使于日昇嫡长男，比中二等。

---

① 《明宪宗实录》卷33，成化二年八月丁卯，"命谕祭故少保兵部尚书于谦，复其子冕为府军前卫副千户"；卷51，成化四年二月壬寅，"改府军前卫副千户于冕为兵部员外郎。冕，故少保兵部尚书谦之子，以父功录用为武职。天顺初，谦为权奸所诬，谪冕戍边，遇赦，皆还。至是，自陈乞改文职，从之"。

② 《明孝宗实录》卷130，弘治十年十月壬申，"先是，应天府致仕府尹于冕奏……臣往年荷延赏之恩，授府军前卫世袭副千户，既而自陈改授文阶，历尹京府致仕，臣今年七十四岁，既无兄弟，又乏子息。臣之一身固不足恤，惟痛先臣之嗣一旦遂绝，祠堂坟墓无所付托……臣已遵著令，择同姓新安卫千户明之次子允忠为嗣……伏望圣恩……录臣嗣子允忠一官，俾世守祀，不胜幸愿。兵部覆奏，遂命允忠为杭州前卫世袭副千户"；卷169，弘治十三年十二月辛卯，"致仕应天府府尹于冕卒。冕，字景瞻，浙江钱塘县人，少保、兵部尚书谦之子。景泰元年以谦功荫授世袭副千户，谦死，冕亦从坐谪戍龙门，屡上疏讼其冤。宪宗登极，谦冤昭雪，并复冕官。冕自陈不愿武职，改兵部员外郎，累升礼部郎中，南京太仆寺少卿，应天府府尹。致仕，卒于家……先尝请以其远族人之子允忠为后，今袭为杭州卫副千户"。

③ 《明神宗实录》卷283，万历二十三年三月戊子，"兵部尚书石星题，先朝太傅于谦……乞……荫典赠谥从优。另拟将于谦原荫杭州前卫指挥同知与做指挥使，改注锦衣卫，世袭……诏从之"。

④ 《明熹宗实录》卷21，天启二年四月辛巳，"以锦衣卫指挥……于日升……俱南镇抚司佥书管事"；卷67，天启六年正月甲子，"命锦衣卫……于日昇俱著堂上佥书管事"。《崇祯长编》卷4，天启七年十二月己亥，"以于日昇提督锦衣卫西司房官旗，管巡捕营事"；卷15，崇祯元年十一月壬申，"兵部议覆科臣杨文昌纠锦衣卫……提督西司房于日昇，各革任回卫"。

时应元

隆庆四年六月，时应元，襄城县人，系锦衣卫中所故实授百户时仁义嫡长男，革遇例，与袭试百户。

时国光，万历三十四年十二月，时国光，年三十六岁，系锦衣卫前所故试百户时应元嫡长男，比中一等。

杨汝业

万历八年二月，杨汝业，年一十五岁，肤施县人，系锦衣卫衣中所銮舆司优给实授百户。伊父杨原任蓟辽总督，万历六年二月内为恪遵明旨、仰仗天威、飞报主将御虏非常奇捷事，该蓟辽总督杨题，本部覆议，节奉圣旨“杨兆荫一子锦衣卫百户世袭，钦此”[①]，随准咨称长男杨汝勋见习举业，次男杨汝业堪以承袭。等因，该本部题奉钦依，将杨汝业荫授锦衣卫衣中所实授百户世袭俸优给，今出幼，复保前来。本舍合照例借袭实授百户，待后伊兄杨汝勋生有儿男，退还职事。

杨训兴，崇祯五年四月，大选过锦衣卫衣中所实授百户一员杨训兴，年三十二岁，系故实授百户杨汝业亲孙，比中三等。• 271 •

甯良栋·试百户

外黄查有：甯原，新城县人，洪武三年充仪仪（卫）司校尉，三十五年升小旗，永乐元年拨锦衣卫衣左所班剑司带管，三年西洋公干，五年升总旗，十年西洋公干，十三年升锦衣卫衣左所班剑司试百户。甯贵系甯原亲弟，兄故，无儿男，贵宣德十年袭实授世袭百户。甯良栋系甯福庶长男，伊高祖贵原系试百户，宣德元年遇例实授，曾、祖、

① 《明神宗实录》卷72，万历六年二月戊申，“录辽东大捷功……总督辽东右都御史杨兆……各赏银八十两，兆荫一子锦衣卫百户，世袭”。《明熹宗实录》卷42，天启三年十二月丙申，“以皇子大庆加恩，锦衣卫官……杨汝业升都指挥同知，俱堂上佥书管事”；卷66，天启五年十二月丁酉，“兵部覆锦衣卫堂上官自陈不职，议留……杨汝敏，而罢杨汝业。得旨……杨汝业借徐永胤为爪牙，结周显祚为心腹，朝夕谋算，网利害民，著革任回所”。

父沿袭，所据遇例职级例应减革，本人照例革与试百户俸优给，至嘉靖二十一年终住支。

一辈甯原，已载前黄。

二辈甯贵，已载前黄。

三辈甯喜，旧选簿查有：正统十四年十月，甯喜，系锦衣卫锦衣左所班剑司征进未回百户甯贵嫡长男。

四辈甯宗，缺。

五辈甯福，审稿查有：弘治十八年十一月，零选内开，甯福，新城县人，系锦衣卫中所故世袭百户甯宗嫡长男。

六辈甯良栋，旧选簿查有：嘉靖二十二年二月，甯良栋，新城县人，系锦衣卫中所已故实授百户甯福庶长男，优给，已革与试百户俸，今出幼，仍袭试百户。

七辈甯拱熙，万历二十四年十月，甯拱熙，年二十岁，系锦衣卫中所故试百户甯良栋亲侄，比中三等。

陈忠・试百户

外黄查有：陈圆，青田县人，洪武二十五年充校尉，二十八年充小甲，三十三年济南升总旗，三十四年西水寨升仪卫司试典仗，三十五年存留守城。陈寿系陈圆嫡长男。父永乐二年奉勘合改任北京锦衣中所试百户，本所永乐十九年并入锦衣卫衣中所，老。寿于宣德四年替授本卫所世袭百户。

一辈陈圆，已载前黄。• 272 •

二辈陈寿，已载前黄。

三辈陈浩，旧选簿查有：正统十四年十月，陈浩，系锦衣卫锦衣中所弓矢司征进未回百户陈寿嫡长男。

四辈陈富，旧选簿查有：成化十六年五月，陈富，青田县人，系锦衣卫锦衣中所弓矢司世袭百户陈浩嫡长男。

五辈陈俊，旧选簿查有：弘治九年五月，陈俊，青田县人，系锦衣卫锦衣中所弓矢司故百户陈富嫡长男。

六辈陈忠，旧选簿查有：嘉靖十五年二月，陈忠，年十七岁，青田县人，系锦衣卫锦衣中所弓矢司百户陈俊庶长男。伊始祖圆立功升试百户，高祖寿替实授百户，曾祖以下沿袭。本人先因年幼，已与百户俸优给，今出幼。所据实授一级不由军功，例应减革，照例革袭试百户，限外有无多支俸粮，查扣支给。

七辈陈鹤，万历十年四月，陈鹤，年十七岁，青田县人，系锦衣卫锦衣中所弓矢司年老带俸试百户陈忠庶长男。查得伊父原袭试百户，嘉靖十五年为开读事，遇例实授。所据遇例升级不由军功，例应减革，今本舍照例革替祖职试百户，年幼未比。

万历十三年十二月十二日，陈［鹤］，比试弓马得中，考试三等。

杨楠·试百户

缺。

一辈杨英，小旗功次，查。总旗功次，查。试百户功次，查。实授百户功次，查。

二辈杨伟，缺。

三辈杨楠，旧选簿查有：嘉靖三十年四月，杨楠，坝（霸）州人，系锦衣卫衣中所幡幢司老疾实授百户杨伟庶长男。查得伊父杨伟，嘉靖十六年清查冒滥革与试百户，遇例实授。所据遇例职级例应减革，本舍仍革与做试百户。·273·

牛天麟·试百户

内黄查有：牛锐，年四十六岁，系锦衣卫衣中所斑剑司试百户，涿州人，由舍人正德十六年……能杀贼，嘉靖二年洪山口关斩首一颗升小旗，注锦衣卫衣中所，六年杨家川斩首一颗未升，本年青山口关斩首一颗，十年升总旗，十四年改正杨家川功一级升锦衣卫衣中所班剑司试百户。

一辈牛锐，已载前黄。

二辈牛天麟，旧选簿查有：隆庆二年十月，牛天麟，年四十二岁，涿州人，系锦衣卫衣中所班剑司年老实授百户牛锐嫡长男，革遇例，与替试百户。

三辈牛昂，万历二十年二月，牛昂，年四十四岁，系锦衣卫衣中所班剑司年老实授百户牛天麟嫡长男。查伊父原袭试百户，遇例实授，所据遇例职级例不准袭，本舍合革遇例，与替祖职试百户，比中三等。

四辈牛世遴，崇祯十三年四月，大选过锦衣卫衣中所试百户一员牛世遴，年三十八岁，系故试百户牛昂亲侄，比中三等。

凌勋

崇祯十一年三月，单本选过锦衣卫右所署试百户一员凌勋，年三十二岁，原籍太仓州人。查伊始祖凌云翼由进士总督两广，于万历五年征剿傜寇荡平巢穴，奉圣旨“加升都察院右都御史、兵部左侍郎，照旧总督，荫一子锦衣卫副千户世袭，钦此”。①

二辈凌玄德，系嫡长男，承荫副千户，查犯先帝“德”字，改名玄超，历升指挥使，故。②

三辈凌必大，改名必先，未袭，于万历三十一年冒中武科事发问拟终身军，仍议待伊子出幼之日于原职降三级。③今祖故，父老，该卫结保本舍凌勋承袭前来，业经本部将凌必大犯事降袭情由先行题明，奉圣旨“凌勋着以副千户降三级承袭，钦此”，钦遵，相应降袭，与做署试百户，比中一等。• 274 •

王宸 • 试百户

外黄查有：王琰，巨鹿县人。曾祖王泰，洪武四年选充校尉，三十年征乃儿不花升小旗，白沟河功升总旗，故。祖王真补役，故。伯王聚并枪补役，永乐十九年归并锦衣卫中所幡幢司，故。父王安补役，年老。琰并枪替役，成化元年征两广斩首二颗、生擒一人，二年升试百户，十六年威宁海子斩首一颗，本年升本卫所实授百户。

一辈王泰，已载前黄。

---

① 《明神宗实录》卷 62，万历五年五月己酉，“叙平罗旁功，凌云翼升都察院右都御史兼官总督如故，荫一子锦衣卫副千户”；卷 77，万历六年七月丙辰，“广西汉土官兵征剿过河池咘咳北三等傜贼……总督凌云翼以捷闻。上嘉其功，荫云翼子世袭锦衣卫副千户”。

② 《明神宗实录》卷 208，万历十七年二月辛卯，“命兵部右侍郎萧大亨护送潞王之国，锦衣卫指挥同知凌玄德从”；卷 250，万历二十年七月庚午，“以九门城楼竣工……指挥同知凌玄超升指挥使”；

③ 《明神宗实录》卷 391，万历三十一年十二月辛卯，“南直隶武举凌必大雇倩冒中，巡按马从聘具实疏参。奉旨，下部，兵科覆参：看查伊祖凌云翼以通贿柄臣而冒功升荫，伊父凌玄超以问革荫职而丧检不才，今必大又雇倩败露，宜革其世袭。兵部酌量功罪，先将必大问革拟戍，其世袭原职降三级，以俟必大身终，量与承袭。从之”。

二辈王真，已载前黄。

三辈王聚，已载前黄。

四辈王安，已载前黄。

五辈王琰，已载前黄。

六辈王鋐，旧选簿查有：弘治六年四月，王鋐，巨鹿县人，系锦衣卫中所幡幢司功升实授百户王琰嫡长男，钦与世袭。

七辈王宸，旧选簿查有：嘉靖七年十一月，王宸，年四岁，巨鹿县人，系锦衣卫中所幡幢司故实授百户王鋐庶长男，照例与全俸优给，至嘉靖十七年终住支。

旧选簿查有：嘉靖十八年六月，王宸，巨鹿县人，系锦衣卫锦衣中所幡幢司故实授百户王鋐亲男。伊祖琰以试百户成化十五年威宁海子功升实授百户，相沿。所据威宁海子功查无擒斩，例应减革，本舍照例革袭试百户。

八辈王永寿，万历十四年八月，王永寿，年三十九岁，巨鹿县人，系锦衣卫衣中所幡幢司故实授百户王宸嫡长男。查伊父原袭试百户，遇例实授，所据遇例职级例不准袭，本舍应照例革袭试百户，比中三等。

九辈王应魁，万历四十年八月，大选过锦衣卫衣中所幡幢司试百户一员王应魁，年三十二岁，系老试百户王永寿嫡长男，比中三等。

李资·试百户

［缺］。•275•

一辈李鸾。

二辈李尚质，旧选簿查有：嘉靖四年十月，李尚质，洛阳县人，系锦衣卫锦衣中所老疾功升正千户李鸾亲侄。伊伯以冠带舍人奏带贺兰山斩首一颗越升冠［带］总旗，亲执旗牌升署百户，遇授（例）实授，又以奏带歪头山斩首一颗、三山营斩首一颗重升副千户，改正今职。所据越升并……升级，通该减革，扣有军功三级，本人与替试百户，待伯有男还与职事。

三辈李资。

四辈李萼，万历二十八年八月，李萼，年四十八岁，系锦衣卫衣中所銮舆司故试百户李尚质嫡长男，比中三等。

五辈李蔭，万历三十八年十月，大选过锦衣卫衣中所銮舆司试百户一员李蔭，年四十九岁，系故带俸试百户李萼亲弟。比试不中，例支半俸，候及二年起送再比。

六辈李兴祚，崇祯十年九月补八月分大选，过锦衣卫中所銮舆司试百户一员李兴祚，年二十五岁，系故试百户李蔭亲侄，比中三等。

常清・试百户

外黄查有：常镇，寿光县人。祖常存，洪武二十八年充校尉小甲，三十一年升总甲，本年并升总旗，正统八年老。叔祖常宁代役，十四年迤北阵亡。常顺系亲侄，景泰二年补役，成化三年辽东建州达贼有功，四年升试百户，二十三年遇例实授，弘治十四年故。镇系嫡长男，十五年袭锦衣卫中所弓矢司试百户。

一辈常存，已载前黄。

二辈常宁，已载前黄。

三辈常顺，已载前黄。

四辈常镇，旧选簿查有：弘治十五年六月，常镇，寿光县人，系锦衣卫中所百户常顺嫡长男。伊父原系功升试百户，成化二十三年遇例实授，故，本人照例革袭试百户。

五辈常清，旧选簿查有：嘉靖二十三年十月，常清，寿光县人，系锦衣卫衣中所弓矢司年老试百户常镇嫡长男。• 276 •

六辈常延庆，万历九年二月，常延庆，年三十六岁，寿光县人，系锦衣卫衣中所年老署正千户常清嫡长男。伊父原袭祖职试百户，嘉靖四十一年中式武举升署正千户，今老。所据武举职级不系军功例不准袭，本舍合照例革替祖职试百户，比中二等。

七辈常竟成，万历四十六年七月，单本选过锦衣卫衣中所銮舆司试百户一员常竟成，年二十一岁，系故试百户常延庆庶长男，比中三等。

赵昱・试百户

内黄查有：赵洪，唐县人。曾祖赵林，洪武四年选充仪卫司校尉。

一辈赵林，已载前黄。

二辈赵通，已载前黄。

三辈赵瑄，已载前黄。

四辈赵洪，旧选簿查有：成化二十三年六月，赵洪，塘（唐）县人，系锦衣卫锦衣中所銮舆司试百户赵瑄嫡长男。

五辈赵昱，旧选簿查有：嘉靖八年六月，赵昱，唐县人，系锦衣卫锦衣中所老疾副千户赵洪嫡次男。伊父原袭试百户，遇例实授，又以当先功升署副千户，遇例实授，违例奏带获功升正千户，已经奉诏载革奏带一级与前职。所据二次遇例并当先署级俱应减革，本人照例革与祖职试百户，注銮舆司。

六辈赵启文，年三十八岁，唐县人，系锦衣卫衣中所擎盖司年老实授百户赵昱嫡长男，革遇例，与替试百户，隆庆五年四月二十七日钦准替职。

七辈赵应斌，万历二十五年八月，赵应斌，年四十二岁，系锦衣卫衣中所擎盖司故试百户赵启文嫡长男，比中二等。

八辈赵得寿，万历四十四年八月，大选过锦衣卫衣中所擎盖司试百户优给舍人一名赵得寿，年五岁，系故试・277・百户赵应斌嫡次男，照例与全俸优给，扣至五十三年终住支。

天启六年二月，大选过锦衣卫擎盖司恩例实授百户一员赵得寿，年十六岁，一辈后仍以试百户传袭，比中三等。

阮尚礼・试百户

内黄查有：阮全，武定州人，景泰六年征进湖广铜鼓、五开等处擒斩贼级三名颗，天顺元年升锦衣卫衣中所斧钺司小旗，天顺二年征进贵州东苗地方斩获贼级三颗，七年以征东苗功升冠带总旗，成化二年征广西修仁、荔浦、断藤峡等处斩获贼级四颗，二年升实授百户，十一年钦与流官。

一辈阮全，已载前黄。

二辈阮仁，缺。

三辈阮平，旧选簿查有：嘉靖七年十月，阮平，武定州人，系锦衣卫衣中所斧钺司故百户阮仁嫡长男。伊父原袭祖职试百户，弘治五年遇例实授，本人照例革袭试百户。

四辈阮尚礼，旧选簿查有：嘉靖四十年六月，阮平，年五十八岁，武定州人，系锦衣卫衣中所斧钺司实授百户，今患老疾。在所有嫡长男阮尚礼，见年三十五岁，告替，照旧替试百户。

五辈阮一桂，万历十三年四月，阮一桂，年二十五岁，武定州人，系锦衣卫衣中所斧钺司故实授百户阮尚礼嫡长男。查伊父原袭试百户，遇例实授，所据遇例职级不准承袭，应照例革袭试百户，比中三等。

六辈阮良臣，万历三十九年四月，大选过锦衣卫衣中所斧越（钺）司试百户一员阮良臣，年二十一岁，系故试百户阮一桂嫡次男，比中三等。

李文华・试百户

［缺］。• 278 •

一辈李进，旧选簿查有：嘉靖十四年六月题开，查得冠带舍人李进于嘉靖六等年在花场峪等关三次获功，俱以［舍］人开报以致重升小旗，乞要并升一节，又经该司吊查相同，应合改正，合无将李进以花场［峪］关功升小旗，上加界岭口关等处二次获功二级，与做试百户。

二辈李济，旧选簿查有：嘉靖十六年二月，李济，年二十一岁，易州人，系锦衣卫中所幡幢司患疾试百户李进庶长男。

三辈李泽，旧选簿查有：嘉靖十九年二月，李泽，易州人，系锦衣卫衣中所幡幢司故实授百户李济亲弟。伊兄原系试百户，嘉靖十七年遇［例］实授，所据遇例职级例无承袭，本人照例革遇例，与袭试百户。

四辈李文华，旧选簿查有：嘉靖四十年四月，李泽，年五十三岁，易州人，系锦衣卫衣中所幡幢司实授百户。今患疾在所，有嫡长男李文华，见年二十七岁，革遇例，与替试百户。

五辈李应魁，万历四十七年六月，大选过锦衣卫衣中所扇手司试百户一员李应魁，年三十三岁，系故试百户李伦嫡长男，比中三等。

内黄查有：李纶，年二十八岁，系锦衣卫衣中所扇手司试百户，原籍直隶易州人。曾祖李进系本卫所冠带舍人，嘉靖六年在白土坡斩首一颗，五月采茶峪斩首一颗升小旗，七年青山口斩首一颗重升实授小旗，十四年六月改正升试百户，疾。伯祖李济系长男，十五年三月替，故绝。祖李泽系亲弟，十九年三月袭，疾。父李文华系长男，四十年六月替，老。纶系长男，万历二十年六月比中，替锦衣卫衣中所扇手司试百户。

张进忠 • 试百户

外黄查有：张崇，宝坻县人，洪武三十二年充校尉，三十三年白沟河升小旗，三十四年藁城升总旗，永乐八年静虏镇杀败阿鲁台升锦衣卫中所试百户。张友系张崇嫡长男。[父] 永乐十一年故，友年幼，钦与实授百户俸优给，十九年钦准袭授锦衣卫衣中所世袭百户。

一辈张崇，已载前黄。

二辈张友，旧选簿查有：永乐十一年六月，张友，系北京锦衣中所故试百户张崇嫡长男。

三辈张名，旧选簿查有：天顺元年五月，张名，宝坻县人，锦衣卫锦衣中所故世袭百户张友堂弟。• 279 •

四辈张义，旧选簿查有：成化九年二月，张义，宝坻县人，系锦衣卫锦衣中所故世袭百户张名嫡长男。

五辈张玺，旧选簿查有：弘治九年十二月，张玺，宝坻县人，系锦衣卫锦衣中所弓矢司故世袭百户张义嫡长男。

六辈张壅，旧选簿查有：正德五年六月，张壅，宝坻县人，系锦衣卫锦衣中所弓矢司故绝世袭百户张玺亲弟。

七辈张珍，旧选簿查有：嘉靖十年十月，张珍，年十四岁，宝坻县人，系锦衣卫衣中所弓矢司故百户张壅堂侄。实授一级本人系犯堂，照例革与试百户全俸优给，至嘉靖十年终住支。

旧选簿查有：嘉靖十一年四月，张珍，年十五岁，宝坻县人，系锦衣卫锦衣中所弓矢司故绝百户张壅堂侄。嘉靖十年以犯堂革与试百户俸优给，今出幼，袭试百户。

八辈张进忠，旧选簿查有：嘉靖四十年二月，张进忠，年十四岁，宝坻县人，系锦衣卫衣中所弓矢司故实授百户张珍嫡长男，革遇例，与试百户俸优给，至嘉靖四十年终住支。

旧选簿查有：嘉靖四十一年二月，张进忠，年十五岁，宝坻县人，系锦衣卫衣中所弓矢司故实授百户张珍嫡长男，优给出幼袭职，革遇例，与袭试百户。

万历三十八年四月，大选革发过锦衣卫衣中所舍人一名张诰，查得：张崇，张氏立功祖也，一传而为崇子张友是矣，再传而为友堂弟张名，则其非崇之子明矣，非崇之子则犯堂，一可革；试观他衍序宗图亦改注为友亲弟，其如选辈号纸之不可尽洗，何是彼亦明知其犯堂而多方弥缝之。名生义，义生张玺、张壅，玺、壅各绝，珍又为谁氏之子？不显接辈而张义高伯祖之字，若或溲之，不然，岂有诰祖张珍，珍出义子而谓义为高伯祖也，二可革；至于实授百户，犹云选簿有“钦与”字样，而若诰兄诏充发靖边，竟不声讫以何事永远，终身？总之，张氏世为倖中而今为天所斩也，革发。

王淳・试百户

外黄查有：王贤，欧（瓯）宁县人，系已故太监王勤侄，先任锦衣卫中所百户，天顺元年为事发威远卫充军，本年倚山墩、黑石崖等处杀贼有功升总旗，十五年建州郎家等寨斩首一颗升试百户。[①]

一辈王贤，旧选簿查有：成化十五年，锦衣卫总旗升试百户王贤。• 280 •

二辈王锐，旧选簿查有：正德四年十二月，王锐，年十八岁，欧（瓯）宁县人，系锦衣卫锦衣中所幡幢司年老百户王贤嫡长孙。伊祖原系试百户，成化二十三年遇例实授，今本人照例革替试百户。

三辈王淳，旧选簿查有：嘉靖二十四年四月，王淳，年十八岁，欧（瓯）宁县人，系锦衣卫衣中所幡幢司故实授百户王锐亲男。伊祖贤以试百户成化实授，父锐袭革试百户，又遇例实授，今本舍照例仍革袭试百户。

四辈王治，万历十五年四月，王治，年五十六岁，欧（瓯）宁县人，系锦衣卫衣中所故实授百户王淳亲弟。伊曾祖王贤原系锦衣［卫］百户，因伯祖王勤为事典刑，[②]贤于天顺元年发威远卫充军，获功升总旗，遇宥回卫，又获功升试百户，老。父、兄沿袭。查得邦政条例一款，锦衣卫旗役犯罪，虽遇赦宥，不许复回卫，与例有悖。伊父王锐、兄王淳俱袭本卫试百户，遇例实授，所据遇例职级不准承袭，应照例革袭试百户，注沈阳左卫左所，比中三等。

---

① 《明英宗实录》卷253，景泰六年五月癸酉，“命太监……王勤侄贤，俱为锦衣卫带俸世袭百户”。

② 《明英宗实录》卷274，天顺元年正月丁亥，“命斩……王勤于市，籍其家”。

曲汝卿·试百户

内黄查有：曲仲芳，庆都县人，系校尉，正统十四年报效，钦与……外杀败达贼，固安、杨宣务擒贼，景泰元年以德胜门功升冠带小旗，以……山杀败达贼，以固安功升总旗，以大同又升小旗，具告，冠带校尉获功三次，应合照例……百户。

一辈曲仲芳，已载前黄。

二辈曲傑，旧选簿查有：天顺七年二月，曲傑，庆都县人，系锦衣卫锦衣中所銮舆司故百户曲仲芳嫡长男。

三辈曲淮，旧选簿查有：弘治五年六月，曲淮，庆都县人，系锦衣卫锦衣中所銮舆司故世袭百户曲傑亲侄。

四辈曲刚。

五辈曲汝卿，旧选簿查有：嘉靖三十三年十二月，曲汝卿，年十九岁，庆都县人，系锦衣卫衣中所銮舆司故绝带俸实授百户曲刚亲侄。查得伊伯原革袭试百户，遇例实授，今本舍仍革袭试百户。

六辈曲守正，万历三年四月，曲守正，年十一岁，庆都县人，系锦衣卫衣中所銮舆司带俸故试百户曲汝卿亲侄，照例与全俸优给，至万历六年终住支。

万历七年二月，曲守正，年十五岁，庆都县人，系锦衣卫衣中所銮舆司故试百户曲汝卿亲侄，优给出幼袭职，年幼不比。•281•

王道·试百户

［缺］。

一辈王玉，缺。

二辈王鑑，缺。

三辈王辂，旧选簿查有：弘治十年十二月，王辂，东平州人，原系锦衣卫锦衣中所带俸副千户，今于本所管事。

四辈王尚贤，旧选簿查有：嘉靖二年九月，王尚贤，年二十七岁，东平州人，系锦衣卫中所故副千户王辂嫡长男。伊祖玉系太监王定弟，由冠带舍人报捷并获功历升指挥佥事，乞升指挥同知。[①] 父辂已革报捷升级与前职，合照纳授冠带并乞升俱该减革，扣有军功三级，照例革与本人试百户，注旌节司。

五辈王道，旧选簿查有：嘉靖四十一年四月，王道，年五十岁，东平州人，系锦衣卫衣中所旌节司年老实授百户王尚贤嫡长男。伊父原袭试百户，嘉靖十五年遇例实授，今年老，所据遇例职级例应减革，本舍照例革替试百户。

六辈王颐寿，万历四年十二月，王颐寿，年三十一岁，东平州人，系锦衣卫衣中所旌节司试百户王道嫡长男。查伊始祖王玉以冠带舍人报捷升所镇抚，先年减革未尽，今本舍照例革袭小旗。

刘崐·署试百户

外黄查有：刘軏，年二十六岁，山阳县人。父刘宝，成化十六年由舍人，十八年征清水营塔儿山斩首一颗升……十九年中武举升所镇抚，弘治五年遇例实授，八年征哈密斩首二颗，九年报捷升一级……又因斩首二颗升二级，七月升正千户，注锦衣卫左所，十四年白鹻滩被伤升署指挥佥事，遇例实［授］……年推升署都指挥佥事，充右参将，七年升实授都指挥佥事，十一年故。[②] 系嫡长男，查父武举中式……所升及推升都指挥俱不由军功，止有清水营一级、哈密二级，革袭试百户，仍锦衣卫衣中所銮舆司……

---

① 《明英宗实录》卷277，天顺元年四月庚戌，“命内官……王定等五人弟侄为百户，俱世袭，锦衣卫带俸”。《明宪宗实录》卷292，成化二十三年七月癸亥，“命锦衣卫指挥同知王玉子鑑代其父职。玉，太监王定之弟，以军功由舍人历升指挥佥事。后定辞食米恩，乞并升玉指挥同知。至是，玉以老当代。兵部言，恩升非军功，鉴止宜代指挥佥事。上特命为指挥同知”。

② 《明宪宗实录》卷240，成化十九年五月壬辰，“兵部尚书张鹏等奏，会总兵官英国公张懋等校试各处所举将材……冠带小旗刘宝荅策二中，马箭四，步箭二，例授试所镇抚”。《明武宗实录》卷45，正德三年十二月庚寅，“命左参将都指挥佥事苏泰仍旧分守肃州地方，召新任参将刘宝还”；卷46，正德四年正月甲午，“命锦衣卫署都指挥佥事刘宝掌山西行都司事”；卷48，正德四年三月甲寅，“命……山西行都司署都指挥佥事刘宝充左参将，分守宣府西路”；卷73，正德六年三月丙子，“罢分守万全右卫左参将刘宝守备”；卷114，正德九年七月甲申，“增设保定游击将军一人备紫荆等关……寻以锦衣卫署都指挥佥事刘宝充游击将军”；卷118，正德九年十一月丙子，“裁革河间大名等府地方镇守总兵官，保定游击将军刘宝驻河间防守”；卷134，正德十一年二月壬戌，“罢游击将军刘宝回原卫，以河间等处盗平故也”。

一辈刘宝，已载前黄。

二辈刘軏，旧选簿查有：正德十一年十月，刘軏，年二十岁，山阳县人，系锦衣卫都指挥佥事刘宝嫡长男。伊父原由冠带舍人获功并武举报捷升前职，今病故，本人照例革袭本卫衣中所銮舆司试百户。

三辈刘昆，旧选簿查有：嘉靖三十七年四月，刘昆，山阳县人，系锦衣卫衣中所銮舆司年老实授百户刘軏庶长男。查伊祖宝以舍人于成化十八年延绥清水营斩首升小旗，十九年武举中式升试所镇抚，遇例实授，弘治八年征哈密斩首二颗为首，九年赴京报捷升实授百户，又开称正千户，十四年白鹻滩被伤升署指挥佥事。父軏查革武举、遇例、报捷、被伤升级，止存清水营一级、哈密二级，与袭试百户，遇例实授。所据哈密二级为首例该准袭实授一级并署一级，并无实授二级事例，今于哈密二级内革去半级并革遇例一级，本舍与替署试百户。• 282 •

四辈刘崇礼，旧选簿查有：嘉靖四十三年九月，刘崇礼，年四岁，山阳县人，系锦衣卫衣中所故署试百户刘昆嫡长男，照例与全俸优给，至嘉靖五十三年终住支。

五辈刘崐，旧选簿查有：嘉靖四十四年十月，刘崐，年三十四岁，山阳县人，系锦衣卫衣中所銮舆司故署试百户事总旗刘崇礼亲叔。

六辈刘崇禄，万历三十四年八月，大选过锦衣卫衣中所銮舆司带俸署试百户事总旗一员刘崇禄，年三十三岁，系刘崑嫡长男，比中三等。

王炳 • 试百户

缺。

一辈王兴，小旗次功，查。总旗功次，查。

二辈王富，缺。

三辈王六十，缺。

四辈王缙，试百户功次，查。副千户功次，正德十二年抄誊簿内查有：僰蛮功次，一人斩首三名颗，叙南卫左所百户升副千户一员王缙。

五辈王植，旧选簿查有：嘉靖十三年二月，王植，年四十岁，涞水县人，系锦衣卫故署指挥佥事王缙嫡次男。伊父原替祖役总旗，缉获妖言历升指挥佥事，为事降革百户，调叙南卫，高珙僰蛮斩首三颗，后回卫还职，将功升指挥同知，遇诏革前职，今故。[①]所据缉获妖言，例该减革，于祖役总旗上加军功一级，本人革与试百户，注衣中所班剑司，仍候革册至日定夺。

六辈王炳，旧选簿查有：嘉靖三十二年二月，王炳，年十六岁，涞水县人，系锦衣卫衣中所班剑司故实授百户王植庶长男，革遇例实授，与做试百户。

七辈王阶，万历二十七年十月，王阶，年二十三岁，系锦衣卫衣中所斧钺司故试百户王炳亲侄，比中三等。

八辈王殿，万历三十九年六月，大选过锦衣卫衣中所班剑司试百户一员王殿，年二十七岁，系故试百户王阶亲弟，比中三等。

九辈王祚昌，崇祯九年三月，单本选过锦衣卫衣中所试百户一员王祚昌，年二十三岁，涞水县人，系锦衣卫衣中所试百户王·283·殿亲侄。查伊伯原袭祖职试百户，今老，伊伯桂芳夭亡，伊伯弟盛鸾幼、疾，序及本舍。该卫结保借替前来，查无违碍，合准借替试百户，俟盛鸾年长疾痊或生有儿男，退还职事。比中三等。

十辈王嗣美，崇祯十三年二月，大选过锦衣卫衣中所试百户一员王嗣美，年二十岁，系故试百户王祚昌亲男，准仍借袭试百户，俟王盛銮疾痊、生子即退还，比中三等。

卢澜·试百户

[缺]。[②]

一辈卢雄，诰命查有：弘治二年四月，卢雄，年二十七岁，顺天府武清县人，系后军都督府同知卢钦男。成化……二月随征大同、威宁海子等处杀贼，斩首一颗有功升冠带小旗，注锦衣卫前所銮舆司，□年七月告补锦衣［卫］中所扇手司，本年十一月二十三日以前天桥儿杀贼斩级一颗功升冠带总旗，本年十二月十九［日］改升实授百户，成化十七年正月马站沟等处杀贼斩级一颗有功升本卫中所副千户，弘治元年二月初十日钦与流官。

二辈卢恂，旧选簿查有：嘉靖二十一年十月，卢恂，武清县人，系锦衣卫衣中所

---

① 《明世宗实录》卷157，嘉靖十二年十二月乙亥，“赐锦衣卫署指挥佥事王缙祭一坛。缙奉命勘陕西夷情，道卒，故赐祭如实职例”。

② 本选簿与《明档》本册第477页“又一员·卢英”选簿相关联。

故副千户卢雄庶次男。伊父以舍人成化十六年威宁海子功升小旗，天桥儿功升总旗，窑子沟重升总旗，改升实授百户，十七年马站沟功升副千户，故。所据威宁海子功无擒斩，及窑子沟越升实授百户，俱例应减革，本人照例革袭试百户。

三辈卢澜，旧选簿查有：嘉靖四十年四月，卢恂，年五十九岁，武清县人，系锦衣卫衣中所擎盖司实授百户，今患老疾在所。有嫡长男卢澜，见年三十五岁，告替，革遇例与替试百户。

四辈卢光祖，万历四年二月，卢光祖，年十八岁，武清县人，系锦衣卫衣中所擎盖司患疾试百户卢澜嫡长男。

[五辈卢国辅]，崇祯二年正月补元年十二月大选：过锦衣卫衣中所擎盖司减革试百户一员卢国辅，年二十二岁，系故遇例实授百户卢光祖嫡长男，比中三等。• 284 •

周治

万历四十四年四月，大选过锦衣卫衣中所副千户一员周治，年二十岁，延津县人，系故功升都督佥事周嘉庆侄孙。查伊曾祖周詠，原任蓟辽总督，万历十年为狡虏潜聚突犯仰仗天威主将督兵追斩等事，该本部题奉圣旨，“该镇剿除巨憝，大张天讨，奇功可嘉，周詠荫一子与做锦衣卫百户，钦此”。万历十一年又该山东御史洪声远奏前事，本部覆奉圣旨“该镇二次捷功既并勘明白，周詠先荫锦衣卫儿男升一级世袭，钦此”。该总督凌咨将应荫儿男周加庆前来，题奉钦依荫授锦衣卫衣中所副千户，到任管事。万历十八年考选北镇抚司理刑，历升都督佥事，万历三十一年为事被论，奉旨革职，至四十年十月内病故。[①] 例应本舍承袭，该卫保送前来，除将伊叔祖周加庆历升流官减革外，本舍准袭副千户，比中一等。

周笃棐，崇祯十二年四月，大选过锦衣卫衣中所副千户一员周笃棐，年十九岁，系故副千户周治嫡长男，比中三等。

---

① 《明神宗实录》卷288，万历二十三年八月辛丑，“锦衣卫北镇抚司理刑指挥同知周嘉庆请给假治丧，从之”；卷364，万历二十九年十月庚寅，“命原任总督保定右都御史兼兵部右侍郎周咏准复原职。咏历有军功，被诬削籍，复奉旨冠带闲住。兹从其子锦衣卫都指挥佥事周嘉庆之请也”；卷368，万历三十年二月癸巳，“命锦衣卫指挥使李桢国为北镇抚司理刑，原理刑都指挥佥事周嘉庆升都指挥使，仍同管事”；卷391，万历三十一年十二月癸未，“兵部请将周嘉庆解任回籍，从之”。

金栋·试百户

外黄查有：金瑀，景宁县人，系锦衣卫千户金璋弟，景泰六年至天顺元年征进湖广绞罗、波洞、藕洞等处斩获贼级三颗，升锦衣卫锦衣中所带俸所镇抚，本年改旌节司冠带小旗，天顺五年四牌楼杀败反贼曹钦等有功，天顺六年升冠带总旗，成化元年至二年征广西修仁横石、中湖等处，斩获贼级六颗，本年升本卫所司带俸实授百户，成化三年调本所班剑司补缺管事，十一年钦与流官。

一辈金瑀，已载前黄。

二辈金濂。

三辈金湧，旧选簿查有：弘治二年十二月，金湧，景宁县人，系锦衣卫锦衣中所班剑司世袭百户金濂庶弟，待嫡兄有男还与职事。• 285 •

四辈金鸾，旧选簿查有：正德十三年四月，金鸾，年十六岁，景宁县人，系锦衣卫锦衣中所班剑司故百户金湧嫡长男。祖金瑀系舍人，报效获功一级，越升所镇抚，遇例并升冠带小旗，又历升二级授前职；父沿袭，为事，新例永远充军，遇恩宥查革释放。本人优给出幼袭职，候年二十岁起送比试弓马。伊伯并伊父二辈未比，照例住俸四年。

五辈金清，旧选簿查有：嘉靖元年三月，金清，景宁县人，系锦衣卫衣中所班剑司故世袭百户金鸾亲叔。

六辈金鋆，旧选簿查有：嘉靖十三年六月，金鋆，年二十六岁，景宁县人，系锦衣卫衣中司（所）班剑司故百户金清嫡长男。伊祖瑀以舍人天顺元年湖广报效得功一级升小旗，又历升前职，至父，本人照例革去报效升级，与试百户。

七辈金栋。

八辈金炜，万历三十五年二月，金炜，年四十八岁，系锦衣卫衣中所班剑司见任老试百户金栋嫡长男，比中二等。

九辈金尚仁，天启二年十月，大选过锦衣卫衣中所班剑司试百户一员金尚仁，年二十五岁，系故试百户金炜嫡长男，比中三等。

江禄・试百户

外黄查有：江贵，杞县人，洪武二十五年以人才举保，三十年……三十一年调锦衣卫中所驯马司，三十五年选充拿……七年除锦衣卫衣中所百户，不管事，还着看马，九年敬与流官职事……［永］乐十八年故。通二十年袭授本卫流官百户。［江进］系江通嫡长男，父景泰三年老疾……十四年报效，于大同雷公山等处杀贼阵亡，例升二级，景泰六年加升副千户俸优养，本人天顺二年遇例……进照例袭升本卫所副千户，仍将伊父优养俸粮开除。

一辈江贵，已载前黄。

二辈江通，已载前黄。

三辈江进，已载前黄。

四辈江矩。• 286 •

五辈江洪，旧选簿查有：成化十五年正月，江洪，杞县人，系锦衣卫锦衣中所副千户江矩嫡长男。曾祖江贵原系本卫所拿马大汉，升百户，病故；祖江通袭职，年老；伊兄江进以舍人报效，阵亡，无嗣，例升二级；父江矩袭授副千户，今年老。本人照依伊祖流官百户，革与小旗，加伊叔阵亡二级，与试百户，于本卫所支俸差操。

六辈江椿，旧选簿查有：成化二十三年二月，江椿，杞县人，系锦衣卫锦衣中所驯马司故试百户江洪嫡长男。

七辈江祯，旧选簿查有：嘉靖六年四月，江祯，杞县人，系锦衣卫锦衣中所带俸故百户江椿嫡长男。伊父原袭试百户，遇例实授，本人照例革袭试百户。

八辈江禄，旧选簿查有：嘉靖二十九年二月，江禄，年三十六岁，杞县人，系锦衣卫衣中所驯马司故带俸试百户江祯亲弟。

九辈江忠，万历十七年八月，江忠，年三十六岁，系锦衣卫衣中所驯马司故带俸试百户江禄男。查江进杀贼有功，景泰年阵亡升二级，故绝，江矩沿袭至今。所据杀贼功弟侄得袭，阵亡功弟侄不得并，本舍照例革阵亡功一级，量与做冠带总旗，比中三等。

吴国臣・试百户

外黄查有：吴二，合肥县人，系御用监太监王瑾下家人，正统十三年福建征剿贼寇邓茂七等，十四年不等节次于西芹等寨杀贼获功一十一次，例升二级，景泰元年升总旗，锦衣卫衣中所旌节司带管食粮，六年调升锦衣卫衣中所旌节司带俸试百户，八年遇例实授，成化四年钦与流官。吴堂系锦衣卫中所旌节司带俸故实授百户吴刚嫡长男，伊父以试百户遇例实授，今本舍仍革袭试百户，嘉靖二十五年钦准袭职。

一辈吴二，已载前黄。

二辈吴春，旧选簿查有：成化九年二月，吴春，合肥县人，系锦衣卫衣中所旌节司故带俸百户吴二庶长男，钦与世袭。

三辈吴纲，旧选簿查有：正德十年二月，吴纲，合肥县人，系锦衣卫衣中所旌节司实授百户吴春庶长男。伊祖原系功升试百户，遇例实授；伊父袭职，患疾。本人告袭，查得伊父一辈未比，照例革替试百户，住俸三年。

四辈吴堂，旧选簿查有：嘉靖二十五年十二月，吴堂，合肥县人，系锦衣卫衣中所旌节司带俸故实授百户吴纲嫡长男。伊父以试百户遇例实授，今本舍仍革袭试百户。

五辈吴国臣，旧选簿查有：嘉靖二十九年十二月，吴国臣，年十六岁，合肥县人，系锦衣卫衣中所旌节司带俸故试百户吴堂嫡长男。• 287 •

王承勋・世袭百户

内黄查有：王信，遂平县人，洪武十八年本县以力士保送赴京，拨锦衣卫左［所］……充总旗，三十五年以年深除锦衣卫衣中所扇手司百户，永乐八［年］……

一辈王信，已载前黄。

二辈王良。

三辈王贵，旧选簿查有：永乐十一年十二月，王贵，旧名锁儿，系锦衣卫中后所故世袭百户王良嫡长男，钦准袭授本卫所百户。

四辈王钊，旧选簿查有：景泰三年二月，王钊，系锦衣卫锦衣中卫（所）扇手司故世袭百户王贵庶长男。先因年幼，已与优给，出幼患疾，今痊可袭职。

五辈王淮，旧选簿查有：成化十六年七月，王淮，遂平县人，系锦衣卫锦衣中所扇手司世袭百户王钊嫡长男。

六辈王琦，旧选簿查有：弘治十三年二月，王琦，年十五岁，遂平县人，系锦衣卫锦衣中所扇手司故世袭百户王淮嫡长男。

七辈王承勋，旧选簿查有：嘉靖三十七年十一月，王承勋，遂平县人，系锦衣卫衣中所扇手司世袭百户王琦侄男。

八辈王睿，万历五年六月，王睿，年四岁，遂平县人，系锦衣卫衣中所扇手司故世袭百户王承勋嫡长男，照例与全俸优给，至万历十五年终住支。

万历十六年四月，王睿，年十六岁，遂平县人，系锦衣卫衣中所扇手司带俸故世袭实授百户王承勋嫡长男，出幼袭职，比中三等。

李辰·试百户

缺。

一辈李和，旧选簿查有：嘉靖十年十二月，堂稿内开查有，为重升斩首军功比例乞恩改正以图补报事，二年达贼在于洪山口关犯边，镇守太监李能奏带家人李和，跟随总兵官马永、参将吕昌、前哨把总指挥马雄等·288·部下就阵同为从蓟州军人罗京斩首一颗，该升旗役；三年青山口关达贼入境，李和跟随左哨把总指挥田登部下为首，总兵官马永下家人马□为从斩首一颗。洪山口关斩首以舍人升小旗，青山口关斩首重升小旗，一向在边未曾改正，六年长峪口关斩首一颗，以小旗升总旗重升小旗，乞要改正，李和于长峪关功升总旗上加以青山口关重升小旗一级，与做试百户，于原卫所支俸管事，十年十二月奉圣旨"是，钦此"，仰行锦衣卫经历司呈卫，照依题奉钦依内事理钦遵行，令李和依今改正试百户职事，于原卫所司查照施行。①

二辈李芳，旧选簿查有：嘉靖十五年六月，李芳，年七岁，清苑县人，系锦衣卫衣中所幡幢司故试百户李和庶长男，照例全俸优给，二十二岁终住支。

旧选簿查有：嘉靖二十四年二月，李芳，清苑县人，系锦衣卫衣中所幡幢司故试百户李和庶长男，优给出幼袭职。

三辈李辰，旧选簿查有：嘉靖三十二年二月，李辰，清苑县人，系锦衣卫衣中所幡幢司故实授百户李芳亲弟。查得伊兄原袭试百户，遇例实授，今本舍仍革袭试百户。

四辈李大经，万历元年四月，李大经，年十九岁，清苑县人，系锦衣卫衣中所幡

① 《明世宗实录》卷57，嘉靖四年十一月丁巳，"镇守蓟州等处太监李能奏其家人李和等青山口斩获有功，已注羽林右卫小旗，复求改注锦衣卫。兵部执奏，言其诈冒军功，不可许。诏许之"。

幢司故带俸试百户李辰嫡长男。查得伊祖李和原系舍人，正德十六年因太监李能奏带，嘉靖二年洪山口斩首功升小旗，青山口斩首功重升小旗，十年长峪口斩首功升总旗，具奏改正，于总旗上加青山功与袭试百户。所据太监奏带功次例应尽行裁革，但所获功级查有“斩首”字样未可尽泥，今本舍合量革袭冠带总旗。

闫锡·试百户

外黄查有：闫忠，胶州人。祖闫圭，洪武二十八年授充锦衣卫戈戟司小甲，三十……四年迤北征进未回。[忠] 补役，本年遇例报效，德胜门外杀败达 [贼] ……三月大同北门外雷公山等处杀败达贼升锦衣卫戈戟司带俸实授百户。

一辈闫圭，已载前黄。

二辈闫盛，已载前黄。

三辈闫忠，已载前黄。

四辈闫璋，旧选簿查有：成化十二年十一月，闫璋，胶州人，系锦衣卫锦衣中所百户闫忠嫡长男，钦与世袭。

五辈闫锦，旧选簿查有：正德四年十二月，闫锦，胶州人，系锦衣卫锦衣中所老疾百户闫璋嫡长男。伊祖闫忠原系小旗，试中弓砖给与冠带，历功升前职，父例前袭职，本人照例革替试百户。• 289 •

六辈闫英，旧选簿查有：嘉靖十五年四月，闫英，年四十一岁，胶州人，系锦衣卫衣中所斧钺司年老试百户闫锦嫡长男。

七辈闫锡，旧选簿查有：嘉靖三十一年十月，闫锡，胶州人，系锦衣卫衣中所斧钺司故实授百户闫英亲叔，革遇例，与袭试百户。

八辈闫勋。

九辈闫光祖，万历七年十月，闫光祖，年十七岁，胶州人，系锦衣卫衣中所斧钺司带俸故试百户闫勋嫡次男，年幼未比。

十辈闫世科，天启七年九月补八月，选过锦衣卫衣中所斧钺司试百户一员闫世科，年二十五岁，系故试百户闫光祖亲男，比中三等。

王九畴·试百户

外黄查有：王镗，大兴县人。曾祖王智，洪武三十二年从军，选充小旗，本年升总旗，三十四年升试百户，三十五年升锦衣卫副千户，奉例革去前职仍试百户，宣德七年故。伯祖王福系王智嫡长男，袭实授百户，正统六年故，无子。祖王镛系王福亲弟，本年袭，成化四年故。父王瑾系王镛嫡长男，本年袭。正德十三年，镗系王瑾嫡长男，袭锦衣卫中所戈戟司实授百户。

一辈王智，已载前黄。

二辈王福，旧选簿查有：宣德七年，王福，系锦衣卫锦衣中所故功升试百户王智嫡长男，钦准袭实授世袭百户。

三辈王庸，旧选簿查有：正统六年九月，王庸，系锦衣卫锦衣中所故世袭百户王福亲弟。

四辈王瑾，旧选簿查有：成化四年十月，王瑾，大兴县人，系锦衣卫锦衣中所故世袭百户王庸嫡长男。

五辈王镗，旧选簿查有：正德十三年十月，王镗，大兴县人，系锦衣卫衣中所故百户王瑾嫡长男。高祖王智系试百户，曾祖王福钦准替实授，本人仍与袭实授百户。

六辈王承勋，旧选簿查有：嘉靖二十年十月，王承勋，年十八岁，大兴县人，系锦衣卫衣中所戈戟司故实授百户王镗嫡长男。伊伯祖福以试百户宣德七年传升袭实授百户，所据传升职级不由军功，例应减革，本人照例革袭试百户。

七辈王九畴，旧选簿查有：嘉靖四十一年十月，王九畴，年九岁，系锦衣卫衣中所弓矢司故试百户王承勋嫡长男，照例与全俸优给，至嘉靖四十七年终住支。

王九畴，年十七岁，大兴县人，系锦衣卫衣中所弓矢司故试百户王承勋嫡长男，优给出幼袭职。查得本舍优给违限一年，限外有无多支俸粮，查扣毕日关支，隆庆四年四月袭职。·290·

裴寅·试百户

内黄查有：裴郁，新城县人，洪武三十四年仪卫司校尉，三十五年金川门升小旗……擒杀贼众五年升总旗，六年升锦衣卫锦衣右所试百户。裴贵系裴……

一辈裴郁，已载前黄。

二辈裴贵，旧选簿查有：宣德四年二月，裴贵，年十七岁，系锦衣卫衣右所带俸试百户裴郁庶长男。父原系小旗……下西洋升除前职，病故，钦准本人仍袭试百户。

三辈裴瑛，旧选簿查有：天顺二年闰二月，裴瑛，年十五岁，保定府新城县人，系锦衣卫衣中所弓矢司故百户裴贵嫡长男，钦与世袭。

四辈裴［晖］，旧选簿查有：嘉靖十一年四月，裴纲，年五十九岁，新城县人，系锦衣卫衣中所弓矢司百户。伊曾祖郁以校尉克金川门等功历升试百户，所据祖贵遇例实授例该减革。今患疾在所，有嫡长男裴晖，年三十三岁，告替，照例革与试百户。

五辈裴寅，旧选簿查有：嘉靖三十三年二月，裴寅，年二十岁，新城县人，系锦衣卫锦衣中所弓矢司故实授百户裴晖嫡长男。本舍伊父晖原替试百户，遇例实授，所据遇例一级例应减革，今本舍仍照旧革袭试百户。

郑朝・试百户

外黄查有：郑忠，涞水县人，洪武二十四年报效充校尉，灵璧县大战有功升锦衣卫中所小旗，永乐九年征剿，破城池、擒番王、杀番贼升锦衣卫中所试百户。郑亨年十六岁，系郑忠亲侄。叔下西洋亡故，无儿，伯郑继弘年老，有男郑广幼小，亨借职，宣德九年钦准袭授本卫所实授世袭百户，待堂弟长成还与职事。

一辈郑忠，已载前黄。

二辈郑亨，已载前黄。

三辈郑广，缺。• 291 •

四辈郑能，旧选簿查有：成化十三年十月，郑能，涞水县人，系锦衣卫中所弓矢司百户郑广嫡长男，钦与世袭。

五辈郑镛，旧选簿查有：弘治十二年三月，郑镛，涞水县人，系锦衣卫锦衣中所弓矢司世袭百户郑能嫡长男。

六辈郑顺，旧选簿查有：正德二年六月，郑顺，年十五岁，涞水县人，系锦衣卫锦衣中所弓矢司故革袭百户郑镛亲弟，待兄有男还与职事。

七辈郑朝，旧选簿查有：嘉靖十一年六月，郑朝，年四岁，涞水县人，系锦衣卫衣中所故百户郑顺庶长男。伊高叔祖郑忠立功升试百户，堂曾叔祖宣德元年钦准实授，曾祖、祖、父沿袭。所据钦准职级例应减革，本人照例革与试百户优给，至嘉靖二十一年终住支。

刘栋・试百户

外黄查有：刘斌，磁州人，系都督刘玉男，成化四年随父刘玉督……年斌节次石城儿等处擒获贼一名、斩获首级一［颗］……五年以石城儿等处升扇手司实授百户。

一辈刘斌，已载前黄。

二辈刘瓒，已载三辈下。

三辈刘栋，旧选簿查有：嘉靖十六年二月，刘栋，年十岁，磁州人，系锦衣卫衣中所故正千户刘瓒亲孙。伊曾祖斌以冠［带舍］人成化四年报捷升所镇抚，石城儿功升实授百户，威宁海子功越升署正千户，遇例实授，擒妖言升指挥佥事，故。[①] 祖瓒革袭副千户，大同功升正千户，正德五年宁夏升指挥佥事，七年山东征勦流贼升指挥同知，本年赍执旗牌升指挥使，十六年奉诏查革将宁夏、山东并赍执旗牌升职革去，与正千户。[②] 所据报捷职级仍应减革，扣有石城儿并威宁海子及大同斩首军功三级，本人照例革与试百户俸优给，至嘉靖二十年终住支，注扇手司。

四辈刘一元，万历十九年四月，刘一元，年二十三岁，磁州人，系锦衣卫衣中所幡幢司年老遇例实授百户刘栋嫡长男。查伊父刘栋原革袭试百户，遇例实授，所据遇例职不准承袭，本舍合革替试百户，比中三等。

五辈刘承麐，万历三十四年四月，刘承麐，年十四岁，系锦衣卫衣中所幡幢司故试百户刘一元嫡长男，照例与全俸优给，至本年终住支。

万历三十五年四月，刘承麐，年十五岁，系故试百户刘一元嫡长男，出幼袭职，比中三等。・292・

---

① 《明孝宗实录》卷 204，弘治十六年十月壬子，“锦衣卫指挥佥事刘斌卒。斌，赠固原伯玉之子。初，袭锦衣卫正千户，以擒获妖言并强贼等功升指挥佥事，既而命管卫事。至是，卒。特赐谕祭”。

② 《明世宗实录》卷 15，嘉靖元年六月戊寅，“初，上登极，诏书查革冒滥军职。寻遣科道部属锦衣卫官公同查审应存应革，已奉旨遵守矣。至是，锦衣卫千户刘瓒等各纠众奏辩。兵部覆奏：瓒等皆正德间违例奏带之人，或一人而数处报功，或一时而数处并功，甚者足迹未出京城军功已报边阃，一岁转迁不啻数级，一家通显何止数人？既经清查削革，仍欲夤缘觊复，宜治以罪。上是部议，命弘治十八年以前升授职级如故，正德元年以后升授尽行查革，再有奏扰者，罪之”。

李錞·试百户

外黄查有：李华，洛阳县人，原系本卫冠带舍人，成化十六年威宁海子斩首二颗有功升冠带总旗，注衣中所旌节司，十七年白孤庄斩首一颗有功升实授百户，十八年黑石崖斩首一颗有功升副千户，十九年因累次捉获强盗数名有功升正千户。

一辈李华，已载前黄。

二辈李杲，旧选簿查有：正德十一年十一月，李杲，洛阳县人，系锦衣卫衣中所年老正千户李华嫡长男。伊父原系冠带舍人，威宁海子斩首升冠带总旗，白孤庄斩首升实授百户，黑石崖斩首升副千户，捉获强盗升正千户，普安等处斩首升指挥佥事，为事降正千户，今年老，保送本舍前来。所据冠带总旗、实授百户俱越升二级，及捉获强盗升正千户、普安功升指挥佥事系自己获功，例不该袭，合无准令本舍扣有军功三级，以舍人上加与做本所旌节司试百户，支俸管事。

三辈李錞，旧选簿查有：嘉靖二十二年四月，李錞，洛阳县人，系锦衣卫衣中所旌节司带俸试百户李杲嫡长男。

四辈李良臣，万历七年六月，李良臣，年三十九岁，洛阳县人，系锦衣卫衣中所旌节司带俸故试百户李錞嫡长男，革伊父遇例实授，与袭试百户，比中三等。

五辈李大经，万历十五年八月，李大经，年八岁，洛阳县人，系锦衣卫衣中所旌节司故带俸实授百户李良臣嫡长男。伊父原袭试百户，遇例实授，所据遇例职级例不准袭，本舍合照例革以祖职试百户全俸优给，至万历二十一年终住支。

六辈李应魁，崇祯三年二月，大选过锦衣卫中所斧钺司试百户一员李应魁，年十九岁，系故试百户李大经嫡次男，比中三等。

七辈李如麟，崇祯十二年八月，大选过锦衣卫衣中所斧钺司试百户优给舍人一名李如麟，年七岁，系故试百户李应魁嫡长男，照例与全俸优给，至崇祯十九年终住支。

叶世臣·革充总旗

供称：始祖叶茂，洪武二十五年充校尉总甲，三十年升总旗，永乐元年拨锦衣卫銮舆司总旗，故。叶希文补，故。叶芳补并，故。叶孟保补并，无嗣。祖叶凤翔系侄，补并，正德九年在京城内外通州、良乡等县擒获妖书妖言升实授百户，正德十六年遇诏查革祖役实授总旗，嘉靖六年复署试百户，故。父叶天性系长男，嘉靖二十九年九月袭。查伊父原补祖役总旗，缉获妖书妖言升署试百户，遇例实授。所据妖书妖言例该承袭一辈，遇例实授不由军功，例应减革，本舍照例革袭署试百户，以后子孙照例革充总旗。

一辈叶茂。·293·

二辈叶希文。

三辈叶芳。

四辈叶孟保。

五辈叶凤翔。

六辈叶天性。

七辈叶世臣，万历十九年四月，叶世臣，年二十八岁，景宁县人，系锦衣卫衣中所弓矢司年老遇例实授百户叶天性嫡次男。查伊祖叶凤翔由［总］……署试百户，父叶天性沿袭一辈。所据缉获妖书妖言功升职级例不准袭，本舍合革与替祖役总旗，比中三等。

张海·试百户

内黄查［有］：张敬，江陵县人。祖父张保，甲辰年从军，［洪］武三十三……羽林前卫，永乐十四年哈烈公干十六年升总旗，仍往哈烈……袭羽林前卫后所试百户。

一辈张保，已载前黄。

二辈张贵，已载前黄。

三辈张敬，已载前黄。

四辈张斌，旧选簿查有：天顺三年六月，张斌，江陵县人，系羽林前卫后所故百户张敬嫡长男，钦与世袭。

五辈张英，缺。

六辈张宣，旧选簿查有：正德二年七月，张宣，年十一岁，江陵县人，系羽林前卫后所调泾府群牧所百户张英嫡长男。伊曾祖张敬原系试百户，天顺元年遇例实授，传至伊父革袭试百户，成化二十三年又遇例实授，今故。本人照例仍与实授百户俸优给，至正德七年终住支。

七辈张海，旧选簿查有：嘉靖二十三年十二月，张海，年十八岁，江陵县人，系锦衣卫衣中所擎盖司故试百户张宣嫡长男，照旧试百户。

八辈张文相，万历十八年十月，张文相，年四十一岁，江陵县人，系锦衣卫衣中所年老试百户张海嫡长男，比中一等。

九辈张应兆，万历三十三年二月，大选过锦衣卫亲军所试百户一员张应兆，年三十二岁，系故试百户张文相嫡长男，比中一等。• 294 •

罗文 · 试百户

外黄查有：罗谦，桂阳县人，系御用监太监罗祥亲侄，成化六年奏带陕西延绥鱼儿河等处斩获贼级有功升冠带小旗，十五年辽东建州郎家等寨当先斩获贼级有功升冠带总旗，十七年雷公山当先杀贼被伤有功升锦衣卫衣中所擎盖司实授百户，弘治元年钦与流官。①

一辈罗谦，已载前黄。

二辈罗俊，旧选簿查有：正德四年十二月，罗俊，桂阳州人，系锦衣卫〈锦衣卫〉锦衣中所年老副千户罗谦嫡长男。伊父原系功升署副千户，弘治十八年遇例实授，今本人照例革替署副千户事百户。

三辈罗文，旧选簿查有：嘉靖二十四年六月，罗文，桂阳州人，系锦衣卫衣中所年老副千户罗俊嫡长男。伊祖谦原系御用监太监罗祥亲侄，成化六年奏带陕西延绥鱼儿河等处斩获贼级有功升冠带小旗，十五年建州当先有功升冠带总旗，十七年雷公山当先被伤有功升实授百户，弘治元年延绥白鱇滩等处杀贼被伤升署副千户，十八年遇例实授，嘉靖十一年庙工完升正千户。所据当先、被伤及庙工升级俱应减革，本人照例量与试百户。

四辈罗缙，万历元年八月，罗缙，年四十岁，桂阳县人，系锦衣卫衣中所斧钺司故实授百户罗文嫡长男，查得本舍违限十二年，照例革发讫。

周鸣凤 · 试百户

万历十三年四月，周鸣凤，年二十五岁，怀远县人，系锦衣卫衣中所故正千户周

---

① 《明宪宗实录》卷276，成化二十二年三月戊申，“降锦衣卫百户罗谦为山海卫总旗。谦，东厂太监罗祥家人，假为祥书，挟势遣人于两淮中盐事觉也”。

嘉谋亲侄。伊伯原袭祖职试百户，嘉靖二十四年遇例实授，二十六年中式武举，加升署正千户，遇蒙万历十年九月恩诏实授，十二年故。所据伊伯二次遇例实授并武举升级俱例不准袭，本舍合照例革袭祖职试百户，仍于原所擎盖司，比中三等。

周守友，万历三十年十二月，周守友，年十七岁，系锦衣卫衣中所擎盖司患疾试百户周鸣凤嫡长男，比中三等。

李应诰·总旗

［缺］。·295·

一辈李永。[①]

二辈李应诰，万历二年八月，李应诰，年十九岁，泾阳县人，系锦衣卫故指挥同知李永庶长男。伊父原因伊曾叔祖太监李稷荫升正千户，后以缉捕功升指挥佥事，复传升指挥同知。不系军功，相应减革，本舍照例革充总旗。

万康年·试百户

宝簿查有：万鹤年，年二十四岁，宁州人，系锦衣卫故指挥佥事万文明嫡长男。伊父原以冠带［舍人］武举中式升授冠带署总旗，嘉靖二年辽东赞划，五年靖远堡斩首一颗升实授总旗，六年抚顺所斩首一颗升试百户，十五年遇例实授，十七年白马关斩首一颗升副千户，三十年推镇抚司理刑，三十二年缉获逆鸾推鞫叛逆有功升正千户，本年奏升署指挥佥事，三十三年类奏升指挥同知，三十六年类奏升指挥使，三十九年都城工完升都指挥佥事，四十年故。[②]伊伯万文质先以舍人节次捉获强盗有功升署百户，

---

① 《明世宗实录》卷522，嘉靖四十二年六月庚戌，“命锦衣卫……指挥佥事李永俱佥书本卫事”。《明穆宗实录》卷4，隆庆元年二月戊戌，“加恩藩邸侍卫、宿直执事、厂卫官校……指挥佥事李永升指挥同知”。

② 《明世宗实录》卷249，嘉靖二十年五月己酉，“录蓟镇白马关等寨并辽东铁岭城堡斩获功，升赏官军万文明等八十人……有差”；卷417，嘉靖三十三年十二月戊辰，“录三年内厂卫缉访及镇抚司理刑功……升锦衣卫署指挥佥事掌镇抚司事万文明为指挥同知”。

正德十年凉州斩一颗升实授百户，后遇例裁革，止留斩首功一级，与做小旗，故绝。[①] 次伯万文渊补役，又故绝。所据伊父武举并奏升及节次类奏、都城工完升授职级俱不由军功，例应减革，本舍合照例革与伊父斩首功三级并逆鸾署一级，该于实授百户上加伊伯凉州斩首功一级，与并袭署副千户事百户，注原衣中所。

万历十六年四月，万康年，年三十岁，系锦衣卫衣中所副千户万鹤年亲弟。查伊父以武举、缉获及斩首功历升至都指挥佥事。伊兄告袭时，以父斩首三级加擒逆计略署职一级，又并伊伯斩首一级，与袭署副千户。今据擒逆计略非亲身擒斩，伊伯系奏带之功，俱应减革，本舍合以伊父斩首三级与袭试百户，比中三等。

王元庆·试百户

内黄查有：王清，年三十岁，东平州人，系内官王定［弟］，天顺元年四年（月）钦升锦衣卫衣中所带俸世袭实授百户，十一月调本卫衣右所。[②]

一辈王清，功次簿查有：成化三年五月，钦升官员征两广寻（浔）州等处功次共八十二员名，内一员锦衣卫百户升副千户王清。一件成化等年大龙关等处擒斩贼级有功锦衣卫副千户升正千户二员内一员王清。

吊来诰命查有：王清，先〈州〉系内官王定弟，天顺元年四月钦升锦衣卫中所带俸世袭实授百户，本年十月调本卫衣右所擎盖司管事，成化三年征广西于断藤峡等处杀贼有功，五年升本所副千户，成化七年征荆襄等处擒斩贼首有功，八年升［正］千户，成化十年征进湖广靖州八寨等处杀贼有功，十二年蒙差奏报捷音，本年升本卫指挥佥事，本年九月以靖州八寨等处功升指挥同知。[③] 王锐系王清嫡长男，父年老，锐于

---

① 《明武宗实录》卷174，正德十四年五月壬寅，“升赏石门沟山获功及被伤官军锦衣卫署百户万文质等三百四十人有差”。

② 《明英宗实录》卷277，天顺元年四月庚戌，“命内官……王定等五人弟侄为百户，俱世袭，锦衣卫带俸”。

③ 《明宪宗实录》卷230，成化十八年八月戊午，“锦衣卫管象指挥同知王清等奏，千百户同事者与之并坐联骑，罔知体统，因自署其衔曰‘提调管象’。事下兵部，言旧无提调之名，因劾奏清等纷更烦渎，宜治罪。诏数其罪而罢之”。

弘治四年八月钦·296·准［替授］锦衣卫带俸指挥佥事。[①] 王承宗年二十五岁，父王锐原任本卫指挥佥事，故，承宗告保赴部，嘉靖五年五月内袭授副千户带俸。

二辈王锐，已载一辈诰命下。

三辈王承宗，已载一辈诰命下。

四辈王楫，缺。

五辈王元庆，缺。

王文举

崇祯三年四月，大选过锦衣卫衣中所试百户一员王文举，年三十八岁，系故试百户王承恩嫡次男。祖职序次兄文学承袭，患疾不堪，本舍告借，俟文学有子或病痊退还，比中三等。

王章·试百户

内黄查有：王贵，宛平县人。表伯安义，洪武二十四年以人材拣选不中发锦衣［卫］……［永］乐二十二年改充校尉，本年随北征进病故。贵补役，景泰二年遇……百石运赴万全右卫纳完，三年钦升锦衣卫衣中所擎盖司试百户，本年十二月……朝阳门千户所，天顺元年遇例复回原卫，八年三月遇例实授百户，成化四年钦……年十七岁，系锦衣卫衣中所擎盖司带俸年老百户王鸾嫡长孙，伊曾祖贵以校尉纳米升试［百户，遇例实］授，例应减革，本人照例革替试百户，事故之日子孙革收校尉。伊祖一辈未比，照例住俸三年，嘉靖十年二月钦准替职。

一辈王安义。

二辈王贵。

三辈王鸾。·297·

四辈王章，俱载前黄。

---

① 《明武宗实录》卷13，正德元年五月壬午，“锦衣卫镇抚司管事指挥佥事王锐……以病嗽注门籍，不赴朝参，锐出城游玩……东厂廉得其事，下刑部狱……锐，中官家人，皆恃势纵横。时太监王岳莅厂事，法甚厉，俱罪如律，革见任”。

五辈王守仁，万历元年八月，王守仁，年十六岁，宛平县人，系锦衣卫衣中所故实授百户王章嫡长男。查伊祖役原系校尉，伊高祖王贵纳米升试百户，伊曾祖王鸾、父王章先年已冒袭二辈，今合照例革充校尉讫。

范如松·试百户

零选簿查有：嘉靖四十二年三月，范铠，年十六岁，武定州人，系锦衣卫衣中所故带俸副千户范梦麒嫡长男。伊父原袭祖职副千户，今故，今本舍合照旧祖职副千户，候年二十岁起送比试。

功次簿查有：天顺元年三月十七日，钦升官十员，俱系亡故内官李雍等弟兄叔侄，俱升世袭副千户，注锦衣卫带俸，内一员范广，注锦衣中所。[1]

万历十六年四月，范如松，年十五岁，武定州人，系锦衣卫衣中所故副千户范铠嫡长男。查伊始祖范广以兄范俊天顺间阵亡升世袭副千户，今弟侄例不准并，且越升五级，本舍合量革与袭试百户，比中二等。

陈勋·试百户

内黄查有：陈俊，武进县人。祖陈德，丙申年归附，后因征伤，洪武七年取父卫镇抚司带管，十五年钦除试百户，锦衣卫带俸，宣德七年擒拿强盗，升锦衣中所副千户，八年又因捉获强盗，升本卫所正千户，十年授流官附选。[2]

一辈陈德，已载前黄。

二辈陈俊，已载前黄。

三辈陈琏，旧选簿查有：正统八年二月，陈琏，系锦衣卫锦衣中所故流官正千户

---

① 《明英宗实录》卷277，天顺元年四月庚戌，“命内官李雍等十人弟侄为副千户……俱世袭，锦衣卫带俸”。

② 《明宣宗实录》卷86，宣德七年正月己丑，“强盗王斌等伏诛。斌，济阳卫指挥佥事；其妻，都督谭广表侄。广往镇宣府，斌结京民之无赖者九人，诈为校尉，乘夜入广家，言广失机，有旨籍没，尽系其家属，闭诸外室，劫赀物以去。至是，行在锦衣卫百户陈俊、朱喜等廉察，执之，悉得所劫赀物以闻……俊、喜皆升副千户，余旗校俱升一级”。

陈俊嫡长男，钦与世袭。

四辈陈清，旧选簿查有：成化二十三年五月，陈清，武进县人，系锦衣卫锦衣中所老疾正千户陈琏男。伊祖陈俊原系本卫所试百户，二次擒拿强盗升至正千户；父陈琏袭职，二次为事降总旗，后蒙复职，今老疾。照例革去擒拿强盗所升正副千户，准与陈清试百户职事，于原卫所支俸管事。

五辈陈汞，旧选簿查有：正德八年十月，陈汞，武进县人，系锦衣卫中所幡幢司百户陈清嫡长男。伊父原替试百户，遇例实授，今年老，本人照例革替试百户。

六辈陈勋，旧选簿查有：嘉靖七年八月，陈勋，武进县人，系锦衣卫衣中所幡幢司已故署副千户陈汞嫡长男。伊父…… • 298 •

时义 • 试百户

内黄查有：时忠，年四十九岁，襄城县人，系永乐十五年以……户将军，二十年至二十二年节次随征迤北，宣德六年……［正］统元年钦除锦衣卫中所试百户。

一辈时忠，已载前黄。

二辈时安定，缺。

三辈时进，审稿查有：时进，年四十八岁。父时安定任本卫中所实授百户，弘治十五年故。进系嫡长男，十七年袭职。

四辈时义，审稿查有：时义，年三十九岁。父时进原任本卫所遇例实授百户，嘉靖十年六月内故。义系嫡长男，保送赴部，本年十月内仍袭本卫所试百户，十五年遇例实授百户。

五辈时应元，隆庆四年六月，时应元，襄城县人，系锦衣卫中所故实授百户时义嫡长男，革遇例，与袭试百户。

蔡玺

万历八年六月，蔡玺，年三十七岁，钱塘县人，系锦衣卫中所老疾实授百户蔡文范嫡长男。伊父原系大汉将军侍卫，二十一年历升实授百户，今老。例该革替校尉一辈，本舍先于隆庆六年选充力士，合照例于力士上加伊父革替校尉与做冠带总旗，以后子孙停革。比中一等十八名。[①]

韩经・署百户

外黄查有：韩庆，东平州人，系锦衣卫百户韩春下舍人，成化三年辽东建州等处斩首一颗，四年升冠带小旗。六年陕西延绥高家堡等处节次当先杀败贼众有功，本年升冠带总旗，九年延绥等处杀贼斩首一颗，本年升本卫所司带俸实授百户，十七年授流官。韩鼎系锦衣卫衣中所幡幢司带俸实授百户，父韩庆老，鼎系庶男，正德元年比替职。

一辈韩庆，已载前黄。

二辈韩鼎，已载前黄。

三辈韩经，旧选簿查有：嘉靖三十一年十一月，韩经，东平州人，系锦衣卫衣中所幡幢司故带俸实授百户韩鼎嫡长男。查得伊祖庆以小旗成化六年延绥当先升冠带总旗，九年延绥功越升实授百户，父鼎沿袭。所据当先、越升俱应减革，本舍照例革袭署百户食总旗名粮。• 299 •

栗可教・试百户

功次簿查有：嘉靖二十九年十一月二十八日，一件为斩获虏贼事，本部尚书王等看得提督东厂太监麦福、锦衣卫掌卫事右都督陆炳等提督旗校擒斩达贼有功，既经纪功官员纪验明白，本部查例具题，奉圣旨“都依拟升授，钦此”，钦遵计开拟升一级，嘉靖二十九年八月内西直门外并顺义县等处获功校旗共三十五员名，内一名锦衣卫銮舆司总旗升试百户一员栗英。

万历二十九年八月，大选过锦衣卫衣中所扇手司试百户一员栗可教，年二十七岁，任丘县人，系已故实授百户栗昇嫡次男。查伊伯高祖栗祥，洪武三十二年选充本卫镇抚司校尉，正统十四年征进失陷；高祖栗斌补役，查前失陷军功升冠带总旗，故。曾祖栗林、祖栗文俱补役，故。父栗昇补役，嘉靖二十七年大虏犯边，在顺义县等处地

① 该蔡玺选簿原脚辈姓名前旁注“后子孙停革”字样。

方哨探遇贼对敌，亲斩达贼首级一颗升试百户，又擒拿奸细哈陈及访获逆犯智勍等，并管理皇极等殿，工完题升实授百户，故。应该伊兄栗可化承袭，以中顺天乡试不愿袭职。所据缉捕功及工完题升职级，俱例不准袭外，本舍合于冠带总旗上加伊父顺义县斩首功一级与袭试百户，待伊兄栗可化生有儿男退还职事，比中一等。

王叙轩·署试百户

外黄查有：王胜，唐县人，系锦衣卫衣中［所］……［德］胜门外等处节次当先杀贼有功……安等处功升百户，三年调留守卫石城门千户所带俸……成化三年征进建州等处节次当先杀贼有功四年升本卫所司带俸署……

一辈王軏。

二辈王胜，已载前黄。

三辈王福。

四辈王叙轩，旧选簿查有：嘉靖二十五年二月，王叙轩，年十三岁，系锦衣卫衣中所幡幢司带俸故实授百户王福嫡长男。伊父原袭署百户，遇例实授，故。所据遇例职级不准袭，照例革与署百户俸优［给］，至嘉靖二十六年终住支。

旧选簿查有：嘉靖二十九年四月，王叙轩，年十六岁，唐县人，系锦衣卫中所幡幢司带俸故署百户王福嫡长男，优给出幼袭职。伊祖胜原替冠带总旗，成化三年建州当先升署百户，父福袭，遇例实授。所据建州功升署级查无擒斩，并遇例俱该减革，今本舍照例革与署试百户事食总旗名粮。·300·

祁昌祚·署试百户

万历三十六年六月，大选过锦衣卫衣中所署试百户事冠带总旗一员祁昌祚，年二十一岁，新城县人。查伊始祖祁能，洪武三十四年自愿报效投充前仪卫司校尉，永乐元年拨本卫所，故。二世祖祁真补，老。三世祖祁忠替，老。四世伯祖祁庆替，故。五世曾伯祖祁彪年老，未补。祖祁嵩补，选送东司房办事，缉捕及管运卤簿大驾等功历升副千户，故。父祁守清未补祖役，以舍人东宫侍卫、缉捕等功历升副千户，亦故。今该卫所保送前来，查缉捕等功相应减革，但侍卫年久例有一辈总旗，而两世锦衣缉捕功多不堪骤革。本舍系祁嵩亲孙，祁守清嫡长男，合姑准袭署试百户事冠带总旗一辈，以后子孙仍革充祖役校尉，比中二等。

郭守纲·署试百户

外黄查有：郭镒，东安县人。祖郭兴，洪武四年佥充仪卫司校尉，三十三年济南升小旗，三十四年夹河升总旗，老。伯郭能代充总旗，永乐十九年并锦衣卫衣中所銮舆司，老。堂兄郭胜代役，充总旗，正统十四年迤北失陷。景泰元年镒并充总旗，九月瓦剌公干，钦升锦衣中所銮舆司试百户。

一辈郭兴，已载前黄。

二辈郭能，已载前黄。

三辈郭胜，已载前黄。

四辈郭镒，已载前黄。

五辈郭润，旧选簿查有：弘治十一年十二月，郭润，东安县人，系锦衣卫锦衣中所驯马司百户郭镒嫡长男。父原系总旗，瓦剌公干升试百户，天顺元年遇例实授，年老。本人照例替百户，钦与世袭。

六辈郭彬，旧选簿查有：正德十六年五月，郭彬，东安县人，系锦衣卫衣中所驯马司故百户郭润嫡长男。祖以总旗瓦剌公干升试百户，遇例实授。本人照例革袭试百户。

七辈郭守纲，旧选簿查有：嘉靖二十七年六月，郭守纲，年五岁，东安县人，系锦衣卫衣中所驯马司故实授百户郭彬庶长男。伊曾祖镒以总旗景泰元年瓦剌公干升试百户，祖润袭，父彬继袭，遇例实授。所据瓦剌公干查无擒［斩］并遇例职级例应减革，与本舍署试百户俸优给，至嘉靖三十六年终住支。• 301 •

王邦相·署试百户

内黄查有：王珊，南海县人，冠带舍人，弘治十四年往辽东锦……五年辽阳沙窝儿杀败达贼斩首赴京奏，并升……获达贼首级一颗，以锦州功升实授百户，以义州功升副千户……

一辈王珊。

二辈王硕龄，旧选簿查有：嘉靖十七年四月，王硕龄，年三十岁，南海县人，系锦衣卫锦衣中所故副千户王珊嫡长男。

三辈王邦相，旧选簿查有：嘉靖二十四年四月，王邦相，年十六岁，南海县人，系锦衣卫衣中所故副千户王硕龄亲男。伊祖珊以冠带舍人沙窝奏捷越升总旗，义州获功越升实授百户，加升副千户，锦州等处斩首功升署正千户，故；父硕龄革袭副千户，故。所据沙窝及义州二处越升例应减革，本舍照例革与署试百户事总旗仍食总旗名粮。

四辈王汝科，万历十一年四月，王汝科，年十七岁，南海县人，系锦衣卫衣右所擎盖司年老实授百户王邦相亲侄。伊伯原袭祖职署试百户事总旗，嘉靖二十四年遇例实授，今老无子，伊父王邦材未袭先故。所据遇例职级例应减革，本舍照例革借替祖职署试百户事食总旗名粮，待后伊伯生有儿男退还职事，比中二等。

李如桂·实授百户

宝簿查有：李臣，年十七岁，平山县人，系锦衣卫中后所年老百户李玺亲孙。

辈李如桂，万历二十六年十二月，李如桂，年三十九岁，平山县人，系锦衣卫中后所年老实授百户李臣嫡长男，比中二等。

郭添禄·署试百户

内黄查有：郭清，涞水县人，系司礼监太监郭福下舍人，成化四年征进贵州、四川等处，攻克勤等寨箐斩首一颗，本年八月升锦衣卫锦衣中所銮舆司冠带小旗，十五年征剿建州虏寇节次当先杀贼斩首一颗，就于军前升冠带总旗，本年十二月复因前功升本卫所司实授百户，十七年征进黑石崖等处当先杀贼有功，十八年升本卫所副千户，弘治元年钦与流官。·302·

一辈郭清，旧选簿查有：弘治五年四月，郭清，年五十三岁，涞水县人，系锦衣卫锦衣中所副千户升本所正千户。正千户功次，已载三辈选条下。

二辈郭锐，缺。

三辈郭添禄，旧选簿查有：嘉靖十六年六月，郭添禄，涞水县人，系锦衣卫锦衣中所故正千户郭锐嫡长男。伊祖以舍人克勤寨斩首一颗升冠带小旗，建州斩首一颗升冠带总旗，复因前功升百户，黑石崖当先杀贼有功升副千户，捕盗升正千户。以上职役，伊父先年查系巧立名色并一人数处报功升级，已经减革，止袭前职。所据建州越升并当先、捕盗职级例俱应革，本人照例革与署试百户事总旗。

四辈郭宗文，万历六年六月，郭宗文，年二十八岁，涞水县人，系锦衣卫衣中所銮舆司带俸年老实授百户郭天禄嫡长男，革遇例，与替署试百户事总旗，仍食总旗名粮，比中二等。

李进忠

万历三十七年十一月，单本选过锦衣卫衣后所斧钺司试百户一员李进忠，二十四岁，辽阳人，系故试百户李九思嫡次男，比中二等。

轸永年・小旗

隆庆六年七月，轸永年，年……查伊父轸世隆于嘉靖二十九年以校尉斩……历升指挥佥事。所据缉捕、工完等功俱不由军功，例应……

又一员・张守心

万历三年六月，张守心，年十八岁，新城县人，系锦衣卫中所选退实授百户张泽嫡长孙。伊祖于嘉靖十五年选充大汉将军，历升实授百户，隆庆四年选退。据伊祖系侍卫三十年以〈已〉上，本舍照例革替冠带总旗一辈，候二十岁起送比试。• 303 •

又一员・张问政

万历三年十二月，张问政，年三十二岁，祁州人，系锦衣卫上中所故署千户张得春嫡次男。伊父原系投充大汉将军，嘉靖二十七等年历升署副千户。所据比例升级例不准袭，本舍照例革袭冠带总旗一辈。

又一员・陈廷弼

万历八年十月，陈廷弼，年二十二岁，安邑县人，系锦衣卫衣中所銮舆司故试百户陈纲嫡长男。本舍合革伊父缉捕功一级，照旧与充祖役总旗。

[又一员]

……系锦衣卫衣中所擎……[例]投充锦衣卫军，至施元庆拨……[例]不世袭，本役合革补校尉。[①]

[又一员]

……四年袭实授，祖颛、父珐俱例前沿袭。所据遇例职级例应减……

[又一员]

……锦衣卫衣中所斧钺司故试百户刘……

[又一员・刘锐]

……刘堂，阳信[县人]……百户，曾祖刘成钦准实授，祖、父[沿]……

嘉靖二十七年十月，刘锐，阳信县人，系锦衣卫衣中所斧钺司故实授百户[②]……

・304・

① 《明世宗实录》卷462，嘉靖三十七年闰七月庚辰，"升旗校施元庆等一级，以缉获功也"。

② 此选簿与《明档》本册第166页原目录"优养妇女二口・刘女儿"条有关，刘女儿为刘锐庶长女。

徐永福·指挥使

正统十四年二月，徐恭，系锦衣卫指挥使……

正统十四年九月，徐恭，系锦衣卫都指挥［佥事］……

天顺八年……督府故右……①

……②

张又芳

万历四十三年正月……锦衣卫镇［抚］……故带俸达官指挥使张堂亲侄，达官不比。

李世爵

万历二十六年十月，大选过锦衣卫镇抚司照旧带俸达官……岁，系老带俸达官指挥使李文高嫡长男，达官［不比］。

吴世隆·指挥使

内黄查有：吴鑑，年四十八岁，山后人。高祖脱脱不花，永乐四年……祖福受袭，

① 《明英宗实录》卷24，正统元年十一月己未，“命直隶兴州前屯等卫指挥使徐恭……俱任行在锦衣卫，乘传赴京。先是，上以锦衣卫缺官，命行在兵部选举。至是，以恭等闻，故命之”；卷25，正统元年十二月庚辰，“命行在锦衣卫指挥使徐恭掌卫事”；卷175，正统十四年二月辛未，“升锦衣卫指挥使徐恭……俱为都指挥佥事……命恭充总兵官……统率浙江官军民壮往处州等处讨叶宗留”；卷234，景泰四年十月甲午，“升后军都督佥事徐恭为都督同知……仍理漕运”；卷282，天顺元年九月甲戌，“升后军都督同知徐恭为右都督”；卷358，天顺七年十月丁酉，“后军右都督徐恭卒。恭，直隶和州人，永乐元年袭父三保职为燕山右卫指挥同知，寻升金吾右卫指挥使，累扈从迤北征进，宣德三年调兴州前屯卫，正统元年选调锦衣卫，掌卫事。十四年升都指挥佥事，充总兵官，往浙江金华等处剿贼，有功升都督佥事。寻佩漕运印，充总兵官，往淮安等处督运粮储。景泰四年升都督同知，天顺元年升右都督，仍督漕运，至是卒。赐祭，命有司营葬”。

② 此选簿所载徐恭等选条，又见《明档》本册第473—474页“又一员·徐恩”选簿。

景泰元年德胜门杀贼有功升指……挥使，天顺五年四牌杀贼有功升［都］指挥佥事，成化九年征延［绥］……东等处功升都指挥使，故。[①] 父吴琦革袭指挥使，故。[②] 鑑系……指挥使。

一辈脱脱不花，已载前黄。

二辈葛剌哥，已载前黄。

三辈福受，已载前黄。• 305 •

［四辈吴琦］，已载前黄。

［五辈吴鑑，已］载前黄。

［六辈……］

［七辈吴世隆，旧选］簿查有：嘉靖三十八年四月……男。

……

马应宗 • 指挥使

缺。

一辈赛弗剌，已载二辈下。

二辈阿力迭儿必失，旧选簿查有：成化五年二月，阿力迭儿必失。伊父赛弗……卫镇抚司带俸，故。本人系嫡……[③]

---

① 《明宪宗实录》卷166，成化十三年五月庚寅，“铨注锦衣卫带俸都指挥同知吴玉……于辽东都司，玉管事”；卷185，成化十四年十二月己酉，“辽东都指挥同知吴玉乞回京，许之。玉自陈本山后虏人，而辽东乃女直、海西、建州等夷入贡往来之地，乞避嫌疑故也”；卷235，成化十八年十二月丁丑，“命锦衣卫带俸都指挥使吴玉协守宁夏西路广武营地方”；卷273，成化二十一年十二月壬午，“太监韦泰传奉圣旨……协守宁夏西路都指挥使吴玉充甘肃游击将军”。《明孝宗实录》卷5，成化二十三年十月癸巳，“罢……甘肃游击将军锦衣卫带俸都指挥使吴玉……传升职任”。

② 《明孝宗实录》卷17，弘治元年八月戊午，“命锦衣卫带俸达官都指挥使吴玉之子琦袭原职指挥使”；卷214，弘治十七年七月丁酉，“命……锦衣卫带俸指挥使吴琦分守居庸关”；卷217，弘治十七年十月壬戌，“分守居庸关都指挥佥事吴琦与分守太监梁嵩争坐不协，嵩奏之，命调琦分守黄花镇”。

③ 《明英宗实录》卷317，天顺四年七月甲申，“赐锦衣卫带俸……都指挥使赛弗剌各一百亩”。《明宪宗实录》卷63，成化五年二月己亥，“命锦衣卫带俸达官都指挥使赛弗剌子阿力迭必失袭父原职本卫指挥使，仍带俸”。

三辈马荣，审稿查有：弘治四年八月，马荣，迤西回……

四辈八十儿，审稿查有：正德六年六月，八十儿，迤西回……

五辈马献图，旧选簿查有：嘉靖二十七年二月，马献图……男，优给出幼袭职。[①]

六辈马应宗，旧选簿查有：嘉……

七辈马国臣，万历九年四［月］……与全俸……•306•

［钱士甡·指］挥使优给

崇祯十一年六月，大选过锦衣卫指挥使优给舍人一名钱士甡，年十岁，系故带俸指挥使钱国元庶长男，照例与全俸优给，至崇祯十六年终住支。[②]

葛鸾·指挥同知

缺。

一辈八十，缺。

二辈葛春，旧选〈选〉簿查有：永乐十九年，葛春，系定辽中卫失陷指挥佥事八十嫡长男。

三辈葛宏，旧选簿查有：成化十五年六月，葛宏，宝坻县人，系锦衣卫镇抚司带俸都指挥佥事葛［春］……系指挥使，功升前职[③]，今老疾。本人照例准替指挥使，于本卫……[④]

四辈葛雄，旧选簿查有：弘治四年三月，葛雄，宝坻县人，系锦衣卫镇抚司带［俸］……

---

① 该选簿三辈马荣、四辈八十儿、五辈马献图等各辈选条，又见《明档》本册第 462 页“镇抚司带俸指挥使一员·马献图”选簿各辈选条。

② 此选簿所载钱士甡履历，又见《明档》本册第 459 页“钱昂·指挥使”选簿十三辈钱士甡选条。

③ 《明英宗实录》卷 341，天顺六年六月壬申，“升……金吾右卫指挥同知葛春为指挥使……出使土鲁番还，奏乞迁职，故有是命”；卷 347，天顺六年十二月辛未，“命……金吾右卫……指挥使葛春……俱送御马监充勇士供应”；卷 349，天顺七年二月辛未，“命……指挥使……葛春使撒马儿罕”。

④ 《明宪宗实录》卷 190，成化十五年五月壬戌，“命……锦衣卫带俸都指挥佥事葛春子宏俱代父原职本卫指挥使”。

五辈葛勇，旧选簿查有：正德六年八月，葛勇，宝坻县人，系锦衣卫镇抚……

杨存忠·指挥同知

缺。·307·

一辈迭力迷失，缺。

二辈卜颜帖木儿，旧选簿查有：宣德元年八月，卜颜帖木儿，系昌国卫故指挥佥事迭力迷失男。

正统九年四月，杨卜颜帖木儿，系锦衣卫指挥同知……

三辈杨春，旧选簿查有：正统十三年七月，杨春，系锦衣卫镇抚司带俸故达官指挥同知杨卜颜帖木儿嫡长男。

四辈杨赟，旧选簿查有：景泰四年三月，杨赟，山后人，系锦衣卫镇抚司带俸失陷达官指挥同知杨春嫡长……

五辈杨玉，旧选簿查有：成化二十一年五月，杨玉，山后人，系锦衣卫镇抚司带俸达官世袭指挥同知杨赟嫡长……

六辈杨勉，旧选簿查有：嘉靖五年八月，杨勉，迤北人，系锦衣卫镇抚司故带俸达官指挥同知杨玉嫡长男。

七辈杨存忠，旧选簿查有：嘉靖三十二年六月，杨存忠，迤北人，系锦衣卫镇抚司故带俸指挥同知杨勉嫡长男。

八辈杨从龙，万历十年十二月，杨从龙，年三十三岁，迤北人，系锦衣卫镇抚司故带俸指挥同知杨存忠嫡长男，达官不［比］。

九辈杨光懋，万历十九年八月，杨光懋，年二十二岁，系锦衣卫镇抚司故带俸指挥同知杨从龙嫡长男，达官不比。

十辈杨应魁，崇祯八年六月，大选过锦衣卫镇抚司带俸指挥同知一员杨应魁，年三十二岁，系老带俸指［挥同］知杨光懋嫡长男，达官不比。

夏本清·指挥同知

外黄查有：夏永，全椒县人。有父夏成先随外祖姓邵，癸巳年从军，己未（乙未）

年渡江，调龙虎卫，洪武五年〈故〉改燕山护卫左所，七年故。九年将永户名不动补役，永乐四年升锦衣卫总旗，六年除前所世袭所镇抚。夏忠系夏永嫡长男，父永乐二十二年升本所正千户，本年又升本卫指挥同知，[1] 宣统（德）六年故，[忠] 正统九年袭。[2] 夏振系夏忠嫡长男。

一辈夏永，已载前黄。

二辈夏忠，旧选簿查有：正统九年六月，夏忠，幼名斗儿，年十五岁，系锦衣卫带支俸故世袭指挥同知夏永嫡长男。• 308 •

三辈夏振，旧选簿查有：成化六年六月，夏振，全椒县人，系锦衣卫带俸指挥同知夏忠嫡长男。[3]

四辈夏隆，旧选簿查有：弘治三年八月，夏隆，年十五岁，全椒县人，系锦衣卫带俸故世袭指挥同知夏振嫡长男。

五辈夏本清，旧选簿查有：嘉靖十九年十二月，夏本清，全椒县人，系锦衣卫带俸指挥同知夏隆嫡长孙。

六辈夏一桂，万历十一年十一月，夏一桂，年二十一岁，全椒县人，系锦衣卫故带俸指挥同知夏本清嫡次男，比中二等。

七辈夏文焕，万历十九年二月，大选过锦衣卫照旧指挥同知优给舍人一名夏文焕，年九岁，系故带俸指挥同知 [夏一柱嫡长男]，优给至万历二十五年终住支。

万历二十六年二月，夏文焕，年十五岁，出幼袭职，比中二等。

八辈夏允陞，万历四十二年二月，大选过锦衣卫指挥同知优给舍人一名夏允陞，年七岁，系故指挥同知夏文焕长男，照例与全俸优给，至五十年终住支。

天启三年二月，大选过锦衣卫带俸指挥同知一员夏允陞，年十六岁，出幼袭职，比中三等。

---

① 《明仁宗实录》卷 4 下，永乐二十二年十一月壬辰，“升锦衣卫千户夏永为本卫指挥同知”。

② 《明英宗实录》卷 117，正统九年六月戊戌，“命故……锦衣卫指挥同知夏永子忠……俱袭职”；卷 156，正统十二年七月甲午，“礼部奏，锦衣卫达官指挥佥事夏忠……卒，例应赐祭，从之”。

③ 《明宪宗实录》卷 79，成化六年五月庚寅，“命锦衣卫带俸指挥同知夏忠子振……俱代职”。

王惟勤

万历三十八年十月，大选过锦衣卫镇抚司带俸达官指挥佥事一员王惟［勤，年］十八岁，系故带俸达官指挥佥事王有仁亲侄，达官不比。[①]

王惟俭，万历四十二年七月，大选过锦衣卫镇抚司带俸达官指挥佥事一员王惟俭，年十六岁，系故带俸达官指挥佥事王惟［勤］亲弟，达宫不比。

杨天福·指挥同知

［缺］。

一辈杨善，已载五辈下。[②]·309·

二辈杨宗，已载五辈下。[③]

三辈杨伦，旧选簿查有：成化十一年十二月，杨伦，年十七岁，系大兴县人，锦衣卫带俸故指挥同知杨宗嫡长男，钦与世袭。

四辈杨瓒，已载五辈下。

五辈杨钦，旧选簿查有：嘉靖二十年十月，杨钦，年四十八岁，系大兴县人，锦衣卫亡故带俸指挥同知杨瓒嫡长男。伊高祖杨善以引礼舍人历升礼部左侍郎，正统十四年达贼临城，敌败犯顺九门有功，历升都察院右都御史，景泰元年差往瓦剌讲和，迎请英宗皇帝回还升左都御史。天顺元年敕伊祖杨善先机弥变，会合忠义，奉迎复登宝位，功在宗社，封为兴济伯。曾祖杨宗袭爵，成化元年为将军儿男陈情比例，奉钦依“念他父出使有功，着做世袭［指］挥同知，锦衣卫带俸”，到任，故。伊叔祖杨伦袭指挥同知，故绝。父杨瓒系亲侄，袭，今故。本舍仍袭祖职指挥同知，于本卫带俸。

六辈杨天福，旧选簿查有：嘉靖三十二年八月，杨天福，大兴县人，系锦衣卫故

---

① 《明档》本册第329页“王炳·指挥佥事”选簿八辈王有仁选条所载王有仁，即此载王惟勤亲叔。

② 《明英宗实录》卷274，天顺元年正月丙戌，“兹特进封……都御史杨善为兴济伯，食禄千二百石，俱子孙世袭”。

③ 《明英宗实录》卷265，景泰七年四月甲辰，“命太子太保左都御史杨善子……宗所镇抚……俱属锦衣卫”；卷295，天顺二年九月丁酉“命故兴济伯杨善子宗袭封兴济伯”。《明宪宗实录》卷18，成化元年六月庚子，“革……兴济伯杨宗为指挥同知……宗本无武阶，上念善使虏功，特令为指挥同知云”。

带俸指挥同知杨钦亲侄。

七辈杨守恩，隆庆五年四月，杨守恩，年六岁，大兴县人，系锦衣卫带俸故指挥同知杨天福嫡长男，照例与全俸优给，至隆庆十三年终住支。[①]

八辈杨泽溥，年四岁，万历二十二年八月，大选过锦衣卫故指挥同知杨守恩嫡长男。查伊祖杨伦以将军儿男乞袭，不由军功，合量革一级，以指挥佥事全俸优给，至万历三十二年终住支。

万历三十三年四月，大选过锦衣卫指挥佥事杨泽溥，年十五岁，系故带俸指挥同知杨守恩嫡长男，出幼袭职。查永乐年间官阶惟奇绝而无与军政，其封伯也，乃迎复时特典也，当彼此互济之时邀荣太过，徐必以正议革夺，此成化初年裁定，犹以先朝劳臣照将军儿男陈乞得袭指挥同知。虽有“世袭”字样，本部得照例递减，而相沿不改者，岂非怜其自伯而降，又有“世袭”二字耶！本舍先拟指挥佥事优给，合应准袭指挥佥事。姑俟子孙承袭，照例查议，比中三等。

九辈杨守臣，崇祯元年十月，单本选过锦衣卫衣右所正千户一员杨守臣，年四十四岁，系故绝指挥佥事杨泽溥亲叔。查伊侄泽溥出幼袭职，查祖职不由军功，虽有“世袭”字样，照例递减袭指挥佥事，又注“俟子孙承袭查议”。今故，绝嗣，本舍序当承袭，结保无碍，合准减袭正千户带俸，比中三等。•310•

章文献•指挥同知

缺。

一辈哈喇章，缺。

二辈失秃儿，缺。

三辈道僧，缺。

四辈章清，指挥同知功次，天顺五年八月，钦升簿内查有：四牌楼杀贼获功锦衣卫指挥佥事升指挥同知三员内一员章清。

五辈章珣，旧选簿查有：成化十六年二月，章珣，昌平县人，系锦衣卫故带俸指

---

① 该选簿贴黄及前七辈选条所载履历，与《明档》本册第483—484页“杨天福•指挥同知”选簿略同。

挥同知章清嫡长男。

六辈章俊，旧选簿查有：弘治十六年二月，章俊，昌平县人，系锦衣卫世袭指挥同知章珣嫡长男。

七辈章钰，旧选簿查有：嘉靖十一年六月，章俊，年五十九岁，昌平县人，系锦衣卫带俸患疾指挥同知，今有嫡长男章钰，年三十七岁，告替。

八辈章文献，旧选簿查有：嘉靖二十六年八月，章文献，年十六岁，昌平州人，系锦衣卫带俸故指挥同知章钰嫡长男。

九辈章文奎，万历元年二月，章文奎，年三十四岁，昌平县人，系锦衣卫故带俸指挥同知章文献亲弟。

十辈章文表，万历十年二月，章文表，年五十一岁，昌平县人，系锦衣卫带俸故指挥同知章文奎亲叔兄，比中三等。

十一辈章天祐，万历二十九年十月，章天祐，年五十二岁，系锦衣卫带俸故指挥同知章文表嫡长男，比中三等。

十二辈章仁化，万历四十二年七月，大选过锦衣卫带俸指挥同知一员章仁化，年四十二岁，系老带俸指挥同知章天祐嫡长男，比中三等。

[十三辈章国臣]，崇祯元年六月，大选过锦衣卫带俸指挥同知一员章国臣，年三十二岁，系故带俸指挥同知章仁化嫡长男，比中三等。•311•

袁泽·署指挥同知事指挥佥事

[缺]。

一辈哈海赤，缺。

二辈袁泰，缺。

三辈袁名，弘治三年六月，袁名，山后人，系锦衣卫镇抚司故带俸达官指挥同知袁泰嫡长男。

四辈袁镇，嘉靖三年二月，袁镇，山后人，系锦衣卫镇抚司故带俸达官指挥同知袁名嫡长男。伊祖泰原袭署副千户，乞升实授，建州功升正千户，威宁海子功升指挥佥事，大同功升前职。今照例革去乞升职级，本人与袭署指挥同知事指挥佥事。

五辈袁泽，万历元年十二月，袁泽，年三十八岁，迤北人，系锦衣卫镇抚司故带俸达官署指挥同知袁镇次男。伊父原袭署指挥同知事指挥佥事，嘉靖十八年犯奸革职为民，隆庆元年故。长兄袁滋、次兄袁润俱先故，无嗣，本舍照旧袭署指挥同知事指挥佥事。

六辈袁友松，万历二十二年四月，袁友松，年二十五岁，系锦衣卫镇抚司故带俸达官署指挥同知事指挥佥事袁泽亲侄，达官不比。

王国乾·指挥使

崇祯三年四月，大选过锦衣卫镇抚司带俸达官指挥使一员王国乾，年十六岁，系故带俸达官指挥使王应魁嫡长男，达官不比。[1]

杨钺·指挥同知

缺。

一辈卜哈台，已载四辈下。

二辈火儿忽荅孙，已载四辈下。• 312 •

三辈亦达，已载四辈下。

四辈杨懋，旧选簿查有：审稿内开锦衣卫镇抚司舍人杨懋，旧名亦速，系老疾带俸达官都指挥使杨广嫡长孙。曾祖卜哈台原系迤北达子，宣德六年来降升百户，送锦衣卫镇抚司带俸，年老。[2] 祖火儿忽荅孙正统六年替职，征麓川功升副千户，景泰元年香炉山功升署正千户，遇例实授，天顺二年陈情验功升指挥佥事，正统十四年关锁岭功升指挥同知，五年海西公干升指挥使，成化三年征襄阳功升都指挥佥事，年老。父杨俊未袭故，亦达系嫡长孙，优给，出幼袭职，合无准令本人照伊祖署正千户加功升三级，与做指挥同知。

五辈杨钺，旧选簿查有：正德十三年四月，杨钺，迤北人，系锦衣卫镇抚司带俸

---

① 此簿所载王应魁，或即《明档》本册第394—395页“王虎·指挥佥事”选簿九辈王应魁选条所载达官指挥佥事王应魁，后历升指挥使。

② 《明宣宗实录》卷78，宣德六年四月己未，“迤北鞑官失都等四十九人携家属三百余口来归，皆奏愿居京自效。行在兵部、礼部第为五等以闻，上命……卜哈台……俱为百户……上谕行在工部尚书吴中曰：虏人慕义来归，可择隙地造居室处之，仍如例赐器物”。

达官指挥同知杨懋嫡长男。

王麐・带俸指挥使

天启四年十月，大选过锦衣卫堂上带俸指挥使一员王麐，年二十八岁，系老指挥使王钺嫡长男，比中一等。

武镇国・指挥使

崇祯三年二月，大选过锦衣卫堂上带俸指挥使一员武镇国，年十五岁，系出幼袭职，达官不比。[①]

马锦・指挥同知

［缺］。・313・

一辈哈喇哈孙，实授百户功次，候查。副千户功次，候查。正千户功次，候查。指挥佥事功次，候查。

指挥同知功次，景泰元年二月，德胜门、紫荆关等处获功锦衣卫指挥佥事升指挥同知哈喇哈孙。

二辈脑儿，旧选簿查有：成化九年十二月，锦衣卫带俸达官指挥同知脑儿，今改马政。

三辈马丫头，旧选簿查有：正德七年二月，马丫头，年十五岁，迤北人，系锦衣卫镇抚司带俸故达官指挥同知马政嫡长男。

四辈马锦，旧选簿查有：隆庆元年十月，马锦，年四十六岁，迤北人，系锦衣卫镇抚司带俸年老达官指挥同知马丫头［嫡］长男。

五辈马锐，万历六年八月，马锐，年四十八岁，迤北人，系锦衣卫镇抚司带俸故

---

① 此武镇国优给履历，又见《明档》本册第445页“［武镇国・指挥使］”选簿“七辈武应春”选条后附载。又该《明档》本册第491—492页“武良相・指挥使”选簿，与此“武镇国”选簿系同一武氏。

达官指挥同知马锦亲弟。

六辈马云，万历二十年十二月，马云，年三十二岁，系锦衣卫镇抚司故带俸达官指挥同知马锐嫡长男，达官不比。

七辈马国卿，万历四十八年二月，大选过锦衣卫镇抚司达官指挥同知一员马国卿，年三十八岁，系疾带俸达官指挥同知马云嫡长男，达官不比。

［八辈马芳］，天启六年二月，大选过锦衣卫镇抚司带俸达官指挥同知一员马芳，年廿三岁，系故带俸达官指挥同知马国卿嫡长男，达官不比。

镇抚司指挥同知一员·吴长受

正统七年八月，孛罗，系正千户哈昝赤嫡长男。

正统九年，麓川有功正千户升指挥佥事孛罗。

天顺六年四月，阿力，山后人，系锦衣卫镇抚司带俸达官指挥佥事孛罗庶长男。

弘治九年五月，吴雄，山后人，系锦衣卫镇抚司带俸已故达官都指挥同知吴英旧名阿立·314·堂弟。伊堂兄原系本司带俸指挥佥事，功升前职，病故，绝嗣。本人照例革袭指挥使一辈，仍于本卫司带俸差操，后有事故，子孙革去建州招抚所升一级，止袭指挥同知。

审稿查有：吴刚，系锦衣卫带俸革袭指挥使吴雄亲叔。

正德五年十二月，吴刚，年六十六岁，迤北人，系锦衣卫镇抚司年老达官指挥同知，已与男吴鑑替，故。本人告乞优养，照例支与全俸。

嘉靖六年二月，吴长受，迤北人，系锦衣卫镇抚司年老达官指挥同知吴刚庶长男，优给。

又一员·舍剌

宣德九年三月，脱脱不花，系锦衣卫镇抚司带支俸达官指挥佥事塔不歹嫡长男。[①]

① 《明宣宗实录》卷109，宣德九年三月甲辰，“命迤北归附鞑官指挥佥事塔不歹子脱脱不花代职，于锦衣卫带俸”。

正统十三年，耿葛剌哥，年三岁，系锦衣卫镇抚司带俸故达官指挥佥事脱脱不花嫡长长（男），钦与全俸优给。

景泰四年七月，完者秃，山后人，系锦衣卫带俸故达官指挥佥事脱脱不花亲侄，已与堂兄耿葛剌哥优给，出幼，被达贼杀死。

天顺五年八月，四牌楼杀贼有功锦衣卫指挥佥事升指挥同知完……

成化十年三月，乃颜台，山后人，系锦衣卫镇抚司故带俸达官指挥……

弘治五年八月，打兰台，山后人，系锦衣卫镇抚司故带俸达……

弘治十年十月，马儿，山后人，系锦衣卫镇抚司带俸故世袭……

嘉靖五年四月，舍剌，山后人，系锦衣卫镇抚司带俸达官……·315·

又一员·覃玥

正德十三年六月，覃玥，年四十三岁，宜山县人，系锦衣卫老疾都指挥使覃泰嫡［长男］……由冠带舍人贵州山都掌获功二级，又报捷以冠带舍人升所镇抚，后将前功仍以冠［带舍人］重升实授百户，改升副千户，缉获妖言、强盗有功升正千户，又捉获强盗升指挥佥事，大同获功二级升指挥使，黑石崖功升都指挥佥事，清水营功升都指挥同知，钦升都指挥使。除伊父报捷及擒获强盗并钦升职级不由军功例该减革，扣算军功止有六级，及缉获妖言所升该替一辈，照例与做指挥佥事，事故之日，子孙革去妖言一级止袭正千户，具题奉钦依“是，覃玥还与做指挥同知”。①

又一员·于潮宗

天顺四年闰十一月，于通，系锦衣卫带俸指挥佥事于志敬嫡长男。父原系正千户，钦升前职，病故。② 本人照例革去伊父钦升一级，袭原职正千户，仍于左所带俸差操。

天顺六年四月，于勇，辽阳人，系锦衣卫左所故世袭正千户于通亲弟。

正德三年九月，于潮宗，辽阳人，系锦衣卫都指挥同知于永嫡长男。伊父原系正

① 此“又一员·覃玥”选簿所载覃玥等履历，又见《明档》本册第213—214页“覃辅·实授百户”选簿三辈覃爵记载。

② 《明英宗实录》卷276，天顺元年三月辛巳，“命……正千户于志敬……使亦力把里，俱升一级”。

千户，擒获强贼张华等有功升本卫指挥同知，历升前职，老疾。[1]本人奏奉特旨准替指挥同知，于原卫带俸。[2]

又一员・八十儿

成化二年闰三月，常礼，女直人，系锦衣卫镇抚司带俸达官指挥同知常俺克庶长男。

弘治十六年四月，常傑，女直人，系锦衣卫镇抚司带俸达官指挥使常礼嫡长男。伊父原系署・316・指挥使，成化二十三年遇例实授，故。本人照例革去署指挥使事指挥同知。

正德四年六月，八十儿，女直人，系锦衣卫镇抚司带俸达官指挥使常傑亲堂弟。伊伯原系指挥同知，功升署指挥使，成化二十三年遇例实授，故；堂兄革袭，弘治十八年复遇例实授，今故绝；本人照例革袭署指挥使事指挥同知。

又一员・任镗

成化三年九月，锦衣卫署指挥同知鬼里赤。

成化五年二月，鬼里赤，山后人，系锦衣卫镇抚司带俸指挥佥事，荆襄获功该升署职一级未升，又辽东有功仍依原职作指挥佥事开报重升署指挥同知，今照例改正升指挥同知。

成化六年十月，保保，山后人，系锦衣卫镇抚司带俸达官故指挥同知鬼里赤庶亲弟，钦与世袭。

弘治十四年二月，任泰，山后人，系锦衣卫镇抚司带俸达官指挥使任山嫡长男。

---

① 《明武宗实录》卷 28，正德二年七月癸丑，"司礼监太监刘瑾、御马监太监谷大周、丘聚各奏，选差官校擒获僭号贼首张华，请论功升赏……升……千户……于永……各二级"；卷 30，正德二年九月辛丑，"太监李荣传旨，升锦衣卫指挥同知于永为都指挥同知，协理堂事。永以夷教挟左道，方有宠于上也"。

② 《明武宗实录》卷 33，正德二年十二月辛卯，"锦衣卫都指挥同知于永致仕，特许其子承袭指挥同知。永，色目人，善阴道秘戏，得幸于豹房，左右皆畏避之。又言回回女皙润瑳粲，大胜中国，上悦之。时都督吕佐亦色目人，永矫旨，索佐家回女善西域舞者十二人以进，又讽请召侯伯故色目籍家妇人入内教之，内外切齿。后上欲召永女入，永以邻人白回子女充名以入，惧事觉，乃求致仕"。

嘉靖三年十月，任镗，山后人，系锦衣卫镇抚司带俸达官指挥使任泰嫡长男。伊曾伯祖鬼里赤原袭指挥同知，征麓川冒瘴身故。曾祖猛可袭升前职，伯祖与祖、父沿袭。所据冒瘴亡故升级系特恩，不由军功，例无承袭，本人照例与做指挥同知。[①]

又一员·丁宗智

天顺五年十月，锦衣卫带俸指挥佥事升指挥同知阿老丁。

天顺五年十月，阿老丁，原系锦衣卫镇抚司带俸指挥佥事升指挥同知。·317·

天顺七年五月，札马儿丁，迤西人，系锦衣卫镇抚司带俸达官指挥同知阿老丁嫡次男。

成化三年八月，札剌儿丁，即丁全，迤西人，系锦衣卫镇抚司带俸故达官指挥同知札马儿丁亲弟。

审稿查有：丁宗智，年十四岁，迤西人，系锦衣卫镇抚司故带俸达官世袭指挥使丁全庶长男。伊始祖阿老丁原系署副千户，遇例实授，历功升前职，沿袭至今。本人照例革去遇例一级，该与指挥同知俸优给，至正德九年终住支。

又一员·杨存忠

宣德元年八月，卜颜帖木儿，系昌国卫故指挥佥事迭力迷失男。

正统九年四月，杨卜颜帖木儿，系锦衣卫指挥同知。

正统十三年七月，杨春，系锦衣卫镇抚司带俸故达官指挥同知杨卜颜帖木儿嫡长男。

景泰四年三月，杨赟，山后人，系锦衣卫镇抚司带俸失陷达官指挥同知杨春嫡长男。

成化二十一年五月，杨玉，山后人，系锦衣卫镇抚司带俸达官世袭指挥同知杨赟嫡长男。

嘉靖五年八月，杨勉，迤北人，系锦衣卫镇抚司故带俸达官指挥同知杨玉［嫡长男］。

---

① 此选簿各选条记载，可补《明档》本册第490—491页“任俊·指挥同知”选簿贴黄及七辈任镗等选条。

嘉靖三十二年六月，杨存忠，迤北人，系锦衣卫镇抚司故带俸指挥同知杨勉［嫡长男］。[1]

又一员・丑儿

正德七年十月，丑儿，山后人，系锦衣卫镇抚司带俸达官指挥同知丑十嫡长男。

年远事故・季英

弘治七年四月，季英，直隶吴县人，系锦衣卫都指挥佥事季成庶长男。伊父原系本卫世袭指挥・318・同知，历升前职，病故。[2] 本人照例革袭伊父原职指挥同知，仍于本卫带俸。[3]

又一员・赵火英

天顺五年八月，锦衣卫都指挥同知赵火真。

天顺五年八月，赵火真，原系锦衣卫都指挥佥事升都指挥同知。[4]

成化十八年九月，赵火成，年十六岁，系锦衣卫带俸故都指挥同知赵火真嫡长男。

---

① 此选簿所载各选条履历，又见《明档》本册第307—308页“杨存忠・指挥同知”选簿一至七辈选条。

② 《明宪宗实录》卷213，成化十七年三月乙未，“升锦衣卫镇抚司掌司事指挥同知季成为指挥使，仍掌司事。成，初与指挥同知朱远同视事，位在远上。至是，远以大同功升指挥使，故并升之”。《明孝宗实录》卷46，弘治三年十二月壬申，“升锦衣卫指挥使季成为都指挥佥事，掌卫……成，保母翊圣夫人子，云先充延绥副总兵，以劾罢，至是自陈年力未衰，夤缘复用，遂有是命”；卷83，弘治六年十二月癸未，“锦衣卫掌卫事都指挥佥事季成卒。直隶吴县人，翊圣夫人子。父福以翊圣恩擢锦衣卫指挥同知。成初袭父职，成化十七年升指挥使掌镇抚司事，十九年命管本卫事，累奉敕往南京、大同公干，弘治二年升都指挥佥事，仍掌卫事，四年奉敕提督官校。至是，卒，特赐谕祭”。

③ 《明孝宗实录》卷86，弘治七年三月丙午，“命故锦衣卫都指挥佥事季成之子英袭原职指挥同知”。《明武宗实录》卷28，正德二年七月辛亥，“锦衣卫原任指挥同知季英……闲住”。

④ 《明英宗实录》卷275，天顺元年二月庚戌，“以迤北出使功升故指挥同知赵火吉子火真为都指挥佥事”。

先因年幼，已与指挥同知俸优给，今出幼袭职。

弘治十六年八月，赵火英，宛平县人，系锦衣卫指挥同知赵火成堂弟。堂兄患疾，无嗣。本人借职，待兄有男还与职事。

又一员・马忠

成化二年十一月，马昭，年一岁，系右军都督府带俸都督佥事马亮庶长男。父原系锦衣卫镇抚司带俸指挥同知，历升都指挥同知、都指挥使及升右军都督府带俸都督佥事，故。[①] 照例革与本人指挥同知俸优给，于本卫关支，候出幼袭职。

成化十六年二月，马忠，遒北人，系锦衣卫镇抚司优给指挥同知马昭亲弟。兄病故，本人转名优给，今出幼袭职，钦与世袭。

又一员・傅庆

成化十二年十一月，傅荣，年三岁，新淦县人，系锦衣卫带俸故署指挥同知傅广嫡长男，合照例与指挥佥事俸于本卫。

成化十三年三月，傅庆，新淦县人，系锦衣卫中所优给署指挥同知傅荣亲叔。今袭前职[②]。• 319 •

① 《明英宗实录》卷340，天顺六年五月丙午，“升锦衣卫带俸都指挥同知程俊为都指挥使、指挥同知马亮为指挥使。初，俊等充正副使使乩加思兰处还，累求迁职，兵部言出使非有军功难允，上特命升一级”。《明宪宗实录》卷30，成化二年五月癸未，“南京右军都督佥事马亮卒。亮，河南淇县人，由指挥同知累功升都指挥使。天顺元年以倚山墩等处功升都督佥事，南京右府带俸，至是卒。讣闻，遣官致祭，命有司营葬。子显袭父原职彭城卫指挥使”。校者注：此载右军都督佥事马亮籍贯河南淇县，或误。为河南淇县者，系招远伯马亮，封伯前亦为右军都督府都督，已卒于正统十一年（1446）。

② 《明宪宗实录》卷164，成化十三年三月庚辰，“命锦衣卫带俸署都指挥同知傅广弟庆袭为本卫指挥同知。广、庆皆太监傅恭侄也”；卷259，成化二十年十二月辛未，“太监覃昌传奉圣旨：升锦衣卫带俸指挥使傅庆为都指挥佥事，命同朱远等于镇抚司管事”；卷266，成化二十一年五月癸丑，“命锦衣卫带俸都指挥佥事傅庆子聪袭为指挥使，全俸优给。聪，太监傅恭从孙也”。《明孝宗实录》卷123，弘治十年三月庚申，“命锦衣卫故都指挥佥事傅庆之子聪袭原职指挥使”。

又一员・丫头

天顺五年三月，北斗保，辽阳人，系锦衣卫镇抚司故带俸达官指挥同知朵儿只亲侄。

成化四年九月，丫头，即三汉，山后人，系锦衣卫镇抚司故带俸达官世袭指挥同知北斗保亲弟。

又一员・李政

永乐八年八月，锦衣卫指挥佥事升指挥同知李自久。

正统二年十一月，李政，旧名李阿撒，系行在锦衣卫镇抚司带俸指挥同知李自久嫡长男。父故，弟李祥朦胧袭职，后本人具告明白，钦准袭父原职指挥同知。

又一员・帖木儿

正统十四年四月，北斗奴，系锦衣卫镇抚司带俸故达官指挥同知买来的嫡长男，钦准袭职。[①]

天顺六年十二月，帖木儿，年四岁，山后人，系锦衣卫镇抚司带俸被人杀死达官指挥同知北斗奴嫡长男，钦与全俸优给，至天顺十六年终住支。

又一员・阿卜把克儿

正统九年六月，锦衣卫指挥同知赛的。

景泰五年四月，火者麻儿，系锦衣卫镇抚司带俸故达官指挥同知赛的庶长男。

天顺五年十二月，阿卜把克儿，山后人，系锦衣卫镇抚司带俸监故达官指挥同知火者蛮，即〈即〉火者麻儿庶弟。

---

① 《明宣宗实录》卷86，宣德七年春正月丁亥，“迤北鞑靼买来的……来归，奏愿居京自效，命买来的为指挥同知……仍命有司给房屋、器皿等物如例”。

又一员・马颙

天顺元年正月，马颙，系锦衣卫将军副千户升世袭指挥同知，不管卫事，仍管将军。・320・

天顺五年八月，马颙，年六十九岁，系锦衣卫指挥同知，今老疾。有庶长男马璿，年二十三岁，告替，授伊父原职指挥同［知］。

又一员・高瓛

永乐十二年十二月，高瓛，年九岁，系锦衣［卫］指挥同知高知庶男，例该优给。出幼袭职，钦准就袭指挥同知……

又一员・那木剌

正统七年五月，那木剌，系锦衣卫镇抚司带俸达官指挥同知劄买[①]庶长男。先已除所镇抚，故。钦准本人袭职，仍将原授试所镇抚职事开除。

又一员・王瑱

正统十二年四月，王瑱，年十六岁，系行在后军都督府故都督佥事王瑜[②]嫡长男，

---

① 《明英宗实录》卷76，正统六年二月辛巳，"行在礼部言锦衣卫寄住达官指挥同知劄买等九人……前后卒，请如例赐祭，从之"。

② 《明宣宗实录》卷100，宣德八年三月戊寅，"命……行在锦衣卫指挥同知王瑜署行在左军都督佥事"；卷107，宣德八年十一月乙酉，"升署左军都督佥事指挥同知三瑜为都指挥佥事，充副总兵，专督饷运。敕瑜曰：今升尔为都指挥佥事，仍署左军都督佥事，佩漕运之印，充左副总兵"。《明英宗实录》卷58，正统四年八月庚寅，"左军都督府都督佥事王瑜卒。瑜，字廷器，直隶山阳人，由淮安卫总旗调常山护卫。永乐中，有密谋不轨者，瑜发其事，太宗皇帝嘉之，授辽海卫正千户。洪熙改元，升锦衣卫指挥同知。宣德八年，升都指挥佥事，署左军都督佥事，佩漕运印，充左副总兵，镇守淮安。十年，实授前职。至是以疾卒，赐葬祭"；卷152，正统十二年四月丙辰，"命故左军都督佥事王瑜子埙袭为锦衣卫指挥同知"。

钦准袭父原职指挥同知，于锦衣卫带俸操习。

优养一员·郭谦

弘治三年六月，郭谦，大兴县人，系锦［衣］卫锦衣前所带俸世袭指挥同知郭瑞嫡长男。伊父原在府军右卫，遇例复回今卫所。

嘉靖十四年六月，郭谦，年六十六岁，大兴县人，系锦衣卫衣前所鸾舆司带俸年老指挥同知，户无承袭之人，照例与全俸优养，生子准袭。

优养妇女一口·哈剌勤

正统九年六月，锦衣卫指挥同知把台。

天顺五年八月，哈剌勤，年六十五岁，山后人，系锦衣［卫］镇抚司带俸故达官指挥同知打台亲母，别无应袭之人，照例·321·钦与五石米优养。

又一口·李氏

天顺元年三月，扯能，幼名柴能，年八岁，山后人，系锦衣卫镇抚司带俸达官署指挥佥事［事］正千［户］扯力庶长男。父原系正千户，湖广香炉山等处杀贼获功升署前职，病故。今照例与本人指挥佥事俸优给，至天顺七年终住支。

天顺八年三月，扯能，山后人，系锦衣卫镇抚司带俸达官署指挥佥事事正千户扯力庶长男。父原系正千户，湖广香炉山杀贼获功升署前职，病故。本人先因年幼，照例已与实授指挥佥事俸优给。今出幼，该袭流官指挥佥事。[1]

审稿查有：柴镗，系扯能嫡长男。

嘉靖四年四月，柴勋，山后人，系锦衣卫镇抚司带俸故达官指挥使柴镗[2]旧名铁马

---

[1] 《明孝宗实录》卷33，弘治二年十二月丁未，“给锦衣卫故带俸达官柴能等七人棺各一具，仍谕祭之”。

[2] 《明武宗实录》卷171，正德十四年二月乙亥，“命达官都指挥佥事柴镗管领保定卫达官舍余”；卷176，正德十四年七月丙辰，“选保定达官军余三千人，以达官指挥柴镗……为千总，统领随征”。

驴嫡长男。曾祖扯力功升署指挥佥事，祖柴能遇例实授，又立功升前职，父沿袭。本人已革遇例一级，与指挥同知俸优给。今出幼，仍袭指挥同知。

嘉靖十一年八月，李氏，年四十六岁，山后人，系锦衣卫镇抚司故绝达官指挥同知柴勋母，户无承袭之人，照例与俸五石优养。

又一员·安住

天顺七年十二月，锦衣卫指挥佥事升指挥同知把失火者。

成化三年六月，药师保，山后人，系锦衣卫镇抚司带俸达官指挥佥事把失火者亲侄。伯两广杀贼获功一级，未升病故，已与堂弟鬼里赤优给，亦故，本人照例该袭升流官指挥同知。

成化十二年二月，安住，年十一岁，山后人，系锦衣卫镇抚司带俸故达官指挥同知药师保亲弟，钦与全俸优给，至成化十五年终住支。• 322 •

又一员·二汉

成化十五年四月，速来蛮，山后人，系锦衣卫镇抚司带俸故达官指挥同知苦秃帖木儿嫡长男，与世袭。

弘治三年四月，二汉，年十九岁，山后人，系锦衣卫镇抚司故带俸达官指挥同知速来［蛮］亲弟。

又一员·阿力

弘治十一年二月，阿力，山后人，系锦衣卫镇抚司带俸故世袭达官指挥同知哈木捨嫡长男。[①]

---

① 《明档》本册第346页“王勋·指挥佥事”选簿三辈马哈木捨、四辈阿力选条，其姓名与承袭次第与本选簿同。

又一员·章镗

弘治十六年六月，章镗，山后人，系锦衣卫镇抚司带俸达官世袭指挥同知章福嫡长男。[①]

又一员·孙昇

弘治十四年，孙昇，迤北人，系锦衣卫镇抚司带俸故功升达官指挥同知勺罗孩更名孙贵嫡长男。[②]

又一员·秦渊

成化十六年二月，秦渊，迤北人，系锦衣卫镇抚司带俸故达官指挥同知秦淮亲弟，钦与世袭。

又一员·白永

成化二十二年七月，白永，山后人，系锦衣卫镇抚司故带俸达官指挥同知白信亲侄，钦与世袭。

又一员·王钺

弘治三年二月，王钺，山后人，系锦衣卫镇抚司带俸达官指挥同知［王］玉嫡长男，钦与世袭。

---

① 此章镗履历，又见《明档》本册第398—399页“章纲·指挥佥事”选簿四辈选条。

② 此孙昇履历，又见《明档》本册第420页“孙臣·署指挥佥事正千户”选簿三辈孙昇选条。

又一员 · 卞英

弘治元年十二月，卞英，年八岁，山后人，系锦衣卫镇抚司带俸故达官指挥同知卞昇嫡长男 · 323 · ……俸优给，至弘治七年终住支。

又一员 · 邹应春

弘治七年七月，邹谦，山后人，系锦衣卫镇抚司带俸达官指挥佥事邹英嫡长男。原系正千户，功升指挥同知，招抚奏升指挥使，又功升都指挥佥事，今年老。本人照例替父指挥使一辈，于本卫所带俸差操，后有事故，子孙止袭指挥同知。

零选簿查有：嘉靖十九年八月，邹镗，迤北人，系锦衣卫镇抚司故带俸达官指挥同知邹绅嫡长男。伊曾祖邹英征进两广，先升指挥佥事，又升指挥同知，沿袭。所据两广陆续擒斩功不准袭事例，本人照例革袭指挥佥事。

邹滋，年四十七岁，迤北人，系锦衣卫镇抚司带俸故达官指挥佥事邹镗嫡长男，达官不比，万历十年八月钦准袭职。

邹应春，万历三十六年九月，单本选过锦衣卫镇抚司带俸达官指挥佥事一员邹应春，年三十七岁，系故带俸达官指挥佥事邹滋亲侄，达官不比。①

又一员 · 陈瓒

天顺五年八月，锦衣卫指挥同知陈纲。②

成化十五年八月，陈瓒，高丽人，系贵州都司赤水卫带俸指挥使陈纲嫡长男。父原系锦衣卫中后所正千户，不由军功升指挥佥事，又功升前职，为事调本卫带俸，今

---

① 此邹滋、邹应春承袭次第及履历，又见《明档》本册第 336 页“邹尚仁”选簿。

② 《明英宗实录》卷 285，天顺元年十二月癸巳，“升锦衣卫正千户陈纲……俱为指挥佥事”；卷 312，天顺四年二月丙子，“锦衣卫指挥佥事陈纲坐私买石亨所据官房以居，下刑部狱，论当赎徒还职。从之”。

老疾。[①] 本人照例依父原职正千户加功升二级替指挥同知，于本卫带俸差操。

又一员·乌铭

成化三年九月，指挥同知升署指挥使锦衣卫乌忠。[②]

成化十二年七月，乌铭，迤北人，系锦衣卫镇抚司带俸达官指挥使事指挥同知乌忠旧名阿剌虎力嫡长男。[③]

又一员·侯北京儿

成化元年五月，侯春，山后人，系锦衣卫镇抚司带俸达官指挥同知侯速者奴嫡长男。

弘治五年二月，侯北京儿，山后人，系锦衣卫镇抚司带俸故达官指挥同知侯春亲弟。•324•

① 《明宪宗实录》，卷 1，天顺八年正月壬午，因与典玺局局丞王纶交通，其供词所及者，“皆降调外任。于是……锦衣卫……指挥同知……陈纲……俱调贵州边卫……纲赤水……皆带俸差操云”。

② 《明英宗实录》卷 360，天顺七年十二月丁亥，“升锦衣等卫官舍指挥佥事乌忠等四五十人俱一级……以都指挥使程俊言忠等使乩加思兰还，有劳故也”。

③ 《明孝宗实录》卷 26，弘治二年五月乙丑，“命锦衣卫带俸都指挥佥事乌铭……俱铨注陕西都司，铭补安会领军官”；卷 162，弘治十三年五月己未，“命陕西都司都指挥佥事乌铭充右参将，分守延绥东路”；卷 175，弘治十四年六月戊戌，“虏寇延绥清水堡，分守右参将乌铭闭门自守，部下累趣其行，仍逼遛从他道出以避贼锋，居民多被杀掠，巡按监察御史燕忠劾其罪，命逮问之”。《明武宗实录》卷 21，正德二年正月壬寅，“分守延绥东路右参将乌铭先是坐守边畏缩被虏入境杀掠逮问，当谪戍而未行，用兵部荐至京营管操。总制尚书秦纮、巡抚都御史杨一清又各荐之，复令其还陕听用。至是，自叙有斩获劳，乞分豁前罪。事下都察院，会兵部覆议：铭……懈于防边，多有亡失，其罪甚大，铭虽蒙起用，无功可拟，宜如原拟谪戍边卫。诏是之”；卷 26，正德二年六月辛酉，“都指挥佥事乌铭以神木堡失机谪戍宁夏后卫。铭奏辩，乞照杨宏、马隆例录用。兵部覆议，得旨：铭既有微功，免戍，照原职降三级带俸，听调杀贼。遂降为宁夏后卫指挥佥事”。

又一员・也先

成化十九年四月，也先，山后人，系锦衣卫镇抚司带俸达官指挥同知脱脱不花嫡长男。

又一员・伯颜帖木儿

景泰三年二月，锦衣卫指挥佥事升指挥同知狗儿。

成化八年八月，伯颜帖木儿，即章福，山后人，系锦衣卫镇抚司故带俸达官指挥同知狗儿嫡长男，钦与世袭。[①]

革发一员・顾镇

外黄查有：顾福，鄞县人，系太监顾恒弟。成化六年四月，以冠带舍人随征陕西延绥等处，本年七月开荒川等杀贼重伤有功，本年八月到京报捷，升锦衣卫锦衣中千户所銮舆司带俸所镇抚，本年开荒川等处功升本卫所司带俸实授百户，成化十一年钦与流官。

嘉靖十五年十月，顾镇，鄞县人，系锦衣卫故充军指挥同知顾贤嫡次男。伊祖顾福以太监顾恒下冠带舍人奏带杀贼重伤，又差报捷升所镇抚，复升实授百户，又乞升副千户，广西浔梧等县报捷升正千户，荔浦等县赍执旗牌有功，在彼病故。父顾贤袭正千户，荔浦功升指挥佥事，又乞升指挥同知，为事充军，今故。[②]所据伊父祖升职俱不系擒斩，又系违例奏带人数，例不该袭，本人照例革发为民。

---

① 此簿狗儿、伯颜帖木儿二辈选条，又与《明档》本册第323页“又一员・章镗”选簿、第398—399页“章纲・指挥佥事”选簿二辈狗儿、三辈伯颜帖木儿选条相补充。

② 《明宪宗实录》卷288，成化二十三年三月己酉，“锦衣卫掌镇抚司事指挥同知顾贤挟私殴伤平人致死，事觉，下刑部，拟罪如律。上以贤殴伤人命，法当处死，但因其家人拨置，宥之，杖之百，谪戍永宁卫。贤，太监恒之侄也”。

李氏

万历五年十月，李氏，年五十八岁，迤北人，系锦衣卫镇抚司故达官指挥佥事都守仁母，户无承袭之人，照例与俸五石优养，终身住支。[①] •325•

朱应梅

万历十年四月，朱应梅，年十五岁，怀远人，系锦衣卫优给实授指挥同知。伊叔祖朱希［孝]……锦衣卫掌卫事左都督，[②] 嘉靖四十五年十二月三年类奏有功荫一子锦衣卫百户，隆［庆］……以类奏有功荫一子锦衣卫百户，至万历二年四月叔祖朱希孝具奏乞恩并荫，本部……钦依准令本舍并与指挥同知俸优给，候出幼之日仍授与见任，今本舍年已出幼……［指］挥同知一辈，以后子孙不许袭替，系荫官，例不比试。[③]

蒋镇•试百户

内黄查有：蒋贵，山后人。父蒋哈哥儿，洪武二十七年归附，故。兄蒋保补，永……卫，十八年升总旗，故。贵补役，景泰元年升试百户。

---

① 该李氏履历，又见《明档》本册第396页“都守仁•指挥佥事”选簿五辈都守仁选条附李氏记载。

② 《明世宗实录》卷301，嘉靖二十四年七月癸未，“成国公朱希忠以庙工加恩”，命升锦衣卫指挥同知朱希孝都指挥使，“本卫管事”；卷414，嘉靖三十三年九月壬戌，“命都督同知掌锦衣卫事朱希孝提督京城内外巡捕”；卷464，嘉靖三十七年九月辛卯，“以门工完，录内外效劳诸臣……加锦衣卫左都督朱希孝太子太保”；卷491，嘉靖三十九年十二月癸卯，“后府左都督朱希孝掌锦衣卫事，提督东司房。希孝因援前都督陆炳例，请恭诣斋坛进香。许之”；卷528，嘉靖四十二年十二月辛亥，“以缉访功，加掌锦衣卫事左都督朱希孝为太保”。《明穆宗实录》卷4，隆庆元年二月戊戌，“加恩藩邸侍卫宿直执事厂卫官校……提督太保兼太子太保左都督朱希孝进兼太子太傅”；卷64，隆庆五年十二月丙申，“命掌锦衣卫事都督朱希孝总理东宫侍卫”。

③ 《明世宗实录》卷301，嘉靖二十四年七月癸未，“成国公朱希忠以庙工加恩，荫一子为锦衣卫百户，乞移之于弟锦衣卫指挥同知希孝。上许之，命升希孝都指挥使，本卫管事”；卷414，嘉靖三十三年九月壬戌，“命都督同知掌锦衣卫事朱希孝提督京城内外巡捕”；卷427，嘉靖三十四年十月癸未，“以补获奸细功，荫锦衣卫掌卫事……右都督朱希孝各一子为本卫百户”；卷514，嘉靖四十一年十月辛酉，“以皇极等殿工完……左都督朱希孝荫一子百户”。《明神宗实录》卷8，隆庆六年十二月癸亥，“录三年缉获功，锦衣卫左都督朱希孝荫百户”。

一辈哈哥儿。

二辈蒋保。

三辈蒋贵，功次簿查有：景泰元年，德胜门等处杀贼获功一级二级官三千一百四十九员名内开，锦衣卫总旗升试百户一员蒋［贵］。

四辈蒋玉。

五辈蒋辅。

六辈蒋佐。

七辈蒋镇，蒋镇，年二十四岁，系锦衣卫镇抚司带俸故试百户蒋佐嫡长男，嘉靖三年十月袭职。

八辈蒋杲，万历三年十月，蒋杲，年四十一岁，金山人，系锦衣卫镇抚司带俸故实授百户蒋镇亲侄。查得伊伯原系试百户，遇例实授，所据遇例职级例不准袭，今本舍照例革袭试百户。• 326 •

王国泰·指挥使

崇祯四年六月，大选过锦衣卫镇抚司带俸达官指挥使一员王国泰，年十六岁，系故带俸达官指挥使王天锡嫡长男，达官不比。

穆宗仁·指挥佥事

外黄查有：阿力，迤北人。父帖木儿赤，成化七年来降，升副千户，锦衣卫镇抚司带俸，[①] 十五年辽东建州杀贼有功升正千户，十七年大同窑山墩等处杀贼有功升指挥佥事，老。阿力系嫡长男，弘治四年替。

一辈帖木儿赤，已载前黄。

二辈阿力，旧选簿查有：弘治四年三月，阿力，迤北人，系锦衣卫镇抚司带俸达官指挥佥事帖木儿赤嫡长男。伊父原投降升副千户，后获功历升前职，钦与世袭。

---

① 《明宪宗实录》卷 95，成化七年九月辛巳，“授迤北来降达子帖木儿赤为副千户”；卷 97，成化七年十月癸酉，“兵部奏，来降夷人帖木儿赤，原系孛罗忽太子部下知院，已注广州前卫副千户，然帖木儿赤寔都督穆义从子，乞与义同居完聚，宜改注在京锦衣卫镇抚司带俸差操。从之”。

三辈穆景和，旧选簿查有：嘉靖五年十月，穆景和，迤北人，系锦衣卫镇抚司带俸故达官指挥佥事阿力嫡长男。

四辈穆景春，旧选簿查有：嘉靖六年八月，穆景春，迤北人，系锦衣卫镇抚司带俸故达官指挥佥事穆景和亲弟。

五辈穆宗勉，旧选簿查有：嘉靖二十六年四月，穆宗勉，迤北人，系锦衣卫镇抚司带俸达官指挥佥事穆景春嫡长男。

六辈穆宗仁，旧选簿查有：嘉靖三十二年十月，穆宗仁，迤北人，系锦衣卫镇抚司带俸故达官指挥佥事穆宗勉亲弟。

七辈穆英，万历三十一年四月，年四十七岁，系锦衣卫镇抚司故达官减袭副千户一员穆英，年四十七岁，系故达官指挥佥事穆宗仁嫡长男。查伊建州、窑山等功俱内土奏带，原无擒斩，供与选照然合也，叨冒已久，准减袭祖附功副千户，达官不比。

龙海·［指挥］佥事

……查有：龙海，年四十□岁，原籍山［后人］……今卫所带俸，正统六年故。曾……福建等处杀贼有功升指挥佥事，天顺六……［成］化八年袭，老。父龙宾系嫡长男，未袭先故，海系嫡……·327·［锦］衣卫镇抚司带俸达官指挥佥事。

一辈撒迭儿必失。①

二辈龙沙班。

三辈哈三。

四辈龙海，俱载前黄。②

五辈龙继宗，万历元年六月，龙继宗，年三十八岁，迤北人，系锦衣卫镇抚司故带俸达官指挥佥事龙海嫡长男。

六辈龙仁，万历四十三年四月，大选过锦衣卫镇抚司带俸达官指挥佥事一员龙仁，年四十岁，系老带俸达官指挥佥事龙继宗嫡孙，达官不比。

---

① 《明英宗实录》卷86，正统六年闰十一月辛巳，“锦衣卫住坐达官千户撒迭儿必失等一十四员相继卒，赐祭如例”。

② 此选簿所载一至四各辈履历，又见《明档》本册第352页“又一员·龙海”选簿各选条。

王炳 • 指挥佥事

缺。

一辈脱脱，已载七辈下。

二辈黑厮，已载七辈下。

三辈王聰，已载七辈下。

四辈王瀚，已载七辈下。

五辈王潮，已载七辈下。• 328 •

六辈王栋，旧选簿查有：嘉靖二十三年六月，王栋，遮北人，系锦衣卫镇抚司带俸达官指挥使王潮嫡长男。伊曾祖脱脱宣德六年来降升指挥佥事，十年甘肃杀贼功升指挥同知，正统七年麓川杀贼功升指挥使，故。祖、父沿袭。所据甘肃、麓川二处功查无擒斩，俱例应减革，本人照例量革替署指挥同知事指挥佥事。

七辈王炳，旧选簿查有：嘉靖二十八年二月，王炳，年十三岁，遮北达子，系锦衣卫镇抚司故达官指挥同知王栋嫡长男。伊高祖脱脱原系遮北达子，宣德六年来降升指挥佥事，[①] 十年以庄浪等处功升指挥同知，又麓川功升指挥使，故。曾伯祖黑厮袭，天顺七年两广杀贼升都指挥佥事，成化二年湖广杀贼升署都指挥同知，更名王鑑。曾伯祖王聰革袭指挥使。伯祖瀚、祖潮沿袭，俱故。至父栋替，量革署指挥同知事指挥佥事，嘉靖二十四年遇例实授。今查得庄浪、麓川等处功俱无擒斩，并遇例职级俱应减革，本舍照例革与祖职指挥佥事俸优给，至嘉靖二十九年终住支。

旧选簿查有：嘉靖三十年二月，王炳，遮北人，系锦衣卫镇抚司故带俸达官指挥佥事王栋嫡长男，出幼袭职。

八辈王有仁，隆庆四年四月，王有仁，年十岁，遮北人，系锦衣卫镇抚司故带俸达官指挥佥事王炳嫡长男，照例与全俸优给，至隆庆八年终住支。

万历三年二月，王有仁，年十五岁，遮北人，系锦衣卫镇抚司带俸达官指挥佥事王炳嫡长男，优给出幼袭职。

---

① 《明宣宗实录》卷 76，宣德六年二月癸卯，“遮北脱脱等……来归，皆奏愿居京自效。命为指挥佥事、百户等官……仍命有司给房屋、器物如例”。

奚宽·指挥佥事

内黄查有：奚璋，系锦衣卫镇抚司带俸……来降升都指挥佥事，正统七年麓川……挥同……孛罗系嫡长男，未袭故。祖把秃孛罗系嫡长孙，成化元年革替指挥佥事[①]……升署指挥同知。奚荣疾，父奚信弘治十二年遇例实授，故。璋系嫡长男，嘉靖十三年……袭指挥佥事，本卫带俸。

一辈失都，已载前黄。

二辈把秃孛罗，已载前黄。

三辈奚信，已载前黄。

四辈奚璋，已载前黄。[②]

五辈奚宽，旧选簿查有：隆庆二年十二月，奚璋，年五十五岁，迤北人，系锦衣卫镇抚司带俸达官指挥佥事，今患疾。在司有嫡长男奚宽，见年三十岁，告替。·329·

六辈奚承恩，万历元年十月，奚承恩，年八岁，迤北人，系锦衣卫镇抚司带俸故达官指挥佥事奚宽嫡长男。照例与全俸优给，至万历七年终住支。

万历八年二月，奚承恩，年十五岁，迤北人，系锦衣卫镇抚司故带俸达官指挥佥事奚宽嫡长男，优给出幼袭职，系达官，不比。

七辈奚应龙，崇祯七年十月，大选过锦衣卫南镇抚司指挥佥事一员奚应龙，年二十六岁，系老指挥佥事奚承恩嫡长男，武进士不比。

汪瀛·指挥佥事

外黄查有：汪瑄，五河县红凌子人，系锦衣卫指挥使汪瑛弟，景泰元年十一月钦除正千户，锦衣卫衣中所带俸。

---

① 《明宣宗实录》卷78，宣德六年四月己未，"迤北鞑官失都等四十九人携家属三百余口来归，皆奏愿居京自效，行在兵部礼部第为五等以闻。上命一等失都……俱为都指挥佥事"；《明宪宗实录》卷18，成化元年六月甲午，"命锦衣卫带俸达官都指挥使计失都孙把秃哱罗代其祖原职，为本卫指挥佥事，仍带俸"。

② 此选簿贴黄所载把秃孛罗履历，又与《明档》本册第359页"又一员·桚住儿"选簿所载把秃孛罗履历略同。

一辈汪瑛，已载前黄。[①]

二辈汪瑄，已载前黄。[②]

三辈汪智，旧选簿查有：成化六年六月，汪智。伊父汪瑛原中兵马指挥，历升右都督，天顺元年仍复兵马指挥，钦升指挥佥事，与世袭，锦衣卫带俸，故。本人系嫡长男，袭职。[③]

四辈汪隆，缺。

五辈汪奉，缺。[④]

六辈汪瀛，旧选簿查有：嘉靖十二年二月，汪瀛，年二岁，五河县人，系锦衣卫带俸故指挥佥事汪奉嫡长男。曾祖瑛因女册封景皇后升兵马指挥，历升右都督，续奉钦依，仍做兵马指挥，又传升指挥佥事，与世袭，锦衣卫带俸，故。祖智、伯隆、父奉俱钦准袭职，今本舍保送优给。缘前项职事不由军功所升，况已袭三辈，例难承袭，但系皇亲，奉钦依有"世袭"字样，本舍应否优给，请旨定夺。[⑤] ·330·

胡恩·指挥佥事

内黄查……卫衣左所……鹞儿岭奋……三年替指挥佥事

一辈胡衍，已载前黄。

二辈胡䆁，已载前黄。

---

① 《明英宗实录》卷132，正统十年八月丙寅，"册中兵马指挥汪英女为郕王妃，行纳徵礼"；卷186，正统十四年十二月丙辰，"升……府军前卫带俸兵马指挥汪瑛为锦衣卫指挥使"；卷201，景泰二年二月辛巳，"升……指挥使汪英为右都督，俱中军都督府支俸，不视事"；卷275，天顺元年二月庚子，"降……中军左都督……汪瑛仍为中兵马指挥……皆郕王外戚也"；卷276，天顺元年三月乙亥，"升……中兵马司指挥汪瑛为指挥佥事，俱世袭，锦衣卫带俸"。

② 《明英宗实录》卷198，景泰元年十一月辛亥，"升……汪瑄为锦衣卫带俸正千户……皆外戚也"；卷275，天顺元年二月庚子，"锦衣卫……正千户汪瑄……俱革职，原籍闲住……皆郕王外戚也"。

③ 《明宪宗实录》卷80，成化六年六月壬子，"命故锦衣卫带俸指挥佥事汪英子智袭职。瑛起外戚，初为兵马指挥，景泰中历升右都督，天顺初复为兵马指挥，后复升指挥佥事，与世袭，锦衣卫带俸"。

④ 《明武宗实录》卷20，正德元年十二月癸亥，"命故锦衣卫指挥佥事汪隆弟奉袭兄职。奉，景皇后之侄也"。

⑤ 《明世宗实录》卷286，嘉靖二十三年五月己酉，"兵部覆给事中杨上林等言，戚畹诸臣内有世袭未及革而冒袭数世者，若汪瀛等十七人……诏俱裁革"。

三辈胡震，已载前黄。

四辈胡恩，旧选簿查有：嘉靖二十四年六月，胡恩，武进县人，系锦衣卫带俸指挥佥事胡震嫡长男。

五辈胡敏，旧选簿查有：嘉靖三十二年四月，胡敏，武进县人，系锦衣卫带俸指挥佥事胡恩嫡长男。查本舍犯奸情事已经参题，该本部审得胡敏系舍人犯奸，准降袭所镇抚，子孙袭替仍袭祖职。

六辈胡允武，万历四十五年七月，单本选过锦衣卫衣左所弓矢司所镇抚一员胡允武，年四十岁，系故所镇抚胡敏嫡长男，比中三等。

闵钦・指挥佥事

缺。

一辈也连只班，副千户功次，候查。正千户功次，候查。指挥佥事功次，候查。

二辈闵贤，缺。

三辈闵端，旧选簿查有：弘治二年四月，闵端，山后人，系锦衣卫镇抚司带俸达官指挥佥事闵贤嫡长男，钦与世袭。• 331 •

四辈闵英，旧选簿查有：正德二年四月，闵英，年十五岁，山后人，系锦衣卫镇抚司带俸故达官指挥佥事闵端嫡长男，优给出幼袭职。

五辈闵钦，旧选簿查有：隆庆三年六月，闵钦，年四十九岁，迤北人，系锦衣卫镇抚司带俸年老达官指挥佥事闵英嫡长男。

六辈闵臣，万历九年十月，闵臣，年二十四岁，迤北人，系锦衣卫镇抚司带俸年老达官指挥佥事闵钦嫡长男。革伊祖征杉木笼山功越升指挥佥事一级，与替正千户，达官不比。

七辈闵进忠：年十岁，万历三十年十二月，系锦衣卫镇抚司故带俸达官正千户闵臣嫡长男，照例与全俸优给，至三十四年终住支。

闵进忠，万历三十七年四月，大选过锦衣卫镇抚司带俸达官正千户一员闵进忠，年十七岁，系故带俸达官正千户闵臣亲男，出幼世袭职，达官不比。

[帖惟善·署指挥佥事]

……

一辈[火你赤]。

二辈孛罗帖木儿，旧选簿查有：成化四年二月，孛罗帖木儿，山后人，系锦衣卫镇抚司带俸故达官百户火你赤嫡长男。

副千户功次，成化十五年建州功次，锦衣卫……千户孛罗帖木儿。

正千户功次，成化十六年，威宁海子功次，锦衣卫副千户升正千户孛罗帖木儿。

指挥佥事功次，成化十七年，窑山墩功次，锦衣卫正千户升指挥佥事孛罗帖木儿，更名帖清。

三辈帖锦，旧选簿查有：审稿内开，帖锦，年二十一岁，女直人，系锦衣卫镇抚司带俸年老达官功升指挥同知帖清嫡长男。缘伊父指挥同知一级由把总所升，例无承袭，本人照例革与伊父原职指挥佥事。

四辈帖凤，缺。

五辈帖惟善，旧选簿查有：嘉靖三十九年十二月，帖惟善，年二十二岁，女直人，系锦衣卫镇抚司带俸故达官署指挥佥事帖凤嫡长男。①

郑朴·指挥佥事

天启元年五月补四月大选，过锦衣卫衣中所指挥佥事一员郑尔基，年二十一岁，安肃县人。查伊曾祖郑洛原任宣大总督、兵部尚书，整理边务经略有功，节奉圣旨恩荫指挥佥事。② 祖郑材由进士授官，未·332·袭。叔祖郑朴借袭指挥佥事，

① 此选簿一至四辈各选条姓名及履历，又见《明档》本册第420页“帖凤·署指挥佥事正千户”选簿。

② 《明神宗实录》卷166，万历十三年闰九月戊戌，“以阅视叙劳，加总督宣大尚书郑雒太子少傅，荫一子锦衣卫百户，赐敕褒励”；卷294，万历二十四年二月壬子，“兵部题叙西宁官军获捷功次……得旨：该镇擒斩首虏六百余级，奇功可嘉……郑雒收番有功，遇缺起用，原荫儿男升指挥佥事，世袭”；卷364，万历二十九年十月壬申，“命原任兵部尚书郑雒升原荫子二级，且命世袭，以其子锦衣卫镇抚司佥书、都指挥佥事郑朴陈乞”。

故。[①] 父郑延勋亦系官生，未袭，故。万力（历）三十三年祖郑材具奏，该本部看得尔基年方五岁，覆奉钦依，准以指挥佥事全俸优给，扣至四十二年终住支。[②] 今出幼，准袭前职讫。但查违限七年，恐有多支俸粮情弊，合行查扣方准开支，比中二等。

王山・指挥佥事

缺。

一辈伯颜卜花，缺。

二辈王宣，缺。

三辈王俊，缺。

四辈王山，旧选簿查有：嘉靖十七年八月，王山，年二十岁，迤北人，系锦衣卫镇抚司带俸达官指挥使王俊男。伊曾祖伯颜卜花以指挥佥事正统七年麓川杀贼有功升指挥同知，天顺二年乞升指挥使，祖、父沿袭。所据麓川功无擒斩及乞升职级俱例应减革，本人革替指挥佥事。

五辈王子荣，万历四十四年十二月，单本选过锦衣卫带俸达官指挥佥事一员王子荣，年二十四岁，系故带俸达官指挥佥事王禄亲孙，达官不比。

张德炜・指挥佥事・333・

万历四十一年八月，大选过锦衣卫指挥佥事一员张德炜，年二十一岁，系故署指挥使张天诏长孙。伊祖武举升级应减革外，准袭前职，比中二等。[③]

---

① 《明神宗实录》卷337，万历二十七年七月己未，“锦衣卫指挥佥事郑朴以扑功援例乞恩，命加都指挥佥事，不为袭。朴，雒之子也”。

② 《明神宗实录》卷405，万历三十三年正月己亥，“兵部覆，原任怀隆兵备参议郑材奏，遵父原任经略陕西太子太保兵部尚书郑雒遗言，辞免身后钦升二级，仍以生前原荫锦衣卫指挥佥事世袭。从之”。

③ 此张德炜系《明档》本册第397页“张德灿”选簿所载张德灿亲兄。

[王定・指挥佥事]

……

四辈……

五辈王宗……

六辈王定，旧选簿查有：嘉靖四十一年二月，王定，年三十二岁，辽东三万人，系锦衣卫镇抚司带俸故达官指挥使王宗亲弟。查伊祖王朵罗秃原系正千户，正统九年迤北杀贼有功升指挥佥事，十四年临水堡杀贼有功升指挥同知，天顺五年两广杀贼有功升指挥使。所据临水堡并两广功无擒斩，本舍照例革袭指挥佥事。

七辈王和，万历二十九年十月，王和，年三十三岁，系锦衣卫镇抚司老带俸达官指挥佥事王定亲孙，达官不比。

八辈王泉，崇祯八年八月，大选锦衣卫南镇抚司带俸达官指挥佥事一员王泉，年五十八岁，系故带俸达官指挥佥事王和亲弟，达官不比。

金栋・指挥佥事

外黄查有：金栋，年四十五岁，系锦衣卫镇抚司达官指挥佥事，原系迤西人。曾祖金玉旧名亦木剌金，天顺元年来降，升做头目，本年六月改实授百户，送锦衣卫镇抚司带俸，五年两广杀贼功升副千户，成化二年两广斩首三颗功升正千户，本年代俞卫斩首三颗功升指挥佥事，十一年改姓金玉，十四年招抚升指挥同知，[1]十五年建州斩首升指挥使，十六年威宁海子斩首升都指挥佥事，弘治十四年小盐池阵亡。[2]祖金铭系庶长男，十六年二月袭，嘉靖二十三年老。父金海系嫡长男，本年六月查革替指挥佥事，二十九年故。栋系嫡长男，三十年八月袭锦衣卫镇抚司带俸达官指挥佥事。

一辈金玉，已载前黄。

二辈金铭，已载前黄。・334・

① 《明宪宗实录》卷191，成化十五年六月辛卯，“带俸指挥佥事金玉等并旗校九十一人联名奏，随太监汪直于辽东海西等边抚夷有功，乞升职，上命各升一级”。

② 《明孝宗实录》卷179，弘治十四年九月甲申，“八月初，虏过盐池……战复不利，京营都指挥金玉又为所杀”。

三辈金海，已载前黄。

四辈金栋，旧选簿查有：嘉靖三十年十月，金栋，迤西人，系锦衣卫镇抚司带俸故达官指挥佥事金海嫡长男。[①]

余轮·指挥佥事

节辈原载南京锦衣卫。

万历四十一年十二月，大选过锦衣卫指挥佥事一员余轮，年三十五岁，系故指挥佥事降正千户余茂发嫡长男。[②]查伊父因事降级，不碍祖职，今故，照例准袭前职，武举不比。[③]

崇祯八年十一月，单本选锦衣卫衣左所指挥佥事一员余之鲲，年二十九岁，系故指挥佥事余轮嫡长男，比中二等。

尹春·署指挥同知

［缺］。

一辈也先著儿。

二辈尹英。

三辈尹春。• 335 •

四辈尹从正，隆庆四年四月，尹从正，年十九岁，迤北人，系锦衣卫镇抚司故带俸达官署指挥同知尹春嫡长男。查伊始祖也先著儿，宣德九年投降升副千户，续以二次两广功升正千户，又历功升指挥佥事，成化十二年为陈情事升署指挥同知，遇例实授。袭至祖英，革与署指挥同知，嘉靖十二年遇例实授，二十七年工完事升指挥使。

① 此选簿所载又见《明档》本册第340—341页“金海·指挥佥事”选簿贴黄及前四辈选条。

② 《明神宗实录》卷167，万历十三年十月戊辰，“以……指挥佥事余茂发佥书南镇抚司，管事”；卷231，万历十九年正月丙寅，“以锦衣卫指挥佥事余茂发掌本卫南镇抚司印”；卷501，万历四十年十一月辛卯，“兵部以考选军政……以自陈不职，请将……管卫事正千户余茂发应留……俱从之”。

③ 《明神宗实录》卷576，万历四十六年十一月己丑，“差锦衣卫余轮往直隶等处颁给武职诰命”。

所据遇例、工升职级查系先年减革未尽，今本舍照例革袭指挥佥事。[①]

五辈尹国忠，万历三十四年十月，大选过锦衣卫镇抚司带俸达官指挥佥事一员尹国忠，年三十五岁，遮北人，系故达官指挥佥事尹从正亲男，达官不比。

邹尚仁

父邹应春，年三十七岁，遮北人，系锦衣卫镇抚司带俸达官指挥佥事邹滋亲侄。伊伯原袭带俸指挥佥事，今故绝；父邹润先故，本舍系亲侄，合照旧准袭带俸指挥佥事。[②]

崇祯十一年二月，大选过锦衣卫镇抚司带［俸］达官指挥佥事一员邹尚仁，年四十岁，系故带俸达官指挥佥事邹应［春］嫡长男，达官不比。

马镛·指挥佥事

缺。

一辈马黑麻，副千户功次，候查。正千户功次，候查。

旧选簿查有：天顺七年两广功次，锦衣卫阵亡正千户马黑麻迭儿必失。

二辈伯颜荅，旧选簿查有：天顺八年二月，伯颜荅，山后人，系锦衣卫镇抚司带俸阵亡达官正千户马黑麻迭儿必失嫡长男。指挥佥事功次，候查。

三辈马义，旧选簿查有：正德四年六月，马义，遮北人，系锦衣卫镇抚司带俸年老达官指挥佥事伯颜荅嫡长男。·336·

四辈马沛，旧选簿查有：嘉靖三十九年十二月，马沛，遮北人，系锦衣卫镇抚司故带俸达官指挥佥事马义嫡长孙。

五辈马镛，旧选簿查有：嘉靖四十年十月，马镛，年三十七岁，遮北人，系锦衣卫镇抚司故带俸达官指挥佥事马沛亲叔。

六辈马守泉，万历二十二年十月，马守泉，年三十六岁，系锦衣卫镇抚司老带俸达官指挥佥事马镛亲男，不比。

---

① 此三辈尹春、四辈尹从正承袭次第，又见《明档》本册第417页“［又一员·尹从正］”选簿。

② 此邹应春履历，又见《明档》本册第324页“又一员·邹应春”选簿。

七辈马国柱，万历三十一年四月，大选过锦衣卫镇抚司达官减袭指挥佥事正千户一员马国柱，年二十岁，系故达官指挥佥事马守泉嫡长男。查伊天顺间陈情验功升正千户，无此条例，姑念承袭已久，准减署指挥佥事正千户。

八辈马国材，崇祯四年八月，大选过锦衣卫镇抚司带俸达官署指挥佥事正千户马国材，年二十九岁，系故带俸达官署指挥佥事事正千户马国柱亲弟，达官不比。

马用·指挥佥事

缺。

一辈秃列干，缺。

二辈俺住，旧选簿查有：天顺四年三月，俺住，系锦衣卫镇抚司……幼已与优给，今出幼袭职。

三辈七十儿，旧选簿查有：弘治十六年，七十儿，系锦衣卫镇抚司带俸故达［官］……

四辈马傑，旧选簿查有：嘉靖二年十月，马傑，迤北人，系锦衣卫镇抚司带俸故达官指挥佥［事］……优给出幼告袭。

五辈马用，旧选簿查有：嘉靖四十年十月，马用，年三十二岁，迤北人，系锦衣卫镇抚司带俸达官年老……事马傑嫡长男。• 337 •

六辈马盛，万历五年十月，马盛，年二十六岁，迤北人，系锦衣卫镇抚司带俸故达官指挥佥事马用嫡长［男］。

七辈马化祥，崇祯六年八月，大选过锦衣卫南镇抚司带俸指挥佥事马化祥，年三十八岁，系故带俸［达］官指挥佥事马盛嫡长男，达官不比。

江元禧·指挥佥事

查得，万历三十二年正月内，本部题为天威远震逆酋荡平等事，该湖广巡按王立贤勘回偏沅巡抚江铎功次缘由，本部覆议，节奉圣旨“朕赖将士之力讨平播逆以申灵诛，开疆展土，奇勋茂绩，允宜叙赏：江铎赠兵部右侍郎，给与祭葬，仍荫一子锦衣卫指挥佥事，世袭”，钦遵在卷。[1]

二辈江长：天启元年五月，单本选过锦衣卫衣左所优给指挥佥事一员江长，年十一岁，系故指挥佥事江元禧嫡男，年幼，准以指挥佥事全俸优给，扣至天启四年终住支。

崇祯元年九月补八月分大选过锦衣卫衣左所指挥佥事一员江长，年十九岁，系故指挥佥事江元禧嫡长男。出幼袭职前来，查无诸弊，准袭指挥佥事，比中二等。

三辈江元禔，崇祯八年八月，大选过锦衣卫衣左所指挥佥事一员江元禔，年三十九岁，系故绝指挥佥事江长亲四叔。查本舍有兄元禨以文荫授职，无嗣，伦序本舍借袭，俟兄元禨生有儿男退还职事，比中一等。

杨时兰·指挥佥事

缺。·338·

一辈杨六，缺。小旗功次，候查。总旗功次，候查。

二辈杨贵，试百户功次，候查。实授百户功次，候查。副千户功次，景泰元年，居庸关功，锦衣卫百户升副千户杨贵。正千户功次，候查。指挥佥事功次，天顺元年，湖广板鬼（鬼板）等寨获功一级，锦衣卫正千户升指挥佥事杨贵。

三辈杨洪，旧选簿查有：成化十一年三月，杨洪，系锦衣卫指挥同知升指挥使杨贵嫡长男。

四辈杨允中，旧选簿查有：弘治七年，杨允中，系锦衣卫指挥同知杨洪庶长男。

五辈杨应隆，旧选簿查有：嘉靖六年四月，杨应隆，年十八岁，宛平县人，系锦衣卫带俸故指挥佥事杨允中嫡长男，优给出幼袭职，限外多支俸粮查扣关支。

六辈杨时兰，旧选簿查有：嘉靖三十年八月，杨时兰，年十五岁，宛平县人，系锦衣卫带俸故指挥佥事杨应隆嫡长男。

七辈杨峻德，万历十七年六月，杨峻德，年二十九岁，宛平县人，系锦衣卫故带俸指挥佥事杨时兰嫡长男，比中三等。

---

① 《明神宗实录》卷402，万历三十二年十月甲寅，“叙平播有功官员升赏。得旨……江铎赠兵部右侍郎，给与祭葬，仍荫一子锦衣卫指挥佥事，世袭”；卷410，万历三十三年六月己酉，“荫原任偏沅巡抚江铎嫡长孙元禧……俱锦衣卫衣左所指挥佥事……各世袭”。

［八辈杨盛吉］，崇祯元年正月补天启七年十二月分大选，过锦衣卫带俸指挥佥事一员杨盛吉，年四十六岁，系故带俸指挥佥事杨峻德嫡长男，比中三等。

王鼎·指挥佥事

内黄查有：王焕，束鹿县人。有祖父王增，尚嘉善大长公［主］……袭锦衣卫世袭百户带俸，弘治十四年具奏……嗣。康系父王铭嫡长男，的系王锡亲侄，本年钦袭副千户……降试百户。有长伯父王钦授指挥佥事，王锐授百户，王锡授千户……千户，遇例降百户，本年会举赞划，为大举达贼入寇，地名焦山儿等处斩首一颗……［正］德元年大同等处斩获贼级一颗升正千户，回卫病故，别无承袭，遗下前职该康承［袭］……周忠男周揵等奏复指挥佥事事例，况父王铭获有军功二级，比之周忠尤有不同，十四……袭授世袭指挥佥事，本年六月内康名犯祖讳，具奏改正王焕。

一辈王增，已载前黄。·339·

二辈王钦，已载前黄。[①]

三辈王锐，已载前黄。

四辈王锡，已载前黄。

五辈王铭，已载前黄。[②]

六辈王康，已载前黄。

七辈王鼎，旧选簿查有：嘉靖二十三年四月，王鼎，束鹿县人，系锦衣卫带俸指挥佥事王涣旧名王康亲弟。

王天柱

万历二十五年十二月，大选过锦衣卫镇抚司带俸达官指挥佥事一员王天柱，年

① 此王钦履历又见本选册第182页“年远事故正千户一员·王钦”选簿。

② 《明孝宗实录》卷31，弘治二年十月己丑，“驸马都尉王增卒。增，直隶束鹿县人，靖远伯兵部尚书骥之孙，选尚嘉善大长公主，至是卒……子钦、铭俱为锦衣卫千户”；卷148，弘治十二年三月甲申，“命原赐嘉善大长公主任丘等县庄田仍赐其子锦衣卫千户王铭，从其请也”。

十六岁，系故带俸达官指挥佥事王九成嫡长孙，达官不比。[①]

金海・指挥佥事

外黄查有：金铭，迤西人。祖亦不剌金，天顺元年来降，与做百户，送锦衣卫镇抚司带［俸，天］顺五年两广杀贼升副千户，成化二年两广斩首三颗升正千户，本年代俞卫斩首三颗升指挥佥事，十一年改姓金玉，十四年招抚升指挥同知，十五年建州斩首升指挥使，十六年威宁海［子］斩首升都指挥佥事，弘治十四年小盐池阵亡。铭系庶长男，十六年革袭指挥使。

一辈金玉，已载前黄。

二辈金铭，已载前黄。• 340 •

三辈金海，旧选簿查有：嘉靖二十三年四月，金海，迤西人，系锦衣卫镇抚司带俸年老达官指挥使金铭嫡长男。伊祖亦不剌金，以百户天顺五年两广功升副千户，成化二年两广功升正千户，代俞卫功升指挥佥事，十四年招抚功升指挥同知，十五年建州功升指挥使，十六年威宁海子功升都指挥佥事，弘治十四年小盐池阵亡。父铭袭指挥使，老。所据本舍与祖百户上加两广斩首及数功二级及建州擒斩一级，共扣军功三级，与袭指挥佥事。

四辈金栋。[②]

五辈金守全，万历二十四年十二月，金守全，年二十三岁，迤北人，系锦衣卫镇抚司老带俸达官指挥佥事金栋嫡长男，达官不比。

六辈金万春，天启六年八月，大选过锦衣卫镇抚司达官指挥佥事一员金万春，年三十二岁，系疾指挥佥事金守全嫡长男，达官不比。

金天爵・指挥佥事

外黄查有：金勇，迤北人。高伯祖也的谷，洪熙元年来降，升指挥佥事，正统四年

① 此选簿所载王天柱履历，又见《明档》本册第 344 页“王天柱”选簿。

② 此选簿贴黄及前四辈选条所载，又见《明档》本册第 334—335 页“金栋・指挥佥事”选簿。

保定杀贼有功［升指］挥同知，六年故。堂曾伯祖忽台系嫡长男，袭，七年征麓川杀贼有功升指挥使，景泰［五年］草堂杀贼有功升都指挥，天顺二年陈情升都指挥同知，五年故，无嗣。曾祖扯黑赤系堂弟，将本身百［户］辞去，成化元年革袭指挥使，三年征建州杀贼有功署（升）署都指挥佥事，九年金雄，十一年老。祖金珍系嫡长男，替指挥使，正德九年故。父金钺未袭，故。勇系金珍嫡长孙，十一年革袭指挥同知。

一辈也的谷，已载前黄。

二辈忽台，旧选簿查有：正统六年十一月，忽台，系锦衣卫镇抚司带支俸故达官指挥同知也的谷嫡长男。

三辈扯黑，已载前黄。

四辈金珍，堂稿查有：金珍。有伯祖也的谷，迤北人，洪武（熙）元年来降，蒙升指挥佥事，锦衣卫镇抚司带俸，正统四年保定功升指挥同知，病故。伯忽台袭职，七年麓川有功升指挥使，天顺五年故，无儿男。[①] 父扯黑赤系堂弟，袭 • 341 • 指挥使，成化三年更名金雄，患疾。珍系嫡长男。[②]

五辈金勇，旧选簿查有：正德十年二月，金勇，山后人，系锦衣卫镇抚司带俸故指挥使金珍嫡长孙。缘指挥使一级伊堂曾伯祖忽台所升，本人照例革袭指挥同知。

六辈金茂，旧选簿查有：嘉靖十年十月，金茂，年二十岁，迤北人，系锦衣卫镇抚司带俸故达官指挥同知金勇亲弟，待侄病痊并生男还与职事。

七辈金天爵，旧选簿查有：嘉靖二十年二月，金天爵，迤北人，系锦衣卫镇抚司达（带）俸故达官指挥同知金勇嫡长男。伊高伯祖也的谷洪熙元年来降升指挥佥事，正统四年保定杀贼功升指挥同知，相沿。所据保定功无擒斩，例应减革，照例革袭指挥佥事。本人先因年幼，已将职事暂借伊叔金茂承袭，今长成袭职，伊叔革闲。

八辈金一科，万历四年二月，金一科，年十五岁，迤北人，系锦衣卫镇抚司年老达官指挥佥事金茂嫡长孙，优给出幼袭职。

---

① 《明宪宗实录》卷 19，成化元年七月庚戌，“锦衣卫带俸指挥同知忽台为曹钦乱兵所杀，无子。至是，命其从弟百户扯里赤袭其原职指挥使，仍带俸”。

② 《明宪宗实录》卷 212，成化十七年二月癸丑，“命……锦衣卫带俸达官署都指挥佥事金雄子珍代父原职本卫指挥使”。

吴师孔 • 指挥佥事

缺。

一辈吴童，小旗功次，候查。

二辈吴良：总旗功次，候查。试百户功次，候查。实授百户功次，候查。副千户功次，候查。正千户功次，候查。指挥佥事功次，候查。

三辈吴鑑，旧选簿查有：成化四年七月，吴鑑。伊父吴良原系锦衣卫中后所小旗，节次差往撒马儿罕等处公干有功，历升指挥使，又升都指挥同知，升都督同知，南京右军都督府管事，老疾。[①] 本人系嫡长男，照例革替指挥使，仍于原卫带俸。[②]

四辈吴永安，旧选簿查有：弘治三年四月，吴永安，年十五岁，东光县人，系锦衣卫中后所带俸老疾指挥使吴鑑嫡长男，钦与世袭。

五辈吴英，旧选簿查有：正德十一年四月，吴英，年十五岁，东光县人，系锦衣卫中后所带俸都指挥佥事吴永安嫡长男。伊曾祖吴良原以小旗历升都督同知，伊祖吴鑑及伊父俱革袭指挥使。查得吴良指挥同知、指挥使二级系 • 342 • 瓦剌公干所升，例该减革，本人照例革与指挥佥事。

六辈吴廷相，旧选簿查有：嘉靖二十八年八月，吴廷相，年二十七岁，东光县人，系锦衣卫中后所带俸指挥佥事吴英嫡长男。伊父原袭祖职指挥佥事，本舍先以舍人武举中式升署所镇抚，照例于祖职指挥佥事［上加署二］[③] 级与替署指挥使。

七辈吴师孔，旧选簿查有：嘉靖四十年八月，吴师孔，年九岁，东光县人，系锦衣卫衣左所故署指挥使吴廷相嫡长男。革伊父吴廷相武举二级，本舍仍以祖职指挥佥

---

① 《明英宗实录》卷 184，正统十四年十月壬戌，“升锦衣卫指挥同知吴良为都指挥同知，子孙世袭指挥使”；卷 274，天顺元年正月己丑，“升……锦衣卫带俸都指挥同知吴良为后军都督同知，仍带俸”；卷 294，天顺二年八月甲戌，“调都督同知吴良于南京右军都督府理事”。《明宪宗实录》卷 44，成化三年七月壬午，“南京户科给事中徐鑑等以灾变上奏……及论南京文武大臣……都督吴良……皆老疾废才，徒费重禄……上……罢吴良等见任”；卷 134，成化十年十月甲辰，“致仕南京右府都督同知吴良卒。良，初名完者帖木儿，女直人。兄观童洪武间归附，占籍东光县，选充锦衣卫小旗。兄卒，良补其役，以战功累升锦衣卫世袭指挥使，天顺初升都督同知，逾年调南京右府管事，成化三年以年老乞闲，子鑑袭指挥使。至是卒，年九十九，赐祭葬如例”。

② 《明宪宗实录》卷 56，成化四年七月丁亥，“命南京右军都督府同知吴良子鑑代父原职锦衣卫指挥使”。

③ 原文此处留白。

事俸优给，至嘉靖四十五年终住支。

旧选簿查有：隆庆元年二月，吴师孔，年十五岁，东光县人，系锦衣卫故指挥佥事吴廷相嫡长男，优给出幼袭职。

八辈吴尧年，万历十四年十月，吴尧年，年九岁，东光县人，系锦衣卫衣左所故指挥佥事吴师孔嫡长男，照例与全俸优给，至万历十九年终住支。

万历二十年二月，吴尧年，年十五岁，系锦衣卫故指挥佥事吴师孔嫡长男，出幼袭职，比中二等。①

王承勋·指挥佥事

外黄查有：王寿，年四十四岁，山后人。曾祖失利，宣德十年来降升百户，故。祖五孙帖木儿……三年袭，更名王政，成化十五年建州杀贼有功升正千户，十六年威宁海子……功升指挥佥事，老。父王英替，弘治十八年征大同有功，正德□②年升指挥同知，十六年……查革指挥佥事，故。寿系嫡长男，嘉靖五年袭锦衣卫镇抚司带俸达官指挥佥事。

一辈失利，已载前黄。

二辈王政，已载前黄。

三辈王英，已载前黄。

四辈王寿，已载前黄。

五辈王承勋，隆庆四年四月，王承勋，迤北人，系锦衣卫镇抚司带俸年老达官指挥佥事王寿嫡长男。

六辈王继先，万历二十七年六月，王继先，年二十九岁，系锦衣卫镇抚司带俸故达官指挥佥事王承勋嫡长男，达官不比。查选簿，自百户至指挥佥事以上功次并无“擒斩”字样，且正千户一级又系越升，例应减革，本舍合革袭正千户。

---

① 《明熹宗实录》卷 11，天启元年六月癸未，“命锦衣卫指挥等官……吴尧年……南镇抚司佥书管事”；卷 42，天启三年十二月丙申，“以皇子大庆加恩……吴尧年升都指挥同知……各照旧管事……”；卷 65，天启五年十一月甲戌，“升锦衣卫管卫事都督佥事……吴尧年为都督同知……以大庆加恩也”。

② 原文此处留白。

七辈王濂，天启六年八月，大选过锦衣卫镇抚司带俸达官正千户一员王濂，年十九岁，系故带俸达官正千户王继先亲侄，达官不比。• 343 •

王天柱

万历二十五年十二月，大选过锦衣卫镇抚司带俸达官指挥佥事一员王天柱，年十六岁，系故带俸达官指挥佥事王九成嫡长孙，达官不比。[1]

王爱民，崇祯十年十二月，大选过锦衣卫南镇抚司带俸达官指挥佥事一员王爱民，年二十八岁，系故带俸达官指挥佥事王天柱嫡长男，达官不比。

王锐 · 指挥佥事

缺。

一辈哈喇帖木儿，已载五辈下。

二辈金刚保儿，已载五辈下。

三辈铁块儿，旧选簿查有：成化二十二年十一月，铁块儿，山后人，系锦衣卫镇抚司带俸达官世袭指挥同知金刚［保］儿嫡长男。

四辈锁住驴，旧选簿查有：正德三年二月，锁住驴，山后人，系锦衣卫镇抚司故带俸达官指挥同知铁块儿嫡长男。

五辈王锐，旧选簿查有：嘉靖二十二年八月，王锐，迤北人，系锦衣卫镇抚司带俸故达官指挥同知锁住儿嫡长男。伊高祖哈喇帖木儿，宣德六年来降升授指挥佥事，正统九年麓川公干升指挥同知，曾祖、祖、父相沿。所据麓川公干升级例应减革，本人照例革袭指挥佥事。

六辈王永安，万历三十九年二月，大选过锦衣卫镇抚司带俸达官指挥佥事一员王永安，年三十四岁，系故带俸达官指挥佥事王永宁亲弟，达官不比。

七辈王永康，崇祯四年六月，大选过锦衣卫镇抚司带俸达官指挥佥事一员王永康，年二十六岁，系故带俸达官指挥佥事王永安亲弟，达官不比。• 344 •

---

① 此王天柱选条所载，又见《明档》本册第340页“王天柱”选簿。

贡爵·指挥佥事

缺。

一辈史吉达，缺。

二辈哈荅帖木儿，旧选簿查有：宣德九年六月，哈荅帖木儿，系锦衣卫镇抚司带支俸达官正千户史吉达亲侄，钦准替职。

三辈贡钦，缺。

四辈贡义，旧选簿查有：景泰三年五月，贡义，幼名黑汉，系锦衣卫镇抚司带俸故达官正千户史吉达堂侄孙。堂叔祖先因老疾，堂叔贡钦未生，父贡哈荅帖木儿替职，杀贼有功升指挥佥事。续生堂叔，父病故，已与堂叔指挥佥事俸优给，亦故，钦准本人袭职。

五辈鬼里赤，旧选簿查有：弘治元年七月，鬼里赤，山后人，系锦衣卫镇抚司带俸达官指挥佥事贡义嫡长男，钦与世袭。

六辈贡小奴才，旧选簿查有：正德十五年六月，贡小奴才，迤北人，系锦衣卫镇抚司带俸年老达官指挥佥事鬼里赤嫡长男。

七辈贡爵，旧选簿查有：嘉靖四十四年二月，贡爵，年三十八岁，迤北人，系锦衣卫镇抚司带俸故达官指挥佥事贡小奴才嫡长男。

八辈贡玉，万历二年十二月，贡玉，年十七岁，迤北人，系锦衣卫镇抚司带俸故达官指挥佥事贡爵嫡长男。

九辈贡尚仁，万历三十七年八月，大选过锦衣卫镇抚司带俸达官指挥佥事一员贡尚仁，年二十二岁，迤北人，系故带俸达官指挥佥事贡玉亲男，达官不比。

十辈贡献策，万历四十七年八月，大选过锦衣卫镇抚司带俸达官指挥佥事优给舍人一名贡献策，年五岁，系故带俸达官指挥佥事贡尚仁嫡长男，照例与全俸优给，至五十六年终住支。

十一辈贡尚礼，崇祯四年六月，大选过锦衣卫镇抚司带俸达官［指挥］佥事一员贡尚礼，年三十九岁，系故带俸达官指挥佥事贡献策叔，达官不比。·345·

王勋·指挥佥事

缺。

一辈脱欢，旧选簿查有：钦升簿内开，宣德六年四月，钦除正千户脱欢，系迤北来降达子，锦衣卫住坐支俸。

指挥佥事功次，钦升功次簿内查有：正统九年，麓川剿杀蛮贼有功，正千户升指挥佥事脱欢。

二辈脱脱，旧选簿查有：天顺二年十二月，脱脱苦出。有父脱欢，原系锦衣卫镇抚司带俸指挥佥事，贵州关索岭等处杀贼阵亡，例升一级。本人系长男，已袭指挥佥事，照例升指挥同知。

三辈马哈木捨，缺。

四辈阿力，缺。

五辈王勋，旧选簿查有：嘉靖二十四年二月，王勋，年十六岁，迤北达子，系锦衣卫镇抚司故带俸达官指挥同知阿力嫡孙。伊高祖脱欢宣德六年来降升正千户，正统七年麓川杀贼升指挥佥事，阵亡。曾祖脱脱苦出袭升指挥同知，故。祖例前相沿，故。所据麓川杀贼非头功、奇功例应减革，本人革与指挥佥事。

赵文才·指挥佥事

天启四年十月分，大选过锦衣卫镇抚司带俸达官指挥佥事一员赵文才，年三十六岁，系故带俸达官指挥佥事赵文相亲弟，达官不比。

张槐·指挥佥事

外黄查有：张雄，密县人。有父张信系锦衣卫指挥佥事葛德妻侄，洪武二十五年除散骑舍人，二十七年除世袭百户，三十四年大营朝见升锦衣卫指挥佥事，故。有兄张政残疾，侄张礼幼小，雄系嫡次男，宣德元年借职，待侄长成还与职事。张礼系张雄亲侄，叔将前职退还，叔革闲。张通系张礼嫡长男，父正统五年为败伦伤化革职为民，通本年优给，十一年袭。张允恭系锦衣卫故带俸署都指挥佥事张永安嫡长男，伊

父原系世袭指挥佥事，武举中式，历升前职。缘都指挥流官例不该袭，本人照例革袭祖职指挥佥事。• 346 •

一辈张信，已载前黄。

二辈张雄，旧选簿查有：宣德元年十二月，张雄，系锦衣卫带支俸故指挥佥事张信嫡次男。兄张政残疾不堪承袭，嫡长男张礼年五岁，幼小，钦准本人借职，与世袭，待长成还与职事。

三辈张礼，旧选簿查有：宣德八年十二月，张礼，年十八岁，系锦衣卫带支俸故指挥佥事张信嫡长孙。先因年幼，叔张雄借职，与世袭，今长成，退还职事，伊叔革闲。

四辈张通，旧选簿查有：正统十一年五月，张通，年十五岁，系锦衣卫为事革职为事（民）世袭指挥佥事张礼嫡长男。

五辈张成，旧选簿查有：天顺元年十二月，张成，密县人，系锦衣卫故世袭指挥佥事张通堂弟。

六辈张永安，旧选簿查有：成化二十三年二月，张永安，年十五岁，密县人，系锦衣卫故带俸世袭指挥佥事张成嫡长男。先因年幼优给，今出幼袭职。

七辈张允恭，旧选簿查有：嘉靖二年十二月，张允恭，年二十六岁，密县人，系锦衣卫故带俸都指挥佥事张永安嫡长男。伊父原系世袭指挥佥事，武举中式，历升前职。[①] 缘都指挥流官例不该袭，本人照例革袭祖职指挥佥事。

八辈张槐，旧选簿查有：嘉靖十九年二月，张槐，年十岁，密县人，系锦衣卫故带俸指挥佥事张允恭嫡长男，照例与全俸优给，至嘉靖二十三年终住支。

旧选簿查有：嘉靖二十五年二月，张槐，年十五岁，密县人，系锦衣卫带俸故指挥佥事张允恭嫡长男，优给出幼袭职。

九辈张应奎，万历四年六月，张应奎，年十四岁，密县人，系锦衣卫带俸故指挥佥事张槐嫡长男，照例与全俸优给，至万历五年终住支。

万历六年二月，张应奎，年十五岁，密县人，系锦衣卫带俸故指挥佥事张槐嫡长男，优给出幼袭职，年幼未比。

---

① 《明武宗实录》卷179，正德十四年十月甲申，“命……锦衣卫冠带署指挥同知张永安……于江西都司……永安佥书兼管局清军……永安……仍俱升署都指挥佥事。时江西都司官俱从宸濠之乱故也”。

[丁世爵·指挥佥事]

……

二辈[丁保奴，旧选簿查有：永]乐十九年七月，丁保奴，系锦衣卫故指挥佥事不崖不花嫡长男。

三辈丁刚，旧[选簿查]有：宣德八年五月，丁刚，年十八岁，系锦衣卫带支俸故指挥佥事丁保奴嫡长男，患左腿残疾。

四辈丁信，旧选簿查有：正统十四年十月，丁信，系锦衣卫带俸征进未回指挥佥事丁刚亲弟。兄有嫡长男丁裕，年九岁，幼小，本人借职，待长成还与职事。·347·

五辈丁裕，旧选簿查有：天顺五年五月，丁裕，辽阳人，系锦衣卫带俸征进未回指挥佥事丁刚嫡长男。先因年幼不堪承袭，亲叔丁信借职，今长成，退还职事，本人袭职，钦与世袭，伊叔革闲。

六辈丁钦，旧选簿查有：成化二十年二月，丁钦，年十五岁，辽阳人，系锦衣卫带俸故世袭指挥佥事丁裕嫡长男。

七辈丁宏，旧选簿查有：正德十六年十二月，丁宏，辽阳人，系锦衣卫带俸指挥佥事丁钦嫡长男。

八辈丁容，旧选簿查有：嘉靖三年二月，丁容，辽阳人，系锦衣卫故带俸指挥佥事丁宏亲弟。

九辈丁宁，旧选簿查有：嘉靖二十一年十二月，丁宁，辽阳人，系锦衣卫带俸故指挥佥事丁容亲弟。

十辈丁世爵，旧选簿查有：嘉靖三十年二月，丁世爵，辽阳人，系锦衣卫带俸故指挥佥事丁宁嫡长男。

十一辈丁文炳，万历三十五年二月，丁文炳，年四十一岁，系故带俸指挥佥事丁世爵嫡长男，比中一等。

十二辈丁文耀，万历三十五年八月，丁文耀，年三十九岁，系故带俸指挥佥事丁文炳亲弟，比中一等。

十三辈丁一坤，崇祯十年正月补九年十二月大选过锦衣卫堂上带俸指挥佥事一员丁一坤，年三十六岁，系故带俸指挥佥事丁文耀男，比中二等。

石麒·指挥佥事

内黄查有：石全，徐州丰县人。父石玉，丙午年充军，洪武三十三年攻大同被伤残疾。将兄石自当代役，白沟河全胜升小旗，三十四年夹河功升总旗，三十五年小河阵亡。全系亲弟，永乐元年补充总旗，兄阵亡功升弘农卫右所副千户，永乐三年钦与世袭。

一辈石自当，已载前黄。·348·

二辈石全，已载前黄。

三辈石荣，旧选簿查有：永乐九年五月，石荣，系弘农卫右所故世袭副千户石全亲弟，敬与世袭副千户。

四辈石聚，旧选簿查有：宣德五年四月，石聚，年二岁，系弘农卫卫右所故副千户石荣嫡长男，钦与全俸优给，至宣德十八年住支。

正统九年二月，石聚，［系］弘农卫右所故世袭副千户……

五辈石英，旧选簿查有：景泰元年正月，石英，系弘农卫右所征进未回副千户石聚亲侄。有男石五十二，年一岁，幼小，本人借职，待长成还与职事。

六辈石广，旧选簿查有：成化七年五月，石广，丰县人，系弘农卫左所故世袭副千户石英嫡长男。

七辈石宝，旧选簿查有：正德十一年二月，零选，石宝，年二十九岁，丰县人，系兴府仪卫司仪卫付（副）石广嫡长男。伊父原袭弘农卫右所副千户，弘治四年改选前职，今年老疾，本人仍准替授本府仪卫。伊祖、伯、父三辈未比，照例住支四年。正千户功次，候查。指挥佥事功次，候查。[①]

八辈石麒，旧选簿查有：嘉靖二十四年四月，石麒，年十六岁，丰县人，系锦衣卫故指挥佥事石宝庶长男，优给出幼袭职。

九辈石文科，万历四十年五月，单本选过锦衣卫衣前所副千户一员石文科，年二十一岁，系故副千户石国柱亲侄，比中二等。

---

① 《明世宗实录》卷2，正德十六年五月丙辰，“录从龙功，升……仪卫副……石宝……俱指挥佥事……仍各令世袭”。

李铎・指挥佥事

外黄查［有］……师升锦衣卫指［挥］……年十二月，袭职。

一辈李让，已载前黄。

二辈李昱，已载前黄。

三辈李信，已载前黄。① ・349・

四辈李賓，旧选簿查有：成化二十年二月，李賓，迁［安县人］……

五辈李七儿，旧选簿查有：成化二十三年二月，李七儿，迁安县人，系……嫡长男，全俸优给，至三十三年终住支。

六辈李镛，旧选簿查有：嘉靖二十一年二月〈二月〉，李镛，迁安县人，系锦衣卫故指挥佥事李七儿嫡长男。

七辈李铎，旧选簿查有：嘉靖二十九年四月，李铎，迁安县人，系锦衣卫故指挥佥事李镛亲弟。

八辈李洪，万历二十四年四月，年四十四岁，系锦衣卫见任象房故指挥佥事李铎嫡次男，比中二等。

九辈李文盛，万历四十三年八月，大选过锦衣卫指挥佥事一员李文盛，年三十八岁，系老指挥佥事李洪嫡长男，比中三等。

十辈李永寿，崇祯十一年六月，大选过锦衣卫衣中所指挥佥事优给舍人一名李永寿，年十三岁，系故指挥佥事李文盛亲堂侄，照例与全俸优给，至崇祯十三年终住支。

李三阳・指挥同知

崇祯六年四月，大选过锦衣卫南镇抚司带俸达官指挥同知一员李三阳，年二十六岁，系故带俸达官指挥同知李极嫡长男，达官不比。

---

① 《明宪宗实录》卷100，成化八年正月癸亥，“命给事中分点各营操练军马之数，驯象所所养象死者二。上以锦衣卫堂上官不能严督所司饲养，命停……管象指挥佥事李信等俸三月”。

镇抚带俸指挥佥事一员・章铎

嘉靖二十五年八月，章铎，迤北人，系锦衣卫镇抚司带俸达官指挥佥事章纲嫡长男。[①]

又一员・五十

成化六年六月，五十，三万卫人，系锦衣卫镇抚司故带俸达官指挥佥事北斗保嫡长男。・350・

又一员・张宝

堂稿查有：张宝，原系副千户，横城堡获功升正千户，宁夏续擒共谋反贼申居敬等并随从□按地方军民升二级加升指挥同知，于本卫所带俸。

又一员・伯昂

正统六年四月，卯失剌，系锦衣卫镇抚司带支俸故达官所镇抚赛因帖木儿嫡长男。

成化十四年三月，伯成，山后人，系锦衣卫镇抚司带俸达官正千户卯失剌嫡长男，钦与世袭。

弘治十五年四月，伯英，山后人，系锦衣卫镇抚司带俸故功升达官指挥佥事伯成嫡长男。

嘉靖八年十月，伯昂，年二十七岁，山后人，系锦衣卫镇抚司带俸故达官指挥佥事伯英嫡长男。[②]

---

① 该章纲履历见《明档》本册第398—399页“章纲・指挥佥事”选簿。

② 《明世宗实录》卷335，嘉靖二十七年四月庚戌，“命……锦衣卫署都指挥佥事伯昂五军营中军坐营”。

又一员·任福

正统八年十月，任礼，年十六岁，系锦衣卫故指挥佥事任思敬嫡长男，钦与世袭。[①]

弘治三年二月，任英，开元人，系锦衣卫世袭指挥佥事任礼嫡长男。

正德八年十月，任福，年十六岁，开平县人，系锦衣卫故世袭指挥佥事任英嫡长男。

又一员·把应禄

正统十一年四月，把者秃，系锦衣卫镇抚司带俸故达官副千户把……

景泰元年德胜门功次查有：锦衣卫副千户升正千户把者［秃］……

天顺五年四牌楼功次查有：锦衣卫正千户升指挥佥事……

成化十一年八月，把伦，山后人，系锦衣卫镇抚司带俸达官指挥……·351·

嘉靖元年十二月，把安，迤北人，系锦衣卫镇抚司带俸达［官］……

万历三十七年十二月，大选过带俸指挥佥事一员把应禄，年……抚司已故带俸达官指挥佥事把清亲男，达官［不比］。[②]

又一员·龙海

正统十一年四月，龙沙班，系锦衣卫镇抚司带俸故达官正千户撒迭儿必失嫡长男，钦准［袭职］。

景泰三年二月，锦衣卫正千户升指挥佥事龙沙班。

成化八年二月，龙哈三，山后人，系锦衣卫镇抚司带俸故达官指挥佥事龙沙班嫡长男，与世［袭］。

嘉靖五年二月，龙海，山后人，系锦衣卫镇抚司带俸年老达官指挥佥事龙玉即哈

---

① 《明英宗实录》卷109，正统八年十月丙午，“命故南京锦衣卫……指挥佥事任思敬子礼……俱袭职”。

② 此选簿所载各辈履历，又见《明档》本册第370页“把安·指挥佥事”选簿。

三嫡长孙。伊父未替先故，本人优给出幼袭职。[①]

又一员・福荣

正统九年六月，锦衣卫指挥佥事脱脱不花。

景泰七年十二月，福海，山后人，系锦衣卫镇抚司带俸达官指挥佥事脱脱不花嫡长男。

成化十四年二月，福全，山后人，系锦衣卫镇抚司老疾带俸达官指挥佥事福海嫡长男。

嘉靖元年八月，福荣，遒北人，系锦衣卫镇抚司故世袭达官指挥佥事福全嫡长男。

又一员・郭瓒

成化二十年二月，郭禄，年十五岁，临淮县人，系锦衣卫带俸故指挥佥事郭聰庶长男，钦与世袭。[②]

正德五年十月，郭资，临淮县人，系锦衣卫指挥佥事郭禄嫡长男。伊父原系本卫指挥佥事，故。本人照例优给，今出幼，仍袭指挥佥事，于本卫带俸。• 352 •

正德十五年四月，郭袖，年四十岁，临淮县人，系锦衣卫故绝指挥佥事郭赞（资）亲叔。伊父郭聰原以武定侯舍人奏（奉）钦依奏正千户，又因奏袭侯爵，奉钦依与袭前职，传袭至今，本人告袭，奉钦依准袭指挥佥事。

嘉靖六年二月，郭瓒，年二十六岁，临淮县人，系锦衣卫故带俸指挥佥事郭袖嫡长男。伊曾祖玹由皇亲钦升指挥佥事，历升都指挥同知，后袭武定侯，故。[③] 祖聰仍钦

① 此残簿所载各辈履历，又见《明档》本册第327—328页“龙海・[指挥] 佥事”选簿贴黄及前四辈选条。

② 《明英宗实录》卷161，正统十二年十二月庚辰，“命故武定侯郭玹子聰为指挥佥事，锦衣卫带俸。先是，玹伯母永嘉大长公主欲令其孙珍夺袭玹侯爵，与聰互奏。下英国公张辅等覆核，言聰、珍皆前武定侯英曾孙，聰祖铭嫡次，珍祖振庶长，聰于例当袭爵。上不从，止授聰指挥佥事”。

③ 《明英宗实录》卷156，正统十二年七月丙午，“武定侯郭玹卒。玹，凤阳府临淮县人，武定侯英之长子也。永乐甲辰八月除左军都督府同知，是年十一月命袭英爵，宣德二年署掌宗人府事，寻掌右军都督府事，正统九年奉敕镇守宣府，佩镇朔将军印。至是卒，子聰嗣”。

授指挥佥事，故。伯禄、堂资并父俱沿袭。缘伊祖职事不由军功，例不该袭，但系皇亲，钦升，节经承袭，擅难定拟，题奉钦依“郭瓒还准承袭指挥佥事”。

又一员·薛镇

成化二年二月，薛玉，山后人，系锦衣卫镇抚司带俸达官指挥佥事薛必定庶长男，钦与世袭。

成化十四年七月，薛澄，山后人，系锦衣卫镇抚司带俸故世袭达官指挥佥事薛玉嫡长男。

正德十六年二月，薛镇，年三十二岁，迤北人，系锦衣卫镇抚司带俸年老指挥佥事薛成嫡长男。本人武举中式，该升署冠带总旗，依指挥佥事上加署一级，与做署指挥同知，事故之日子孙革去署级。

又一员·蔡继祖

正德六年八月，蔡继祖，年十八岁，定远县人，系锦衣卫指挥佥事蔡遇嫡长男。伊父原系皇亲传升锦衣卫百户，乞升指挥佥事，世袭，遇例降百户，奏复指挥佥事，病故。[①]本舍系嫡长男，保送袭职，查系传乞，不由军功所升，但奉有“世袭”字样，题奉钦依“是，蔡继祖准袭指挥佥事”。[②]

又一员·丁佐

天顺三年十一月，辽阳人。父丁贵袭本卫左所副千户，故。勉系嫡长男，仍袭本

① 《明宪宗实录》卷285，成化二十二年十二月戊戌，“太监韦泰传奉圣旨：锦衣卫……蔡遇……升锦衣卫带俸百户，遇等皆公主子也”。《明孝宗实录》卷35，弘治三年二月己丑，“升锦衣卫百户蔡遇为副千户，其弟遵授锦衣卫百户。遇、遵皆淳安大长公主子也”；卷85，弘治七年二月乙丑，“升锦衣卫副千户蔡遇为正千户，及其弟百户遵俱与世袭。遇、遵，淳安大长公主子也”。《明武宗实录》卷70，正德五年十二月戊申，“复原任锦衣卫……指挥佥事蔡遇……千户蔡遵……职。遇等皆公主子，以诏例递降级。至是，奏乞复原职。许之”。

② 此选簿所载蔡氏履历，又参见《明档》本册第170页“蔡绍祖·正千户”选簿。

卫所副千户。•353•

成化二十年六月，丁宏，辽阳人，系锦衣卫左所带俸指挥佥事丁勉嫡长男，钦与世袭。

正德五年十月，丁佐，年十五岁，辽阳人，系锦衣卫左所带俸故指挥佥事丁宏嫡长男，优给出幼袭职。

又一员·栢拱璧

正德二年，锦衣卫指挥同知栢俊奏称，原系指挥使，遇例查革指挥同知；栢拳原系传升指挥佥事，减降实授百户，奏乞复还各人原职。本部擅难别拟，伏乞圣旨，正德二年七月二十六日节奉圣旨"都准复原职，钦此"。[①]

嘉靖四年十二月，栢拱璧，年十三岁，蠡县人，系锦衣卫带俸故指挥佥事栢拳庶长孙。伊祖以皇亲成化十九年传升副千户，弘治十一年乞升前职，父栢仁未袭先故。所据传升、乞升不由军功，例皇亲未敢擅便。等因，具题奉圣旨，"栢拱璧准袭锦衣卫指挥佥事，钦此"。

又一员·袁镇

弘治三年六月，袁名，山后人，系锦衣卫镇抚司故带俸……

嘉靖三年二月，袁镇，山后人，系锦衣卫镇抚司……署副千户，乞升实授，建州功升正千户，威宁海子功升指挥佥事，大同功升前职。今照例革……职级，本人与袭署指挥同知事指挥佥事。

---

① 《明孝宗实录》卷102，弘治八年七月戊子，"命锦衣卫带俸故都指挥佥事柏杞之子俊袭原职指挥使"。《明武宗实录》卷5，弘治十八年九月壬午，"兵部奉诏查武官冗食之应裁革者……于是兵部列点出之数……乞二级者柏俊等九人……有旨……俊等仍留其一级"；卷28，正德二年七月丁卯，"锦衣卫查革带俸指挥同知柏俊乞复原职指挥使，并为其叔指挥拳等求还原职。诏皆复之。俊，宪庙贤妃之侄也"；卷49，嘉靖四年三月乙亥，"赐故锦衣卫带俸指挥佥事柏拳祭葬，不为例。拳，宪庙贤妃兄也"。

又一员·马应隆

成化七年，锦衣卫印信下帖，据帖儿必失通状，告系本卫司带俸头目。有伯父自……正千户，成化元年差往两广，故。有男克失秃告袭，故。迭儿必失亲侄告乞袭职……·354·

成化十七年，大同白孤庄功次，锦衣卫正千户升指挥佥事迭儿必失，更名马诚。

正德十五年十二月，马信，迤北人，系锦衣卫镇抚司带俸故达官指挥佥事马诚嫡长男。

万历十年八月，马应隆，年二十九岁，迤北人，系锦衣卫镇抚司带俸故达官指挥佥事马信嫡长男，达官不比。

又一员·傅杲

景泰六年三月，傅忠，系锦衣卫镇抚司带俸故达官指挥佥事古路嫡次男。有兄傅刚患暗风病疾不堪承袭，本人袭职，待兄有男还与职事。

正德五年四月，傅愍头，女直人，系锦衣卫镇抚司带俸年老达官指挥佥事傅忠嫡长男。

嘉靖九年六月，傅杲，年二十八岁，女直人，系锦衣卫镇抚司带俸年老指挥佥事达官傅愍头嫡次男。有兄傅景系父嫡长男，患疾无嗣，本人借职，待兄有男还与职事。

又一员·周衜

成化十七年十月，周忠，年十九岁，安阳县人，系锦衣卫带俸正千户。成化十七年十月十一日早，该司监太［监］怀恩传奉圣旨“正千户周忠升本卫指挥佥事，与世袭，该部知道，钦此”，当注本卫带俸。①

嘉靖四年十月，周衜，年十五岁，安阳县人，系锦衣卫带俸故指挥佥事周健庶长

① 《明宪宗实录》卷176，成化十四年三月丙子，“特授重庆长公主男周忠为锦衣卫正千户”；卷220，成化十七年十月甲寅，“太监怀恩传奉圣旨……升锦衣卫……千户周忠为指挥佥事……俱世袭”。

男。伊祖周忠原系重庆大长公主长男，节次传升前职，父钦准袭职。[①] 所据祖、父前项职事原系传升，不由军功，例无承袭，但奉钦依有"世袭"字样，应否准令承袭，本部擅难定拟，题奉圣旨，"周衢准袭锦衣卫指挥佥事，钦此"。

又一员·刘宗

成化十五年四月，刘达，辽阳人，系锦衣卫中后所故带俸世袭指挥佥事刘通堂弟。• 355 •

正德元年二月，刘宗，辽阳人，系锦衣卫中后所带俸故世袭指挥佥事刘达嫡长男。

又一员·朱餧

正德五年六月，朱餧，年二十一岁，河南夏邑县人，系锦衣卫镇抚司指挥使朱暟嫡长男。父原系舍人，因祖朱永杀贼有功，奉钦依准与百户世袭，又往辽东建州等处杀贼功升副千户，报捷升二级，授指挥同知，又功升指挥使，故。本人照例革去报捷二级，与做指挥佥事。[②]

又一员·叶华

景泰五年四月，匀尘帖木儿，系锦衣卫镇抚司带俸故达官副千户忽歹荅嫡长男。

成化七年七月，定儿，山后人，系锦衣卫镇抚司带俸故达官指挥佥事匀尘帖木儿庶弟，与世袭。

正德十年二月，叶华，山后人，系锦衣卫镇抚司带俸达官指挥佥事叶全旧名定儿

---

① 《明武宗实录》卷 74，正德六年四月丁亥，"原任锦衣卫……指挥佥事周健……以俱重庆大长公主子孙也，诏例当降革……乞复原职。特许之"。

② 《明宪宗实录》卷 213，成化十七年三月辛卯，"论大同征进将士功，升赏……总兵官平虏将军太子太傅保国公朱永……等有差……上命降敕奖励之，升报捷锦衣卫……正千户朱暟为指挥同知。暟，永之子也。至是，又俘献，下兵部论功"。《明孝宗实录》卷 108，弘治九年正月丙戌，"保国公朱永以衰老求解兵柄，因乞录用其次子指挥暟。上……不允辞，因命暟锦衣卫镇抚司管事"。

嫡次男，优给出幼袭职。

又一员·叶蕃

正德三年九月，叶蕃，景宁县人，系锦衣卫都指挥使叶广嫡长男。伊父原系本卫总旗，缉获妖书妖言并交通夷人等项历升副千户，镇抚司理刑升指挥佥事，及提督官校擒拿靠山王等贼历升前职，故。[①] 本人奏，奉特旨准袭指挥佥事，于原卫支俸。[②]

又一员·羊枩

正统九年麓川功次，锦衣卫正千户升指挥佥事脱脱。

景泰七年五月，羊云南保，系锦衣卫镇抚司带俸故达官指挥佥事羊脱脱嫡长男。

成化二十三年二月，羊玉，山后人，系锦衣卫镇抚司带俸故达官指挥佥事羊云南保更名杨玺嫡长［男］。·356·

弘治十三年二月，羊鼎，山后人，系锦衣卫镇抚司带俸故达官指挥佥事羊玉嫡长男。

---

① 《明宪宗实录》卷280，成化二十二年七月丁巳，"命锦衣卫副千户叶广……于镇抚司理刑。广，用兵部会荐"。《明孝宗实录》卷61，弘治五年三月乙未，"锦衣卫镇抚司理刑副千户叶广……乞改授卫镇抚职衔以正名器。上以广……俱积劳年久，特升本卫署指挥佥事，理刑如故"；卷83，弘治六年十二月戊寅，"命锦衣卫管镇抚司事署指挥佥事叶广……管卫事"；卷180，弘治十四年十月癸亥，"升锦衣卫指挥同知叶［广为］指挥使，以提督捕盗功也"；卷202，弘治十六年八月乙未，"锦衣卫指挥使叶广自陈提督捕盗年劳，命升都指挥佥事，仍旧管事"；卷214，弘治十七年七月癸卯，"贼有王玺者，于昌平县山中聚徒劫掠，数年无敢捕者。人以其所居近山，因号'靠山王'。至是，并其党五人俱为锦衣卫校尉所捕杀。命升管卫事都指挥佥事叶广为都指挥同知"。《明武宗实录》卷9，正德元年正月戊申"升锦衣卫都指挥同知叶广……十六人各一级……以缉捕功援例乞升，故有是命"；卷29，正德二年八月癸巳，"锦衣卫都指挥使叶广卒。广，字大用，浙江青田县人，由总旗成化间以侦事有功，历升副千户。末年，兵部推镇抚司理刑，掌印。弘治癸丑升指挥佥事，管卫事。续以奉敕提督官校，巡捕有功，累迁都指挥同知。正德元年，进今官，掌卫事。至是卒，赠右军都督府都督同知"；卷30，正德二年九月癸卯，"赠故锦衣卫都指挥使叶广为右军都督府都督同知"。

② 《明武宗实录》卷31，正德二年十月乙未，"命赠都督同知叶广子蕃袭锦衣卫指挥佥事。广起总旗，历升都指挥使，不由军功，无承袭例。其妻张氏奏，广尝擒贼有劳，乞恩荫焉。上特许之，不为例"。

正德十四年四月，羊柰，迤北人，系锦衣卫镇抚司故绝达官指挥佥事羊［鼎口］弟。

又一员·陈文缙

正德十一年十月，陈文缙，年四十六岁，临川县人，系浔州……千户，又广西北流获功重升副千户，江西新淦……

又一员·刘承勋

成化十八年十二月，刘祥，年四十一岁，古河县人，系东宁卫已故指挥佥事刘兴男。袭职，先任通事……夷语，该鸿胪寺掌寺事礼部尚书施纯等具题，成化十八年十一月二十九日奉圣旨，"准他刘祥改住锦衣卫带俸，着同詹昇每办事，该部知道，钦此"，当注本卫带俸。

正德三年九月，刘承勋，辽阳人，系左军都督府署都督佥事刘祥①庶长男。伊父原系锦衣卫指挥佥事，功升前职，故。本人照例革袭伊父原职指挥佥事，仍于原卫带俸。

年远事故指挥佥事一员·牛循

正统十四年五月，牛循，系锦衣卫署指挥同知事指挥佥事。②

① 《明孝宗实录》卷16，弘治元年七月戊子，"……升锦衣卫带俸指挥佥事刘祥为署都指挥佥事，充右参将，分守开原"；卷46，弘治三年十二月壬申，"命分守开原右参将刘祥与协守广宁右参将崔胜两易其任，以祥在开原与分守太监蓝莹不协故也"；卷164，弘治十三年七月戊午，"命辽东都指挥佥事刘祥充副总兵协守密云等处"；卷177，弘治十四年闰七月辛巳，"命协守密云副总兵刘祥分守辽阳"；卷219，弘治十七年十二月丁卯，"命……都指挥佥事刘祥振威营……管操"。《明武宗实录》卷2，弘治十八年六月乙卯，"命……都指挥刘祥俱充游击将军，各统兵五千驰赴宣府听调杀贼"；卷11，正德元年三月丙戌，"命……都指挥……刘祥操练东官厅新选官军"；卷31，正德二年十月甲午，"升锦衣卫都指挥佥事刘祥为左军都督府署都督佥事，充总兵官，镇守蓟州等处地方"。

② 《明宣宗实录》卷109，宣德九年三月甲辰，"命故……锦衣卫指挥佥事牛伦子循……俱袭职"。《明英宗实录》卷152，正统十二年四月戊申，"兵部及五军都督府奏……锦衣卫指挥佥事牛循……俱应荐举，试以弓马，智识颇优。上命俱升署职一级，隶成国公朱勇处操练"。

成化十四年二月，牛循，系锦衣卫指挥使，今升都指挥同知[①]。

成化二十一年十一月，牛克忠，邹县人，系锦衣卫都指挥同知牛循庶长男。父原系本卫指挥佥事，历升前职，为事发广西充军，[②]复职回京闲住间在彼病故，本人照例准袭指挥佥事。[③]

又一员·陆拾·357·

天顺三年十一月，丁帖，系锦衣卫镇抚司带俸所镇抚，于湖广香炉山杀贼功升署职一级，遇例实授副千户，又于贵州开通道路杀贼获功一级，又蒙钦依加升一级，共二级，照例改正升指挥佥事。

弘治十二年三月，陆拾，山后人，系锦衣卫镇抚司故带俸达官功升指挥佥事丁帖庶长男，钦与世袭。[④]

又一员·周广

成化十七年八月，周全，年五十六岁，遵化县人，系锦衣卫带俸指挥佥事[⑤]。成化

---

① 《明英宗实录》卷178，正统十四年五月辛巳，“升锦衣卫带俸署指挥同知牛循……俱为署都指挥佥事”。《明宪宗实录》卷139，成化十一年三月乙亥，“命浙江都指挥佥事牛循于府军前卫带俸。循，初自锦衣卫调浙江总督备倭，寻升署都督佥事充漕运总兵官，坐锦衣卫指挥门达事谪调广东杀贼。至是，自陈乞恩，召还京，遂有是命”；卷166，成化十三年五月己卯，“改府军前卫带俸都指挥佥事牛循为指挥使……俱于锦衣卫管事”；卷171，成化十三年十月辛丑，“宥锦衣卫指挥牛循等罪”；卷175，成化十四年二月甲寅，“升锦衣卫指挥使牛循为都指挥同知，仍掌卫事”；卷256，成化二十年九月己亥，“复前锦衣卫都指挥同知牛循职，回京闲住。循自谪所陈乞放归故也”。

② 《明宪宗实录》卷192，成化十五年七月辛酉，“掌锦衣卫事都指挥同知牛循有罪下狱。循初为浙江都指挥使，门达得为漕运总兵官。达败，发广东立功，复夤缘入京，结权幸，得掌卫事。至是，为西厂发其戏狎乐妇，欺罔贪暴，故勘平人致死……下本卫镇抚司鞫问得实，法司拟循坐斩……上宥循……死，俱发充军，循广西边卫……家属随住”。

③ 《明孝宗实录》卷156，弘治十二年十一月甲戌“调锦衣卫带俸指挥佥事牛克忠于南京锦衣卫管事”。

④ 此选簿所载丁帖及陆拾履历，又见《明档》本册380—381页“丁勋·署副千户”选簿。

⑤ 《明宪宗实录》卷208，成化十六年十月丙寅，“太监李荣传奉圣旨：锦衣卫……正千户周全……俱递升一级”；卷275，成化二十二年二月癸巳，“太监韦泰传奉圣旨……锦衣卫……都指挥佥事周全……俱与世袭”。

十七年八月十五日早，该司礼监太监覃昌传奉圣旨“周全升一级，锦衣卫带俸，仍旧办事，该部知道，钦此”。钦遵，当注本卫带俸。

成化二十三年九月，周广，遵化县人，系锦衣卫带俸都指挥佥事周全亲侄。叔原系军功升百户，为事降小旗，节次传奉钦升本卫指挥使，至都指挥佥事，今病故，无儿男。本人系亲侄，奉钦依“周广既不该承袭，着做指挥佥事，钦此”。[①]

又一员·杨元

成化九年二月，杨玉，年十五岁，六合县人，系锦衣卫故带俸指挥佥事杨仁庶长男，钦与世袭。

弘治十六年四月，杨元，年十五岁，六合县人，系锦衣卫故世袭指挥佥事杨玉嫡长男。

又一员·白斌

成化二十六年十二月，白福成，山后人，系锦衣卫镇抚司带俸达官指挥佥事白瑛嫡长男。

弘治四年四月，白斌，山后人，系锦衣卫镇抚司带俸故达官指挥佥事白福成亲弟。

又一员·赵福

天顺元年二月，赵让，原系锦衣卫衣中所正千户，瓦剌公干升一级，升指挥佥事。• 358 •

成化十二年十月，赵福，开元人，系锦衣卫中后所带俸指挥佥事赵让嫡长男，钦

① 《明宪宗实录》卷292，成化二十三年七月庚子，“命故锦衣卫带俸都指挥佥事周全侄广袭为指挥佥事。全，故司礼太监金英养子，初以军功升锦衣卫百户，以事降小旗，调边卫，后屡奉内旨历升至都指挥佥事。至是，全殁。广为之后，求袭职。兵部言，都指挥流官例不当袭，自指挥而下非军功升授者亦不得袭，今广揆之例，宜令补小旗。奏上，特旨授指挥佥事”。

与世袭。[1]

又一员・雷诚

天顺六年四月，雷公保，女直人，系锦衣卫镇抚司带俸达官副千户七十庶长男。父调征麓贼有功升正千户，又调征贵州开道路有功未升病故。本人先因年幼，照例已升与指挥佥事俸优给，今出幼，该袭指挥佥事。

成化四年九月，宣（雷）诚，女直人，系锦衣卫镇抚司带俸故达官指挥佥事雷公保亲叔。先因在于沈阳中卫寄住，堂侄玄帝保将伊隐下朦胧优给，今本人回还，具告，该与承袭，仍将伊堂侄优给俸粮开除。

又一员・棌住儿

成化元年五月，把秃孛罗。伊祖奚失都，原系迤北达子来降，升都指挥佥事，功升都指挥使，锦衣卫镇抚司带俸，老疾。本人系嫡长孙，照例革替指挥佥事，仍于本卫差操。[2]

成化元年五月，广孙儿，年二十九岁，山后人，系锦衣卫镇抚司带俸达官指挥佥事把秃孛罗嫡长男。

弘治二年十月，棌住儿，年十六岁，山后人，系锦衣卫镇抚司带俸达官指挥佥事广孙儿嫡长……孛罗原系功升署副千户，天顺元年遇例实授，又历功升前职，患疾；父替职，病……革与正千户俸优给，今出幼，又遇例，仍该袭指挥佥事。

优养指挥佥事一员・马骥

弘治十三年四月，马骥，山后人，系锦衣卫镇抚司带俸达官……

嘉靖三十七年六月，马骥，山后人，系锦衣卫镇抚司故达官署指挥佥事马镇亲父，

---

① 《明宪宗实录》卷158，成化十二年十月丁亥，“命老疾锦衣卫带俸指挥佥事赵让子福……代职”。

② 此选簿失都及把秃孛罗履历，又见本选册第329—330页“奚宽・指挥佥事”选簿贴黄。

见今年八十，无［儿男］，十年有子准袭，无子为民。伊祖哥罗赤来降升所镇抚，阿老丁功历升正千户，马成升指挥同［知］• 359 • ……升指挥使功俱无擒斩，沿袭，止革指挥佥事，减革未尽，但本官告优养，姑准照署指挥佥事俸［优］养，倘后有续生，另行减革。①

优养妇女一口・白女儿

嘉靖元年，李春，年六十二岁，系锦衣卫镇抚司达官指挥佥事。年老，户无承袭之人，钦与全俸优养。

嘉靖六年四月，白女儿，年〈十〉七岁，系锦衣卫镇抚司带俸故优养指挥佥事李春亲女，户无承袭之人，照例与俸五石优养，十四岁（年）［终］住支。

又一口・宣氏

成化元年五月，怀贵，年二十九岁，山后人，系锦衣卫镇抚司带俸达官指挥佥事怀脱脱力嫡长男，与世袭。

成化九年二月，怀政，山后人，系锦衣卫镇抚司带俸达官指挥佥事怀贵嫡长男，钦与世袭。

正德七年四月，怀永，山后人，系锦衣卫镇抚司带俸达官指挥佥事怀政嫡长男。本人弘治十八年侍卫冠带，照例革与祖职指挥佥事。

正德十六年十月，宣氏，年六十岁，迤北人，系锦衣卫镇抚司达官指挥佥事怀永母。永故绝，户无承袭之人，照例与俸五石优养。

又一名・蔡学书

万历六年六月，蔡学书，年十七岁，同安县人，系锦衣卫后所故试百户蔡辅全亲

① 该选簿所述马氏承袭姓名及次第，又见《明档》本册第 361 页“马镇・署指挥佥事事正千户”选簿。

孙。伊祖原补祖役冠带总旗，嘉靖二十七年缉捕功升试百户……本舍照例革袭冠带总旗，比试二等。

又一名・詹光祝

詹光祝，年十五岁，固始县人，系锦衣卫后所故实授百户詹鼐庶长男。伊父原系校尉，及缉捕功历升实授百户，俱例应减革，照例革与祖役校尉。

又一名・张进朝

张进朝，年二十九岁，真定卫人，系锦衣卫上中所已故百户张副长男。伊父万历二年补授大汉，计至身故共该九年，合照例本舍袭力士一辈而止，以后子孙不许承袭。

又一名・许良臣

许良臣，年三十四岁，双流县人，系锦衣卫衣中所年老署试百户许塘嫡长男。伊父原以舍人工完及访获功历升试百户，俱例不准袭，合照例革发。• 360 •

马镇・署指挥佥事事正千户

外黄查有：马骥，迤北人，曾祖哥罗赤宣德六年来降，升所镇抚，送锦衣卫镇抚司带俸，老。伯祖阿老丁正统七年替，征麓川等处杀贼有功，九年升副千户，景泰二年征香炉山等处杀贼有功，三年升署正千户，天顺元年遇例实授，二年陈情验功升指挥佥事，五年被官军拿去，不知下落，无子。祖拾儿卜丁系亲弟，未袭先故。父马名旧名也儿卜丁，系阿老丁亲侄，天顺八年袭，成化六年征榆林等处杀贼有功升指挥同知，更名马成，患风。骥系嫡长男，弘治十三年替，十八年征大同等处三次当先有功，正统（德）二年升指挥使，十三年擒获流贼有功升都指挥佥事，十六年奉例革授指挥使。[①]

一辈哥罗赤，已载前黄。

二辈阿老丁，旧选簿查有：正统七年八月，阿老丁，系所镇抚哥罗赤嫡长男。

三辈马成，已载前黄。

四辈马骥，旧选簿查有：弘治十三年四月，马骥，山后人，系锦衣卫镇抚司带俸达官功升指挥同知马成嫡长男。

五辈马镇，旧选簿查有：嘉靖二十七年二月，马镇，迤北达子，系锦衣卫镇抚司带俸年老达官指挥使马骥嫡长男。查得伊父马骥原替祖职指挥同知，曾伯祖阿老丁以所镇抚正统七年麓川功越升副千户，景泰二年香炉山功升署正千户，天顺元年遇例实授，二年陈情验功升指挥佥事。祖成袭，成化六年榆林功升指挥同知。父骥替，弘治十八年大同当先功升指挥使。所据麓川、香炉山、陈情验功俱无擒斩及遇例职级例不准袭，合将本舍照例革替署指挥佥事事正千户。[②]

何杰・署指挥佥事事正千户

缺。

一辈火济，缺。

二辈阿卜台，缺。

三辈阿老丁，已载七辈下。• 361 •

四辈何永，已载七辈下。

五辈何璋，已载七辈下。

六辈何勋，旧选簿查有：正德五年十二月，何勋，年三岁，迤北人，系锦衣卫镇

---

① 《明武宗实录》卷155，正德十二年十一月丁亥，“升都〈督〉指挥佥事马骥……二十六人各一级，从提督大工太监刘养奏也”；卷175，正德十四年六月丙子，“宁王宸濠反……都指挥马骥……皆稽首称呼万岁，濠令各羁置之”；卷176，正德十四年七月壬辰，“宸濠统兵发南昌……都指挥……马骥……皆从”；卷181，正德十四年十二月戊寅，“宸濠之举逆也……都指挥同知马骥……皆畏死就降……以……骥……随行，惧其逃也，恒令人守之而时赏赉”。《明世宗实录》卷16，嘉靖元年七月丁卯，“法司议宸濠叛时江西各官失节罪，差其轻重上之……都司马骥论死……诏可”。

② 此簿所载各辈承袭次第，又见《明档》本册第359—360页“优养指挥佥事一员・马骥”选簿，该簿所述承袭次第亦为哥罗赤、阿老丁、马成、马骥、马镇等。

抚司带俸达官指挥同知何璋嫡长男，钦与全俸优给，至正德二十六年终住支。

七辈何傑，旧选簿查有：嘉靖三十二年八月，何傑，迤北人，系锦衣卫镇抚司故带俸达官指挥佥事何勋堂弟。查得伊曾祖阿老丁原系功升正千户，乞升指挥佥事，招抚升指挥同知，建州功升指挥使。伯祖勇革招抚一级袭指挥同知，堂兄勋革乞升一级袭指挥佥事，今查得建州功亦无擒斩仍该减革，本人照例革袭署指挥佥事事正千户。

陈汝爵

万历二十九年八月，大选过锦衣卫镇抚司带俸达官署指挥佥事事正千户一员陈汝爵，年十六岁，系老署指挥佥事事正千户陈一柱嫡长男，比中二等。

陈世忠，崇祯十年二月，大选过锦衣卫镇抚司带俸署指挥佥事事正千户一员陈世忠，年二十七岁，系故带俸署指挥佥事［事］正千户陈汝爵嫡长男，比中三等。

孟演·署指挥佥事事正千户

缺。

一辈早哈，已载四辈下。

二辈广儿，旧选簿查有：天顺六年六月，广儿，年二十五岁，女直人，系锦衣卫镇抚司带俸达官指挥使早哈嫡长男，钦与世袭。• 362 •

三辈孟关保，旧选簿查有：成化二十年二月，孟关保，女直人，系锦衣卫镇抚司带俸达官都指挥佥事孟斌旧名广儿嫡长男。父原系指挥使，获功升前职，病故，本人先因年幼，已与指挥使俸优给，今出幼，仍袭指挥使。

四辈孟演，旧选簿查有：嘉靖二年十月，孟演，年十岁，迤北人，系锦衣卫镇抚司已故带俸指挥使孟关保庶长男。伊曾祖早哈来升正千户，麓川功当先升指挥佥事，香炉山功升署指挥同知，遇例实授，陈情升指挥使，沿袭。所据当先、遇例、陈情减革，与本［舍］署指挥佥事事正千户俸优给，至嘉靖六年终住支。

马一龙

内黄查有：天启七年六月，大选过锦衣卫镇抚司带俸达官署指挥佥事一员马一龙，年三十五岁，系故带俸达官署指挥佥事马文魁嫡长男，达官不比。[1]

张世荣・正千户

缺。

一辈张昙，正千户功次，已载四辈下。

二辈张理，旧选簿查有：弘治三年十月，张理，系锦衣卫镇抚司故正千户张昙嫡长男。

三辈张世华，旧选簿查有：正德九年六月，张世华，系锦衣卫镇抚司故正千户张理嫡长男。

四辈张世荣，旧选簿查有：嘉靖二十三年二月，张世荣，东乡人，系锦衣卫镇抚司故正千户张世华亲弟。伊祖张昙……斩首一颗升小旗，天桥儿地方斩首一颗升总旗，傅家庄斩首一颗，窑子沟斩首一颗升实授……马站沟斩首二颗升正千户。

[康泰]

……

一辈把剌。

二辈阿剌虎力。

三辈康宏。

四辈康泰，嘉靖二十三年十二月，康泰，迤北人，系锦衣卫镇抚司故带俸达官指挥佥事康宏嫡长男。查无斩擒，例应减革，本人照例革袭正千户。• 363 •

① 此选簿所载马文魁履历，又见《明档》本册第404页“又一员・马文魁”选簿。

邢嘉祥

崇祯十一年二月，大选过锦衣卫镇抚司实授百户一员邢嘉祥，年三十一岁，系故实授百户邢允中嫡长男，比中二等。

詹勋·正千户

外黄查有：詹勋，年三十三岁，系锦衣卫镇抚司达官正千户，原籍迤北人。高祖土剌温宣德六年来降，升所镇抚，正统七年麓川杀贼功升副千户，十一年金沙江阵亡。曾伯祖脱脱孛罗系嫡长男，景泰元年以父阵亡功袭升指挥佥事，成化元年两广杀贼功升指挥同知，故，无嗣。曾祖詹玉旧名扯里赤系亲庶弟，七年二月袭，老。祖詹明系嫡长男，弘治十五年十二月替，嘉靖二十三年老。父詹云系嫡长男，二十四年二月查麓川、两广功革替正千户，四十一年老。勋系嫡长男，本年十月替锦衣卫镇抚司达官正千户。

一辈土剌温，已载前黄。

二辈脱脱卜罗，已载前黄。

三辈扯里赤，旧选簿查有：成化七年二月，扯里赤，山后人，系锦衣卫镇抚司带俸故达官指挥同知脱脱卜罗亲庶弟。

四辈詹明，旧选簿查有：弘治十五年十二月，詹明，山后人，系锦衣卫带俸达官指挥同知詹玉旧名扯里赤嫡长男。

五辈詹云，旧选簿查有：嘉靖二十四年二月，詹云，年五十二岁，迤北达子，系锦衣卫镇抚司年老带俸达官指挥同知詹明嫡长男。伊曾祖土剌温以达子宣德六年来降升所镇抚，正统七年麓川杀贼功越升副千户，金沙［江］阵亡。伯祖脱脱卜罗袭升指挥佥事，成化元年两广杀贼升指挥同知，故绝。祖扯里赤袭，老。父明替，老。所据麓川越升、两广功无擒斩，俱应减革，本人照例革替正千户。

六辈詹勋，旧选簿查有：嘉靖四十年十月，詹勋，年二十八岁，迤北人，系锦衣卫镇抚司带俸年老达官正千户詹云嫡长男。

七辈詹良福，万历三十七年八月，大选过锦衣卫镇抚司带俸达官正千户一员詹良福，年二十四岁，迤北人，系老带俸达官正千户詹勋亲孙，达官不比。

八辈詹应元，万历四十一年四月，大选过锦衣卫镇抚司带俸达官正千户一员詹应元，年三十七岁……户詹良福亲叔，达官不比。• 364 •

赵泰 • 正千户

外黄查有：赵泰，年二十二岁，系锦衣卫镇抚司带俸……三年同曾伯祖创忽儿来降，升曾伯祖本卫……功，九年升冠带小旗，景泰元年征贵州香炉山杀贼功，三年……老。伯祖土干〈干〉系嫡长男，先以香炉山功升冠带小旗，为事……男，成化七年七月优给，八年二月袭，九年故，无嗣。祖黑狗儿即赵玺系都干嫡……千户，十六年征威宁海子功升正千户，十七年征大同功升指挥佥事，弘治十四年……嘉靖三十一年故。泰系庶长男，三十二年六月革袭锦衣卫镇抚司带俸正［千户］。

一辈端都干，已载前黄。

二辈也先土干，已载前黄。

三辈赵鑑，已载前黄。

四辈黑狗儿，即赵玺，旧选簿查有：成化九年七月，黑狗儿，即赵玺，迤北人，系锦衣卫镇抚司故……也先土干为事问发柳州卫充小旗，侄赵鑑幼名脱火赤袭……副千户功次，已载前黄。正千户功次，已［载前黄］。

五辈赵景，旧选簿查有：弘治四年十二月，赵景，年十一岁，迤北人，系锦衣卫镇抚司带俸故达［官］……钦与全俸优给，至弘治七年终住支。

六辈赵泰，旧选簿查有：嘉靖三十二年六月，赵泰，迤北人，系锦衣卫镇抚司故带俸达官指挥［佥事］……查得伊祖玺原职世袭百户，以建州功升副千户，威宁海子……父沿袭。所据威宁海子功破……今本舍照例革袭正千户。

曹应魁 • 署指挥佥事事正千户

辽阳县人，始祖曹完者，代八。[①] • 365 •

① 此系补造目录，该曹氏履历又见《明档》本册第178—179页“曹应魁 • 正千户”选簿。

虎海续 • 副千户

一辈海撒。

二辈孛罗哈虎。

三辈海计。

四辈虎旦独。

五辈虎宣。

六辈虎玉。

七辈虎镇。

八辈虎海续，万历二十二年十月，虎海续，年二十四岁，系锦衣卫镇抚司老达官副千户虎……

任宇 • 试百户

始祖海里丁，代五，迤北人。[1]

曹三纲

万历三十六年二月，大选过锦衣卫南镇抚司百户一员曹三纲，年四十二岁……礼监太监，隆庆四年十二月二十五日于会极门，该司礼监太监陈洪等传奉……洪等日侍左右，效有勤劳，陈洪、冯保各加恩二等，荫弟侄一人锦衣卫世袭正千户，曹宪……• 366 • 等荫弟侄一人锦衣卫世袭百户，[2] 各该衙门知道，钦此。本部看得司礼监各开的名前来，相……命下，将曹宪等应荫弟侄孙男各照后开，悉遵明旨，应授职级俱于锦衣卫佥注所分。等因，隆庆五年二月……少保本部尚书郭等具题，奉圣旨“是，钦此”。该本部将曹宪原开送侄男曹诏送锦衣卫衣中所擎盖司，到任管事，本卫开送司

---

① 此系补造目录，该任氏袭替履历或与《明档》本册第490—491页“任俊 • 指挥同知”选簿有关，二者始祖皆迤北人海里丁。

② 《明穆宗实录》卷4，隆庆元年二月辛丑，“上加恩内臣……荫……曹宪各弟侄一人锦衣卫百户……俱世袭”。

设监管工效劳升副千户。隆庆五年十二月，曹宪另荫伊弟曹宏指挥使，余下三级将诏于副千户上并授指挥同知，六年礼仪房办事升指挥使，仍在本房办事，万历十年升都指挥佥事，今故。[①]传升职级原奉钦依有“世袭”字样许袭一辈，其伊父管工效劳并授等级俱例应减革，本舍系诏嫡次三男，合准袭原荫百户一辈，以后子孙革袭，比中三等。

张恩·正千户

内黄查有：咸团团，年三十一岁，迤北达子，宣德十年三月来降，告愿在京住坐，本年四月初三日钦除试所镇抚，锦衣卫镇抚司带俸。

一辈团团，实授所镇抚功次，钦升簿内查有：正统九年，麓川当先征剿蛮贼有功，锦衣卫试所镇抚升实授所镇抚一百五十九员内一员团团。

署副千户功次，钦升簿内查有：景泰三年，征湖贵香炉山等处杀贼获功一级二级并署职一级，锦衣卫所镇抚升署副千户二十六员内一员团团。正千户功次，候查。

旧选簿查有：成化七年闰九月，团团，年六十二岁，山后人，系锦衣卫镇抚司带俸达官指挥佥事。先因老疾，庶长男哈只替职，今病故，户内别无应袭之人，照例与全俸优养。

二辈哈只，已载一辈下。

三辈阿的纳，旧选簿查有：弘治八年六月，阿的纳，山后人，系锦衣卫镇抚司带俸故达官指挥佥事团团嫡次男。父原系署副千户，天顺元年遇例实授，历功升前职，老疾；兄阿只替职，故。本人已革与正千户俸优给，今出幼，照例袭指挥佥事，钦与世袭。

四辈张勇，旧选簿查有：嘉靖二十三年十二月，张勇，迤北人，系锦衣卫镇抚司带俸故达官指挥佥事阿的纳嫡长男。伊祖团团以署副千户遇例实授，陈情升正千户，两广功升指挥佥事，伯、父相沿。所据遇例一级例应减革，本人照例革袭正千户。

---

① 《明神宗实录》卷128，万历十年九月癸酉，“升锦衣卫指挥使……曹诏为都指挥佥事”；卷136，万历十一年四月戊辰，“以锦衣卫衣中所都指挥同知曹诏为南镇抚司佥书”。

五辈张恩，旧选簿查有：嘉靖三十七年二月，张恩，遆北人，系锦衣卫镇抚司故带俸达官正千户张勇嫡长男。

六辈张禄，万历二十二年六月，张禄，年二十一岁，系锦衣卫镇抚司故带俸达官所镇抚张恩嫡次男，达官不比。• 367 •

於继业·正千户

［缺］。

一辈於招弟。

二辈於乞儿。

三辈於亮。

四辈於礼。

五辈於忠。

六辈於□□。

七辈於……

……

九辈於贤。

十辈於聰。

贰员□□，年十七岁，太湖县人，系锦衣卫镇抚司故正千户……

马铠·正千户

外黄查有：马玉，遆北人。曾祖卜赛亦，宣德九年来降升实……功升副千户，故。祖友儿袭，天顺二年征两广杀贼有功……升指挥佥事，更名马俊，十七年大同窑山墩等处杀贼有功升指挥同［知］……男，革袭指挥佥事。

一辈卜赛亦，已载前黄。

二辈马俊，已载前黄。

三辈马聰，旧选簿查有：弘治八年六月，马聰，遆北人，达子，系锦衣卫镇抚司带俸功升达官指挥同知马……钦与世袭。[①]

四辈马玉，旧选簿查有：嘉靖二年十月，马玉，迤北人，系锦衣卫镇抚司带俸年老达官指挥同知马聪嫡长男……即友儿，功升正千户，招谕升指挥佥事，又功升前职，本人照例革去招谕升级与袭指挥佥［事］。

五辈马承恩，旧选簿查有：嘉靖三十八年十月，马承恩，年二十八岁，迤北人，系锦衣卫镇抚司带俸年老达官指挥佥［事］马玉嫡长孙。

六辈马铠，旧选簿查有：嘉靖四十五年十月，马铠，年十五岁，迤北人，系锦衣卫镇抚司带俸故达官指挥佥事马承恩嫡次男。查伊祖袭副千户，以两广功升正千户，阿力公干升指挥佥事，黑窑墩杀贼功升指挥同知。先年虽查一级与袭指挥佥事，系减革未尽，所据两广功不及数，阿力公干例无承袭，本舍于祖职副千户上加黑窑墩杀贼功一级与袭正千户。

七辈马锐，万历三十九年八月，大选过锦衣卫镇抚司带俸达官正千户马锐，年三十一岁，系故带俸达官正千户马铠堂弟，达官不比。• 368 •

任永福・指挥同知

崇祯三年九月补八月分大选过锦衣卫镇抚司带俸达官指挥同知一员任永福，年二［十］六岁，系故带俸达官指挥同知任承诏堂叔，达官不比。[②]

倪纶・正千户

外黄查有：倪旻，仁和县人。父倪璋，成化六年充锦衣卫左所銮舆司校尉，七年故。兄倪昱补役，弘治二年选充校尉小旗，改拨兴府仪卫司三典仗所管伍，五年故。旻补役，选入□房书办，十三年以年深充总旗，十七年冠带，正德十五年保升典

---

① 《明宪宗实录》卷231，成化十八年闰八月壬午，“守备宁（灵）州署都指挥同知卢茂以老乞罢，命锦衣卫指挥同知马俊代之”；卷276，成化二十二年三月辛酉，“守备灵州锦衣卫带俸指挥同知马俊奏所属操守指挥数多，品秩相埒，难于约束，乞视守备等官近例升授都指挥佥事以便统率……上曰马俊自乞升职，事宜逮问，姑宥之”。

② 该任承诏履历，又见《明档》本册第490—491页“任俊・指挥同知”选簿十辈任承诏选条。

仗，十六年扈驾升锦衣卫世袭副千户，往复安六（陆）州扈从圣母到京，乞升世袭正千户。[①]

一辈倪璋，已载前黄。

二辈倪昱，已载前黄。

三辈倪旻，已载前黄。

四辈倪纶，旧选簿查有：嘉靖二十二年二月，倪纶，仁和县人，系锦衣卫年老指挥同知倪旻嫡长男。伊父原系兴府小旗，正德十六年随驾来京升副千户，历升指挥同知，今年老，本舍照例题奉钦依，准替正千户。

五辈倪守清，万历四年六月，倪守清，年三十六岁，仁和县人，系锦衣卫衣左所年老正千户倪纶嫡长男。伊祖倪旻原系校尉，以随驾效劳历升正千户。所据效劳升级例无承替，照例革充校尉。

王一元·副千户

外黄查有：王祐，年二十七岁，系锦衣卫镇抚司达官副千户，原籍迤北人。祖孛罗海木，宣德五年来降，充头目，正统七年征云南麓川杀贼有功升试所镇抚，景泰二年香炉山有功升署副千户，遇例实授，天顺二年为陈情验功事升正千户，老。王宾成化十六年革替副千户，十八年征大同有功升正千户，赐朱姓，擒斩反贼申居敬等奇功升三级指挥使，故。父朱晟系男，袭指挥使，故。祐系长男，嘉靖三十一年二月袭革副千户，达官不比。万历二十一年十二月，王一元，年二十一岁，系锦衣卫镇抚司年老带俸达官副千户王祐亲男。·369·

把安·指挥佥事

选簿查有：正统十一年四月，把者秃，系锦衣卫镇抚司带俸故达官副千户把台嫡长男……

① 《明世宗实录》卷2，正德十六年五月甲子，“升藩邸书办官倪旻……俱锦衣卫副千户……仍各世袭”。

年德胜门功次查有：锦衣卫副千户升正千户把者秃，天顺五年四牌［楼］……［锦］衣卫正千户升指挥佥事把者秃。成化十一年八月，把伦，山后人，系锦衣卫镇抚司带［俸指］挥佥事把者秃嫡长男，钦与世袭。嘉靖元年十二月，把安，迤北人，系锦衣卫镇抚司带俸指挥佥事把伦嫡长男。

一辈把台。

二辈把者秃。

三辈把伦。

四辈把安。

五辈把清，万历元年八月，把清，年十七岁，迤北人，系锦衣卫镇抚司故达官指挥佥事把安嫡长孙。①

镇抚司带俸署指挥佥事正千户一员 · 朱官保

成化六年九月，朱广，山后人，系锦衣卫带俸达官署指挥佥事完者帖木儿嫡长男。父原系正千户，征剿建州贼寇升署前职。本人照例该正千户，仍署指挥佥事事。

弘治八年六月，解愁儿，山后人，系锦衣卫镇抚司带俸故达官指挥佥事事正千户朱广嫡长男，优给出幼。

正德八年二月，朱官保，年十五岁，山后人，系锦衣卫镇抚司带俸故达官署指挥佥事事正千户解愁儿遗腹嫡长男。

正千户一员 · 毛澄

嘉靖二十二年八月，毛澄，迤北人，系锦衣卫镇抚司带俸年老达官指挥佥事毛俊嫡长男。伊父俊 · 370 · 以正千户嘉靖十九年工完升指挥佥事。所据工完升级例不准袭，本人照例革替正千户。②

---

① 此选簿所载把氏各辈履历，又见《明档》本册第351—352页“又一员 · 把应禄”选簿各选条。

② 《明神宗实录》卷7，隆庆六年十一月己酉，“以锦衣卫南镇抚司佥书署指挥佥事毛澄铨注本司，掌印管事”。

又一员・夏时际

嘉靖二十二年二月，夏时际，上元县人，系锦衣卫带俸已故指挥佥事夏勋庶长男。伊父系庄肃皇后亲弟，乞升本卫衣右所正千户[①]，续乞升指挥佥事。[②]今据伊父正千户有“世袭”字样，未经承袭，今本人照例题奉钦依，准袭正千户一辈，于原卫所查照施行。

又一员・路椿

嘉靖二十九年二月，路椿，年二十岁，宁远县人，系锦衣卫故指挥佥事路安庶长男。伊父原袭祖职正千户，随驾升指挥同知，督捕升指挥使。所据随驾并督捕升职不由军功，推升都指挥使系流官，俱例无承袭。但随驾职级奉有明旨世袭，已经论劾，降做指挥佥事。今本舍与袭指挥佥事一辈。[③]

又一员・路秉良

嘉靖四十年四月，路秉良，年三十六岁，宁远县人，系锦衣卫故带俸指挥佥事路椿亲兄。查……以祖职正千户从龙升指挥佥事，弟椿沿袭已经一辈，例应减革，本舍革袭祖职正［千户］。[④]

又一员・王锺

正德六年六月，王锺，女直人，系锦衣卫镇抚司带俸故达官指挥佥事……［优］

---

① 《明世宗实录》卷12，嘉靖元年三月壬申，“庆阳伯夏臣加散官一阶，舍人夏勋升锦衣卫世袭正千户”。

② 《明世宗实录》卷210，嘉靖十七年三月己丑，“锦衣卫带俸指挥佥事夏勋疏乞与见任一体管事，上责勋恣意妄求，部臣徇私不劾，姑宥之”。

③ 此路椿履历又见后“又一员・路秉良”选簿。

④ 此路椿履历又见前“又一员・路椿”选簿。

给出幼袭职。

万历三年二月，王文魁，年十八岁，女直人，系锦衣卫镇抚司带俸故达官署指……以舍人公干越升总旗，陈情升正千户，开通道路升指挥佥事，建州功升……·371·佥事。所据公干越升、陈情、开通道路俱应减革，但系达官，量革袭副千［户］。

又一员·白爵

嘉靖八年四月，白瑾，迤北人，系锦衣卫镇抚司带俸故达官指挥同知白忠亲侄。伊祖曲勒歹原系迤北达子，宣德九年来降升副千户，疾。伯祖阿鲁帖木儿替，正统七年麓川杀贼功升正千户，景泰四年香炉山杀贼功升署指挥佥事，故。白俊袭，成化十四年正北关杀贼有功升指挥同知，成化十五年建州功升指挥使，十六年威宁海子杀贼功升都指挥佥事，十七年窑山墩杀贼功升都指挥同知，故。[①] 白忠革袭指挥同知，故，无嗣。瑾系亲侄，查麓川、香炉山、建州功无擒斩，先年减革未尽，合照例革与指挥佥事。

万历六年十月，白爵，年四十五岁，迤北人，系锦衣卫镇抚司带俸年老达官指挥佥事白瑾嫡长男。本舍系达官，不比。

白洵·正千户事副千户

外黄查有：白玘，迤北人。祖失纳剌，正统三年来降，充军，送锦衣卫镇抚司带管，七年征进云南麓川等处杀贼有功，九年升小旗，景泰元年贵州香炉山杀贼有功，三年升总旗，五年功升试百户，天顺元年遇例实授，陈情验功升副千户，五年征进两广杀贼有功，六年在彼故。伯孛罗系庶长男，年幼，录两广功升正千户优给，成化五年袭正千户，十六年更名白祥，征威宁海子杀贼有功升指挥佥事，十七年征大同云山墩杀贼有功升指挥同知，正德六年征剿山东流贼阵亡。玘系嫡长男，袭指挥同知，仍锦衣卫镇抚司带俸。

---

① 《明宪宗实录》卷217，成化十七年秋七月辛巳，“铨注金吾左卫带俸都指挥同知白俊于山西行都司掌司事”。

一辈失纳剌，已载前黄。·372·

二辈白祥，旧选簿查有：成化五年，白祥，幼名孛罗，山后人，系锦衣卫镇抚司带俸达官副千户失剌纳庶长男，湖广杀贼获功获级未升病故。本人先因年幼，已照例升正千户优给，今出幼，该袭流官正千户。

三辈白玘，旧选簿查有：正德七年四月，白玘，山后人，系锦衣卫镇抚司带俸故达官指挥同知白祥嫡长男。

四辈白钺，缺。

［五辈］……指挥同知白钺嫡长男……陈情验功升副……

秦宣·实授百户

内黄查有：秦宣，迤北达子。曾祖南海只，宣［德］……有功升锦衣卫试所镇抚，景泰二年贵州香炉……年陈情验功升正千户，老。祖奏江替，故。父昇正德十六年十月革……百户，故。宣嘉靖三年袭带俸达官署副千户，十五年遇例实授。

一辈南哈只。

二辈秦江。

三辈秦昇。

四辈秦宣，俱载前黄。

五辈秦承庆，隆庆四年二月，秦承庆，年十一岁，迤北人，系锦衣卫带俸年老镇抚司达官副千户秦宣嫡长男。查伊祖南海只，宣德五年头目，正统七年征麓川功升试所镇抚，景泰三年征香炉山功升副千户，遇例实授，天顺二年验功升正千户。祖昇已革署副千户，故。父替，遇例实授，老。所据香炉山功系越升，并遇例职级俱应减革，今本舍与实授百户俸优给，至隆庆七年终住支。

万历二年二月，秦承庆，年十五岁，迤北人，系锦衣卫镇抚司故带俸达官〈故〉实授百户秦宣嫡长男，优给出幼袭职。

六辈秦勋，万历二十八年十二月，秦勋，年二十二岁，系故带俸达官实授百户秦承庆嫡长男，达官不比。·373·

姚廷相·署正千户事副千户

缺。

一辈兀儿朵，已载三辈下。

二辈姚安，已载三辈下。

三辈姚俊，旧选簿查有：审稿内开，达舍姚俊，祖兀儿朵，宣德九年来降，做军役，送锦衣卫镇抚司食粮，正统九年麓川功升头目，香炉山功升所镇抚，年老。父姚安旧名卜兰乞替职，天顺二年乞恩验功升实授百户，七年大藤峡功升副千户，成化元年两广有功回还，八年更名姚安，续因两广功次升正千户，大同壮窝等处功升指挥佥事，年老。俊系嫡长男，仍替指挥佥事。

四辈姚铠，旧选簿查有：正德十四年四月，姚铠，山后人，系锦衣卫镇抚司故达官指挥佥事姚俊嫡长男。

五辈姚廷相，旧选簿查有：嘉靖三十四年八月，姚廷相，遖北人，系锦衣卫镇抚司故带俸达官署正千户事副千户姚沧嫡长男。

六辈姚炳，万历十九年八月，姚炳，年二十岁，系锦衣卫镇抚司故带俸达官正千户姚廷相嫡长男。查伊始祖兀儿朵以达子投军，麓川功升头目，香炉山功升所镇抚；二世祖卜兰乞又以陈情授实授百户，又以两广功升正千户，大同功升指挥佥事，至祖姚沧革袭署正千户。今查头目越升镇抚、陈情俱非实级，例应减革，本舍合再革级半，照例袭带俸达官实授百户，达官不比。

七辈姚国勋，万历二十七年正月，姚国勋，年四十九岁，系锦衣卫镇抚司故带俸达官实授百户姚炳堂叔，达官不比。

八辈姚文焕，万历四十二年二月，大选过锦衣卫镇抚司带俸达官实授百户一员姚文焕，年二十九岁，系老带俸达官实授百户姚国勋亲男，达官不比。

九辈姚文炜，崇祯六年六月，单本选过锦衣卫镇抚司带俸达官实授百户一员姚文炜，年四十四岁，系故百户姚文焕亲弟。有侄笃礼年幼，准暂借前职，俟侄年长，十六岁即行停俸，起送还职。达官不比。

十辈姚笃礼，崇祯十二年十月，大选过锦衣卫南镇抚司达官实授百户一员姚笃礼，年十六岁，系故达官实授百户姚文炜亲侄，达官不比。•374•

马骥 · 所镇抚

内黄查有：马春，迤北人。曾祖达剌赤，天顺元年来降，升所镇……优，成化十一年出幼，疾。马福系嫡长男，替，病。春系嫡……

一辈挞剌赤。

二辈帖木儿。

三辈马福。

四辈马春。

五辈马骥，俱载前黄。

六辈马长儿，隆庆三年二月，马长儿，年十岁，迤北人，系锦衣卫镇抚司带俸故达官所镇抚马骥嫡长男，照例与全俸优给，至隆庆七年终住支。

万历二年二月，马长儿，年十五岁，迤北人，系锦衣卫镇抚司故带俸达官所镇抚马骥嫡长男，优给出幼袭职。

惠继盛

崇祯九年十二月，单本选过锦衣卫南镇抚司带俸达官指挥佥事一员惠继盛，年三十三岁，迤北人，系故绝指挥佥事惠承恩堂侄。查伊堂伯原袭祖职带俸达官指挥佥事，今故，绝嗣。序及伊兄惠继芳，患疾，不堪承袭。本舍伦序应及，合准借袭带俸达官指挥佥事，俟伊兄疾痊或生子，退还职事，达官不比。

桑玉 · 副千户

内黄查有：桑虎都卜丁，迤北达子。父阿思兰沙，永乐十六年来降，除副千户，锦衣卫镇抚司带俸，年老。虎都卜丁系嫡长男，正统元年五月初二日替副千户，仍于锦衣卫镇抚司带俸。· 375 ·

一辈阿思兰沙，已载前黄。

二辈桑虎都卜丁，已载前黄。

三辈桑真，缺。

四辈桑荣，缺。

五辈桑钦，旧选簿查有：嘉靖十年八月，桑钦，年十九岁，迤北人，系锦衣卫镇抚司带俸年老达官指挥佥事桑荣庶长男。伊曾祖虎都卜丁系副千户，甘肃杀贼升正千户，祖真又马站沟杀贼升前职，父沿袭。所据杀贼缘无斩首，本人照例革替副千户。

六辈桑玉，旧选簿查有：嘉靖三十四年十二月，桑玉，年十九岁，系锦衣卫镇抚司带俸故达官副千户桑钦嫡长男。

七辈桑宝，隆庆六年八月分，单本选过桑宝，年二十七岁，迤北人，系锦衣卫镇抚司带俸达官副千户桑玉堂弟。伊堂兄原袭祖职副千户，嘉靖四十一年在逃，无嗣。本舍照例准借替祖职副千户，待后伊兄回还、生有儿男，退还职事。

八辈桑如梅，万历四十一年六月，大选过锦衣卫镇抚司带俸达官副千户一员桑如梅，年十八岁，系故带俸达官副千户桑宝亲男，达官不比。

何纶·副千户

缺。

一辈速木赤，已载五辈下。

二辈哈苔孙，已载五辈下。

三辈何玉，已载五辈下。• 376 •

四辈何昇，旧选簿查有：弘治十三年十二月，何昇，年十八岁，迤北达子，系锦衣［卫］……镇原系功升署前职，天顺八年遇例实授，故。父革……[①]

五辈何祥，审稿查有：选内开，嘉靖十年二月，何祥，迤北人，系锦衣卫镇［抚司］……祖速木赤来降升副千户，麓川功升正千户，曾祖哈苔孙沿……同知，榆林功升署指挥使，遇例实授，祖、父沿袭。所据麓川、西广（广西）断滕峡、榆［林］……减革，本人照例革袭副千户。

六辈何纶，旧选簿查有：嘉靖三十四年二月，何纶，年十九岁，系锦衣卫镇抚司故带俸……

---

① 《明孝宗实录》卷169，弘治十三年十二月癸卯，"赐故达官锦衣卫带俸指挥等官何玉等十人葬祭如例"。

七辈何福，万历二十三年七月，单本选过锦衣卫镇抚司带俸达官副千户一员何福，年……任副千户何纶亲弟。查伊［兄］无子，本舍合照例借替祖职副千户，俟伊兄生有儿男……

八辈何应春，天启七年十一月补十月分大选过锦衣卫镇抚司带俸达官副千户一员何应春，年三十三岁……亲侄，达官不比。

伯清·副千户

缺。

一辈公公都歹，缺。

二辈卜颜，已载三辈下。

三辈伯原，旧选簿查有：正统十二年二月，伯原，系锦衣卫镇抚司带俸达官副千户卜颜嫡长男。父原系达子来降，收充御马监勇士，后升所镇抚。有亲叔伯聚，往兀良哈公干回还，照例该升一级，愿将前功次并与父卜颜，升授副千户，老疾。钦准本人替副千户。

四辈伯滢，旧选簿查有：正统十四年十月，伯滢，系锦衣卫镇抚司带俸征进未回副千户伯原亲弟。兄有男伯六十，年六岁，幼小。本人借职，待长成还与职事。[①]

五辈伯瓒，旧选簿查有：堂稿内开，伯瓒，系伯滢亲孙……

六辈伯懋，旧选簿查有：正德十一年二月，伯懋，迤北达子，系锦衣卫镇抚司带俸故达官指挥佥事伯瓒嫡长男。• 377 •

七辈伯清，旧选簿查有：隆庆元年六月，伯清，年二十六岁，迤北人，系锦衣卫镇抚司带俸故达官指挥佥事伯懋亲次男。查伊伯祖伯瀯以副千户成化十五年大同窑山墩等处功升正千户，二十二年奏准升指挥佥事。所据窑山墩功无擒斩，并钦升职级，例不准袭，今本舍革袭副千户。

八辈伯应爵，万历十九年六月，伯应爵，年十六岁，迤北人，系锦衣卫镇抚司故带俸故达官副千户伯清嫡长男，达官不比。

① 《明宪宗实录》卷290，成化二十三年五月丁巳，“命锦衣卫带俸达官正千户伯滢袭伯父八里颜原职，为指挥佥事，以八里颜无子也”。

九辈伯应禄，万历三十年八月，伯应禄，年二十五岁，系锦衣卫镇抚司故达官副千户伯应爵亲弟，达官不比。

吴钊·副千户

缺。

一辈忽刺，已载二辈下。

二辈黑厮，旧选簿查有：天顺八年五月，黑厮。伊父忽刺系锦衣卫镇抚司达官正千户，广东潮州府……升一级。本人系嫡长男，照例升指挥佥事。[①]

三辈吴玉，旧选簿查有：弘治十六年八月，吴玉，山后人，系锦衣卫镇抚司带俸达官袭升指挥佥事［吴能］旧名黑厮嫡长男。

四辈吴铭，旧选簿查有：正德五年八月，吴铭，年九岁，山后人，系锦衣卫镇抚司已故带俸达官正千户吴玉嫡长男。伊父原系遇天顺元年例指挥佥事，已革前职，今奉新例与指挥佥事俸全俸优给，至正德十年终住支。

旧选簿查有：正德十一年二月，吴铭，山后人，系锦衣卫镇抚司带俸故达官指挥佥事吴玉嫡长男。曾祖忽刺忽里功升署副千户，遇例实授，又获功升正千户，阵亡，祖黑厮袭升前职。本人年幼优给，今出幼，照例革袭正千户。

五辈吴钊，旧选簿查有：嘉靖十六年二月，吴钊，年二十九岁，山后人，系锦衣卫镇抚司带俸故绝达官正千户吴铭亲弟。伊曾祖忽刺忽里以所镇抚香炉山获功升署副千户，遇例实授，陈情升正千户，两广阵亡，祖能袭升指挥佥事，父相沿，至兄革袭前职。本人于祖职所镇抚上加香炉山并两广阵亡功二级，照例革与副千户。

六辈吴纪，黄（万）历元年十二月，吴纪，年三十六岁，迤北人，系锦衣卫镇抚司带俸年老达官副千户吴钊嫡长男。

七辈吴承恩，万历二十五年十月，吴承恩，年二十五岁，系锦衣卫镇抚司老带俸达官副千户吴纪嫡长男，达官不比。•378•

① 《明宪宗实录》卷5，天顺八年五月戊寅，“命故……锦衣卫正千户忽刺忽里子黑厮……俱袭升各卫指挥佥事，以……从两广阵亡也”。

张汝公

崇祯元年二月，大选过锦衣卫镇抚司副千户一员张汝公，年三十八岁，系老疾副千户张应元堂侄。伊伯年老无子，本舍告借，俟伯疾痊或生子，退还。比中三等。

海洪・副千户

缺。

一辈白苔沙，缺。

二辈那海，旧选簿查有：永乐十二年九月，那海，系密云中卫中所失陷副千户白苔沙嫡长男。

正统十三年十一月，那海，系密云中卫中所副千户，今升正千户。

三辈海珍，旧选簿查有：审稿内开，海珍，系锦衣卫功升指挥同知那海更名海荣嫡长男。①

四辈海朝宗，旧选簿查有：成化十三年二月，海朝宗，山后人，系锦衣卫故达官世袭指挥同知海珍嫡长男。

五辈海会川，旧选簿查有：成化二十三年九月，海会川，山后人，系锦衣卫镇抚司带俸故达官世袭指挥同知海朝宗庶兄。

六辈海钦，旧选簿查有：正德十六年七月，海钦，山后人，系锦衣卫镇抚司带俸故指挥同知海会川嫡长男。

七辈海洪，旧选簿查有：隆庆元年十月，海洪，年二十三岁，山后人，系锦衣卫镇抚司带俸年老指挥同知海钦嫡次男。伊高祖原袭祖职带俸副千户，正统十三年瓦剌公干升正千户，天顺元年护驾升指挥佥事，〈十〉三年往瓦剌升指挥使，又历升都指挥同知，故。曾祖海真革袭指挥同知，祖、父沿袭指挥同知。今父年老，兄海江患疾无

---

① 《明英宗实录》卷284，天顺元年十一月戊寅，"赐鞑官姓名，金吾左卫带俸指挥使那海曰海荣"；卷310，天顺三年十二月丙辰，"金吾左卫带俸都指挥佥事海荣自首：先为千户时冒迎驾功升指挥佥事，后以他功累升今官，乞革其冒升者，上命勿革"；卷349，天顺七年二月辛未，"命都指挥同知海荣……使撒马儿罕"。《明宪宗实录》卷96，成化七年闰九月壬寅，"命故锦衣卫带俸都指挥使海荣子珍袭父原职指挥同知"。

子。所据伊高祖公干、护驾功升职级俱应减革，本舍照例革借带俸达官副千户，待后伊兄海江疾痊或生有儿男，退还职事。

郭氏，万历九年六月，郭氏，年六十二岁，山后人，系锦衣卫镇抚司故达官副千户海洪母。户无承袭之人，照例月支米一石优养，终身住支。• 379 •

赵柱 • 副千户

缺。

一辈刨忽儿，已载二辈下。

二辈赵永，旧选簿查有：审稿内开，赵永，旧名那孩。伊父刨忽儿原系锦衣卫镇抚司带俸达［官］……［香］炉山杀贼有功升署副千户，年老，钦依加升一级。本人系嫡长男，已替伊父［原］……实授，今照例加伊父加升一级升正千户。

三辈赵刚，旧选簿查有：正德二年四月，赵刚，迤北人，系锦衣卫镇抚司带俸年老功升指挥使赵永嫡长男，与世袭。

四辈赵经，旧选簿查有：正德十四年十二月，赵经，迤北人，系锦衣卫镇抚司带俸故达官指挥使赵刚嫡长男。曾祖刨忽儿历功升至署副千户，祖赵永优袭，遇例实授，奉钦依，又以曾祖升署副千户功加升正千户，建州功升指挥佥事，威宁功升指挥同知，窑山墩功升前职。所据遇例一级例该减革，本人照例革袭署指挥使事指挥同知，世袭。

五辈赵柱，旧选簿查有：嘉靖四十三年五月，赵柱，年十五岁，迤北人，系锦衣卫镇抚司带俸达官副千户赵经嫡长男，优给出幼袭职。

丁勋 • 署副千户

万历十六年十二月，丁勋，年二十七岁，迤北人。内黄查有：祖丁帖宣德十年来降，升所镇抚，正统七年征云南麓川杀贼有功，景泰元年香炉山有功，三年关锁岭开通道路，本年降署副千户，遇例实授，天顺二年为陈情验功事升正千户，三年与麓川、香炉山功次升指挥佥事，故。六十优袭，故。丁昂，正德十二年革正千户俸优，嘉靖九年出幼。查伊祖开通道路并越升仍该减革，照例于所镇抚上加实授一级署一级，与袭署副千户事实授百户，今老。勋系嫡长男，照旧袭锦衣卫镇抚司带俸达官署副千户

事实授百户，达官不比。• 380 •

辈丁仓，万历二十二年二月，丁仓，年十六岁，迤北人，系锦衣卫镇抚司患疾带俸达官署副千户事实授百户丁勋嫡长男，达官不比。

白汝臣 • 署副千户事实授百户

缺。

一辈白成，已载五辈下。

二辈白玉，旧选簿查有：成化六年十月，白玉，山后人，系锦衣卫镇抚司带俸达官指挥佥事白成户名哈因虎里庶长男，与世袭。

三辈白秤，旧选簿查有：弘治十一年二月，白秤住儿，山后人，系锦衣卫镇抚司带俸故世袭达官指挥佥事白玉嫡长男。

四辈白钺，旧选簿查有：嘉靖二十三年十二月，白钺，迤北人，系锦衣卫镇抚司带俸年老达官指挥佥事白秤住儿嫡长男。伊曾祖成以署正千户遇例实授，历功升指挥佥事，祖、父相沿。所据遇例职级例无承袭，本人照例革替署指挥佥事［事］正千户。

五辈白汝贤，旧选簿查有：嘉靖二十七年四月，白汝贤，年十六岁，迤北人，系锦衣卫镇抚司带俸故达官指挥佥事白钺嫡长男。伊高祖戍原系所镇抚，景泰三年麓川、大小平伐功升署正千户，遇例实授，天顺二年又以乞恩升指挥佥事。所据遇例、乞恩职级不由［军功］例不准袭，麓川、大小平伐功查无擒斩，俱应减革，今本舍量革与署副千户事实授百户。

六辈白汝臣，旧选簿查有：嘉靖四十六年十月，白汝臣，年二十八岁，迤北人，系锦衣卫镇抚司故带俸达官署副千户事实授百户白汝贤亲弟。

七辈白章，万历七年二月，白章，年九岁，迤北人，系锦衣卫镇抚司带俸故达官［署副千户］事实授百户白汝臣嫡长男，照例与全俸优给，至万历十二年终住支。

万历十三年四月，白章，年十五岁，迤北人，系锦衣卫镇抚司［带俸故］达官署副千户事实授百户白汝臣嫡长男，出幼袭职，达官不比。• 381 •

湛东海·署副千户事实授百户

内黄查有：湛大哈只……

一辈大哈即吉，实授百户功次，功次簿内查有：正统九年调云南麓川当先剿杀蛮贼功，锦衣卫试百户升实授百户六十五员内一员大哈即吉。署副千户功次，已载……

二辈湛全，已载五辈下。

三辈湛臣，旧选簿查有：正德二年二月，湛臣，山后人，系锦衣卫镇抚司带俸达官功升指挥同知湛全嫡长男，钦与世袭。①

四辈湛露，旧选簿查有：嘉靖七年二月，湛露，迤北人，系锦衣卫镇抚司已故带俸达官都指挥佥事湛臣嫡长男。②

五辈湛东海，旧选簿查有：嘉靖二十七年八月，湛东海，年十五岁，迤北达子，系锦衣卫镇抚司故带俸达官指挥佥事湛露嫡长男。伊高祖只吉原以来降升试百户，麓川功升实授，香炉山升署副千户。曾祖全袭，遇例实授，贵州功升正千户，建州升指挥佥事，窑山墩功升指挥同知，大同当先功升指挥使。祖臣袭，父露革遇例、当先，袭指挥佥事。所据贵州、建州二级功无擒斩，本舍照例革袭署副［千］户事实授百户。

六辈湛东江，万历元年六月，湛东江，年十八岁，迤北人，系锦衣卫镇抚司故带俸达官署副千户事实授百户湛良嫡长孙。

七辈湛东源，天启四年六月，大选过锦衣卫镇抚司带俸达官署副千户事实授百户一员湛东源，年三十岁，系老带俸达官署副千户事实授百户湛霖嫡长男，达官不比。

王勋·实授百户

外黄查有：王钊，达达人。曾祖起察，宣德十年来降，升试百户，送锦衣卫镇抚

① 《明武宗实录》卷104，正德八年九月甲申，“升锦衣卫署都指挥佥事湛臣……各一级，以从太监谷大用出征冒功也”；卷115，正德九年八月丁未，“太监韦霦传旨……京营千总都指挥……湛臣俱充参将……臣领秋班官军”；卷116，正德九年九月丙寅，“太监蒋贵传旨……京营参将……湛臣各领官军三千一百三十三员名……臣上班则赴宣府备御，下班则交兑回京，俱以游击将军体统行事，听宣府镇巡等官节制”。

② 《明世宗实录》卷312，嘉靖二十五年六月己丑，“命……锦衣卫指挥佥事湛露三千营坐司”。

司带俸。正统七年麓川等处有功，九年升实授百户，景泰四年香炉山等处有功升署副千户，本年故。祖八歹系长男，本年袭，天顺元年遇例实授，弘治十四年故。父王瑀系嫡长男，本年袭，老。钊系嫡长男，嘉靖二年革遇例实授，替署副千户事百户，仍带俸。

一辈起察，已载前黄。

二辈八歹，已载前黄。• 382 •

三辈王瑀，已载前黄。

四辈王钊，旧选簿查有：嘉靖二年闰四月，王钊，迤北人，系锦衣卫镇抚司带俸达官副千户王瑀嫡长男。伊祖八歹原袭署副千户，遇例实授，父沿袭，本人照例革与署副千户事百户。

五辈王勋，旧选簿查有：嘉靖二十七年二月，王勋，年二十七岁，迤北人，系锦衣卫镇抚司故带俸达官副千户王钊嫡次男。伊高祖起察宣德六年来降升试百户，正统七年麓川功，九年升实授百户，景泰四年香炉山功升署副千户，曾祖八歹、祖瑀、父钊沿袭，遇例实授。所据署职查无擒斩，遇例职级不由军功，俱应减革，本舍照例革与实授百户。

六辈车儿，隆庆五年二月，车儿，迤北人，系锦衣卫镇抚司带俸患疾达官实授百户王勋亲堂弟。查伊高祖起察宣德十年来降升所镇抚，正统七年征麓川功升实授百户，景泰四年征香炉山功升副千户，沿袭至兄王勋。查香炉山功无擒斩，先年已革实授百户，今查麓川功亦无擒斩，本舍合革去麓川功级，准替所镇抚。

七辈王大宽，万历三十八年八月，大选过锦衣卫镇抚司带俸达官所镇抚一员王大宽，年四十二岁，系老达官所镇抚车儿亲男，达官不比。

何熹·实授百户

外黄查有：何勋，新城县人。始祖奇，洪武元年充小［旗］……升试百户，本年扈从到京，升实授百［户］……故。海袭金吾右卫中所，成化八年选秀府仪卫司典［仗］……老。端替，故。勋系嫡长男，袭，故。九十系嫡长男，优给……

一辈何奇。

二辈何旺。

三辈何通。

四辈何智。

五辈何海。

六辈何瑾。• 383 •

七辈何端。

八辈何勋。

九辈何九十，俱载前黄。

十辈何熹，万历元年十二月，何熹，年三十八岁，新城县人，系锦衣卫镇抚司故实授百户何九十亲堂叔。

王用 • 实授百户

外黄查有：王经，迤北人。祖必帖木儿，宣德五年来降，充头目，送锦衣卫镇抚司带管，正统七年征进麓川等处有功，九年升试所镇抚，景泰元年调征贵州香炉山等处有功，三年升署副千户，天顺元年遇例实授，老。父王政系嫡长男，优袭，成化十五年征进建州有功升正千户，十六年威宁海子有功升指挥佥事，十七年征进大同有功升指挥同知，弘治十八年大同当先，正德二年升指挥使，十三年老。经系嫡长男，革去当先、越升二级，遇例，革指挥佥事带俸。

一辈必帖木儿，已载前黄。

二辈阿敦，旧选簿查有：天顺二年闰二月，阿敦，年十四岁，山后人，系锦衣卫镇抚司带俸故达官副千户必帖木儿庶长男，钦与全俸优给。

三辈王经，旧选簿查有：正德十三年三月，王经，迤北人，系锦衣卫镇抚司带俸达官指挥使王政旧名阿敦嫡长男。祖必帖木儿系头［目］，功升所镇抚，香炉山获功署级越升署副千户，遇例实授。父袭职，历升指挥同知，大同当先升前职。本人照例革去越升、当先二级，与替指挥佥事。

四辈王臣，审稿查有：嘉靖五年十月，零选查有，王臣，山后人，系锦衣卫镇抚司故带俸达官指挥佥事王经嫡长男。伊曾祖必帖木儿系头目，获功升试所镇抚，香炉山获功署级越升署副千户，遇例实授，故。祖政袭，历功三级升指挥同知，又大同当先升指挥使，故。父经已革［越升］、当先二级，与袭前职。缘越升职级减革未尽，本人照例于试所镇抚上加功一级，香炉山一级与实授，又于实授所镇抚上加功三级与袭正千户。

五辈王楠，审稿查有：堂稿内开，嘉靖十九年三月，王楠，山后人，系锦衣卫镇抚司带俸故达官正千户王臣嫡长男。伊曾祖政原袭署副千户，遇例实授，成化十五等年征进威宁海子、建州、大同等处当先越升指挥使，老。祖、父沿袭，〈已革遇例、当先、越升指挥使，老。祖、父沿袭〉已革遇例、当先、越升，与袭正千户。缘革未尽，今查威宁海子等处俱无擒斩，例应减革，与署正千户事副千户俸优给，至嘉靖二十六年终住支。·384·

六辈王用，旧选簿查有：嘉靖二十三年四月，王用，迤北人，系锦衣卫镇抚司带俸故优给达官署正千户王楠堂叔。伊堂侄楠先因年幼，已革与署正千户俸优给，今故。所据前项升级减革未尽，本人照例革袭实授百户。

七辈王瓒，万历四十四年十月，大选过锦衣卫镇抚司带俸达官实授百户一员王瓒，年四十七岁，系故带俸达官实授百户王佐亲男，达官不比。

苏谥·指挥佥事

［缺］。

一辈速来蛮。

二辈革来。

三辈写令班，更名苏荣。

四辈苏谥。

万历元年八月，准都察院咨为打死人命事内开，锦衣卫带俸指挥佥事苏谥，犯该斗殴杀人者不分手足他物金刃律绞，秋后处决，已经照例揭黄，子孙永不许袭。

李世懋

内黄查有：李世忠，年十六岁，系锦衣卫指挥佥事，原籍迤北人。

崇祯七年六月，大选过锦衣卫指挥佥事一员李世懋，年四十二岁，系老指挥佥事李世忠堂弟，俟兄生子退还，比中二等。·385·

高勋・指挥使

缺。

一辈鬼里赤，缺。

二辈锁锁，旧选簿查有：宣德八年八月，锁锁，系锦衣卫带俸达官指挥佥事鬼里赤庶长男，钦与世袭。

三辈缪黑厮，旧选簿查有：景泰五年四月，缪黑厮，山后人，系锦衣卫镇抚司带俸达官指挥佥事缪锁锁嫡长男。父德胜门外杀贼阵亡，例升二级，本人先因年幼，照例已升与指挥使俸优给，今出幼，该袭指挥使。

四辈高俊，旧选簿查有：正德五年二月，高俊，女直人，系锦衣卫镇抚司带俸年老袭升指挥使高清旧名缪黑厮嫡长男。

五辈高锦，旧选簿查有：嘉靖九年六月，高锦，女直人，系锦衣卫镇抚司带俸故达官指挥使高俊嫡长男。

六辈高勋，旧选簿查有：嘉靖三十二年十月，高勋，女直人，系锦衣卫镇抚司带俸故达官指挥使高锦嫡长男。

七辈高国贤，年八岁，万历二十三年六月，大选过锦衣卫镇抚司故带俸达官指挥使高勋嫡长男，照例与全俸优给，至万历二十九年终住支。

万历二十九年十二月，高国贤，年十五岁，系锦衣卫镇抚司故带俸达官指挥使高勋嫡长男。[①]

尹朝京・指挥使

内黄查有：尹昂，年五十六岁，系锦衣卫镇抚司带俸达官指挥使，迤北人。曾祖猛哥……来降升指挥佥事，正统七年征云南麓川功升指挥同知，天顺二年陈情验功……麻子袭，更名尹全忠，故。父尹瓒袭，故。昂系嫡长男，正德十年二月，袭锦衣卫镇抚司带［俸达官指挥使］。

---

① 此选簿除七辈高国贤选条外，余各选条又见《明档》本册第450—451页“高勋・指挥使”选簿；又《明档》本册第470页“又一员・高锦”选簿亦与此簿部分重复。

一辈猛哥帖木儿，已载前黄。

二辈尹全忠，已载前黄。• 386 •

三辈尹瓒，已载前黄。

四辈尹昂，已载前黄。

五辈尹翯，旧选簿查有：嘉靖四十一年六月，尹翯，年五十七岁，迤西人，系锦衣卫镇抚司故带俸达官指挥［使尹昂］亲弟。

六辈尹朝京，旧选簿查有：隆庆三年二月，尹朝京，年二十八岁，迤西人，系锦衣卫镇抚司带俸年老达官指挥［使尹翯］嫡长男。

七辈尹民敬，万历二十五年十一月，年三十二岁，迤北人，系锦衣卫镇抚司故带俸达官指挥使尹朝京嫡长男。查……祖升指挥使无擒斩功，合照例革袭指挥同知。

八辈尹在莘，万历四十三［年］四月，大选过锦衣卫镇抚司达官指挥同知优给舍人一名尹在莘，年十二岁，系故带俸达官指挥同知尹民敬亲男，照例与全俸优给，至四十五年终住支。

万历四十五年十月，大选过锦衣卫镇抚司带俸达官指挥同知一员尹在莘，年十五岁，出幼袭职，达官不比。

苗瀛 • 指挥使

［缺］。

一辈帖木儿，缺。

二辈俺克，旧选簿查有：正统四年十月，俺克，系行在锦衣卫镇抚司带俸达官指挥佥事帖木儿亲叔。

三辈把秃孛罗，旧选簿查有：正统八年十月，把秃孛罗，系锦衣卫镇抚司带俸达官指挥佥事俺克嫡长男。

成化五年八月，锦衣卫指挥使把秃孛罗。

四辈撒屯的名撒台，旧选簿查有：成化二年七月，撒屯的名撒台，山后人，系锦衣卫镇抚司带俸故达官指挥使把秃孛罗嫡长男，钦与世袭。• 387 •

五辈苗俊，旧选簿查有：成化二十六年六月，苗俊，山后人，系锦衣卫镇抚司达官世袭指挥使苗斌旧名撒台嫡长男。

六辈苗纲，旧选簿查有：嘉靖三年九月，苗纲，山后人，系锦衣卫镇抚司带俸年老达官世袭指挥使苗俊庶长男。

七辈苗瀛，旧选簿查有：嘉靖三十九年十二月，苗瀛，年二十三岁，迤北人，系锦衣卫镇抚司带俸故达官指挥使苗纲嫡长孙。

八辈苗锐，万历十三年十月，苗锐，年四十四岁，迤北人，系锦衣卫镇抚司故带俸达官指挥使苗瀛堂叔，达官不比。

九辈苗大朝，万历二十七年十二月，苗大朝，年三十六岁，系锦衣卫镇抚司带俸达官指挥使苗锐嫡长男，达官不比。

罗有年·指挥使

［缺］。

一辈困即来。[①]

二辈罗秉诚，旧选簿查：景泰三年十二月，平山卫正千户升指挥佥事锁南奔。[②]景泰三年十二月，平山卫指挥同知……

三辈罗玺，旧选簿查有：堂稿内开，罗玺，伊父罗秉诚即锁南奔，原系沙州卫左都督困即来下达舍，升所镇抚……［平］山卫带俸，奉敕升正千户，又因征进功次历升指挥佥事、同知、指挥使……保送袭职，缘数内升镇抚、副千户二级系未附中国之时因其朝贡所升，正千户一级系已归附之后所授，俱属朝廷念其夷人效顺特升前职。查得夷人此等供职者，俱准袭替，合无准令本人袭授伊父原职指挥使，于

① 《明英宗实录》卷100，正统八年正月甲申，“升沙州卫右都督困即来为左都督。时困即来来朝，上以其在边岁久，多效劳力，故升之”；卷111，正统八年十二月丙午，“甘肃总兵官宁远伯任礼奏：沙州卫右都督困即来……相继卒。上遣锦衣卫指挥同知丁全往祭之，并各赐钞五百贯、彩币二表里及香帛等物”。

② 《明英宗实录》卷168，正统十三年七月丁亥，“兵部奏：沙州卫达官喃哥弟锁南奔先受瓦剌也先所封祁王伪号，今已被甘肃总兵官宁远伯任礼率兵直抵罕东擒获，候其至日，宜正大法。上曰：朝廷先因沙州系近边卫分，每被瓦剌逼胁欺害，已准都督喃哥等奏，移其全卫头目人民于境内安居优恤，锁南奔不感朝廷大恩，潜窜瓦剌，私受伪职，又拒官军，不听招抚，论其叛逆之罪，固当处死，但念其父兄忠顺年久，特屈法伸恩免其死罪，待其到时，兵部与通事明白谕以恩意法度，连其家属送东昌卫，与其母兄完住”；同卷七月壬寅，“命以东昌府闲地给新附达官头目舍人锁南奔等二十六人有差”。

本卫带俸差操。

四辈罗昇，审稿查有：嘉靖二年七月，罗昇，即罗五儿，沙州卫人，系锦衣卫镇抚司带俸年老达官指挥使罗玺嫡长男。

五辈罗元正，嘉靖三十年十月，罗元正，年八岁，迤北人，系锦衣卫镇抚司带俸年老达官指挥使罗五儿庶长孙，照例与全俸优给，至嘉靖三十六年终住支。

六辈罗有年，旧选簿查有：嘉靖四十三年五月，罗有年，年四岁，沙州卫人，系锦衣卫镇抚司故带俸达官优给指挥使罗元正亲弟，照例与全俸优给，至嘉靖五十三年终住支。

万历三年二月，罗有年，年十五岁，沙州卫人，系锦衣卫镇抚司带俸故达官指挥使罗元正亲弟，优给出幼袭职。・388・

七辈罗魁年，万历三十二年十二月，大选过罗魁年，年五十一岁，沙州卫人，系锦衣卫镇抚司故带俸达官指挥使罗有年堂兄，达官不比。

八辈罗应科，万历四十八年正月，大选过锦衣卫镇抚司带俸达官指挥使一员罗应科，年四十二岁，系老带俸达官指挥使罗魁年嫡长男，达官例不比试，补四十七年十二月分大选。

九辈罗存德，崇祯六年四月，大选过锦衣卫南镇抚司带俸达官指挥使一员罗存德，年三十五岁，系故带俸达官指挥使罗应科嫡长男，达官不比。

王金・指挥同知

失。

一辈脱脱不花，已载三辈诰命下。

二辈王俺克帖木儿，已载三辈诰命下。

三辈王义，旧选簿查有：诰命内开，王义，年三十七岁。有祖父脱脱不花，原系应里州贺兰山人，永乐二十二年跟同义勇王金忠来京，当升指挥佥事，赐王姓，送锦衣卫镇抚司带俸，宣德六年病故。父王俺［克］帖木儿系嫡长男，宣德八年七月初五日袭职，仍送本卫司带俸，正统四年闰二月二十五日因捉获反叛达贼升指挥同知，[①] 正

① 《明英宗实录》卷 52，正统四年闰二月癸卯，“升在京鞑官……指挥佥事昂克帖木儿……为指挥同知……以擒获鞑贼功也”。

统九年五月因生擒达贼升指挥使，景泰元年病故。义系嫡长亲男，景泰二年八月十七日袭职，仍送本卫司带俸。①

四辈王琮，旧选簿查有：弘治五年十二月，王琮，迤北达子人，系锦衣卫镇抚司带俸都指挥佥事王义嫡长男。伊父原系锦衣卫镇抚司带俸指挥使，功升前职，今病故。本人照例袭伊父原职指挥使，仍于本卫司带俸差操。②

五辈王用，旧选簿查有……年七月，王用，迤北人，系锦衣卫镇抚司带俸故达官指挥使王琮庶弟。

六辈王金，旧选簿查有：嘉靖十三年八月，王金，年二十四岁，贺兰山人，系锦衣卫镇抚司带俸故充军都指挥使王琮庶长男。伊曾祖俺克帖木儿原袭指挥佥事，捉获叛贼升指挥同知，功升指挥使，祖义、父·389·琮沿袭，琮获功升前职，失事，参问隆庆左卫充军。所据捉获叛贼升级，缘非擒斩军功，例该减革，本人照例革袭指挥同知。

七辈王清，万历十一年六月，王清，年三十二岁，贺兰山人，系锦衣卫镇抚司带俸故达官指挥同知王金亲侄，达官不比。

八辈王思卫，万历三十七年四月，大选过锦衣卫镇抚司带俸达官指挥同知一员王思卫，年二十七岁，系老带俸达官指挥同知王清亲孙，达官不比。

万历四十年六月内一件为地方人命事，准刑部广东司手本，问拟犯人王思卫，合依夫殴妻至死者律绞，秋后处决，题奉圣旨"是，王思卫着监候处决，钦此"。

---

① 《明宪宗实录》卷130，成化十年闰六月己丑，"命右军带俸都督佥事王义……各于本府管事，从抚宁侯朱永等荐也"；卷132，成化十年八月癸巳"命都督王义充参将，往宣府分击虏寇，从抚宁侯朱永等荐也"；卷173，成化十三年十二月乙巳，"命前军都督佥事王义管左府事"；卷181，成化十四年八月甲午，"铨注锦衣卫带俸都指挥佥事王义……于陕西行都司"；卷270，成化二十一年九月甲寅，"都督佥事王义卒。[义]之先，应里州贺兰山人。祖脱脱不花，永乐时随忠义王于京师，授指挥佥事，食禄锦衣卫，赐姓王。父俺克帖木儿世其职，正统间讨兀良哈有功进指挥使。义代其职，天顺丁丑英庙复辟，论迎驾功升都指挥使，辛巳诛逆贼曹钦升佥左军都督府事，寻命佐理前府。至是，卒。讣闻，赐祭葬如例。子琮嗣其原职指挥使"。

② 《明宪宗实录》卷271，成化二十一年十月丁酉，"命故右府都督佥事王义子琮袭父原职，为锦衣卫指挥使"。《明武宗实录》卷74，正德六年夏四月丁未，"命锦衣卫带俸都指挥同知王琮五军营右哨坐营操"。

[马国忠]

……

七辈[马濂]……迤北人，系锦衣卫镇抚司带俸故达官指挥使八十堂弟。伊曾祖赛……[指]挥同知，天顺八年两广功升指挥使，故。祖五十、伯父昇、镗、堂兄八十，俱例前相沿，故绝。所据两广功查无擒斩，本舍照例革指挥同知。①

八辈马国忠，万历十二年四月，马国忠，年三十六岁，迤北人，系锦衣卫镇抚司故带俸达官指挥同知马濂嫡长男，达官不比。

九辈马承勋，万历三十年二月，马承勋，年二十二岁，系锦衣卫镇抚司故带俸达官指挥同知马国忠亲男，达官不比。

十辈马凌云，崇祯十一年六月，大选过锦衣卫南镇抚司达官指挥同知优给舍人一名马凌云，年十四岁，系故带俸达官指挥同知马承勋嫡长男，照例与全俸优给，至崇祯十一年终住支。• 390 •

闻宣·指挥佥事

内黄查有：闻阿帖木儿，系迤北达子。父哈剌把秃，宣德八年来降，愿在京住坐，钦除百户，锦衣卫镇抚司带俸，本年故。阿木儿嫡长男，年幼，九年优给，正统六年钦准实授百户，仍于锦衣卫镇抚司带俸。

一辈剌把秃，已载前黄。

二辈阿木儿，旧选簿查有：正统六年七月，阿木儿，系锦衣卫镇抚司带支俸故达官百户哈剌秃嫡长男，钦准袭职。

三辈亦撒，旧选簿查有：成化三年三月，亦撒，山后人，系锦衣卫镇抚司带俸故达官百户阿木儿嫡长男。

四辈闻璋，旧选簿查有：正德八年二月，闻璋，山后人，系锦衣卫镇抚司带俸老疾达官指挥使闻能旧名亦撒嫡长男。伊父原系百户，历功升前职，内副千户一级系招

---

① 该选条所列五十、马昇、马镗、八十等承袭姓名次第，与《明档》本册第466页“又一员·八十”选簿相应选条吻合。

抚所升，指挥使一级系大同三次当先所升，例该减革，本人照例革替指挥佥事。

五辈闻宣，旧选簿查有：嘉靖六年二月，闻宣，迤北人，系锦衣卫镇抚司带俸故达官指挥佥事闻璋嫡长男。优给出幼告袭。

六辈闻三省，隆庆四年六月，闻三省，迤北人，系锦衣卫镇抚司带俸故达官指挥佥事闻宣嫡长男。查伊曾祖闻能原系百户，成化十四年招抚功升副千户，历功升至指挥使。所据指挥使一级系大同三次当先功，例应减革，袭至伊祖闻璋，已革替指挥佥事。今查正统六年钦准实授百户一级系先年减革未尽，本舍合革与正千户。

七辈闻应魁，万历九年六月，闻应魁，年二十岁，迤北人，系锦衣卫镇抚司故带俸达官正千户闻三省嫡长男，达官不比。

八辈闻于天，万历三十二年十月，大选过闻于天，年十九岁，迤北人，系锦衣卫镇抚司故达官正千户闻应魁嫡长男，达官不比。

孟应科

年三十二岁，迤北人，系〈锦衣〉锦衣卫镇抚司故带俸达官署指挥同知事指挥佥事孟珍嫡次男。

崇祯十一年二月，大选过锦衣卫南镇抚司带俸达官署指挥同知事指挥佥事一员孟国相，年三十岁，系故带俸达官署指挥同知事指挥佥事孟应科嫡长男，达官不比。• 391 •

宗鸾・指挥佥事

外黄查有：宗义，蒙城县人。有父宗茂卿，甲辰年从军，乙巳年总旗，洪武二年故。次弟……左所镇抚，十五年故。义袭升卫镇抚，三十五年升正千户，永乐三年为事……原卫，八年调锦衣卫衣后所。宗铎系宗义嫡长男。

一辈宗茂卿，已载前黄。

二辈宗寿，已载前黄。

三辈宗义，旧选簿查有：洪武三十年，宗义，系济州卫左所所镇抚宗寿嫡长男。

四辈宗铎，旧选簿查有：永乐十三年二月，宗铎，系锦衣卫衣后所故世袭正千户宗义嫡长男。

指挥佥事功次，吊来诰命查有：宗铎，蒙城县人，正统十四年浙江……剿耗贼，七月剿杀贼首杨希，招附贼众升锦衣卫指挥佥事。[①]

五辈宗宁，旧选簿查有：正统十四年，宗宁，系锦衣卫指挥佥事宗铎嫡长孙。[②]

六辈宗诚，旧选簿查有：弘治十四年四月，宗诚，蒙城县人，系锦衣卫带俸指挥佥事宗宁嫡长男。

七辈宗睿，旧选簿查有：正德七年八月，宗睿，蒙城县人，系锦衣卫带俸故绝指挥佥事宗诚亲弟。

八辈宗鸾，旧选簿查有：嘉靖十九年六月，宗鸾，年三十一岁，蒙城县人，系锦衣卫老疾带俸指挥佥事宗睿嫡长男，该袭指挥佥事。

九辈宗士弘，万历二十九年十二月，宗士弘，年四十九岁，蒙城县人，系锦衣卫带俸故指挥佥事宗学嫡长男，比中二等。

十辈宗王道，万历四十一年二月，大选过锦衣卫带俸指挥佥事一员宗王道，年十八岁，系故带俸指挥佥事宗士弘嫡长男，比中一等。

郃承恩·指挥佥事

内黄查有：郃千家奴，迤北达子。有伯父兀乃罕即五纳罕，永乐十五年来降，愿在京住坐，本年钦除指挥佥事，锦衣卫卫镇抚带俸，十九年故，无儿男。千家奴系亲侄，宣德四年袭。郃铠系千家奴嫡长男，父正统十四年在甘肃杀贼有功，景泰二年升指挥同知，老。铠天顺五年替指挥同知。·392·

一辈兀乃罕，旧选簿查有：钦升簿内开，永乐十五年五月初三日，除官一员兀乃罕，迤北来降人，除指挥佥事，北京锦衣卫衣中所带支俸。

二辈千家奴，旧选簿查有：宣德四年五月二十九日，千家奴，系锦衣卫镇抚司住坐带支俸故达官指挥佥事兀乃罕即五纳罕亲侄，钦准袭职。

三辈郃铠，旧选簿查有：郃铠，系千家奴嫡长男。父正统十四年在甘肃杀贼有功，

---

① 《明英宗实录》卷185，正统十四年十一月甲辰，“命锦衣卫指挥佥事宗铎……巡视居庸、山海、紫荆等关，修塞隘口，开掘沟堑”；卷218，景泰三年七月乙卯，“锦衣卫指挥佥事宗铎以久疾乞致仕，从之”。

② 《明英宗实录》卷300，天顺三年二月己未，“命故锦衣卫指挥佥事宗铎孙宁袭职，于本卫带俸”。

景泰二年升指挥同知，老。铠天顺五年替指挥同知。

四辈郤昂，旧选簿查有：零选内开，弘治十四年十二月，郤昂，山后人，系锦衣卫镇抚司带俸达官世袭指挥同知郤铠庶长男。

五辈郤承恩，旧选簿查有：嘉靖二十四年四月，郤承恩，迤北人，系锦衣卫镇抚司带俸年老达官指挥同知郤昂嫡长男。伊曾祖千家奴以指挥佥事甘肃杀贼有功升指挥同知，老，祖、父沿袭，故。所据甘肃功无擒斩，本舍照例革替指挥佥事。

六辈郤虏，万历七年六月，郤虏，年三十一岁，迤北人，系锦衣卫镇抚司带俸故达官指挥佥事郤承恩嫡长男。

七辈郤继先，万历十年十月，郤继先，年十三岁，迤北人，系锦衣卫镇抚司带俸故达官指挥佥事郤虏嫡长男，照例与全俸优给，至万历十一年终住支。

万历十二年二月，郤继先，年十五岁，迤北人，系锦衣卫镇抚司故带俸达官指挥佥事郤虏嫡长男，出幼袭职，达官不比。

八辈郤思禹，天启七年九月，大选过锦衣卫镇抚司带俸达官指挥佥事一员郤思禹，年三十五岁，系疾带俸达官指挥佥事郤继先嫡长男，例不比试。

王助·指挥佥事

［缺］。

一辈阿鲁卜林，已载三辈下。• 393 •

二辈也先，已载三辈下。

三辈王琬，旧选簿查有：弘治十六年，题稿查有，王琬，祖阿鲁卜林原系迤北达子，宣德年间来降，引路大军……等处地方杀贼有功升指挥佥事，送锦衣卫镇抚司带俸，正统九年章阿岭等处功升指挥同知，故。[①] 父也先系庶长男，袭职，成化二年更名王伦，四年建州获功升署指挥使，十六年建州等处赍执旗牌督并官军擒斩获功升实授

① 《明英宗实录》卷41，正统三年四月己未，“命阿鲁卜林为指挥佥事。阿鲁卜林，和宁王阿鲁台甥，自虏来归，从都督蒋贵为乡道，破虏有功，愿居甘州自效。上嘉其忠勤，故授官赐敕及冠带、金织衣一袭，命甘州左卫给俸禄、庐舍”。

指挥使，今老。[①]琬系嫡长男，照例替指挥使，题奉圣旨“是，钦此”。

四辈王铉，旧选簿查有：嘉靖九年十二月，王铉，年十七岁，迤北人，系锦衣卫镇抚司带俸达官年老指挥使王琬嫡长男。伊曾祖阿鲁卜林系指挥佥事，麓川杀贼功升指挥同知，建州当先升署指挥使，赍执旗牌升实授，祖、父相沿。所据麓川一级不系斩首，并建州当先、赍执旗牌，例俱该减革，本人照例革袭指挥佥事。

五辈王助，旧选簿查有：嘉靖二十六年十月，王助，年十一岁，迤北人，系锦衣卫镇抚司带俸故指挥佥事王铉嫡长男，照例与全俸优给，至嘉靖二十九年终住支。

旧选簿查有：嘉靖三十年二月，王助，迤北人，系锦衣卫镇抚司带俸达官指挥佥事王铉嫡长男，出幼袭职。

六辈王勤，万历六年十一月，王勤，年三十二岁，迤北人，系锦衣卫镇抚司带俸故达官指挥佥事王助堂弟，达官不比。

七辈王敬民，万历四十七年四月，大选过锦衣卫镇抚司带俸达官指挥佥事一员王敬民，年三十二岁，系老带俸达官指挥佥事王勤嫡长男，达官例不比试。

八辈王之恩，崇祯十年九月补八月大选过锦衣卫南镇抚司带俸达官指挥佥事一员王之恩，年二十七岁，系故带俸达官指挥佥事王敬民嫡长男，达官不比。

王虎·指挥佥事

缺。

一辈孛台，缺。·394·

二辈倒剌，旧选簿查有：正统元年五月，倒剌，系锦衣卫镇抚司带俸故达官所镇抚孛台嫡长男，钦准袭职。

三辈台剌，旧选簿查有：正统五年正月，台剌，系锦衣卫镇抚司带支俸故达官所镇抚倒剌亲弟，钦准袭职。副千户功次，正统七年麓川功次，锦衣卫所镇抚升副千户台剌。

① 《明宪宗实录》卷76，成化六年二月丙寅，“升锦衣卫指挥同知……带俸指挥同知……王伦为署指挥使……俱以从征建州并荆襄等处有功，所司误列衔名，乱其等级，至是乃改授之”；卷199，成化十六年正月己丑，“升锦衣卫署指挥使等官王伦等十人俱署职一级，以伦等自陈从总兵官朱永征建州有功故也”。

正千户功次，景泰三年香炉山功次，曲靖卫副千户升正千户台剌。指挥佥事功次，候查。

四辈亦剌，旧选簿查有：天顺七年三月，亦剌马昝，山后人，系锦衣卫镇抚司带俸故达官指挥佥事台剌庶长男。

五辈喜剌，旧选簿查有：成化八年七月，喜剌丁，山后人，系锦衣卫镇抚司带俸指挥佥事亦剌马昝堂弟，钦与世袭。

六辈王雄，旧选簿查有：正德二年二月，王雄，迤北人，系锦衣卫镇抚司带俸达官指挥同知喜剌丁更名王林嫡长男。伊父原系署指挥同知，成化二十三年遇例实授，年老，本人照例革替署指挥同知事指挥佥事。

七辈王虎，旧选簿查有：正德十四年二月，王虎，年十五岁，山后人，系锦衣卫镇抚司带俸阵亡署指挥同知王雄嫡长男。伊伯祖功升署正千户，天顺元年遇例实授，乞升指挥佥事。堂伯祖袭，绝。祖王林袭职，功升署指挥同知，遇例实授。父革替前职，阵亡。本人先已革去天顺元年遇例并乞升二级，加伊父阵亡一级，与指挥佥事俸优给，今出幼，仍袭世袭指挥佥事。

八辈王良臣，万历十五年六月，王良臣，年五十八岁，迤北人，系锦衣卫镇抚司故带俸达官指挥佥事王虎嫡长男，达官不比。

九辈王应魁，万历十九年六月，王应魁，年十八岁，迤北人，系锦衣卫镇抚司故带俸达官指挥佥事王良臣嫡长孙，达官不比。

都守仁·指挥佥事

内黄查有：都拜住，年六十四岁，迤北达子，宣德六年十月来降，告愿在京住坐，本月……千户，锦衣卫卫镇抚带俸。[①]

一辈拜住，已载前黄。

二辈兀南帖木儿，正千户功次，正统九年六月，钦升官五百七十员征云南麓川当先剿杀蛮贼有功，锦衣卫副千户升正千户二十五员内一员兀南帖木儿。

① 《明宣宗实录》卷84，宣德六年十月甲辰，“迤北鞑靼拜住、猛克卜罗等来归，奏愿居京自效，命为副千户等官……仍命有司给房屋、器物如例”。

指挥佥事功次，天顺元年……六十三员调……一级，锦衣卫正千户升指挥佥事十九员内一员兀南帖木儿。• 395 •

三辈虎秃秃，审稿查有：零选内开，虎秃秃，山后人，系锦衣卫镇抚司带俸故达官指挥佥事兀南帖木儿庶长男。

四辈都钦，旧选簿查有：正统二年十二月，都钦，山后人，系锦衣卫镇抚司带俸故达官指挥佥事虎脱脱更名都玉嫡长男。

五辈都守仁，旧选簿查有：嘉靖三十九年四月，都守仁，年十六岁，遆北人，系锦衣卫镇抚带俸达官指挥佥事都钦亲孙。[①]

李氏，万历五年十月，李氏，年五十八岁，遆北人，系锦衣卫镇抚司故达官指挥佥事都守仁［母］。户无承袭之人，照例与俸五石优养，终身住支。[②]

王一登 • 指挥佥事

零选簿查有：王智，年四十六岁，遆北人，系锦衣卫镇抚司故绝带俸达官指挥佥事王勇亲弟。[③]

万历四十八年六月，单本选过锦衣卫镇抚司带俸达官指挥佥事一员王一登，年三十三岁，系老带俸达官指挥佥事王智嫡长男，达官不比。

王一举，崇祯十三年六月，大选过锦衣卫镇抚司带俸达官指挥佥事一员王一举，年五十一岁，系故带俸达官指挥佥事王一登亲弟，达官不比。

王钦 • 指挥佥事

内黄查有：宋得，咸宁县人，丙申年归附从军，丁酉年选杂造局弓匠，洪武三十二年攻围真定，除杂造局大使，三十四年丽正门外对敌守城，永乐元年钦取赴京升羽林前卫指挥佥事。王容系宋得嫡长男，父的姓王，先年间通房与军人宋仲仁为义男，就顶义父姓代当军役，历升前职，复姓名王得。为因老疾，容于永乐十九年十月

① 此四辈都钦、五辈都守仁选条所载，又见《明档》本册第404页“又一员 • 都守仁”选簿。

② 该李氏履历，又见《明档》本册第325页“李氏”选簿。

③ 此选簿王勇、王智相继承袭指挥使之记载，又见《明档》本册第469页“又一员 • 王智”选簿。

钦准替授本卫指挥佥事，宣德元年调锦衣卫，与世袭。①

一辈宋得，已载前黄。

二辈王容，旧选簿查有：永乐十九年十月，王容，系羽林前卫老疾指挥佥事王得旧名王弓儿嫡长男。

三辈王昱，旧选簿查有：天顺元年三月，王昱，咸宁县人，系留守后卫失陷世袭指挥佥事王容嫡长男。• 396 •

四辈王佐，旧选簿查有：成化二十二年四月，王佐，咸宁县人，系锦衣卫故袭指挥佥事王昱嫡长男。

五辈王佑，旧选簿查有：弘治九年二月，王佑，咸宁县人，系锦衣卫带俸故世袭指挥佥事王佐嫡弟。

六辈王保，旧选簿查有：正德二年七月，王保，咸宁县人，系锦衣卫带俸故世袭指挥佥事王佑庶长亲兄。

七辈王钦，旧选簿查有：嘉靖十二年八月，王钦，年十六岁，咸宁县人，系锦衣卫带俸故指挥佥事王保嫡长男。

张德灿

崇祯十五年九月，单本选过锦衣卫指挥佥事一员张德灿，年三十七岁，系〈系〉故指挥佥事张德炜亲弟，比中三等。②

永受 • 指挥同知

［缺］。

一辈奥鲁赤。③

---

① 《明太宗实录》卷 20 下，永乐元年五月壬辰，“升杂造局大使宋得为羽林前卫指挥佥事”。《明宣宗实录》卷 18，宣德元年六月己巳，“调行在……羽林前卫指挥佥事王容皆任行在锦衣卫”。

② 此选簿所载张德灿为《明档》本册第 333—334 页“张德炜 • 指挥佥事”选簿所载张德炜亲弟。

③ 《明太宗实录》卷 265，永乐二十一年十一月乙酉，“授忠勇王金忠部下官察卜、奥鲁赤……等七员为都指挥”。

二辈乃颜帖木儿。

三辈者儿哈剌。[①]

四辈克失秃。• 397 •

五辈俺台儿。

六辈永受，零选簿查有：永受，山后人，系锦衣卫缜抚司带俸故达官世袭指挥同知俺台儿嫡长男。

七辈王斌，万历七年八月，王斌，年四十八岁，山后人，系锦衣卫镇抚司年老带俸达官指挥同知永受嫡长男，系达官，例不比试。

八辈王承荫，万历四十七年四月，大选过锦衣卫镇抚司带俸达官指挥同知一员王承荫，年三十九岁，系故带俸达官指挥同知王斌长孙，达宫例不比试。

王忠

万历十六年正月，单本选过锦衣卫镇抚司带俸达官指挥佥事一员王忠，年四十三岁，女直人。宝簿查有：始祖力哈原系宣德三年来降达官，授指挥佥事，送本卫司带俸，正统七年麓川功升指挥同知，故。锁住，疾未袭，弟奴才借袭，天顺五年两广功升指挥使。侄王玺还职，优袭，疾。王玉系弟，借替。王淳告取袭间故绝。王浦系玉男，袭革指挥同知，故，无嗣。父王江嘉靖二十七年三月袭革达官指挥佥事，今老。忠系嫡长男，照旧替达官指挥佥事，达官不比。

章纲 • 指挥佥事

内黄查有：章狗儿，迤北达子。有父火儿忽歹，宣德七年赴京朝贡，钦升本卫指挥佥事，八年又赴京朝贡，愿住坐锦衣卫镇抚司带管支俸，王统十年故。狗儿系嫡长男，十一年袭指挥佥事，仍与本卫镇抚司带管支俸。

① 《明宣宗实录》卷103，宣德八年六月甲午，“行在右军都督蒋信奏：故忠勇王金忠所部鞑官都指挥乃颜帖木儿等卒，其子者儿哈剌等乞袭职优给。行在兵部言，都指挥同知、佥事例不应袭。上曰：彼皆举家归款，当特优之。遂命者儿哈剌……皆袭职”。《明英宗实录》卷201，景泰二年二月癸巳，“礼部奏，锦衣等卫带俸都指挥同知者儿哈剌等六员相继卒，遣官赐祭”。

一辈火儿忽歹，已载前［黄］。• 398 •

二辈狗儿，旧选簿查有：正统十一年五月，狗儿，系锦衣卫镇抚司故达官指挥佥事火儿忽歹嫡长男，钦准袭职。

指挥同知功次，钦升簿内查有：景泰三年征福建沙尤等处杀贼有功锦衣卫指挥佥事升指挥同知一员狗儿。

三辈伯颜帖木儿，旧选簿查有：成化八年八月，伯颜帖木儿，即章福，山后人，系锦衣卫镇抚司故达官指挥同知狗儿嫡长男，钦与世袭。

四辈章镗，旧选簿查有：弘治十六年六月，章镗，山后人，系锦衣卫镇抚司带俸达官世袭指挥同知章福嫡长男。

五辈章纲，旧选簿查有：嘉靖十一年十月，章纲，年三十五岁，迤北人，系锦衣卫镇抚司带俸故达官指挥同知章镗嫡长男。伊曾祖狗儿原袭指挥佥事，景泰元年福建当先升前职，祖、父相沿。所据当先升级例应减革，本人照例革袭祖职指挥佥事。①

赵用先·指挥佥事

崇祯八年十月，大选过锦衣卫南镇抚司带俸达官指挥佥事一员赵用先，年十九岁，系故带俸达官指挥佥事赵应龙嫡长男，达官不比。

矮以幽·指挥佥事

内黄查有：艾忽先，迤北人。祖完者秃，洪武二十年充平阳卫军，改虎贲右卫……送锦衣卫带管，十三年撒马罕公干升锦衣卫带俸百户，十六年撒……八年撒马罕公干升本卫带俸流官指挥佥事，正统三年故。父胎患残疾，兄六儿系亲……系亲弟，八年优给，景泰四年袭，七年故，无嗣。忽系亲弟，天顺元年袭授锦衣卫镇抚司带……

一辈完者秃，已载前黄。

二辈六儿，旧选簿查有：正统六年闰十一月，六儿，年十五岁，系锦衣卫镇抚司带管故达官指挥佥事完者秃嫡［长孙］。

① 又有章纲嫡长男章铎履历，见《明档》本册第350页“镇抚带俸指挥佥事一员·章铎”选簿。

三辈哈撒，旧选簿查有：景泰四年三月，哈撒，山后人，系锦衣卫镇抚司带俸故达官指挥佥事六儿亲弟。

四辈艾忽先，已载前黄。

五辈矮林舍，旧选簿查有：零选内开，正德四年四月，矮林舍，系锦衣卫镇抚司带俸达官年老指挥佥事忽先嫡长男。• 399 •

六辈矮以幽，旧选簿查有：嘉靖二十四年四月，矮以幽，年七岁，迤北人，系锦衣卫镇抚司带俸年老指挥佥事矮林舍庶长男，照例与全俸优给，至嘉靖三十一年终住支。

旧选簿查有：嘉靖三十四年四月，矮以幽，年十七岁，迤北人，系锦衣卫镇抚司年老指挥佥事矮林舍庶长男，优给出幼袭职。

七辈矮为贵，万历九年四月，矮为贵，年十五岁，迤北人，系锦衣卫镇抚司故带俸指挥佥事矮以幽嫡长男，年幼未比。

万历十四年十二月十二日，矮为贵，比试弓马，考中一等。

八辈矮承爵，天启二年十月，大选过锦衣卫镇抚司带俸指挥佥事一员矮承爵，年三十六岁，系故带俸指挥佥事矮为贵嫡长男，比中三等。

九辈矮德皋，崇祯六年二月，大选过锦衣卫南镇抚司带俸指挥佥事一员矮德皋，年二十一岁，系故带俸指挥佥事矮承爵嫡长男，比中二等。

王学·指挥佥事

外黄查有：王阿儿，女直人，永乐二年来降，除建州卫所镇抚，永乐七年升副千户，八年静虏镇杀败胡寇升正千户，宣德九年擒拿达贼脱脱，十年升指挥佥事，仍于锦衣卫镇抚司带俸。

一辈王阿儿，已载前黄。

二辈王瓒，旧选簿查有：成化四年七月，王瓒，伊伯王阿儿原系锦衣卫镇抚司带俸故达官指挥佥事，本人系亲侄，袭职①。

三辈王英，旧选簿查有：弘治十一年十二月，王英，年三十一岁，曾祖王文殊奴，

① 《明宪宗实录》卷56，成化四年七月辛巳，“命故锦衣卫达官指挥佥事王阿儿秃从子王瓒袭职”。

三万卫人，永乐二年与同伯祖王阿秃并祖王顺前来归附，蒙将伯祖王阿儿秃升建州卫所镇抚，七年七月内赴京，送锦衣卫锦衣中所带俸，本年八月内加升副千户，八年迤北征进阿鲁台功升正千户，十九年迤北功升指挥佥事，故绝。父王瓒袭职，今病故。英系嫡长男，仍袭指挥佥事。

四辈王学，旧选簿查有：嘉靖十八年八月，王学，三万户人，系锦衣卫镇抚司带俸故达官指挥佥事王英男。

五辈王诏，万历二十二年八月，王诏，年四十七岁，系锦衣卫镇抚司老带俸达官指挥佥事王学次男，达官不比。

六辈王诰，万历四十四年十二月，大选过锦衣卫镇抚司带俸达官指挥佥事一员王诰，年三十八岁，系故带俸达官指挥佥事王诏堂弟，达官不比。• 400 •

何雄 • 指挥佥事

缺。

一辈失儿哈，已载二辈下。[①]

二辈朵来火者，旧选簿查有：天顺四年四月，朵来火者，系锦衣卫镇抚司带俸故达都指［挥同知失儿］哈嫡长孙……副千户俸优给，出幼，钦准袭指挥佥事。[②]

三辈何英，旧选簿查有：弘治九年六月，何英，年十五岁，迤北人。曾祖失儿哈宣德七年来降，升都指挥佥事，送锦衣卫镇抚司带俸，正统七年麓川杀贼功升指挥同知，故。祖俺克帖木儿未袭先故。父朵来火者照例革袭指挥佥事，具告更名何宽，成化十六年窑山墩杀贼功升指挥同知，弘治八年病故。英系嫡长男，保送袭职，仍袭指挥同知。

四辈何雄，旧选簿查有：嘉靖十六年八月，何雄，年四十八岁，迤北达子，系锦衣卫镇抚司带俸故绝达官指挥同知何英亲弟。伊父朵来火者原袭来降指挥佥事，窑山墩当先杀贼升指挥同知，兄沿袭。所据窑山墩当先职级例应减革，本人照例革袭指挥佥事。

---

① 《明宣宗实录》卷 78，宣德六年四月己未，“迤北鞑官失都等四十九人携家属三百余口来归，皆奏愿居京自效。行在兵部礼部第为五等以闻。上命……使臣失儿哈俱为都指挥佥事”。

② 此一辈失儿哈、二辈朵来火者选条履历，又见《明档》本册第 411 页“又一员 • 朵来火者”选簿。

马启文

天启三年闰十月，大选过锦衣卫镇抚司带俸达官指挥佥事一员马启文，年四十五岁，系故带俸达官指挥佥事马应隆嫡长男，达官不比。[①]

黄世勋·指挥佥事

内黄查有：黄忠。父黄思信，洪武九年充宣武卫［军］，调兴州中屯卫，老疾。忠代役，守城升小旗，调燕山右卫，又调武城（成）中卫右所，攻济南升总旗，西水寨升试百户，调燕山右护卫，三十五年渡淮河升副千户，金川门升本所正千户，改金吾左卫。

一辈黄忠，已载前黄。·401·

二辈黄瑄，旧选簿查有：宣德八年十一月，黄［瑄，系］武骧右卫中中所故世袭正千户黄忠嫡长男。

指挥佥事功次，景泰元年二月钦升查有：德胜门等处杀贼有功升一级，武骧右卫正千户升指挥佥事黄瑄。

三辈黄义，旧选簿查有：天顺六年正月，黄义，含山县人，系武骧右卫故指挥佥事黄瑄嫡长男。[②] 天顺八年八月，黄义，原系武骧右卫指挥佥事，改调锦衣卫指挥佥事。

四辈黄纲，旧选簿查有：弘治元年五月，黄纲，含山县人，系锦衣卫故世袭指挥佥事黄义嫡长男。

五辈黄世勋，旧选簿查有：嘉靖六年四月，黄世勋，含山县人，系锦衣卫故世袭指挥佥事黄纲嫡长孙。伊父未袭先故，本人告袭。

六辈黄继文，万历五年十二月，黄继文，年四十岁，含山县人，系锦衣卫带俸年老指挥佥事黄世勋嫡长男，比中二等。

张氏，年五十一岁，系锦衣卫故指挥佥事黄继文妻。户无承袭之人，万历二十五年二月，单本，月与米二石，优养终身。

---

① 本选簿马启文父马应隆，或即《明档》本册第354—355页“又一员·马应隆”选簿所载马应隆。

② 《明英宗实录》卷336，天顺六年正月庚申，“命故……武让（骧）右卫指挥佥事黄瑄子义俱袭职”。

李杲·指挥佥事

外黄查有：李钦，迤北人。曾祖鲁都里，永乐八年招谕赴京升指挥佥事，回辽东……九年送锦衣卫镇抚司带俸，正统二年故。[①] 祖打打龙荅系庶长男，景……两广杀贼有功，七年升指挥同知，成化元年两广杀贼有功，二年升指挥使，故。父李……嫡长男，幼，袭，正德八年故。钦系嫡长男，袭指挥使。

一辈鲁都里，已载前黄。

二辈打打龙荅，已载前黄。

三辈李英，旧选簿查有：成化十年三月，李英，幼名福僧，山后人，系锦衣卫镇抚司故带俸达官指挥使打隆哈嫡长男，钦与世袭。

四辈李钦，旧选簿查有：正德八年十二月，李钦，山后人，系锦衣卫镇抚司带俸故达官指挥使李英嫡长男。

五辈李杲，旧选簿查有：嘉靖二十三年八月，李杲，年三十一岁，迤北人，系锦衣卫镇抚司带俸年老达官指挥使李钦嫡长男。伊曾祖打龙荅以指挥佥事天顺五年两广功升指挥同知，成化元年两广功升指挥使，祖、父沿袭。所据两广功无擒斩，俱应减革，本人照例革替指挥佥事。·402·

史文奎·署指挥同知事指挥佥事

崇祯三年二月，大选过锦衣卫镇抚司带俸达官署指挥同知事指挥佥事一员史文奎，年二十岁，系故带俸署指挥同知事指挥佥事史栾亲侄，达官不比。

指挥佥事一员·梁勇

正德八年六月，梁勇，年三岁，迤北人，系锦衣卫镇抚司带俸故达官指挥同知梁兴嫡次男。伊父原袭署指挥同知，遇例实授，本人照例革与指挥佥事俸优给，至正德

---

① 《明英宗实录》卷164，正统十三年三月己酉，“礼部奏……锦衣卫带俸指挥佥事鲁都里……前后卒，例遣官赐祭，从之”。实录载该鲁都里亡故时间与选簿不同。

十九年终住支，出幼，仍袭署指挥同知事指挥佥事。

又一员·孙铭

天顺七年十二月，锦衣卫正千户升指挥佥事孙贵。

成化二十年四月，孙英，山后人，系锦衣卫镇抚司带俸达官〈指挥〉指挥佥事孙贵嫡长男，钦与世袭。

正德二年九月，孙贤，山后人，系锦衣卫镇抚司带俸年老达官指挥佥事孙英嫡长男。

正德五年八月，孙铭，山后人，系锦衣卫镇抚司带俸故达官指挥佥事孙贤嫡长男。

又一员·刘景芳

正德十五年二月，刘景芳，年十六岁，辽阳人，系锦衣卫中后所带俸故指挥佥事刘宗嫡长男，优给出幼袭职。限外多支俸一年，查扣毕日关支。[①] ·403·

又一员·都守仁

正德二年十二月，都钦，山后人，系锦衣卫镇抚司带俸故达官指挥佥事虎脱脱更名都玉嫡长男。

嘉靖三十九年四月，都守仁，年十六岁，迤北人，系锦衣卫镇抚司带俸达官指挥佥事都钦亲孙。[②]

又一员·马文魁

正德十二年六月，马良，迤北人，系锦衣卫镇抚司带奉年老达官署指挥同知马俊

---

① 本选簿所载刘宗，应即《明档》本册第355—356页“又一员·刘宗”选簿所载刘宗。

② 此都钦、都守仁等二辈选条，又见《明档》本册第395—396页“都守仁·指挥佥事”选簿四辈都钦、五辈都守仁选条。

嫡长男。伊曾祖哈剌竹原系百户，历功升正千户。祖马信即捨伯儿钦袭指挥佥事，功升……人，照例革去钦袭一级，与替署指挥佥事。

万历五年十月，马镗，年二十九岁，迤北人，系锦衣卫……［指］挥佥事马良嫡长孙，革遇例与袭署指挥佥事。

万历二十五年四月，马文魁，年三十三岁，系锦衣卫镇抚司故带俸达官署指挥佥事马彪嫡长男。①

又一员·吴椿

嘉靖五年十二月，吴椿，年十五岁，大兴县人，系锦衣卫［故］……皇亲转升正千户，又比例乞恩，奉特旨升［指挥］……由军功，例难承袭。具题，奉圣旨“准袭指挥佥事”。

年远事故一员·孙瑄

正统元年闰六月，孙通，系锦衣卫故世袭指挥佥事孙林嫡长男。②

成化元年八月，孙英，年二十一岁，武定州人，系锦衣卫指挥佥事孙通嫡长男。

弘治四年四月，孙瑄，武定州人，系锦衣卫革职世袭指挥佥事孙英嫡长男。

又一员·赵鲁

成化十四年二月，赵鲁，迁安县人，系锦衣卫故指挥同知赵能嫡长男，今袭指挥佥事于……③ ·404·

---

① 此马文魁有嫡长男马一龙，其履历见《明档》本册第363页“马一龙”选簿。

② 《明英宗实录》卷19，正统元年闰六月乙酉，“命……锦衣卫指挥佥事孙林子通……俱袭职”。

③ 《明宪宗实录》卷2，天顺八年二月甲辰，“调金吾左卫指挥佥事赵能于锦衣卫管事。上以能笃实可用，故任之”；卷166，成化十三年五月己卯，“升锦衣卫指挥佥事赵能为本卫指挥同知……俱于锦衣卫管事”；卷172，成化十三年十一月庚寅，“锦衣卫指挥同知赵能卒。能，字邦彦，其先直隶迁安县人，袭世职为金吾左卫指挥佥事，领禁兵兼隶三千营典中军旗纛，每退朝，侍卫前导，英庙目熟

又一员·吴祥

弘治三年四月，吴祥，山后人，系锦衣卫镇抚司带俸指挥同知吴诚嫡长男。父原系署指［挥］同知，成化二十三年遇例实授，本人照例革替署指挥同知事指挥佥事。

又一员·打兰塔彬

成化元年五月，朵罗秃，年二十四岁，山后人，系锦衣卫镇抚司带俸达官指挥佥事虎多荅嫡长男，与世袭。

成化十三年二月，打兰塔彬，山后人，系锦衣卫镇抚司故达官署指挥同知事指挥佥事朵罗秃亲弟。

又一员·乩儿的

成化十年三月，乩儿的，山后人，系锦衣卫镇抚司带俸故指挥佥事奄克台嫡次男。

又一员·六十

天顺七年十二月，锦衣卫正千户升指挥佥事脱火歹。

弘治三年四月，六十，年十三岁，山后人，系锦衣卫镇抚司带俸达官指挥同知脱火台嫡长男。伊父原系功升署指挥同知，成化二十三年遇例实授，今年老，照例革与本人署指挥同知事指挥佥事俸优给，至弘治四年终住支。

焉。天顺辛巳，以营籍从征西广，行至九江，被召而还。甲申，用兵部荐改锦衣卫管事。久之，迁同知，卒。命有司谕祭。子鲁袭为本卫指挥佥事带俸”。《明孝宗实录》卷15，弘治元年六月乙巳，“改注……锦衣卫指挥佥事赵鲁……于南京锦衣卫管事”；卷175，弘治十四年六月戊寅，“命……守备沂州署都指挥佥事赵鲁五军营左掖管操”。

又一员・冩令班

成化元年五月，都剌忻，年二十二岁，迤西人，系锦衣卫镇抚司带俸达官指挥佥事堇来嫡长男，钦与世袭。

成化十二年十月，冩令班，迤西人，系锦衣卫镇抚司故带俸世袭达官指挥佥事阿都剌忻嫡长男。

又一员・陈瑺・405・

天顺七年十二月，锦衣卫正千户升指挥佥事陈昇。

成化十九年二月，陈瑺，年十五岁，颍上县人，系锦衣卫镇抚司带俸故指挥佥事陈昇庶长男。

又一员・僧保

景泰三年四月，黑狗，系锦衣卫镇抚司带俸故达官指挥佥事猛可亲叔。①

成化十九年九月，克失秃，山后人，系锦衣卫镇抚司带俸故世袭达官指挥佥事黑狗嫡长男。

弘治八年六月，僧保，山后人，系锦衣卫镇抚司带俸故世袭达官指挥佥事克失秃亲弟。

又一员・关住儿

成化二十年二月，刘聚，山后人，系锦衣卫镇抚司带俸达官故世袭指挥佥事阿剌哈即刘辅庶长男。

弘治五年十一月，关住儿，年一岁，山后人，系锦衣卫镇抚司故带俸达官指挥佥

① 《明英宗实录》卷161，正统十二年十二月庚辰，“升瓦剌正使都指挥同知皮儿马黑麻为都指挥使……授猛可为指挥佥事，俱赐冠带袭衣”。

事刘聚嫡次男，钦与全俸优给，至弘治十八年终住支。

又一员·住儿

景泰六年三月，皂狗儿，系锦衣卫镇抚司带俸达官副千户猛可秃嫡长男。父调征云南孟阳阵亡，例升二级，本人先因年幼，照例已升与指挥佥事俸优给。今出幼，该袭升流官指挥佥事。①

成化十二年七月，住儿，年四岁，山后人。有父皂狗儿，系锦衣卫带俸正千户，征［进两］广杀贼阵亡，例升一级。本人系嫡长男，年老（幼），已与指挥佥事俸优给。②今出幼，袭指挥佥事……

又一员·周漳

弘治十一年四月，周漳，宣府（州）卫人，系后军都督府右都督周玉嫡长孙。伊曾祖周贤系……·406·亡。伊祖袭升都指挥同知，历升前职，充甘肃总兵官，病故。③因……边备……钦依“周玉，待他男袭职降二级”，续该本人赴部袭职，本部题奉……

又一员·脱八儿

永乐十五年五月，咬纳，系北京锦衣中所带支俸故达官指挥佥事牙失罕嫡长男，

---

① 此皂狗儿及猛可秃履历，又见《明档》本册第418—419页“王东·署指挥佥事事正千户”选簿二辈皂狗儿选条。

② 《明宪宗实录》卷14，成化元年二月甲申，“命……锦衣卫正千户……皂狗儿子住儿袭升指挥佥事，俱以从征两广阵亡功也”。

③ 《明孝宗实录》卷96，弘治八年正月壬寅，“后军都督府右都督周玉卒。玉字廷璧，直隶滁州人。其父贤以都督佥事镇守独石，天顺初死于战阵。玉袭，授万全都司都指挥同知，成化初充游击将军，以军功迁都指挥使，进后府，署都督佥事，寻实授，充宣府副总兵。十三年充总兵官，镇守宣府，复累功三转至署右都督。十九年移镇宁夏，二十二年移镇甘肃，用诏例实授右都督。以疾屡乞解任，还京师，行至宣府，卒。讣闻，赐祭葬如例，谥‘武僖’。玉没后，言者劾其败军失律及占种屯田之罪。上命：俟其子袭职时降二级”。

钦与［世袭］。

成化三年三月，保儿，女直人，系锦衣卫镇抚司带俸故达官指挥佥事咬纳即咬刺庶长……

弘治三年四月，脱八儿，年十六岁，山后人，系锦衣卫镇抚司带俸指挥佥事保儿嫡长男……系署指挥佥事，天顺元年遇例实授，病故。父袭职，为事革职。本人先因年幼，已……俸优给，今出幼，遇例，该袭实授指授（挥）佥事。

又一员・革来

正统九年四月，速来蛮，系哈密地面回回，先该忠顺王节次差奏使臣前来朝贡，已历升指挥佥事，情愿在京住坐报效，止依见职给赏冠带，于锦衣卫带俸安插。①

景泰元年八月，革来，系锦衣卫镇抚司带俸故达官指挥佥事速来蛮嫡长男。

又一员・王能

成化十五年二月，王能，山后［人］，系锦衣卫镇抚司故带俸达官指挥佥事阿者帖木儿庶长男。

又一员・阿刺丹

成化十八年八月，阿刺丹，年十五岁，迤北人，系锦衣卫镇抚司带俸达官指挥佥事苦出帖木儿庶长男。

又一员・刘瑄・407・

天顺五年八月，锦衣卫正千户升指挥佥事刘信。

---

① 《明宣宗实录》卷28，宣德二年五月丁酉，“命哈密忠顺王……所部……速来蛮为指挥佥事……赐之冠带”。

成化九年二月，刘瑄，年十五岁，辽阳人，系锦衣卫中后所故带俸指挥佥事刘信嫡长孙，与世袭。[①]

又一员·斗保

成化元年四月，猛哥帖木儿，山后人，系锦衣卫镇抚司带俸达官指挥佥事威林帖木儿嫡长男，随征获功历升总旗，今替前职，仍将总旗名粮开除。[②]

成化三年十月，斗保，山后人，系锦衣卫镇抚司带俸故达官指挥佥事猛哥铁木儿庶弟。

又一员·俺克帖木儿

成化三年二月，锦衣卫正千户升指挥佥事孛罗。

成化四年，俺克帖木儿，山后人，系锦衣卫镇抚司带俸故达官指挥佥事孛罗嫡长男。

又一员·黑厮

成化九年十二月，黑厮，山后人，系锦衣卫镇抚司故带俸达官指挥佥事必告嫡长男。

又一员·王三保

天顺二年十二月，王得，原系锦衣卫镇抚司带俸副千户，贵州开通道路，节次杀贼获功，照例升正千户，又陈情前项功次钦升一级，升指挥佥事。

天顺五年四月，王三保，女直人，系锦衣卫镇抚司带俸达官指挥佥事王得嫡长男。

---

① 该选簿所载，与《明档》本册第410页“又一员·刘通”选簿可相互补充。

② 《明宣宗实录》卷108，宣德九年正月丙子，“迤北和宁王阿鲁台部属威林帖木儿等率妻子四十六人来归，奏愿居京自效。命为副千户等官……仍命有司给房屋、器物如例”。

又一员·俺克帖木儿

天顺二年十二月，俺克帖木儿。[伊父] 原系锦衣卫镇抚司带俸署副千户事百户，贵州开通道路·408·节次杀贼获功未升，老疾。本人系嫡长男，已替原职署副千户，遇例实授，照例与伊父未升一级升正千户，又陈情前项功次，升一级升指挥佥事。

又一员·范雄

永乐七年二月，范雄，系锦衣卫故指挥佥事范理嫡长孙，敬准袭世袭指挥佥事。

正统二年，锦衣卫范雄，系锦衣卫指挥佥事。

正统九年四月，锦衣卫带俸署都指挥佥事升实授都指挥佥事范雄，仍于本卫带俸。①

又一员·刘纪

正统七年十二月，刘海，系锦衣卫左所故世袭百户刘庸嫡长男。

天顺元年九月，刘纪。有父刘海，原系锦衣卫左所正千户，于甘肃等处……获功，未升病故。本人已袭正千户，后加与伊父获功一级，照例升……

又一员·陈復

天顺六年六月，陈復，系锦衣卫镇抚司带俸故指挥……弟陈鑑试百户俸优给，亦故，钦与本人指挥……今出幼，该袭流官指挥佥事，仍在锦衣卫镇抚司带俸。

---

① 《明英宗实录》卷148，正统十一年十二月壬寅，“升……锦衣卫带俸都指挥佥事范雄……俱署都督佥事事”；卷164，正统十三年三月庚寅，“命署都督佥事……范雄俱实授都督佥事”；卷214，景泰三年三月辛丑，“升中军都督事范雄为都督同知，以剿闽寇功也”；卷275，天顺元年二月乙未，“命……都督范雄理前军都督府事”；卷358，天顺七年十月辛卯，“南京前军都督同知范雄年老乞致仕，命其子瑄代雄原职指挥佥事，于南京锦衣卫带俸”。《明宪宗实录》卷15，成化元年三月己未，“致仕南京前军都督府都督同知范雄卒。雄，河南杞县人，永乐六年袭锦衣卫指挥佥事，历升都督同知。天顺元年改掌南京前府事，未几，以老罢。至是，卒。赐祭葬如例”。

又一员·曹玄

天顺元年正月，曹玄，系太监吉祥侄男，天顺元年正月二十一日钦升锦衣卫正千户，本月二十二日与世袭。①

景泰七年九月，曹论，年六岁，滦州人，系锦衣卫带俸故指挥佥事曹源庶长男，钦与全俸优给，至……·409·年终住支。

又一员·克失秃

弘治九年二月，克失秃，山后人，系锦衣卫镇抚司带俸故达官功升指挥佥事杨景亲弟，钦与世袭。

又一员·脱昇

成化二十二年十一月，脱昇，山后人，系锦衣卫镇抚司带俸故世袭达官指挥佥事脱成嫡长男。

又一员·刘通

成化十三年八月，刘通，辽阳人，系锦衣卫中后所带俸故世袭指挥佥事刘信嫡长男。先因患病不堪承袭，伊男刘瑄袭职，今病故，本人前病痊可，查勘明白，该与世袭。②

又一员·长受

成化二十年十一月，长受，迤北人，系锦衣卫镇抚司带俸故达官指挥佥事把秃嫡

① 《明英宗实录》卷274，天顺元年正月丁亥，"以迎驾功升太监曹吉祥……侄铉……俱为锦衣卫世袭指挥佥事，且敕吉祥等敕书褒谕之"。

② 该"又一员·刘通"选簿所载，与《明档》本册第407—408页"又一员·刘瑄"选簿所载可相互补充。

长男。

又一员·阿剌哈

永乐八年八月，王七十五，原系鸿胪寺左少卿，因差往塔滩山等处招谕达达回还，永乐七年十二月十三日钦升锦衣卫正千户，因征剿胡寇有功，今升本卫指挥佥事。[①]

景泰二年三月，阿剌哈，系锦衣卫镇抚司故带俸指挥佥事阿里黑庶长男。先因年幼，已与优给，今出幼袭职。

又一员·庄敬

永乐八年九月，庄敬，系府军卫中所世袭正千户，永乐四年九月初三日调锦衣卫锦衣左所，升本卫指挥佥事。[②]

又一员·孛罗台·410·

景泰元年八月，孛罗台，系锦衣卫镇抚司带俸达官副千户脱脱不花嫡长男。父攻克金沙江等寨，与蛮贼对敌阵亡，照例升二级，该袭指挥佥事。

---

① 《明太宗实录》卷46，永乐三年九月甲寅，“升鸿胪寺序班王七十五为本寺左寺丞，以其谙通北虏语言文字，故进用之”；卷67，永乐五年五月癸亥，“升鸿胪寺左寺丞王七十五为本寺右少卿”；卷94，永乐七年七月甲午，“升鸿胪寺右少卿王七十五为本寺左少卿”；卷107，永乐八年八月乙未，“升……锦衣卫千户……徐晟俱为本卫指挥佥事。晟即王七十五复姓名云”。《明仁宗实录》卷3下，永乐二十二年十月庚申，“升锦衣卫指挥佥事徐晟为本卫指挥同知，鸿胪寺左少卿哈的为指挥佥事。晟，鞑靼人，初名七十五；哈的，回回人。二人自永乐初以翻译外夷文字召用，后凡西北二虏及南夷之事二人悉与闻之。晟颇机警，哈的诚确，屡见收用。至是，以其更事久，故复升之”。

② 《明太宗实录》卷108，永乐八年九月癸酉，“升……锦衣卫千户庄敬为指挥佥事”；卷178，永乐十四年七月乙巳，“掌锦衣卫事都指挥佥事纪纲有罪伏诛……与指挥佥事庄敬等兴贩私盐……事觉，时敬在海上，逮至。上命磔纲、敬于市，籍其家，无少长咸谪戍边”。

又一员·帖英

洪熙元年二月，帖木儿，系锦衣卫安插带支俸故达官指挥佥事阿儿鲁嫡长男，敬准袭职。

正统三年八月，帖英，旧名不颜台，系锦衣卫带支俸故达官指挥佥事帖木儿嫡长男，敬准袭职。[①]

又一员·亦剌马咎

天顺二年四月，亦剌马咎，年十一岁，山后人，系锦衣卫镇抚司带俸故达官指挥佥事白剌庶长男，钦与全俸优给，至天顺六年终住支。

又一员·乃儿

永乐十一年八月，朵儿只，系锦衣卫正千户，今升本卫指挥佥事，支俸不管事。

永乐二十一年三月，乃儿，系锦衣卫故达官指挥佥事朵儿只堂弟。

又一员·朵来火者

天顺四年四月，朵来火者，系锦衣卫镇抚司带俸故达官都指挥同知失儿哈亲嫡长孙。先因年幼，照例已与副千户俸优给，出幼，钦准袭指挥佥事。[②]

又一员·张纲

弘治十六年十二月，张纲，山后人，系锦衣卫镇抚司带俸达官功升指挥佥事张宣

---

① 《明英宗实录》卷 45，正统三年八月乙卯，“命故……锦衣卫带俸达官指挥佥事帖木儿子瑛……俱袭职”。

② 此选簿所载失儿哈、朵来火者履历，又见《明档》本册第 401 页“何雄·指挥佥事”选簿一辈失儿哈、二辈朵来火者选条。

庶长男，与世袭。[①]

又一员·六十四·411·

成化十六年二月，哈剌苦出，迤北人，系锦衣卫镇抚司故带俸达官指挥佥事猛可失剌庶次男，与世袭。

成化二十一年二月，六十四，年二岁，山后人，系锦衣卫镇抚司带俸故达官［指挥］佥事哈剌……钦与全俸优给，至成化三十三年终住支。

又一员·剌那孩

天顺八年七月，剌那孩，系锦衣卫镇抚司带俸正千户，两广杀贼……哈那剌海开报，照例改正剌那孩名字，升指挥佥事。

又一员·党哥

永乐十一年十二月，纽歹，原系庆河卫女直，保送赴京，奏愿在京住坐，钦除指挥佥事，北京锦衣卫中……

正统十二年二月，党哥，系锦衣卫镇抚司带俸故达官指挥佥事纽歹堂弟，钦准袭……

又一员·阿定

弘治十二年六月，阿定，山后人，系锦衣卫镇抚司故世袭达官指挥佥事把儿沙亲弟。

---

① 该簿所载张纲履历，又见《明档》本册第419页“张承恩·署指挥佥事事正千户”选簿四辈张纲选条。

又一员·亦不剌金

成化三年四月，亦不剌金，年三十岁，达达人，原系锦衣卫镇抚司带俸副千户，两广杀贼军前奇功升正千户，后因册内功次仍作副千户开报，重升正千户，照例改正升指挥佥事。[①]

又一员·刘镛

永乐元年七月，刘镛，系锦衣卫故世袭指挥佥事刘贵嫡长男。

又一员·张敬·412·

正统四年五月，张敬，系锦衣卫流官指挥佥事张通庶长男，钦与世袭。[②]

又一员·刘敬

正统十一年二月，刘敬，系锦衣卫流官指挥佥事刘宽嫡长男，钦与世袭。[③]

---

① 《明宪宗实录》卷41，成化三年夏四月丁未，“升……锦衣卫正千户亦不剌……俱为指挥佥事。先是，茂等斩贼获功当升，有司失于铨注，今改正云”。

② 《明太宗实录》卷168，永乐十三年九月壬寅，“命兵部录官军战功。于是……锦衣卫正千户……张通……俱升流官指挥佥事”。

③ 《明英宗实录》卷314，天顺四年四月庚申，“降南京锦衣卫指挥使刘敬为千户，调辽东边卫带俸差操。敬初为指挥同知，阿附石亨冒迎驾功，累迁都指挥佥事。事觉，降指挥使。及亨败，敬言其迁官皆出自特恩，不系冒功。兵部劾敬不改正。上命锦衣卫鞫之，都察院论当赎徒，革升职。上怒其奸诈，故有是命”。《明英宗实录》卷332，天顺五年九月庚申，“升辽东三万卫千户刘敬为南京锦衣卫指挥佥事。敬，都指挥佥事门达亲也，景泰间，任锦衣卫指挥同知。天顺元年，升指挥使。寻升都指挥佥事，仍管卫事。未几，以故纵反贼罪降山东东昌卫指挥使，又以妄报功次事降千户。至是，上章自陈乞恩，故有是命。初景泰时，达革见任，赖敬援得理卫事。及敬得罪，摈而复用，达有力焉”；卷354，天顺七年七月戊戌，“升南京锦衣卫指挥佥事刘敬为指挥同知，仍旧管事”。

又一员・伯颜秃

正统元年七月，伯颜秃，系锦衣卫镇抚司带支俸故达官指挥佥事脱脱嫡长男，钦准袭职。

又一员・夏宁

正统十三年四月，夏宁，系锦衣卫镇抚司带俸故达官指挥佥事夏忠①嫡长男，钦准袭职。

又一员・弘北斗保

正统十三年四月，弘北斗保，系锦衣卫镇抚司带俸故达官指挥佥事僧哥庶长男。②

又一员・锁住

正统七年七月，锁住，系锦衣卫镇抚司带支俸故达官指挥佥事秃童哈嫡长男，钦准袭职。

又一员・拜住

天顺五年二月，拜住，系锦衣卫镇抚司带俸故达官都指挥佥事颜察儿亲侄，照例袭伯原职指挥［使］。③

---

① 《明英宗实录》卷156，正统十二年七月甲午，“礼部奏锦衣卫达官指挥佥事夏忠……卒，例应赐祭，从之”；卷165，正统十三年四月戊午，“命故……锦衣卫指挥佥事……僧哥子弘北斗保俱袭职”。

② 《明英宗实录》卷165，正统十三年四月戊午，“命故……锦衣卫指挥佥事夏忠子宁……俱袭职”。

③ 此选簿拜住及乃伯颜察儿承袭次第，又见《明档》本册第469—470页“又一员・王锐”选簿。

又一员·锺真受

正统七年六月，锺真受，改名真，年十六岁，系锦衣卫带俸故指挥佥事锺法保[①]嫡长男，钦与世袭。

又一员·咬塔

永乐二十二年十一月，咬塔，系锦衣卫住坐带支俸达官指挥佥事管捌嫡长男，钦准袭职，仍于本卫带支俸。·413·

又一员·赛列儿灰

正统七年八月，赛列儿灰，系锦衣卫达官指挥佥事脱脱嫡长男。

又一员·打龙荅

景泰三年七月，打龙荅，系锦衣卫镇抚司带俸故达官指挥佥事鲁都里庶长男。[②]

又一员·歪头

成化元年五月，歪头，山后人，系锦衣卫镇抚司带俸达官指挥佥事赛因打力嫡长男。

---

① 《明宣宗实录》卷48，宣德三年十一月癸酉，“行在锦衣卫带俸指挥锺法保奏：臣广州东莞县大步海人，知傍海横沙、潭石等处皆有珠池产大珠，请差内官同往采。上谕锦衣卫指挥王节等曰：此小人欲生事扰民以图己利，即收系于狱”。

② 此选条鲁都里、打龙荅履历，又见《明档》本册第402页“李杲·指挥佥事”选簿一辈鲁都里、二辈打打龙荅选条。

又一员・纳颜台

成化四年十月，纳颜台，山后人，系锦衣卫镇抚司故带俸达官指挥佥事可里帖该亲侄。[①]

又一员・把诚

正统十二年四月，把诚，系锦衣卫镇抚司带俸故达官指挥佥事把歹嫡长男，钦准袭职。

又一员・巴的哥

永乐九年二月，巴的哥，系锦衣卫带支俸故达官指挥佥事伯兰嫡长男。

又一员・北斗奴

正统二年四月，北斗奴，系锦衣卫镇抚司带支俸故达官指挥佥事木荅忽庶［长］男，钦准［袭职］。[②]

又一员・章清

正统十四年十月，章清，系锦衣卫征进［未回指挥佥］事道僧……[③]

---

① 此选簿所载纳颜台，当即《明档》本册第472页“又一员・狗儿”选簿所载狗儿之父。

② 《明英宗实录》卷29，正统二年四月甲申，“命……锦衣卫带俸鞑官……指挥佥事……木荅忽子北斗奴……俱代职”。

③ 本选簿所载章清履历，又见《明档》本册第311页“章文献・指挥同知”选簿四辈章清选条。

又一员·费政·414·

永乐六年十月，费政，系锦衣卫故指挥佥事费宗嫡长男。

又一员·袁鳞

永乐二十二年九月，袁鳞，系锦衣卫故世袭指挥佥事袁江嫡长孙。[①]

又一员·谢仲容

成化三年六月，谢仲容，年十五岁，永嘉县人，系锦衣卫锦衣前所指挥佥事谢俊嫡长男，与世袭。

又一员·撒音卜剌

正统八年三月，撒音卜剌，系锦衣卫镇抚司带俸故指挥佥事每的嫡长男。

又一员·裘英

永乐七年闰四月，裘英，系锦衣卫故流官指挥佥事裘顽嫡长男，先次敬袭本卫指挥佥事。

又一员·长保

正统八年十二月，长保，系锦衣卫镇抚司带支俸故达官指挥佥事黑成哥嫡长男。

---

① 《明太宗实录》卷 14，洪武三十五年十一月戊申，“升……前燕府仪卫正袁江俱为指挥佥事，江任锦衣卫”；卷 149，永乐十二年三月戊戌，“命锦衣卫指挥佥事袁江署宣府前卫事，留备御”。《明仁宗实录》卷 2 下，永乐二十二年九月甲午，“命锦衣卫故指挥佥事袁江孙麟袭职”。

又一员·虎秃秃

正统八年五月，虎秃秃，系锦衣卫镇抚司带支俸达官指挥佥事完者台嫡长男，钦准袭职。[①]

又一员·长受

正统十三年四月，长受，系锦衣卫镇抚司带俸故达官指挥佥事亦失蛮嫡长男，钦准袭职。[②]

又一员·曹真

天顺七年三月，曹真，年十五岁，山后人，系锦衣卫带俸故世袭指挥佥事以思哈嫡长男。•415•

又一员·黄家驴

正统十三年四月，黄家驴，即皇家儿，系锦衣镇抚司带俸故达官指挥佥事完者台嫡长男。[③]

优养一员·克失秃

景泰六年三月，克失秃，系锦衣卫带俸故达官指挥佥事巴连只嫡长男。

---

① 《明英宗实录》卷52，正统四年闰二月丙戌，"行在礼部奏，行在锦衣卫带俸达官指挥佥事等官完者台等八人……相继卒，例皆遣官赐祭。从之"。

② 《明英宗实录》卷165，正统十三年四月戊午，"命故……锦衣卫指挥佥事……亦失蛮子长寿……俱袭职"。

③ 《明英宗实录》卷52，正统四年闰二月丙戌，"行在礼部奏，行在锦衣卫带俸达官指挥佥事等官完者台等八人……相继卒，例皆遣官赐祭，从之"；卷165，正统十三年四月戊午，"命故……锦衣卫指挥佥事……完者台子黄家儿……俱袭职"。

正德四年四月，克失秃，年六十岁，山后人，系锦衣卫镇抚司带俸年老指挥佥事，系达官。户无承袭之人，照例与全俸优养。

又一员·殷通

弘治三年十一月，殷通，年六十四岁，山后人，系锦衣卫镇抚司带俸达官世袭指挥佥事。户无承袭之人，照例与全俸优养。

又一员·王永

正德四年二月，王永，年六十六岁，迤北人，系锦衣卫镇抚司带俸年老达官指挥佥事。已与男王谨，故绝，本人照例与全俸优养。

妇女一口·扯扯

成化八年六月，脱脱台，山后人，系锦衣卫镇抚司带俸故达官指挥佥事桶哈嫡长男。

成化十二年八月，扯扯，即卯勤，年五十一岁，山后人，系锦衣卫镇抚司故带俸达官指挥佥事脱脱台颜亲母。户内别无承袭之人，照例与五石米优养。

又一口·察哈罕·416·

天顺二年十月，察哈罕，年六十五岁，山后人，系锦衣卫镇抚司带俸故达官都指挥佥事那木剌嫡母。别无应袭之人，照例该与五石米优养。

又一员·王承

嘉靖十三年二月，王峦，迤北人。始祖伯颜台永乐十二年来降，升所镇抚，注锦衣卫……本卫司带俸，故。[①] 高祖鬼黑麻赤系亲男，优袭，正统九年临水堡功升百户……故。安住儿袭，故。锺袭，故。峦系亲男，革袭试所镇抚。

万历二年八月，王承，年三十一岁，迤北人，系锦衣卫镇抚司带俸故达官所镇抚……与袭试所镇抚。

又一员·齐明

嘉靖四年四月，住儿，迤北人，系锦衣卫镇抚……

万历二年十月，齐明，年四十三岁，迤北人，系锦衣卫镇抚司带俸……

[又一员·尹从正]

隆庆四年四月，尹从正，迤北人，系锦衣卫镇抚司带俸故署指挥同知尹春……[②]

[又]一员指挥同知·谢文铨

谢文铨，年二十七岁，河内人，系锦衣故指挥同知谢守朴嫡长男。[③] 伊父系驸马都尉谢诏[④] 之子，于嘉靖二十九年比例奏恳，奉旨授锦衣卫指挥同知世袭，万[历]八年故，本舍照例袭指挥同[知]。

崇祯八年四月，单本选过锦衣卫带俸指挥佥事一员谢懋勋，年二十二岁，系故指

① 《明太宗实录》卷159，永乐十二年十二月甲戌，"鞑靼尚都、伯颜台、立歹等来归，奏愿居京司（师），命俱为所镇抚，赐予如例"。

② 此选簿所载尹从正履历，又见《明档》本册第335—336页"尹春·署指挥同知"选簿四辈尹从正选条。

③ 《明穆宗实录》卷27，隆庆二年十二月丁酉，"户部奉旨酌议裁革勋戚冒滥庄田……巡按直隶监察御史刘世曾查奏……戚畹受赐太滥者……锦衣卫指挥谢守朴……田各千数百顷以上，宜酌量裁减"。《明神宗实录》卷111，万历九年四月己未，"户部题称，顺天八府州县丈出……勋戚新旧庄田"一万一千五百五十余顷，"除成国公朱应桢等应照旧管业，其驸马戚畹子孙谢文铨等酌议减夺有差。报可"。

④ 《穆宗实录》卷8，隆庆元年五月壬午"驸马都尉谢诏卒。诏以嘉靖六年闰八月选尚永淳公主，历管宗人府事、大汉将军，至是卒。赐祭十五坛，与长公主合葬西山"。

挥同知谢文铨亲侄。查系附（驸）马后裔，非世袭可比，准减袭指挥佥事，以后子孙照例递减，比中三等。·417·

［黄子正］

万历八年八月，锦衣卫指挥同知黄富长孙黄子正。查得见行事例，凡内外文武子弟人等，非征进军功，以技艺、勤劳、传乞升职，实与军功无干，袭替之日照例查革。又查得，皇亲官员子孙袭替，若原奉钦依有“世袭”字样者许令承袭一辈，无“世袭”字样者止荣本身，不许承袭。今照本舍伊曾伯祖黄伟以太监勤劳，题奉钦依“着弟侄一人为锦衣卫世袭实授百户”；[1] 伊祖黄富承袭，故；伊父黄延替职，加升署指挥使。[2] 所有太监黄伟原荫实授百户，虽有“世袭”字样，查伊祖黄富承袭之后，伊父黄延又经袭过一辈，正系勤劳、陈乞，实与军功无干，本舍合照例革发为民。

王东·署指挥佥事事正千户

缺。

一辈猛可秃，已载二辈下。

二辈皂狗儿，旧选簿查有：景泰六年三月，皂狗儿，系锦衣卫镇抚司带俸达官副千户猛可秃嫡长男。父调征云南孟养阵亡，升二级，本人先因年幼，照例已升与指挥佥事俸优，今出幼，该袭升流官指挥佥事。[3] 成化二年，两广攻截蛮贼升锦衣卫一百五十员内一员指挥同知升指挥使皂狗儿。成化五年，征两广浔州等处锦衣卫指挥使升都指挥佥事。

三辈王英。

---

① 《明世宗实录》卷8，正德十六年十一月丁巳，“诏追论江西平宸濠功……太监黄伟荫弟侄一人，世袭锦衣卫百户”；卷12，嘉靖元年三月壬申，“敕吏、兵二部……黄伟、鲍忠各岁加禄米二十四石，荫弟侄一人为锦衣卫世袭指挥佥事”。

② 《明世宗实录》卷203，嘉靖十六年八月乙丑，“升锦衣卫署指挥使黄延为署都指挥佥事，佥书山东都司事”。

③ 此皂狗儿及猛可秃履历，又见《明档》本册第406页“又一员·住儿”选簿皂狗儿选条。

四辈王荣，缺。

五辈王东，旧选簿查有：嘉靖三十一年十二月，王东，山后人，系锦衣卫镇抚司带俸达官指挥使王荣嫡长男。今查以前升级功次俱无擒斩，本舍仍以原授所镇抚加鹿（麓）川阵亡功……[①] 署指挥佥事事正千户。• 418 •

六辈王文炳，万历九年二月，王文炳，年二十九岁，山后人，系锦衣卫镇抚司带俸故达官署指挥佥事王东嫡长男。查得本舍祖［职］所镇抚加阵亡一级，止该实授百户，其先年署指挥佥事正千户系减革未尽，今本舍合照例革袭实授百户，达官不比。

七辈王汝金，万历二十九年十月，王汝金，年二十八岁，系锦衣卫镇抚司故带俸达官实授百户王文炳嫡长男，达官不比。

八辈王文诏，万历三十六年二月，大选过锦衣卫镇抚司带俸达官实授百户一员王文诏，年四十二岁，系故带俸达官实授百户王汝金亲叔，达官不比。

张承恩·署指挥佥事事正千户

缺。

一辈委林帖木儿，已载五辈下。

二辈伯牙速郎，旧选簿查有：景泰三年五月，伯牙速郎，系锦衣卫镇抚司带俸故达官副千户委林……

功次簿查有：天顺五年两广杀贼擒斩获功例升一级，锦衣卫副千户升正千户……

三辈张宣，缺。

四辈张纲，旧选簿查有：弘治十六年十二月，张纲，山后人，系锦衣卫镇抚司带俸故达官功升指挥佥事张［宣］庶长男，与世袭。

五辈张汉，旧选簿查有：嘉靖二十一年四月，张汉，迤北人，系锦衣卫镇抚司带俸故达官指挥佥事张纲嫡长男。伊祖伯牙速郎以副千户天顺八年两广获功升正千户，成化十五年建州杀贼功升指挥佥事，故。父纲沿袭，故。所据建州功查无擒斩，例应减革，本舍照例革署指挥佥事事正千户。

六辈张承恩，旧选簿查有：隆庆三年四月，张承恩，年三十五岁，迤北人，系锦

① 原文此处留白。

衣卫镇抚司带俸故达官署指挥佥事事正千户张汉嫡长男。

七辈张时春，万历四十四年十月，大选过锦衣卫镇抚司带俸达官署指挥佥事事正千户一员张时春，年五十岁，系故带俸达官署指挥佥事事正千户张承恩男，达官不比。[①] ·419·

帖凤·署指挥佥事正千户

外黄查有：帖锦，女直人。祖火你赤，宣德元年来降，升试所镇抚，送锦衣卫镇抚司带俸[②]，正统七年麓川杀贼有功升实授所镇抚，天顺二年陈情验功升实授百户，老。父孛罗帖木儿系火你赤嫡长男，优给，成化四年袭，十五年建州杀贼有功升副千户，十六年威宁海子杀贼有功升正千户，十七年大同窑山墩杀贼有功升指挥佥事，更名帖清，正德七年山东把总升指挥同知，八年老。锦系嫡长男，本年革替指挥佥事，仍锦衣卫镇抚司带俸。

一辈火你赤，已载前黄。

二辈孛罗帖木儿，零选查有：天顺五年七月，孛罗帖木儿，年八岁，山后人，系锦衣卫镇抚司带俸老疾达官百户火你赤嫡长男，钦与全俸优给，至天顺十一年住支。

三辈帖锦，零选查有：正德八年十月，帖锦，女直人，系锦衣卫镇抚司带俸年老达官功升指挥同知帖清嫡长男。缘伊父指挥同知一级由把总所升，例无承袭，本人照例革与伊父原职指挥佥事。

四辈帖凤，旧选簿查有：嘉靖二十六年八月，帖凤，年三十一岁，女直人，系锦衣卫镇抚司带俸故达官指挥佥事帖锦嫡长男。伊曾祖火你赤宣德元年来降升所镇抚，不由军功，六（陆）续各功又俱无擒斩，既是达官，本舍量革与指挥佥事正千户。[③]

---

① 《明档》本册第421页“张凤仪·署指挥佥事正千户”选簿载张凤仪即张时春嫡长男，二者在承袭时间上亦相接续。

② 《明宣宗实录》卷22，宣德元年十一月壬辰，“福余卫火你赤来朝，奏愿居京自效。命为试所镇抚……仍命有司给房屋、器皿等物如例”。

③ 《明档》本册第332页“帖惟善·署指挥佥事”选簿，除其一辈［火你赤］至四辈帖凤等辈选条姓名与此选簿各辈选条相同外，又有五辈帖惟善选条，帖惟善即帖凤嫡长男。

孙臣·署指挥佥事正千户

缺。

一辈哈荅孙，已载四辈下。

二辈勺罗该，已载四辈下。

三辈孙昇，旧选簿查有：弘治十四年四月，孙昇，迤北人，系锦衣卫镇抚司带俸故功升达官指挥同知勺……男。

四辈孙臣，旧选簿查有：零选内开，嘉靖二十四年，孙臣，年九岁，迤北人，系锦衣卫镇抚司年老带俸达官指挥同知孙昇嫡长孙。伊高祖哈荅孙以副千户阵亡，曾祖勺罗该越升指挥佥事，两广功升指挥同知。查［无］擒斩，俱应减革，本舍照例革与署指挥佥事正千户俸优给，扣至嘉靖三十〈三〉年终住支，候出幼袭职。

堂稿查有：优给事勘得，舍人孙臣，系本卫镇抚司年老带俸达［官指］挥同知孙昇亲孙，供年九岁，迤北人。高祖哈荅孙宣德十年来降，升实［授百］·420·户，正统七年征麓川功升副千户，景泰元年阵亡。曾祖勺罗孩以高祖阵亡功升指挥佥事俸优给，五年袭，成化元年征……杀贼有功升指挥同知，九年更名孙贵，弘治九年故。祖孙昇袭革署指挥同知，遇例实授，嘉靖十三年老。父孙鑑不堪承［袭，臣系］嫡长孙。查审明白，所据阵亡二级系越升，又两广功无擒斩，并遇例职级俱应减革，本舍革与署指挥佥事俸优给，扣至嘉靖三十年终住支。

嘉靖三十一年六月，孙臣，年十六岁，迤北人，系锦［衣卫］镇抚司年老署指挥［佥事］孙昇嫡长孙，优……署指挥佥事，今出幼袭职，照旧署指挥佥事正千户。

张凤仪·署指挥佥事正千户

崇祯六年十月，大选过锦衣卫南镇抚司带俸署指挥佥事事正千户一员张凤仪，年四十一岁，系故带俸署指挥佥事事正千户张时春嫡长男，达官不比。[①]

① 此张凤仪选簿可接续《明档》本册第419页“张承恩·署指挥佥事事正千户”选簿七辈张时春选条。

房思诚・署指挥佥事正千户

外黄查有：房思诚，年二十三岁，系锦衣卫署指挥佥事事正千户，原籍直隶凤阳府泗州人。一世祖房俊兴，甲午年从军，乙未年克和州，洪武三年克定西，回京，拨虎贲右卫军伍，征进沙漠，七年征进黑石崖，九年充小旗，十一年充总旗，十五年除河南中护卫中左所世袭百户，疾。二世祖房林系嫡长男，永乐四年十一月替，故。始祖房暹系嫡长男，十四年三月袭，洪熙元年复设彭城卫左所，宣德元年替，六年故。高祖房能系嫡长男，本年十月比袭，正统六年征进云南上江，功升正千户，本年攻围麓川，克破思仁发贼巢，功升指挥佥事。八年调金吾前卫，本年征云南麓川坝河岭，功升指挥同知，十四年彰义门外杀贼功升指挥使，景泰七年湖广铜鼓斩首三颗，天顺元年功升都指挥佥事，二年贵州东苗斩级四颗功，七年升都指挥同知，成化元年充总兵官，二年升右军都督府署都督佥事，六年老。[①]曾祖房骥系庶长男，十六年十二月比，革替指挥使[②]，弘治八年充副总兵，十一年升右军都督府署都指挥佥事，本年故。[③]堂伯祖房润系嫡长男，十二年二月比，革袭指挥使，注锦衣卫带俸，十七年修理驾库功，正德五年升都指挥佥事，十二年平乐府等处功升署都指挥同知，十三年故[④]。祖房淮系堂弟，十四年十月比，十五年六月革袭指挥使，嘉靖七年故。伯房勋系嫡长男，八年十月比袭指挥使，十八年故。父房杰系亲弟，十九年八月查

---

① 《明英宗实录》卷322，天顺四年闰十一月己未，“命神机营管操都指挥佥事房能充左参将，往延安、绥德等处分守地方”。《明宪宗实录》卷90，成化七年四月甲辰，“诏并下能于狱，刑部各拟合坐者律，应谪戍为民。上念能等在边年久，准纳赎，俱与冠带闲住”。

② 《明宪宗实录》卷210，成化十六年十二月壬申，“命署都督佥事房能子骥袭父原职彭城卫指挥”；卷290，成化二十三年五月乙卯，“铨注彭城卫带俸都指挥佥事房骥于福建都司管事”。《明孝宗实录》卷66，弘治五年八月壬寅，“命福建都司都指挥佥事房骥充右参将，协守松潘南路”；卷101，弘治八年六月甲子，“命协守松潘南路右参将房骥充副总兵，分守松潘等处”；卷143，弘治十一年十一月癸巳，“命……福建都指挥佥事房骥升署都督佥事，镇守延绥”。

③ 《明孝宗实录》卷144，弘治十一年闰十一月己丑，“右军都督府署都督佥事房骥卒。骥，延绥总兵署都督佥事能之子。初，袭彭城卫指挥使，成化十七年随征大同有功，升都指挥佥事，扬威营把总，寻注福建都司管事。用侍郎周经、都御史王继荐，充参将，协守松潘，属番蛮为患，骥督兵战，比有功。命充副总兵，分守松潘。弘治十一年升右府署都督佥事，充总兵官，挂靖虏将军印，镇守延绥。未拜命，卒。特赐葬祭”。

④ 《明武宗实录》卷134，正德十一年二月壬子，“命左参将房润充副总兵，镇守广西地方”。

革麓川功，比袭指挥同知，疾。思诚系嫡长男，四十年十二月比，革袭锦衣卫署指挥佥事事正千户。

一辈房俊兴，已载前黄。· 421 ·

二辈房林，旧选簿查有：永乐四年十一月，房林，系河南中护卫中所世袭百户房俊兴嫡长男。

三辈房暹，旧选簿查有：永乐十四年三月，房暹，年十八岁，系河南中护卫中左所为事征进故世袭百户房林嫡长男。

四辈房能，旧选簿查有：宣德六年十月，房能，年十五岁，系彭城卫左所故世袭百户房暹嫡长男。

五辈房骥，旧选簿查有：成化十六年四月，房骥，泗州人，系右军都督府署都督佥事房能庶长男。父原系彭城卫百户，历升金吾前卫指挥使，又历升前职，今老疾，本人照例准替指挥使。

六辈房润，旧选簿查有：弘治十二年四月，房润，直隶泗州人，系右军都督府署都指挥佥事房骥庶长男。伊父原系在京彭城卫指挥使，历升前职，故。本人照例革袭祖职指挥使，注锦衣卫带俸。

七辈房淮，旧选簿查有：房淮，系房润堂弟。

八辈房勋，旧选簿查有：嘉靖八年八月，房勋，年二十岁，泗州人，系锦衣卫带俸故世袭指挥使房淮嫡长男。

九辈房杰，旧选簿查有：嘉靖十九年八月，房杰，年二十六岁，泗州人，系锦衣卫故带俸指挥使房勋亲弟。伊曾祖房能袭实授百户，正统六年功升正千户，本年麓川功升指挥佥事，八年复征麓川功升指挥同知，景泰七年斩首三颗升都指挥佥事，天顺二年东苗斩级四颗升都指挥同知，成化六年老。伯祖房骥替指挥［使］，历升署［都］指挥佥事，故。伯父房润袭指挥使，又历升署都指挥同知，故。房淮系堂弟，袭指挥使，相沿承袭。所据正统［六年］麓川功无擒斩，并流官职级俱例无承袭，本人照例革袭指挥同知。

十辈房思诚，旧选簿查有：嘉靖四十年十二月，房杰，年五十五岁，泗州人，系锦衣卫带俸指挥同知。今患瘫疾在卫，有嫡长男房思诚，见年十九岁，告替。查伊祖房能于实授百户上止有景泰并天顺二年二次斩……杀贼及当先、征进等功例应减革，本舍革替署指挥佥事事正千户。

十一辈房应举，万历六年四月，房应举，年十岁，泗州人，系锦衣卫带俸故署指……与全俸优级，至万历十年终住支。

万历十一年二月，房应举，年十五岁，泗州人，系锦衣卫带俸故署……［出］幼袭职，年幼未比。

十二辈房洪靥，崇祯七年四月，大选过锦衣卫堂上带俸署指挥佥［事事正千户一员房］洪靥，年三十九岁，系故署指挥……·422·

冯镗·带俸正千户

内黄查有：冯海……卫，洪武九年调凉州……年送锦衣卫中所带俸，故。冯信袭，绝嗣。贵系……景泰元年升正千户，故。冯璟系嫡长男，袭，弘治十三年故。冯刚系嫡……本年十月袭职。

一辈也先速儿。

二辈冯世禄。

三辈冯信。

四辈冯贵。

五辈冯璟。

六辈冯刚。

七辈冯海，俱载前黄。

八辈冯镗，嘉靖四十年二月，冯镗，年二十四岁，凉州人，系锦衣卫镇抚司故带俸正千户冯海嫡长男。

九辈冯相，万历二年四月，冯相，年十八岁，凉州人，系锦衣卫镇抚司故带俸正千户冯镗嫡长男。①

① 此选簿贴黄及各辈选条所载，与《明档》本册第430页“冯堂·正千户”选簿贴黄及各选条基本相同，后者九辈选条载冯椅为冯相亲弟，继冯相袭职。

王承恩·正千户

外黄查有：闪舌丁，迤北人。祖捨伯沙，宣德四年来降，升所镇抚，① 正统七年征麓川杀贼有功九年升副千户，天顺二年为陈情验功事升正千户，故。父掩者失袭，老。闪舌丁系嫡长男，替带俸达官正千户。• 423 •

一辈捨伯沙，已载前黄。

二辈掩者失，已载前黄。

三辈闪舌丁，旧选簿查有：正德五年四月，闪舌丁，迤北达子，系锦衣卫镇抚司带俸达官正千户掩者失嫡长男。

四辈王承恩，旧选簿查有：嘉靖三十八年十月，王承恩，年三十四岁，迤北人，系锦衣卫镇抚司带俸年老达官正千户闪舌丁嫡长男。

五辈王宗武，万历二十三年五月，单本选过锦衣卫衣中所正千户一员王宗武，年二十七岁，山后人，系已故带俸署指挥同知王承恩嫡长男。查伊父由正千户加武举二级得做署指挥同知，本舍合照例革去署指挥同知二级，仍与袭祖职正千户，比中一等。

六辈王宗禹，万历二十四年八月，王宗禹，年二十六岁，系锦衣卫衣中所故绝正千户王宗武亲弟。查祖以征麓川功升副千户，又陈情验功升正千户，前功俱无擒斩，姑量革一级与袭副千户，比中二等。

七辈王三锡，万历三十九年十二月，大选过锦衣卫衣中所副千户优给舍人一名王三锡，年五岁，系故副千户王宗禹嫡长男，照例与全俸优给，至四十八年终住支。

天启元年九月补八月分大选过锦衣卫衣中所副千户一员王三锡，年十六岁，出幼袭职。限外有无支俸，行彼中查扣。比中三等。

王聰·所镇抚

外黄查有：王聰，迤北人。高祖帖里也赤，永乐十［九］……俸，宣德五年故。曾祖黑斯系嫡长男，袭，天顺……系嫡长男，七年袭，以两广功升百户，故。祖巴子

---

① 《明宣宗实录》卷 54，宣德四年五月丁未，“亦力把里舍伯沙来归，奏愿居京自效。命为所镇抚……仍命有司给房屋、器皿等物如例”。

袭，故。父矮子袭，故。聪系长……功无擒斩，革袭祖职锦衣卫镇抚司所镇抚。

一辈帖里也失。

二辈黑厮。

三辈瘦子。

四辈巴子。• 424 •

五辈矮子。

六辈王聪，嘉靖十五年十月，王聪，迤北人，系锦衣卫抚司带俸故达官所镇抚矮子嫡长男。

七辈王锦，万历二年四月，王锦，年二十二岁，迤北人，系锦衣卫镇抚司故带俸达官所镇抚王聪嫡长……

王坤 • 正千户

内黄查有：王住，系达子。有伯祖赤兰火者，永乐二十二年来降，升所镇抚，故，无嗣。祖完者秃系亲弟，袭，正统九年迤北征进土河北川杀贼有功升副千户，十四年德胜门杀贼有功，本年紫荆关等处杀贼有功，景泰元年以德胜门功升正千户，以紫荆关功升指挥佥事，天顺元年迎驾有功升指挥同知，故。父黑丫头系亲男，革袭指挥佥事，更名王刚，故。住系嫡长男，袭指挥佥事，仍锦衣卫镇抚司带俸。

一辈赤兰火者，已载前黄。

二辈完者秃，已载前黄。

三辈王刚，已载前黄。

四辈王住，旧选簿查有：正德九年十一月，王住，原系达子，系锦衣卫镇抚司带俸故达官指挥佥事王刚旧名黑丫头嫡长男。

五辈王坤，旧选簿查有：嘉靖三十九年四月，王坤，年十六岁，达达人，系锦衣卫镇抚司带俸故达官指挥佥事王住孙男。查伊祖前后共八级内除来降越授三级，并正统十四年二级例不减革外，所据正统九年土河北川越升副千户二级功无擒斩，并迎驾升指挥同知，俱应减革，本舍合于来降初授所镇抚上加正统十四年二功，与革袭正千户。• 425 •

六辈王世勋，万历三十九年六月，大选过锦衣卫镇抚司带俸达官正千户一员王世勋，年三十六岁，系故带俸达官正千户王坤亲弟，达官不比。

七辈王维新，崇祯十年九月补八月大选，过锦衣卫南镇抚司带俸达官正千户一员王维新，年二十一岁，系故带俸达官正千户王世勋亲孙，达官不比。

铁润·正千户

外黄查有：铁玉，年四十五岁，系锦衣卫镇……来降升正千户。祖忽先优给，袭，故。父铁……正千户。

一辈铁木儿，已载前黄。

二辈忽先，已载前黄。

三辈铁锐，已载前黄。

四辈铁玉，已载前黄。

五辈铁润，旧选簿查有：隆庆二年六月，铁润，年四岁，迤北人，系锦衣卫镇抚司带俸年老达官正千户铁玉嫡长孙，照例与全俸优给，至隆庆十二年终住支。

六辈铁功，隆庆五年十月，铁功，年十六岁，迤北人，系锦衣卫镇抚司带俸达官故正千户铁润亲叔。

七辈铁文成，万历十一年二月，铁文成，年四岁，迤北人，系锦衣卫镇抚司带俸故达官正千户铁功嫡长男，照例与全俸优给，至万历二十一年终住支。

万历二十二年二月，铁文成，年十五岁，出幼袭职，达官不比。

八辈铁相，万历二十五年十二月，铁相，年五十二岁，系锦衣卫镇抚司故带俸达官正千户铁文成堂伯。

九辈铁文燿，万历四十四年十月，大选过锦衣卫镇抚司带俸达官正千户一员铁文燿，年二十六岁，系故带俸达官正千户铁相亲男，达官不比。• 426 •

金福寿·正千户

缺。

一辈朵罗秃，副千户功次，钦升簿内查有：正统九年六月，麓川当先剿杀蛮贼有功锦衣卫百户升副千户内六十九员内一员朵罗秃。

正千户功次，成化二年九月，钦升簿内查有：征勦两广蛮贼功次，锦衣卫一百五十员内一员副千户升正千户克失秃。

二辈金玉，旧选簿查有：成化二十一年九月，金玉，迤北人，系锦衣卫镇抚司带俸故达官指挥佥事金聚嫡长男。

三辈金福寿，旧选簿查有：嘉靖十一年十月，金福寿，年二十三岁，迤北人，系锦衣卫镇抚司带俸故达官指挥佥事金玉嫡长［孙］。伊曾祖克失秃即聚以副千户成化三年两广获功一级升正千户，又复征两广杀贼升前职，祖玉袭，父鑑先故。所据指挥佥事一级查无擒斩，本人照例革正千户。

四辈金聰，万历八年六月，金聰，年二十四岁，迤北人，系锦衣卫镇抚司年老达官正千［户］金福寿亲侄。伊伯原袭祖职达官正千［户］，年老无子，本舍于万历八年四月内保［送］到部借职。查伊父一辈未袭，恐有违碍，驳查去后，今既查明无碍复保前来，本舍照例借替祖职达官正千户，待候伊伯金福寿生有儿男，退还职事。

祁秀•正千户

内黄查有：祁脱欢，迤北达子。父也速不花，永乐二年来［降］……拨本卫卫镇抚带俸，二十年故。脱欢系嫡长男，宣……镇抚带俸。

一辈也速不花，已载前黄。

二辈祁脱欢，副千户功次，钦升簿查有：景泰元年紫荆关等处杀贼有功升一级，所镇抚升副千户五员内一员脱欢。

正千户功次，钦升簿内查有：［天顺］……锦衣卫副千户升正……

三辈祁宣，审稿查有：零选内开，成化三年二月，祁宣，山后人，系锦衣卫镇抚司带俸故达官世袭正千户祁成嫡长［男］。

四辈祁福，审稿查有：成化十二年二月，零选查有，祁福，山后人，系锦衣卫镇抚司带俸故达官世袭正千户祁宣亲弟。

五辈祁镇，旧选簿查有：正德五年二月，祁镇，迤北人，系锦衣卫镇抚司带俸达官功升指挥佥事祁福嫡长男，钦与世袭。• 427 •

六辈祁秀，旧选簿查有：嘉靖二十二年四月，祁秀，迤北人，系锦衣卫镇抚司带俸故达官指挥佥事祁镇男。伊祖福以［正］千户成化十七年大同功升指挥佥事，父镇例前沿袭，所据大同功无擒斩，本舍照例革袭正千户。

七辈祁纲，万历十五年十月，祁纲，年四十二岁，迤北人，系锦衣卫镇抚司故带俸达官正千户祁秀嫡长男，达官不比。

八辈祁继勋，万历四十三年十月，大选过锦衣卫镇抚司带俸达官正千户一员祁继勋，年四十六岁，系带俸达官正千户祁纲亲男，达官不比。

李椿·正千户

外黄查有：李回子，辽阳人。有祖父歪头系纳哈出军，洪武二十年归附，三十四年选充小旗，永乐八年升总旗，十三年升本卫所试百户，十六年升本卫副千户，二十年升本卫所正千户，老。父四十九，二十二年替职，宣德二年故。回子系嫡长男，告袭。查得伊祖歪头原系军，革除年间充小旗，系止终本身，后因征剿胡寇历升正千户，合减去革除年间所升一级袭副千户。缘兄往失剌思公干回还，该升二级，宣德二年钦准再升一级，升锦衣卫中后所流官正千户。

一辈歪头，已载前黄。

二辈四十九，已载前黄。

三辈李回子，缺。指挥佥事功次，景泰元年钦升簿内查有：德胜门等处杀贼有功升一级二级，锦衣卫正千户升指挥佥事六员内一员李回子。

四辈李能，缺。

五辈李玉，缺。

六辈李鑑，缺。

七辈李良，旧选簿查有：正德十三年八月，李良，辽阳人，系锦衣卫镇抚司故世袭达官指挥佥事李鑑嫡长男。

八辈李金祥，旧选簿查有：嘉靖十七年八月，李金祥，年十七岁，辽阳人，系锦衣卫镇抚司故带俸达官指挥佥事李良嫡长男。伊祖回子原系副千户，宣德二年失剌思公干，钦准升正千户，后功升前职。所据钦准职级例应减革，本人照例革袭正千户。• 428 •

九辈李椿，旧选簿查有：嘉靖四十一年六月，李椿，年十三岁，辽阳汉人，系锦衣卫镇抚司带俸故达官正千户李金祥嫡长男，照例与全俸优给，至嘉靖四十二年终住支。

旧选簿查有：嘉靖四十三年六月，李椿，年十五岁，辽阳汉人，系锦衣卫镇抚司带俸故达官正千户李金祥嫡长男，优给出幼袭职。

十辈李文学，万历三十六年八月，大选过锦衣卫镇抚司带俸达官正千户一员李文学，年十八岁，系患疾带俸达官正千户李椿嫡长男，达官不比。

水宗仁·正千户

内黄查有：水朵罗秃，迤北人。伯祖脱欢不花，永乐四年来降……洪熙元年故。父把哈系脱欢不花亲侄，袭，正统五年……幼，钦与正千户半俸优给，候出幼袭职。

一辈脱欢不花，已载前黄。

二辈完者秃，旧选簿查有：永乐二十年五月，完者秃，年四岁，系锦衣卫安插住坐支俸故……长男。

三辈把哈，旧选簿查有：堂稿内开，把哈，系完者秃堂兄。

四辈朵罗秃，旧选簿查有：正统十三年四月，朵罗秃，系锦衣卫镇抚司带俸故达官正千户把［哈］……

五辈水泉，旧选簿查有：成化九年十二月，水泉，山后人，系锦衣卫镇抚司故带俸达官正千户朵罗秃［嫡长男，与］世袭。

六辈九十儿，旧选簿查有：弘治九年闰三月，九十儿，山后人，系锦衣卫镇抚司带俸革职达官正千户水泉嫡长男。

七辈水海，审稿查有：零选内开，嘉靖八年六月，水海，迤北人，系锦衣卫镇抚司带俸故绝达官正千户九十儿堂叔。

八辈水宗仁，旧选簿查有：嘉靖三十四年六月，水宗仁，迤北人，系锦衣卫抚司带俸故达官正千户水海嫡长孙。

九辈水宗义，万历二十四年九月分，单本选过锦衣卫镇抚司正千户一员水宗义，年四十岁，迤北人，系老带俸达官正千户水宗仁堂弟。伊堂兄原袭带俸达官正千户，今老……借替带俸达官正千户，待伊堂兄水宗仁生有儿男退还职事。·429·

冯堂·正千户

缺。

一辈也先速儿，缺。

二辈冯世禄，旧选簿查有：洪武三十年正月，冯世禄，系凉州卫左所流官所镇抚也速儿庶长男，钦与世袭。

三辈冯信，缺。

四辈冯贵，旧选簿查有：宣德六年六月，冯贵，年十七岁，凉州人，系锦衣卫镇抚司带管故副千户冯信亲侄，钦与世袭。

正千户功次，景泰元年，德胜门等处杀贼有功升一级锦衣卫副千户升正千户十二员内一员冯贵。

五辈冯璟，旧选簿查有：成化十一年二月，冯璟，凉州人，系锦衣卫锦衣卫镇抚司故正千户冯贵嫡长男，钦与世袭。

六辈冯刚，旧选簿查有：弘治十三年八月，冯刚，凉州人，系锦衣卫镇抚司带俸故世袭正千户冯璟嫡长男。

七辈冯海，旧选簿查有：嘉靖十二年十月，冯海，年四十二岁，凉州人，系锦衣卫镇抚司带俸故正千户冯刚亲弟。

八辈冯堂，旧选簿查有：嘉靖四十年二月，冯堂，年二十四岁，凉州人，系锦衣卫镇抚司故带俸正千户冯海嫡长男。

九辈冯椅，万历二十八年十月，冯椅，年三十四岁，凉州人，系锦衣卫镇抚司故正千户冯相亲弟，比中三等。①

吴鑑·实授百户

内黄查有：吴鑑，系锦衣卫镇抚司带俸达官副千户。曾祖看可卜花……抚，正统七年征麓川杀贼有功升副千户，八年赐吴姓，天顺二年……千户，疾。伯祖皂狗儿替，更名吴玉，老，无嗣。父吴懋系亲侄，替，嘉靖元年老……升职级，替锦衣卫镇抚司

---

① 此选簿与《明档》本册第423页“冯镗·带俸正千户”选簿略同，实为同一冯氏承袭记录。

带俸达官副千户。

一辈看可卜花。

二辈皂狗儿。• 430 •

三辈吴懋。

四辈吴鑑，俱在前黄。

五辈吴滨，万历二年八月，吴滨，年四十四岁，迤北人，系锦衣卫镇抚司年老带俸达官副千户吴懋嫡长男。查得伊祖看……德七年来降升所镇抚，正统七年麓川杀贼有功升副千户，又以陈情功升正千户，伊父吴鑑革陈情一级与袭［副千］户。今查所镇抚军功止该升实授百户，所据麓川功升副千户系越升职级，先年减革未尽，今本舍照例革替［带］俸达官实授百户。

杨万福・实授百户

万历十九年八月，大选过锦衣卫镇抚司实授百户杨万福，年三十一岁，赣榆县人。内黄查有：祖杨赟，吴元年军，充小旗，洪武元年拨雄武卫，升总旗，三十年以年深除世袭百户，故。杨清袭，调锦衣卫镇抚司，故。杨胜袭，故。杨信优袭，正统十四年北征失陷。杨通袭，故。祖杨安袭，老。父杨承勋系嫡长男，嘉靖二十四年替，万历十九年故。万福系嫡长男，照旧袭实授百户，比中三等。

周应武・副千户

外黄查有：周原，遂昌县人。祖周得安，洪武二十五年选充前仪卫司校尉，二十九年选充小甲，三十二年擒拿都指挥谢贵等官升小旗，永乐十九年归并锦衣卫，宣德三年老。伯周旺代役，正统十四年失陷，无嗣。父周谦补役，景泰元年并枪充小旗，天顺三年老。原替役，四年并枪仍充小旗，成化十五年辽东建州等处杀贼斩级一颗升总旗，十七年白孤庄、黑石崖等处杀贼斩级一颗升本卫试百户。

一辈周得安，已载前黄。• 431 •

二辈周旺，已载前黄。

三辈周谦，已载前黄。

四辈周原，已载前黄。

五辈周绶，零选簿查有：弘治十七年八月，周绶，遂昌县人，系锦衣卫锦衣中所百户周原亲侄。伊伯原系功升试百户，成化二十三年遇例实授，老疾，本人借替，照例革与试百户，待伯有男还与职事。

吊来诰命查有：周绶。伯周原任百户，弘治十三年老，绝。绶系亲侄，十七年袭试百户，十八年遇例实授，正德十二年中武举升署副千户，十四年辽东斩首一颗，十六年升实授副千户，加武举一级升正千户，十五年开原靖安堡斩首一颗，嘉靖二年升实授正千户。

六辈周应武，旧选簿查有：嘉靖二十五年十月，周应武，年三十一岁，遂昌县人，系锦衣卫堂上带俸故都指挥佥事周绶[1]嫡长男。查得伊父原替祖职试百户，武举加升署副千户，获功二级加升正千户，理刑升指挥佥事，遇例实授，故。所据武举、理刑升级不由军功，推升并遇例职级系流官，俱例无承袭，本舍照例于祖职试百户上加伊父获功二级，与做副千户。

七辈周道明，万历六年二月，周道明，年二十二岁，遂昌人，系锦衣卫衣中所年老副千户周应武庶次男。伊父原袭祖职副千户，嘉靖二十六年中式武举升署指挥佥事，历推湖广都司佥书，今老。所据武举升级并推升流官例不准袭，本舍照例革替祖职副千户，比试一等十二名。

八辈周尧卿，万历九年八月，周尧卿，年四岁，遂昌县人，系锦衣卫衣中所故副千户周道明嫡长男，照例与全俸优给，至万历十九年终住支。[2]

马永福·所镇抚

零选簿查有：嘉靖三十一年十二月，马永福，甘肃……马昇嫡长男。

一辈马黑麻。

二辈马赛失剌。

三辈马黄毛。• 432 •

① 《明世宗实录》卷217，嘉靖十七年十月辛酉，“命大宁都司署都指挥佥事周绶为五军营左掖坐营”。

② 此周应武选簿所载，又见《明档》本册第200页“周尧卿”选簿，二选簿各有详略。

四辈马昇。

五辈马永福。

六辈马承恩，万历二年八月，马承恩，年二十二岁，回回人，系锦衣卫镇抚司带俸故达官所镇抚马永福嫡长男。

七辈马承惠，万历十一年四月，马承惠，年二十八岁，回回人，系锦衣卫带俸达官故所镇抚马承恩亲弟，达官不比。

鄂隆・副千户

缺。

一辈伯颜秃，缺。

二辈鄂赛力，副千户功次，已载六辈下。

三辈鄂雄，已载六辈下。

四辈鄂斌，旧选簿查有：成化十五年十二月，鄂斌，山后人，系锦衣卫镇抚司带俸达官指挥佥事鄂雄嫡长男。

五辈鄂成，旧选簿查有：正德三年九月，鄂成，迤北人，系锦衣卫镇抚司故带俸达官指挥佥事鄂斌嫡长男。伊父原袭指挥佥事，为抢夺事问发神电卫充军，功升小旗，故。本人照例袭职指挥佥事，于原卫司带俸。

六辈鄂鑑，旧选簿查有：零选内开，正德十六年十二月，鄂鑑，迤北人，系锦衣卫镇抚司故绝带俸达官指挥佥事鄂成堂弟。伊曾祖鄂赛力以百户征麓川，冲冒瘴毒身故。祖鄂雄旧名鄂也鲁火者袭升副千户，功升正千户，建州招谕升前职。伯斌及堂兄沿袭。所据冲冒瘴毒及招谕不由军功，本人照例于百户上加功一级，革袭副千户。

七辈鄂隆，旧选簿查有：嘉靖三十年四月，鄂隆，迤北人，系锦衣卫镇抚司年老带俸达官副千户鄂鑑嫡长男。

八辈鄂勋，万历元年十二月，鄂勋，年五十三岁，迤北人，系锦衣卫镇抚司带俸年老达官副千户鄂隆嫡长男。

九辈鄂良弼，万历二十一年八月，鄂良弼，年五十岁，系锦衣卫镇抚司老带俸达官副千户鄂勋亲男，达官不比。

十辈鄂文登，万历二十九年四月，大选过锦衣卫镇抚司带俸达官副千户一员鄂文

登，年四十六岁，系故达官副千户鄂良弼嫡……达官不比。• 433 •

马佑 • 副千户

缺。

一辈革干孛罗，缺。百户功次，已载五辈下。副千户功次，已载五辈下。

二辈马英，旧选簿查有：弘治元年七月，马英，迤北人，系锦衣卫镇抚司带俸故达官指挥佥事革……男。

三辈马昇，旧选簿查有：正德二年六月，马昇，山后人，系锦衣卫镇抚司故达官指挥佥事马英嫡长男。

四辈马隆，缺。

五辈马佑，旧选簿查有：嘉靖三十四年六月，马佑，年十九岁，迤北人，系锦衣卫镇抚司故达官正千户马隆庶次男。查得曾祖革干孛罗原以所镇抚成化六年两广功升百户，十五年建州功升副千户，复以威宁海子功升正千户，十七年大同窑山墩升指挥佥事，祖英、伯父昇沿袭，父隆已革袭正千户。及查两广、建州、威宁海子功俱无擒斩，例应减革，本舍仍姑量革一级，与袭副千户。

傅瑾 • 副千户

外黄查有：傅贵，清苑县人。有父傅景中，洪武二年充彭城卫军，二十一年并枪充小旗，三十三年阵亡。贵补役，升本所总旗，永乐三年改常山中护卫，宣德二年调山海卫，本年送锦衣卫镇抚司带管养豹，十年为减省事发入队伍操练，六年调征云南麓川反寇，十一月围攻上江招汉贼寨，攻破排栅当先杀败贼众奇功升实授百户，十二月克破贼首思任发巢穴杀败贼寇升副千户，正统九年调征迤北截杀犯边达贼，土河北川遇贼当先杀败贼寇，本年钦升正千户，仍于锦衣卫镇抚司带管，正统十二年钦与流官。

一辈傅景中，已载前黄。

二辈傅贵，副千户功次，正统七年钦升查有：麓川思任发等处剿杀蛮贼有功锦衣卫镇抚司总旗二次奇功、头功升副千户二员内一员傅贵。景泰元年，锦衣卫正千户升指挥佥事傅贵。

三辈傅宣，旧选簿查有：天顺六年二月，傅宣，年十六岁，清苑县人，系锦衣卫镇抚司带俸指挥佥事傅贵嫡长男，与世袭。• 434 •

四辈傅通，旧选簿查有：弘治十一年四月，傅通，清苑县人，系锦衣卫镇抚司带俸革职世袭指挥佥事傅宣嫡次男。兄傅信以舍［人］为人命事充军。本人袭职，待兄有男还与职事。

五辈傅镃，旧选簿查有：嘉靖十年六月，傅镃，年二十岁，清苑县人，系锦衣卫镇抚司年老带俸指挥佥事傅通嫡长男。伊曾祖贵系功升副千户，迤北杀贼升正千户，沙尤当先升前职，祖、父相沿。所据迤北、沙尤二处功次查无“擒斩”字样，本人照例革替副千户。

六辈傅瑾，旧选簿查有：嘉靖二十九年四月，傅瑾，年十九岁，清源（苑）县人，系锦衣卫镇抚司带俸故副千户傅密嫡长男。

平衢·副千户

外黄查有：平定，达达人。高祖阿怜帖木儿，永乐二十二年来［降］……故。曾祖阿木儿系嫡长男，袭，天顺五年征两广有功八年［升］……男，替，故。父平谅系嫡长男，优给，袭，故。定系嫡长男，袭达官正千户，仍……

一辈阿怜帖木儿，已载前黄。

二辈阿木儿，已载前黄。

三辈平昇，旧选簿查有：成化十二年十一月，平昇，山后人，系锦衣卫镇抚司带俸达官正千户阿木儿嫡长男，钦与世袭。

四辈平谅，旧选簿查有：弘治五年四月，平谅，山后人，系锦衣卫镇抚司带俸故达官正千户平昇嫡长男。

五辈平定，旧选簿查有：正德十六年十月，平定，山后人，系锦衣卫镇抚司带俸故达官正千户平谅嫡长男。

六辈平衡，旧选簿查有：嘉靖十九年二月，平衡，年十二岁，山后人，系锦衣卫镇抚司带俸故达官正千户平定嫡长男。伊曾祖阿木儿原系副千户，天顺五年两广功升正千户，老，祖、父相沿。所据两广功无擒斩，例应减革，本人照例革与副千户俸优给，至嘉靖二十一年终住支。

嘉靖二十二年二月，平衡，山后人，系锦衣卫镇抚司带俸达官正千户平定嫡长男，优给，已革副千户。今出幼，仍袭副千户。

七辈平衢，旧选簿查有：嘉靖三十八年八月，平衢，山后人，系锦衣卫镇抚司带俸故达官副千户平衡庶弟。

八辈平江，隆庆四年四月，平江，年九岁，迤北人，系锦衣卫镇抚司带俸故达官副千户平衢嫡长男，照例与全俸优给，至隆庆九年终住支。

万历四年二月，平江，年十五岁，山后人，系锦衣卫镇抚司故达官副千户平衢嫡长男，优给出幼袭职。• 435 •

九辈平梦龙，天启六年八月，大选过锦衣卫镇抚司带俸达官副千户一员平梦龙，年三十三岁，系故带俸达官副千户平江嫡长男，达官不比。

十辈平煇，崇祯十三年四月，大选过锦衣卫镇抚司带俸达官副千户一员平煇，年十五岁，系故带俸达官副千户平梦龙嫡长男，达官不比。

湛良·署副千户事实授百户

［缺］。

一辈只吉，实授百户功次，正统九年，调云南麓川当先剿杀蛮贼功，锦衣卫试百户升实授百户六十五员内一员大哈只吉。副千户功次，已载五辈下。

正千户功次，天顺二年，征调麓贼获功一级，锦衣卫副千户升正千户六十二员内一员大哈赤吉即大哈即吉。

二辈湛全，旧选簿查有：功次簿内开，总兵官朱永开报波罗堡斩获首级升一级，锦衣卫指挥佥事升指挥同知二员内一员湛全。

三辈湛臣，已载五辈下。

四辈湛露，已载五辈下。

五辈湛东［海］，旧选簿查有：堂稿内开，嘉靖二十七年八月，湛东海，迤北达子，系锦衣卫镇抚司故带俸达官指挥佥事湛露嫡长男。伊高祖只吉原以来降升试百户，麓川功升实授，香炉山升署副千户。曾祖全袭，遇例实授，贵州功升正千户，建州功升指挥佥事，窑山墩功升指挥同知，大同当先功升指挥使。祖臣袭。父露革遇例、当先，袭指挥佥事。所据贵州、建州二级功无擒斩，本舍照例革袭署副千户事实授百户。

六辈湛良，旧选簿查有：嘉靖三十一年十月，湛良，年五十八岁，迤北人，系锦衣卫镇抚司故带俸达官署副千户湛东海堂叔祖，照旧袭署副千户事实授百户。

七辈湛霦，万历二十九年六月，选带俸达官副千户事实授百户一员湛霦，年五十四岁，迤北人，系风疾逃去湛东江堂叔。本舍合照例借替祖职达官带俸署副千户事实授百户，候伊侄东江疾痊回日生有儿男，退还职事，达官不比。[①] ·436·

王纲·实授百户

外黄查有：王锐，迤北人。曾祖赛因打力洪熙元年……副千户，[②] 后调征草塘杀贼有功，景泰五年……歪头系嫡长男，成化九年更名王锺，老。父王信系嫡长男……［镇］抚司带俸。

一辈赛因打力，已载前黄。

二辈歪头，已载前黄。

三辈王信，已载前黄。

四辈王锐，已载前黄。

五辈王纲，旧选簿查有：嘉靖三十四年二月，王纲，年二十八岁，迤北人，系锦衣卫镇抚司故带俸达官指挥佥事……查得伊高祖打力来降升所镇抚，麓川头功升副千户，香炉山功升正千户，陈情验功升指［挥佥事，曾］祖、祖、父沿袭。今据香炉山功无斩首，并陈情验功、越升职级，俱应减革，本舍照例于所镇抚上加……实授百户。

六辈王纪，万历二年八月，王纪，年三十四岁，迤北人，系锦衣卫镇抚司带俸故达官实授百户王纲亲弟。

韩大臣·试所镇抚

外黄查有：韩天禄，年四十一岁，系锦衣卫镇抚司达官所镇抚，迤北人。祖把思

---

① 此湛良选簿所载各选条姓名次第与《明档》本册第382页“湛东海·署副千户事实授百户”选簿大略相同。

② 《明仁宗实录》卷3下，永乐二十二年十月乙卯，“命瓦剌归附人赛因打力为所镇抚，［赐］银钞、彩币、表里、金织袭永（衣）、鞍马等物”。

台，宣德十年来降，钦升试所镇抚，送锦衣卫镇抚司带俸，正统七年征麓川杀贼升所镇抚，景泰三年香炉山杀贼功升署副千户，天顺元年遇例实授，二年陈情验功升正千户，疾。伯奴才系嫡长男，成化元年革陈情一级替副千户，故。堂兄乃颜台系嫡长男，优袭，故绝。父韩英系亲叔，正德九年革遇例袭署副千户，老。天禄系嫡长男，嘉靖十二年替，查得麓川、香炉山杀贼功俱无擒斩，照例革替祖职试所镇抚。

一辈把思台。

二辈奴才。

三辈乃颜台。•437•

四辈韩英。

五辈韩天禄。

六辈韩天爵，零选簿：嘉靖三十九年十月，韩天爵，迤北人，系锦衣卫镇抚司故带俸达官试所镇抚韩天禄亲弟。

七辈韩大臣，万历十七年十月，韩大臣，年二十六岁，迤北人，系锦衣卫镇抚司带俸年老达官试所镇抚韩天爵嫡长男，达官不比。

八辈韩光先，万历四十三年四月，大选过锦衣卫镇抚司达官试所镇抚优给舍人一名韩光先，年十岁，系故带俸达官试所镇抚韩大臣亲男，照例与全俸优给，至四十七年终住支。

白宏•实授百户

外黄查有：白宏，年四十八岁，系锦衣卫镇抚司带俸达官实授百户。高祖陕西丁原系哈密回回使臣指挥使，天顺七年赴京进贡，带领曾祖母并祖〈并祖〉末名前来，存留甘州，自行赴京进贡，八年升都指挥佥事，回甘州病故，遗曾祖母刘旋儿并祖无倚。末名成化元年赍捧敕书赴京，送锦衣卫收管，每月给米一石养赡，祖末名出幼收做头目，十七年奏准做百户，送本卫镇抚司带俸，弘治六年故。父亦撒系嫡长男，九年优给，十一年二月袭，送锦衣卫镇抚司带俸，嘉靖六年更名白勇，三十一年老。宏系嫡长男，本年十月替锦衣卫镇抚司带俸达官实授百户。

一辈陕西丁，已载前黄。

二辈末名，已载前黄。

三辈亦撒，旧选簿查有：弘治十一年二月，亦撒，祖陕西丁原系哈密回回使指挥使，天顺七年赴京进贡，八年升都指挥佥事，回还甘州，在彼病故。父末名成化元年赍捧敕书赴京，蒙兵部奏送锦衣卫收管，每月与米一石养赡，候父末名出幼收做头目，十七年具本陈情，准做百户，送锦衣卫镇抚司带俸，故。亦撒系嫡长男，先因年幼告蒙优给。今出幼，仍袭百户。

四辈白宏，旧选簿查有：嘉靖三十一年十月，白宏，年三十三岁，回回人，系锦衣卫镇抚司年老带俸达官实授百户白勇嫡长男，照旧替实授百户。

五辈白鏸，万历三十五年八月，白鏸，年四十四岁，系故带俸达官实授百户白宏堂侄，例不比试。• 438 •

阴朝阳·实授百户

外黄查有：阴镗，年三十五岁，系锦衣卫镇抚司实授百户，原籍广平府曲周县人。始叔祖阴贤，洪武二十八年……前仪卫司校尉，三十二年奉天征讨，三十三年白沟河、济南功升小旗，三十四年藁城功升总旗，三十五年小河阵亡。永乐元年……阴德补役总旗，二年因节次随征阵亡功升实授百户，送锦衣卫镇抚司带俸，宣德元年老。始祖阴……曾祖阴福系庶长男，二年优给，五年二月袭，正德十年故。祖阴太系嫡长男，患疾不堪。父阴相系福嫡长孙……袭，为事参问革职，疾。镗系嫡长男，嘉靖二十六年十月比袭锦衣卫镇抚司实授百户。

一辈阴贤。

二辈阴德。

三辈阴胜。

四辈阴忠。

五辈阴福。

六辈阴相。

七辈阴镗。

八辈阴朝阳，万历十九年十月，阴朝阳，年四十岁，曲周县人，系锦衣卫镇抚司年老实授百户阴镗嫡……

王奉・所镇抚

零选簿查有：嘉靖三十四年十月，王奉，迤北人，系锦衣卫镇抚［司］……

一辈王奉。

高氏，万历元年十月，高氏，年三十八岁，系锦衣卫镇抚司故达官所镇抚王奉正妻，户无永袭之人，照例月支米二石。• 439 •

丁宝・所镇抚

零选簿查有：嘉靖四十五年四月，丁纲，迤北人，系锦衣卫镇抚司带俸故……鑑嫡长男。

万历十一年六月，丁宝，年二十四岁，迤北人，系锦衣卫镇抚司故带俸达官所镇抚丁纲嫡长男，达官不比。

［杨应龙］

一辈奴他帖木儿。

二辈桶思该。

三辈王八十。

四辈杨铬。

五辈杨汉。

六辈杨应龙，万历十五年二月，杨应龙，年二十二岁，迤北人，系锦衣卫镇抚司带俸年老达官正千户杨汉嫡长男，达官不比。

七辈杨应虎，万历二十九年四月，杨应虎，年三十七岁，系锦衣卫镇抚司故带俸达官正千户杨应龙堂弟，达官不比。

白昂・署副千户事所镇抚

缺。

一辈把丹帖木儿，缺。• 440 •

二辈回儿，缺。

三辈三汉，缺。

四辈群儿，旧选簿查有：嘉靖五年八月，群儿，迤北人，系锦衣卫镇抚司带俸达官副千户三汉嫡长男。伊曾祖把丹帖木儿原功升署副千户，遇例实授，祖、父沿袭，本人照例革替署副千户事所镇抚。

五辈白昂，旧选簿查有：嘉靖三十九年二月，白昂，年三十二岁，迤北人，系锦衣卫镇抚司故带俸达官署副千户事所镇抚群儿嫡长男。既有零选簿可查，照旧署副千户事所镇抚。

六辈白守仲，万历四十七年五月，单本选过锦衣卫镇抚司带俸达官署副千户事所镇抚〈司〉一员白守仲，年三十岁，系故所镇抚白昂亲次男，借袭前职，待兄白守坤疾痊生子退还，达官不比。

孙玉・试所镇抚

缺。

一辈那哈孙，所镇抚功次，正统九年六月，钦升查有：麓川当先剿杀蛮贼有功试所镇抚升实授［所镇抚那哈孙］。

二辈福林，旧选簿查有：成化十一年八月，福林，山后人，系锦衣卫镇抚司带俸达官正千户那哈孙庶长男，钦与［世袭］。

三辈孙玉，旧选簿查有：嘉靖十年十月，孙玉，年二十八岁，迤北人，系锦衣卫镇抚司带俸年老达官正千户福林嫡长孙。伊曾祖那哈孙来降升试所镇抚，麓川杀贼升实授，香炉山杀贼升署副千户，遇例实授，陈情升正千户。所据杀贼、遇例职级〈职〉例应减革，本人革替伊曾祖来降试所镇抚。

四辈孙小三儿，隆庆六年七月，孙小三儿，年四十八岁，迤北人，系锦衣卫镇抚司带俸达官年老所镇抚孙玉亲弟。伊兄原革替试所镇抚，嘉靖十五年遇例实授，隆庆二年选退，年老，俸粮住支，无男。所据遇例职级例无承袭，本舍照例革借替试所镇抚，仍与带俸，候伊兄生有儿男，退还职事。• 441 •

穆学

崇祯十年十二月，大选过锦衣卫镇抚司带俸达官所镇抚一员穆学，年三十二岁，系故所镇抚穆承恩嫡次男。查伊兄穆宾患疾无子，准本舍借袭前职，俟兄疾痊、生子退还。达官不比。

赵江・所镇抚

外黄查有：赵鏋，含山县人。高祖赵拴哥。

一辈赵拴哥，已载前黄。

二辈赵玺，旧选簿查有：洪武二十七年四月，赵玺，系山丹卫左所故流官所镇抚赵拴哥嫡长男，钦准袭职，仍授本卫所世袭所镇抚。

三辈赵缙，旧选簿查有：正统十二年二月，赵缙，系锦衣卫镇抚司带俸正千户赵玺嫡长男。父原系所镇抚，革除年间升仪卫副，保升正千户，照例革去二级，准替伊父原职所镇抚。

四辈赵宏，旧选簿查有：景泰五年四月，赵宏，含山县人，系锦衣卫镇抚司带管故所镇抚赵缙嫡长男，钦与世袭。

五辈赵鏋，旧选簿查有：弘治二年十月，赵鏋，含山县人，系锦衣卫镇抚司世袭所镇抚赵宏嫡长男，替职。

六辈赵承恩，旧选簿查有：正德六年十二月，赵承恩，含山县人，系锦衣卫镇抚司世袭所镇抚赵鏋嫡长男。

七辈赵江，旧选簿查有：嘉靖十七年四月，赵江，年十五岁，含山县人，系锦衣卫镇抚司所镇抚赵承恩堂弟，优给出幼，告袭。

孟良辅・试所镇抚

始祖猛火儿歹，迤北人，代六。• 442 •

一辈猛火儿歹。

二辈忽先。

三辈哈三。

四辈哈只。

五辈阿的纳。

六辈孟良辅。

七辈孟良佐，万历二十七年四月，孟良佐，年四十一岁，迤北人，系锦衣卫镇抚司故带俸达官试所镇抚孟良辅……

杨锁住·试所镇抚

始祖杨泰，迤北人，代五。

二辈杨锭，万历三十七年四月，大选过锦衣卫镇抚司带俸达官试所镇抚一员杨锭，年五十四岁。查伊高祖杨泰，迤北达子，景泰五年来降，升试所镇抚，成化三年告老。曾伯祖阿颜台系长男，替，故，无嗣。曾祖五十七系亲弟，袭，故。祖众神保系长男，袭，故。父杨锁住系亲男，袭，遇例实授，故。锭系锁住亲男，应准袭试所镇抚，达官不比。

田昂·冠带总旗

陕西华阴县人。

二辈田滋，万历二十八年八月，大选过锦衣卫中所擎盖司世袭试百户一员田滋，年三十七岁，华阴县人，系……·443·故指挥同知田昂嫡长男。查伊高祖田旺，宣德九年充校尉，正统十四年征进失陷；曾祖田……功升补冠带总旗，故；伯祖田广补役，无子；父田昂系亲侄，补总旗，嘉靖二十九年八月内……哨探声息，至顺义县地方撞遇达贼，就阵斩获首级一颗，又访获逆犯仇鸾等，节……副千户至正千户，三十二年擒拿叛逆虏酋哈陈升指挥佥事，本年十月内管理大朝门工完……三年故。所据缉捕、管工等级，例不准袭，本舍以子承父，合于冠带总旗上加顺义县军功一级……百户，比中一等。

三辈田弘祚，崇祯九年二月，大选过锦衣卫衣中所试百户一员田弘祚，年三十岁，华阴县人，系故试百户田滋亲次男。兄弘谟、弘□、弘基、弘遇俱故绝，合准借袭，俟弘谟生子退还，比中二等。

吴从诏

崇祯十三年八月，单本选过锦衣卫镇抚司带俸达官指挥使一员吴从诏，年三十三岁，迤北人。察伊一辈应铁石蓝宣德十年四月内来降，有功钦升指挥使，除今卫司带俸，更名吴英，故；二辈吴盛系男，袭，老；三辈吴亮系男，替，故；四辈吴锦系男，袭，故；五辈吴添良系男，自幼患疾，未袭。今本舍系吴谨嫡长孙，该卫司结保无碍前来，例应承袭指挥使，呈奉堂批“吴从诏袭指挥使”，达官例不比试。• 444 •

［武镇国·指挥使］

……带俸达官指挥佥事武良相嫡长男，达官［不比］。

七辈武应春……［指］挥使一员武应春，年二十二岁，系故带俸达官指挥使武尚宾嫡长男，达官不比。①

天启三年闰十月，大选过锦衣卫带俸指挥使优给舍人一名武镇国，年八岁，系故带俸指挥使武应春嫡长男，照例与全俸优给，至天启九年终住支。②

高肇·指挥使

内黄查有：高肇，原籍辽阳人。一世祖把儿帖木儿于洪武年间归附，选充小旗。二世祖把台……［永］乐年间随驾升试百户，十一年往撒马儿罕公干升实授百户，十三年往撒马罕……千户，十六年往撒马儿罕公干升指挥佥事，十八年往马儿罕公干升指挥同知，故。把家奴宣［德］□年袭，故。把兴系嫡长男，九年优给，正统四年疾。亲弟把泉借袭优给，兴于正统十年疾［痊］袭，十四年彰义门外阵亡，无儿。仍

① 本选簿所载武良相、武尚宾等，又见《明档》本册第491—492页“武良相·指挥使”选簿五辈武良相、六辈武尚宾等选条，故本选簿实应接续于该“武良相·指挥使”选簿之六辈武尚宾选条及其七辈武应春选条。

② 此系武镇国优给选条，其出幼袭职履历见《明档》本册第313页“武镇国·指挥使”选簿。

将把泉袭，升都指挥佥事[①]五（天）顺五年四牌楼杀功都指挥同知，故。曾祖把瑛系嫡长男，弘治二年革流官袭指挥使，八年改姓高瑛，十七年武举中式，加升署都指挥同知，故。[②]祖高堂系嫡长男，正德十六年革指挥使，故。父高恩系嫡长男，嘉靖十三年袭，疾。肇系嫡长男，四十三年二月比中，替锦衣卫指挥使。• 445 •

高文允，天启元年十月，大选过锦衣卫指挥使一员高文允，年四十六岁，系故指挥使高肇嫡长男，比中三等。

安凤·指挥使

外黄查有：安俊，迤北人。高祖安歹都驴，永乐三年来降，充正千户，送锦衣卫中所带俸……贼升指挥佥事，七年迤北杀贼升指挥同知，十四年迤北擒贼升指挥使，十一年故。曾……系嫡长男，十三年袭，宣德七年故。祖安忙可系嫡长男，八年袭，正统十四年迤北失陷。父安孛罗优给，景泰二年袭，成化七年更名安祥，弘治十年故。[③]俊系嫡长男，十二年袭达官指挥使，仍锦衣卫镇抚……

一辈安歹都驴，已载前黄。

二辈安火脱赤，已载前黄。

三辈安忙可，已载前黄。

四辈安孛罗，旧选簿查有：景泰三年四月，安孛罗，系锦衣卫镇抚司带俸失陷达官指挥使安忙可嫡［长男］。

五辈安俊，旧选簿查有：弘治十二年十月，安俊，迤北人，系锦衣卫镇抚司带俸故世袭达官指挥使安孛［罗嫡］长男。

六辈安凤，旧选簿查有：嘉靖二十四年四月，安凤，年八岁，迤北人，系锦衣卫

---

① 《明英宗实录》卷201，景泰二年二月己卯，“以德胜等门外杀贼阵亡功升……锦衣卫指挥同知把兴弟泉……俱为都指挥佥事”。

② 《明孝宗实录》卷62，弘治五年四月庚戌，“命武城中卫指挥使高瑛守备归德武平地方以都指挥体统行事”；卷75，弘治六年五月壬午，“升守备归德等处武城中卫指挥使高瑛为署都指挥佥事，总督直隶扬州等处备倭”；卷134，弘治十一年二月戊寅，“命扬州等处总督备倭武成中卫带俸署都指挥佥事高瑛充右参将，分守燕河营等处”。

③ 《明孝宗实录》卷132，弘治十年十二月庚寅，“赐故达官锦衣卫带俸指挥使安祥等十五人棺并祭”。

镇抚司带俸达官年老指挥使安俊……与全俸优给，至嘉靖三十年终住支。

旧选簿查有：嘉靖三十一年六月，安凤，年十五岁，迤北人，系锦衣卫镇抚司带俸达官指挥使……职。

七辈安承恩，万历三十八年四月，大选过锦衣卫带俸指挥使一员安承恩，年二十八岁，系故带俸达……亲男，达官不比。

八辈安国栋，天启五年十二月，大选过锦衣卫镇……袭职，达官不比。

九辈安国梁，崇祯十五年四月，大选过锦衣卫镇抚 • 446 • 司带俸达官指挥使一员安国梁，年二十九岁，系故带俸达官指挥使安国栋亲弟，达官不比。

康延寿

天启四年四月，大选过锦衣卫镇抚司带俸达官正千户优给舍人一名康延寿……俸达官正千户康万春嫡长男，照例与全俸优给，至天启十三年终住支。

崇祯八年四月，大选过锦衣卫南镇抚司带俸达官正千户康延寿，年十六岁，出幼袭职，达官不比。

马一龙 • 指挥使

内黄查有：马政，旧名马哈麻，回回人。父亦剌思，洪武二十三年归附，永乐二年除百户，锦衣卫镇抚带俸，三年迤西公干回还，五年升正千户，七年朝见钦升指挥使，十年故。马哈麻系嫡长男，宣德元年袭指挥使。[①]

一辈亦剌思，已载前黄。

二辈马政，旧选簿查有：天顺元年正月，马政，系锦衣卫带俸都指挥使，钦升都

---

① 《明宣宗实录》卷 16，宣德元年夏四月壬申，“命故锦衣卫指挥使亦剌思子马哈麻袭职。亦剌思，本撒马儿罕人，洪武间归附。永乐间，往亦里吉思，导其王子暖荅石等来朝，遂升是职。至是，殁十余年，例不应袭。上念其父之劳，特命袭之”。

督佥事，注后府带俸。[①]

三辈马鑑，旧选簿查有：天顺二年二月，马鑑，系后府带俸都督同知马政嫡长男，照例袭父原职指挥使，注锦衣卫带俸。[②] •447•

［四辈马义］，旧选簿查有：成化四年二月，马义。伊父马鑑原系锦衣卫带俸指挥使升都指挥佥事，患病。本人系嫡长男，照例革替指挥使，仍于原卫差操。[③]

［五辈马让，旧选］簿查有：弘治四年十二月，马让，江宁县人，系锦衣卫带俸故世袭指挥使马义亲弟。

［六辈马胜宗，旧选簿］查有：嘉靖二十二年八月，马胜宗，江宁县人，系锦衣卫年老带俸指挥使马让嫡次男。

［七辈马一龙，旧选簿］查有：嘉靖三十三年六月，马一龙，江宁县人，系锦衣卫故带俸指挥使马胜宗嫡长男。

［八辈马逢伯］……九月，单本选过锦衣卫带俸指挥使一员马逢伯，年二十九岁，系故带俸指挥使马一龙嫡长亲孙，比中二等。

［九辈马逢化］……年四月，大选过锦衣卫带逢（俸）指挥使一员马逢化，年二十一岁，系故带俸指挥使马逢伯堂［弟，比中］二等。

穆世臣·指挥使

内黄查有：穆高，山后人。曾祖孛罗，永乐十一年来降……袭职，正统九年土河杀贼有功升指挥同知，十四年……年迎驾升都督佥事，赐穆姓，更名义，成化三年征

① 《明英宗实录》卷187，景泰元年正月己亥，“命锦衣卫带俸都指挥同知马政协同都督佥事昌英于三千营管操”；卷274，天顺元年正月庚寅，“升锦衣卫带俸都指挥使马政为后军都督佥事……俱带俸，仍为通事出使瓦剌”；卷287，天顺二年二月甲午，“后军都督同知马政卒，辍视朝一日，遣官赐祭，命有司营葬”。

② 《明英宗实录》卷277，天顺元年四月甲寅，“大同总兵官右都督李文奏：孛来使臣五百余人还至高山站，杀伤护送官军百人，执都督马政子鑑捶之，尽掠其马匹兵甲而去，鑑同指挥哈铭等逃还”；卷325，天顺五年二月己卯，“命……锦衣卫指挥使马鑑使海西等处”。

③ 《明宪宗实录》卷51，成化四年二月己酉，“命锦衣卫带俸都指挥佥事马鑑子义代其原职本卫指挥使”。

四川、贵州有功升……嫡长孙，革袭锦衣卫带俸指挥使。[①]

一辈孛罗，已载前黄。

二辈阿赤脱木儿，指挥使功次，正统十四年德胜等处杀贼有功升一级，锦衣卫指挥同知升指挥使……

三辈穆高，已载前黄。[②]

四辈穆瑄，旧选簿查有：嘉靖五年六月，穆瑄，年三十岁，山后人，系都指挥佥事穆高嫡长男。伊曾祖义……职，以坝（霸）州功升前职，缘系流官例不该袭，本人合袭授祖原职指挥使，仍于锦衣卫……

五辈穆松，旧选簿查有：嘉靖三十八年二月，穆松，年十七岁，山后人，系锦衣卫老疾带俸指挥使穆……

六辈穆世臣，旧选簿查有：嘉靖四十年四月，穆世臣，年二岁，山后人，系锦衣卫带俸故指挥使穆松……给，至嘉靖五十二年终住支。

万历二年二月，穆世臣，年十五岁，山后人，系锦衣卫故带俸达官指挥使穆松嫡[长男，优给出幼袭]职。• 448 •

七辈穆世卿，天启三年十二月，大选过锦衣卫带俸指挥使一员穆世卿，年三十三岁，系故带俸指挥使……达官不比。

王尽都 • 指挥使

外黄查有：王绶宗，景陵县人。伯祖王保儿，甲辰年从军，洪武四年故。祖王福旧名佛保补役，调燕山左护卫前所，二十三年升小旗，三十二年克雄县升总旗，郑村坝升百户，三十三年白沟河升副千户，三十四年杀败真定军马升正千户，西水寨升指挥同知，三十五年克金川门升旗手卫指挥使，永乐八年杀贼胡寇升山西都司都指挥佥

---

① 《明英宗实录》卷276，天顺元年三月甲戌，“达官都督北斗奴等乞更姓名，上赐……阿剌帖木儿曰穆义”；卷330，天顺五年七月癸丑，“命天顺元年正月官军于反贼曹吉祥下冒功升三级者俱革所升，复原职役，调补外卫。后军都督佥事穆义……亦在冒升之列，上以义令其弟完者秃先报贼情……不降调”。《明宪宗实录》卷121，成化九年十月乙亥，“都督同知穆义差往永清县草场牧马，杖其县典史，因相讦奏。坐诬，赎徒还职”。

② 《明孝宗实录》卷5，成化二十三年十月甲申，“命后军都督府故都督同知穆义之孙高袭原职指挥使，锦衣卫带俸”。

事，故。[①] 父王喜系嫡长男，十九年四月袭，二十二年北征有功调锦衣卫带俸，正统十四年升都指挥佥事，天顺四年降指挥使，八年遇例还职，成化二十二年故。[②] 绶宗系庶长男，优给，弘治十三年革袭指挥使，仍锦衣卫带俸。

一辈王福，已载前黄。

二辈王喜，已载前黄。

三辈王绶宗，旧选簿查有：弘治十三年四月，王绶宗，景陵县人，系锦衣卫带俸故都指挥佥事王喜庶长男，本人照例已革与指挥使俸优给，今出幼，仍袭指挥使。

四辈王禹诏，旧选簿查有：嘉靖十三年十二月，王禹诏，年二十六岁，景陵县人，系锦衣卫故带俸指挥使王绶宗嫡长男。

五辈王尽都，旧选簿查有：嘉靖二十八年十二月，王尽都，年十六岁，景陵县人，系锦衣卫带俸故指挥使王禹诏嫡长男。

六辈王鐩，万历三十一年二月，王鐩，年四十四岁，系锦衣卫带俸故指挥使王尽都嫡长男，比中三等。

白廷圭·指挥使

内黄查有：白廷圭，系哈密卫人。高祖哈只阿力，先年节次进……家口进贡投降，故。曾祖阿讨剌到京奏袭，着做都……断藤峡等处杀贼有功升都指挥同知，三年征榆林等处杀贼有功升都……功升左府带俸都督同知，故。弘治三年伯祖白镔系庶长男，革袭指挥使带［俸］……无嗣。祖白鑑系亲叔，袭，故。伯白瀛系嫡长男，袭，故，无嗣。父白镛系亲弟，袭，故。廷圭系嫡长［男］……支。• 449 •

---

① 《明太宗实录》卷 114，永乐九年三月壬申，“录征胡寇功，升……旗手卫指挥使王福为山西都指挥佥事”。

② 《明太宗实录》卷 235，永乐十九年三月癸未，“命故都指挥佥事王福子喜袭父原职，为旗手卫指挥使”。《明宣宗实录》卷 18，宣德元年六月己巳，“调行在旗手卫指挥使王喜……皆任行在锦衣卫”。《明英宗实录》卷 274，天顺元年正月戊子，“旗手卫带俸都指挥佥事王喜于锦衣卫带俸……俱以其有迎驾功也”；卷 275，天顺元年二月甲寅，“命都指挥佥事王喜理锦衣卫事”；卷 323，天顺四年十二月辛卯，“执锦衣卫掌卫事都指挥佥事王喜……鞫于都察院……都察院论喜等俱赎杖还职。上以喜原任指挥使，管工兵仗局，黜之，使仍旧职”。

一辈哈只阿力，已载前黄。

二辈阿讨刺，旧选簿查有：堂稿内开，锦衣卫镇抚司带俸都指挥使阿讨刺，更名白玉，奉钦依阿讨刺升……①

三辈白镔，旧选簿查有：弘治三年十一月，白镔，哈密卫人，系前军都督府已故都督同知白瑜庶长男。伊父原系……［镇］抚司带俸都指挥佥事，功升前职，今病故。本人照例减袭指挥使，仍于原卫镇抚司带［俸］。②

四辈白澜，旧选簿查有：正德十五年四月，白澜，年三十二岁，哈密卫人，系锦衣卫镇抚司带俸达官指挥使镔……父袭指挥使，推举以都指挥体统行事领班，病故。所据指挥使，伊系祖阿讨刺［以］……钦依，历升都指挥使，传至伊父革袭前职。本人告袭，仍照例准袭指挥使。

五辈白鑑，旧选簿查有：嘉靖六年四月，白鑑，哈密卫人，系锦衣卫镇抚司带俸故绝达官指挥使白澜……

六辈白瀛，旧选簿查有：嘉靖十三年十二月，白瀛，年三十九岁，哈密卫人，系锦衣卫镇抚司带俸年老达［官］……长男。

七辈白镛，旧选簿查有：嘉靖二十五年四月，白镛，哈密卫人，系锦衣卫镇抚司带俸达官故指挥使白瀛亲……

八辈白廷圭，旧选簿查有：嘉靖二十七年二月，白廷圭，年六岁，哈密卫人，系锦衣卫镇抚司带俸故达官指挥使白［镛］……与全俸优给，至嘉靖三十五年终住支。

---

①《明英宗实录》卷293，天顺二年秋七月庚子，“命故都督佥事哈只阿力子阿讨刺袭都指挥佥事”。《明宪宗实录》卷107，成化八年八月己丑，“更……锦衣卫带俸都指挥使阿讨刺为白瑜……俱以达官遣赴延绥击贼，乞更姓名故也”；卷151，成化十二年三月乙卯，“升……达官都指挥使白瑜……为都督佥事，瑜左府……带俸……以两广军功斩首六级以上升一级也”。《明孝宗实录》卷40，弘治三年七月乙亥，“前军都督府同知白瑜卒。瑜，哈密卫人，始名阿讨刺，后赐姓名白瑜。父曰哈只阿力，为哈密都督佥事，英宗北狩时有翊戴功。英宗既复辟，哈只阿力挈家入附，未至，道死，母倒刺挈瑜以来。瑜上疏乞袭父官。不许，许为都指挥佥事，锦衣卫带俸。居京师，赐地五十顷。成化元年，广西荔浦断藤峡之捷，瑜以功进都指挥同知；三年，以郁林功进都指挥使；十二年，追录广东新会功，进都督佥事，左军都督带俸；十五年，管前府事，寻充右参将，以征辽东建州功，进都督同知。至是，卒，赐祭葬如例。瑜虽出西域，居中国久，善用部曲，知礼敬士大夫。子镔袭为指挥使”。

②《明孝宗实录》卷45，弘治三年十一月丙戌，“命前军都督府故都督同知白瑜之子镔袭原职指挥使，仍锦衣卫镇抚司带俸”。《明武宗实录》卷109，正德九年二月己酉，“命锦衣卫带俸指挥使白镔宣府领班备御”。

旧选簿查有：嘉靖三十六年四月，白廷圭，年十五岁，哈密卫人，系锦衣卫镇抚司带俸故达官指挥使白镛……优给出幼袭职。

九辈白三捷，万历四十年三月，大选过锦衣卫镇抚司带俸达官指挥使一员白三捷，年四十六岁，系老带俸达官指挥使白廷圭亲男，达官不比。

高勋 • 指挥使

缺。

一辈鬼里赤，缺。• 450 •

二辈锁锁，旧选簿查有：宣德八年八月，锁锁，系锦衣卫带支俸达官指挥佥事鬼里赤庶长男，钦与世袭。

三辈缪黑厮，旧选簿查有：景泰五年四月，缪黑厮，山后人，系锦衣卫镇抚司带俸达官指挥佥事缪锁锁嫡长男。父于德胜门杀贼阵亡，例升二级。本人先因年幼，例已升与指挥使俸优给。今出幼，该袭指挥使。

四辈高俊，旧选簿查有：正德五年二月，高俊，女直人，系锦衣卫镇抚司带俸年老袭升指挥使高清旧名缪黑厮嫡长男。

五辈高锦，旧选簿查有：嘉靖九年六月，高锦，年十七岁，女直人，系锦衣卫镇抚司带俸故达官指挥使高俊嫡长男。

六辈高勋，缺。①

苗文绣 • 指挥同知

外黄查有：苗文绣，年四十岁，系锦衣卫镇抚司带俸达官指挥……哈把儿，宣德五年来降，故。曾伯祖阿剌咎升指挥佥事……功升指挥同知，故绝。曾祖格连台袭，故。祖苗忠疯疾不堪，苗旺优袭……实授，故绝。父苗锐系亲侄，十三年革袭指挥同知，嘉靖二十年故。文绣系……［锦衣］卫镇抚司带俸达官指挥同知。

---

① 此选簿所载各辈履历，又见《明档》本册第386页“高勋 • 指挥使”选簿；又《明档》本册第470页“又一员 • 高锦”选簿亦与此簿二至五辈选条相重。

苗椿，万历十一年八月，年三十七岁，迤北人，系锦衣卫镇抚司年老达官带俸指挥同知苗文绣亲……

苗一江，万历四十二年十二月，大选过锦衣卫镇抚司带俸达官指挥同知一员苗一江，四十……达官指挥同知苗椿亲男，达官不比。

苗子成，崇祯七年四月，大选过锦衣卫镇抚司带俸达官指挥同知一员苗子成，年四十六岁，系老带俸达官指挥同知苗一江嫡长男，达官不比。

丁景春

天启四年二月，大选过锦衣卫镇抚司带俸达官副千户事实授百户优给［舍人一名丁景］春，年四岁，系故带俸达官署副千户事实授百户丁仓亲男，照例与全俸优给，至天启十四年终住支。• 451 •

崇祯八年八月，大选过锦衣卫南镇抚司带俸达官署副千户事实授百户丁景春，年十五岁，出幼袭职，达官不比。①

吴天爵 • 指挥使

外黄查有：吴滋，年十九岁，合肥县人。义始祖东荒儿，丙申年从军，洪武二十六年故，无嗣。祖吴二顶名补役，故。高祖吴旺旧名东官音保补役，三十二年郑村坝升总旗，三十三年济南升百户，三十四年大名府等处升正千户，三十五年金川门升扬州卫指挥同知，永乐二年复姓吴，八年征阿鲁台升指挥使，故。曾祖吴俊系庶长男，袭，在羽林前卫中所带俸，正统十四年西直门外白石桥等处当先杀败胡寇有功，景泰元年升都指挥同知，天顺八年为事充军，故②。祖吴瑛系嫡长男，袭指挥使，调定

---

① 本选簿所载各选条履历，可接《明档》本册第380—381页“丁勋 • 署副千户”选簿丁仓选条内容后。

② 《明宪宗实录》卷5，天顺八年五月辛巳，“升羽林前卫指挥使吴俊为中军都督府都督同知，以将册立中宫也”。

边卫带俸，弘治十年陈情仍注羽林前卫带俸，十一年陈情升都指挥佥事锦衣卫带俸[①]，故。伯父吴格先故，堂兄吴润系嫡长男，亦系吴瑛嫡长孙，革与指挥使俸优袭，故，无嗣。滋系吴润堂弟，袭锦衣卫带俸指挥使。

一辈吴旺，已载前黄。

二辈吴俊，旧选簿查有：宣德四年五月，吴俊，系凉州卫故流官指挥使吴旺嫡长男。

三辈吴瑛，旧选簿查有：题稿内开，吴瑛嫡长孙吴润，合肥县人。义始祖东荒儿从军，年老无嗣。始祖吴二顶户名补役，故。高祖冬官音保补役，历功升指挥同知，永乐二年改正出姓吴旺，阿鲁台功升指挥使，故。曾祖吴俊系庶长男，袭职，故。祖吴瑛系嫡长男，革袭指挥使，故。父吴格未袭先故，润系嫡长孙，袭职。

四辈吴润，旧选簿查有：正统（德）十三年六月，吴润，合肥县人，系锦衣卫带俸故都指挥佥事吴瑛嫡长孙。伊祖原革袭羽林前卫指挥使，比例升前职，缘都指挥系流官，例无承袭，本人已革与原卫祖职指挥使俸优给，今出幼袭职。

五辈吴滋，旧选簿查有：嘉靖二年三月，吴滋，合肥县人，系锦衣卫带俸故绝革袭指挥使吴润堂弟。

六辈吴天爵，缺。零选簿查有：吴天爵，合肥县人，系锦衣卫带俸年老指挥使吴滋嫡长男。

七辈吴国臣，万历二十八年六月，吴国臣，年十七岁，系锦衣卫带俸年老指挥使吴天爵嫡长男，比中三等。• 452 •

吴继禄・指挥使

缺。

一辈吴克勤，已载五辈下。

二辈吴琮，旧选簿查有：天顺元年二月，吴琮，系金吾右卫正千户，钦升世袭指

---

① 《明宪宗实录》卷 101，成化八年二月戊寅，“谪戍登州卫故中府带俸都督同知吴俊卒，命其子瑛袭祖原职指挥使，调羽林前卫带俸”。《明孝宗实录》卷 137，弘治十一年五月乙卯，“羽林前卫带俸指挥使吴瑛奏：臣系宪庙前皇后吴氏之兄，臣所以授职，乃先世军功所历，未沾外戚恩例，乞赐升职，并改注卫分，以图报称。令升都指挥佥事，锦衣卫带俸”。

挥使，注锦衣卫……[1]

三辈吴镇，旧选簿查有：弘治八年八月，吴镇，迤西人，系广义伯吴琮嫡长男。伊父先年奏袭堂兄……守宁夏失机充军，疏放宁家，病［故］。本人照例袭伊祖吴克勤阵亡所升世袭指［挥使］。[2]

四辈吴世宁，已载五辈下。

五辈吴世昌，审稿查有：吴世昌，年二十五岁，凉州人，系锦衣卫故绝带俸指挥使吴世宁堂弟。伊曾祖吴［克勤］……同知，立功升左都督，阵亡。祖吴琮革袭百户，具本陈情准袭正千户，复又两……指挥佥事，世袭指挥使，奏袭堂兄伯爵，失机充军，释放，故。政奏袭爵，准令承袭吴……吴世宁仍袭指挥使，故绝。伊系堂弟，保送袭职。所据传乞所升，例应减革，但伊祖吴琮……俱奉上“世袭”字样，比之并故传乞似为不同，合无准令吴世昌袭授祖职指挥使，惟复……［等］因，题奉钦依“吴世昌准袭授祖职指挥使”。

六辈吴继禄，旧选簿查有：嘉靖四十四年九月，吴继禄，年三十一岁，凉州人，系锦衣卫带俸年老指挥使吴世……

七辈吴永光，万历二十八年四月，吴永光，年二十四岁，系锦衣卫带俸老指挥使吴继禄亲孙，比中三等。

---

① 《明英宗实录》卷191，景泰元年四月辛卯，“故左军都督吴克勤子琮乞袭父旧职指挥同知，命为正千户”；卷280，天顺元年七月癸未，“命阵亡……左都督吴克勤子琮升都指挥佥事，俱世袭”；卷331，天顺五年八月庚辰，“上谕户部臣曰：广义伯吴琮能报逆贼曹钦反谋事，又效力杀贼，勤劳可嘉，其加岁禄二百石”；卷333，天顺五年冬十月辛卯，“命广义伯吴琮于三千营坐营管操”；《明宪宗实录》卷16，成化元年四月乙未，“敕广义伯吴琮佩征夷将军印，充总兵官，同赞理军务右佥都御史吴琛、参将署都指挥佥事韩斌往四川征剿夷贼”；卷17，成化元年五月乙丑，“罢征西四川兵，命总兵官广义伯吴琮纳征夷将军印”；卷32，成化二年七月甲午，“命广义伯吴琮佩征西将军印，充总兵官，镇守宁夏地方”；卷68，成化五年六月甲寅，“谪……广义伯吴琮戍边”；卷291，成化二十三年六月甲戌，“命释前广义伯吴琮宁家。琮，总兵宁夏，失机充军。至是，其伯母王氏历陈先世节义，与琮上变告曹钦谋叛之功，且言二世列于皇亲，乞敕所司除豁疏放宁家，仍援都督李杲、许宁失机降级之例以奏。事下兵部参酌，言琮充军一十九年，虽与杲等例同，乞自圣裁。上谓：‘琮既系皇亲，充军年久，其释之。’”。

② 《明孝宗实录》卷102，弘治八年七月己丑，“广义伯吴琮原以锦衣卫指挥使袭其伯父管者伯爵，充总兵官，失机充军，卒。其子镇请袭爵，命仍袭锦衣卫指挥使带俸”。

李承勋・指挥使

缺。

一辈李政，缺。旧选簿查有：永乐八年九月，李镇（政），系锦衣卫流官指挥同知，升本卫指挥使。[①]

二辈李端，旧选簿查有：宣德四年九月，李端，系锦衣卫带俸流官指挥使李政嫡长男，与世袭。[②] ・453・

三辈李贤，旧选簿查有：正统十四年九月，李贤，系锦衣卫伤故指挥使李端嫡长男。[③]

四辈李庆，旧选簿查有：弘治八年二月，李庆，滦州人，系锦衣卫带俸故世袭指挥使李贤庶长男。[④]

五辈李镇，旧选簿查有：嘉靖六年四月，李镇，滦州人，系锦衣卫故带俸指挥使李庆嫡长男，告袭。

六辈李承勋，旧选簿查有：嘉靖三十四年二月，李承勋，滦州人，系锦衣卫带俸故指挥使李镇嫡长男。

七辈李栋，万历九年八月，李栋，年四十岁，滦州人，系锦衣卫年老带俸指挥使李承勋嫡长男，比中二等。

八辈李时孝，万历四十一年二月，大选过锦衣卫带俸指挥使一员李时孝，年二十一岁，系故带俸指挥使李栋嫡长孙，比中三等。

九辈李诚龙，万历四十四年十二月，大选过锦衣卫带俸指挥使一员李诚龙，年二十九岁，系故带俸指挥使李时孝亲叔，比中三等。

十辈李进忠，天启六年八月，大选过锦衣卫指挥使优给舍人一名李进忠，年三岁，系……［指挥］使李诚龙嫡次男，照例与全俸优给，至天启十八年终住支。

---

① 《明太宗实录》卷108，永乐八年九月丁丑，“以从征胡寇功升……锦衣卫指挥同知李政……俱为指挥使”。

② 《明宣宗实录》卷31，宣德二年九月壬子，“命故锦衣卫指挥使李正子端袭职”。

③ 《明英宗实录》卷183，正统十四年九月辛丑，“命故锦衣卫指挥使李端子贤……俱袭职”。

④ 《明武宗实录》卷73，正德六年三月己卯，“以……锦衣卫带俸指挥同知李庆于紫荆关……守备”；卷85，正德七年三月壬申，“罢……守备紫荆关指挥李庆，以纵贼盗矿故也”。俟考。

桑麒·指挥使

外黄查有：桑鸾，年三十二岁，山后人。始祖……户，三十三年济南升副千户，三十四年……世袭指挥佥事，永乐二年迤北升指挥使，赐桑姓，故……嫡长男，替，十四年豆腐闸功升都指挥佥事，天顺五年……使，锦衣卫带俸，老。曾祖桑荣系嫡长男，替革指挥使，疾。祖桑恺系……系嫡长男，袭锦衣卫指挥使。

一辈哈喇哈，已载前黄。

二辈也伦帖木儿，已载前黄。•454•

三辈桑真，已载前黄。

四辈桑荣，旧选簿查有：弘治四年四月，桑荣，山后人，系锦衣卫镇抚司带俸达官，功升……

五辈桑恺，旧选簿查有：弘治七年四月，桑恺，山后人，系锦衣卫镇抚司带俸指挥使桑……

六辈桑绍宗，旧选簿查有：正德十一年八月，桑绍宗，山后人，系锦衣卫镇抚司带俸故世袭指挥……

七辈桑麒，旧选簿查有：嘉靖四十一年十二月，桑麒，年三十八岁，山后人，系锦衣卫镇抚司带俸故……①

八辈桑守乾，万历三年八月，桑守乾，年二十八岁，山后人，系锦衣卫镇抚司带俸故指挥使桑麒嫡……

九辈桑应龙，万历十四年六月，桑应龙，年十六岁，山后人，系锦衣卫镇抚司故带俸指挥使桑守乾嫡长［男］。

十辈桑守元，万历十七年十二月，桑守元，年三十七岁，山后人，系锦衣卫镇抚司故带俸指挥使桑应龙亲叔。伊侄原袭指挥使，［万历］十七年故绝，本舍合照旧与袭指挥使，比中三等。

十一辈桑应春，万历三十七年十二月，大选过锦衣卫镇抚司带俸指挥使一员桑应春，年二十二岁，系故带俸指挥使桑守元嫡长男，比中三等。

十二辈桑腾芳，天启元年五月补四月分大选过锦衣卫镇抚司指挥使优给舍人一名

① 本选簿第四、五、六、七各辈选条，又见《明档》本册第468页“又一员·桑麒”选簿。

桑滕芳，年十四岁，系故带俸指挥使桑应春嫡长男，照例与全俸优给，至天启二年终住支。

天启二年十二月，大选过锦衣卫镇抚司指挥使一员桑腾芳，年十五岁，出幼袭职，比中三等。

马礼·指挥使

内黄查有：马玉，祥符县人。有父马志，先系张氏下军，吴元年从军，洪武二十四年充小旗，七月升总旗，三十二年有父阵亡。将长兄马兴补役，九月升勇士百户，郑村坝升实授百户，三十三年济南［升］副千户，三十四年西水寨升指挥佥事，三十五年小河有兄阵亡。将玉随伍征进，永乐元年袭兄前职，钦升［金］吾左卫世袭指挥同知。马全系马玉嫡长男，父饮马河伤故，全袭指挥同知。

一辈马志，已载前黄。• 455 •

二辈马兴，已载前黄。

三辈马玉，已载前黄。

四辈马全，旧选簿查有：永乐十八年二月，马全，系金吾左卫伤故世袭指挥同知马玉嫡长男。

五辈马荣，旧选簿查有：成化二年四月，马荣，祥符县人，系锦衣卫［镇抚司］带俸指挥使马全……

六辈马义，旧选簿查有：成化二十一年……带俸世袭……

七辈马宽，旧选簿查有：嘉［靖］……知俸优给，今故绝……

八辈马礼，缺。嘉靖四十五年……

海承恩·指挥使

内黄查有：海八十，女直人。曾祖马安台，永乐二十二年……贵系嫡长男，宣德元年替，正统元年……嗣。祖海全系亲弟，景泰元元（年）袭，二年以伯祖阵亡功例升二……长男，本年革袭指挥使，十一年故，无嗣。父海滨系亲弟，本年……袭指挥使，仍锦衣卫镇抚司带俸。

一辈把安台，已载前黄。①

二辈海贵，已载前黄。

三辈海全，已载前黄。②

四辈海洪，已载前黄。③ ·456·

五辈海滨，已载前黄。

六辈海八十，已载前黄。④

七辈海林，旧选簿查有：嘉靖九年八月，海林，女直人，系锦衣卫镇抚司带俸达官指挥使海八十亲……男，本人借职，待兄有男退还职事。

八辈海承恩，旧选簿查有：嘉靖三十八年二月，海承恩，年十九岁，女直人，系锦衣卫镇抚司带俸年老达官……男，照旧指挥使。

九辈海士元，万历二十五年十一月，单本选过海士元，年三十一岁，系锦衣卫镇抚司故带俸达官……嫡长男，达官不比。

十辈海时行，天启五年八月，大选过锦衣卫镇抚司带俸达官指挥使一员海时行，年……带俸达官指挥使海士元嫡长男，达官不比。

白恭·指挥使

缺。

一辈白火台，缺。

二辈白忠，旧选簿查有：永乐十六年十二月，白忠，幼名古儿赤，年十一岁，系金吾右卫故流官指挥佥事白火台户名完者不花嫡长男，钦与全俸优给，至永乐二十年终住支。

三辈白通，旧选簿查有：审稿查有，白通，系白忠嫡长孙。

① 《明太宗实录》卷172，永乐十四年正月乙卯，“泰宁卫野人头目把安台来朝，命为都指挥佥事”。俟考。

② 《明英宗实录》卷188，景泰元年闰正月己酉，“命……锦衣卫指挥使海贵弟全……俱袭职”；卷201，景泰二年二月己卯，“以德胜等门外杀贼阵亡功升……锦衣卫指挥使海贵弟全俱为都指挥同知”。

③ 《明宪宗实录》卷27，成化二年三月庚午，“命故都指挥同知海全子洪袭父原职锦衣卫指挥使”。

④ 此选簿前六辈选条，其承袭者姓名及承袭次第又见《明档》本册第472—473页“又一员·海八十”选簿各选条。

四辈白秀，旧选簿查有：嘉靖三年四月，白秀，山后人，系锦衣卫镇抚司带俸年老指挥使白通亲侄。

五辈白真，缺。

六辈白恭，旧选簿查有：嘉靖四十二年九月，白恭，年四十一岁，山后人，系锦衣卫镇抚司带俸故指挥使白秀亲侄。• 457 •

七辈白勋，万历十年六月，白勋，年二十七岁，山后人，系锦衣卫镇抚司故带俸指挥使白恭长男，比中三等。

八辈白承恩，万历四十六年十二月，大选过锦衣卫镇抚司指挥同知一员白承恩，年十六岁，系老带俸指挥使白勋嫡长孙，比中二等。备查祖职，惟正统元年功次的确，至十一年升指挥使，条例不载，余俱系流官，无世及之例，量应减指挥同知。

杨儒 • 指挥使

外黄查有：杨昂，山后人。高祖剌八，宣德六年来降，升指……征麓川等处杀贼有功升指挥使，故。曾祖伯……杀贼有功升都指挥佥事，天顺二年验功升都指挥同知，故……使，成化十一年改名杨洪，故。堂兄杨昇系杨凤嫡长男，优给，袭职……

一辈剌八，已载前黄。①

二辈伯里克，已载前黄。

三辈杨洪，已载前黄。②

四辈杨凤，旧选簿查有：成化十八年二月，杨凤，山后人，系锦衣卫镇抚司带俸故达官指［挥］……

五辈杨昇，旧选簿查有：弘治十八年二月，杨昇，迤北人，系锦衣卫镇抚司带俸故达官……优给出幼袭职。

六辈杨昂，旧选簿查有：正德十五年十二月，杨昂，迤北人，系锦衣卫镇抚司带俸故绝指挥使杨……

---

① 《明宣宗实录》卷 78，宣德六年四月己未，“迤北鞑官失都等四十九人携家属三百余口来归，皆奏愿居京自效。行在兵部礼部第为五等以闻。上命……二等……剌八……俱为指挥同知”。

② 《明宪宗实录》卷 4，天顺八年四月丙申，“命故锦衣卫镇抚司达官指挥同知伯里克子哈力袭父原职指挥使，仍带俸”。

七辈杨恭，旧选簿查有：嘉靖四十年二月，杨恭，年四十三岁，迤北人，系锦衣卫镇抚司故带俸……［杨］昂亲弟。

八辈杨儒，旧选簿查有：嘉靖四十三年六月，杨儒，年二十六岁，迤北人，系锦衣卫镇抚司故达……恭嫡长男。[①]

九辈杨世显，万历三十四年二月，杨世显，年三十八岁，系锦衣卫镇抚司故绝带俸达官指挥使杨儒亲孙，达官不比。•458•

钱昂•指挥使

内黄查有：钱通，长洛河人。有父钱整，吴元年归附，充总旗，洪武十三年改燕山右护卫，十四年征灰山等处，敬除本卫右所流官百户，三十二年克雄县升副千户，三十三年老。通替，四月白沟河升正千户，三十四年夹河升指挥同知，三十五年平定京师升府军右卫世袭指挥使。[②]钱贵系钱通嫡长男，父老，贵永乐十五年替本卫指挥使。

一辈钱整，已载前黄。

二辈钱通，已载前黄。

三辈钱贵，已载前黄。[③]

四辈钱钦，缺。[④]

---

① 此选簿第四至八辈各选条，又各见《明档》本册第463页“又一员•杨儒”选簿各选条。

② 《明太宗实录》卷15，洪武三十五年十二月丁巳，“升……金吾右卫……指挥佥事钱通……俱为指挥使……通府军右卫”。

③ 《明英宗实录》卷6，宣德十年六月戊申，“升金吾右卫指挥使钱贵为都指挥佥事”；卷91，正统七年四月甲寅，“升金吾右卫带俸都指挥佥事钱贵为中军都督府都督同知”；卷91，正统七年五月庚申，“选中军都督府都督同知钱贵女为皇后”；五月壬戌，“中军都督府都督同知臣钱贵奏曰：‘臣贵伏承嘉命，正使太师英国公张辅等重宣制诏，问臣名族。臣女臣夫妇所生，先臣昭勇将军金吾右卫指挥使，万一之玄孙；先臣昭勇将军金吾右卫指挥使整之曾孙；先臣昭勇将军金吾右卫指挥使通之孙；先臣明威将军燕山前卫指挥佥事包谅之外孙。臣女今年十六，谨具奏闻。’”；卷155，正统十二年六月乙亥，“中军都督府都督同知钱贵卒，遣官赐祭，命有司营葬”。

④ 《明档》本册第476页“又一员•钱僧护”选簿载钱贵、钱钦承袭履历，可补此选簿四辈钱钦选条。《明英宗实录》卷160，正统十二年十一月己丑，“命故中军带俸都督同知钱贵子钦为锦衣卫带俸指挥使”。

五辈钱雄，缺。①

六辈钱承宗，缺。②

七辈钱维垣，缺。③

八辈钱应爵，旧选簿查有：嘉靖二十一年五月，钱应爵，年五岁，海州长洛河人，系锦衣卫已故带俸指挥使钱维垣庶长男。伊父原袭祖职指挥使，嘉靖二十年为事身故。该卫保送前来，本舍照例与指挥使俸优给，扣至嘉靖三十一年终住支，候出幼起送袭职。

九辈钱昂，旧选簿查有：嘉靖二十五年十月，钱昂，海州人，系锦衣卫带俸故优给指挥使钱应爵亲堂叔。查……准都察院咨该巡视中城监察御史吴相，勘系立功人钱整、钱通的派子孙回报……职。

十辈钱应珑，万历五年四月，钱应珑，年四十一岁，海州人，系锦衣卫带俸年老

---

① 《明宪宗实录》卷105，成化八年六月丁卯，"加封慈懿皇太后生母陈氏为太夫人，以其孙都督同知钱雄奏请也。雄又言，伯父钦为锦衣卫指挥使，正统己巳与父锺俱扈从北征以殁，钦无子，臣袭其职，升都督。既以例赠三代，恩及伯父矣。惟本生父锺与母王氏未蒙恩典，故昧死以请。上以锺殁于王事，特允推恩为锦衣卫指挥佥事，王氏封恭人，不为例"；卷186，成化十五年正月庚辰，"都督同知钱雄卒。雄，字士英，其先淮安海州人。祖贵，金吾右卫指挥使，实生孝庄睿皇后，以疏恩超升中军都督同知，卒。长子钦，嗣为锦衣卫指挥使；次子锺，正统十四年从北狩，俱死于难。既而锺遗腹生〈生〉雄，遂以后钦世其官，天顺元年升都指挥使。成化初，晋后军都督佥事，寻转同知府事。至是，偶得疾，卒，年三十。讣闻，赐宝楮万缗，遣官谕祭，命有司营葬事。初，英宗重念后族胤嗣单弱，每欲胙雄茅土，孝庄辄辞谢，故终其身不及封拜。雄卒后，今上念累朝外戚俱有封爵，乃封雄子承宗为安昌伯云"。

② 《明宪宗实录》卷189，成化十五年四月庚子，"命故后军都督同知钱雄子承宗为都指挥使，于锦衣卫带俸优给"。《明孝宗实录》卷25，弘治二年四月辛卯，"封锦衣卫带俸都指挥使钱承宗为安昌伯，子孙世袭。承宗高祖通，以军功官至指挥使；曾祖贵以孝庄睿皇后之兄，升中军都督府都督同知；祖锺及伯祖钦俱随驾北征，死于王事；父雄袭指挥使，亦升至都督同知。至是，承宗祖母王氏援皇亲王源封瑞安伯事例，奏乞加封。吏部覆奏，故有是命"。

③ 《明史》卷300《外戚·钱贵》："钱贵，海州人，英宗睿皇后父也。祖整，从成祖起兵，为燕山护卫副千户。父通嗣职，官至金吾右卫指挥使。贵嗣祖职，数从成祖、宣宗北征，屡迁都指挥佥事。正统七年，后将正位中宫，擢贵中府都督同知。英宗数欲封之，后辄逊谢，故后家独不获封。贵卒，长子钦为锦衣卫指挥使，与弟锺俱殁于土木。钦无子，以锺遗腹子雄为后，年幼，以父锦衣故秩予优给。天顺改元，累擢都督同知。成化时，后崩。宪宗优生母外家周氏，而薄钱氏，故后家又不获封。雄卒，子承宗亦屡官锦衣卫都指挥使。弘治二年，承宗祖母王氏援宪宗外家王氏例，请封。乃封承宗安昌伯，世袭。先是，勋臣庄田租税皆有司代收，至是王氏乞自收，始命愿自收者听，而禁管庄者横肆。嘉靖五年，承宗卒，谥荣僖。子维圻嗣。寻卒，承宗母请以庶长子维垣嗣，诏授锦衣卫指挥使。"

指挥使……比中三等。

十一辈钱赈民，万历二十九年十月，钱赈民，年二十八岁，海州人，系锦衣卫带俸故指挥使钱应珑嫡长男……

十二辈钱国元，天启七年九月补八月大选过锦衣卫指挥使一员钱国元，年三十二岁，系故指挥使钱……

十三辈钱士甡，崇祯十一年六月，大选过锦衣卫指挥使优给舍人一名钱士甡，年十岁，系故带俸指挥使钱国元嫡长男，照例与全俸优给，至崇祯十六年终住支。① ·459·

李光先·[指挥]使

[缺]。

一辈李南哥，缺。②

二辈李英，缺。③

三辈李杲④，缺。

---

① 此十三辈钱士甡选条，又见《明档》本册第307页“[钱士甡·指]挥使优给”选簿。

② 《明宣宗实录》卷49，宣德三年十二月辛丑，“敕致仕会宁伯李南哥曰：卿自洪武初归我太祖高皇帝，又事太宗文皇帝，是以皇考临御，首进尔子英之官。朕嗣位以来，英亦能擒戮强寇，肃清道路，以通使臣往来，简在朕心，故屡进禄位，锡以伯爵，朕方委英以一方之寄”。

③ 《明宣宗实录》卷31，宣德二年九月戊申，“封右军都督府左都督李英为推诚宣力武臣特进荣禄大夫、柱国、会宁伯，食禄一千一百石，给赐诰券，赠其三代及妻”；卷90，宣德七年五月壬午，“下会宁伯李英等锦衣卫狱。时西宁卫指挥同知祁震卒，其嫡子成当袭职。庶子监藏，英之甥也，与成争袭。震叔太平以成诣京师辩明。英右监藏，怒太平右成，遣千户海林及家人撒礼等出京城外数十里捕执太平及其义儿等至家，用大杖殴击，尽夺其所赍货，致其义儿死……上命行在锦衣卫执英及林等下狱鞫治”。《明英宗实录》卷28，正统二年三月癸巳，“会宁伯李英有罪，革其爵。先是，西宁卫指挥祁震死，其子幼，震庶弟之子监藏，李出也，谋袭职。震之叔太平与争，俱诣京。英恃强，执太平及其义子拷掠于家，义子竟死。言官劾英，下锦衣卫狱具。特宥其死，而有是命”；卷95，正统七年八月戊子，“给闲住官李英月俸五石。英初以军功封会宁伯，食禄千一百石，后坐法削爵闲住。至是，以艰窘自陈，故有是命”。

④ 《明英宗实录》卷276，天顺元年三月辛巳，“命故会宁伯李英子杲为锦衣卫带俸指挥同知”。《明孝宗实录》卷75，弘治六年五月戊寅，“右军都督府都督佥事李杲卒。杲，陕西西宁卫人，前会宁伯英之子。英卒，杲袭锦衣卫都指挥佥事，成化二年举将材升署都督佥事、左军都督府带俸。三年升右

四辈李宁，旧选簿查有：弘治七年二月，李宁，年十五岁，陕西西宁卫人，系右军都督府已故都督……挥使，锦衣卫带俸。①

五辈李崇文，旧选簿查有：嘉靖二十五年十二月，李崇文，年十五岁，西宁卫人，系锦衣卫故绝都指挥佥事［李宁亲侄，伊伯宁原袭祖职］指挥使，功升都指挥佥事，今〈故〉故绝。所据都指挥佥事系流官，例不准袭，本舍照［例革与祖职指挥使］。

六辈李光先，旧选簿查有：嘉靖四十年四月，李光先，年十岁，西宁卫人，系锦衣卫带俸故指挥使李崇文［嫡长男，照例与全俸优］给，至嘉靖四十四年终住支。②

七辈李化龙，万历二十一年九月，单本选过锦衣卫李化龙，年二十二岁，西宁卫人，系锦衣卫故署……先男。父李光先嘉靖四十年冒功例应减革，与袭带俸土官指挥同知。万历十一年……都指挥佥事，历升本卫堂上佥书，今故。③所据武举并推升流官例不准袭，本……带俸土官指挥同知，比中一等。

陈应鹏・指挥使

外黄查有：陈应鹏，年七岁，达达人。始祖阿剌胎，永乐二十二年来降，升署都指挥佥事，故。高祖脱只……长男，袭，故。④曾祖脱脱孛罗系嫡长男，革指挥使优

军都督府署都督管事，复选团营振威营管操。六年同都御史项忠、侍郎叶盛巡历保定等府，赈济饥民，擒捕盗贼。十四年同尚书刘昭修筑卢沟河堤岸五千余丈。十五年调五军左掖管操，寻调神机营管操，弘治五年遇例实授。至是，卒。赐祭葬如例。子珙举进士，任尚宝司丞”。

① 《明孝宗实录》卷 78，弘治六年七月乙巳，“命右军都督府故都督佥事李杲之孙宁为锦衣卫带俸指挥使，以杲子珙已任尚宝司丞也”。

② 本选簿四辈李宁、五辈李崇文、六辈李光先等选条，又各见《明档》本册第 467—468 页“又一员・李光先”选簿，该三辈选条所缺文字，亦据之补入。

③ 《明神宗实录》卷 147，万历十二年三月乙酉，“以李光先锦衣卫南镇抚司佥书，管事”；卷 231，万历十九年正月壬戌，“以锦衣卫署都指挥佥事李光先任本卫堂上佥书，管事”；卷 265，万历二十一年十月壬辰，“予锦衣卫署都指挥佥事李光先祭葬”。

④ 《明宣宗实录》卷 103，宣德八年六月甲午，“行在右军都督蒋信奏：故忠勇王金忠所部鞑官都指挥乃颜帖木儿等卒，其子者儿哈剌等乞袭职优给。行在兵部言：都指挥同知、佥事例不应袭。上曰：彼皆举家归款，当特优之。遂命……阿速台子脱只皆袭职”。

袭[1]，故。伯祖定儿系嫡长男，袭，[故]。三汉系亲弟，袭，故。父保住儿系亲男，优袭，故。应鹏系嫡长男，优给，至三十八年终住支袭职。

一辈阿剌胎，已载前黄。

二辈脱只，已载前黄。

三辈脱脱孛罗，已载前黄。

四辈定儿，已载前黄。• 460 •

五辈三汉，已载前黄。

六辈保住儿，已载前黄。

七辈陈应鹏，旧选簿查有：嘉靖二十九年二月，陈应鹏，年十五岁，达达人，系锦衣卫镇抚司带俸故达官……长男，优给出幼袭职。

八辈陈天祐，万历二十八年六月，陈天祐，年三十六岁，达达人，系锦衣卫镇抚司带俸达官指挥使陈应鹏嫡长男，达［官不比］。

九辈陈有馀，年四岁，万历二十九年十二月，系锦衣卫镇抚司故达官指挥使陈天祐嫡长男，照例与全俸优给，至三十九年……

十辈陈天祥，万历三十二年八月，大选过陈天祥，年三十七岁，达达人，系锦衣卫镇抚司故达官指挥使陈有……

［十一辈陈有德］，天启六年二月，大选过锦衣卫镇抚司带俸达官指挥使一员陈有德，系故带俸达官指挥使陈天祥嫡长男，［达官］不比。

张从蕡 • 指挥使

缺。

一辈张玉〈洪〉，缺。

---

① 《明英宗实录》卷175，正统十四年二月壬申，“命故……锦衣卫带俸都指挥佥事脱只子脱脱孛罗俱袭为指挥使”；卷225，景泰四年正月乙丑，“升……锦衣卫带俸都指挥同知脱脱孛罗为前军都督佥事，以湖广香炉山杀贼功也”。

二辈张輗，缺。①

三辈张斌，缺。②

四辈张羽，缺。

五辈张溥，缺。• 461 •

六辈张从学，旧选簿查有：零选内开，嘉靖七年二月，张从学，年二十五岁，祥符县人，系锦衣卫已……男。

七辈张从蕡，旧选簿查有：嘉靖三十年十月，张从蕡，年四十六岁，祥符县人，系锦衣卫镇抚司带俸故……

八辈张桂，万历二年四月，张桂，年十六岁，祥符县人，系锦衣卫镇抚司带俸年老指挥使张……幼袭职。查得本舍优给违限一年，限外有无多支俸粮，查扣毕日关支。

九辈张润，万历三十二年十二月，大选过锦衣卫镇抚司带俸指挥使一员张润，年二……［指］挥使张桂嫡长男，比中三等。

---

① 《明太宗实录》卷38，永乐三年正月壬戌，“擢张輗为金吾前卫指挥使。輗，故荣国公张玉次子也”。《明仁实录》卷1下，永乐二十二年八月庚午，“擢皇亲张輗为指挥使。輗，太师英国公辅弟也”。《明英宗实录》卷162，正统十三年正月甲午，“升神策卫指挥使张輗为都指挥佥事，于锦衣卫带俸”；卷182，正统十四年九月戊寅，“令升都指挥佥事张輗为都督佥事，专领护驾将军”；卷257，景泰六年八月丁未，“升太子太保兼中军都督府佥事张輗为右都督，仍兼太子太保”；卷274，天顺元年正月丙戌，“上敕吏部臣曰：朕居南宫七年，心已忘于天下，不意奸臣谋逆，武清侯石亨等能先几弭变，会合忠义，奉迎朕躬复正大位，功在宗社，兹特进封……张輗为文安伯食禄千二百石……俱子孙世袭”；本卷正月己丑，“命……文安伯张輗俱仍前视事”；卷275，天顺元年二月乙未，“命文安伯张輗理左军都督府事”；卷334，天顺五年十一月乙丑，“命文安伯张輗掌前军都督府事，仍管将军”；卷337，天顺六年二月乙未，“文安伯张輗卒。輗，字文端，追封河间王玉之子，英国公辅之弟也。永乐三年特授金吾前卫指挥使，寻调长陵卫，复调神策卫。正统初以勋戚升都指挥佥事，十四年升后府都督佥事，景泰元年命掌中军都督府事，三年加太子太保，六年进升右都督，自升都指挥至都督，恒管将军宿卫。天顺元年以迎驾功封奉天翊卫推诚宣力武臣特进光禄大夫、柱国、文安伯，授以诰券，子孙世袭。二年，命掌左军都督府事。輗颇能孝友，与人接，温恭，然性亦阴忮。天顺初，往往乘机有所中伤。至是卒，追封文安侯，谥忠禧。子斌嗣爵，寻以罪除”。

② 《明英宗实录》卷275，天顺元年二月甲辰，“命文安伯张輗子斌为勋卫，带刀随侍”；卷341，天顺六年六月庚寅，“命故文安伯张輗子斌袭封文安伯”；卷356，天顺七年八月丙申，“文安伯张斌居丧蒸父婢，强娶妹夫之妾。六科十三道劾其败伦伤化，下三法司，锦衣卫廷鞫，其罪论当斩。上命锢禁于锦衣卫镇抚司狱”。

镇抚司带俸指挥使一员・马献图

弘治四年八月，马荣，迤西回回人，系锦衣卫镇抚司故带俸指挥使马玉嫡长男。[①]

正德六年六月，八十儿，迤西回回人，系锦衣卫镇抚司带俸故世袭指挥使马荣堂弟。

嘉靖二十年十月，马献图，迤西回回人，系锦衣卫镇抚司带俸故达官指挥使八十儿庶长男，照例与全俸优给，至嘉靖二十六年终住支。[②]

又一员・许洪

正德十二年十一月，许洪，年二十八岁，江都县人，系后军都督府带俸已故左都督朱国庶长男。许原系故都督许宁男，以舍人获功升锦衣卫左所冠带总旗，历升副千户，赐姓朱，荫指挥使，又获军功改正加升前职，故。[③] 本人该与做指挥佥事，奉钦依"许洪还着世袭指挥使"。[④]・462・

又一员・杨儒

成化十八年十二月，杨凤，山后人，系锦衣卫镇抚司［带俸故达］官［指］挥使杨洪嫡长男。

弘治十八年二月，杨昇，迤北人，系锦衣卫镇抚［司］……指挥使杨凤嫡长男，

---

① 马玉，见《明宪宗实录》卷107，成化八年八月己丑，"更……锦衣卫带俸……指挥使……阿力迭儿必失为马玉……俱以达官遣赴延绥击贼乞更姓名故也"；卷187，成化十五年二月己丑，"锦衣卫带俸指挥使马玉坐宿娼调万全永宁卫带俸"；卷202，成化十六年四月辛酉，"锦衣卫带俸达官指挥使马玉坐多支俸粮当发沿海卫立功五年，玉具奏得罪之由，且自言夷人昧于法禁，乞免发遣。刑部为覆奏，得旨：免玉立功，不为例"。

② 该马荣、八十儿、马献图等三辈选条，又各见《明档》本册第306页"马应宗・指挥使"选簿三辈马荣、四辈八十儿、五辈马献图选条。

③《明武宗实录》卷145，正德十二年正月庚子，"后军都督府带俸左都督朱国卒。国本许姓，故都督宁之子也。成化壬寅从征清水营等处，以舍人有斩虏功升锦衣卫副千户。正德辛未以征山东、河南、北直隶等处流贼功，历升至左都督。以义儿日侍豹房，赐国姓，至是卒。得葬祭"。

④《明武宗实录》卷153，正德十二年九月辛卯，"命故左都督朱国子许洪嗣为锦衣卫指挥使。国以舍人冒功为副千户，获宠，赐国姓，骤迁都督，故。其子复得袭"。

优给出幼袭职。

正德十五年十一月，杨昂，系锦衣［卫］镇抚司带俸……

嘉靖四十年二月，杨恭，年四十三岁，迤北人，系锦［衣卫］……指挥使杨……弟。

嘉靖四十三年六月，杨儒，年二十六岁，迤北人，系锦衣［卫］……嫡长男。[①]

又一员·杜景

成化元年六月，孛罗卜花。伊父赛里儿灰即赛列灰儿，原系锦［衣卫］……［指］挥佥事，功升署指挥使，遇例实授，老疾。本人系嫡长……司带俸差操。

成化十五年三月，杜彪，即回回山后人，系……事……［孛］罗卜花嫡长男。

正德元年五月，杜景，迤北人，系锦衣卫指（镇）抚司带俸故达官指挥使杜彪嫡……幼袭职。·463·

又一员·周怀义

嘉靖三年六月，周怀义，年一十七岁，昌平州人，系锦衣卫已故带俸指挥使［周］……圣慈仁寿太皇太后亲侄，传升正千户、指挥同知、指挥使，俱与世袭，今病故，无儿……舍系亲侄，保送袭职。缘伊伯不系军功所升，况伊父周琪见任正千户，于例有……皇亲，原奉钦依有“世袭”字样，本部难以轻拟，伏乞圣裁，题奉圣旨“是周怀义……使，钦此”。[②]

又一员·张臣

成化七年，爱牙思，更名张永，系山后人，系锦衣卫镇抚司带俸故达官指挥使章

---

① 此选簿各选条又见《明档》本册第458页“杨儒·指挥使”选簿四辈至八辈选条。

② 《明武宗实录》卷22，正德二年闰正月丁巳，“复太保长宁伯周彧之子瑭、瑨锦衣卫世袭指挥使，琪、璘、瑁世袭正千户职，瑄特授锦衣卫百户。从彧乞也”。

迭儿必失嫡长男。[①] 本人先因随父来降，升百户，又征荆襄有功升署副千户，今袭父前职，仍将伊署副千户职名开除。

弘治十一年四月，张英，迤北达子，系锦衣［卫］镇抚司达官都指挥佥事张永嫡长男。伊父原系本卫镇抚司带俸指挥使，功升前职，风疾。本人照例革替伊父原职指挥使，仍在本卫带俸。

正德九年二月，张臣，山后人，系锦衣卫镇抚司带俸达官指挥使张英嫡长男。

又一员·孙锭

审稿查有：孙旺，系锦衣卫试百户，香炉山、鬼板、镇番、荆襄、大同五处获功历升指挥同知。

成化二年四月，孙英，桐城县人，系锦衣卫镇抚司带俸署指挥同知事指挥佥事孙·464·旺嫡长男，仍署指挥同知事。

正德十五年十二月，孙锭，年十八岁，桐城县人，系锦衣卫镇抚司带俸故指挥使孙英嫡长男。伊父原袭署指挥同知，建州功升指挥使，大同功又升前职，本人照例袭指挥使。

又一员·陈宣

天顺七年十二月，锦衣卫指挥同知升指挥使卜荅赤嫡长男。

成化二年七月，陈永，山后人，系锦衣卫镇抚司带俸故达官指挥使卜荅赤嫡长男。[②]

成化十八年十一月，陈佐，年十九岁，迤北人，系锦衣卫镇抚司带俸达官都指挥佥事陈永嫡长男。伊祖原系指挥使，阵亡。父袭升前职，为事革职。本人照例革袭祖职指挥使，钦与世袭。

---

① 《明宪宗实录》卷107，成化八年八月己丑，“更……锦衣卫带俸……指挥使爱牙思为张永……俱以达官遣赴延绥击贼，乞更姓名故也”；卷120，成化九年九月庚寅，“赏锦衣卫达官指挥章迭儿必失等官军……录征广东阵亡功也”。

② 《明档》本册第476页“又一员·陈永”选簿，可补充此簿陈永选条。《明宪宗实录》卷40，成化三年三月壬辰，“追录两广及贵州斩贼死敌功，命故锦衣卫指挥使卜荅赤子陈永袭升都指挥佥事”。

正德六年十月，陈宣，迤北人，系锦衣卫镇抚司故带俸达官指挥使陈佐嫡长男。

又一员・王俊

成化二年闰三月，把把虎力，山后人，系锦衣卫镇抚司被人杀死带俸达官指挥使伯颜不花庶长男。

正德五年二月，王俊，迤北人，系锦衣卫镇抚司带俸年老世袭指挥使王宣旧名把把虎力庶长男。①

又一员・廉玉

天顺八年七月，打兰，山后人，系锦衣卫镇抚司［带俸达］官指挥同知赛…… • 465 • 官军拿去，不知下落，该与本人袭……

弘治五年九月，廉福，山后人，系锦……升指挥使……

正德二年二月，廉玉，迤……使廉……袭职。

又一员・罗寿

成化十九年二月，罗俊，女直人，系锦衣卫镇抚司……

正德五年四月，六十，山后人，系锦衣卫镇抚司故［带］……

嘉靖十年八月，罗寿，年十七岁，迤北人，系锦衣卫镇抚司……

又一员・八十

景泰二年七月，赛秃剌，系锦衣卫镇抚司带俸伤故达官指挥同［知］兀鲁思……

天顺七年，锦衣卫指挥同知升指挥使赛秃剌。

---

① 本选簿伯颜不花、王宣（把把虎力）、王俊之承袭次第与《明档》本册第333页“王山・指挥佥事”选簿第一、二、三辈选条相同，其第四辈选条所述亦能与本选簿相衔接。

成化二十年四月，五十，山后人，系锦衣卫镇抚司带俸达官指挥使赛秃［剌］……

正德二年十二月，马昇，山后人，系锦衣卫镇抚司带俸故达官指挥使五十更名……

正德八年八月，马镗，山后人，系锦衣卫镇抚司带俸故绝达官指挥使马昇亲弟。

嘉靖九年二月，八十，年十五岁，迤北人，系锦衣卫镇抚司带俸故达官指挥使马镗嫡长男。[①]

又一员·王忠

正统十年十二月，王阿里，系锦衣卫镇抚司带俸达官指挥同知王咬纳庶长男。• 466 •

天顺六年四月，王教化，山后人，系锦衣卫指（镇）抚司带俸达官指挥同知王阿里嫡长男。

正德七年十月，王佐，女直人，系锦衣卫带俸署都指挥佥事王呆旧名教化嫡长男。伊父原袭指挥同知，历升前职，阵亡，钦准袭指挥使。

审稿查有：王忠，年十六岁，女直人，系锦衣卫故带俸达官指挥使王佐庶长男，优给出幼袭职，限外多支俸粮查扣支给。

又一员·刘鼎

天顺七年十二月，锦衣卫指挥使升都指挥佥事顽奴儿。

成化十六年八月，刘刚，女直人，系锦衣［卫］镇抚司带俸达官都指挥佥事顽奴儿更名刘让嫡长男。原系本卫指挥使，功升前职，今老疾，本人照例准替指挥使。

正德十五年十二月，刘鼎，年三十一岁，女直人，系锦衣卫镇抚司带俸达官都指挥同知刘刚今赐姓朱纪嫡长男。父替指挥使，征流贼升都指挥佥事，山东赍执榜文招抚流贼升前职，年老。所据招抚流贼并都指挥佥事系流官，俱不例（例不）世袭，本人照例革替指挥使。

---

① 《明档》本册第390页“［马国忠］”选簿无贴黄及前六辈选条，此选簿各选条承袭次第恰与前簿七辈马濂选条所载相吻合。

又一员·李光先

弘治七年二月，李宁，年十五岁，陕西西宁卫人，系右军都督府已故都督佥事李杲嫡长孙，袭指挥使，锦衣卫带俸。

嘉靖二十五年十二月，李崇文，年十五岁，西宁卫人，系锦衣卫故绝都指挥佥事李宁亲侄。伊伯宁原袭祖职指挥使，功升都指挥佥事，今故绝。所据都指挥佥事系流官例不准袭。·467·本舍照例革与祖职指挥使。

嘉靖四十年四月，李光先，年十岁，西宁卫人，系锦衣卫带俸故指挥使李崇文嫡长男，照例与全俸优给，至嘉靖四十四年终住支。[①]

又一员·张华

正德十六年八月，张华，年二十四岁，祥符县人，系锦衣卫南镇抚司已故指挥使张淳嫡长男。伊曾祖张輗原系右都督，迎驾有功封太平侯，故。[②]伊祖张瑾已袭侯爵，

---

① 此选簿所载，又见《明档》本册第460页“李光先·［指挥］使”选簿四辈李宁、五辈李崇文、六辈李光先等选条。

② 《明太宗实录》卷178，永乐十四年七月癸巳，“擢锦衣卫散骑舍人张輗为旗手卫指挥使”；《明宣宗实录》卷89，宣德七年四月庚子，“命锦衣卫指挥同知张輗闲居养亲。先是，上命輗总督各卫舍人操练，輗以母老疾辞。上念之，故有是命”。《明英宗实录》卷124，正统九年十二月丁巳，“升锦衣卫带俸指挥使张輗为都指挥佥事，在京督操”；卷148，正统十一年十二月壬寅，“升……锦衣卫带俸都指挥佥事……张輗俱署都督佥事事”；卷164，正统十三年三月庚寅，“命署都督佥事张輗……俱实授都督佥事”；卷208，景泰二年九月戊戌，“前军都督府右都督张輗下狱，既而释之。輗，太师英国公辅之弟，骄淫不奉法，尝私宫家奴二人。六科十三道交疏劾之，诏百官参鞫，论当遣戍辽东。诏宥之”；卷211，景泰二年十二月戊子，“命前军都督府右都督张輗掌本府事，仍兼督操军马”；卷274，天顺元年正月丙戌，“特进封……都督张輗为太平侯，食禄千三百石……俱子孙世袭”；同卷正月己丑，“命太平侯张輗……俱仍前视事”；卷289，天顺二年三月癸卯，“太平侯张輗……卒。輗，故追封河间王玉之子，英国公辅之弟。永乐中授锦衣卫指挥佥事，寻升指挥同知。正统中征虏有功升指挥使，未几荐升都指挥佥事，进署前军都督佥事，已而实授，命充副总兵往征麓川。班师至湖广，命复征贵州苗贼。景泰元年召回，升授特进光禄大夫、前军右都督。上复位，以迎驾功封太平侯，赐诰券，子孙世袭，食禄二千石，至是卒。追封裕国公，谥勇襄”。

成化元年奉钦依“着做指挥使，锦衣卫带俸”。[①] 伊父张淳袭，故。[②] 本人仍袭伊父原袭指挥使。

又一员・桑麒

弘治四年四月，桑荣，山后人，系锦衣卫镇抚司带俸达官功升指挥佥事桑……长男。

弘治七年四月，桑恺，山后人，系锦衣卫镇抚司带俸指挥使桑荣嫡长男。

正德十一年八月，桑绍宗，山后人，系锦衣卫镇抚［司］故世袭指挥使桑恺嫡长男。

嘉靖四十一年十二月，桑麒，年三十八岁，山后人，系锦衣卫镇抚司带俸故［指］挥……[③]

又一员・马汝佶

景泰四年五月，马兴，迁安县人，系锦衣卫故流官指挥使马聚嫡长男。

成化二年二月，马荣，迁安县人，系锦衣卫故世袭指挥使马兴嫡长男。

嘉靖二十六年十月，马应乾，迁安县人，系金吾左卫指挥使历升后［军］都［督］……嫡长男。伊父原袭祖职指挥使，历升左都督。所据推升职级俱系流……・468・照例革袭祖职指挥使。

万历四年四月，马汝佶，年二十二岁，迁安县人，系金吾［左］……［马］应乾嫡长男。查得伊父马应乾嘉靖四十一年选调武骧右卫任事，今本舍仍回原……

---

① 《明英宗实录》卷 274，天顺元年正月己丑，“命太平侯张軏子瑾为锦衣卫带俸指挥同知……以軏奏广等有夺门功也”；卷 293，天顺二年七月戊子，“命故太平侯张軏子瑾袭封太平侯”。《明宪宗实录》卷 18，成化元年六月庚子，“革太平侯张瑾为锦衣卫指挥使”。

② 《明武宗实录》卷 5，弘治十八年九月壬午，“兵部奉诏查武官冗食之应裁革者……指挥使张淳……其陈乞管事与李旻等同，似应免裁革。皆从之”。

③ 本选簿又见《明档》本册第 454—455 页“桑麒・指挥使”选簿四、五、六、七辈选条。

又一员·王智

天顺五年七月，锦衣卫指挥使那哈赤。

成化元年四月，苟儿，山后人，系锦衣卫镇抚司带俸达官指挥使那哈赤庶长男。

嘉靖四十二年十月，王爵，年三十岁，迤北人，系锦衣［卫］镇抚司故达官指挥使王瀚嫡长男。

万历十七年六月，王勇，年三十三岁，系锦衣卫镇抚司患疾带俸达官指挥使王爵嫡长男。查伊祖那哈赤于正统、景泰、天顺间……功升至指挥使，内指挥同知一级……功，升指挥使一级功无擒斩，俱例不准袭，本舍合照例革替带俸指挥佥事，达官不比。

万历二十九年八月，王智，年四十六岁，系锦衣卫镇抚司带俸达官指挥佥事王勇亲弟，达官不比。①

又一员·马勋

嘉靖四十一年四月，马勋，年二十一岁，迤北人，系锦衣卫镇抚司年老带俸达官指挥使马瑾嫡长男。

［王应元］

万历三十五年十二月，大选过锦衣卫衣中所署指挥使一员王应元，年三十四岁，迤北人，系镇抚司老达官指挥佥事王承勋嫡长男。本舍以武举中式，先授衣中所署所镇抚，合并授署指挥使一辈，月支武举米三石，以后子孙止袭祖职指挥佥事。②

---

① 此选簿王勇、王智兄弟相继承袭指挥使的记载，又见《明档》本册第 396 页“王一登·指挥佥事”选簿。

② 此王应元选条履历，又见《明档》本册第 247 页“王应元”选簿。

又一员・王仪

正德十四年八月，王仪，年一十八岁，系锦衣卫镇抚司带俸达官年老都指挥同知王泰亲孙。伊祖袭升正千户，历功升指挥使，又历功升前职[①]，推任都司游击、守备职事。本人告替，除都指挥系流官外，照例革替世袭指挥使。

又一员・古钦

正德三年二月，古钦，山后人，系锦衣卫镇抚司带俸功升达官指挥使古真嫡长男，钦与世袭。

又一员・王锐

审稿查有：拜住。伊伯颜察儿原系达官指挥佥事，节次杀贼有功历升指挥使，病故，无儿男。本人系亲侄，保送优给，候出幼，仍与本人伊伯原职指挥使。[②]

正德十五年六月，王锐，山后人，系锦衣卫镇抚司带俸故达官指挥使拜住嫡长男。优给出幼・469・袭职。

又一员・高锦

宣德八年八月，锁锁，系锦衣卫带支俸达官指挥佥事鬼里赤庶长男，钦与世袭。

景泰五年四月，缪黑厮，山后人，系锦衣卫镇抚司带俸达官指挥佥事缪锁锁嫡长男。父于德胜门外杀贼阵亡，例升二级，本人先因年幼照例已升与指挥使俸优给，今

① 《明孝宗实录》卷 22，弘治二年正月丁亥，“京城德胜门晏启，赴操军士争门，蹂死者十七人，锦衣卫带俸都指挥佥事王泰坐督视无法下法司，赎杖还职”；卷 37，弘治三年四月丁亥，“铨注……锦衣卫带俸都指挥佥事王泰于贵州都司佥事，管事”；卷 177，弘治十四年闰七月丁丑，“命贵州都司……都指挥同知王泰……军前方略，从兵部请也”。《明武宗实录》卷 116，正德九年九月壬戌，“命锦衣卫都指挥同知王泰守备江西南赣地方”。

② 该颜察儿、拜住承袭次第，又见《明档》本册第 413 页“又一员・拜住”选簿。

出幼，该袭指挥使。

正德五年二月，高俊，女直人，系锦衣卫镇抚司带俸年老袭升指挥使高清旧名缪黑厮嫡长男。

嘉靖九年六月，高锦，年十七岁，女直人，系锦衣卫镇抚司带俸故达官指挥使高俊嫡长男。[①]

年远事故指挥使一员·张贤

景泰二年三月，都指挥同知俸优给张晟，系指挥使张能嫡长男。

景泰四年二月，张晟。伊父张能原系大兴左卫指挥使，于德胜门外杀贼阵亡例升二级。本人系嫡长男，照例袭升都指挥同知，仍于原卫带俸。[②]

弘治十五年二月，张贤，山后人，系左军都督府都督佥事张晟嫡长男。[③]伊祖张能原系大兴左卫指挥使，阵亡。伊父张晟袭升都指挥同知，历升前职，故。本人照例革袭伊祖原职指挥使，注锦衣卫带俸。[④]

又一员·孙文

弘治十五年二月，孙文，昌黎县人，系后军都督府都督佥事孙贵嫡长男。伊父原

---

① 此选簿所载，又见《明档》本册第386页、第450—451页“高勋·指挥使”二选簿二至五各辈选条。

② 《明英宗实录》卷226，景泰四年二月癸卯，“命故大兴左卫指挥使张能子晟为都指挥同知，以能阵亡故也”。

③ 《明孝宗实录》卷176，弘治十四年七月己酉，“左军都督府都督佥事张晟卒。晟之先，山后金山人。高祖伯颜帖木儿洪武时率众来归，官之，赐姓张氏。祖能袭大兴左卫指挥使，战殁。录晟袭升都指挥同知，成化中，历陛（升）都督，领神机营右哨，复管伸威营。弘治十三年，虏大举犯塞，晟统兵守居庸关。至是，卒。赐祭葬。子贤袭指挥使，带俸锦衣卫”。

④ 《明孝宗实录》卷182，弘治十四年十二月己未，“命左军都督府故都督佥事张晟之子贤袭原职指挥使，锦衣卫带俸”。

系辽东都司海州卫指挥使，历升前职，故。① 本人照例革袭伊父原职指挥使，注锦衣卫带俸。② ·470·

又一员·杨斗儿

成化十六年九月，杨斗儿，即杨林，仪真县人，系锦衣卫镇抚司带俸都指挥佥事杨铠嫡长男。父原系指挥使，功升前职，病故。本人照例准袭指挥使，仍于本卫司带俸。③

又一员·李旺

成化二年二月，李荣，姚安县人，系锦衣卫镇抚司带俸故指挥使李英堂弟……

成化六年十月，李旺，山后人，系锦衣卫镇抚司带俸达官故指挥使李荣亲……

又一员·孙瓒

弘治七年二月，孙瓒，年五十三岁，山东邹平县人，原任锦衣卫指挥同知，升指挥［使］。④

---

① 《明孝宗实录》卷66，弘治五年八月乙卯，“命辽东随操都督佥事……孙贵还京，各于原府带俸”；卷83，弘治六年十二月戊寅，“命左府带俸都督佥事孙贵……俱见任管事，贵铨注后府”。《明孝宗实录》卷98，弘治八年三月丁未，“命……后府都督佥事孙贵坐练武营管操”；卷177，弘治十四年闰七月戊戌，“后军都督府都督佥事孙贵卒。贵，初袭辽东海州卫指挥使，以军功累升都督佥事，左军都督府带俸，寻转后军都督府佥书，管事，分领团营。至是卒。赐祭葬如例”。

② 《明孝宗实录》卷180，弘治十四年十月辛未，“命后军都督府故都督佥事孙贵之子文袭原职指挥使，锦衣卫带俸”。

③ 此杨斗儿即杨林选簿记载，与《明档》本册第481—482页“杨英·指挥使”选簿贴黄及三辈杨恺、四辈杨林选条相补充。

④ 《明孝宗实录》卷84，弘治七年正月辛丑，“升锦衣卫指挥同知孙瓒为指挥使。瓒，孝恭章皇后之兄子也。成化中，以正千户从征贵州升前官，至是，复自叙其年劳，乞升。因有是命”。

又一员·张传

成化十八年十二月，张传，年十六岁，永城县人，系府军左卫致仕指挥使……八日，该伊父张玹奏称，玹先有伯祖张旭系太皇太后亲兄，以舍人奉天征［讨］……指挥使，为因随侍东宫改府军左卫管事，后病故；[①] 伊男张辂袭职……承袭[②]，亦故；臣袭指挥使管事，为因有疾，将男张传优给，出幼，比照皇……调锦衣卫带俸。本月二十日奉圣旨“准他张传着锦衣卫带俸”。[③]

又一员·王显宗

景泰二年三月，都指［挥］王显宗，霍丘县人，系锦衣卫带俸故都指挥使王公孙嫡长男。本人先因年幼，已照例革与指挥使俸优给，今出幼，该袭指挥使。• 471 •

又一员·王钺

成化十九年二月，王钺，山后人，系故都督佥事王刚嫡长男。[④] 先因年幼，已与指挥使俸于锦衣卫镇抚司优给，今出幼，仍袭本卫司带俸达官指挥使。

---

① 《明太宗实录》卷 37，永乐二年十二月辛巳，“升……义勇卫指挥同知张旭为府军左卫指挥使”。

② 《明仁宗实录》卷 1 下，永乐二十二年八月丁卯，“命府军左卫故指挥使张旭子辂袭父职”。《明宣宗实录》卷 90，宣德七年五月丙子，“行在府军左卫指挥使张辂卒，命工部营葬。辂，皇舅彭城伯昶次子，为其弟旭之后，故优待之”；卷 96，宣德七年十月丙午，“命故行在府军左卫指挥使张辂从弟轮袭职”。

③ 《明宪宗实录》卷 235，成化十八年十二月甲申，“命府军左卫致仕指挥使张玹男傳仍于锦衣卫带俸。玹，诚孝昭皇后侄孙，袭其伯祖旭职为锦衣卫指挥使，因随侍东宫改府军左卫。至是，乞复原卫。从之”。

④ 《明宪宗实录》卷 151，成化十二年三月乙卯，“升……达官都指挥使……王刚俱为都督佥事……刚右府，俱带俸，皆以两广军功斩首六级以上升一级也”。

又一员·杨玉

弘治九年二月，杨玉，福建长泰县人，系锦衣卫都指挥佥事杨荣嫡长男。伊父原系指挥使，功升前职，病故。[①] 本人照例革袭伊父原职指挥使，注本卫带俸，续蒙钦准本卫镇抚司管事。[②]

又一员·狗儿

弘治二年六月，狗儿，迤北达子，系锦衣镇抚司带俸都指挥佥事纳颜台嫡长男。伊父原系指挥使，功升前职，今患疾，本人照例替本卫司指挥使。[③]

又一员·陈六儿

成化十四年二月，陈六儿，女直人，系锦衣卫镇抚司故带俸达官指挥使孙忠嫡长男。

---

① 《明宪宗实录》卷235，成化十八年十二月庚寅，"升美峪千户所带俸指挥杨荣为万全署都指挥佥事，管理屯田、巡捕盗贼"；卷37，弘治三年四月壬辰，"命万全都司都指挥同知杨荣充左参将，分守庄浪"；卷74，弘治六年四月丙申，"改万全都司都指挥同知杨荣为锦衣卫都指挥佥事，管事。荣，卫圣恭僖夫人之侄也"。《明孝宗实录》卷98，弘治八年三月己丑，"锦衣卫都指挥佥事杨荣卒，赐祭葬，不为例。以荣姊保母卫圣恭僖夫人恩也"。

② 《明孝宗实录》卷107，弘治八年十二月乙卯，"命故锦衣卫管事都指挥佥事杨荣之子玉袭本卫指挥使"；卷202，弘治十六年八月丙申，"升锦衣卫指挥使杨玉为都指挥佥事，仍旧管事。玉之姑，卫圣恭僖夫人，上保母也。因乞升职，许之"。《明武宗实录》卷20，正德元年十二月辛亥，"复以杨玉为锦衣卫都指挥佥事。玉先以事降千户，遇赦复职，调万全都司带俸。至是，奏称其姑卫圣恭僖夫人之坟在京师，乞留锦衣卫以便护视。许之"；卷66，正德五年八月戊戌，"传旨：收……掌锦衣卫事都指挥使杨玉……送都察院狱"；同卷，八月癸卯，"杨玉既下狱，科道等官因劾玉先年勘事辽东诬枉人罪，蒙先帝优容，不即诛戮，调广南卫副千户，乃乘刘瑾专权夤缘进用，升锦衣卫都指挥管事……刘瑾之恶，由玉以成。乞将玉肆诸市朝，以泄神人之忿。奏入，命都察院并问以闻"。

③ 《明孝宗实录》卷26，弘治二年五月丁卯，"命锦衣卫镇抚司带俸都指挥佥事纳颜台之子狗儿代为指挥使，带俸差操"。

又一员·孟子诚

成化二年，锦衣卫指挥同知升指挥使忍卜。

成化十三年二月，孟子诚，山后人，系锦衣卫镇抚司故达官指挥使忍卜嫡长男，钦与世袭。

又一员·海八十

宣德元年八月，海贵，系行在锦衣卫年老指挥同知把安台长男。•472•

成化二年三月，海洪，伊伯海贵原系锦衣卫镇抚司带俸达官指挥使，彰仪门杀贼阵亡，例升二级。伊父海全先已袭职，后又加阵亡功二级，升都指挥同知，故。本人系嫡长男，袭指挥使。

成化十一年十二月，海滨，女直人，系锦衣卫镇抚司带俸世袭达官指挥使海洪亲弟。

成化十八年十一月，海八十，迤北人，系锦衣卫镇抚司带俸故世袭指挥使海滨嫡长男。[①]

又一员·海钦

天顺三年三月，海保儿，系锦衣卫镇抚司故带俸达官指挥佥事阿乞台庶长男。

成化八年二月，海铭，女直人，系锦衣卫镇抚司故带俸达官指挥佥事海保儿亲侄，钦与世袭。

弘治五年十一月，海钦，年十七岁，女直人，系锦衣卫镇抚司故功升达官指挥使海铭庶……

---

① 此选簿又见《明档》本册第456—457页“海承恩·指挥使”选簿一至六辈选条。

又一员・咬住儿

正统九年六月，锦衣卫指挥使脱思古不花。

天顺五年三月，阿剌不花，山后人，系锦衣卫镇抚……

弘治四年四月，咬住儿，山后人，系锦衣卫［镇］……

又一员・冀山

弘治五年九月，冀山，山后人，系锦衣［卫］……

又一员・徐恩

正统十四年二月，徐恭系……

正统十四年九月，［徐］……・473・

天［顺］……

成化二十一年十一月，徐恩，和州人，系锦衣卫带俸世袭指挥使徐光嫡长□。[①]

又一员・回乡

景泰五年，锦衣卫指挥同知升指挥使咬哈。

天顺七年十二月，锦衣卫都指挥同知升都指挥使咬哈。[②]

成化七年五月，回乡。[③]伊父咬哈原系迤北达子，来降升授指挥佥事，功升指［挥］……系庶长男，袭授伊父指挥使，仍于锦衣卫镇抚司带俸差操。

---

① 此簿所载徐恭等选条，可参见《明档》本册第305页“徐永福・指挥使”选簿。

② 《明英宗实录》卷301，天顺三年三月戊子，“升……锦衣卫带俸都指挥佥事咬哈为都指挥同知，以贵州杀贼功也”。

③ 《明宪宗实录》卷91，成化七年五月癸未，“命故锦衣卫带俸达官都指挥使咬哈子回乡保袭父原职指挥使，仍带俸差操”。

又一员・齐嵩

天顺七年十二月，锦衣卫指挥使升都指挥佥事齐整。

成化十八年二月，齐嵩，山后人，系锦衣卫镇抚司带俸达官署都指挥使齐整庶长男。父原系功升指挥使，又历功升前职，调除广西都司，中途病故。[①]本人年幼，已与指挥使俸优给，于锦衣卫镇抚司关支，今出幼袭职。

又一员・高璘

正统九年四月，锦衣卫带俸都指挥使升都督佥事额里孛罗。[②]

景泰三年四月，高璘，系锦衣卫带俸达官都督同知高礼旧名额里孛罗嫡长男。父于福建杀贼获功一级，未升病故。本人已与指挥使优给，依伊父获功一级升与都指挥佥事俸优给。[③]

又一员・颜敬・474・

永乐九年三月，颜整，年十三岁，系锦衣卫故流官指挥使颜胜嫡长男，钦与全俸优给，至永乐十一年终住支。[④]

正统十三年十一月，颜贵，系锦衣卫故世袭指挥使颜整嫡长男。[⑤]

景泰元年五月，颜敬，系锦衣卫故世袭指挥使颜贵亲弟。[⑥]

---

① 《明宪宗实录》卷158，成化十二年十月己丑，"铨注……锦衣卫带俸都指挥使齐整……于广西都司"。

② 《明英宗实录》卷115，正统九年四月丙申，"升……锦衣卫带俸都指挥使额里孛罗……俱为都督佥事……以从征迤北功也。仍赐额里孛罗姓名高礼"。

③ 《明宪宗实录》卷42，成化三年五月甲申，"命湖广……都指挥佥事高璘于武昌、荆襄等处，俱管操，从巡抚湖广都御史罗篪等请也"；卷49，成化三年十二月壬午，"分守荆襄右参将都指挥同知王信奏……请以守备指挥佥事高璘……兼巡二江剿捕盗贼。从之"。

④ 《明太宗实录》卷114，永乐九年三月壬申，"命……锦衣卫指挥使颜胜子整……各袭父兄之职"；卷151，永乐十二年五月己丑，"皇太子以故……锦衣卫指挥使颜胜子整……俱袭升指挥同知"。

⑤ 《明英宗实录》卷172，正统十三年十一月戊子，"命故锦衣卫指挥使颜整子贵……俱袭职"。

⑥ 《明英宗实录》卷192，景泰元年五月庚戌，"命故锦衣卫指挥使颜贵弟敬……俱袭职"。

又一员·黑英

正统九年六月，锦衣卫指挥同知忽郎哈。

景泰三年十二月，锦衣卫指挥同知升署指挥使忽郎哈。

天顺四年十一月，忽郎哈，年六十岁，系锦衣卫镇抚司带俸达官都指挥佥事，今老疾。有嫡长男黑英，年二十五岁，替授伊父原职指挥使。[①]

又一员·喜永昌

正统十三年，锦衣卫指挥佥事升指挥同知喜信。[②]

正统十四年，锦衣卫指挥同知升指挥使喜信。

成化三年六月，喜永昌，年三岁，系左都督喜信庶长男。父原系锦衣卫指挥佥事，历升左都督，故[③]。照例革与本人伊父原职指挥使俸优给，于本卫关支，候出幼袭职。

又一员·马驯

天顺四年九月，锦衣卫指挥佥事升指挥同知马贵。

天顺五年十月，马贵，原系锦衣卫亲军千户所带俸指挥同知，升指挥使。• 475 •

天顺七年三月，马驯，大同县人，系锦衣卫亲军所带俸故指挥使马贵嫡长男，与世袭。

---

① 此选簿所载忽郎哈、黑英履历，又见《明档》本册第495页“田秀•署指挥同知事指挥佥事”选簿所载忽良哈、黑瑛履历。

② 《明英宗实录》卷29，正统二年四月甲申，“命……锦衣卫带俸韃官……指挥佥事喜忠弟信……俱袭职”。

③ 《明英宗实录》卷275，天顺元年二月丙辰，“升锦衣卫带俸都指挥使喜信为后军都督府都督佥事……以其同吴良出使瓦剌回也”；卷281，天顺元年八月戊午，“命都督……佥事……喜信分理五军都督府事”；卷331，天顺五年八月壬午，“升……都督佥事……喜信……俱为都督同知……以与剿反贼曹钦功也”。《明宪宗实录》卷38，成化三年正月壬申“升都督同知喜信为左都督……以平荆襄贼功也”；卷41，成化三年四月己酉，“命前军左都督喜信暂掌府事”；同卷，四月壬子，“前军都督府左都督喜信卒。信，西域人，先任锦衣卫指挥佥事，累军功，历进前军都督同知，成化元年充左参将征荆襄，事平，升左都督。寻命理府事，未几，卒。辍朝一日，赐祭葬如例”。

又一员·钱僧护

正统十二年十二月，钱钦，系中军都督府故都督同知钱贵嫡长男，袭父原职指挥使，定锦衣卫带俸。①

景泰元年七月，钱僧护，年一岁，系锦衣卫征进未回钱钦亲侄。②

又一员·义脱脱不剌

成化五年五月，义脱脱不剌。伊父俺克可系锦衣卫镇抚司带俸指挥使，故。本人系［嫡］……俸优给，今出幼袭职，授指挥使。

又一员·陈永

成化三年三月，陈永，迤北人。父卜苔赤系锦衣卫镇抚司［带］俸达官指挥使……例升一级。永系嫡长男，已袭伊父原职指挥使，今改正升都指挥……③

又一员·乃颜帖木儿

成化二年，锦衣卫指挥同知升指挥使把孙。

成化八年六月，乃颜帖木儿，山后人，系锦衣卫镇抚司带俸故……

又一员·伏加

成化二年，锦衣卫指挥同知升指挥使苦鲁土尚。

---

① 《明英宗实录》卷160，正统十二年十一月己丑，“命故中军带俸都督同知钱贵子钦为锦衣卫带俸指挥使”。

② 此选簿各辈履历，或可补《明档》本册第459页“钱昂·指挥使”选簿三辈钱贵、四辈钱钦等选条之缺。

③ 此选簿所载陈永履历，可补证《明档》本册第465页“又一员·陈宣”选簿陈永选条。

成化七年四月，伏加，山后人，系锦衣卫镇抚司带俸故达官指挥使苦鲁土尚嫡长[男]。

又一员·把秃山·476·

天顺……月，把秃山，系锦衣卫镇抚司带俸被贼杀死达官指挥……嫡次［男］……人，见任正千户，奉钦依“着袭指挥使”，仍将正千户职名开除。

又一员·苟儿

天顺五年七月，锦衣卫指挥使那哈赤。

成化元年四月，苟儿，山后人，系锦衣卫镇抚司带俸达官指挥使那哈赤庶长男。①

又一员·火思蛮

天顺二年十二月，火思蛮，年六岁，系锦衣卫镇抚司带俸故指挥使兀奴古庶长男。

又一员·把宗

成化十年七月，把宗，山后人，系锦衣卫镇抚司带俸达官指挥使把诚嫡长男，钦与世袭。②

又一员·六十

天顺八年三月，六十，山后人，系锦衣卫镇抚司带俸故达官指挥使你里哈歹嫡长男。

---

① 此选簿所载那哈赤、苟儿履历，又见《明档》本册第469页“又一员·王智”选簿那哈赤、苟儿等选条。

② 此选簿所载把宗，即《明档》本册第414页“又一员·把诚”选簿所载把诚之子。

又一员·卢英

弘治十五年九月，卢英，武清县人，系后军都督府带俸都督佥事卢钦嫡长男。伊父原系金吾右卫带俸指挥同知，功升指挥使，历升前职，今老疾。[①] 本人照例革替伊父原职指挥使，于原卫带俸，后该本官奏，准改注锦衣卫。[②]

优养指挥使一员·仝浩

天顺五年八月，锦衣卫指挥同知升指挥使建福。·477·

成化十八年九月，仝原，山后人，系锦衣卫镇抚司带俸故达官指挥使建福嫡长男，钦与世袭。

弘治十六年九月，仝浩，山后人，系锦衣卫镇抚司带俸故世袭达官指挥使仝浩（原）[③] 嫡弟。

嘉靖元年十二月，仝浩，年六十六岁，女直人，系锦衣卫镇抚司带俸达官指挥使。年老，户无承袭之人，给与全俸优养。

---

① 《明宪宗实录》卷25，成化二年正月己酉，"铨注……金吾右卫带俸都指挥佥事卢钦于河南都司理事"；卷170，成化十三年九月戊辰，"命河南都指挥同知卢钦充右参将，分守大同西路"；卷201，成化十六年三月甲辰，"录威宁海子杀虏功……升……右参将都指挥同知卢钦……俱一级"；卷209，成化十六年十一月壬寅，"虏寇之入大同西路也，参将都指挥使卢钦等两率兵与战于天桥儿、傅家岭等处……至是论功……钦及左少监陈政以督战功多各升一级，钦进都督佥事"；卷213，成化十七年三月己亥，"升……都督佥事卢钦……俱为都督同知"；卷245，成化十九年十月丁卯，"命金吾右卫带俸都指挥使卢钦为都督佥事。钦初以都督同知守大同东路，虏入寇，坐畏缩降都指挥使。至是，自[言]为镇守等官所诬。兵部谓其情轻律重。诏钦既情轻，可进都督佥事"。《明孝宗实录》卷6，成化二十三年十一月乙巳，"命后军都督府带俸都督佥事卢钦充副总兵，协守宣府"；卷33，弘治二年十二月辛卯，"礼科给事中胡瑞奉旨勘宣府副总兵卢钦所奏总兵官李杲袭杀纳款之虏以为功事……得旨……钦罚俸三月，调宁夏"；卷103，弘治八年八月乙丑，"巡抚宁夏都御史孙仁奏，宁夏总兵官李俊、副总兵卢钦忿争不和，请改调一人于别镇。上曰……钦令回京闲住"。

② 《明孝宗实录》卷185，弘治十五年三月乙酉，"命后军都督府带俸都督佥事卢钦之子英代原职金吾左卫指挥使"；卷188，弘治十五年六月己巳，"命后军都督府带俸都督佥事卢钦之子应（英）代原职指挥使，锦衣[卫]带俸"。

③ "浩"字误，当作"原"，又该选条页眉标有"重"字。《明孝宗实录》卷157，弘治十二年十二月戊子，"赐锦衣卫故带俸达官指挥使等官仝原等十一人祭，并棺木如例"。

又一员・右伯平

正统九年六月，锦衣卫指挥同知右伯平。

成化六年八月，右伯平，年七十一岁，山后人，系锦衣卫镇抚司带俸达官指挥使。今老疾，户内别无应袭之人，照例与全俸优养。

优养妇女一口・王氏

内黄查有：和诚，南昌县人。高祖阿鲁台，封和宁王，故。[①]曾祖阿卜只奄，宣……授左都督，故。[②]祖和勇袭锦衣卫指挥使，正统十四年升都督佥事，靖安伯，故。[③]父和忠先立军功，历功指挥佥事，成化五年加升都指挥，子孙袭指挥使，十九年故。诚系庶长男，优给，仍支锦衣卫指挥使。[④]

嘉靖十年十月，和义，年二十四岁，南昌县人，系锦衣卫带俸达官指挥使和诚庶长男。

嘉靖十四年八月，王氏，年五十六岁，南昌县人，系锦衣卫故带俸指挥使和义嫡母。户无承袭之人，照例与俸五石优养。

---

① 《明太宗实录》卷 141，永乐十一年七月戊寅，“封鞑靼太师阿鲁台为和宁王”。

② 《明英宗实录》卷 12，宣德十年十二月戊戌，“命左都督阿卜只奄子脱脱孛罗吉为锦衣卫带俸指挥使。阿卜只奄，和宁王阿鲁台子，宣德间率众来归，授左都督。及卒，脱脱孛罗吉奏乞袭职，故有是命”。

③ 《明宪宗实录》卷 125，成化十年二月戊午，“靖安伯和勇卒。勇，迤北人。祖阿鲁台初为瓦剌马哈木所败，率其妻孥部落保息塞外，称臣内附，太宗封为和宁王，仍居漠北，贡使不绝，后复背叛。宣德九年为瓦剌脱欢所杀，其子阿卜只奄，即勇之父，窘蹙归附，命为中军都督府左都督，赐第宅什器，寻卒。勇袭指挥使，带俸锦衣卫，累军功，历官左都督。成化初，升靖安伯，食禄中府。至是，卒。赐祭葬如例。勇虽出夷虏，然天性廉谨，尝从征两广，充游击将军，一时总兵督战，文武大臣多纵情肆欲，勇独循理尚俭，众视之，有愧焉”。

④ 《明孝宗实录》卷 122，弘治十年二月己亥，“命锦衣卫故带俸都指挥佥事和忠之子诚袭原职指挥使”。

又一口·马三儿·478·

弘治三年十月，马三儿，年七岁，山后人，系锦衣卫镇抚司带俸故达官……承袭之人，照例与五石米优养，十四岁住支。

又一口·回儿

天顺六年四月，回儿，年三岁，山后人，系锦衣卫镇抚司带俸被……

成［化］……与兄［回］……

革发一员·钱纪

永乐十六年三月，迭里……

正统八年二月，钱马哈麻，系锦……嫡长男。父原系指挥使，后历升前职，病故。钱……［镇］抚司带俸。

审稿查有：钱勇，系钱麻哈亲次弟。

天顺三年四月，钱镇，系锦衣卫带俸故达官指挥使钱勇亲兄。本人先以舍人报效有功升副千户，今照例袭授伊弟指挥使，仍将副千户职名开除。[①]

成化十七年十月，钱辅，迤北人，系锦衣卫镇抚司带俸达官指挥使钱镇嫡长男。

嘉靖八年二月，钱刚，年三十六岁，迤北人，系锦衣卫镇抚司带俸年老达官指挥使钱辅嫡长男。

嘉靖三十六年八月，钱纪，年四十七岁，迤北人，系锦衣卫镇抚司带俸故达官指挥使钱纲堂弟。供内钱镇既称伯，有称祖，其称□互异。且钱镇先于宣德六年冒袭远亲也里忽指挥同知，·479·已经问发充军，于例子孙永不许袭。据先年审稿内开，钱镇系钱勇亲兄，本人以舍人报效升副千户，因钱勇故绝袭授祖职指挥使。今查钱镇报效功次俱无，且本身以冒袭问军后又袭祖职，显是比时夤缘作弊。又钱辅、钱纲开称

① 《明英宗实录》卷302，天顺三年四月丙辰，“命……锦衣卫带俸指挥使钱勇兄副千户镇袭为指挥使”。

系镇嫡子与孙，相沿冒袭。今纲故绝，本舍供称系兄钱纲亲堂弟，祖钱镇第三房嫡孙。该卫镇抚司掌印官不行保送，却买同衙门带俸达官马濂与邻佑舍余张国隆、管伍军人陈中美，扶同妄保，俱该参提问拟罪名，其验准发操官系弹[①]忠营把总指挥吴昂、本伍千百户王沂、张鑑、伯文俱系妄保官员，俱该提问，钱纪照例革发为民。

裴谦・指挥同知

外黄查有：裴谦，年四十岁，系锦衣卫镇抚司达官指挥同知，原籍女直人。高祖裴塔马赤永……年赴京朝贡，钦升建州卫副千户，八年迤北征进杀贼功升指挥佥事，送锦衣卫……带俸，正统九年剌山黑松林、白沙窝杀贼功升指挥同知，十四年征进土木未回。曾伯祖裴佑系长……［本］年十月袭，景泰元年紫荆关杀贼功升指挥使，七年故，无子。曾祖裴信系亲弟，天顺元年二月袭……辽东建州杀贼功升都指挥佥事，十三年故。伯祖裴暹系长男，本年九月革袭指挥使，十九年故，无子。祖裴……弟，本年二月袭，弘治十八年征大同杀贼有功，正德二年升都指挥佥事，七年山东、河南杀贼功升都指挥佥［事］……升都指挥同知，嘉靖四年故。父裴旻系亲男，五年三月袭，二十七年故。谦系庶长男，三十三年六月查黑松林……功，革袭锦衣卫镇抚司达官指挥同知。

一辈裴塔马赤，已载前黄。

二辈裴佑，旧选簿查有：正统十四年十月，裴佑，系锦衣卫镇抚司带俸征进未回……

三辈裴信，已载前黄。

四辈裴暹，已载前黄。• 480 •

五辈裴昇，已载前黄。

六辈裴文，已载前黄。

七辈裴谦，旧选簿查有：嘉靖二十一年六月，裴谦，女直人，系锦衣卫镇抚司带俸故达官指挥使裴文庶长男。查得高祖荅马赤、曾祖信、祖昇俱以黑松林、辽东、大同、山东等处功升职级，俱查无擒斩，本舍照例革与指挥同知。

---

① "弹"字疑误，或当作"弹"。

八辈裴承恩，万历十二年六月，裴承恩，年二十一岁，女直人，系锦衣卫镇抚司故达官指挥同知裴谦嫡长男，达官不比。

九辈裴承禄，万历三十六年六月，大选过锦衣卫镇抚司带俸达官指挥同知一员裴承禄，年三十四岁，女直人，系故绝达官指挥同知裴承恩亲弟，达官不比。

[十辈裴万春]，天启六年四月，大选过锦衣卫镇抚司带俸达官指挥同知一员裴万春，年十五岁，系故带俸达官指挥同知裴承禄嫡长男，达官不比。

杨英·指挥使

外黄查有：杨林，仪真县人。高祖杨名之，丙……年升龙骧卫前所百户，三十八年……锦衣卫镇抚司带俸，正统二年兀鲁乃杀贼奇功升指［挥佥事］……年以阵亡功加二级升指挥使，天顺五年杀曹钦有功升都指……［镇］抚司带俸指挥使，钦与世袭。

一辈杨春，已载前黄。

二辈杨胜，已载前黄。

三辈杨恺，已载前黄。• 481 •

四辈杨林，已载前黄。[①]

五辈杨英，旧选簿查有：嘉靖九年八月，杨英，年三十六岁，仪真县人，系锦衣卫镇抚司带俸年老指挥使杨林嫡长男。

六辈杨承祖，万历十年十二月，杨承祖，年二十九岁，仪真县人，系锦衣卫镇抚司带俸患疾指挥使杨钺嫡长男，比中二等。

七辈杨嘉喜，万历二十七年十二月，杨嘉喜，年十八岁，系锦衣卫镇抚司故带俸指挥使杨承祖嫡长男，比中二等。

福永宁

天启四年十月分，大选过锦衣卫镇抚司带俸达官正千户一员福永宁，年十六岁，

---

① 此三辈杨恺、四辈杨林的承袭次第，又见《明档》本册第471页“又一员·杨斗儿”选簿，杨斗儿即杨林，杨林承袭杨铠锦衣卫镇抚司带俸指挥使。

系故带俸达官正千户福文忠嫡长男，出幼袭职，达官不比。

钱澜・署指挥使指挥同知

缺。

始祖岑苔苔→郎儿奄卜→通→钱璋→金→澜→如松

一辈岑苔苔，旧选簿查有：成化三年更名改姓，堂稿，岑苔苔，系锦衣卫镇抚司带俸达官，宣德六年来降，升指挥佥［事］……云南麓川等处杀贼头功升指挥同知景泰元年湖广贵州香炉山等处斩首有功……指挥使。亲侄岑通遇例实授，今乞要改注本卫带俸一节，照例岑通伊父岑苔苔原系达官，照例注本卫镇……难准改定本卫带俸，要更同姓，准令岑通改作钱通。等因，奉圣旨"是，钦此"。

二辈岑通，旧选簿查有：天顺八年三月，岑通，山后人，系锦衣卫镇抚司带俸达官指挥使事指挥同知岑……指挥同知，湖广香炉山杀贼获功升署前职，病故。本人先因年幼，照例已与实授指挥使俸优给……[①]

三辈钱璋，旧选簿查有：弘治六年十二月，钱璋，年十七岁，山后人，系锦衣卫故达官指挥使岑通更姓钱通嫡长男……选管事。

四辈钱金，旧选簿查有：正德十四年六月，钱金，年四岁，山后人，系锦衣卫管事故达官都指挥使钱璋庶长男……来降。曾祖郎儿奄卜顶父名历功升署指挥使，故。祖岑通遇例实授，优袭。父袭职，乞升……・482・又因镇西荫升都指挥使。[②]缘都指挥以上系流官，俱例无承袭，本舍照例革与祖职指挥使俸优给，至……年终住支。

---

① 《明宪宗实录》卷227，成化十八年五月丙申，"太监李荣传奉圣旨，锦衣卫带俸指挥使钱通理卫事……通太监钱喜侄也"。《明孝宗实录》卷3，成化二十三年九月甲子，"命……锦衣卫掌卫事……指挥使……钱通……俱供事如故"；卷77，弘治六年六月丁丑，"锦衣卫指挥使钱通卒。通，字文达，其先凉州人。祖苔，锦衣卫指挥佥事；父奄卜，指挥同知。景泰中，奄卜从征湖广有功，未上，卒。通袭授署指挥使，成化中赐今姓，寻实授。十八年理镇抚司事，二十一年理卫事，弘治六年奉命往彰德按藩邸事，未竟，中热卒，年四十五。通叔父四人同侍禁中，贵震一时。通未尝有所凭藉，与人交，雅饬恂恂，不能谐谑。讣闻，特赐谕祭"。

② 《明武宗实录》卷130，正德十年十月戊午，"升锦衣卫指挥使钱璋为都指挥同知。璋自陈叔祖太监钱喜、钱福、钱能有功累朝，乞升秩，许之"；卷171，正德十四年二月丁亥，"太监张锐、左都督朱宁各奏官校缉捕功，诏……故都指挥使钱璋赠二级"。

旧选簿查有：嘉靖十年二月，钱金，年十五岁，山后人，系锦衣卫故达官都指挥使钱璋庶长男……来降，曾祖郎儿奄卜顶父名历功升署指挥使，祖岑通遇例实授，父历升都指挥使……［指］挥使俸优给，今出幼，所据遇例职级例仍该革，本人照例革袭署指挥使事指挥同知。

五辈钱澜，旧选簿查有：嘉靖三十七年四月，钱澜，年十三岁，山后人，系锦衣卫带俸署指挥使钱金嫡长男……［优］给，至三十九年终住支。

旧选簿查有：嘉靖四十年二月，钱澜，年十五岁，山后人，系锦衣卫带俸故署指挥使事指挥同知……出幼袭职。

六辈钱如松，万历二十二年十二月，钱如松，年十八岁，系锦衣卫故带俸署指挥使事指挥同知钱澜嫡……达［官不比］。

杨天福 • 指挥同知

内黄查有：杨天福，年……功升引礼舍人，永乐……升都察院右都御史，景泰元年差……故。高叔祖杨宗……长男，成化元年为陈情……故。曾祖杨伦系嫡长男，袭，故，无嗣。祖杨瓒系亲侄，袭，嘉［靖］……故。天福系亲侄，三十二年比袭锦衣卫带俸指挥同知。

一辈杨善，已载前黄。

二辈杨宗，已载前黄。

三辈杨伦，已载前黄。

四辈杨瓒，已载前黄。

五辈杨钦，已载前黄。• 483 •

六辈杨天福，已载前黄。

七辈杨守恩，隆庆五年四月，杨守恩，年六岁，大兴县人，系锦衣卫带俸故指挥同知杨天福嫡……

万历八年八月，杨守恩，年十五岁，大兴县人，系锦衣卫带俸故指挥同知杨天福嫡长男，优……比中二等。①

---

① 此选簿所载履历，又见《明档》本册第309—310页“杨天福 • 指挥同知”选簿一辈至七辈各选条。

燕应举

天启四年二月，大选过锦衣卫镇抚司试百户一员燕应举，年二十四岁，系故试百［户］……嫡长男，比中三等。

倪孝·指挥同知

外黄查有：倪虎荅鲁秃，迤北达子。有兄土干帖木儿，洪熙元年来降，钦除指挥佥事，锦衣卫［镇］抚［司］带俸，故。虎荅鲁秃系亲弟，宣德四年十月袭授指挥佥事，仍于本卫卫镇抚带［俸］。①

一辈土干帖木儿，已载前黄。

二辈倪虎荅鲁秃，缺。指挥同知功次，已载五辈下。指挥使功次，已载五辈下。

三辈倪荣，旧选簿查有：弘治三年十月，倪荣，年六十三岁，山后人，系锦衣卫镇抚司带俸世袭达官指挥使……照例与全俸优养。

四辈倪达，旧选簿查有：弘治十年十一月，倪达，年七岁，山后人，系锦衣卫镇抚司优养达官指挥使倪荣嫡长［男］……［优］给，至弘治十七年终住支，仍将伊父优养俸粮开除。

五辈倪孝，旧选簿查有：嘉靖十八年十二月，倪孝，年一岁，山后人，系锦衣卫镇抚司带俸达官故指挥使倪达……祖虎荅鲁秃原系指挥佥事，正统九年迤北功升指挥同知，又历功升指挥使，祖、父沿袭……无擒斩，例减革。本人照例革与指挥同知俸优给，至嘉靖三十一年终住支。• 484 •

宫清·指挥同知

外黄查有：宫火因，吐鲁番城人，宣德四……［镇］抚司带俸。

一辈宫火因，指挥佥事功次，正统七年功次簿内查有：征云南麓川……有功，锦

① 《明宣宗实录》卷59，宣德四年十月戊申，“命故……指挥佥事……土干帖木儿弟虎荅鲁秃袭职，皆忠勇王金忠故部属也”。

衣卫百户三次奇功、头功升指挥佥事二……

指挥使功次，天顺元年钦升簿内查有：调征云南麓川……［宫］火因。

二辈宫玉，缺。

三辈宫祥，旧选簿查有：弘治四年三月，宫祥，吐鲁番人，系锦衣卫镇抚司故……

四辈宫清，旧选簿查有：嘉靖十八年十二月，宫清，土番人，系锦衣卫镇抚司故带俸达官指挥……因，宣德四年来降授百户，历功升指挥同知，天顺元年征麓川功升……麓川升指挥使一级查无“头功”字样，例应减革，故本人照例革袭指挥同知，仍于本司带俸。

杨得春

天启四年六月，大选过锦衣卫镇抚司所镇抚优给舍人一名杨得春，年十三岁，系所镇抚杨文志嫡长男，照例与全俸优给，至天启五年终住支。

王应琦・指挥同知

外黄查有：王钺，系锦衣卫镇抚司带俸达官指挥使，迤北人。高祖阿荅帖木儿，宣德六年……升指挥同知，送锦衣卫镇抚司带俸[①]，故。曾祖哈剌帖木儿系嫡长男，先故，叔祖……系嫡长孙，优袭，景泰元年征福建，故绝。祖伯火者系庶兄，以舍人先征云南麓川功升小旗，天顺……袭指挥同知，开豁原升小旗，二年陈情升指挥使，八年更名王英，疾。父玺系嫡长男，替，正德十四年……嫡长男，本年十二月袭锦衣卫镇抚司带俸达官指挥使。• 485 •

一辈阿荅帖木儿，已载前黄。

二辈肯者，旧选簿查有：正统九年三月，肯者，系锦衣卫故达官指挥同知阿荅帖木儿嫡长孙。

① 《明宣宗实录》卷78，宣德六年夏四月己未，“迤北鞑官失都等四十九人携家属三百余口来归，皆奏愿居京自效。行在兵部礼部第为五等以闻，上命……二等……阿荅帖木儿……俱为指挥同知”。

三辈伯火者，旧选簿查有：堂稿内开，伯火者系肯者庶兄。

四辈王玺，旧选簿查有：成化二十年四月，王玺，山后人，系锦衣卫镇抚司带俸达官指挥……王英旧……

五辈王钺，旧选簿查有：正德十四年十二月，王钺，迤北人，系锦衣卫镇抚司带俸故达官指挥使王玺……

六辈王应琦，旧选簿查有：嘉靖三十六年十月，王应琦，迤北人，系锦衣卫镇抚司年老带俸达官指挥使……查伊曾祖伯火者先以舍人麓川功升小旗，天顺元年奏袭祖职指挥同知，开豁……陈情并升指挥使，祖玺、父钺沿袭。所据伊曾祖舍人功升小旗不及祖职，例应开除，本舍革替……

八辈王承恩，万历四十二年四月，大选过锦衣卫镇抚司带俸达官指挥同知优给舍人一名王承恩，年十三岁，系故带……挥同知王学亲孙，照例与全俸优给，至四十三年终住支。

万历四十四年二月，大选过锦衣卫镇抚司带俸达官指挥同知一员王承恩，年……

郁勋·指挥同知

内黄查有：郁那罕帖木儿，即那罕帖……知，锦衣卫镇抚司带俸。

一辈郁那罕帖木儿，已载前黄。

二辈郁倒剌火者，旧选簿查有：正统七年，郁倒剌火者，系锦衣卫指挥同知郁那……

三辈郁沙斑，旧选簿查有：天顺二年，郁沙斑，更名郁敬，系锦衣卫指挥使郁倒…… •486•

四辈郁锦，旧选簿查有：成化十三年三月，郁锦，迤北达子，系锦衣卫镇抚司带俸故……使，仍于本卫司……

五辈郁胜，旧选簿查有：正德元年五月，郁胜，迤北人，系锦衣卫镇抚司带俸故达……

六辈郁腾，旧选簿查有：嘉靖四年十二月，郁腾，即四儿，迤北人，系锦衣卫镇抚司带［俸］……

七辈郁勋，旧选簿查有：嘉靖三十七年四月，郁勋，迤北人，系锦衣卫镇抚司带俸故……祖刺火者以指挥同知正统七年麓川功升指挥使，曾祖、伯祖……本舍革袭指挥同知。

杨氏，万历四年十二月，杨氏，年六十五岁，遆北人，系锦衣卫镇抚司故达官指挥同知郁勋嫡母。户无……

苗子起

崇祯十五年十月，选过锦衣卫镇抚司带俸达官指挥同知一员苗子起，系故带俸达官指挥同知苗子成亲三弟，达官不比。①

罗有年·指挥使

缺。

一辈困即来，已载三辈堂稿下。

二辈罗秉诚，旧选簿查有：景泰三年十二月，平山卫正千户升指挥佥事锁南奔。景泰三年十二月，平山卫指挥同知升指挥使锁南奔。

三辈罗玺，旧选簿查有：堂稿内开，罗玺。伊父罗秉诚即锁南奔，原系沙［州］卫左都督困即来下达舍，升……千户，调山东平山卫带俸，奉敕升正千户，又因征进功次节升指挥佥事，同……司带俸，故。本人系长男，保送袭职，缘数内升所镇抚、副千户二级系未附中国之时，因其朝贡……系已归附之后所升，俱出朝廷念其夷人效顺特升前职。查得夷人此等供职者，俱准袭替，合无……原职指挥使，于本卫带俸差操。·487·

四辈罗昇，审稿查有：嘉靖二年七月，罗昇，即罗五儿，遆北人，系锦衣卫镇抚司带俸年老达官指挥……男。

五辈罗元正，旧选簿查有：嘉靖三十年十月，罗元正，年八岁，遆北人，系锦衣卫镇抚司带俸故达官指挥……孙，照例与全俸优给，至嘉靖三十六年终住支。

六辈罗有年，旧选簿查有：嘉靖四十三年五月，罗有年，年四岁，遆北人，系锦

① 该选簿可接续《明档》本册第451页“苗文绣·指挥同知”选簿苗子成选条。

衣卫镇抚司故带俸达官……元［正］亲弟，照例与全俸优给，至嘉靖五十三年终住支。

万历三年二月，罗有年，年十五岁，沙州卫人，系锦衣卫镇抚司带俸故达官指挥使罗元正亲［弟］……袭职。[①]

王清·指挥同知

缺。

一辈奴荅帖木儿，缺。

二辈猛看，缺。

三辈王傑，缺。

四辈王宰，缺。

五辈王清，旧选簿查有：嘉靖四十一年六月，王清，年十九岁，迤北人，系锦衣卫镇抚司故带俸……孙。

六辈王国栋，万历四十年十二月，大选过锦衣卫镇抚司带俸达官指挥同知一员王国栋，年三十九岁，系老带俸达［官］……

［七辈王国枝］，天启六年二月，大选过锦衣卫镇抚司带俸达官指挥同知一员王国枝，系故带俸达官指挥同知王国栋堂弟，达官不比。• 488 •

许濬祥·指挥同知

万历十九年十月分，许濬祥，年十六岁，定兴县人，系锦衣卫带俸指挥同知许显忠嫡长……诚授驸马都尉，伊父比照驸马都尉谢诏子谢守朴例授锦衣卫带俸指挥同知，万历……仍比照谢守朴男谢文铨例告袭[②]。查例相同，合照例与袭带俸指挥同知，年幼未比。

---

① 该选簿又见《明档》本册第388—389页“罗有年·指挥使”选簿。

② 《明神宗实录》卷29，万历二年九月乙未，“准驸马都尉许从诚男许显忠授锦衣卫指挥同知”。

康宝 • 署指挥使事指挥同知

外黄查有：康洪，年四十二岁，达达人。伯帖木儿哈牙，永乐二十一年来降，二十二年升实授所镇抚……卫镇抚带俸，故，无嗣。父台驽台系亲弟，袭，故。洪系嫡长男，袭，成化元年两广杀贼……年升实授百户，三年广西博白县等处杀贼有功，五年重升实授百户，本年改正升副千户，六年……杀贼有功，本年升署正千户，十四年辽东抚安海西建州朵颜达子有功，升正千户，本年建州剿杀贼……指挥佥事，十六年威宁海子杀贼有功升指挥同知，十七年大同等处杀贼有功，本年升指挥使，仍在本［卫］……

一辈帖木儿哈牙，已载前黄。

二辈尹驽台，已载前黄。

三辈康洪，旧选簿查有：正统十二年闰四月，九住，年三岁，系锦衣卫镇抚司带俸故达官所镇抚尹驽台……俸优给。

四辈康恩，旧选簿查有：正德十五年六月，康恩，迤北人，系锦衣卫镇抚司带俸故达官指挥使康洪旧名……所镇抚，历功升署正千户，抚按建州升实授，又历功升前职。所据抚按一级不由军功，本人……俸优给，今出幼，照例革袭署指挥使［事］指挥［同知］。

五辈康宝，旧选簿查有：隆庆二年六月，康宝，年四十一岁，迤北人，系锦衣卫镇抚司带俸年老达官署指［挥使事指挥同知］康恩嫡长男。

六辈康世隆，万历三十二年八月，大选过康世隆，年四十八岁，迤北人，系锦衣卫镇抚司故达官署指挥使事指挥同知……不比。

七辈康文通，天启五年十二月，大选过锦衣卫镇抚司带俸达官署指挥使事指挥同［知］……年五十六岁，系故带俸达官署指挥使事指挥同知康世隆侄男。• 489 •

马应馨

……迤北达子，系锦衣卫镇抚司带俸……

……年三岁，迤北人，系锦衣卫镇抚司带俸故达官指挥使马……至嘉靖四十八年终住支。

……［迤］北人，系锦衣卫镇抚司故带俸达官指挥使马应宗嫡长［男］……与［全俸］……六年终住支。

万历十七年二月，马国臣，年十五岁，迤北人，系锦衣卫镇抚司故带俸达官指挥使马应宗嫡长男，出幼袭职，达官不比。①

八辈马应馨，万历四十六年十二月，大选过锦衣卫镇抚司带俸达官指挥使优给舍人一名马应馨，年八……故带俸达官指挥使马光祖男，照例与全俸优给，至五十三年终住支。

天启五年十二月，大选过锦衣卫镇抚司带俸达官指挥使一员马应馨，年十五岁，出幼［袭］职，达官不比。

李继祖·指挥使

崇祯五年四月，大选过锦衣卫镇抚司带俸……系老带俸达官指挥使李世爵庶长［男］……②

任俊·指挥同知

内黄查有：任镗，达达人。高祖海里丁，宣［德］……故。曾伯祖鬼里赤系嫡长男，七年三月袭……故，无子。曾祖任猛可系鬼里赤亲弟，九年六月故（钦）升指挥……［指］挥佥事，天顺五年故。伯祖鸦忽系嫡长男，八月袭，③成［化］……沙系亲弟，本年五月袭，九年十二月改姓名任山，老。父任泰系嫡长……男，嘉靖三年［革］去冒癉正故不由军功一级，减袭指挥同知，仍锦衣……·490·

一辈海里丁，已载前黄。④

---

① 该马应馨选簿至马国臣等诸选条，又见《明档》本册第306页“马应宗·指挥使”选簿四辈八十儿、五辈马献图、六辈马应宗、七辈马国臣等选条；本册第462页“镇抚司带俸指挥使一员·马献图”选簿各选条，可补充马荣、八十儿、马献图等袭职履历。

② 此李继祖之父李世爵承袭履历，又见《明档》本册第305页“李世爵”选簿。

③ 《明宪宗实录》卷8，天顺八年八月己丑，“命故锦衣卫带俸都指挥佥事任猛可子鸦忽袭父原职本卫指挥使，仍带俸”。

④ 《明宣宗实录》卷78，宣德六年四月己未，“迤北鞑官失都等四十九人携家属三百余口来归，皆奏愿居京自效，行在兵部礼部第为五等以闻。上命……二等……海里丁……俱为指挥同知”。

二辈鬼里赤，已载前黄。

三辈任猛可，已载前黄。

四辈鸦忽，已载前黄。

五辈任山，已载前黄。

六辈任泰，已载前黄。

七辈任镗，旧选簿查有：嘉靖二十八年八月，任镗，年五十二岁，迤北人……风疾，在司有嫡长男任俊，见年二十六［岁］……[①]

八辈任俊，旧选簿查有：嘉靖二十八年八月，任俊，迤北人，系锦衣卫……长男。

九辈任永禄，万历十五年十月，任永禄，年四岁，迤北人，系锦衣卫镇抚司故带俸达［官］……至万历二十五年终住支。

万历二十五年十二月，任永禄，年十五岁，系锦衣卫镇抚司故带俸……职。

十辈任承诏，万历三十七年四月，大选过锦衣卫镇抚司达官指挥［同知］……官指挥同知任永禄嫡长男，照例与全俸……

天启元年二月，大选过锦衣卫镇抚司……

武良相·指挥使

内黄查有：武拱。有父武忠，洪熙元年奴儿干公干有……年开原杀贼斩首三颗，九年叔乃当哈系海西立……系亲侄，奏保父替授指挥佥事[②]，仍在锦衣卫带俸，十三年广宁杀贼……升指挥使，天顺元年差送来降达官往山东安插，回京，节次有功，历升署……[③] ·491·

一辈乃当哈，已载前黄。

二辈武忠，旧选簿查有：正统十四年，锦衣卫指挥同知升指挥使武忠。

---

① 该选簿鬼里赤、任泰、任镗等辈选条履历，又见《明档》本册第317页“又一员·任镗”选簿各选条。

② 《明英宗实录》卷125，正统十年正月己亥，“命故……玄城卫指挥佥事乃当哈侄武忠俱代职”。

③ 《明英宗实录》卷292，天顺二年六月乙亥，“命都指挥佥事武忠等管送山东东昌等府住坐夷人赴南京安置”。《明宪宗实录》卷38，成化三年正月庚辰，“升锦衣卫带俸署都指挥使武忠为署都督佥事。时忠受命抚谕建州毛怜诸夷，因言建州女直董山等俱已官都督，臣止署都指挥使，位出其下，恐不为所尊信，乞量加升擢，使声位相等，庶可以慑夷心而全国体。上从之，遂有是命”。

三辈武拱，旧选簿查有：成化十三年二月，武拱，女直人，系都督同知武忠嫡长男。父原系……职，病故。先因本人年幼，已与指挥使优给，今出幼袭职，仍在［原］①……

四辈武恺，旧选簿查有：嘉靖九年四月，武恺，年四十二岁，松花江米里苦寨人，系锦衣［卫］……男。

五辈武良相，旧选簿查有：嘉靖三十三年四月，武良相，山后人，系锦衣卫……

六辈武尚宾，万历二十三年二月，武尚宾，年三十二岁，系锦衣卫……不比。②

……春，万历三十九年九月，单本选过锦衣卫带俸……

赵光显

……注……

郎玉・指挥同知

缺。

一辈阿剌哈儿，缺。③

［二辈斡失剌，旧选］簿查有：宣德二年八月，斡失剌，系锦衣卫镇抚司……带俸老疾指挥佥事阿剌哈嫡长男。指挥……

［二辈郎六十］，……景泰七年六月，郎六十，系锦衣卫镇［抚司］……使，于原

---

① 《明宪宗实录》卷85，成化六年十一月丙戌，"中军都督同知武忠卒。忠之先，女直人。宣德中遣使奴儿干，授锦衣卫百户。后代叔父乃当哈为海西都指挥佥事，改注锦衣卫带俸，以军功历升都指挥同知，署都指挥使。成化三年，遣往建州招谕都督董山等，升中军署都督佥事。未几，进同知。至是，卒，赐祭葬如例。忠，会昌侯孙继宗之婿，貌壮伟，善射。尝偕给事中张宁使朝鲜，国人请阅兵，因以弓矢请射，忠挽弓辄嫌其软，并张两弓折之，既而有雁横空而过，国人跽请射，忠援弓射，应弦而落，国人大慑服。子拱今嗣为指挥使，带俸锦衣卫"。

② 该选簿武良相、武尚宾等名，又见《明档》本册第445页"［武镇国・指挥使］"选簿。

③ 《明太宗实录》卷175，永乐十四年四月甲戌，"鞑靼阿剌哈儿等九人各率家属来归。命阿剌儿为都指挥佥事，余授指挥、千百户，俱赐冠带、文绮袭衣"。

卫所司带俸。[①]

……·492·

赵智·指挥同知

外黄查有：赵俊，山后人。高祖把失帖木儿，永乐二十二年来降，升所镇抚[②]，故。曾祖孛罗系……二月袭，九年迤北杀贼有功升副千户，十四年德胜门杀贼有功，景泰元年升正千户……处杀贼有功升指挥佥事。祖掩克帖木儿系孛罗嫡长男，成化四年二月袭职，更名赵让，十五年……有功升指挥同知，十六年威宁海子杀贼有功升指挥使，十七年大同等处杀贼有功升都指挥佥事[③]……系嫡长男，弘治十七年闰四月革袭指挥使，故。俊系嫡长男，正德九年八月袭达官指挥使，仍锦衣卫镇［抚］……

一辈把失帖木儿，［已载前］黄。

……

王栋·指挥同知

外黄查有：王瑞。高祖完者帖木儿，迤北人，宣德六年同曾祖月鲁帖木儿来降，升……同知，升曾祖月鲁帖木儿所镇抚，俱送锦衣卫镇抚司带俸[④]，正统五年……［曾］祖鲁（月）鲁帖木儿替，高祖指挥同知开豁，自授所，七年调征麓川杀贼有功，九年升指挥使，天顺……验功升都指挥佥事，五年曹钦反贼逆杀贼。祖哈三年幼优给，七

---

① 《明宪宗实录》卷76，成化六年二月丙寅，“升锦衣卫带俸都指挥佥事郎六十为署都指挥同知……俱以从征建州并荆襄等处有功，所司误列衔名，乱其等级，至是乃改授之”。

② 《明宣宗实录》卷12，洪熙元年十二月甲戌，“沙州卫把失帖木儿挈家来归，奏愿居京自效。命为所镇抚，赐冠带、金织袭衣、彩币、银钞、绵衣、鞍马，仍命有司给房屋、器皿等物如例”。

③ 《明孝宗实录》卷206，弘治十六年十二月癸丑，“赐故锦衣卫带俸达官都指挥佥事赵让等四人棺具，并谕祭如例”。

④ 《明宣宗实录》卷78，宣德六年夏四月己未，“迤北鞑官失都等四十九人携家属三百余口来归，皆奏愿居京自效。行在兵部、礼部第为五等以闻。上命……五等失兀剌、脱欢、孛台、可列帖木儿、苦提只、兰帖木儿、兀连帖木儿、克失帖木儿、哑蛮、月鲁帖木儿、马木纱俱为所镇抚……赐冠带、金织袭衣、彩币、银钞、绢布、鞍马有差……上谕行在工部尚书吴中曰：虏人慕义来归，可择隙地造居室处之，仍如例赐器物”。

年革袭指挥使，成化十四年更……四年老。父王伯通系嫡长男，本年替指挥使，十年故。瑞系嫡长男，十一年袭达官指挥使，仍锦衣卫镇抚……

一辈完者帖木儿，已载前黄。

二辈月鲁帖木儿，已［载前黄］。

……

指挥同知一员・许震

成化二年六月，许震，年十五岁，江都县人，系南京锦衣卫镇抚司带俸百户许逵嫡长男……广杀贼有功升一级，未升病故。本人先因年幼，已升与副千户俸优给，出幼，该袭［副千户］。

成化九年八月，红盐池有功副千户升［指挥佥事许震］。

……许……［指挥佥］事许震嫡……・493・

正德……

充军指挥同知一［员］

……锦衣卫武举署指挥同［知］……州卫左所……

王瓒・署指挥〈署〉同知事［佥事］

［缺］。

［一辈］察罕帖［木儿］……

……

潘堂・指挥佥事仍署指挥同知事

内黄查有：潘只兰不花，迤北人。祖父［纳哈出］，永乐十四年同父失剌门来降……事，父失剌门除实授百户，俱送锦衣卫［镇抚司带］俸。父永乐……长男，二十年钦与百户优。祖父纳哈出洪［熙］……钦与指挥佥事俸优，将百户俸开除，宣德……

［一辈纳哈出，已载］前黄。

［二辈失剌门，已载前黄］。

……［宣］德八年……·494·

田秀·署指挥同知事指挥佥事

缺。

一辈忽良哈，钦升簿内查有：正统九年六月，麓川当先剿杀……员忽郎哈。

二辈黑瑛，旧选簿查有：天顺四年十一月，忽良哈，年六十……嫡长男黑瑛，年二十五岁，替授[①]……

……缺。

……［旧选］簿查有：弘治六年二月，田四儿，年二岁……［全俸优］……

康宏·署指挥同知事指挥佥事

外［黄查有：］……阿剌孙，原系……正统……年征进两广杀贼有功……窝等处杀贼有功升都指挥同……

一辈阿剌孙，已载前黄。

……［康］成，已载前黄。

……已载四辈选条下。[②]

……·495·

---

① 该忽良哈、黑瑛承袭履历，与《明档》本册第475页“又一员·黑英”所载忽郎哈、黑英履历大略相同。

② 《明孝宗实录》卷198，弘治十六年四月辛酉，“命锦衣卫带俸达官都指挥同知康成之子俊袭原职指挥使”。